U0857660

1月6日　山东大学口腔医学院建院30周年庆典大会暨山东省口腔医院揭牌仪式在山东大学西校区综合楼三楼会议厅举行

2月5日　山东大学与华东师范大学校际合作协议签字仪式在山东大学举行

3月3日　山东大学新学期工作会议在邵逸夫科学馆报告厅召开

5月27日　山东大学纪念王淦昌先生诞辰100周年学术报告会在邵逸夫科学馆报告厅举行

5月28日 教育部部长周济一行来山东大学视察工作

7月2日 孔令仁先生为"中国妇女儿童博物馆"捐赠文物仪式在山东大学举行

10月4日　文学与新闻传播学院中文83级校友共同捐资建造的臧克家先生铜像揭幕仪式在邵逸夫科学馆前举行

10月12日　联合国人居署最佳范例委员会常务委员、国际生态安全合作组织主席兼首席执行官蒋明君教授一行访问山东大学

10月27日　著名数学家潘承洞院士铜像揭幕仪式在山东大学威海分校图书馆大厅隆重举行

11月1日　蒋民华院士（右）与中科院理化所陈创天院士、中科院物理所许祖彦院士共同荣获“求是杰出科技成就集体奖”

11月13日 中共山东大学第十二届委员会第三次全体会议召开

11月17日 第三届中国及东亚地区学习者国际研讨会在山东大学邵逸夫科学馆召开

11月23日 展涛校长与重庆大学李晓红校长在重庆大学共同签署校际合作协议

12月26日 山东大学综合科研楼主体结构封顶仪式在东校区新校举行

12月27日　山东大学王克明教授当选为中国科学院院士

12月28日　山东大学医学院陈哲宇教授获得第十届中国青年科技奖

山东大学年鉴

(2007)

李建军　刘培平　主编

山东大学出版社

《山东大学年鉴》编纂委员会

编写说明

一、《山东大学年鉴》(2007)，简称《年鉴》，是山东大学权威性的资料工具书和史料性文献。定期编纂《年鉴》是我校文化建设及校史编纂的基础性工作。《年鉴》编纂坚持以马列主义、毛泽东思想、邓小平理论和“三个代表”重要思想为指导，客观、公正地记载本年度学校在各项工作中取得的成绩，及时总结存在的问题，以史为鉴，促进学校的改革与发展。

二、《年鉴》按自然年度记载2007年学校各方面的工作情况，以学校事业发展为主线，从党政管理、人才培养、科学研究、国际合作与交流、基本建设、校办产业以及图书、档案、出版等各个方面反映了山东大学办学的全貌。内容包括：学校概况、特载、党的建设与思想政治工作、行政工作、学院建设、科研机构、威海分校、齐鲁医院、第二附属医院、全日制毕业生名单、学校各类“委员会”、“领导小组”名单、校级及其以上各类先进表彰名单、聘任的各类专业技术人员名单、干部任命名单、大事记及基本情况统计等。

三、《年鉴》编写工作涉及学校各职能部门，各学院、教学部，威海分校，各附属医院等单位。由于时间仓促、出版任务重及编撰人员水平所限，书中难免存在缺点和不足，敬请读者提出宝贵意见，以便改进。

《山东大学年鉴》编委会

2008年9月

目　录

学 院 建 设

科 研 机 构

全日制毕业生名单

各类“委员会”、“领导小组”成员名单

各类表彰、奖励名单（校级及以上）

学校聘任的各类专业技术人员名单

概　述

2007 年山东大学概况

2007 年是学校作风建设与管理效益年，也是学校各项事业实现健康、协调、快速发展的一年。学校党委和行政遵照教育部和中共山东省委、省政府统一工作部署，以迎接和深入学习贯彻党的十七大精神为动力，全面落实科学发展观，紧紧围绕创建国内外知名的高水平研究型大学这一奋斗目标，带领全校师生员工，开拓进取，扎实工作，致力于提升学术竞争力、社会影响力和国际化水平，学校各项事业取得了长足进展，提前实现了“985 工程”二期建设任务，为国家和山东经济社会发展作出了重要贡献。

一、以“作风建设与管理效益”为工作重心，学校实现又好又快发展

加强作风建设和提高管理效益，是我校在建设和发展中面临的重大课题，是贯彻落实科学发展观、实现“三个转变”、提高学校管理团队的整体素质和管理工作水平的客观要求，是强化以教师和学生为中心的服务意识、强化学校管理团队和管理工作效益意识的必然选择，是建设和谐校园、实现学校可持续发展的有力支撑与重要保障。为此，学校党政联合制定并实施了《2007“作风建设与管理效益年”实施方案》，推出了十五项工作措施。

（一）大力加强作风建设，不断提升服务水平

学校积极倡导“勤奋好学、学以致用，心系群众、服务人民，真抓实干、务求实效，艰苦奋斗、勤俭节约，顾全大局、令行禁止，发扬民主、团结共事，秉公用权、廉洁从政，生活正派、情趣健康”八个方面的良好风气，通过强化服务学术、服务学者、服务学生的意识，提高了办事效率和服务水平，打造了一支敬业务实、协作创新、勤政廉洁的管理团队。严格按照领导班子内部议事和决策机制办事，大力坚持和完善了领导干部调研制度，虚心听取师生的意见和建议，实现科学、民主决策；建立健全了会议决策、领导批示、上级文件、信访事项、行政事务督办等工作体系，形成了决策—传达—执行—反馈—落实的工作机制，切实把各项工作落到实处。坚持学术与行政工作例会以及各种工作委员会和领导小组例会制度，形成了上下贯通的民主管理和联席会议制度；建立健全了科学有效的师生利益诉求表达机制和权益保障机制，努力解决好师生关心的

有关问题，最大限度地调动各方面的积极性，最大限度地化解和消除各种不和谐因素。坚持了领导干部个人重大事项报告制度；广泛听取各种意见，自觉接受党组织、党员和群众的监督，形成了风正气顺心齐的良好局面，机关和干部作风建设推动了校风、教风和学风建设。

（二）着力实施科学管理，全面提高办学效益

学校为降低办学成本，提高办学效益，推动学校事业又好又快发展，制定并实施了以建设资源节约型、环境友好型校园为目标的《节能减排山大行动方案》，使我校用水、用电量近三年实现逐年递减10%的目标。建设节约型机关，日常办公费用在去年压减10%的基础上，今年又实现节约10%的目标。推动后勤实施科学管理，不断提高管理水平和服务质量，师生就餐满意率达到95%；引入了市场机制，制定出台了《山东大学公房物业管理暂行办法》，对校内公共楼宇的物业管理经费实施合理分担；顺利完成班车、交通车管理改革；家属区物业管理改革稳步推进。建立健全了财务管理体制和制度，提高学校对财经工作的统筹调控能力，完善学校重大经济决策、重大投资（融资）项目以及大额资金使用的决策咨询制度，清理和规范涉及学校财务收支的各项政策和制度；加强了对二级单位的监管，全年共完成各类审计项目500个，审计资金总额达10亿元，促进增收节支0.56亿元。加强基建和维修项目管理，进一步完善了基建和后勤修缮规章制度，严格控制项目造价，降低建设成本，提高投资效益。搭建实验教学大平台，将大型仪器设备、高层次实验技术人才、功能实验室的信息纳入平台，建立了实验室和大型仪器设备利用率及利用效益评估制度，科学合理配置资源。完善了学科科研管理，建立健全过程管理和绩效考评机制，提高科研经费的使用效益。通过大力推进管理创新和机制改革，实现了管理的规范化、科学化、精细化。

（三）加强平安校园建设，创造安全稳定的优良环境

牢固树立“科学发展、安全发展”、“稳定压倒一切”的观念，多次召开常委会专题研究维护学校稳定工作，采取积极有效措施稳定学生食堂物价。结合学校实际，提出了“构建具有山东大学特色的校园公共安全体系”的总体目标，探索建立日常教育与集中教育相结合的安全教育机制，人防技防有机结合、无缝隙覆盖的安全防控机制，以九个预案为重点的应急管理机制和制度、队伍、经费并重的安全保障机制，初步形成了校园安全稳定“人人有责、人人参与、人人尽力、人人共享”的局面。

（四）坚持依法治校，构建现代大学制度

发挥“教育部依法治校示范校”作用，积极开展“五五”法制宣传教育，提高师生法律意识，营造了有利于学校发展的法治氛围；建立健全依法治校的管理体制，起草了《山东大学章程》，修订了系列学术管理制度和评价机制，完善教职工代表大会制度，推进校务公开，规范办事程序，提高了学校决策的透明度。注重发挥民主党派在学校建设与发展中的建言献策、通力合作的功能，积极拓展群众意见反映渠道，建立健全科学有效的师生利益诉求表达机制和权益保障机制，切实维护师生权益。

二、抢抓机遇，加快推进学校中心工作，各项事业取得重要进展

学校在去年“十一五”事业发展开局良好的基础上，紧紧抓住“985工程”建设深

入推进、新一轮国家重点学科评估增列启动、国家和地方“十一五”重大科研计划项目仍处在论证立项高峰期、研究生培养机制改革和本科生培养质量工程全面实施的重要机遇，进一步突出人才培养、学科与科研重点工作，科学管理、注重创新，在内涵发展上下工夫，挖潜蓄能、拓展办学空间，学校各项事业迅速发展，综合实力明显提升。

（一）学科建设成绩斐然

注重加强顶层设计，学科建设取得了重要进展，在国家重点学科评选中，我校增列12个国家重点学科，增量列全国高校第4位。至此，我校拥有一级学科国家重点学科2个，二级学科国家重点学科22个（含2个一级学科国家重点学科覆盖的8个二级学科）、国家重点（培育）学科3个，国家重点学科覆盖文、理、工、医四大学科领域，实现了各学科的协调发展。新增11个博士后科研流动站，增列数量居全国高校首位，全校博士后流动站达到26个。新增“糖工程”国家技术研究中心1个，大型地下洞室群教育部工程技术中心1个，密码技术与信息安全教育部重点实验室1个，国家“111创新引智基地培育项目”环境考古学创新引智基地1项。此外，科技部和山东省确定依托山东大学建设“国家信息通信国际创新园”研究院即CIIIC研究院，该平台将为我省和我国信息通信产业发展进入世界先进行列提供重要的技术支撑。

（二）科学研究扎实推进

2007年度科研经费总量达到3.5亿元，是合校初的5倍。国防科研能力显著增强，承担国防重大专项、军工863、军工973等国防科技任务十余项，其中重大国防任务3项。获得国家“973”、“863”、科技支撑计划及其他各类项目215项，资助经费1亿余元。获得国家基金各类资助137项，其中，面上项目123项、创新群体研究基金1项、重点项目3项、国际合作重点项目2项。年度签订横向技术合同558项，合同额1.57亿元。申请专利310项，授权专利156项，其中发明专利77项，实用新型专利79项。SCI收录论文数量和引征次数继续保持在全国高校前10名（并列）。据美国《基本科学指标》（ESI）统计，我校科技竞争力进入世界高校前500强，列国内高校第7位。我校作为主持单位承担国家“973”重大基础研究项目、重大应用研究项目在继程林教授作为首席科学家承担的国家973项目获得立项，彭实戈院士申请的“金融风险控制中的定量分析与计算”项目通过科技部组织的973计划评审，并获立项。彭实戈院士、蒋民华院士分别获得“何梁何利科学与进步奖”、“求是杰出科技成就集体奖”。在人文社科方面，到位科研经费达到2290万元，比去年增长了23%。国内合作项目经费和国际合作项目到位经费1858万元，比去年增长了近30%。新增了政党研究所和公共经济与政策2个山东省重点研究基地。获国家社科项目16项，获教育部项目26项，其中重大项目9项。我校主办的六种人文社科期刊全部入选CSSCI来源期刊。

（三）人才培养质量工程成效显著

探索形成学科综合环境、研究环境和开放环境下的本科生培养体系，积极推进“三种经历”、教育拓展、暑期学校等人才培养模式创新，派出356名本科生参加了海外交流学习，比去年增长了一倍；接收来自19所高校访学学生426人，派出访学学生329名；暑期实践活动以“关注民生，体验成长，共建和谐”为主题，共有20000多名同学参加了各种社会实践活动，其中有6000多名同学组建了590支团队，分赴全省各地和全国 27 个省市开展活动，中央新闻媒体先后予以报道。参加暑期学校人数达到 12000 余人次，校外学生 1300 余人次，双学位/辅修班、开放实验和国际暑期学校是工作亮点。探索工程教育改革的新思路，建立具有大工程观、大系统观、大集成观的工程教育体系，已在近 20 个领域实现了跨学科合作；工程训练中心和管理科学中心入选国家示范中心，我校进入“国家大学生创新性实验计划”第一梯队；临床医学八年长学制专业正式招生。名师和教学团队建设成果明显，有 6 人被评为山东省第三届普通高等学校教学名师，1 人被评为山东省师德标兵，2 人被评为国家第三届高等学校教学名师；有 3 个教学团队获山东省教学团队建设立项，其中“大学数学系列课程教学团队”获第一批国家级教学团队建设立项。有 7 门课程被评为国家精品课程（增量居全国高校第 6 位，总量已达到 18 门）；1 门课程入选“教育部-IBM 精品课程”建设立项项目；3 门课程入选国家“双语教学示范课程”。有 87 部教材入选“十一五”国家级规划教材；5 部教材被评为普通高等教育精品教材。改进学生管理与服务工作，不断完善学生日常管理体系、助学育人体系、宿舍服务育人体系和心理咨询服务体系，进一步加强学涯规划与学业指导、素质拓展与发展指导，建立完善相关课程体系和工作机制，开展丰富多彩的校园文化活动和科技创新活动，不断完善学生评价体系和激励机制，大学生科技创新活动成效显著，在全国大学生数学建模竞赛中获一等奖 4 项；在美国大学生数学建模竞赛一等奖 7 项，创历史新高；在全国大学生电子设计竞赛获一等奖 5 项，获奖数量位居全国高校第三名。紧紧围绕提高研究生培养质量的工作中心，继续落实《研究生教育创新计划》，大力实施“一个学生，两个导师，三种经历”研究生培养模式；启动了以完善注重科学研究的导师负责制和资助制为核心的研究生培养机制改革；遴选派出 167 名博士生赴国外进行中外联合培养，并继续设立“山东大学研究生海外留学基金”，本年度参加海外学习经历的研究生已达到 256 人，其中国家留学基金资助 150 人，列全国各高校前列。我校与中科院研究生院、厦门大学等 17 所院校签署研究生访学协议，学校设立“研究生国内访学基金”和“第二校园经历奖学金”，鼓励优秀研究生赴国内名校访学；我校有 2 篇博士论文获得全国百篇优秀博士论文奖。我校毕业生一次性就业率高于 90％。

（四）师资队伍建设进一步优化

紧紧围绕“人才强校”战略，研究制定并组织实施了“高层次创造性人才计划”，构建起定位明确、层次清晰、衔接紧密、促进优秀人才可持续发展的培养和支持体系。大力建设创新平台，加强创新团队建设；不断深化改革，推动高校人事制度改革向纵深发展；教师队伍结构进一步优化，整体素质明显提高，积聚高层次人才的能力不断增强。在高层次人才引进与造就方面，新增中国科学院院士 1 人，新增 6 名长江学者，国家杰出青年基金获得者 1 人，新增泰山学者岗位 9 个，新增新世纪百千万人才 2 人，教育部“新世纪优秀人才支持计划”11 人；在创新学术团队建设方面，姜健壮教授带领的创新学术团队入选教育部高校创新团队发展计划，金融数学、热科学 2 个团队入选山东省优秀创新团队，“具有重大应用前景的功能晶体材料”创新团队入选国家级“优秀创新群体”，实现了山东省国家级创新团队零的突破。积极推进青年教师“三种经历”计划，有国家公派出国留学录取人员 124 位；鼓励青年教师以“在职博士后”和“在职攻读博士学位”等形式在国内高校、科研机构或企业研究、学习。多渠道、多形式地与企业博士后工作站及地方政府取得联系，博士后在站人数达到286人，其中有多名外籍人员申请为我校博士后。我校还实行了师资博士后制度，师资人才队伍建设得到切实加强。制定了《山东大学职员制度管理暂行办法》、《山东大学职员制度首次聘任过渡办法》、《山东大学人员岗位分类原则》等文件规定的讨论稿，为职员制的实施提供了政策和制度保障。

（五）大学文化建设成果丰硕

积极推进大学文化建设，进一步推动以精神理念、形象标识、制度规范和人文环境为主要内容的新一期校园文化建设工程，启动学校视觉形象识别系统（VIS）的发布与使用。校园道路、楼宇和景点的命名工作顺利推进，有力地促进了大学文化建设。开展了“《世纪回响》——山大知名人物系列纪念活动”之纪念王淦昌先生诞辰100周年活动、山东大学“年度十大新闻”、“年度十大新闻人物”、“爱岗奉献模范人物评选活动”等为代表的品牌文化活动，选树了在全国教育和医疗战线有积极影响的模范人物——陈增海教授，营造浓厚育人氛围。以培育青年学生社会责任心、爱国主义和民族精神为主线，在全校广泛开展了一系列主题明确、特色鲜明的教育活动。打造人文纵横、科学畅想曲、大家讲坛、小树林文化论坛等校园文化活动品牌；举办“社团风景线”、“十大精品社团联合展演”、“精品社团志愿服务济南社区行动接力”等系列活动，建设凸现人文与科学精神的研究型大学文化。

（六）国内合作和社会资源利用取得重要进展

主动融入国家创新体系建设，拓宽校企合作领域，搭建“产学研”一体的互利双赢的研发平台，进一步创新校地合作模式，继续落实《山东大学服务山东行动方案》。今年我校又与威海市政府签订了《威海市政府与山东大学产学研战略联盟合作协议》，联合共建威海海洋研究院、山东大学国家科技园威海分园、山大一光威碳纤维工程技术研究院等，还与重庆市等开展了校地合作。目前我校已与海信集团、山东高速集团、山东电力集团、浪潮集团、将军集团、鲁南制药等20家大型企业集团开展了实质性合作，探索形成了“海信模式”、“高速公路模式”、“潍柴模式”等系列合作模式；我校与企业“绿色制造关键技术与装备”关键技术“高光无熔痕绿色注塑新技术及其成套工艺与装备”等一大批合作研究项目取得重要进展。成立了山东大学教育基金会，成功召开了山东大学校董会第二次会议，积极构建对外合作交流与筹款融资新平台。校际合作工作顺利开展，合作伙伴不断增加，合作领域不断拓展，我校国内合作高校数量增至22所，推进和拓展了学生交流、高层互访、推免研究生、师资共享等合作项目，其中以学生交流为主要内容的“第二校园经历”进入规范化、程序化阶段，成为创新人才培养模式的品牌。近四年我校共派往国内13所高校访学学生1376名，接收国内19所高校访学学生2016名，派出政工干部挂职锻炼51人。

（七）国际合作与交流日趋活跃

学校面向海外进行学术、人才资源及学科建设等多方面、多层次的交流与合作，初步构建起了全方位开放式办学的新格局，召开了国际合作与交流工作会议，推进了开放发展。目前，学校已经与40多个国家和地区的110多所高等学校和科研机构建立了合作关系，形成了学校、院（所）和学者三个层面的有机结合的国际合作网络平台，大多数学院都与境外 3～4 所大学的相关院系签署了实质性合作的协议，国际合作与交流工作融入人才培养、学科建设和科学研究的格局已经逐渐形成。今年学校又与 14 所海外高校签署合作协议（含 4 所港台高校），主办国际及海峡两岸学术会议 13 次；来校短期讲学外国专家超过 150 人，聘请特聘流动岗教授近 60 人，长期在校外国专家 76 人，短期讲学专家 693 人；出国（境）师生人数达到 1060 人次，其中派出到海外学习或访学学生人数达 627 人；资助中青年学术带头人和学术骨干出境参加国际学术会议人数 222 人次，通过多种渠道派教师出国进修，一年以上出国、出境教师 90 人；短期出国出境 313 人。“两岸三地”交流合作进一步加强，我校与香港地区的 5 所学校、台湾地区的 9 所高校联合开展起学生互换合作交流项目，合计港台地区派出长短期交换生 109 人，也接受了分别来自香港、台湾大学等高校的短期交流生 132 人。学校大力推进国际教育和汉语推广，长期在校留学生数达到 1400 余人，专业生比例占 40％。我校与国外高校合作，先后成立了 7 所孔子学院，成为支持周边国家汉语教学重点院校。

（八）校园基本建设继续加强

正式接管齐鲁软件园校区，修订完善校园总体规划，调整校园功能定位，启动了新校科研综合楼（12 万平方米，近期封顶）和南外环二期校园建设等工程。年度完成 12 个项目的建设和竣工交付使用，交付工程建筑面积 28.29 万平方米，完成投资 3.25 亿元；进一步加强实验室建设的规划设计，规范项目立项程序，确立了实验室建设与实验教学改革相一致，与建设条件相协调的立项原则，向共享实验室倾斜，支持校企共建实验室。采取院部与学校按比例承担费用的做法，提高了维修资金的使用效益。进一步推动大型仪器设备开放基金使用工作。以实验教学示范中心建设为龙头，搭建实验教学大平台，管理、工程训练两个实验教学示范中心被评为“国家级实验教学示范中心”，我校实验教学示范中心总量进入全国高校前列。建立全校文献信息资源的共建共享机制，提高面向广大师生的基本服务和面向高层次人才的个性化服务水平；优化学校网络资源的管理和配置，完善校园网网络系统和网络服务系统。

三、深入学习贯彻党的十七大精神，切实加强党建和思想政治工作

学校党委用科学发展观统领学校发展全局，深入学习贯彻党的十七大和全国全省党建工作会议精神，加强作风建设，创新学校管理，提高人才培养质量，建设社会主义和谐校园，巩固和深化先进性教育活动成果，全面落实《山东大学 2006～2010 年党的建设工作规划纲要》和学校第十二次党代会精神，努力为实现学校事业发展提供坚强的政治、思想、组织和人才保证。

（一）加强理论武装，提高政治素养

认真组织党委理论学习中心组、各单位党委书记会议深入学习党的十七大精神，制定了《关于认真学习宣传贯彻党的十七大精神的通知》《关于深入学习贯彻党的十七大精神、全面推进高水平研究型大学建设的意见》，对学习贯彻十七大精神进行了全面部署，全校迅速掀起了学习宣传贯彻十七大精神的热潮，焕发出高涨的政治热情和强烈的历史责任感。还及时组织学习了省第九次党代会、胡锦涛总书记等中央和省部领导的重

要讲话及有关文件精神。把理论宣传与学习活动同完成高等学校的三大任务、推进高等教育事业发展结合起来，同巩固保持共产党员先进性教育成果、加强党的执政能力和党的先进性建设结合起来，同落实学校“十一五”事业发展规划、推进高水平研究型大学建设结合起来，同构建社会主义和谐校园结合起来，用马克思主义中国化的最新成果武装头脑、指导党的建设与各项工作。通过系统、深刻的理论学习，使广大党员干部的认识进一步提高，思想进一步统一，增强了贯彻落实科学发展观的坚定性和自觉性，真正成为科学发展观的坚定信仰者、忠诚实践者和积极推动者。

（二）加强领导班子与干部队伍建设

坚持和完善党委领导下的校长负责制；召开了中共山东大学第十二届委员会第三次全体会议，重视发挥党委全委会对重大问题的决策作用。按照成为“社会主义政治家、教育家”的要求，不断加强领导班子的思想政治建设、组织建设和作风建设。完成了中层领导班子换届工作，着力建设一支“敬业务实、协作创新”的高素质管理干部团队，使干部队伍年龄结构趋于合理，知识结构、专业结构有了较大改善，政治、业务素质进一步提高。制定了《中共山东大学委员会关于学习贯彻〈干部教育培训工作条例（试行）〉的实施意见》，整合培训资源，改进培训方式，强化培训措施，增强干部培训的针对性和实效性，提高了干部队伍的整体素质。制定了《干部考核办法》，完善了干部工作的“责任目标—日常管理—预防保障—考核监督”制度体系，增强了干部队伍的活力。

（三）加强基层党组织和党员队伍建设

深入贯彻中央保持共产党员先进性四个长效机制文件精神，明确目标，细化标准，健全完善了基层党建工作责任制；创新手段，改进方法，扎实开展了党员经常性教育；拓宽途径，改进方式，做好党员联系服务群众工作；坚持标准，规范程序，重点做好在优秀大学生和青年教师中发展党员工作，保证了发展党员质量；围绕大局，注重实效，创新了党组织工作方式，开展了丰富多彩的主题党日和主题实践活动，党组织和党员队伍的作用得到进一步发挥。学校党委被中共山东省委命名为“山东省基层党建工作示范点”。

（四）加强党风廉政建设

全面落实《中共山东大学委员会关于落实〈建立健全教育、制度、监督并重的惩治和预防腐败体系实施纲要〉具体办法》，巩固和深化治理商业贿赂工作成果，推进预防商业贿赂的制度建设，有效地防止腐败现象的发生。深入学习贯彻胡锦涛总书记在中纪委第七次全体会议上的重要讲话精神。制定了《2007“作风建设与管理效益年”实施方案》，创新管理机制，进一步规范内部管理，切实转变工作作风，提高管理效益。

（五）扎实做好思想政治工作

以构建社会主义和谐校园为目标，以社会主义核心价值体系为根本，大力弘扬以爱国主义为核心的民族精神和以改革创新为核心的时代精神，坚持正确的舆论导向，用马克思主义和健康向上的思想文化占领校内各种舆论宣传阵地，创新思想政治教育工作。深入贯彻中央16号文件精神，围绕融“知识学习”和“人格培育”为一体的人才培养体系建设，加强和改进大学生思想政治教育工作。采取得力措施，加强辅导员队伍建设，积极推进辅导员队伍职业化、专家化建设，形成了充满活力的学生工作队伍，学校被批准为教育部高校辅导员培训和研修基地；积极开展网上思想政治工作，我校“学生在线”网站被评为“全国十佳思政类网站”；通过制度建设和孟二冬、方永刚等一大批先进典型引导，加强了师德师风建设；大力推进了大学生“社会实践经历”教育，设立了《形势政策与社会实践》必修课，初步在我校营造出以“关注社会、参与社会、影响社会、服务社会”为主要特征的具有山东大学特色的实践文化氛围。加大了对外宣传力度，在中央级媒体发稿达200余条，进一步提升了学校的社会影响力。同时，切实关心师生切身利益。坚持“以人为本”，积极营造充满人文关怀的校园氛围。关注每一位师生的健康成长。给困难教职工送温暖，关心离退休老同志；完善家庭经济困难学生资助体系，目前学校国家助学贷款总量已达1.96亿元，居全国高校前列；斥资2000万元用于维修工程，改善了师生的学习、生活条件和环境；充分发挥校长信箱的交流沟通作用，7000余封信件做到事事有回音，回复意见措施有落实，全年无重大信访事项发生。高度重视离退休、工会、妇委会、共青团、学生会、研究生会等群众组织的工作，凝聚各方力量，促进学校事业发展。

（韩春岫）

特　载

中共山东大学委员会关于进一步加强统一战线工作的意见

山大党字［2007］1号

为深入贯彻落实党的十六届六中全会精神，促进社会主义和谐校园建设，实现建设国内外知名高水平研究型大学的奋斗目标，根据《中共中央关于进一步加强中国共产党领导的多党合作和政治协商制度建设的意见》（中发［2005］5号），《中共中央关于巩固和壮大新世纪、新阶段统一战线的意见》（中发［2006］15号），中央统战部、教育部《关于加强高校统一战线工作的意见》（统发［2004］62号）等文件精神和全国、全省统战工作会议精神，按照《山东大学2006～2010年党的建设工作规划纲要》的规划要求，结合我校实际情况，现对进一步加强我校统一战线工作提出如下意见：

一、充分认识新世纪、新阶段做好高校统一战线工作的重要性

统一战线是我们党取得革命、建设和改革事业胜利的重要法宝，是我们党执政兴国的重要法宝，是实现祖国统一和中华民族伟大复兴的重要法宝。巩固和壮大新时期统一战线，对于贯彻落实科学发展观、加强党的执政能力建设和先进性建设、完成党的执政使命意义重大。高校统一战线工作是党的统一战线工作的重要基础，在知识经济时代，更加凸现了高校统一战线工作的重要性。高校党外知识分子相对集中，汇聚着各方面的党外代表性人士，他们在国家的政治生活和经济建设中，在实施科教兴国战略进程中，发挥着越来越重要的作用。高校是培养选拔统一战线新一代党外代表人士的重要“源头”，是输送党外干部的重要基地。高校统一战线工作直接关系到中国共产党领导的多党合作和政治协商制度的巩固和发展。

当前，我校正处在改革发展的关键时期，全面落实学校第十二次党代会提出的目标任务，牢牢把握“创新、发展、和谐”的主题，促进学校事业又好又快发展，对学校的统一战线工作提出了新的更高的要求。我校统一战线人才荟萃、智力密集，统一战线成员数量多、层次高、联系广、影响大，要把我校建设成为国内外知名高水平研究型大学，离不开广大统一战线成员的建言献策、通力合作。实践证明，发挥好统一战线协调

关系、化解矛盾、凝聚人心、汇聚力量的功能，充分调动全校统一战线成员的主动性、积极性、创造性，对于推动我校的改革、发展，保持学校的稳定，构建和谐校园具有重要的作用。

二、加强对统一战线工作的领导，完善工作机制

（一）高校统一战线工作是党的特殊政治工作和群众工作，是学校党的工作的重要组成部分

学校党委要高度重视，切实把统一战线工作列入党委重要议事日程，明确一名副书记分管统一战线工作，一名副校长联系统一战线工作。党委主要领导同志要经常过问统一战线工作。党委常委会每年都要研究统一战线工作，定期听取统一战线工作情况汇报，对统一战线工作的重大问题，要专题研究，统一部署。

（二）进一步健全党委统一领导，党委统战部牵头协调，组织、宣传、人事、工会、共青团、党校等部门相互联系、密切配合的工作机制

各基层党委（党总支）、直属党支部应由书记或一名副书记具体负责统一战线工作，行政领导要积极支持、协助，共同做好统一战线工作。要把统一战线工作作为对各单位主要领导干部的考察考核内容。要充分发挥各单位统战信息员的信息沟通作用，及时掌握统一战线成员的思想动态和利益诉求，依法维护他们的合法利益。

（三）建立和完善支持党外代表人士发挥作用的机制

坚持向党外人士通报情况制度、党外人士参加有关活动和会议制度、校领导与党外代表人士联系制度、党外人士意见、建议处理情况反馈制度，进一步畅通党外代表人士反映意见和要求的渠道。职能部门在制定有关政策时要认真听取党外代表人士的意见建议，为他们在学校工作中行使表达权、参与权、选择权、监督权创造条件。努力为党外代表人士紧密围绕全面建设小康社会开展社会服务活动，发挥他们在反映社情民意、协调社会关系、维护社会稳定方面的作用搭建平台。对民主党派基层组织主要负责人、各级人大代表和政协委员、重点党外代表人士参加组织安排的各种会议、活动、学习培训，应给予支持并计算相应的工作量，在考勤和业绩考评中予以体现。

（四）加强宣传，营造良好的统一战线工作氛围

统一战线工作的宣传教育要纳入党委宣传工作的整体规划，充分利用我校的宣传媒体，加强党的统一战线理论和政策宣传。要把统一战线理论政策纳入党校教学内容，作为培训党员干部的必修课程。通过举办新时期统一战线工作的研讨班和座谈会，表彰和宣传学校统一战线工作的先进集体和个人等形式，在全校形成关心和支持统一战线工作的良好氛围。同时利用我校人文社会科学的优势，开展统一战线理论研究，以理论创新推动工作创新。

三、全面做好各项统战工作，努力开创学校统一战线工作的新局面

（一）积极支持各民主党派加强自身建设

协助各民主党派以思想建设为核心、以组织建设为基础、以制度建设为保障，全面加强参政党建设，不断提高领导班子成员的政治把握能力、参政议政能力、组织领导能

力和合作共事能力。民主党派思想建设的重点是巩固、发展与中国共产党长期合作的思想基础，不断深化对参政党地位、性质和历史使命的认识，为巩固和发展同中国共产党的团结合作奠定坚实的思想基础。

支持和帮助民主党派组织按照各自的章程独立自主地开展工作。民主党派组织发展工作要坚持注重质量、保持特色、组织发展与后备干部队伍建设相结合的原则，要合理配置学校的政治资源，有计划地将一部分优秀的代表人士留在党外，有计划地吸纳一部分优秀知识分子加入民主党派。要协助民主党派做好吸收新成员的考察和协调工作，严把质量关。

（二）进一步加强党外知识分子工作

要坚持党管人才的方针，按照培养、吸引、用好人才的要求，加强同党外知识分子的联系，全面反映他们的要求，帮助他们解决工作、生活中遇到的困难和问题，努力为他们发挥聪明才智创造条件。组织、人事部门制定有关知识分子工作政策、研究知识分子工作时，要吸收统战部门参加，听取统战部门意见。党委统战部要按照“统战部门应成为党外知识分子之家”的要求，增强服务意识，提高服务质量，做好协调和服务工作。有关部门要密切配合，努力为党外知识分子多办实事，不断增强党在党外知识分子中的凝聚力和感召力。

（三）加强党外干部队伍建设

把培养选拔党外干部工作纳入学校干部队伍建设和人才工作的总体规划，健全并完善党外干部选拔任用、教育培养、管理监督、竞争激励工作机制。组织部、统战部要统筹规划，扩大党外干部的培养面和遴选面，按一职多备的原则，确定重点培养对象，制订具体培养计划，有意识地把一批党外干部推荐交流到一定领导岗位经受锻炼，增长才干。通过建立党外知识分子人才库，做好党外代表人士的物色、培养、举荐工作，有计划地为他们的成长铺设台阶，对成熟的党外干部要适时地进行政治安排和实职安排。

加强党外后备干部队伍建设。按照“着眼长远、统筹规划、措施到位、确保成效”的工作思路，落实“动态管理、备用结合”的工作措施，努力使党外后备干部队伍形成合理的结构和年龄梯次，使党外后备干部的培养选拔工作目标上有衔接，政策上有统筹考虑，责任上同步落实，工作上协调推进。保证同党外人士合作共事的连续性、稳定性。

（四）充分发挥党外代表人士的作用

积极引导人大代表、政协委员们“议大事、出精品、求实效”，发挥专业优势，参政参到点子上，议政议在关键处。利用各级人大代表、政协委员以及各民主党派、无党派人士接触面广、影响力大的优势，搭建学校服务社会、社会支持学校办学的桥梁与平台。聘任在学生中有广泛影响、德高望重的党外代表人士担任学生德育指导教师，有针对性地对大学生进行德育教育指导。发挥党外代表人士在学校民主管理、民主监督中的作用，推进依法治校，深化校务公开、促进党风廉政建设。积极推荐优秀党外人士担任政府特邀监察员、检察员、审计员和省文史馆馆员等。

加强著名党外人士的工作。我校有一批政治上影响大、业务上成绩突出、社会上声誉高的著名党外人士，他们在构建社会主义和谐校园以及促进经济、社会和学校发展中发挥着不可替代的作用。要切实关心他们的工作和生活，支持他们的事业，扩大他们的社会影响，为他们的全面发展和施展才华，创造环境条件，帮助他们在各自的专业领域和社会政治生活中发挥更大作用。

（五）认真开展侨、台工作和民族宗教工作

以凝聚侨心、汇聚侨智、发挥侨力为目标，积极开展台港澳和海外统战工作。充分发挥海外侨胞的桥梁作用和资源优势，做好引智引资工作。要充分利用我校海外的联络和两岸文化交流的优势，多形式、多渠道、多层次地加强与台港澳同胞和海外侨胞的联系，加强海外统战工作。要宣传落实党的侨务政策，按《归侨侨眷权益保护法》的规定维护广大归侨和侨眷的合法权益。努力探索新世纪的侨务工作和对出国归国留学人员的工作方法。

认真贯彻执行党的民族政策和宗教政策，做好少数民族知识分子和有宗教信仰的知识分子的工作，尊重他们的民族风俗习惯和宗教信仰，维护他们的合法权益，积极引导宗教与社会主义社会相适应。要加强对抵御渗透工作的组织领导和统一协调，依法打击利用宗教进行的非法活动。要注意研究学校中涉及民族宗教问题的新情况，及早发现和及时处理各种涉及民族、宗教方面的突发事件。

四、加强统战干部队伍建设

要按照政治素质高、工作能力强、具有民主作风、善于处理复杂问题的要求，配强配好统战部门领导班子。统战干部要加强政治理论与业务知识的学习，明确新时期统一战线的性质、任务、对象、范围及方针、政策，充实和完善自己的知识结构，了解统一战线的新特点、新趋势，掌握开展统一战线工作的方式方法，提高做好统一战线工作的自觉性。要进一步转变和改进工作作风，做政治上坚定、理论上成熟、作风上过硬、业务上精通、工作上勤奋、纪律上严明的统战工作干部。

关于进一步加强党的建设 努力建设社会主义和谐校园的意见

山大党字〔2007〕2号

为了深入学习贯彻党的十六届六中全会精神和第十五次全国高校党建工作会议精神，全面落实科学发展观，进一步加强党的建设，努力建设社会主义和谐校园，促进学校全面协调可持续发展，为构建社会主义和谐社会作出更大的贡献，特提出如下意见。

一、充分认识建设社会主义和谐校园的重大意义

党的十六届六中全会深刻阐述了构建社会主义和谐社会的重大意义和基本要求，并作出了全面部署。第十五次全国高校党建工作会议，就为认真学习贯彻十六届六中全会精神，全面落实科学发展观，进一步加强党的建设，努力建设社会主义和谐校园做出重要部署。我们要站在党和国家工作大局的高度，深刻认识构建社会主义和谐社会的重要性和紧迫性，把构建和谐社会的要求同学校发展的实际结合起来，在落实《中共山东大学委员会、山东大学关于加强和谐校园建设的意见》（山大党字〔2005〕12号）的基础上，认真总结经验，进一步提高认识，大力推进社会主义和谐校园建设。

（一）建设和谐校园是推进学校科学发展的重要保障

建设和谐校园，是全面贯彻党的教育方针，坚持社会主义办学方向的重要举措。建设和谐校园，有利于落实以人为本的要求和全面实施素质教育，有利于以提高质量和优化结构为重点，实现学校发展与经济社会发展相协调，发展的规模、质量、结构与效益相统一，培养人才、创新知识与服务社会相和谐。建设和谐校园，就是要积极营造和谐稳定而又充满生机活力的校园环境，用校园和谐保障和推动学校事业积极健康的发展。

（二）建设和谐校园是实现学校人才培养目标的迫切需要

培养人才是大学的庄严使命。和谐的校园环境、良好的育人氛围，是师生成长成才的重要条件。只有校园和谐，才能整合教育资源，优化教育环境，促进教学相长，形成团结和睦、共同育人的良好局面；只有校园和谐，才能把师生的注意力引导到读书做学问上来，在和谐的文化氛围中全面发展；只有校园和谐，才能使师生在相互理解、相互尊重、相互包容的宽松和谐的环境中进行学术研究和思想交流，才能有利于创新型人才的培养。

（三）建设和谐校园是构建社会主义和谐社会的必然要求

高校的和谐，不仅是社会和谐的重要组成部分，而且为和谐社会建设提供重要的人才资源和智力支持，具有引领、示范和推动作用。没有高校的和谐，就难以有整个社会的和谐。我们要切实把和谐校园建设摆在重要位置，增强责任感和使命感，为构建社会主义和谐社会奠定重要的基础，作出应有的贡献。

二、以社会主义核心价值体系为根本，巩固校园和谐的思想道德基础

党的十六届六中全会提出的建设社会主义核心价值体系，是我们党的一个重要理论创新。要深刻认识建设社会主义核心价值体系的重大意义，准确领会其丰富内涵和精神实质，把社会主义核心价值体系融入和谐校园建设的全过程、贯穿学校工作的各个方面，为学校和谐发展提供坚实的思想道德基础。

（一）坚持用发展着的马克思主义指导学校工作

建设和谐校园，必须始终坚持马克思主义的指导地位，把用马克思主义中国化最新成果武装头脑作为学校人才培养工作的首要任务，抓好马克思主义中国化最新成果进教材、进课堂、进头脑的工作，抓好相关的学科体系、教材体系和课程建设，抓好马克思主义中国化最新成果的宣传普及，在广大师生中努力培养坚定的马克思主义者。要在用马克思主义中国化的最新成果武装头脑、指导实践、推动工作上下工夫，确保学校始终沿着正确方向健康发展。

（二）牢固树立中国特色社会主义的共同理想。没有共同的思想基础和奋斗目标，一个民族、一个国家乃至一所学校就没有凝聚力，就没有前进的动力。建设和谐校园，就是要引导广大师生牢固树立中国特色社会主义的共同理想；就是要引导广大师生把为中国特色社会主义共同理想而奋斗与努力实现学校的发展目标自觉地结合起来；就是要引导广大师生从自身做起，立足岗位作贡献，为实现学校的发展目标，为建设中国特色社会主义的伟大事业而共同努力。

（三）大力弘扬以爱国主义为核心的民族精神和以改革创新为核心的时代精神

建设和谐校园，要在广大师生中大力弘扬民族精神和时代精神，不断增强民族自尊心、自信心、自豪感，培养不畏艰险、勇于创业、开拓进取的良好品质，始终保持昂扬向上、奋发有为的精神状态。建设和谐校园，要大力弘扬体现民族精神和时代精神，以培育民族中坚、服务社会发展、探求科学真理、引领文明进步为使命，以壁立千仞、海纳百川为特质，以“气有浩然，学无止境”为校训，以“求真务实、开放拓新”为校风，经过百年积淀培育起来的山大精神，为学校的健康快速发展提供强大持久的精神动力。

（四）积极倡导和践行社会主义荣辱观

以“八荣八耻”为主要内容的社会主义荣辱观，明确了当代社会最基本的价值取向和行为准则，涵盖了人生态度、社会风尚的方方面面，体现了社会主义基本道德规范的本质要求，体现了中华民族传统美德与时代要求的有机结合。建设和谐校园，就要在师生中广泛进行社会主义荣辱观教育，不断加强教风学风校风建设，大力倡导爱国、敬业、诚信、友善等道德规范，形成知荣辱、讲正气、促和谐的良好风尚。

三、突出重点，把社会主义和谐校园建设的各项工作落到实处

建设和谐校园，涉及教学、科研、人才培养和管理工作等各个方面，是一项复杂的系统工程和长期的战略任务。要坚持以“三个代表”重要思想为指导，全面落实科学发展观，密切联系学校发展实际和师生思想实际，找准着力点，抓好工作落实。

（一）突出科学发展这个主题

以发展促进和谐，以和谐推动发展，是和谐校园建设的永恒主题。要按照科学发展观的要求，紧紧围绕建设国内外知名高水平研究型大学的发展目标，统筹学校规模、结构、质量、效益的关系，统筹改革、发展、稳定的关系，用发展的办法解决前进中的问题，坚持走内涵发展、可持续发展的道路，促进学校又好又快地发展。要全面实施《山东大学“十一五”事业发展规划》，完成“十一五”建设发展任务。要努力实现“三个转变”，紧紧抓住提高办学质量这个核心，创新学校管理，突出办学特色，推进建设国内外知名高水平研究型大学进程。

（二）确保学校安全稳定

安全稳定是改革发展的前提，是建设和谐校园的基础。要高度重视安全稳定工作，把维护安全稳定作为领导班子和基层党组织的一项重要政治任务，健全和落实安全稳定工作责任制，努力创建平安校园。加强校园综合治理，建立健全应急管理工作体系，完善突发事件应急应对机制，积极预防和妥善处理突发事件，做到发现得早，化解得了，控制得住，处置得好，把安全稳定工作真正落到实处。

（三）加大依法治校力度

依法治校是建设和谐校园的重要保障。要坚持依法治校、民主办学，努力建设民主法制校园。进一步推进校务公开制度，重要决策要公开透明、集思广益，实现决策的科学化和民主化。加强教代会、学代会建设，重视发挥其在学校民主决策中的作用。加强各级学术委员会建设，充分发挥专家学者在学术评价、学术管理、学术发展中的主导作用。加强法制教育，实施“五五”普法规划，增强师生法律意识，提高依法办事能力，营造良好的校园法制环境。积极维护师生利益，拓展群众意见反映渠道，建立健全科学有效的师生利益诉求表达机制和权益保障机制。

（四）继续推进校园文化建设

校园文化是学校综合实力和竞争力的重要体现，繁荣校园文化是建设和谐校园的重要内容。要充分挖掘我校百年办学历史的文化资源，传承优良传统，创新教育理念，培育和弘扬优良的学风和校风。要进一步推动以精神理念、形象标识、制度规范和人文环境为主要内容的新一期校园文化建设工程。要把创新文化建设放到更加突出的位置，大力营造有利于创新的机制和环境，发挥校园文化对师生的思想观念、价值取向、行为方式的潜移默化作用，为师生全面发展创造良好的文化环境。

（五）进一步加强和改进思想政治教育

思想政治教育是和谐校园建设的基础。要完善党委统一领导，党政工团齐抓共管、各负其责，层层落实的思想政治工作机制，认真贯彻实施《中共山东大学委员会关于加强和改进大学生思想政治教育的实施意见》（山大党字〔2004〕40号），按照任务分解

详目抓好落实。要认真总结教职工思想政治教育的经验，研究制定《关于进一步加强和改进教职工思想政治教育工作的意见》，进一步把学校思想政治工作引向深入。要通过卓有成效的思想政治工作，最大限度地调动和发挥广大师生的积极性、创造性，最大限度地预防和化解不和谐因素，营造健康向上、和谐稳定的校园氛围。

（六）大力开展科学研究和社会服务

充分发挥学校学科与人才优势，围绕和谐社会建设相关重大理论和实践问题，积极开展科学研究，为和谐社会建设提供人才和智力支持。要落实好《山东大学服务山东行动方案》和《山东大学服务济南行动方案》，并根据经济社会发展需要，不断充实和完善服务项目和措施。认真组织开展大学生社区志愿服务活动，倡导社会新风，开展社区服务，为促进和谐社会建设作出实实在在的贡献。

四、切实加强党的建设，积极开展社会主义和谐校园创建活动

建设社会主义和谐校园，关键在学校各级党组织。切实加强党的建设，既是建设和谐校园的重要内容，也是推进和谐校园建设的重要政治保证。各级党组织要切实把推进和谐校园建设摆上重要议事日程，紧紧围绕建设和谐校园这一重要任务，全面落实《山东大学2006～2010年党的建设工作规划纲要》，巩固和发展党员先进性教育成果，扎实推进党的思想、组织、作风和制度建设，以领导班子和谐带动单位和谐，以党内和谐促进校园和谐。

（一）基层党组织要成为和谐校园建设的领导者、组织者、推动者

基层党组织是党在学校的全部工作和战斗力的基础，也是和谐校园建设的领导和推动力量。和谐校园建设的力量源泉来自基层，和谐校园建设的各项任务要落实到基层，和谐校园建设的成效最终也体现在基层。因此，各基层党组织一定要发挥政治核心作用，加强自身建设，加强对党员的教育管理，做好深入细致的思想政治工作；发挥党支部的战斗堡垒作用，积极探索和创新新形势下做好群众工作的工作方法与活动方式；凝聚民主党派和无党派人士的智慧和力量，发挥工会、共青团、学生会、研究生会等群众组织的重要作用，引导和激励广大师生积极投身和谐校园建设。

（二）共产党员要在和谐校园建设中发挥先锋模范作用

一个党员就是一面旗帜。广大党员要在推进和谐校园建设中率先垂范，多作贡献。党员领导干部要加强自身的思想作风建设，做推进和谐校园建设、促进学校各项事业改革发展的领头人；教职工党员要忠诚党的教育事业，认真贯彻党的教育方针，努力做到教书育人、管理育人、服务育人，争做和谐校园建设的模范；学生党员要牢固树立共产主义远大理想和中国特色社会主义坚定信念，团结带领广大同学共同进步，全面成才，努力成为中国特色社会主义事业合格建设者和可靠接班人，在和谐校园建设中起带头作用。

（三）积极组织开展群众性的和谐校园创建活动

各基层党组织要按照有利于把学校各项工作任务落到实处，有利于广大师生普遍参与，有利于持续推进和谐校园建设的原则，以“讲文明，促和谐”为主题，以践行社会主义荣辱观为重点，坚持贴近实际、贴近生活、贴近师生，积极服务学生、服务学者、

服务学术，创造性地组织开展多种形式的群众性的和谐校园创建活动。党委和行政各部门要密切配合，积极支持和指导创建活动的开展，帮助解决和谐校园建设中的困难和问题，为推进和谐校园建设提供有力保障。要及时总结和推广基层典型经验，宣传表彰活动中涌现的先进集体和先进个人，为和谐校园创建活动不断注入新的活力。通过系列创建活动，使和谐发展的观念深入人心，推动形成促进和谐人人有责、校园和谐人人共享的生动局面。

朱正昌书记在山东大学新学期工作会议上的讲话

老师们，同志们：

今天，是开学的第一天，我们在这里召开新学期工作会议，学习和贯彻落实中央、省委和教育部有关会议精神，部署2007年学校的党政工作，推进新学期的改革和发展。3月1日召开的校党委常委扩大会议，校领导充分讨论并进一步明确了2007年学校党政工作要点，确定2007年为“作风建设与管理效益年”，加强干部作风建设，提高学校管理效益将成为2007年学校工作的重要主题，学校党委还研究制定了《作风建设与管理效益年实施方案》。在今天的会上，展校长要对全校新学期的工作进行全面布置，在这里，我先讲三点意见。

一、把握形势，明确任务，进一步增强做好2007年各项工作的责任感和紧迫感

2006年，我们坚持以发展为第一要务，牢固树立和认真落实科学发展观，紧紧抓住学校发展的重要战略机遇，统筹人才培养、知识创新和社会服务三大任务，创造性地开展工作，学校各项事业实现了又好又快的发展。在科学研究方面，“科技创新和服务地方年”成绩显著，科技经费突破3.5亿元，文科科研经费达到1800多万元，SCI、EI收录论文数量和引用次数继续保持全国前10名；在人才培养方面，大力推行“教育创新计划”，融知识学习和人格培养为一体的创新人才培养体系正在不断完善，大学生“三种经历”培育计划稳步推进。在社会服务方面，积极参与山东制造业大省、生态省、文化强省和创新型省份建设，形成了与山东大型企业的战略合作体系，实现了在重大技术研究合作方面的新突破，实际到位的横向科研经费达到1.55亿元。另外，人才引进与师资队伍建设、校园基本建设、国际合作与交流、后勤产业发展、医院事业发展、威海分校工作等各个方面的工作也都取得了明显的成绩。这些成绩的取得，得益于教育部和中共山东省委、省政府的正确领导和社会各界的大力支持，是全校各级领导班子和领导干部奋斗在一线，团结带领广大师生员工努力拼搏的结果。目前，全校上下人心思上，人心思干，形成了团结、和谐、稳定、蓬勃向上的良好局面。

2007年是学校全面实施“十一五”事业发展规划的关键一年，我们面临许多重大机遇，但也面临着更为艰巨和繁重的任务。在春节前，中组部、中宣部、教育部召开了全国高校党建工作会议，刘云山同志发表了重要讲话，突出强调了加强社会主义和谐校园建设；山东省委也在1月27日召开了全省高校党建会议，省委副书记高新亭同志作了重要讲话，对我省高校建设和谐校园进行了明确部署。在教育部召开的第十七次直属高校咨询会议上，陈至立国务委员和周济部长都作了重要讲话，对加强高校管理提出了明确要求，同时，教育部把2007年定为“高等学校管理年”，突出强调要从严治校、规范管理。这对我们学校具有很强的针对性和指导意义，我们一定要抓好贯彻落实。今年将要召开党的十七大和山东省第九次党代会，对我校各项工作特别是安全稳定工作提出了新的要求，学校事业发展的各项任务十分繁重，处在关键时期。我在1月30日的年度述职考评会议上讲过，我们去年取得了很大的成绩，但我们还存在许多不足和问题，资金短缺的矛盾又将十分突出，我们必须进一步增强责任感和紧迫感，以良好的精神状态和饱满的工作热情，努力做好2007年的各项工作。

二、以加强作风建设和提高管理效益为主线，努力做好2007年的各项工作

学校研究确定2007年为作风建设和管理效益年，这是十分适时的，非常必要的。胡锦涛总书记在中央纪委第七次全体会议的重要讲话中，强调加强新形势下领导干部作风建设，必须大力倡导八个方面的良好风气，即要勤奋好学、学以致用，心系群众、服务人民，真抓实干、务求实效，艰苦奋斗、勤俭节约，顾全大局、令行禁止，发扬民主、团结共事，秉公用权、廉洁从政，生活正派、情趣健康。这是加强领导干部作风建设的基本要求，对于推动全党进一步落实科学发展观、构建社会主义和谐社会、进一步提高党的执政能力、保持和发展党的先进性、推动各项事业发展具有重大的现实意义和深远的历史意义。我们一定要结合学校实际，认真学习领会，坚决贯彻执行。事实表明，加强作风建设、提高管理效益是建设一支高水平管理团队的需要，是学校在新的形势下实现和谐发展、科学发展的必然要求，我们一定要充分认识加强作风建设、提高管理效益的重要性和紧迫性，不断转变工作作风，健全管理制度，创新管理理念，以过硬的作风促管理，以科学的管理促发展、促和谐，团结带领全校师生员工，把学校的管理提高到一个新的水平。

一是要继续把构建和谐校园的工作抓紧抓好。建设社会主义和谐校园，既是当前高校面临的一项紧迫的现实课题，也是关系到整个社会主义和谐社会建设的一项长期任务。建设社会主义和谐校园，有利于坚持社会主义办学方向，有利于社会主义核心价值体系的基本要求在高校得到切实贯彻和充分体现，为我校的和谐发展提供坚实的思想基础；有利于增强高校的创新活力，保证学校安定有序，推动学校事业又好又快发展；有利于促进我们牢固树立“学校教育，育人为本”，“德智体美，德育为先”的思想，努力培养中国特色社会主义事业合格建设者和可靠接班人。我们要把思想统一到中央对这项工作的战略定位和部署要求上来，准确把握和利用好当前和谐校园建设的有利时机和大好形势，按照学校党委要求，科学规划，认真部署，积极动员，分解任务，积极组织开展和谐校园创建活动，争取在一个时期内切实抓出成效。

二是要继续坚持科学发展，把发展作为第一要务，突出内涵发展，着力提高教育教学质量，加快高水平大学建设进程。我们要紧紧围绕发展这个我们党执政兴国的第一要务，认真落实科学的发展观、人才观，坚持正确的政绩观和群众观，促进学校各项事业的全面协调可持续发展。要紧密结合学校目前的发展基础和办学条件，完成好人才培养、知识创新和社会服务三大任务，进一步明确发展方向，研究发展战略，拓宽发展空间。促进我校走内涵发展、协调发展、持续发展之路，努力形成充满活力的发展局面，使学校的各项工作、各种措施都有新的提高。

三是要加强管理，突出制度建设，坚持依法治校，用科学的制度管人，管事，不断提高办学治校能力。我们要牢牢把握住制度建设这个重点，着眼建立现代大学制度，把学校的管理行为制度化、规范化。要建立从学校的历史、现状和未来出发，建立起凸显山大特色、科学规范的大学章程，把先进的办学理念融入管理制度，将教学科研、社会服务、学科建设、队伍建设、资产和资源配置等管理要素、管理准则确定下来，使之成为学校内部人人遵守的制度和管理依据，不断推进依法管理、科学管理和规范管理，并结合当前我们的“三个体系”建设，不断加强管理效能监督考核，大力提高学校的整体管理水平。

四是要大力加强领导班子和干部队伍建设。按照事业发展的需要，我们要继续大力加强学校各级领导班子和广大领导干部的思想政治建设、组织建设和作风建设，完善党内民主集中制，强化理想信念教育，提高领导班子的思想政治素质、理论政策水平和驾驭全局、办学治校的能力。要及早谋划，统筹安排，重点做好中层干部换届调整和基层党委的选举工作，把作风建设作为考核重点，把那些作风端正、德才兼备的优秀干部选拔到重要岗位上来，使大家想大事，议大事，办大事，为干部提供干事创业的广阔舞台。

五是要全力维护学校安全稳定。今年是我国政治生活中十分重要的一年，我们要始终牢记三个倍加，那就是倍加珍视团结，倍加维护稳定，倍加顾全大局，为党的十七大和山东省第九次党代会的胜利召开营造良好的氛围。全校各级领导班子和广大领导干部要切实担负起维护学校稳定的政治责任，扎实做好各自的工作，要抓住管理工作中的薄弱环节，彻底排查并及时整改；尤其要对招生、教职工收入分配、财务和资产管理、校园安全、社会问题引发的群体性事件方面更要慎之又慎。要大力开展和谐校园创建活动，发挥各级党组织的政治优势和思想优势，及时化解工作中出现的矛盾和问题；要建立健全应急管理体系，妥善处理突发事件，努力建设平安校园，为学校的科学发展营造良好的外部环境。

三、几点希望和要求

新的一年，学校面临新的形势、新的要求，做好 2007 年的各项工作，我们今天在座的管理骨干和学术骨干担负着重要的责任。在这里，我有几点希望和要求与大家一起共勉：

一要带头勤奋学习。学习是领导干部增长才干、提高素质的重要途径，是做好各项工作的重要基础。经验表明，只有勤奋好学、学以致用，才能坚持与时俱进，创造性地工作。那种认为不学习照样能够干工作、不愿意用心学习的想法，那种满足于一知半解、浅尝辄止的态度，那种借口工作忙不去学习或者敷衍了事的做法，那种把学习当作装点门面而不是用来推动工作的现象，都是十分错误的和有害的。各级领导干部必须牢固树立终身学习的思想，坚持理论联系实际的马克思主义学风，以谦逊的态度、顽强的毅力抓好学习。要认真学习马克思列宁主义、毛泽东思想、邓小平理论和“三个代表”重要思想，深入学习科学发展观、构建社会主义和谐社会等重大战略思想，真正学懂弄通，掌握精神实质，提高理论素养，不断加强工作中的理论自觉和理论指导；要自觉成为学以致用、用有所成的表率，着眼于解决改革发展稳定中的实际问题，把学习的体会和成果转化为谋划工作的思路、促进工作的措施、领导工作的本领。

二要带头真抓实干。实干兴邦，空谈误国，正如邓小平同志指出的那样，世界上的事情都是干出来的，不干，半点马克思主义都没有。只有把嘴上说的、纸上写的、会上定的，变为具体的行动、实际的效果，我们的工作才算做到了位、做到了家。真抓实干，务求实效，要做到求真务实，关键在领导干部。各级领导班子和干部身处重要岗位，工作作风怎样，工作中是不是能坚持实事求是，是不是做到解放思想，是不是体现与时俱进，关系着党的形象，关系着学校的发展大局。因此，要切实加强党风建设，端正各级领导干部的思想作风和工作作风，注意倾听师生呼声，集中师生智慧，推进决策的科学化、民主化，创新发展思路，保证学校的改革发展措施落到实处。

三要带头搞好团结。发扬民主，团结共事，最重要的是各级领导干部要严格执行民主集中制的各项制度规定，严格按照领导班子内部议事和决策机制办事，不能个人说了算，更不能搞独断专行。领导干部要增强民主意识，虚心听取各方面意见，善于和同志们团结共事，自觉接受党组织、党员和群众的监督，共同推动形成心齐气顺、风正劲足的局面。各级领导班子尤其是主要负责同志要带头发扬民主，心胸开阔，虚怀若谷，从善如流，平等待人，乐于听取各种意见包括不同意见，自觉接受监督，善于调动大家的积极性，团结班子全体同志一道工作做到既能干事，又能共事，充分发挥班子的整体合力。

四要带头厉行节约。艰苦奋斗、勤俭节约是社会主义荣辱观的一个重要内容。发扬艰苦奋斗、勤俭节约的精神，树立社会主义荣辱观，关键是领导干部要以身作则，牢固树立过“紧日子”的思想，全校各级领导干部要牢记“两个务必”，带头发扬艰苦奋斗、勤俭节约的精神，带头反对铺张浪费和大手大脚，带头抵制拜金主义、享乐主义和奢靡之风，在各项工作中都要贯彻勤俭节约原则，精打细算，严格把关，真正把有限的资金和资源用在刀刃上。

五要带头严格自律。我们要大力弘扬求真务实的精神，自觉端正自己的思想作风、和生活作风，切实做到为民、务实、清廉，始终坚持服务师生员工，始终坚持真抓实干，始终坚持艰苦奋斗，始终保持清正廉洁。搞好自律，一定要继续坚持筑牢思想防线，不断加强思想道德修养和党性修养，牢固树立马克思主义的世界观、人生观、价值观和正确的权力观、地位观、利益观，常怀律己之心，常修为政之德，带头严格遵守领导干部廉洁自律各项规定，严格约束和规范自己的行为，还要管好家人和下属，并在生活中始终注意保持崇高的精神追求，培养健康的生活情趣。总之，我们要以良好的作风推进学校的各项工作。

老师们，同志们：做好新学期的工作，意义深远，责任重大。让我们大兴勤奋好学之风，大兴真抓实干之风，大兴勤俭节约之风，切实增强事业心和责任感，把目光盯在学校发展大局上，把心思用在事业上，自我加压，奋力拼搏，争创一流工作业绩，为实现学校的发展目标而贡献我们的力量。

谢谢大家！

（2007 年 3 月 3 日）

朱正昌在山东大学新学期工作会议上的总结讲话

同志们：

今天的新学期工作会议，内容很丰富。刚才，展校长从总体上部署了新学期的工作，讲得很全面，很有前瞻性和操作性，大家要结合各自实际，认真贯彻落实；王校长谈了岗位设置管理的工作思路；娄校长介绍了学科建设和服务地方工作有关情况。这些都是我们新学期的工作重点，希望大家深入领会，切实贯彻到新学期的工作中去。下面，我结合新学期的工作，再强调讲三点意见。

第一，深入学习领会胡锦涛总书记重要讲话和省第九次党代会精神，把握发展机遇，进一步增强办好山东大学的责任感和使命感。

6 月 25 日，胡锦涛总书记在中央党校省部级干部进修班发表了重要讲话，深刻阐述了事关党和国家工作全局的若干重大问题，明确了今后一个时期我国发展的战略目标、主要任务和大政方针，为党的十七大胜利召开作了政治上、思想上、理论上的充分准备，使我们进一步加深了五个方面的认识，即加深了对中国特色社会主义道路的认识，加深了对“四个坚定不移”的认识，加深了对科学发展观的认识，加深了对四位一体总体布局的认识，加深了对加强党的自身建设重要性的认识。8 月 31 日，胡锦涛总书记在全国优秀教师代表座谈会上发表了重要讲话，深刻阐述了教育在实现国家未来发展、中华民族的伟大复兴中的重要地位和作用，对切实加强教师队伍建设提出了明确要求，对全体教师提出了四点希望。总书记的讲话思想深刻、内涵丰富、要求明确，为当前和今后一个时期教育事业的改革和发展指明了前进的方向，对于全面建设小康社会、加快推进社会主义现代化具有特别重要和深远的意义，为我们加强教师队伍建设，提高办学质量，促进内涵发展，办好社会主义大学进一步指明了方向。学习好、宣传好、贯彻好胡总书记重要讲话精神，是全校师生当前的重要任务，我们一定要认真学习、深刻领会、贯彻落实到学校的日常工作中去。

总书记的重要讲话，强调要继续坚持好、落实好把教育摆在优先发展的战略地位的方针，这为高水平大学建设提供了难得的发展机遇。总书记在讲话中提出的“要以更大的决心、更多的财力支持教育事业”，以及“三个优先”（经济社会发展要优先安排教育发展，财政资金要优先保障教育投入，公共资源要优先满足教育和人力资源开发需要）的原则，必将有力推动高等教育事业的发展，我们要进一步强化机遇意识和责任意识，要深刻认识高等教育事业发展面临的新机遇、新挑战，做好学校“迎接大发展、水平大提高、作出大贡献”的各项准备。前不久召开的省第九次党代会。明确提出了今后五年山东工作的总体要求、目标任务和主要措施，学习贯彻好省第九次党代会精神，重点要学习领会好李建国书记的工作报告，动员全校师生为实现山东“科学发展、和谐发展、率先发展，在新的起点上实现富民强省新跨越”的奋斗目标贡献智慧和力量。最近，中共山东省委、省政府对于山东区域经济发展，提出了“一体两翼”的战略布局。我们要切实发挥山大的人才优势和科研优势，自觉融入，主动参与，更好地做好服务山东、服务区域经济和社会发展工作。

第二，进一步规范内部管理、创新管理机制，提高管理水平，把“作风建设与管理效益年”的各项任务落到实处。

8 月 29 日，周济部长在教育部视频会议上的讲话，对加强党风廉政建设、规范高校管理作出了全面部署。教育部把 2007 年确定为“高等学校管理年”，也是我校确定的“作风建设和管理效益年”。刚才，展校长就加强学校管理提出了明确要求，我们一定要抓好落实。今天在座的，是学校的核心管理团队，抓好学校管理是我们的重要责任，也是我们做领导工作的永恒主题，我们一定要树立高度的事业心，责任感，本着对党和人民事业高度负责，对师生员工高度负责，对学校事业长远发展高度负责的精神，更加重视和加强管理工作，把主要精力投入管理工作中，认真学习管理理论，下大力气思考管理，扑下身子倾心管理，敢于管理，善于管理，向管理要质量，要效益，要继续在从严治校、规范内部管理上下工夫；继续在依法治校，完善管理制度上下工夫；继续在科学管理、实现管理创新上下工夫，切实提高学校管理水平。

第三，以迎接十七大、学习十七大、贯彻十七大精神为主线，全面加强党建和思想政治工作，确保学校稳定。

即将召开的十七大，是我们党在我国经济社会发展进入关键阶段召开的一次重要会议。努力为党的十七大胜利召开创造良好的社会环境，深入学习好、贯彻好、落实好党的十七大精神，确保学校安全稳定，是做好当前和今后一个时期学校的重要任务，是我们各级领导班子和领导干部的重要政治责任。

一要继续深入宣传、贯彻、实践党的创新理论，为办好社会主义大学提供强有力的理论支持。我们要继续推进理论学习和理论宣传，在学校营造迎接和宣传贯彻党的十七大的良好思想舆论氛围，组织广大干部教师和青年学生认真学习十六大以来的创新理论，强化对党的建设取得的伟大成就的学习和宣传，强化对新时期教育改革发展新决策和新部署的学习和宣传，强化对学校发展成绩和发展目标的宣传，引导广大师生把力量凝聚到学校的发展事业上来。十七大召开以后，我们要按照中央统一部署和中共山东省委、教育部党组的要求，认真做好会议精神的学习和宣传，迅速在学校兴起学习、宣传、贯彻十七大精神的热潮，把全校师生员工的思想和行动统一到十七大精神上来。

二要坚持以科学发展观为指导，继续加强党的建设，把社会主义和谐校园建设的各项任务落到实处。科学发展观是我们必须长期坚持的重大战略思想和根本指导方针。高校工作包括党的建设要把握方向，有所作为，最根本的就是坚持以科学发展观为统领，推动高等教育事业又好又快发展。我们要切实发挥学校各级党组织的领导核心作用和政治核心作用，按照围绕中心、服务大局、拓宽领域、强化功能的要求，加强对党员的教育和管理，健全组织网络，创新工作方法和工作方式，关注师生工作生活和身心健康，使学院党组织的工作更加贴近教职员工的思想、工作和生活。要在和谐校园创建活动的基础上，认真总结成功经验，推出先进典型，为和谐校园建设营造良好的舆论氛围。

三要大力加强学校领导班子和干部人才队伍建设。要推动学校事业又好又快发展，关键是把学校领导班子建设好。培养高素质的人才，教师是关键。经过调整充实，我们校级领导班子年龄结构、知识结构都得到优化，是一个团结、有战斗力、很有活力的班子，我们要进一步加强思想建设、组织建设和作风建设。今年下半年，我们将进行中层领导班子和领导干部换届，这是我校加强领导班子和干部队伍建设的重要机遇，我们一定要及早谋划，精心安排。在学校的干部选拔使用过程中，我们要从建设国内外知名高水平大学的要求出发，坚持科学发展观，着眼学校的现实需要和长远发展，切实按照科学发展观的要求选拔任用干部，坚持标准，优化结构，深化改革，周密安排，精心部署，选好干部，配强班子，建设好善于领导科学发展的领导班子和干部人才队伍，为实现学校的又好又快发展提供坚强的人才和队伍保证。

四要继续抓好基层党组织和党员队伍建设。我们要深入抓好中央、省委保持先进性长效机制文件的落实，不断健全基层党组织工作体系，创新党组织活动内容和方式，大力做好党员发展及教育和管理工作，组织好下半年开始的基层党委换届选举工作，更好地发挥党组织的政治核心和战斗堡垒作用，发挥党员队伍的先锋模范作用，切实做到为教学科研服务，为师生员工服务，不断增强党建工作的吸引力、感召力。

五要加强和改进大学生思想政治教育。要在巩固前段工作成绩的基础上，继续贯彻落实中央16号文件，要坚持育人为本、德育为先，把立德树人作为人才培养的根本任务，加强爱国主义教育，深入开展理想信念教育，加强和改进学生思想政治工作，要把社会主义核心价值体系融入学校人才培养的全过程，引导青年学生树立正确的世界观、人生观、价值观、荣辱观，努力培养德智体美全面发展的社会主义建设者和接班人。要着力建立完善党委统一领导、党政齐抓共管、专兼职队伍结合、注重学生自我教育的领导体制和工作机制；不断完善富有山大传统与特色的融人格培育与知识学习为一体的人才培养体系；要坚持教育学生与服务学生相结合，解决思想问题和解决实际问题相结合，认真落实国家有关政策，进一步做好家庭贫困学生资助工作。新生开学后，要继续开通“绿色通道”，确保家庭经济困难新生顺利报到入学，并加强对助学资金的管理，加强对国家资助政策落实情况的监督检查。还要认真做好毕业生就业指导和服务工作，为大学生健康成长，提高社会竞争力，成功地走向社会创造良好条件。

六要强化政治责任，抓住工作重点，切实维护学校安全稳定。省委书记李建国同志多次在会议上强调，“发展是第一要务，维稳是第一责任”，话讲得很精辟、很深刻。党的十七大召开在即，明年8月还将迎来北京奥运会，确保学校安全稳定的工作任务异常艰巨。确保学校的安全稳定，是我们每位领导同志的重要政治责任。我们决不可掉以轻心，要认真细致地做好维护学校安全稳定的各项工作，要抓住校园综合治理、做好后勤服务、稳定学生食堂价格、网络安全和网上舆情监控等工作重点，抓住薄弱环节，及早排除隐患，完善应急预案，加强队伍建设，强化组织领导，层层落实责任，确保不出问题。

老师们，同志们，我们已经进入合校后新山大的第八个年头，七年来已经取得了有目共睹的成就，好形势来之不易，我们要倍加珍惜。我们也有很多不足，有许多不尽如人意的地方，面临着很多困难，有成绩也有问题，有经验也有教训，让我们共同去总结。我们一定要坚定信心，保持清醒的头脑，倍加努力工作，以更大的成绩迎接十七大的胜利召开。

老师们，同志们，后天就是教师节了，利用今天这个机会，我要转达省委刘伟副书记受李建国书记、姜大明代省长委托代表省委、省政府对山东大学老师的节日问候的敬意和节日的问候！我代表学校党委、行政向大家，向默默工作奉献在教书育人一线的广大教师表示崇高的敬意和节日的问候！提前祝大家教师节快乐！

（2007 年 9 月 8 日）

朱正昌书记在中共山东大学第十二届委员会第三次全体会议上的讲话

各位委员，同志们：

今天召开中共山东大学第十二届委员会第三次全体会议。主要任务是，深入学习党的十七大精神，传达贯彻省委九届二次全委会精神和教育部党组的通知要求，讨论通过《中共山东大学委员会关于深入学习贯彻党的十七大精神 全面推进高水平研究型大学建设的意见》，通报二次全委会以来党委常委会的工作，对学校学习贯彻党的十七大精神作出全面部署，动员全校共产党员和师生员工深入贯彻科学发展观，团结拼搏，抢抓机遇，乘势而上，为建设国内外知名的高水平研究型大学而努力奋斗。

刚才，展涛校长传达了李建国书记在省委九届二次全体会议上的讲话，刘珂副书记传达了教育部党组的通知，全委会讨论并通过了《中共山东大学委员会关于深入学习贯彻党的十七大精神 全面推进高水平研究型大学建设的意见》。下面，我代表党委常委会通报第二次全委会以来的工作，并就贯彻落实党的十七大精神，全面推进高水平大学建设讲几点意见。

一、十二届二次全委会以来的工作情况

党委常委会按照学校第十二次党代会确定的目标与任务，以邓小平理论和“三个代表”重要思想为指导，以科学发展观统领学校发展全局，全面实施《山东大学2006～2010年党的建设工作规划纲要》和《山东大学“十一五”事业发展规划》，积极构建社会主义和谐校园，努力加快国内外知名高水平研究型大学建设进程，学校的各项工作都取得了较好的成绩，得到各级领导及社会各界的充分肯定。着重抓了以下几个方面的工作：

（一）加强理论武装，以科学发展观统领学校工作全局

科学发展观是马克思主义关于发展的世界观和方法论的集中体现，是推进学校发展必须长期坚持的重大战略思想和重要指导方针。面对新的历史任务，我们充分发挥学校的学科优势，调动校内外各种教育资源，广泛宣传党的创新理论，认真组织党员理论学习，把理论宣传与学习活动同完成高等学校的三大任务、推进高等教育事业发展结合起来，同巩固保持共产党员先进性教育成果、加强党的执政能力和党的先进性建设结合起来，同落实学校“十一五”事业发展规划、推进高水平研究型大学建设结合起来，同构

建社会主义和谐校园结合起来，用马克思主义中国化的最新成果武装头脑、指导党的建设与各项工作。我们还及时组织学习胡锦涛总书记等中央和省部领导的重要讲话及有关文件，结合学校实际认真贯彻落实。通过系统、深刻的理论学习，使广大党员干部的认识进一步提高，思想进一步统一，增强了贯彻落实科学发展观的坚定性和自觉性，真正成为科学发展观的坚定信仰者、忠诚实践者和科学发展的积极推动者。

（二）全面加强党的组织、制度、作风建设

一是加强常委会自身建设。按照成为“社会主义政治家、教育家”的要求，不断加强领导班子的思想政治建设、组织建设和作风建设。坚持党委理论学习中心组学习制度，始终保持正确的政治方向。坚持和完善党委领导下的校长负责制，党委总揽学校改革发展稳定的全局，集中精力管方向、抓大事、谋大局，支持校长充分行使职权，调动各方面的积极因素，形成工作合力。坚持党的民主集中制，完善了党委的议事和决策机制。坚持领导干部调研制度，着力解决群众最关心、最直接、最现实的利益问题。坚持民主生活会制度，常委之间坦诚相见、相互尊重、相互信任、相互支持，共同营造了一个干事创业的良好氛围，显示出较强的凝聚力、向心力、战斗力和工作活力。坚持廉洁自律，严格执行廉洁从政的各项规定，增强了拒腐防变的能力。

二是加强干部队伍建设。为适应国内外知名高水平研究型大学建设需要，着力建设一支“敬业务实、协作创新”的高素质管理干部团队。完成了中层领导班子届中调整，进一步改善了中层领导班子的结构。制定了《山东大学干部管理办法》等制度，完善了干部工作的“责任目标—日常管理—预防保障—考核监督”制度体系，增强了干部队伍的活力，改进了干部培训方法，强化培训措施，增强培训的针对性和实效性，提高了干部队伍的整体素质。

三是加强基层党组织和党员队伍建设。深入贯彻中央保持共产党员先进性四个长效机制文件精神，明确目标，细化标准，健全完善了基层党建工作责任制；创新手段，改进方法，扎实开展了党员经常性教育；拓宽途径，改进方式，做好党员联系服务群众工作；坚持标准，规范程序，重点做好在优秀大学生和青年教师中发展党员工作，保证了发展党员质量；围绕大局，注重实效，创新了党组织工作方式，开展了丰富多彩的主题党日和主题实践活动，党组织和党员队伍的作用得到进一步发挥。2006 年，化学与化工学院党委被中央组织部和山东省委分别授予“全国先进基层党组织”和“全省先进基层党组织”荣誉称号。2007 年 9 月，学校党委被中共山东省委命名为“山东省基层党建工作示范点”。

四是加强党风廉政建设。全面落实《中共山东大学委员会关于落实〈建立健全教育、制度、监督并重的惩治和预防腐败体系实施纲要〉具体办法》，制定了《关于开展治理商业贿赂工作的实施意见》，开展了财务专项检查和产业规范化建设，有效地防止腐败现象的发生。深入学习贯彻胡锦涛总书记在中纪委第七次全体会议上的重要讲话精神，大力倡导“八个方面良好风气”，制定了《2007“作风建设与管理效益年”实施方案》，创新管理机制，进一步规范内部管理，切实转变工作作风，提高管理效益。

（三）积极构建社会主义和谐校园

一是扎实做好宣传思想政治工作。以社会主义核心价值体系为根本，大力弘扬以爱国主义为核心的民族精神和以改革创新为核心的时代精神。坚持正确的舆论导向，用马克思主义和健康向上的思想文化占领校内各种舆论宣传阵地。创新思想政治教育工作，通过制度建设和孟二冬、方永刚等一大批先进典型引导，加强了师德师风建设。深入贯彻中央16号文件精神，围绕融“知识学习”和“人格培育”为一体的人才培养体系建设，加强和改进大学生思想政治教育工作。采取得力措施，加强辅导员队伍建设，形成了充满活力的学生工作队伍。加大了对外宣传力度，进一步提升了学校的社会影响力。

二是努力坚持依法治校。积极开展“五五”法制宣传教育，提高师生法律意识，营造了有利于学校发展的法治氛围。建立健全依法治校的管理体制，起草了《山东大学章程》，修订了系列学术管理制度和评价机制，完善教职工代表大会制度，推进校务公开，规范办事程序，提高了学校决策的透明度。注重发挥民主党派在学校建设与发展中的建言献策、通力合作的功能，积极拓展群众意见反映渠道，建立健全科学有效的师生利益诉求表达机制和权益保障机制，切实维护师生权益。

三是切实关心师生切身利益。坚持“以人为本”，积极营造充满人文关怀的校园氛围。关注每一位师生的健康成长。给困难教职工送温暖，关心离退休老同志；完善家庭经济困难学生资助体系，目前学校国家助学贷款总量已达1.96亿元，居全国高校前列；实施安居工程，基本实现了教职工“住有所居”的目标；斥资2000万元用于维修工程，改善了师生的学习、生活条件和环境；充分发挥校长信箱的交流沟通作用，7000余封信件做到事事有回音，回复意见措施有落实，全年无重大信访事项发生。高度重视离退休、工会、妇委会、共青团、学生会、研究生会等群众组织的工作，凝聚各方力量，促进学校事业发展。

四是大力加强校园文化建设。充分挖掘我校百年办学历史的文化资源，围绕大学使命、办学理念、文化特色、山大精神等方面开展了深入研究，弘扬“为人朴实、做事扎实、作风务实”的优良传统，使之内化为广大师生的思想观念、价值取向和行为方式。进一步推动了以精神理念、形象标识、制度规范和人文环境为主要内容的新一期校园文化建设工程。改善校园环境，基本形成了布局合理、清洁优美、充满人文气息的绿色校园。

五是积极构建校园公共安全体系。牢固树立“科学发展、安全发展”、“稳定压倒一切”的观念，多次召开常委会专题研究维护学校稳定工作，采取积极有效措施稳定学生食堂物价。结合学校实际，提出了“构建具有山东大学特色的校园公共安全体系”的总体目标，探索建立日常教育与集中教育相结合的安全教育机制，人防技防有机结合、无缝隙覆盖的安全防控机制，以九个预案为重点的应急管理机制和制度、队伍、经费并重的安全保障机制，初步形成了校园安全稳定“人人有责、人人参与、人人尽力、人人共享”的局面，这项工作得到了国务委员陈至立同志的充分肯定。

（四）努力推动学校事业全面发展

积极创新人才培养模式，进一步完善融“知识学习”和“人格培育”为一体的人才培养体系，教育教学质量稳步提高；学科与科研工作成绩显著，“985工程”科技创新平台和哲学社会科学创新基地建设进展顺利，新增国家一级重点学科2个，二级重点学科12个，年度科研经费快速增长；师资队伍建设得到进一步加强，长江学者特聘教授、国家杰出青年基金获得者、泰山学者特聘教授等杰出人才数量明显增多，高水平创新基地和创新团队建设成效显著；对外合作与交流进一步拓展，形成了多形式、多渠道、多层次、全方位的对外交流与合作的格局；以“科技创新与服务地方年”为契机，积极服务区域经济建设，为山东制造业强省、生态省和文化强省建设作出了积极贡献；校园环境和办学条件得到进一步改善；威海分校实现了较快发展，教育教学质量不断提升，“天”、“海”、“韩”三大特色进一步凸显；附属医院快速发展，新增三所非隶属关系附属医院，临床教学能力、整体科研实力和医疗服务水平进一步提高。学校各项事业呈现蓬勃向上的发展势头。

上述成绩的取得，是中央、教育部、省委省政府正确领导的结果，是学校各级党组织团结带领广大党员干部和师生共同努力的结果。回顾近两年来的工作，我们深切地体会到，在新的形势下，不断推进高水平研究型大学建设，必须坚持以邓小平理论和“三个代表”重要思想为指导，坚决贯彻以胡锦涛同志为总书记的党中央提出的一系列重大战略思想，确保学校各项工作沿着正确的方向健康发展；必须坚持以科学发展观统领学校发展全局，实现学校又好又快发展，为创新型国家建设作出积极贡献；必须坚持“稳定压倒一切”，正确处理改革、发展、稳定的关系，为学校的建设与发展营造良好环境；必须坚持不懈地抓好领导班子和干部队伍建设，提高领导水平和治校能力；必须充分发挥基层党组织的政治核心和战斗堡垒作用以及党员队伍的先锋模范作用，调动广大师生员工的积极性与创造性，共同促进学校的建设与发展。

在肯定成绩的同时，党委常委会认真分析了学校工作中存在的问题与不足。特别突出的是：创新人才的培养和制度体系，吸引和培养杰出人才的制度环境，承担国家重大科研任务和服务山东经济社会发展的能力，与实现学校又好又快发展的要求不相适应；领导班子的素质能力和管理水平与新形势新任务的要求还有许多不相适应的地方。对此，我们一定要保持清醒的头脑，有针对性地采取措施，认真加以解决。

二、深入学习贯彻十七大精神，全面推进高水平研究型大学建设的各项工作

刚刚闭幕的党的十七大，是在我国改革发展关键阶段召开的一次十分重要的大会。大会高举旗帜、继往开来、求真务实，开成了一次团结的大会、胜利的大会、奋进的大会，对于我们抓住和用好重要战略机遇期、推动党和国家事业的继续向前发展具有重大而深远的意义。胡锦涛总书记所作的报告，为我们继续推动党和国家事业发展指明了方向，是全党全国各族人民智慧的结晶，是我们党团结带领全国各族人民坚定不移地走中国特色社会主义道路、在新的历史起点上继续发展中国特色社会主义的政治宣言和行动纲领。十七大报告的内容博大精深，涵盖了方方面面，其中对教育事业的发展作出了明确部署。报告指出：要“优先发展教育，建设人力资源强国”，“教育是民族振兴的基石”，“要全面贯彻党的教育方针，坚持育人为本、德育为先，实施素质教育，提高教育现代化水平，培养德智体美全面发展的社会主义建设者和接班人，办好人民满意的教育”，“提高高等教育质量”等等，这些重要论断是保证我国教育事业又好又快发展的行动指南，为新时期高等教育大发展指明了方向，注入了强劲动力。按照中央和省委、教育部党组的要求，学校先后两次组织党委理论中心组进行学习，召开了各单位党委书记

会议，发出了学习通知，对学习宣传十七大精神进行了部署。校党委常委分别到各个学院和单位部门进行宣讲和调研，全校迅速掀起了学习宣传贯彻十七大精神的热潮，焕发出高涨的政治热情和强烈的历史责任感，我们一定要继续组织好、引导好，学习贯彻十七大精神是当前和今后一个时期首要的政治任务，我们要以十七大精神统一全校党员干部和广大师生的思想，把力量凝聚到进一步推动学校事业又好又快发展和加快高水平大学建设上来。结合学校实际，我们要重点抓好以下几个方面的工作：

一是必须高举中国特色社会主义伟大旗帜，进一步坚持以党的十七大精神武装全校师生员工的头脑。

旗帜问题至关重要。党的十七大报告，一个重要的主题就是回答了我们党在改革发展关键阶段举什么旗，走什么路、以什么样的精神状态、朝着什么发展目标继续前进的重大问题。中国特色社会主义伟大旗帜，是当代中国发展进步的旗帜，是全党全国各族人民团结奋斗的旗帜，就是马克思列宁主义、毛泽东思想的旗帜，就是包括邓小平理论、“三个代表”重要思想以及科学发展观等重大战略思想在内的中国特色社会主义理论体系的旗帜。我们作为社会主义大学，必须团结带领全校师生员工，高举中国特色社会主义伟大旗帜，坚持走中国特色社会主义道路，坚持用中国特色社会主义理论体系武装头脑，指导工作。落实到建设和谐校园，构建社会主义和谐社会的伟大实践中去，高举中国特色社会主义伟大旗帜，坚决做到“四个坚定不移”，努力加快建设高水平大学的步伐。

二是必须坚持以科学发展观统领学校事业全局，进一步推动学校又好又快发展。

十七大报告的突出贡献，就是对科学发展观的时代背景、科学内涵和精神实质进行了深刻阐释，对深入贯彻落实科学发展观提出了明确要求。学习贯彻十七大精神，首先要深入贯彻落实科学发展观。科学发展观，第一要义是发展，核心是以人为本，基本要求是全面协调可持续，根本方法是统筹兼顾，这是实现学校又好又快发展的强大理论武器，对于推进学校事业发展具有重大的指导意义。我们要引导全校广大党员干部和师生员工全面把握科学发展观的科学内涵和精神实质，增强贯彻落实科学发展观的自觉性和坚定性，着力改变不适应不符合科学发展观的思想观念，着力解决制约科学发展的突出问题，努力推动学校事业实现科学发展、和谐发展和开放发展。要进一步准确把握住我国现阶段科教发展的脉搏，强化机遇意识和责任意识，深刻认识高等教育事业发展面临的新机遇、新挑战，对“建设什么样的山东大学，怎样建设这样的山东大学”这个根本问题，我们要按照科学发展观的要求，对学校事业发展进行再学习、再思考、再规划、再提高，紧紧抓住提高高等教育质量这个核心，进一步研究如何在学校的人才培养、科学研究和社会服务各个方面全面落实科学发展观，坚持走内涵发展之路，切实把发展思路转到又好又快上来，努力提高学校办学质量和管理水平，为构建创新型国家、建设人力资源强国作出更大的贡献。

三是必须坚持社会主义办学方向，进一步探索和凸显山东大学的人才培养特色，努力培养德、智、体、美全面发展的社会主义建设者和接班人。

十七大报告明确指出，“要全面贯彻党的教育方针，坚持育人为本，德育为先，实施素质教育，提高教育现代化水平，培养德、智、体、美全面发展的社会主义建设者和接班人”。这为我们坚持社会主义办学方向，做好人才培养工作指明了方向。我们要以十七大精神为指导，更加自觉遵循教育规律，全面贯彻党的教育方针，抓住国家实施“高校教学质量与教学改革工程”的重要机遇，深化教育改革，创新教育理念，强化通识教育，更新教育内容，完善培养模式，提高人才培养质量。我们要扎实推进十七大精神进课堂、进教材、进学生头脑工作，继续坚持“立德树人”，按照十七大报告提出的“切实把社会主义核心价值体系融入国民教育和精神文明建设全过程”的要求，用马克思主义中国化最新成果武装学生头脑，用中国特色社会主义理想凝聚学生力量，用爱国主义为核心的民族精神和改革创新为核心的时代精神鼓舞学生斗志，用社会主义荣辱观教育学生引领社会风尚，坚持育人为本、德育为先，全面实施素质教育，努力培养德智体美全面发展的社会主义建设者和接班人。我们要结合山东大学的工作实际，继续深入贯彻中央16号文件，加强和改进大学生思想政治教育，不断完善富有山大传统与特色的融“知识学习”与“人格培育”为一体的人才培养体系。坚持学校的人才培养目标，抓好专业集成培育和建设，努力培养具有崇高理想、高尚品格、创新精神、实践能力和国际视野的优秀建设者和创新人才，更好地为中国特色社会主义事业提供强有力的人才支持。

四要更加注重致力科技创新，进一步发挥高校创新平台的作用。

胡锦涛总书记在十七大报告中对提高自主创新能力、建设创新型国家作了精辟论述，指出要坚持走中国特色自主创新道路，把增强自主创新能力贯彻到现代化建设的各个方面。这为我们建设高水平大学、提高科技创新能力提出了更高的要求。高校是国家知识创新的主体，大学尤其是高水平研究型大学是国家知识创新体系的核心力量。我们要以十七大精神为指导，提高对自主创新能力重要性的认识，提高参与创新型国家建设的主动性，更加自觉地做好科技创新和社会服务。把培养创新型人才和推进高水平科技创新作为主要任务，紧紧抓住提高自主创新能力这个核心，努力贯彻“自主创新、重点跨越、支撑发展、引领未来”的方针，大力加强学科建设、队伍建设和基地建设，推动教学、科研和服务协调发展。我们要坚持把实施“人才强校”战略作为提高创新能力的重中之重，始终把创新人才队伍作为学校科技创新能力建设的核心，进一步营造鼓励创新的环境，努力造就一批国内一流、具有国际影响的科学家和科技领军人才，创造更加出色的科研成果，服务于国家现代化建设的重大需求，服务于创新型国家和社会主义和谐社会的建设。

五要更加注重做好社会服务，进一步为地方和区域经济社会发展贡献力量。

党的十七大为我们描绘了2020年实现全面建成小康社会的奋斗目标。从政治、经济、文化、社会建设的多个层面对建设小康社会提出了新的更高要求。我们作为国家重点建设的高水平大学，必须更好地履行好服务社会的职能，瞄准国家和区域经济社会发展的战略目标和重大任务，充分发挥在技术、人才和信息等方面的优势，整合校内外各种资源，努力构建开放式的校地合作网络，不断提高校地合作的水平和服务质量，把国家重大战略目标和区域经济社会发展的现实需求相结合，把学校的学科建设目标和解决地方经济社会发展的现实问题相结合，为建设创新型国家贡献力量，为山东省实施“一体两翼”区域经济发展和海洋经济战略贡献力量，在参与区域创新体系建设中充分体现办学价值。就像周济部长所讲的，上要“顶天”，下要“立地”。所谓顶天，就是要高度重视现代科学技术前沿的研究，围绕国家战略需求，不断创造高水平的研究成果；所谓立地，就是要面向国民经济和社会发展主战场，切实解决发展实践中大量的科技问题。因此，我们要以更宽的视野，更高的要求，大力推动我校服务地方工作，立足山东，面向全国，努力提高社会服务水平。

六要更加自觉地服务于社会主义文化大发展大繁荣，进一步巩固和发展山东大学的人文社会科学优势，引领社会文明进步。

胡锦涛总书记在十七大报告中突出强调了加强文化建设、提高国家文化软实力的极端重要性，对兴起社会主义文化建设新高潮、推进社会主义文化的大发展大繁荣作出了全面部署。指出要繁荣发展哲学社会科学，推进学科体系、学术观点、科研方法的创新。这对山东大学这样一所具有人文社会科学学科优势的重点大学赋予了光荣而艰巨的使命。山东大学植根齐鲁大地、传统文化研究源远流长，我们要大力继承和弘扬中华民族优秀传统文化，深入研究、系统挖掘研究中华文化的发展脉络、经典精粹及其当代价值，为弘扬中华优秀文化，建设中华民族共有精神家园作出更大贡献。同时，我们要继续巩固和发展学校应用社会科学的人才和科研优势，紧密围绕地方和区域经济社会发展中的重大现实问题，开展应用对策研究，提供决策咨询，更好地为党和政府提供决策咨询服务，为经济社会发展服务。要大力加强学科建设，致力理论创新，出成果，出人才，全面推动我校哲学社会科学优秀成果和优秀人才走向世界，为繁荣发展我国人文社会科学、传承人类文明、塑造先进文化作出新的更大贡献。

七要更加注重创新教育理念，进一步推动学校全方位开放式办学。

学习贯彻十七大精神，非常重要的一点，就是要牢牢抓住国家实现教育优先发展战略的重大历史机遇，着力把握教育发展规律、创新学校发展理念、转变学校发展方式、破解学校发展难题，提高我校发展质量和效益。我们要着眼教育改革开放的总体形势，继续推动学校全方位开放式办学，在开放办学的过程中不断创新教育教学理念，实现学校的跨越式发展。要在前段时间工作的基础上，进一步更新教育观念，不断拓展办学空间，有效利用海内外优质教育资源，着力推动本科生“三种经历”和研究生“双导师制”等教育创新，努力丰富教师的海外学习经历；进一步扩大国际交流与合作渠道，努力提高学校的国际化水平；充分利用学校教育基金会、校董会等有效平台，积极吸纳社会资源，拓展学校办学空间，实现学校的科学发展、和谐发展和开放发展。

八要更加注重以改革创新精神加强党的建设，进一步为学校事业发展提供坚实的政治和组织保证。

十七大报告对新形势下党的建设作了充分论述，其中一个突出亮点，就是明确提出了以改革创新精神加强党的建设的重大战略思想和重大战略任务，为我们进一步加强学校党的建设指明了方向。一是要着力加强思想理论建设，深入学习和宣传中国特色社会主义理论体系，用党的理论创新成果武装全校共产党员的思想。加强党员、干部理想信念教育和思想道德建设，使广大党员、干部成为实践社会主义核心价值体系的模范，做共产主义远大理想和中国特色社会主义共同理想的坚定信仰者、科学发展观的忠实执行者、社会主义荣辱观的自觉实践者、社会和谐的积极促进者。二是大力加强领导班子和干部队伍建设，提高办学治校水平。从建设高水平大学的要求出发，着眼学校的现实需要和长远发展，切实做好中层领导班子换届工作，选好配强中层领导班子，建设高素质的干部队伍。三是努力巩固和扩大党员先进性教育成果，加强基层党组织和党员队伍建设。大力做好党员发展及教育管理工作，组织好基层党委换届选举工作，不断优化组织设置，扩大组织覆盖，创新活动方式，充分发挥基层党组织推动学校发展、服务师生员工、凝聚智慧力量、促进校园和谐的作用。四是严格按照胡锦涛总书记提出的树立“八个方面良好风气”的要求，加强党风廉政建设，使党员干部永葆先进性和纯洁性。五是继续深入贯彻落实《中共山东大学委员会关于进一步加强党的建设努力建设社会主义和谐校园的意见》，关心并维护师生的切身利益，扎实推进社会主义和谐校园建设，在学校大力提倡和弘扬具有山大特色的和谐文化。还要进一步加强统战、群团、离退休工作，调动一切积极因素，促进学校又好又快发展。

三、进一步加强全委会自身建设

党委全委会是党代会闭会期间党委的领导集体。加强全委会自身建设，充分发挥全委会的作用，是加强党内民主建设、促进学校党委科学决策的重要举措，是改进党的领导方式、提高执政能力和执政水平的重要途径。每一位党委委员、每一名党委常委，都要继续高度重视和切实加强理论学习，带头学习贯彻和落实十七大精神，始终坚持坚定的政治立场、正确的政治方向、崇高的理想信念，不断加强工作中的理论思考和理论指导，着力转变不适应不符合十七大精神的思想观念，把十七大精神贯彻到学校工作的方方面面；要深刻领会、坚持和把握党委领导下的校长负责制，坚持依法办学和依法管理；要加强团结、维护团结，增强班子凝聚力、战斗力，以党委班子的紧密团结带动党内团结，促进全校团结，进一步巩固心齐气顺、风正劲足的良好局面，凝聚起推动新阶段发展的强大合力；要倍加珍惜组织对我们的重托，倍加珍惜广大党员对我们的信任，倍加珍惜全校师生员工对我们的期望，进一步增强责任感和紧迫感，大力加强自身建设，努力提高工作水平和执政能力，真正把山东大学党委建设成为全校师生员工信赖的坚强领导集体。

我们要以学习贯彻十七大精神为强大动力，积极推动当前各项工作。继续努力做好人才培养、科学研究、社会服务和加强管理等重点工作，确保质量，提升水平，全面完成今年学校各项任务；要按照建设高水平师资队伍和管理干部队伍的要求，扎实稳妥地推进全校岗位设置管理工作；要着眼高水平大学的建设与发展需要，完成中层干部换届工作；要结合新形势、新任务的要求，及早谋划好明年的各项工作；同时，要毫不松懈地抓好学校安全稳定，确保学校事业发展的良好外部环境。

各位委员，同志们，创建国内外知名的高水平大学，是党和国家赋予我们的神圣使命，是山东大学实现振兴与发展的战略选择，也是所有山大人的共同追求。让我们紧密团结在以胡锦涛为总书记的党中央周围，深入学习贯彻十七大精神，坚持解放思想、实事求是、与时俱进，始终保持求真务实、勇于创新、永不僵化、昂扬向上的精神状态，倍加顾全大局，倍加珍视团结，倍加维护稳定，群策群力，奋发有为，为早日将山东大学建成国内外知名的高水平研究型大学而努力奋斗！谢谢大家。

（2007 年 11 月 13 日）

中共山东大学委员会关于深入学习贯彻党的十七大精神全面推进高水平研究型大学建设的意见

（中共山东大学第十二届委员会第三次全体会议讨论通过）

山大党字［2007］17号

为深入学习贯彻党的十七大精神，进一步把全校党员和师生员工的思想统一到党的十七大精神上来，把力量凝聚到实现党的十七大确定的各项任务上来，根据中共中央《关于认真学习宣传贯彻党的十七大精神的通知》精神和教育部党组、中共山东省委的部署，结合我校实际，现就深入学习贯彻党的十七大精神、全面推进国内外知名高水平研究型大学建设提出如下意见：

一、充分认识十七大的重大意义，把学习贯彻十七大精神作为当前首要的政治任务

充分认识党的十七大的历史贡献和重大意义。党的十七大是在我国改革发展关键阶段召开的一次十分重要的大会。胡锦涛同志代表第十六届中央委员会向大会所作的报告，是我们党团结带领全国各族人民坚定不移地走中国特色社会主义道路、在新的历史起点上继续发展中国特色社会主义的政治宣言和行动纲领，是马克思主义的纲领性文献。认真学习宣传贯彻党的十七大精神，关系党和国家工作的全局，关系中国特色社会主义事业长远发展，对于动员全党全国各族人民在以胡锦涛同志为总书记的党中央领导下，高举中国特色社会主义伟大旗帜，奋力开创中国特色社会主义事业新局面，具有重大的现实意义和深远的历史意义，对于统一我校广大党员干部和师生员工的思想认识，进一步明确学校发展目标，全面推进高水平研究型大学建设具有重要的指导意义。

深刻领会和把握党的十七大精神。学习党的十七大精神，要深刻领会、全面把握党的十七大的主题、基本内容、重大意义和精神实质。要紧密联系学校改革发展的工作实际和师生员工的思想实际，深刻领会和把握高举中国特色社会主义伟大旗帜，坚持中国特色社会主义道路和理论体系的论述；科学发展观是发展中国特色社会主义必须坚持和贯彻的重大战略思想的论述；和谐社会是中国特色社会主义本质属性的论述；教育优先发展，建设人力资源强国和建设创新型国家的论述；推动社会主义文化大发展大繁荣的论述；解放思想是发展中国特色社会主义的一大法宝的论述；以改革创新精神全面推进

党的建设新的伟大工程的论述。特别要深刻领会和把握十七大提出的“更好实施科教兴国战略”、“优先发展教育，建设人力资源强国”、“建设创新型国家”、“提高高等教育质量”以及加强政治、经济、文化、社会建设和生态文明建设，实现全面建设小康社会奋斗目标等新要求，进一步明确我们的历史使命和发展机遇，强化机遇意识和责任意识，切实把力量凝聚到实现高水平研究型大学的建设目标上来。

把学习贯彻党的十七大精神作为当前的首要政治任务。各级党组织要加强领导，精心组织，务求实效。校院两级党委理论学习中心组要制定系统学习计划，列出专题进行研讨。领导干部要学深学透，起到带头作用。要充分发挥校内各类媒体的作用，特别要注重发挥互联网的特点和优势，适时推出学习典型，大力宣传在学习贯彻党的十七大精神过程中解决实际问题的新成效、新进展。要充分发挥工会、共青团、妇委会和各类学生组织的自身优势，开展各具特色的学习教育活动。要切实抓好党的十七大精神进教材、进课堂、进学生头脑的工作，把学习党的十七大精神作为思想政治教育和课堂教学的重要内容，融入学校党团组织各种活动中。要围绕党的十七大提出的一系列新思想、新观点、新论断，围绕党员干部和师生员工学习贯彻过程中提出的难点问题，列出选题，组织力量进行研究，努力推出一批理论成果。

二、深入贯彻落实科学发展观，努力推动学校又好又快发展

山东大学经过合校七年的快速健康发展，已经站在一个新的历史起点上。学校的发展面临着前所未有的机遇，也面临着诸多困难和挑战。特别突出的是创新人才的培养模式和制度体系，吸引人才和杰出人才脱颖而出的制度环境，承担国家重大科研任务和服务山东经济社会发展的能力以及管理水平还与实现学校又好又快发展的要求不相适应。因此，面对学校发展的新机遇、新挑战，我们必须坚持用科学发展观统领学校发展全局，切实做到“三个转变”，要高起点、高标准、高要求，坚持科学发展、和谐发展、开放发展，走出一条符合我校实际、特色鲜明的高水平研究型大学建设之路。

坚持科学发展。要始终坚持社会主义办学方向，全面贯彻党的教育方针，以提高教育教学质量和办学水平为核心，以学科建设为龙头，以队伍建设为关键，继续大力推进全方位开放式发展战略、人才战略和教育创新战略的实施。更加注重优化结构、控制规模、提高质量；更加注重突出优势、凝练特色、构筑高峰；更加注重降低成本、提高效益、增强后劲；更加注重优化资源配置、拓展发展空间；更加注重制度创新、规范管理、提高效能，实现学校又好又快的发展。

坚持和谐发展。按照民主法治、公平正义、诚信友爱、充满活力、安定有序、人与自然和谐相处的要求，以建设社会主义核心价值体系为根本，正确处理学校改革发展稳定的关系，关注每一位师生员工的成长与发展，充分调动一切积极因素，推进校园公共安全体系建设，构建和谐校园，在维护稳定、增进和谐中发展，以发展促进和谐，以和谐推动发展。

坚持开放发展。要充分认识高水平研究型大学在实现中华民族伟大复兴中的重大责任和历史使命，进一步解放思想，强化开放意识，坚持全方位开放式发展，以更宽的视野、更高的要求审视学校的发展，为学校争取更加丰富的资源、更加广阔的空间，为师

生员工提供更加多样的选择、更加宽广的舞台，大力推进深层次的国内外交流与合作，在开放、多样中实现共享，在参与和贡献中推动发展。

三、突出重点，实现人才、学科、制度、文化建设新突破

加强人才建设。树立包括学生、学者、管理团队、服务支撑队伍在内的“大人才”观。以提高人才培养质量为核心，进一步完善融“知识学习”和“人格培育”为一体的人才培养体系。以实施国家“本科教学质量工程二期”和研究生培养机制改革为契机，加强专业建设，深化教学改革，创新培养模式，优化培养结构，完善评价体系，切实提高学生的创新能力与实践能力。大力加强教师队伍建设，营造鼓励创新、有利于优秀人才脱颖而出的环境，建立和完善人才评价和激励约束机制。依托国家重点研究基地和重大科研项目，继续推进创新团队建设。切实落实高层次创造性人才、优秀学术带头人和青年骨干教师队伍建设计划，继续推进青年教师“三种经历”，努力使进入国家级层次的学术创新团队和杰出人才数量明显增长，努力造就国内一流、具有国际影响的科学家和科技领军人才。

加强学科建设。进一步加强重点学科建设特别是优势学科、特色学科建设，更加注重提高自主创新能力，积极为启动三期省部共建工作作好各项准备，争取在国家级科技创新平台与哲学社会科学创新基地建设中取得更大成绩，创建更多的国家重点实验室。创新学校科研管理体制，以获取重大项目和高水平科研成果为重点，采取切实有效的措施，加大对经济社会发展中重大核心技术的研究和攻关力度，力争在国家发展战略中占有一席之地，成为国家和区域经济不可或缺的技术和智力支撑。大力实施文科学术振兴计划，加强对重大理论和现实问题的研究，坚持出成果、出人才，推动我校哲学社会科学走向世界。

加强制度建设。逐步建立起适应高水平研究型大学建设要求的现代大学管理制度，研究制定《山东大学章程》。坚持依法治校，坚持和完善教职工代表大会制度和校务公开制度，充分发挥师生员工民主管理和民主监督的作用。坚持和完善各级学术委员会、学位委员会、教学指导委员会等各类学术管理制度。稳妥推进人事收入分配制度改革，积极探索并推行以岗位管理为核心的教师职务聘任、业绩评价和津贴制度。规范和完善学校日常管理制度，建立规范高效、反应迅捷、协调有力的管理运行机制，打造一支“敬业务实、协作创新”的高素质管理干部团队。

加强文化建设。坚持不懈地用社会主义核心价值体系教育师生员工，培育文明风尚。进一步凝练和弘扬与时俱进的山大精神，增强师生员工的凝聚力和创造力。要组织开展丰富多彩的文化活动，营造浓厚的学术文化氛围，着力打造若干个在国内外具有较大影响的文化品牌。加强校园文化研究，促进校园文化建设，推动学校的竞争力、影响力和国际化水平的提升。要抓住机遇，充分发挥我校人文社会科学学科优势，学科综合特点和人才优势，为建设和谐文化、弘扬中华文化、推进文化创新、促进文化产业发展、加强生态文明建设作出应有的贡献。

四、以改革创新精神进一步加强学校党建工作

加强理论学习。要按照建设学习型政党的要求，深入学习中国特色社会主义理论体系，着力用马克思主义中国化的最新成果武装头脑，指导实践，推动工作。建立健全个人自学、中心组学习、脱产进修、成果交流“四位一体”的理论学习机制，充分发挥党校等思想建设阵地的作用，不断提高学习质量，努力在理论学习的针对性、实效性上下工夫，进一步提高全校党员干部和师生员工的理论水平和政治素质。

加强领导班子和干部队伍建设。把提高领导水平和工作能力作为领导班子建设的核心内容，坚持和完善党委领导下的校长负责制，重视发挥党委全委会对重大问题的决策作用。切实加强领导班子思想政治建设，使领导班子成为坚定贯彻党的理论和路线方针政策、善于领导科学发展的坚强领导集体。加强干部队伍建设，逐步建立和完善干部选拔、任用、培养、管理、考核、监督的配套机制，认真做好中层领导班子换届工作。加强勤政廉政建设，建立健全教育、制度、监督并重的惩治和预防腐败体系，激励广大干部爱岗敬业，团结奉献，努力为师生员工办实事、办好事，倡导勤俭节约、勤俭办一切事情，反对奢侈浪费。

加强党的基层组织和党员队伍建设。全面推进基层党组织和党员队伍建设，优化组织设置，扩大组织覆盖，创新组织工作和活动方式。健全完善基层党组织目标任务的考核监督体系，充分发挥基层党组织推动发展、服务师生、凝聚人心、促进和谐的作用。加强党员教育与管理，认真做好在优秀大学生和青年教师中发展党员工作，改善和优化学校党员队伍结构。建立保持党员先进性长效机制，探索建立党员教育、管理、监督体系，巩固和发展先进性教育活动成果，永葆共产党员先进性。

加强和改进思想政治工作。以社会主义核心价值体系为根本，坚持和巩固马克思主义的指导地位，大力弘扬以爱国主义为核心的民族精神和以改革创新为核心的时代精神，加强中国特色社会主义共同理想和社会主义荣辱观教育。加强舆论引导，推动工作创新，积极探索新形势下宣传思想工作的新途径、新方法，不断增强其针对性和实效性。加强和改进教职工思想政治工作，推动师德师风建设。深入贯彻中央 16 号文件精神，充分发挥广大教职工在学生思想政治教育工作中的作用，积极推进辅导员队伍职业化、专家化建设，努力形成全员育人的格局。

全校各级党组织和党员干部、师生员工一定要以学习贯彻党的十七大精神为强大动力，以高昂的政治热情、奋发有为的精神状态，倍加顾全大局，倍加珍视团结，倍加维护稳定，在中国特色社会主义伟大实践和全面建设小康社会的伟大事业中，把握机遇，承担责任，参与贡献，为把我校建设成为国内外知名高水平研究型大学而努力奋斗。

让开放成为山东大学最鲜明的发展特色

——展涛校长在全校国际合作与交流工作会议上的总结讲话

经过一天半的会议，大家集中精力研讨和思考了学校的国际合作与交流工作，都感到很有必要召开这样一次工作会议。下面，我谈一谈自己的感受。

2004年我们举办了“国际合作年”。回忆一下，与我们当时的理念和推出的一些措施相比，现在的确是有了不小的进步。虽然各个学院和团队都有一些亮点和出色的工作，但我总觉得这种进步还只是一个量变，是数量的增加，在理念上，战略上，在整个国际合作的层次和水平上，我想还没有实现质的飞跃。这个质的飞跃是什么，标志着什么，我们可以探讨。

像我们这样的学校，要有质的飞跃就必须走开放式发展的道路。我曾说过，这是使命所使，也是发展所需。使命所使就是说作为中国的一所高水平的大学，要想在当前全球化的竞争当中有所发展，就必须实施开放式发展战略。我们培养的人才要面对国际竞争，我们的科研成果要面对国际竞争。其二是发展所需。如果我们不更多地利用校外的资源，包括社会的，国内的，海外的资源，如果我们不积极主动地参与更多的国际合作和竞争，我们和国内同级的大学怎么相比？要认识到，我们本身和人家相比就没有优势，如果利用外部资源和创新方面再不比别人做得好，那我们就永远只能比别人发展得更慢。要想实现跨越式的发展，我们必须要有开放的理念和开放的发展方式，别无他路。我曾经多次列举研究生培养工作。研究生的水平取决于学校的学术、学科水平，而我们导师的整体学术水平与北大、清华等学校相比有明显的差距，所以我们承认这种差距。如果我们再不借助外面的资源，让学生接触更先进的理念，接触前沿的动态，做新的课题，那我们培养的学生整体来讲就要永远落后于人家。原有的模式也可能脱出一两个优秀的人才，但那终究是少数。如果我们采取了开放式发展的模式，我们就有可能跳出原来的束缚。

那么，下一步怎么来做呢？我想这样概括一下。

第一方面，理念的提升。参加这次会议，我想大家都感觉到了一种理念上的冲击。冲击之一是应该思考山东大学是一所办在哪里的学校，是济南的大学还是中国的大学，是中国的大学还是世界的大学。我们至少要从中国来看山东大学。山东大学是中国的大学，是中国的重点大学。在中国可以被称为国家大学的80多所学校里，我们又处于一个体量大、综合实力强、学科综合的梯队中。但只这样看也还不够，山东大学还是生存和发展在“地球村”里的。如果用这种国际视野来看，我们就应该问问自己，国际合作是可有可无的吗？如果说你是属于世界的大学，你的学生就应该有国际视野，更多的学生需要拥有海外经历。学校必须这样做，做不到，就是不称职。

通过一天多的会议，我希望大家，而且也感到大家拥有了这样一种观念，就是以山东大学是处在“地球村”的视野来看待我们的存在。我们所有的思考，首先要从山东大学是一所属于世界的大学这样一个观念基点出发，思考问题的出发点就应该是放在国际化视野下看待问题。那么作为世界的大学，你的影响力在哪里？那就要看你的校友在海外有没有影响力，你的学者在国际上有没有影响力，科研成果是不是国际水平。有了这样的理念，这样的视角，就能找到差距，就能按照国际化的标准来改进我们的工作。

十七大之后，我参加了若干次学习讨论，也谈了许多感受和体会。谈来谈去，我认为自己最大的收获，就是开始在一个新的发展时期，一种新的视野下来看待学校的发展。在学校的全委会上我曾谈到我的感受，首先是一种紧迫感。这个紧迫感在哪里？我们以前提到紧迫感往往是指大学间的竞争；原来谈论起大学的发展，我们总是很自豪地说，大学在中国是超前于社会的，是引领社会发展的。但是现在再看我们的大学，我觉得我们的引领作用已经越来越弱了，甚至还在很多方面滞后于社会发展。现在中国社会的进步，比如对民生的关注，经济的快速发展，可谓日新月异。中国社会在快速提升，而我们却在缓慢地行进。所以，我们要有紧迫感，要努力走在这个快速前行的社会前面，要在理念上，在科学技术上，在文化上走在前面。我们可以得出这样一个结论，但也许是一个武断的结论，即中国改革开放的伟大探索必将造就一批高水平的大学，在中国的发展中发挥重要作用，而且在国际上拥有重要影响的大学。反过来讲，中国改革开放也需要一批高水平的大学提供人才、智力、科学技术、先进文化的支撑和引领。这样看来，对我们又何尝不是一种机遇呢？未来的十年，十五年，中国要出现一批高水平的大学，而我们能不能把握住这样一种机遇？这应该是我们面临的最大的挑战。因此，我们首要的责任就是要参与到这个改革开放的伟大进程之中，参与到国际的合作交流和竞争之中去。山东大学一定要走出去，我们要有这样的紧迫感和使命感，机不可失。否则机遇可能造就了别人，却成就不了我们。这就是我们所处的大环境、大机遇。

山东大学要成为一所什么样的学校？如何来建设？我认为有三点。第一，是大学的使命和责任。大学的精神在哪里，我认为最重要的是使命感和责任感，对学生、对社会、对国家、对世界、对人类。我们要让使命感和责任感成为山东大学的一种价值追求。第二，是让山东大学成为一所最关注学生和教师成长的大学，这是“以人为本”理念最根本的体现。在学校里贯彻“以人为本”理念，就是要关心每一个教职员工、关心每一个师生，关注每一个学生和每一学者的成长，要花时间和精力来策划怎么关注他们。第三，是让山东大学成为一所最开放的大学，让开放成为山东大学最鲜明的发展特色。合校几年来，开放是山东大学的特色，包含着国际合作、国际视野、海外经历、国际竞争力等等。这种开放也不只是国际合作，还有国内合作，是一种全方位的发展战略。希望这次会议确立的共识和新的理念，就是山东大学是属于“地球村”的。因此，每一个学者都应该反思自己是否是一个世界的学者，问问自己在世界上有几个朋友？有几个学术交流的伙伴？在世界上哪个地方有自己的影响？哪一个项目适合与别人合作？如果答案是否定的，“我是属于世界的”就是一句空话。同样的，每个学院如此，整个学校也是如此。综合这三点，我们强调的核心是理念。

单靠理念肯定是不行的。如何做到使山东大学是属于世界的？

第二方面，是战略策划。所谓战略策划，是一个长久的、全方位的策划，要站得很高，看得很远，系统地规划山东大学未来的发展计划。比如我们提出，要求三分之一以上的教师要有超过一年的海外经历，这就是战略策划的一个指标。每个院长都要照此对比一下，看看有没有做到，没有做到就要求你开始策划。大家可能觉得很难，但实际并非如此，大家与刚合校的时候比一比就会有信心了。所以我们还应该提出更高的标准，要求山东大学的教师都要有海外经历，在几年之内应该对实现这一目标有一个战略策划。每个人要对自己有策划，学院要对教师有策划，学校对学院有策划。再比如，我们提出到2010年，10%的本科生，10%的研究生要拥有海外经历，这也是一个目标。如果我们顺利实现了这个目标，就会在学生之中产生一定的影响。再有，对教授的竞聘也要有新的策划，比如把我们的评审专家库中加入海外专家，这就要求我们的评价标准必须是与海外接轨和“可比”的。我们的二级教授，三级教授，能不能同国际上说得过去的大学的教授和副教授比？我们有些教授的水平是很高的，实事求是地讲，可以同国外的教授相当，但是这样的人我觉得还不多。要成为国际化的大学，就要有这种勇气和信心来对比，差得远也没有关系，对比的过程就是接近的过程，有了比较才有前进的目标和动力。虽然现在我们负担很重，但我们需要看得远一点，要敢于拿出东西来与人家比一比，也要有一个可比的指标和体系。现在学校层面上有“Global SDU 2010”，有了一个同国外大学相比较的雏形，每个学院也应该有一个自己的全球化战略，这样我们全校上下都有了策划。每个学院的实际可能不一样，但至少大家都有了目标和策划。所以我们除了需要理念提升外，还要强调策划。学校要有策划，学院要有策划，学院要帮助每一个老师做好策划，同时我们也需要给学生来做策划，哪怕是为学生介绍他毕业之后去国外学习，都是应该做的。学院应该多帮助学生，只要他们有这种要求和希望，有这种目标，就要帮助他们实现。

第三方面，制度保障。制度保障是哪些呢？比如山东大学的副教授或者教授必须拥有海外经历，比如我们的派出计划，再如我们的海外人才引进计划。我们派出了很多，但派出的效果怎样？回来之后要有考核制度来保障派出效果。只要我们形成这样的共识，我们就可以把它变成一项制度。只要把我们国际合作与交流的战略和目标，以制度形式确立下来，就能让我们的院长、学术带头人、老师，不再觉得国际合作只是个点缀，是个可有可无的，是一个有了很好没有也说得过去的事情，而是一定要做，必须要做，而且必须做好的事，否则你就被淘汰。很多时候，我们提出的理念很先进，却没有实现，不了了之。原因在哪里？因为没有形成完善的制度。目前，我看我们还是停留在一种“鼓励型”的观念上，还没有“一定要把山东大学变成一个具有国际影响力的大学”的决心。当然，光有这样硬性的制度还不够，还要创造有利条件，还要有经费来支撑。

第四方面，创新模式。国际合作并没有固定的套路，所以我们的合作方式要不断地调整，不断地更新，要不断地推出新的合作模式，不断地研究和探索新的模式。特别是职能部门，要根据情况的变化经常调整工作方式，做好引导。学院也是这样，有什么好的想法，认为有效的模式，就要去尝试。

如果我们有好的理念，科学的战略策划，然后有一系列的制度保障，再加上我们灵活创新的机制和模式来支撑，那我们就可以使整个山东大学的国际影响力和国际竞争力有一个质的提升。照这个思路走下去，我想再有四五年，我们会有一个惊人的变化。

最后还是那句话，要让开放成为山东大学最鲜明的发展特色。希望这次会议成为一次历史性的会议，当我们今后再回头总结工作的时候，认为这次召开的“四季村”工作会议，是山东大学明确理念，并朝着国际化大学方向发展的一个新起点。

（2007 年 11 月 17 日）

2007年“作风建设与管理效益年”实施方案

山大党字［2007］6号

一、指导思想与总体目标

2007年是山东大学作风建设与管理效益年。把“作风建设与管理效益”作为本年度学校工作的主题，旨在深入贯彻落实科学发展观，加强学校党的建设，推进“三个转变”，提高学校管理团队的整体素质和管理工作水平；旨在强化以人为本、以教师和学生为中心的服务意识，强化学校管理团队和管理工作的成本意识、效益意识。通过加强和改进干部作风建设，通过加强管理、勤俭办学和提高办学效益，逐步建立起现代大学管理制度和体系，为实现学校学术竞争力、社会影响力和国际化水平的进一步提升，为建设和谐校园，实现学校的可持续发展，建设高水平研究型大学提供坚实的支撑与保障。

二、加强作风建设的主要措施

贯彻落实科学发展观，把领导干部作风建设列入重要议事日程，抓紧、抓实、抓出成效。大力倡导“勤奋好学、学以致用，心系群众、服务人民，真抓实干、务求实效，艰苦奋斗、勤俭节约，顾全大局、令行禁止，发扬民主、团结共事，秉公用权、廉洁从政，生活正派、情趣健康”八个方面的良好风气，推动良好的校风、教风、学风建设，打造一支敬业务实、协作创新、勤政廉洁的管理团队。

（一）密切联系学校实际，认真抓好学习

坚持党委理论学习中心组的学习制度，用马克思主义中国化的最新成果武装头脑，指导实践，推动工作。自觉学习现代科学文化知识，加快知识更新，优化知识结构，不断丰富做好领导工作的知识武装和知识储备，争创学习型机关（单位）。紧密联系学校改革发展稳定中的实际问题，紧密联系个人的思想、工作和作风，围绕提高教学质量、培养创新型人才、创新学校管理、发挥基层党组织的作用、建设和谐校园等问题进行认真的思考和研究，把学习体会和成果转化为谋划工作的思路、促进工作的措施、领导工作的本领，转化为推动高水平研究型大学建设的能力。

（二）强化服务意识，真抓实干务求实效

强化服务学术、服务学者、服务学生的意识，结合岗位职责，认真制定服务措施，提高办事效率，提高服务水平。坚持和完善领导干部调研制度，虚心听取师生的意见和建议，实现科学、民主决策。建立健全科学有效的师生利益诉求表达机制和权益保障机制，努力解决好师生关心的有关问题。继续开展爱心助学活动，切实为生活困难师生排忧解难。制定学校党委、行政工作要点任务分解详目，加强对学校重大决策落实情况的监督检查。倡导朴实文风，精简各类文件、简报，实行大型会议审批制度，规范和改进公务接待，努力减少应酬性活动。领导干部要带头执行各项规定，坚持厉行节约、反对浪费的方针，在各项工作中都要精打细算，严格把关，真正把有限的资金和资源用在刀刃上。

（三）顾全大局，团结共事，建设和谐校园

坚持讲党性、顾大局，自觉做到在思想上、行动上与党中央保持一致，做到对上负责与对下负责相统一，善于把中央的精神与学校的实际结合起来，创造性地开展工作。认真贯彻执行民主集中制，严格按照领导班子内部议事和决策机制办事。广泛听取各种意见，善于和同志们团结共事，自觉接受党组织、党员和群众的监督，形成风正气顺心齐的良好局面。最大限度地调动各方面的积极性，最大限度地化解和消除各种不和谐因素，切实把和谐校园建设的各项任务落到实处。

（四）秉公办事，严格遵守领导干部廉洁自律各项规定

自觉加强党性修养，牢固树立正确的权力观，认真执行廉洁自律的各项规定，坚持秉公办事，不拿原则做交易，不用权力谋私利。坚持党风廉政建设责任制，贯彻落实《关于落实〈建立健全教育、制度、监督并重的惩治和预防腐败体系实施纲要〉具体办法》，拓展源头治理领域，推进反腐倡廉制度建设。自觉加强思想道德修养，倡导正派健康的生活作风。坚持领导干部个人重大事项报告制度。自觉增强法制观念，严格遵守党的纪律和国家的法律法规，坚持依法治校。

（五）加强对领导干部作风建设的考核与监督

党政主要领导要切实担负起领导职责，管好班子，带好队伍，加强对干部的教育、管理和监督。组织部门要把领导干部作风表现列入干部考察考核内容，作为衡量使用干部的重要依据。纪检监察部门要加强督察，秉公执纪，做好廉洁从政的正面教育、警示教育，增强领导干部廉洁从政的自觉性。

三、提高管理效益的主要措施

坚持勤俭办事业，将成本意识和效益意识贯穿于学校各项工作之中；全面强化管理，推进管理的规范化、科学化、精细化，通过加强管理实现“减少支出，确保发展”的目标；大力推进管理制度和机制改革，加强对二级单位的监管，通过管理创新提高资源利用效率，提高办学效益；广泛争取政府、社会和海外资源，显著提高学校自我发展能力。

（一）大幅度降低行政管理成本

严格控制日常管理经费，总量减少 20％。进一步规范办公用品、公务车辆、公务

接待、会议举办和通信工具的管理，坚持经济实用原则，严格审批程序。对办公用品实行大宗集中采购，严格控制车辆费用支出和通信支出，减少会议支出和接待费用。进一步推进办公信息化。搭建电子政务平台，健全办公自动化网络系统，实行网上（异地）公文办理制度，严格控制纸质印刷文件和资料，进一步优化校内信息流转程序，逐步建立一套完整的信息共享系统。

（二）严格人员编制管理和临时用工管理

全面梳理学校机构设置及各类人员编制情况，按照国家关于事业单位岗位设置管理试行办法的要求，进一步深化人事制度改革，积极探索并推行以岗位管理为核心的聘任制度。坚持按照《山东大学教职工年度考核工作实施意见》的有关规定，根据年度考核结果分类进行处理，坚决杜绝占用学校编制吃“空额”现象。制定考勤报告制度，规范工作人员日常性考勤管理，及时发现脱岗、离岗问题并采取相应措施。严格控制新增人员编制，科学设定岗位，加强选聘过程管理，切实提高各类新聘人员特别是非专业教师人员的综合素质。加强企业及经营单位中事业编制人员工资等费用的返还管理；加强临时用工管理，坚持满负荷工作原则，学校预算内经费安排的临时用工岗位实行零增长。已经批准设立的岗位，对岗位设定以及聘用人员实行年度审核，事变岗调，确保效益，避免产生用工纠纷。

（三）健全财务管理体制和制度

由学校财经领导小组统一领导和协调学校的财经工作，提高学校对财经工作的统筹调控能力。制定《山东大学重大经济事项决策责任制实施细则》，重点完善学校重大经济决策、重大投资（融资）项目以及大额资金使用的决策咨询制度。修订和完善《山东大学收费管理暂行办法》《山东大学政府采购管理实施办法》《山东大学差旅费管理暂行办法》《山东大学暂付款管理暂行办法》和《山东大学委派会计制度》，制定《山东大学专项资金的绩效考核办法》《山东大学涉及财务收支事项会签制度》，清理和规范涉及学校财务收支的各项政策和制度，严格支出管理，各项支出做到有预算安排、有支出标准、有制度依据，严禁无预算、超预算支出。建立基本建设和房屋装修改造项目的校院两级成本分担机制，出台相关管理办法。统筹学校各类捐赠收入，出台《山东大学社会捐赠收入分配使用管理办法》。深化奖学金制度改革，统筹安排学校和社会筹资的奖学金。

（四）加强基建和维修项目管理

严格进行建设项目必要性、可行性论证，防止出现重复建设、重复改造。针对新上项目较多和基础配套设施配套任务较重的情况，加强统一规划和多部门之间的协调，对水、电、暖等地下管网、线网进行科学调整和有效改造。对新技术、新材料和新设备的应用要进行专家论证，注重细节处理，提前确定预案和应急措施，出现问题及时处理，避免因拖延时间和准备不足造成不必要损失。进一步完善基建和后勤修缮规章制度，明确岗位职责，建立相互协作相互制约的工作运行机制，重点加强工程设计、施工、监理招标、材料招标、工程现场变更签证、质量保证等环节的过程管理，严格控制项目造价，降低建设成本，提高投资效益。

（五）推进公房有偿使用改革

落实《山东大学公房管理暂行办法》，实施“分类管理、动态配置、费用分摊、有偿使用”的公房管理机制，严格执行超定额有偿使用规定，收取超定额房产占用费350万元。逐步引入市场机制，建立公房使用效益评价体系，制定成本核算和考核办法。规范管理用于经营的房地产，按照“有偿使用，合同管理”、“先交费、后使用”的原则，将企业、后勤经营占用的房产进行统一核实，收缴资源占用费1100万元以上。暂不用于教学科研的土地房产资源，有偿使用，增加收入100万元。

（六）推进实验设备管理创新

推动实验教学示范中心规划与建设，完善示范中心的管理和运行机制，搭建实验教学大平台。完善设备管理和家具管理制度，真正体现“谁使用、谁管理、谁负责”。规范大型设备的购置程序与论证过程，减少重复购置；建立完善实验室资源开放共享机制，推进实验室和大型仪器设备的开放共享，提高使用效益；进一步推进实验室软件项目建设，促进发挥硬件作用和提高管理水平。建设基于网络的设备管理信息系统，提高设备管理现代化水平；逐步将大型仪器设备、高层次实验技术人才、功能实验室的信息纳入平台。建立实验室和大型仪器设备利用率及利用效益评估制度，科学合理配置资源。

（七）完善学科科研管理

重视学校科技创新体系建设和学科发展，超前谋划，重点支持；形成科学化、规范化的竞争机制，对建设项目进行绩效考核、优胜劣汰、滚动投入，提高建设项目效益，促使其在科学研究、学术队伍建设和条件建设等方面取得佳绩；规范学科建设经费使用管理，重点用于支撑能力建设投入，提高建设效益；在大型仪器设备购置和人才培养引进等环节严格把关，避免设备重复购置和资源浪费；完善科研管理机制，调动科研人员承担国家重点、重大课题和服务地方经济发展的积极性，更多地争取国家和企业经费支持；加强科技成果转化，提高转化效益；梳理和补充完善科研管理规章制度，建立健全过程管理和绩效考评机制，提高科研经费的使用效益。

（八）推进后勤管理创新

多渠道筹措建设经费，逐步在各校区建设中水系统，实现绿化、保洁用水中水化。对全校教学区、办公区实行节水改造，实现当年投入和节支平衡。完善《山东大学水电管理办法》，全面落实各用电单位水电指标管理，今年重点搞好后勤运行水电指标管理和行政办公水电指标管理。推行《山东大学学生宿舍水电指标管理办法》，实行超指标用电经费自付。制定和完善《山东大学供热管理办法》《山东大学公房物业管理办法》，对科研单位和计划外办学用热及物业实行收费管理。完善《山东大学教工住宅区物业管理办法》，合理界定教工住宅区的物业费分担比例。

（九）增强教育创收能力

以拓展合作促发展，以综合实力求效益，向调整结构要效益。积极扩大与政府部门、行业学会、各类企业、高等院校的多种形式合作。探索研究生在职教育新的增长点，探索远程研究生教育，努力争取EMBA项目，扩大工程硕士招生规模，增加研究生教育收入。稳定继续教育生源，大力发展网络教育，努力增加培训收入。面向省内高校继续发展双学位教育。稳步发展国际合作办学，改善国际学生生活条件，扩大国际学生规模，增加国际教育收入。力争实现教育创收2.4亿元。

（十）积极争取政府和社会资金支持

加大工作力度，积极争取各级政府多渠道专项经费，努力增加纵向科研经费，争取更多教改创新经费，争取专项资助教师学生出国学习研究。以校董会为平台，加强与海内外企业界、基金会的广泛联系，巩固校董合作支持，新增多位校董，探索成立学校教育基金会，策划实施“荣我母校”捐资和校友基金捐资，广泛吸纳社会资金，实现社会筹资4000万元。

作风建设与加强管理重在落实。各级领导干部都要有责任感，要有奋发有为的精神状态，把主要精力投入到工作中，投入到管理中，投入到抓落实中。全校各基层党组织、各职能部门、各单位要根据学校统一部署，制定“作风建设与管理效益年”具体计划，把措施和工作目标落到实处。按照决策目标、执行责任、考核监督“三个体系”的要求，加强对“作风建设与管理效益年”工作进展情况的信息跟踪，抓好行政监察与督办落实，确保收到实效。

节能减排山大行动方案

为进一步贯彻、落实《教育部关于节能减排学校行动的通知》（教发［2007］19号）精神，教育和引导全校师生员工增强节能减排意识，组织和动员各单位积极开展节能减排工作，降低办学成本，提高办学效益，确保学校事业健康、快速、可持续发展，并为引领社会树立科学发展新风尚、建设资源节约型、环境友好型社会作出积极贡献，学校决定开展节能减排山大行动，并制定本方案。

一、充分认识开展节能减排山大行动的重要意义

节能减排是深入贯彻落实科学发展观、构建社会主义和谐社会的重大举措。我校师生员工多达10万人，开展节能减排行动，不仅能对我校的节能环保和绿色校园建设产生直接效益，而且能帮助广大师生员工树立节能环保意识，养成珍惜资源、爱护环境的行为习惯，促进科研人员开展节能环保技术创新，保持学校全面协调可持续发展，意义重大，影响深远。另一方面，高水平大学必须培养能够引领社会发展的文明社会公民和建设人才，广大师生更应在引领包括节能环保在内的社会新风中率先垂范，这是我校义不容辞的社会责任。我们一定要充分认识节能减排的重要意义，积极行动起来，从本单位的实际出发，创造性地开展好节能减排的各项工作，为学生的全面发展和社会全面进步作出应有的贡献。

二、大力开展节能减排宣传教育活动

要结合学习贯彻党的十七大精神，将节能减排教育纳入集体学习计划，促使全体师生员工加深对我国能源短缺和环境脆弱基本国情的认识，增强节能环保的历史责任感和强烈的忧患意识，进一步明确节能减排的必要性和紧迫性，进一步加深对科学发展观的认识和把握，牢固树立节约意识、环保意识和效益意识。要利用校内媒体，开辟“节能减排山大行动”专题，大力传播节能环保知识，积极策划宣传学校节能减排行动的经验与做法，营造节能减排校园文化氛围，常抓不懈，使节能环保成为全体师生员工的自觉行为，成为山大文化传统。

1. 校部、学院机关要率先垂范。要把节能减排作为“作风建设与管理效益年”的重要内容；节能减排行动实践性很强，需要我们身体力行地将其贯穿到具体工作之中；全体管理人员要以身作则，积极参与以节资、节电、节水、节约办公用品为重点的节能降耗活动。

2. 有计划地开展卓有成效的教育活动。各级党组织和学生工作部门要引导广大师生员工从我做起，从小事做起，从点滴做起，勤俭节约，做节约能源、保护环境的使者。各级工会、共青团组织要从细节抓起，以活动为载体，帮助教职工和学生树立良好的节约、环保行为习惯。教师、干部、职工要以身示范，随时随地有意识地教育、引导和提示学生树立环保意识、养成节约习惯。

3. 将节能减排内容纳入学生思想政治理论课。教学过程中可以与保护地理环境、维护生态平衡结合起来进行，与可持续发展、走新兴工业化道路相联系；要充分发挥我校学科齐全的综合优势，组织马克思主义学院、环境科学与工程学院、环境研究院、电气工程学院、能源与动力工程学院等各相关单位，结合学科特点，将节能减排教育与思想政治教育、专业教育和学生全面发展教育等工作有机结合起来，培养具有自觉的节能环保意识和能力的高素质人才。要在全体学生中组织开展“节能减排从我做起，绿色校园共同创建”的主题教育活动，举办节能环保科技发明大赛和成果展示，鼓励环保协会等社团组织发挥自身优势，开展丰富多彩的节能减排活动。

4. 勇当节能减排社会行动的引领者。师生要积极走出校门，充分利用学校的科研基地、教学实践基地、大学生社会实践基地和志愿者社区援助站等，主动参与社会公益事业。广泛开展节能环保科技创新、社会实践活动和志愿者活动，为推广先进的节能减排技术、增强全社会节能环保意识、弘扬节约风尚作出山东大学应有的贡献。

三、健全节能环保制度，强化节能环保管理

深入落实节约资源和保护环境基本国策，着力建设低消耗、少排放，能循环、可持续的资源节约型、环境友好型校园。建立健全节能环保制度，做好学校发展和校园建设总体规划的调整工作，加强基本建设、维修改造及日常工作、学习、生活运行过程中的节能环保管理。

1. 节约能源。强化能源节约和高效利用的基本导向，加大节能力度，建设节能示范路、示范区、示范园。继续深化学校水电运行指标管理，2008 年在全校所有单位全面实施用水用电指标管理。率先采用节能装置，合理控制公用区域的照明，公用教室、学生宿舍区走廊灯安装自控延时开关；加强办公区域空调管理，采用节能技术，严格控制空调温度；要充分利用自然资源，学生浴室、路灯逐步安装太阳能装置；加大燃气锅炉燃烧控制系统改造力度；实验室环境改造要制订相关标准，强化统一管理；建筑增加外墙保温、双层玻璃保温窗户等节能措施；中央空调可采用地源热泵技术，节省能源5%以上。自 2007 年起，努力使我校用电量近三年实现逐年递减 10%的目标。

2. 节约用水。加大中水的利用率，开工建设南新区中水处理二期工程，达到绿化、冲厕和道路喷洒中水利用率 100%，每年节约自来水 1500 吨；论证在东校区新校安装中水设备、建设日处理 3000 吨的中水站的可行性；安装壁挂式小便器和红外线节水控制器，实现小便器节水率 70%；更换老化锈蚀的供水管道，进一步减少管道跑冒滴漏。努力使我校用水量近三年实现逐年递减 10%的目标。

3. 节约办公用品。对微机、打印机、数码相机、复印机、空调、传真机、碎纸机

等办公设备要实现资源有效利用和共享；微机、传真机、复印机等设备尽量减少待机时间，下班后必须断电；要充分利用网络办文，减少纸质文件传递，提倡在电子媒介上修改文稿；积极提倡修旧利废，提倡使用钢笔书写，减少圆珠笔和一次性签字笔的使用数量；杜绝使用办公电话聊天或拨打信息台；严禁公车私用。

4. 加强资源综合利用。学校基础设施建设要以资源综合利用为原则，科学规划，优化设计方案；强化节约意识，细化施工过程管理，降低工程造价，提高投资效益；加强后期运行、使用管理，保证工程建成后尽早发挥使用效益；积极引进新技术、新工艺，采用节能型建筑结构、材料、器具和产品，提倡修旧利废；大型仪器设备更新要反复论证、科学决策，避免重复购置等浪费现象；把大型仪器设备能源消耗和排放作为大型仪器设备购置论证的重要指标，对消耗和排放超过规定标准的大型仪器设备实行一票否决；建立大型仪器设备资源共享平台，充分利用网络信息手段，发布大型仪器设备信息，提高大型仪器设备的使用效益，逐步建立40万元以上大型仪器设备在线监控系统，强化使用管理；积极加入山东省和济南市大型科学仪器共享体系，充分利用我校的大型仪器设备资源为社会服务，提高设备使用效益；积极推进各项管理改革，形成促进节能环保的新机制，建设绿色校园、可持续发展校园。

5. 强化对危险化学物品等的管理。设置回收容器，妥善选择存放地点，分级、分类收集有毒、有害废液、废固，2008年在相关学院实验室增设有毒有害废弃物的回收箱，并出台相关管理办法；建立固体、液体化学试剂报废回收制度，指定专（兼）职人员负责有毒、有害废液、废旧化学品及废固的回收处置工作，由实验室与设备管理处组织每年定期集中统一进行处置；研究、论证并解决实验废液排放污染环境的问题；严禁任何单位和个人随意抛弃废固、倾倒废液。

四、积极开展节能减排技术创新

要面向国家和社会需求，面向地方和企业需求，发挥学科综合优势，强化节能减排集成创新能力。学校要加大科研的组织与整合力度，在节能减排领域重点建设1～2个科技平台，并争取尽早建成国家工程技术（研究）中心。要加强技术研发，积极组织申报节能减排各类科研项目；要积极与企业合作承担有关科研项目，加强节能减排科技成果转化和技术转移；要优化节能减排技术创新与转化的整体环境，加强资源环境高技术领域创新团队和研发基地建设，逐步建立以学校为主体、专家教授为骨干、大型重点企业参与、产学研相结合的节能减排技术创新与成果转化体系。积极论证新上核能发电、生物能源利用专业，开辟相关领域科学研究方向。定期举办以“节能减排环保”为主题的南山论坛，交流研讨节能减排科研成果，不断激发技术创新活力。

五、加强领导，精心组织，狠抓落实

学校成立节能减排山大行动工作领导小组（见附件），指导各单位积极开展节能减排活动。各单位要把节能减排行动与“作风建设与管理效益年”结合起来，将其作为今后一个时期的重点工作，制定详细的节能减排实施方案，建立长效机制，精心组织，常抓不懈，务求实效。实行单位能耗目标责任和考核制度，并将节能减排工作纳入年度考核，作为评选先进单位和考核部门负责人工作业绩的重要依据。监察处和机关党委要把节能减排作为今后一个时期机关作风建设重点，加强监督检查。

（2007 年 11 月 19 日）

山东大学研究生培养机制改革方案（试行）

为建立研究生培养质量的长效保障机制，培养高素质的创新性人才，根据教育部有关文件精神，我校将从2008年起，实施以奖助体系改革为主要内容的研究生培养机制改革。结合我校研究生教育的实际情况，特制定本方案。

一、指导思想和目的

研究生培养机制改革的指导思想是适应建设创新型国家的战略要求，消除制约培养创新性人才的体制性障碍，全面激活和合理配置研究生教育资源，努力构建研究生教育质量的长效保障机制，推动我校研究生教育的良性发展。

研究生培养机制改革的核心是建立以科学研究为主导的导师负责制和资助制，其目的是促进研究生教育与科学研究的紧密结合，实现研究生教育资源的优化配置，提高研究生培养质量，出更多的创新成果。

增强导师在研究生培养中的主导作用，突出强调导师注重在科学研究活动中培养人才。导师既要负责提高研究生的培养质量，又要承担起资助研究生的相关责任。研究生要从科学研究的实践中不断增长知识和提高学术水平，其实际表现与获得的奖助结合起来。

研究生培养机制改革以合理配置相关资源作为切入点，学校内部统筹规划和使用财政拨付的研究生培养经费、导师的部分研究经费和其他有关资金，构筑新的研究生奖助体系，增加对研究生的奖助。着力建立研究生教育的多元投入机制，逐步形成以学校投入为主，导师给予必要的配套，其他相关方面合理分担的基本格局，为实现研究生教育的可持续发展提供较为充足的经费及资源保障。

二、基本原则

研究生培养机制改革要遵循以下原则：

科研主导、导师负责的原则。突出科学研究在研究生招生和培养中的主导作用，强化导师在研究生招生和培养中的责权利。

统筹规划、分步实施的原则。研究生培养机制改革涉及很多方面，是一项系统工程，应系统设计、统筹规划、分步实施，努力构建有利于激发导师和研究生创新热情和创新实践的培养机制和资助机制。

两级管理、责权分明的原则。学校制定总体改革方案，各研究生培养单位可根据自身的实际情况和学科特点，按照学校的总体要求，制定适合本单位的实施细则。

分类管理、支持重点的原则。合理制定人文、社会学科与理、工、医等学科的导师配套投入标准，体现对重点学科、基础学科、重大科研项目及优秀导师的倾斜支持。

简单易行、稳步推进的原则。充分考虑政策的科学性和可操作性，使改革平稳有序地进行。

三、主要内容

（一）调整研究生学制

硕士研究生实行弹性学制，在校学习年限为2～3年。硕士研究生各专业的学制由各培养单位提出调整方案，报学校审批。

博士研究生实行以3年为基础的弹性学制，在校学习年限为3～5年。硕博连读研究生实行以5年为基础的弹性学制，在校学习年限为5～7年。

（二）研究生招生方式改革

进一步扩大导师（组）在招生中的自主权，稳步探索研究生招生方式的改革，将考核的重点放在考生的综合素质、科研业绩和发展潜能上。

（三）研究生培养体系改革

改革研究生的课程体系，努力提高研究生的创新能力和实践能力。

全面实施以“一个学生，两个导师，三种经历”为主要内容的研究生培养模式改革。贯彻“因材施教”教育思想，推行以科研为导向的个性化培养方案的制订。导师可根据课题需要制定单独的个人培养计划，真正使学生在科研活动中完成培养过程。落实研究生培养中的双导师制，大力推进学科交叉。以导师间实质性科研合作为基础，深入开展“三种经历”工作。

（四）研究生奖助体系改革

1. 该项改革暂不涉及学生类别及收费政策的变动。

2. 学校统筹多种资源，包括政府财政拨款、学校专项资金、导师配套经费以及社会捐助资金等，构建新的研究生奖助体系。新体系由学业奖学金、“三助”奖学金、“三种经历”奖学金和优秀研究生奖学金构成。

3. 学校分别设立A类、B类学业奖学金，学业奖学金根据入学的初试和复试成绩评定。获得A类奖学金者免收三年培养费，按计划内录取；获得B类奖学金者免收三年培养费，按山东省政府委托培养录取；未获学业奖学金者自筹三年培养费，按计划外自筹经费录取。单位委托培养的研究生不享受学业奖学金。

4. 助研奖学金面向全体全日制非在职攻读学位的研究生，主要由学校和导师分担。鼓励各研究生培养单位根据自身情况制定高于学校最低要求的助研奖学金标准。

博士研究生的助研奖学金不分等级，每人每月800元，每年按10个月计算，最多可享受四年。第1～3年助研奖学金的导师配套部分依招生数量而实行“累进制”，学校仅规定起点，导师可依研究生的科研业绩自行提高资助额度。第四年学校每人每月提供400元，导师的资助数额由导师自行确定。

第1～3年博士生助研奖学金的具体构成如下表：

博士生的助研奖学金构成表 单位：元/月，每年按10个月发放

构成＼类别	招收第一个博士生		招收第二个博士生		招收第三个及以上博士生	
	学校提供	导师提供（起点）	学校提供	导师提供（起点）	学校提供	导师提供（起点）
人文	700	100	600	200	0	800
社科	650	150	500	300	0	800
理学、医学	600	200	400	400	0	800
工学	500	300	300	500	0	800

硕士研究生的助研奖学金最多可享受三年。第一年不分等级，每人每月300元。第二、三年分三等，一等每人每月400元，占30%；二等每人每月300元，占60%；三等每人每月100元，占10%。每年按10个月计算。

导师招收第一至第三个硕士研究生，其助研奖学金由学校承担；招收第四个及四个以上硕士研究生的助研奖学金（MBA、法律硕士、软件工程硕士和单列项目招生除外），导师每人每月承担200元，其余部分由学校承担。导师还可根据研究生的表现再给予一定的资助，具体数额由导师自定。

学校为每一位导师设立助研奖学金账户，在招生时导师须将三年配套经费一次性拨入该账户。研究生向导师申请助研奖学金，在确定等级后由导师签字发放。助研奖学金的具体管理办法将另行制定。

5. 助教和助管奖学金由学校和培养单位共同负责，其管理按学校现有办法执行。

6. “三种经历”奖学金由海外学习经历奖学金、第二校园经历奖学金和社会实践奖学金三部分组成，其管理办法将另行制定。

7. 优秀研究生奖学金面向所有研究生，由校长奖学金、优秀博士研究生培育基金、优秀研究生干部奖学金和社会资助的项目奖学金组成。除优秀博士研究生培育基金将另行制定管理办法外，其余优秀研究生奖学金的管理办法按现有文件执行。

8. 医学类研究生在临床学习期间，除享受学校规定的助研奖学金外，所在医院还应给予不低于现行标准的生活补贴。

9. 学校设立“山东大学研究生奖助金管理办公室”，挂靠党委研究生工作部，负责有关奖助金的日常管理和协调工作。

四、附则

本方案自2008年入学的研究生开始实施，由研究生院、党委研究生工作部负责解释。

党的建设与思想政治工作

中共山东大学委员会2007年工作要点

2007年是深入贯彻学校第十二次党代会精神，实施“十一五”事业发展规划的重要一年。学校党委工作的总体要求是：以邓小平理论和“三个代表”重要思想为指导，用科学发展观统领学校发展全局，深入学习贯彻党的十六大和十六届三中、四中、五中、六中全会、全国全省高校党建工作会议精神，紧紧围绕创建高水平研究型大学这一奋斗目标，加强作风建设，创新学校管理，提高人才培养质量，建设社会主义和谐校园，以优异成绩迎接党的十七大和省第九次党代会的胜利召开。

一、加强思想理论武装，做好宣传思想政治工作

1. 坚持政治理论学习制度，用马克思主义中国化的最新成果武装头脑，重点做好社会主义核心价值体系的学习、宣传工作，坚持社会主义办学方向，巩固校园和谐的思想道德基础。

2. 积极开展马克思主义理论研究，建设反映马克思主义中国化最新成果的哲学社会科学学科和教材。切实加强和改进思想政治理论课教育教学，推动马克思主义中国化最新成果进教材、进课堂、进头脑。

3. 加强宣传舆论阵地建设。充分发挥校内各种媒体的正面引导作用，以创新精神加强网络文化建设与管理，使校园网成为做好新形势下宣传舆论工作的有效载体。

4. 继续落实《中共山东大学委员会关于进一步加强和改进大学生思想政治教育的实施意见》，加强学生人格培育体系建设。

5. 研究制定《关于进一步加强和改进教职工思想政治教育工作的意见》。

6. 深入开展学习贯彻胡锦涛总书记给孟二冬教授女儿回信精神的活动，不断提高教师队伍的师德水平。

7. 全面、准确、深入学习宣传贯彻党的十七大及省第九次党代会会议精神。

8. 积极营造艰苦奋斗，勤俭办学的良好氛围，切实增强师生员工厉行节约的责任感和使命感。

二、以作风建设为重点，加强领导班子和干部队伍建设

1. 2007 年是山东大学“作风建设与管理效益年”。制定并组织实施《2007“作风建设与管理效益年”实施方案》。通过加强作风建设，创新学校管理，推动良好的校风、教风、学风建设，打造一支敬业务实、协作创新、勤政廉洁的管理团队。

2. 坚持和完善民主集中制，坚持理论学习制度，强化领导班子思想政治建设，切实做到为民、务实、清廉，不断提高班子领导学校科学发展的能力。

3. 做好中层领导班子换届和基层党组织换届选举工作，建设一支政治坚定、求真务实、开拓创新、勤政廉政、团结协调的中层领导干部队伍。

4. 按照“凝聚人心、推动发展、促进和谐”的要求，推进党的基层组织建设，增强基层党组织的创造力、凝聚力和战斗力。

5. 巩固发展保持共产党员先进性教育活动的成果，抓好《关于加强党员经常性教育的意见》等四个长效机制文件的贯彻落实。构建全方位、全过程的党员教育、管理、监督体系，引导广大党员在推进和谐校园建设中发挥先锋模范作用。

6. 创新培训内容，改进培训方式，整合培训资源，提高培训质量，不断增强干部培训的针对性和实效性。

7. 全面落实党风廉政建设责任制，贯彻落实《关于落实〈建立健全教育、制度、监督并重的惩治和预防腐败体系实施纲要〉具体办法》，拓展源头治理领域，认真履行监察职责，建立和完善防治商业贿赂的长效机制，推进反腐倡廉制度建设。

三、大力开展和谐校园主题创建活动

1. 认真学习十六届六中全会及第十五次全国高校党建工作会议精神，制定《关于进一步加强党的建设，努力建设社会主义和谐校园的意见》。

2. 结合单位实际，研究制定《关于进一步加强党的建设，努力建设社会主义和谐校园的意见》的实施方案，创造性地组织开展多种形式的群众性的和谐校园创建活动。

3. 健全和落实安全稳定工作责任制，完善突发事件应急应对机制和信访工作机制，深入开展安全知识教育和应急演练。加强国家安全人民防线建设工作，积极开展经常性保密教育，创造、维护安全稳定的校园环境，建设“平安校园”。

4. 培育和弘扬优良的学风和校风，加强创新文化建设，进一步推动以精神理念、形象标识、制度规范和人文环境为主要内容的新一期校园文化建设工程，为师生的全面发展创造良好的文化环境。

5. 做好新形势下群众工作，建立健全科学有效的师生利益诉求表达机制和权益保障机制，切实解决群众最关心最直接最现实的利益问题。开好一届五次教代会。加强对工会、妇委会、共青团、学生会、研究生会等群众团体的领导与指导，发挥各民主党派、无党派人士和离退休老同志在学校改革发展稳定中的积极作用。

四、抓管理，抓落实，全面实施《山东大学“十一五”事业发展规划》

1. 以“作风建设与管理效益年”为契机，创新学校管理，提高办学质量，突出办

学特色，推进建设国内外知名高水平研究型大学进程。

2. 以培养创新型人才为目标，积极组织参与教育部实施的“高等学校教学质量和教学改革二期工程”，继续落实“研究生教育创新计划”，积极开展教学和人才培养机制改革，全面提高人才培养质量。

3. 继续推进“985工程”二期建设，做好“十一五”“211”启动工作和国家重点学科的评估与申报工作，深入推进重点学科建设。

4. 发挥国家大学科技园作用，促进科技成果转化和应用。积极构建国家级高层次创新平台，积极参与以我校为主导的国家CIIIC研究院的规划与建设，进一步提高自主创新能力。

5. 大力实施人才强校战略，精心打造学术团队，引进与造就杰出人才，稳步实施人事分配制度改革，形成平台、项目和人才的良性循环，努力建设一支结构合理、富于创造力的高素质师资队伍。

6. 加强对学生的教育与管理，强化为学生服务意识。重点做好困难学生资助、就业、心理健康教育、学生公寓管理等工作。

7. 加强国际间实质性、持久性科研与教育合作，提高人才培养的国际化水平。加大汉语国际推广力度，办好孔子学院。探索留学生教育发展新机制，大力发展留学生教育。

8. 充分发挥学科与人才优势，全面推进实施《山东大学服务山东行动方案》。利用校董会平台，积极争取社会资源，提高学校自我发展能力。

做好今年各项工作，全校各级党组织、广大党员干部和师生员工，必须加强学习，增强贯彻落实科学发展观的能力；必须弘扬求真务实精神，抓好各项工作的落实；必须倡导勤俭节约的风气，建设节约型校园；必须保持良好的精神状态，开拓进取，真抓实干，自觉投入到建设社会主义和谐校园的实践中去，全面推动学校各项事业又好又快发展。

纪检监察工作

2007年，纪检监察工作以邓小平理论和“三个代表”重要思想为指导，全面落实科学发展观，深入学习贯彻十六届六中全会、中纪委七次全会和全国教育纪检监察工作会议精神，紧紧围绕学校发展大局，在学校党委行政的领导下，积极组织协调有关部门，认真开展党风廉政教育，全面落实《实施纲要》，积极推进惩防体系建设，以推进制度建设和制度落实为主要内容，加强监督检查，着力推进廉政建设与业务建设的深度融合，为和谐校园建设作出了积极贡献。2007年12月，纪委监察处被教育部授予“全国教育纪检监察先进集体”称号。

一、以作风建设为重点，认真开展反腐倡廉教育

（一）深入开展以“加强作风建设，促进社会和谐”为主题的教育活动

为深入贯彻胡锦涛总书记在中央纪委七次全会上的重要讲话精神，全面加强新形势下领导干部作风建设，根据中共山东省纪委、省委组织部、省委宣传部《关于在全省党员领导干部中开展“加强作风建设、促进社会和谐”主题教育活动的意见》和学校党委《2007年“作风建设与管理效益年”实施方案》，根据学校党委部署，从4月至12月，在全校党员领导干部中开展“加强作风建设、促进社会和谐”主题教育活动。全校各基层党委按照党委要求，认真组织专题学习，组织收听收看辅导录像，组织召开专题民主生活会。通过这些活动，广大党员领导干部深受教育，收到了良好教育效果。

（二）继续开展理想信念教育和党章、党纪条规教育

继续深入开展党章和党的优良传统教育。以中央对党员领导干部提出的廉洁勤政的要求和各项规定、民主集中制、“三重一大”制度、财经纪律等为主要内容，配合宣传、组织部门深入开展党纪条规教育。

（三）深入推进廉政文化进校园工作

按照教育部部署，协调宣传部、学生工作部、研究生工作部、教务处等部门，制定制度，完善措施，深入推进廉政文化进校园工作。

二、以贯彻落实《实施纲要》为核心，深入推进反腐倡廉制度建设

（一）切实落实《实施纲要》第一阶段工作任务

按照学校落实《实施纲要》第一阶段任务的要求，组织协调有关部门，对照任务分解表，切实完成好各项制度的制定、完善和落实工作。截至目前，共制订全校性反腐倡廉基本制度和从源头上防治腐败制度42项，各单位基本完成了第一阶段的各项任务。

（二）加强预防商业贿赂制度建设

组织协调有关部门，继续巩固和深化2006年治理商业贿赂工作成果，推进预防商业贿赂的制度建设。财务处、基建处、后勤处等有关部门围绕建立防范商业贿赂的长效机制，建立完善了相关制度。

（三）加强制度建设及落实情况的监督检查

11月中旬以来，纪委监察处组织对学校各单位《实施纲要》贯彻落实情况、防范商业贿赂制度建设情况，以及民主集中制、党风廉政建设责任制、“三重一大”制度、校务公开制度、财经制度等涉及全校性制度的落实情况，开展了集中检查。进一步发挥了纪委监察处的组织协调职能，推动了各项制度的贯彻落实。

三、以加强和改进领导干部作风和提高管理效益为重点，认真开展行政监察

（一）围绕加强和改进领导干部作风和提高管理效益，开展调研

5月份，纪委监察处按照学校部署，组织开展了学校干部作风建设与管理效益专题调研，并形成了调研报告，在教育部直属高校纪委书记研讨班上作会议发言。以调研为基础，认真筹备效能监察工作。

（二）认真开展执法监察

按照中纪委、驻教育部纪检组监察局和省纪委的工作部署，根据学校工作需要，继续实施对学校基建工程、物资设备采购、修缮工程、医药、图书采购、新校区建设招投标监察400余次，认真参加学校本科招生以及自主招生、小语种招生、艺术特长生、保送生、体育特长生、保送生、高水平体育生招生考试、录取、收费和人员招聘等工作的监督监察。

四、认真做好信访工作，坚决查处违纪违法案件

认真做好纪检监察信访工作，一年来共受理来信来访86件，及时完成了省纪委交办的5件信访案件的调查落实，切实做到“事事有回音，件件有结果”。2007年纪委监察处查办涉嫌违纪案件2件。

五、认真完成学校《2007年“作风建设与管理效益年”实施方案》任务

根据上级与学校要求，围绕加强和改进干部作风建设，纪委监察处加强了对领导干部遵守廉洁自律各项规定情况的监督监察，加强对领导干部作风建设情况的监督力度，认真落实和完成了学校安排的各项任务。

（王明署）

组织工作

2007 年，党委组织部以邓小平理论和“三个代表”重要思想为指导，贯彻落实科学发展观，认真学习十七大精神，在学校党委的领导下，紧紧围绕学校中心工作，切实加强领导班子和干部队伍建设，加强基层党组织和党员队伍建设，为实现学校又好又快发展提供坚强的组织保证。目前，已经较好地完成了《山东大学 2007 年党委工作要点及学术与行政工作要点任务分解详目》规定的各项任务。

一、按照加强党的执政能力建设的要求，加强中层领导班子和干部队伍建设

1. 以中层领导班子换届为契机，不断优化领导班子结构

在学校党委的统一部署下，对学校中层领导班子进行换届调整。换届调整，坚持干部四化方针和德才兼备原则，严格履行民主测评、民主推荐、组织考察等程序，环环相扣，稳步推进，力争做到过程稳定、队伍稳定、思想稳定。上半年，还对国际合作处、社科处、产业党委、文学院、土建学院、生命学院、药学院等领导班子进行了调整补充。通过换届和调整，我校干部队伍的年龄结构趋于合理，知识结构、专业结构有了较大改善，政治、业务素质有了进一步提高。

2. 以提高干部队伍素质为重点，不断增强干部培训的针对性和实效性

坚持集中培训与分散培训相结合，校内培训与校外培训相结合，采取脱产培训、在职培训、出国出境培训、挂职锻炼和社会实践等多种培训方式，逐步建立了适应形势发展的干部培训机制。下发了《关于做好 2007 年干部学习培训工作的通知》，对全年干部学习培训工作作出了总体安排。中央出台《干部培训工作条例》后，及时制定下发了《中共山东大学委员会关于学习贯彻〈干部教育培训工作条例（试行）〉的实施意见》，整合培训资源，改进培训方式，强化培训措施，不断改革创新干部培训工作，完成了《山东大学 2004～2007 年干部教育培训规划》所列的各项任务。主要工作如下：（1）以形势政策和领导科学为主要内容，开展干部校内培训。邀请华东师范大学陈永明教授来我校作了题为《我的教育行政观》的报告。（2）有针对性地选派干部参加上级教育主管部门的培训。选派 4 名副处级干部参加省委高校工委组织的处级干部培训班。（3）以开阔国际视野，提升管理水平为目的，加大干部境外培训力度。选派 20 名管理干部到香港城市大学接受了为期 9 天的培训。选派 1 名干部赴英国里丁大学进行为期 3 个月的研

修。总体来看，海外培训的任务明确，安排合理，取得了较好的效果。(4) 探索高校干部培训工作新路子。与继续教育学院合作推出“干训课堂”培训项目，把学校的师资优势、网络优势与干部教育培训工作有机结合起来，在干部培训工作中发挥名家作用，彰显学术特色。通过名家培训，使管理干部进一步开阔视野，加深对学术前沿的理解和把握，不断提高服务学者、服务学术的水平，增强做好本职工作的针对性和实效性。目前，“干训课堂”已有150余个课件，受到广大干部的好评。

3. 加强干部考核监督，构建干部考核体系

制定体现科学发展观要求的《干部考核办法》，构建起了包括日常考核、任职前考核、试用期满考核、重大事项跟踪考核、定期考核等形式在内的考核体系。按照《山东大学处级领导干部任职试用期实施办法》要求，下发了《关于做好试用期满干部考核工作的通知》，通过到干部所在单位谈话、召开座谈会等形式，对本年度4月份前任职试用期满一年的10位正处级干部、20位副处级干部进行试用期满考核。采取个别谈话的方式，对部分学院及机关单位领导班子进行了日常考核，摸清了情况，掌握了第一手资料。

4. 按照中央“一法、一纲要、三条例、十一个法规性文件”要求，构建干部管理制度体系

按照《山东大学实施〈关于领导干部报告个人重大事项的规定〉办法》规定，下发了《关于党员领导干部报告个人有关事项工作的通知》，对重大事项申报工作作了安排。积极探索和完善领导干部管理办法及干部考核办法，充分调动了领导干部干事创业的积极性。到目前为止，干部工作的“责任目标—日常管理—预防保障—考核监督”制度体系更加完善，干部工作的科学化、制度化、规范化水平不断提高。

二、按照加强党的先进性建设的要求，全面加强基层党组织建设

党的基层组织是党的全部工作和战斗力的基础。组织部按照“围绕中心，服务大局，拓宽领域，强化功能”的总要求，把握结合点，找准切入点，定好着力点，努力使基层组织工作体现时代性、把握规律性、富于创造性。

1. 落实长效机制文件，巩固先进性教育活动成果

抓好《关于加强党员经常性教育的意见》等四个长效机制文件的贯彻落实，构建全方位、全过程的党员教育、管理、监督体系。每学期初制定《党组织活动总体安排意见》，对全校党员学习教育的形式、内容作出具体安排，提出明确要求。高度重视，认真组织，做好迎接省委基层党建检查组检查工作，并给中共中央办公厅、中央组织部和教育部党组报送《中共山东大学委员会关于保持共产党员先进性四个长效机制文件精神贯彻情况的自查报告》，我校基层党建工作得到了上级组织的充分肯定。

2. 以支部活动立项为重点，积极创新基层党组织活动方式

下发了《中共山东大学基层组织活动方案立项工作暂行办法》，确立了立项工作的指导思想、基本原则、活动主题、评审办法、评审标准、保证措施等。召开2006年度基层党组织立项活动总结会议，对立项工作进行了全面总结和交流，公布了2007年度基层党组织活动立项方案，对31项“最佳方案”和50项“优秀方案”进行立项。这对

建立健全保持党员先进性长效机制、提高党组织活动方案立项工作的规范化与科学化水平、推动党组织活动创新具有十分重要的作用。

3. 突出重点，完善制度，大力加强学生党建工作

召开三个由各个层面代表参加的学生党建工作座谈会，经过深入调查研究，下发了《中共山东大学委员会关于加强和改进学生党建工作的意见》。《意见》指出了加强学生党建工作的重要性，明确了学生党建的指导思想、目标要求等，加大了对学生党建工作的投入，按每位学生党员 20 元/年的标准下拨学生党建经费。

突出教育重点，注意做好新生党员教育工作。下发了《中共山东大学委员会关于加强新生党员教育管理工作的通知》，就充分认识加强新生党员教育管理工作的重要性、全方位多渠道开展对新生党员的思想政治教育、加强对新生党员的管理工作、加大在新生中培养入党积极分子力度等工作作了规定，进一步增强党员意识，提高党性觉悟，发挥好先锋模范作用。

与学生工作部、研究生工作部联合下发《关于开展 2007 届毕业生党员奉献月活动的通知》，在毕业生党员中开展了以“过一次组织生活、与身边同学谈一次心、为母校做一件实事”为主要内容的毕业生党员奉献月活动，给毕业生党员写了《致毕业生党员的一封信》，使他们更好地走上新的学习、工作岗位。

为纪念中国共产党建党 86 周年，加强对新党员的教育，永葆共产党员先进性，认真组织新党员参加入党宣誓仪式，全校共举行 37 场宣誓大会，5000 余名新党员和入党积极分子参加了入党宣誓仪式。2577 名新党员面对党旗庄严宣誓，表达了为共产主义事业奋斗终生的愿望和决心。

4. 丰富载体，充实内容，积极建设现代党员教育平台

充分运用现代信息技术，不断丰富教育载体，重点建设了《山大先锋网》，网站全面、准确、及时报道基层党组织建设和党员队伍建设的动态信息，宣传先进典型和工作经验，提供学习资料，交流学习体会，形式多样，内容丰富，目前，访问量达 63 余万人次。以全面加强党的建设为主线，以加强党的执政能力建设和先进性建设为重点，紧紧围绕学校改革与发展，有计划、有目的地收集、整理和反馈组织工作的信息，编发《山大组工信息》19 期，为基层党建工作提供了一个宣传、交流与学习的园地。

5. 强化责任，夯实基础，切实抓好基层党支部建设

为进一步加强基层党组织建设，提高基层党建工作的制度化和科学化水平，不断增强党支部的创造力、凝聚力和战斗力，根据教育部党组《关于加强普通高等学校基层党组织建设的意见》（教党［2007］11 号），按照《山东大学 2006～2010 年党的建设工作规划纲要》要求，开展了基层党支部考核工作。全校党支部考评工作由校党委统一部署，坚持定性与定量相结合，日常管理与集中考评相结合，组织考评、支部自评与群众评价相结合，对基层党支部围绕中心任务发挥战斗堡垒作用情况、党支部制度建设和落实情况、对党员开展经常性教育和管理工作情况、联系和服务群众工作情况、发展党员工作情况等进行考核。为深入学习贯彻党的十七大精神，进一步提高全校党支部书记的素质和工作水平，推动基层党建工作创新，加强基层党组织建设，按照《山东大学 2006～2010 年党的建设工作规划纲要》和 2007 年度组织工作要点，从 10 月下旬至 12

月初，以学习党的十七大精神和新党章为重点，在全校范围内开展了党支部书记培训活动，提高了党务干部做基层党建工作的能力。

6. 坚持标准，规范程序，不断提高发展党员质量

重视加强和改进在学生中发展党员工作，不断完善工作机制，规范工作程序，狠抓工作落实，在保证质量的前提下，今年共发展党员 2700 余人，使全校发展新党员的数量和学生党员比例逐步提高，结构进一步改善和优化，保持了党员队伍的勃勃生机与活力。

此外，参与了省高校党代表会议和省九次党代会的相关准备工作，校长展涛被选为出席党的十七大的代表。2007 年，我校被授予“山东省基层党建工作示范点”荣誉称号，并荣获“山东省基层党建创新奖”。

面对新形势、新任务，组织工作与中央提出推进党的建设新的伟大工程的任务相比，与建设国内外知名高水平研究型大学的要求相比，还有一些差距和不足。“建设一支什么样的党员队伍、怎样建设这支党员队伍；建设一支什么样的干部队伍、怎样建设这支干部队伍”，需要我们认真思考并在学校改革发展的具体实践中予以解答。党的十七大提出，“必须把党的执政能力建设和先进性建设作为主线”，着力用马克思主义中国化最新成果武装全党、着力建设高素质领导班子、着力增强党的团结统一、着力造就高素质干部队伍和人才队伍、着力加强基层党的建设、着力加强反腐倡廉建设。今后，我们在推进组织工作时，要按照十七大的要求，进一步明晰思路，拓展领域，丰富内容，创新方法，不断提升组织工作的质量和水平，为推动国内外知名的高水平研究型大学建设进程提供坚强的政治保证、思想保证、组织保证和人才保证。

（付岩志）

宣传工作

2007年，宣传部紧紧围绕学校的中心工作和改革发展稳定的大局，更新工作理念，创新工作模式，努力做好国际化视野下的高水平研究型大学的宣传思想工作，圆满完成了全年的各项工作任务。

一、做好思想政治工作，巩固和谐校园的思想道德基础

1. 制定全校教职工理论学习计划和起草有关文件通知，组织好全校教职工的政治理论学习。及时制定出教职工理论学习安排意见，对全校教职工的理论学习进行总体安排，并提出指导性意见，采取多种形式推动全校教职工理论学习。2007年，共向各基层党委发放了温家宝总理在十届人大五次会议上的《政府工作报告》、《物权法》、《理论热点面对面·2007》、胡锦涛总书记在中国共产党第十七次代表大会上的讲话单行本、《十七大报告辅导读本》、《中国共产党第十七次代表大会文件汇编》等学习资料2200余册。同时，重点强化网上学习与辅导，在宣传部网站开设的"理论学习"、"领导讲话"、"媒体评论"、"家园茶座"、"专家讲座"等栏目中，共编辑各种学习资料1400多篇，计400余万字，满足了教职工理论学习需要。

2. 针对热点问题，开展各种形势政策教育和专题学习活动。注重结合不同时期的社会热点问题，积极利用网络开展了一系列专题教育学习活动："向方永刚学习"专题、"网络文化建设与管理"专题、"庆祝建党86周年"专题、"学习贯彻省第九次党代会精神"专题、"学习贯彻党的十七大精神"专题等，取得了良好效果。

3. 开展教职工思想政治教育状况的调研活动，组织"我的党员恩师"人物通讯大赛，进一步推动师德建设。4月份，宣传部通过邮件形式，征求各基层党委书记对进一步加强和改进教职工思想政治教育的认识及建议，同时与部分院（部）的书记进行了交谈，最终整理成《对进一步加强和改进教职工思想政治教育工作的认识及建议》。4～6月，与文学与新闻传播学院联合举办"我的党员恩师"人物通讯大赛，精选60篇优秀作品在山大视点建立专题，推动师德建设和校风学风建设。

4. 创新工作思路，搭建工作交流的平台。2007年，党委宣传部编发《山东大学宣传思想工作》简报共6期，在"山大视点"开辟"思辨之旅"栏目刊发师生的理论思考，积极搭建宣传思想工作的有效宣传载体和重要交流平台。

5. 积极上报舆情信息。先后把“2007年新学期开学后山东大学教师思想状况调查”、学习方永刚先进事迹活动总结、“山东大学社会主义荣辱观教育情况汇报”、山东大学学生形势政策开展情况、学习胡锦涛“8.31”讲话情况、学习宣传贯彻党的十七大精神情况等调查总结材料报省高工委、教育部。

二、加强校内宣传阵地建设，营造和谐的校园舆论氛围

1. 加强宣传队伍建设，通过学习、交流、研讨，不断提高宣传人员的思想政治素质和业务水平。广播台安排十余名学生记者全程跟踪采访了“华东六省市春节联欢晚会”的录制；组织学生参加了齐鲁电视台“天下无双”节目的录制。电视台积极开展工作研讨，实行每月一次研讨会、每周一次例会制度，不断提高制作、管理水平，积极探索以研究生为基础的学生辅助工作队伍建设。山东大学报注重加强学生记者队伍的管理和建设，着力建设学习型、研究型报纸。组建了校报学生记者团，开展了一系列培训、交流、采访工作。校报已经成为学校新闻传播人才培养中重要的实践基地。新闻中心建立了包括总编室编辑队伍、总编室学生记者、部门及学院通讯员为主体的网络新闻宣传队伍体系，通过研讨、培训等多种形式，提高了山大网络新闻宣传队伍的思想政治素质和业务水平。坚持每周一次的网络新闻宣传工作学习总结研讨制度，不断完善和落实网络新闻宣传工作管理的相关规定，强化岗位责任意识，细化采、写、编、发等环节，力求做到精、准、优。

2. 进一步加强广播、电视、校报、“山大视点”等的规范化管理。广播台通过对栏目进行整改，使节目更贴近校园和学生；通过加强与济南人民广播电台音乐频道等专业媒体的合作与交流，制作水平大大提高。2007年，共制作各类自办广播节目255期，每期50分钟，专题节目25期。在共青团中央办公厅、全国学联秘书处、全国少工委办公室共同主办的全国青少年“我们的家乡、我们的文明”主题实践活动中，选送的《济南的冬天》荣获大学组广播节目优胜奖。

电视台加强质量管理工作，强化全过程管理，对文稿、摄像、编辑、播音、音乐、制作等影响质量的各环节加强控制，强化新闻策划工作，积极参加学校各种大型活动的宣传报道工作，圆满完成了各项任务。全年共制作视频新闻140余条；制作完成《2007十大新闻人物》、《同在党旗下》、《军训——大学第一课》、《2007寒假新闻集锦》等18部专题片；“山大讲堂”栏目推出“山大学者解读十七大报告系列讲座”，现已完成系列讲座4部、专题录像讲座1部；承担全校重大工作活动的电视资料录像工作，摄录资料12000多分钟，拍摄“山大素材工程”、“专家学者剪影工程”等素材10000余分钟，为学校留下珍贵资料。

《山东大学报》注重加强内部管理，严格报纸审核程序；狠抓新闻评论写作，着力提升报纸的舆论引导能力；狠抓深度报道，充分发挥报纸在新闻事件纵深开掘方面的优势；报纸运作更加规范高效，报纸质量进一步提高。报纸连续第八年被省新闻出版局评为“山东省优秀报纸”。全年出版报纸34期，专刊16期。报纸及时、足额发放至各校区及离退休人员，圆满完成学校布置的各项工作。2007年，校报两项作品获全国高校好新闻一等奖，一项获二等奖，一等奖获奖数居全国高校首位。在山东省高校校报好新

闻评选中，一项作品获一等奖，四项获二等奖。

2007 年，新闻中心共编发新闻总计 2718 篇，约 220 万字。其中采写各类新闻稿件 397 篇，约 50 万字；拍摄各类新闻图片近 20 万幅，发表近 2000 幅。策划并制作了学习方永刚先进事迹、暑期学校和社会实践、学习贯彻党的十七大精神等近 20 个新闻专题。新闻中心还提高稿件质量，主动为对外宣传服务。采编的《姜生教授获百万国际学术大奖》、《山大革新贫困生帮扶模式》、《山大首批 62 门课程双语教学》等 15 篇新闻稿，先后被新华网、《光明日报》、《中国教育报》等校外媒体转发，产生了广泛的社会影响。

3. 加强校内各媒体联动机制建设，努力形成宣传的合力。充分发挥“山大视点”、山大电视台、广播台和《山东大学报》的联动作用，调动各自的优势，形成宣传合力，共同做好学校舆论引导工作。对于学校重大新闻的采访报道任务，各媒体互相配合、团结合作来共同完成；对学校某一阶段的宣传工作重点报道，各媒体做到提前沟通策划，充分发挥各自优势特点，进行不同角度的深入联动报道；各媒体之间的联动合作还表现在整个宣传工作的有机结合、相互促进上。

4. 加强了校园宣传秩序的管理，积极营造良好的校园文化氛围。修订了条幅审批办法，采取了委托代批、网上审批、传真审批等形式，既严格了审批程序，又方便了申请单位。调查校内学生（本科、研究生）报纸订阅情况并提交了调研报告，在此基础上调整了 2008 年的报纸订阅数量，既保证了师生政治理论学习和了解时事的需要，又节约了经费。在校园氛围的营造上，提前制订计划，合理规划出版时间和内容，既倡导节约又注重宣传效果，在各重大节假日及学校的重要活动日，充分利用宣传横幅、宣传栏及其他宣传工具积极营造良好氛围，共出宣传栏 20 余期 100 多个版面。

三、加大对外宣传力度，为学校发展创造良好的社会舆论环境

2007 年，校外媒体发稿量近 1900 条，其中中央级媒体发稿多达 202 条，比去年同期增长了 33%，完成了“在校外媒体上，平均每天都有山大的消息；在省级以上媒体上，每周有一篇重要新闻或深度报道；在中央级媒体上每月至少策划一个外宣重点”总体宣传任务和加大中央级媒体宣传力度的要求。

1. 研究媒体特点，加强宣传策划，突出宣传重点。首先，通过“重要媒体关于高校报道的选题分析”，认真研究各级媒体特点及其关注的高校热点问题，及时与媒体沟通，围绕学校中心工作进行重点报道。2007 年，围绕“学习贯彻十七大精神，推进高水平研究型大学建设”、学校考试制度改革、公共政治课教学改革、暑期社会实践探索及高校公共安全体系建设等与有关媒体积极沟通协调，形成了媒体的关注点，取得了很好的宣传效果。2007 年，中央及省内主要媒体对山大学者及学子的报道多达 800 余条。其次，明确对外宣传目标定位，提高了宣传的针对性以及新闻报道的深度与力度。第三，加大了内外宣传的结合力度，集中宣传部的力量积极进行组稿，使得重点报道全面开花。如山大二院骨外科副主任陈增海教授身患重病却始终把病人放在第一位的先进事迹，通过校内外媒体集体挖掘和集中报道，在社会上引起强烈反响。

2. 进一步加强了与社会媒体的沟通与合作，努力拓宽外宣阵地。一是积极应对部分媒体调换教育栏目记者的现实情况（如中新社、香港《文汇报》、《齐鲁晚报》等），主动沟通，热情服务，方便了对外宣传工作的开展。二是充分利用研究生招生及高考招生等良好时机，积极搭建学校有关职能部门与媒体记者之间的沟通桥梁，促进双方的良性互动。三是适应学校国际化发展的战略，与山东广播电视台海外频道建立了密切合作的关系，提高了我校在海外特别是北美地区的影响力。四是重视网络媒体的作用，继续加强与新华网、中新网及大众网的合作，2007 年共编辑、整理 659 条新闻稿件上传新华网山大专页，扩大了学校的对外宣传效果。

3. 不断完善新闻宣传管理的规章制度，维护宣传秩序，积极应对学校突发事件。进一步修订了《山东大学宣传工作管理暂行规定》及《山东大学突发事件新闻宣传应急预案》，规范了采访程序，维护了宣传秩序。积极应对校园突发事件的发生，加大了各校区信息员的工作力度，明确工作职责，及时上报信息，没有造成校外的负面影响。

四、推进大学文化建设，努力营造良好的育人氛围

1. 加快校园命名工作，进一步推动以精神理念、形象标识、制度规范和人文环境为主要内容的新一期校园文化建设工程。启动学校视觉形象识别系统（VIS）的发布与使用，公布了学校视觉形象识别系统手册和使用管理办法。参与学校校园公共安全体系建设与宣传的有关工作，摄制电视教学专题片《校园里的生命守望——大学生火场逃生与自救》，由山东大学音像出版社正式出版。

校园内道路、楼宇、景点命名工作是山东大学文化建设工程的重点推进项目之一。校园道路、楼宇、景点命名工作首先在南外环新区实施。其他校园的命名工作正在紧锣密鼓地进行中。同时，出台了《关于重申校园文化建设工作中有关规定的通知》（山大综字〔2007〕34 号），规范和加强对校园文化建设的管理。

2. 指导全校开展丰富多彩的校园文化活动，培育校园文化活动品牌。开展了“《世纪回响》——山大知名人物系列纪念活动”之纪念王淦昌先生诞辰 100 周年活动、2007 年度山东大学“年度十大新闻”、“年度十大新闻人物”、“爱岗奉献模范人物评选活动”等为代表的品牌文化活动，营造浓厚育人氛围。

3. 加强网络文化建设与管理。组织学校有关单位，开展了网络安全与网络文明宣传教育月活动。开展了网络安全管理问题的调研，并针对存在问题向学校领导提出了解决的建议。根据新的形势和我校实际，将学校思想政治教育进网络工作领导小组调整为网络文化建设领导小组，并进一步调整充实了领导小组成员单位，明确了各单位的职责分工。起草出台了文件《关于进一步加强校园网络管理工作的通知》，进一步严格校内网站建设审批工作。对全校校内网站特别是校内网站设立的各种交互式栏目及上网服务场所管理状况进行系统检查，并进行相应整治处理。山东大学网络管理的经验和做法被教育部简报刊发。开展了全校校内优秀网站评选活动。

4. 通过校内外调研，起草了《山东大学关于进一步加强对哲学社会科学学术会议、报告会、讲座管理的通知》（山大党宣字〔2007〕6 号），规范和加强了对相关活动的管理。

五、多举措提高党课教育及干部培训工作的质量

2007 年，共举办学生入党积极分子培训 2 期，教工入党积极分子培训 1 期，合计培训 4486 人次。在培训中，一是通过规范对报名、教学、考核的组织实施，及时抽查教学、考勤情况，认真解决授课中出现的问题，严格考风考纪等，提高了培训效果。二是加强党课师资培训，提高了教学水平。经各学院党委推荐，精选了一批政治强、作风正、讲课效果好的人员兼任党课教师，并进行了专门的培训，还进行了集体讨论和备课。十七大召开后，党校及时就十七大精神和《新党章》对党课教师进行了有针对性的集中培训，丰富了理论知识，提高了教学水平。三是加强教材建设，编写出版了《入党培训教材》（中国人事出版社），提高我校入党培训的针对性和培训质量。四是分系统加强干部培训，提高了干部培训的针对性和培训质量。6 月 7 日至 7 月 5 日，举办了学校公安系统（公安、武装、610）干部培训班，41 人参加了学习。

另外，党校参加了全国高校党校会议，并被推选为全国高校党校教育研究会理事单位。

六、2007 年宣传思想工作的成绩

2007 年，宣传部被山东省高校工委评为“山东省（2005～2006 年）思想政治教育工作先进单位”。在教育部 2007 年高校校园文化建设优秀成果评审中，山东大学报送的《精心打造校园文化活动品牌，充分发挥校园文化育人功能》成果荣获三等奖。医学院党委和学生工作部被评为 2005～2006 年全省高校思想政治教育工作先进集体，王同海、孙长俊等 4 人被评为全省高校思想政治教育工作先进个人；在山东省校园文化建设优秀成果评选活动中，山东大学报送的专著《大学文化建设》获一等奖、研究报告《打造校园文化品牌，促进青年成长成才》获二等奖；在全省高校思想政治教育优秀研究成果奖评审中，山东大学申报的 7 项成果中有 6 项获奖，其中一等奖 2 项，二等奖 1 项，三等奖 3 项。

（赵　海）

统战工作

2007年，党委统战部以邓小平理论和“三个代表”重要思想为指导，继续学习、贯彻落实全国、全省统战工作会议精神，认真贯彻、落实《中共山东大学委员会关于加强我校统一战线工作的意见》，以人大、政协换届的准备工作和民主党派组织的换届工作为重点，围绕创建国内外知名的高水平大学的目标，全面推进我校的统战工作，为学校的改革、发展、稳定服务。

一、统战总体工作

1. 研究制定了《中共山东大学委员会关于进一步加强统一战线工作的意见》（山大党字［2007］1号），并对2007年统战工作进行了部署。

3月20日下午，我校统战工作会议在办公楼会议厅举行，各基层党委（直属党支部、党总支）书记，学校办公室、组织部、宣传部、统战部、人事处等有关部门负责人参加了会议。会议传达了山东省委有关文件精神，认真总结了2006年学校统战工作，部署了2007年统战工作。校党委副书记尹薇结合新世纪、新阶段统战工作形势、任务，从提高认识、抓好落实、突出重点三个方面对统战工作作了动员部署，并就贯彻落实《中共山东大学委员会关于进一步加强统一战线工作的意见》（山大党字［2007］1号）提出了进一步要求。会议由党委统战部部长曹宪忠主持。

9月28日，学校召开各学院基层党委书记会议。党委统战部部长曹宪忠传达了省委统战部部长齐乃贵同志在全省高校统战工作会议上的讲话。党委副书记尹薇出席会议并做重要讲话。

2. 协助上级统战部门做好统战工作。9月25日，协助省委统战部完成了《党外领导干部四种能力解析与评估》问卷调查。组织我校党外干部填写《党外领导干部四种能力解析与评估》问卷调查表并对问卷材料进行分析，写出了调研报告。

二、民主党派工作

（一）支持和协助我校各民主党派加强自身建设

1. 协助民主党派做好组织发展工作。坚持完善了发展新成员的规章制度，明确了发展与巩固、重点与非重点、骨干成员与一般成员的关系。坚持标准，保证质量，控制速度，改善结构，严格程序，特别注重政治素质和人品的考察，主动征求发展对象所在单位党组织的意见，把好质量关。完成了30余名发展对象的组织考察。

2. 召开了学校各民主党派负责人情况通报会、座谈会。

1月22日下午，我校2006年度工作情况通报会在邵逸夫科学馆报告厅举行。会议由校党委副书记尹薇同志主持，展涛校长通报了2006年学校工作情况和2007年工作的基本思路。我校离退休老领导、老同志、各民主党派负责人，无党派代表人士共100余人参加了会议。

1月26日下午，“山东大学民主党派、归侨侨眷、台胞台属、少数民族迎新春联欢会”在学人大厦阳光大厅隆重举行，全校各民主党派、归侨侨眷、台胞台属、少数民族代表共120多人参加了联欢活动。山东大学党委副书记尹薇同志在联欢会上向与会代表通报了一年来学校改革发展取得的主要成绩，并代表学校党委和行政对各民主党派、归侨侨眷、台胞台属、少数民族长期以来对学校工作的关心、支持和付出的辛勤劳动表示真诚的谢意；她希望在新的一年里，大家能够继续关心、支持、积极参与学校的改革、发展，多为学校的发展建言献策。尹薇同志还代表学校党委和行政向大家表达对即将到来的新春的祝福。联欢会由党委统战部部长曹宪忠主持。

联欢会上举行了丰富多彩的文艺演出，大家载歌载舞迎新春，会场上充满着祥和、欢乐的气氛。

4月6日下午，山东大学民主党派负责人座谈会在办公楼会议厅举行，全校各民主党派主委、副主委等十九人参加了座谈会。会上，党委统战部通报了2006年学校统战工作的基本情况和2007年统战工作的重点。各民主党派负责人围绕学校提出的“作风建设和管理效益年”和构建和谐校园的主题畅所欲言，积极建言献策。

校党委副书记尹薇听取了大家的发言，并就进一步做好学校统战工作提出了具体要求。尹薇充分肯定了各民主党派成员围绕学校中心工作，积极建言献策、共谋发展的热情，要求统战部认真梳理大家提出的具有建设性的意见、建议，做好意见、建议的反馈工作，搭建好民主党派与相关职能部门信息沟通交流的平台。最后，尹薇就加强民主党派思想建设、组织建设和作风建设与各民主党派负责人作了进一步的交流和沟通。会议由党委统战部部长曹宪忠主持。

3. 积极支持民主党派组织开展各种参观、学习、考察活动。积极支持民主党派成员参加各级社会主义学院的学习培训，一年来，有30多名领导或骨干参加了学习培训，为他们提供了经费支持。

（二）协助和支持各级民主党派的换届工作

1. 协助和支持中央、省、市委统战部和我校部分民主党派完成了各民主党派中央、省、市委和我校部分民主党派的换届工作，按要求推荐人选、组织考察、撰写材料。

2. 协助我校部分民主党派组织完成了换届工作，精心协商领导班子人选，特别是主委、副主委人选，使班子的结构趋于合理，确保换届选举圆满顺利。

4月11日，“九三”学社山东大学东校区基层委员会换届选举会议在东校区民主党派活动室举行。李越中当选为主委，曾振宇、张兴华、李玉香当选为副主委，毕庶本、刘向东、刘毓强、萧淑琴当选为委员。“九三”学社山东省委员会主委王随莲，山东大学党委统战部副部长曹家炳等出席会议。

4 月 21 日，“九三”学社山东大学南校区基层委员会换届选举会议在青州仰天山举行。经过选举，邓建新当选为主委，李贻斌、路长厚、武传松当选为副主委，梅蓉、彭玉华、宋君波、李善评、程世庆、李辉平当选为委员。山东大学党委统战部副部长曹家炳、党派科科长邵明石等出席会议。

4 月 24 日，九三学社山东大学西校区基层委员会换届选举会议在西校区民主党派活动室举行。经过选举，刘树伟当选为主委，胡燕燕、崔晞、焉传祝当选为副主委，臧恒昌、葛志明、张志勉、张建良、孟海伟、丁兆习、王克芳、靖新文、焦健、付勤烨、赵建东当选为委员。山东大学党委统战部副部长曹家炳等出席会议。

12 月 14 日，民盟山东大学基层委员会届中调整选举会议在东校区民主党派活动室举行。经过选举，王成国当选为主委，徐从高、侯桂华当选为副主委，李世俊、王旭霞、陈春燕、卞继峰、叶任宇、叶清华当选为委员。民盟山东省委员会副主委仪平策，山东大学党委统战部部长曹宪忠、副部长刁立华等出席会议。

12 月 30 日，民盟山东大学基层委员会南校区总支部委员会届中调整选举会议在南校区民主党派活动室举行。王成国当选为主委，叶任宇、叶清华当选为副主委，庄祥禄、郝丽萍、商洪海、宋文斌、李金雁、李树忱、曹成波当选为委员。民盟山东省委员会副主委仪平策，山东大学党委统战部副部长刁立华等出席会议。

3. 接待和积极协助有关部门来我校考察、进行工作调研。

3 月 16 日上午，中共山东省委统战部副部长高镇东同志一行来校考察民主党派干部。中共山东大学党委副书记尹薇同志汇报了我校民主党派干部的有关情况。党委统战部部长曹宪忠，副部长刁立华、曹家炳参加了民主党派干部的考察与汇报。

6 月 14 日下午，山东省委高校工委统战处副处长冷健，省委统战部知识分子工作处处长赵锦峰、副处长程海峰等一行来我校进行工作调研。党委统战部部长曹宪忠、副部长刁立华、曹家炳以及统战部全体同志参加了调研活动。

6 月 21 日上午，中国民主建国会山东省委员会主委郝明金、副主委王福泰、秘书长李旭茂等一行来我校考察、调研民建山东大学总支部委员会的有关情况。山东大学党委副书记尹薇同志首先向郝主委一行通报了学校改革、发展、稳定工作和统战工作总体情况，对民建省委长期以来关心、支持、指导山东大学基层民主党派工作表示感谢，并就进一步加强我校民建工作与民建省委领导进行了沟通、交流。郝主委在听取了山大统战部、民建山大总支部工作情况沟通、汇报后，首先感谢山东大学党委长期以来对民建省委工作的支持，对山大民建工作给予充分肯定，并就进一步加强山大民建工作提出了希望和要求。党委统战部部长曹宪忠汇报了民建山大基层组织的发展情况。党委统战部副部长刁立华、民建山东大学总支部委员会主委马来平参加了调研活动。

10 月 12 日上午，中国民主促进会山东省委员会驻齐副主委骆宝臻一行来我校考察、调研。民进山东大学总支部委员会的有关情况。山东大学党委副书记尹薇同志向骆主委一行通报了学校改革、发展、稳定工作和统战工作总体情况，对民进省委长期以来关心、支持、指导山东大学基层民主党派工作表示感谢，并就进一步加强我校民进工作与民进省委领导进行了沟通、交流。党委统战部部长曹宪忠汇报了民进山大基层组织的发展情况。党委统战部副部长刁立华参加了调研活动。

（三）为民主党派知名人士做好服务工作

7月2日下午，孔令仁先生为“中国妇女儿童博物馆”捐赠文物仪式在我校办公楼会议厅举行，全国妇联书记处书记张世平、民盟中央副主席索丽生、山东省人大常委会副主任、山东大学党委书记朱正昌、山东省政协副主席、省委统战部部长齐乃贵、山东大学校长展涛、山东省妇联主席赵玉兰等有关领导和由其文、孔令仁夫妇一起出席了捐赠仪式，捐赠仪式由山东大学党委副书记尹薇主持。

受全国人大副委员长、全国妇联主席顾秀莲、全国妇联副主席黄晴宜的委托，张世平代表全国妇联，向孔令仁先生对中国妇女儿童博物馆建设的支持表示衷心的感谢。张世平介绍了“中国妇女儿童博物馆”筹建情况和文物征集工作进展情况，对作为原全国政协常委、全国妇联副主席、山东省政协副主席，民盟中央名誉副主席、民盟山东省委名誉主委的孔令仁先生表达了深深的敬意。孔先生将珍藏多年的珍贵文物资料和一尊工艺精美的汉白玉孔子像，慷慨捐赠给“中国妇女儿童博物馆”。张世平代表全国妇联向孔令仁先生授予捐赠证书。

索丽生代表民盟中央对孔令仁先生的善举表示感谢，他结合民盟发展的历程，强调指出孔令仁先生是民盟在社会主义建设事业中获得重要成就的杰出代表人物，他对孔令仁先生对民盟事业作出的贡献给予高度赞扬。

朱正昌对孔令仁先生积极响应民盟中央的号召，捐赠一批珍贵文物，以实际行动表达对我国妇女儿童教育事业的热爱和支持表示敬佩。他指出，作为中国民主同盟的重要成员，中国妇女界的优秀代表，孔令仁先生长期以来拥护党的统一战线政策，充分发挥自身优势，以满腔的热情为国家的改革、发展积极参政议政、建言献策，为学校的发展积极奉献，得到了大家的尊重。

参加捐赠仪式还有省政协、省委统战部、省妇联、民盟省委机关等单位有关负责人和新闻界的朋友们，山东大学副校长王琪珑、校长助理王剑敏以及部分职能部门负责人、相关学院负责人共80余人参加了捐赠仪式。

三、支持各级人大代表、政协委员参加各种活动并做好各级人大、政协的换届准备工作

1. 我校现有各级人大代表、政协委员80余人，其中绝大多数是党外人士，换届工作任务十分繁重。按中央、省委文件的要求，在党委的领导下，结合我校的实际，坚持集体讨论、及时汇报、严格程序、反复协商的原则，顺利地完成了全国及省、市、区人大代表、政协委员人选的提名推荐、组织考察、材料报送等工作，先后考察人选70余人次，撰写材料9万余字，工作细致，材料规范。

2. 周密地组织了各级人大代表、政协委员参加会议的接送等工作，为他们参加会议和活动提供方便，并注意做好其他的相关工作。

3月1日，在第十届全国政协第五次会议召开之际，学校党委举行了驻学校的全国政协委员欢送会，统战部长曹宪忠，副部长刁立华、曹家炳到火车站为他们送行。

3月2日，在第十届全国人民代表大会第五次会议召开之际，学校党委举行了驻学校的全国人大代表欢送会。统战部长曹宪忠，副部长刁立华、曹家炳到火车站为他们送行。

3月15日，第十届全国政协第五次会议闭幕，驻我校的全国政协委员返济。党委副书记尹薇，统战部长曹宪忠，副部长刁立华、曹家炳到火车站迎接。

3月16日，第十届全国人民代表大会第五次会议闭幕，驻我校的全国人大代表返济。党委副书记尹薇，统战部长曹宪忠，副部长刁立华、曹家炳到火车站迎接。

四、归侨、侨眷、台胞台属工作

（一）为侨服务，凝聚侨心

2007年中秋节前夕，组织归侨、侨眷、台属80余人，参观了我校软件学院、南新区。观看软件学院发展历程的录像资料、参观高性能计算中心，然后参观了南外环新区校园、听取了南外环新区总体介绍。党委统战部部长曹宪忠向归侨、侨眷、台属转达了学校对海外华侨期望，并分发了月饼，共同思念海外亲人。党委统战部副部长刁立华、曹家炳等参加了活动。

（二）促进海外交流，弘扬祖国文化

7月18日下午，海外华裔青少年“中国寻根之旅”夏令营一行45人在省委统战部海外联谊会有关人员陪同下来我校参观访问，山东大学党委统战部部长曹宪忠向访问团成员介绍了我校改革和发展的情况。夏令营成员参观了我校博物馆和西校区校园建设。党委统战部副部长刁立华、曹家炳等参加了座谈活动。

8月18日下午，由香港中考、高考状元代表组成的“中华历史文化教育交流团”一行30人在山东省委海外联谊会秘书长刘鲁慧等陪同下来我校参观考察。交流团听取了山东大学历史文化学院张冠之教授作的题为“儒学思想的现代意义”精彩报告会，参观了学校博物馆。我校派出30人，一比一对口交流。双方互赠了礼品，交换了自制名片。

11月9日下午，山东省侨联主席饶曼妮、副主席张福平等一行来考察调研。山东大学党委副书记尹薇介绍了学校改革、发展的有关情况。山东大学党委统战部部长曹宪忠汇报了我校侨务工作的有关情况。党委统战部副部长刁立华、曹家炳等参加了调研活动。

五、少数民族工作

贯彻党的民族政策，维护民族的团结，协助有关部门改善了回族学生的就餐条件，给每户回族教职工分发了回历。积极参加省暨济南市民委组织的“民族团结进步宣传月”活动。

2007年12月13日，组织我校回族教职工参加了穆斯林传统节日开斋节活动。

（邵明石）

学生工作

2007 年，学生工作部（处）紧紧围绕学校人才培养目标和和谐校园建设工作，以人格培育为核心，以责任心教育和创新教育为重点，以经常性的教育管理工作为途径，合理制订规划，狠抓工作落实，圆满地完成了年初制定的各项任务。

一、深入贯彻落实中发［2004］16 号文件精神，扎实开展学生思想政治教育工作

（一）健全学生思想政治教育长效机制，完善全员育人格局

深入贯彻落实中发［2004］16 号文件精神，注重长效机制建设，不断完善党政统一领导、部门分工负责、院部为主实施、师生员工参与的立体式、多样化、全方位的学生思想政治教育机制；通过继续实施校院领导联系班级、兼任班主任、德育指导教师和师生党支部结对共建等制度，充分调动了广大教职员工参与育人工作的积极性、主动性，浓厚了全员育人、全过程育人、全方位育人的良好氛围。

（二）着眼学生人格培育，大力开展主题教育

把人格培育工作与责任心教育、亲情教育、廉洁自律教育、诚信教育、勤俭节约教育等主题教育活动相结合，大力促进学生的人格培育工作。

一是紧扣人格培育重点，以活动立项方式支持主题教育工作开展。年初，我们根据《山东大学 2007 年本科学生思想政治教育工作实施计划》，组织各学院申报并立项支持了 20 项主题教育活动。为确保立项活动的各项要求落到实处，学工部分别进行了中期检查和年底的总结验收。主题教育活动的开展突出了人格培育的内容，主题明确，参与学生众多，教育效果十分明显。

二是大力实施大学生成长导航工程，分阶段、有针对性地开展学生人格培育工作。第一，认真组织新生入学教育。通过开展“感受山大精神，弘扬山大文化”、“理解办学理念，明确培养目标”、“适应大学生活，规划人生道路”以及“注重新生党员、团员教育，发挥示范作用”等方面的教育，为大一新生导航。第二，大力开展毕业教育活动。“毕业季”期间，对学生进行了文明离校、爱校荣校、职业择业和适应社会等方面的教育。充分发挥毕业生的积极性和主动性，引导他们开展了以“载着青春的梦想起航”为主题的一系列告别母校活动。第三，充分利用新生军训这一契机，通过革命传统教育、爱国主义教育、时事政策教育以及军政训练等形式，使国防教育活动在校园内广泛展

开。同时，国防生执训新生的新模式使所有参训新生和执训国防生都得到了很好的锻炼，军训工作圆满完成。此外，我们还利用香港回归十周年、建军八十周年等重大纪念活动，组织开展形式多样的主题宣传教育活动，取得了良好的效果。

三是深入开展学习贯彻党的十七大精神活动。十七大召开后，学工部邀请相关专家分别为学生辅导员、学生党员和学生骨干举办了六场专题报告会，并组织学生聆听了中央宣讲团成员、中共中央宣传部雒树刚副部长的宣讲报告。为增强活动的效果，学工部在学生中组织开展了“五个一”[听一次专家讲座、开一次主题班会、过一次主题党日（团日）、写一篇思想汇报（学习心得）、开展一次学习贯彻十七大精神实践活动]学习活动，鼓励各学院结合自身实际，将学习贯彻十七大精神活动引向深入。同时，我们还把学习贯彻十七大精神活动引入课堂中，安排了468个学时的学习讨论时间。此外，我们依托学生社团积极引导广大同学学习贯彻十七大精神，指导青年理论学习研究会举办了“创建节约型校园”研讨会、山东大学学生学习贯彻十七大精神理论优秀论文征集评选等形式多样的活动。

四是大力加强党员教育。学生毕业前夕，学生工作部联合党委组织部、研究生工作部，组织3000余名毕业生党员开展了以“献一份真情，尽一份责任”为主题的党员奉献月活动，引导广大毕业生党员通过“过一次组织生活、与身边同学谈一次心、为母校做好一件实事”的“三个一”活动，提高责任意识，展现当代大学生党员的风采。军训及新生入学教育期间，我们注重新生党员的理论学习和实践锻炼，成立了“战地党小组”、“临时党支部”，组织新生党员学习党的方针、政策以及学校的相关文件，提高自身修养，努力成为训练中的标兵，鼓励新生党员协助辅导员开展工作，积极帮助身边同学，作出力所能及的贡献。此外，我们继续以青年理论研究会为依托，开展党员教育、理论学习月等活动，引导学生党员确立发展目标和成长计划，健康成长。

五是注重开展主题实践活动。利用暑期组织开展了第六届“寻访校友足迹，寻找人生坐标”活动，采访校友80余人，建立了相应的校友名录；组织了“砥砺红色品格，关注社会民生，勇担社会责任”主题社会实践活动，分赴沈阳、抚顺、武汉、长沙、南宁等地进行社会调查实践，为广大在校学生提前接触了解社会、树立服务社会意识提供了实践平台；开展了“暑期亲情实践——家庭角色体验活动”，鼓励学生采用各种可以体现亲情、实现家庭角色体验的实践形式，表达对父母的感恩之情，使学生树立感恩意识，积极为父母奉献孝心。

六是注重典型宣传教育。分类建立了典型学生库，加强对学习优秀、拾金不昧、自强自立、助人为乐、创新创造、毕业创业等方面有突出表现的学生进行宣传，通过展板、网络专题等形式宣传典型400余人次。通过举办校级、省级优秀集体和个人、文明宿舍、先进党支部、全面发展标兵以及其他各项优秀先进的评选活动，在校园中为广大学生树立了榜样和示范，号召广大同学向榜样学习，用学生身边的典型激励了身边人。

（三）加强形势与政策教育教学

一是深化形势与政策课改革。对形势与政策课进行了改革，把形势政策教学与社会实践结合起来，将《形势与政策》课改为《形势政策与社会实践》课，分课堂教学和社会实践两部分，强化了学生的社会实践经历，促进了大学生在社会实践大课堂中认识国情、把握形势，培养学生的社会责任心，提高学生的社会适应能力和社会竞争力。

二是认真选聘教师、精心组织教学。2007 年上半年选聘授课教师 120 人，为全校 486 个班级开课，开设了 5 个专题；下半年选聘授课教师 29 人，为全校 602 个班级开课，开设了 3 个专题。成立了专家指导委员会，并从人文社科相关学科聘请了专家担任形势与政策课程教学顾问，提高了教学质量。

三是做好形势与政策热点巡讲。整合学校名师资源，发挥相关学科资源优势，邀请相关专业的专家教授组成教授巡讲团，在各校区开展五场政治热点巡讲活动，及时对国内外社会热点、大学生关注焦点、难点作深度剖析，加深了学生对国内外形势的正确认识与把握。在此基础上，建立了形势与政策报告会专家教授资源库，完善了大学生形势政策报告会制度。

（四）引导网络行为，培养健全人格

一是继续建设好"学生在线"网站。充分利用新技术，对"学生在线"主题网站进行了改版，进一步丰富了内容，为大学生提供了更多的信息和服务。开设"学习贯彻十七大精神"、"道德的力量"、"暑期社会实践专题"、"感动在这个季节—感恩教育"、"庆祝香港回归十周年"、"亲情教育"以及迎新、毕业、军训等专题，建设"新闻频道"、"文化频道"、"生活频道"、"学习频道"、"学生党员"、"心理健康"等频道，积极进行社会主义核心价值观教育、党员教育和学生学业指导、心理健康等各方面指导，为培养一流人才提供良好的网络服务。2007 年，"学生在线"网站荣获"全国十佳思政类网站"，"学生在线"娱乐子站荣获"十佳文娱类网站"。

二是加强网络文化团队建设，搭建网络平台。继续以"学生在线"网站建设为基础，带动集网上信息发布、网络管理、网络服务等多功能、多元化的网络文化团队建设。继续做好团队中学生宿舍网管理服务委员会、微软高校信息与交流中心网站、微软学生俱乐部、电脑服务部等部门的建设，积极吸引广大学生参与其中，直接参与网络文化建设的学生达到 1400 人。以此为平台，开展了一系列教育、文化、娱乐和素质拓展活动。为提高学生参与网络文化团队建设的能力，邀请微软亚洲研究院、济南市公安局及学校宣传部等有关专家为学生开展了 14 次网络知识和网络文化培训。

三是做好网上网下互动。加大正面宣传力度，对党和国家大政方针、学校政策法规等，在网上开展积极有效的宣传，取得了很好的效果，《教育部加强和改进大学生思想政治教育工作简报》对我校网上学习十七大活动进行了报道。开展了第二届网络安全与网络文明宣传月和第二届网络文化节活动，通过"博览群抒"博客、windows 桌面美化大赛、"网者风范"校园网络明星评选等学生喜闻乐见的形式，在校园内掀起了建设和发展和谐校园网络文化的风气。此外，继续做好校长信箱、部长信箱的来信回复工作，并通过收集网络信息编辑《学生关注话题》等方式，为学校领导和有关部门提供决策依据。

二、规范学生管理、维护学生权益、促进学生个性发展

（一）强化学生行为规范管理，以法治学

注重对学生日常行为规范管理和考风考纪教育，端正学生学习风气，积极为学校建立依法治校、民主管理、维护学生合法权益的新型学生管理机制出谋划策。2007 年度，

处理学生违纪总人数128人。

（二）建立奖助学金“三级评审，两级公示”制度，促进学生管理工作民主化

建立了奖助学金“三级评审，两级公示”制度，确保评审工作做到程序公开、过程透明。2007年10月，召开了国家奖学金、国家励志奖学金、国家助学金评审会议，共有来自不同学院的10名学生代表参加，并行使了表决权；2007年11月，召开了校长奖学金及社会奖学金评审会议，随机从学生委员库中抽取了13名学生代表参加，并行使了表决权。

（三）进一步规范奖学金评选程序，以评促学

结合国家奖助学金政策的出台，提出了改革我校奖助学金设置的意见，进一步完善修订《山东大学本科学生奖学金管理条例》，规范各类奖学金的评选标准和评选程序。改革学生奖学金以往现金一次性发放方式，采取现金发放和项目资助方式，鼓励学生科技创新和个性发展。2007年，共对22652名学生（不包括2007级新生）进行了严格全面的综合素质测评工作，417名学生获得国家奖学金，每人8000元；5618人获得优秀学生奖学金，合计金额1006万元。

（四）进一步规范各类奖学金和交流项目的评选标准和选拔程序，鼓励学生科研创新、素质拓展

一是加强和社会企业的联系，进一步完善各类社会奖学金的评选。2007年，共评选社会奖学金获得者903人次，奖励金额达190.644万元。其中，获项目资助奖学金学生535人次，立项总额95.51万元。

二是继续推动各类奖学金的项目制改革。进一步对部分奖学金（包括校长奖学金、单项奖学金以及部分社会奖学金）实行项目制改革，鼓励获奖学生积极进行素质拓展和科研创新，进一步提高学生的学术水平和科研能力。2007年，通过严格的中期考核和结项考核，共有727个2006年立项项目最终考核为优秀。2007年度，经审核又有535个资助项目正式立项。

三是规范各类对外交流项目的评选程序。严格按照公开、公正的原则，组织进行了2007年亚洲科学营暨第十届吴健雄科学营、赴台湾清华大学交流项目等近十项活动的学生选拔工作，使学生在海外交流中得到提升。

（五）加强优秀学生和先进集体的培养工作，立典型树风尚

积极满足学生成才和发展的内在要求，着力促使优秀集体和个人脱颖而出。2007年，全校共涌现出校三好学生1070名，校级优秀学生干部675名，校级先进班集体60个；省级优秀学生31名，省级优秀学生干部16名，省级先进班集体10个。2007年度，获校级以上荣誉称号优秀学生占学生（不包括2007级新生）比例7.9%。此外，我们还积极配合济南军区驻山大选培办做好国防生的选拔、管理和培养工作，并对优秀国防生进行了表彰。

三、完善家庭经济困难学生资助体系，提升帮困助学的科学化水平

（一）完善经济困难学生资助政策

我们以《国务院关于建立健全普通本科高校高等职业学校和中等职业学校家庭经济

困难学生资助政策体系的意见》为指导，制定了《山东大学国家奖学金管理暂行办法》《山东大学国家励志奖学金管理暂行办法》《山东大学国家助学金管理暂行办法》《山东大学（本科学生）助学金评审办法》《山东大学家庭经济困难学生认定工作实施办法》等一系列管理文件，使各项资助工作有章可循，规范了工作程序，完善了工作体系。

（二）做好国家助学贷款工作

一是规范管理体制，完善制度建设。建立顺畅的工作体制，在工作中做到了分工合理，职责明确，提高了工作效率，提高了我校国家助学贷款工作的制度化、科学化、规范化水平。

二是严格工作程序，严把“三关”。工作中我们注重把好“贷款申请材料的审核关”，保证了国家助学贷款工作的公正、公平、公开；把好“网上个人信息准确关”，动态、全面、及时地掌握贷款学生学习、生活等各方面情况，建立完善的信息上报制度，确保各项工作有条不紊地进行；把好“平时生活情况考查关”，在完成国家助学贷款申请后，由各学院负责监督借款学生的日常生活，确保了国家助学贷款的正确发放和落实。

三是以诚信教育为主线，做好国家助学贷款宣传工作。通过定期组织工作人员培训，利用学生在线、校报、广播站、宣传海报等途径宣传贷款政策措施，宣讲贷款知识，使学生提高了及时还贷意识。通过调研掌握了学生思想动态，做到有的放矢，有针对性地开展国家助学贷款宣传教育工作，并抓住毕业时机做好还款教育工作。

（三）做好勤工助学工作

2007 年度，全校校内勤工助学固定岗位约 3760 个，临时岗位约 1280 个，截至目前共支付报酬 365.4594 万元。在做好校内勤工助学管理体系基础上，积极开拓校外勤工助学渠道，2007 年与山东格力电器市场营销有限公司联合招聘部分学生在企业进行营销实习。除此之外，我们还积极开拓勤工助学面，比如家教、肯德基餐厅服务、麦当劳餐厅服务、市场调查、店铺导购、商品代理、家政服务、彩票销售、电视台主持、杂志编辑等等。据统计，共有 696 名学生参与校外勤工助学。

（四）做好其他方面的资助工作

一是保证绿色通道畅通。帮助 361 名无力缴纳学杂费的家庭经济困难新生顺利入学；准备了 100 余套被褥、生活用品及学习用品，提供给经济困难学生；现场向 92 名家庭经济特别困难的新生发放临时困难补助，共计 38300 元。

二是拓展经济困难学生奖、助学金来源，做好发放工作。我们从多方面入手，积极与各地企业联系，争取社会助学金在我校的投入。2007 年，共发放社会学校各类助学金总金额近 183 万元，资助 1500 余人。资助金额比 2006 年增长 22%，受助人数增长 69%，切实提高了资助力度和覆盖范围。

三是做好临时困难补助、生活补贴等资助金的发放工作。截至 2007 年 12 月初，共有 2767 名学生享受到临时困难补助，发放金额 83.8995 万元（含 2007 级新生）。29211 余人次发放生活补贴 949 余万元，1076 人发放国家助学金 161.4 万元。

四是创新资助模式，主办助学育人系列培训。培训内容涵盖了“职业发展能力培训”、“艺术素养培训”、“心理健康训练”和“社交能力培训”四个模块的九个项目。目前，已培训学生1800余人，其中1000余人获得国家级、省级职业资格证书，得到了学生及社会各界的一致好评，《中国教育报》等媒体给予高度评价。

五是做好爱心捐助等工作。强化感恩意识，构筑和谐校园文化。通过毕业生爱心捐赠、“携手格力，爱心传递”、“江铃溪桥工程”寿光之行公益活动、感恩倡议活动、山东大学白杨社赴邹城暑期社会实践活动、新长城山东大学自强社暑期四川支教等活动，让学生感受爱心和责任，教育学生用自己的行动与能力，做力所能及的事情，帮助他人，奉献爱心。

四、丰富教育内容，指导学生培养健康心理

遵循“积极向上、乐观自信、学会沟通、完善人格、热爱生命、维护健康、开发潜能、和谐发展”的理念，丰富心理健康教育内容，扎实开展心理咨询指导工作。

一是加强人员培训，完善心理健康教育队伍建设。制定了心理咨询指导中心内部的各项工作制度，改善了中心工作环境；抓好了心理健康教育兼职教师队伍建设，通过举办讲座、成立“辅导员成长之家”等方式，加大了对我校辅导员的培训力度。通过加强管理和培训力度，建设了一支强有力的心理健康教育教师队伍。

二是进一步深化心理健康教育工作，普及心理健康知识。成功组织了贴近学生实际的“走进心灵”心理健康教育讲座137场，覆盖学生2万余人；邀请校内外专家作系列讲座3场；开展新生适应性讲座34场，团体辅导60场；继续开设《成功人际交往》《大学生心理健康教育》课程，同时增开了《自信心提升训练课》等8门本科生通选课和1门研究生通选课《萨提亚个人成长艺术》，全年选修课程学生人数达到3500余人。

三是依托心理健康宣传教育活动、心理健康教育网站建设和心理健康协会开展心理健康知识宣传。在全校举办了主题为“掌握情绪，成就精彩”的第七届心理健康教育宣传周活动；对心理健康网站进行了改版，完善相关宣传教育栏目，增强了网站吸引力；指导心理健康协会开展社团活动，使其成为学生群体自主开展心理健康教育的重要基地。此外，全年编发心理健康教育简报5期；完成心泉小报1期。

四是认真组织了2007级新生和复试研究生心理测试。组织了7710名新生参加心理测试，并对筛选出的543名学生进行了面谈；对参加研究生复试者进行心理测评，参测2916人，数据有效率达到99.37%，共筛查出88名学生进行面谈，有效地预防了研究生新生心理问题的发生。

五是有效地开展了心理咨询和危机干预工作。调整了各校区咨询时间安排，并往各校区派驻专职老师，开展心理咨询工作，全年学生咨询量达800人次；进一步落实我校《山东大学学生心理危机干预预案》，大力推进学生心理危机干预与预警工作，共实施危机干预30人，建立了心理危机预警库，并对干预对象进行了跟踪回访，了解工作效果。

六是进行科学研究，提升学术化水平。顺利完成了省委高校工委《大学生心理健康教育与人格培育的相关研究》课题立项，并将在近期出版《大学生人格培养》《大学生心理健康教育》《大学生团体辅导与团体训练》三本著作。

五、加强管理，提高服务，建设和谐社区

坚持以育人为核心，以服务为宗旨，在做好学生宿舍物业管理的基础上，加强社区文化建设，为学生营造了良好的成长、发展氛围。

一是提倡勤俭节约，合理利用资源。通过合理安排住宿，增收201万元；改变原有用水用电标准，采取“定额管理，节约留用，超支自付”的措施，在教育学生勤俭节约的同时，回收电费40万元；“修旧利用，变废为宝”，最大限度地提高废旧物品利用率，节约开支172万元。

二是加大教育管理力度，确保校园安全稳定。举办了“消防安全宣传周”活动，并配合公安处等部门开展消防疏散逃生演习，教育学生树立安全防护意识及防控火灾的能力；定期开展安全检查，排查使用大功率违章电器、乱拉电线、悬挂床帏等安全隐患；为部分学生宿舍楼安装楼内摄像监控设备、楼外防翻爬红外线报警系统、智能式控电设备，有效地预防和控制安全事件的发生，保证学生住宿生活的安全舒适、文明有序。在7月份济南发生特大暴雨期间，迅速、高效地做好了学生安抚、后续维修等工作，确保了校园的安全稳定。

三是丰富文化内容，建设和谐社区。重视宿舍文化建设，通过舍长论坛、雅舍评比等活动促进学生交流；发挥《公寓之声》报和“学生社区”网站的作用，搭建良好沟通平台；组织参加了山东省高校第三届大学生宿舍文化节、“大学生宿舍文化征文评选”、“大学生宿舍摄影作品大赛”等活动并获嘉奖；改善了公寓活动室、阅览室，提供更好的学习环境，浓厚社区文化氛围。

四是提供全面服务，体现人文关怀。加快了楼宇建设，投入使用了新校18＃宿舍楼，缓解了住宿压力；完善了设施配置，实施了旧墙粉刷，加强了维修服务，确保学生住宿环境整洁卫生、优雅舒适；逐步实行博士生、硕士生、本科生各2、4、6人/房，改善了住宿条件；精心组织，服务到位，做好了新生入学和毕业生离校工作以及访学学生、延期毕业生和转专业学生的住宿安排；开发设计了山东大学学生宿舍信息管理系统，提高了管理水平；制定了规范完整的《山东大学学生宿舍管理服务人员工作守则与管理条例》，并对服务人员进行培训，服务质量得到提升。

六、加强辅导员队伍建设，提高学生工作水平

2007年，我们继续落实《中共山东大学委员会关于进一步加强和改进辅导员职业化、专家化的意见》等文件精神，推动辅导员队伍建设，加快辅导员队伍职业化、专家化步伐。

一是做好专职辅导员选留工作。2007年，共面向海内外高校选聘专职辅导员24名，保资辅导员24名，进一步充实了辅导员力量，使学生辅导员与学生人数比例更趋合理。

二是实现了辅导员培训交流经常化、规范化。2007年，我校获批教育部高校辅导员培训和研修基地，为实施辅导员培训和加强工作研修提供了良好机遇。我们依托基地建设，加强了对辅导员的岗前培训和日常培训，共派出6名一线辅导员参加教育部组织的高校辅导员培训班，派出1名辅导员赴英国培训。共举办辅导员岗前培训21场，并邀请全国教育科学规划办公室常务副主任曾天山、美国辛辛那提大学教育学院汤梅教授、山东大学政治学与公共管理学院王韶兴教授等为辅导员作了培训。组织部分辅导员参加山东省优秀辅导员事迹报告会，并先后派出13名辅导员到合作高校交流。

三是进一步完善学生辅导员考核管理。根据《山东大学学生辅导员考评办法》，4月和10月，分别召开学生座谈会，对辅导员落实与学生谈心谈话、进学生宿舍、主题班会等六项工作制度情况进行了解和检查，共组织座谈会近300场，并实地察看了相关材料。5月，对29名保留研究生入学资格期满的辅导员进行了工作考核，12月，对全校138名辅导员进行年终考核。

四是组织辅导员开展人格培育研究。围绕学生人格培育体系建设，开展了一系列工作研究。我校申报的“构建人格培育体系，创新人才培养模式”获批全国教育科学“十一五”规划2007年度教育部规划课题。目前，学生人格培育体系的工作体系研究、课程设置体系研究以及团体辅导体系研究等三个课题的研究已经完成。3月，举办了以“学生人格培育体系的理论与实践”为主题的山东大学第二届高等教育论坛，交流了关于学生人格培育体系构建的思想，促进了人格培育体系和知识学习体系两个体系的融合。10月，围绕学生思想政治教育、学生事务管理和学生发展指导等方面设计了《大学生健康人格的内涵研究》、《知识学习体系与人格培育体系融合研究》等16项研究课题并予以立项，组织学生工作人员开展进一步研究。

五是以评促建，开展优秀辅导员、班主任评选活动。2007年，共评选出山东大学优秀辅导员20人、优秀班主任33人，树立了工作典型。在此基础上，我们加大了宣传力度，为广大辅导员、班主任提供学习榜样，在校内营造了“学习先进，争当先进”的良好工作氛围。

（方　珺）

学生就业工作

2007 年 1 月 17 日下午，展涛校长到学生就业指导中心开展工作调研，深入了解学校学生就业工作的开展情况，并就如何深入开展学生就业工作进行了指导。学生工作部部长张宇、研究生工作部部长桑晓旻、校团委书记曲明军、就业中心主任杜言敏以及就业中心的全体工作人员参加了座谈会。

2007 年 1 月 18 日，根据鲁人办发［2006］185 号《关于做好 2007 年度非师范类优秀毕业生评选工作的通知》和山东大学《关于评选 2007 年度优秀毕业生的通知》，经各院（部、所、中心）综合测评和民主评议，按照公开、公正的原则，共评选出了徐鑫等 536 名毕业生为优秀毕业生进行表彰。

2007 年 1 月 28 日，学校下文表彰 2005～2006 学年度学生就业工作先进集体和先进个人。其中，学生就业工作先进集体 6 个，学生就业工作创新集体 5 个，学生就业工作进步集体 3 个，学生就业工作先进个人 35 人。

2007 年 1 月 31 日，学生就业指导中心组织召开了“就业指导授课经验交流及课程建设研讨会”，中心及部分院部的授课人员参加了会议。会议主要分析和思考了我校就业指导课程的现状和未来，共享了部分典型教师的授课经验，集中讨论了就业指导课课程改革和职业生涯规划、就业指导、顶层设计等问题。

2007 年 3 月，学生就业指导中心特邀请部分公务员考试辅导专家在我校举办“2007 年山东省公务员考试辅导”系列讲座。3 月 10 日晚，讲座之一在东校区新校科学会堂成功举办。公务员考试辅导专家张廷兴教授作了关于 2007 年山东省公务员考试制度、应考方法，特别是《申论》写作的讲座。11 日晚，系列讲座之二在南校区主楼报告厅举办，公务员考试辅导专家孙健教授为大家讲解了刚刚发布的山东省省直机关招考公务员、选调生的通知精神，重点讲解了《行政职业能力测试》的试题类型、答题方法以及应考策略等。我校共 1000 余人次聆听了该系列讲座，从中获益匪浅。

2007 年 3 月起，学生就业指导中心积极开拓省内外就业市场，除做好省内 17 地、市就业市场的工作外，还专门派人到北京、上海、广州、深圳、杭州等地开拓学生就业市场，宣传推介山大毕业生；同时，积极推进学生就业实践基地的建设工作，增进与用人单位的沟通交流，加强联系，沟通信息，更好地为用人单位和学生提供服务。

2007 年 3 月 24 日，学生就业指导中心组织承办了“山东省 2007 年大中专毕业生文、理、工与医药类就业市场大型供需见面会”。1万余名毕业生和来自省内外的300余家用人单位参加了招聘会。本次招聘会，用人单位的择人标准更趋理性，按照不同岗位要求选择不同学历层次的毕业生，需求涵盖专科、本科、硕士、博士各学历层次，以本科生为主；学科需求上工科类专业需求旺盛，文理医药类需求较往年略有增长。

2007年4月10～12日学生就业指导中心主任杜言敏一行四人前往天津经济技术开发区及在津部分重点用人单位进行就业市场的考察和调研。这是继2005年6月11日我校与天津经济技术开发区人才服务中心（泰达人才）签署学生就业实习基地协议以来，中心为不断拓展我校学生就业空间，加大对重点地域、重点单位就业市场的开发和调研力度，深化双方合作而采取的重要举措。考察取得重要成果，我校与天津经济技术开发区签订合作协议。

2007年4月21日，由共青团山东省委主办，山东大学就业指导中心、山东大学团委承办的“山东省2007年大学生就业直通车进校园”活动在我校东区新校篮球场举行。本次活动旨在给大学生搭建高效便捷的就业平台、开创更多的就业机会，省内外近百家用人单位、山东各高校大学毕业生参加了本次招聘会。

2007年4月28日晚，由我校学生就业指导中心和校团委联合承办的中国光华科技基金会“诺基亚青年创业教育计划”山东地区启动仪式暨青年创业大讲堂山东大学站在我校科学会堂成功举办。主讲嘉宾为皇明集团董事长黄鸣先生和中经纵横咨询公司执行董事胡吉胜先生。团中央光华基金会、团省委的部分领导出席了本次活动。

2007年5月14日，山东省高校毕业生就业工作会议在济南召开。山东省常务副省长王仁元出席会议并讲话，副省长黄胜主持会议。我校党委副书记方宏建、学生就业指导中心主任杜言敏出席了会议。本次会议分析研究了当前我省高校毕业生就业形势，部署了2007年和今后一个时期的毕业生就业工作。会上，对近年来全省涌现出来高校毕业生就业工作先进集体、先进个人和扎根基层建功立业优秀人才进行了表彰奖励。我校荣获山东省“普通高校毕业生就业工作先进集体”荣誉称号，有四名同志荣获“山东省普通高校毕业生就业工作先进个人”荣誉称号。

2007年5月25日至6月10日期间，学生就业指导中心在全校范围内组织开展“听学长谈就业”求职经验交流活动。部分优秀的毕业生同学将自己在求职、考研、考博等方面的经历、体会、经验等与低年级学生交流分享，为低年级学生将来的学习和求职提供宝贵的经验。

2007年6月15日，学生就业指导中心在东区新校邵逸夫科学馆第二会议室召开2007届毕业生派遣工作协调会，布置2007届毕业生派遣工作，组织部、学工部、研工部、教务处、财务处、公安处、后勤处、医院管理处、校团委、信息化工作办公室、图书馆等部门有关负责人及各院（部、所、中心）分管学生工作的副书记和相关负责人等参加了会议。

2007年6月29日下午，山东大学赴西部、基层就业及志愿服务毕业生表彰奖励座谈会在办公楼会议厅举行，10名赴新疆、内蒙、广西等地就业毕业生，5名“志愿服务西部计划”毕业生，15名参加“第九届扶贫接力计划支教团”的毕业生，30名定向西藏毕业生受到表彰。座谈会期间，校长展涛从威海专门致电，向同学们表示问候和祝福。校党委副书记方宏建出席座谈会并讲话。研究生工作部部长桑晓旻、校团委书记曲明军以及宣传部有关负责人，化学院、信息学院、电气学院、材料学院、管理学院、文学院、法学院、数学院、机械学院、控制学院分管学生工作的副书记，毕业班辅导员代表等参加了座谈会。

2007 年 6 月 29 日至 6 月 30 日，在上报省级主管部门审核就业方案的基础上，学校集中开展 2007 届毕业生派遣工作。共派遣毕业生 9791 人，其中，博士毕业生 512 人，硕士毕业生 3039 人，本科毕业生 6174 人，专科毕业生 66 人。

2007 年 7 月 24 日至 8 月 5 日，学生就业指导中心组织开展了 2007 年暑期“山大就业寻访”活动。寻访团由 3 名就业指导教师，5 名在校研究生、本科生组成。寻访活动在山东省的济南、聊城、菏泽、临沂、日照、潍坊、淄博、滨州等八个地市全面开展，寻访团与各地市人事局、用人单位及往届山大毕业生就毕业生就业工作进行了深入交流。

2007 年 9 月，学生就业指导中心在 2007 级新生中集中开展职业生涯规划教育，由学生就业指导中心的老师以报告会等形式向新生讲解有关我国就业形势、大学生在校期间应作的准备，如何做好自己的职业生涯规划等知识。

2007 年 10 月 11 日，新版山东大学学生就业信息网开通运行，功能更加齐全，信息量更加丰富，受到了广大同学的欢迎。

2007 年 10 月 30 日，山东大学就业指导中心主任杜言敏与清华大学就业指导中心主任祁金利、北京交通大学招生就业处处长王化深一同做客新浪网，参加了由新浪教育频道和职商网联合推出的 2008 年大学生就业系列公益活动。杜主任介绍了我校 2008 年毕业生生源情况，并就大学生求职前要作好的准备等问题与网友进行了近距离的沟通、交流。

2007 年 11 月 1 日至 11 月 8 日，学生就业指导中心组织全校各院系开展山东大学 2008 届毕业生生源审核上报工作。

2007 年 11 月 2 日，我校 2008 届毕业生就业工作会议暨就业工作人员培训会在学生就业指导中心第二报告厅召开，来自各院（部、所、中心）分管学生就业工作的副书记及毕业班辅导员计 160 余人参加了此次会议。学生就业指导中心主任杜言敏作了关于做好 2008 届毕业生就业工作的报告，并对 2008 届毕业生就业工作作了详细部署。

2007 年 11 月 17 日，学生就业指导中心在济南舜耕国际会展中心召开“山东大学 2008 届毕业生就业供需见面会”。来自省内外的 260 余家用人单位参会，本次招聘会参会单位共提供职位约 8000 个。

2007 年 11 月，学生就业指导中心联合各院系在全校范围内组织开展 2008 届毕业生教育活动。教育活动分八个主题，点面结合，突出重点，在帮助学生认清就业形势、树立正确的就业观念、解决特殊群体学生就业等方面起到了非常好的作用。

2007 年 11 月 8 日至 11 月 30 日，学生就业指导中心面向我校 2008 届毕业生，成功举办“山东大学首届简历制作大赛”，31 名参赛同学分获一、二、三等奖，活动受到了新华社等媒体的关注。

2007 年 12 月 5 日，2008 年全国普通高校毕业生就业工作视频会议在京举行。山东省在我校邵逸夫馆设立分会场，来自全省 17 地、市人事部门的相关人员和高校就业工作负责人参加了会议。

2007 年 12 月 5 日，学生就业指导中心发挥我校职业指导师在学生就业咨询中的作用，建立学生就业咨询值班制度，组织校内职业指导师对在校学生集中开展就业咨询服务。

2007 年 12 月 5 日，学生就业指导中心组织各院部在全校学生中开展残疾学生的建档工作，以便掌握他们的基本情况并对他们进行就业援助，实施重点帮扶。

2007 年 12 月 12 日上午，学生就业指导中心在第三报告厅召开 2008 届毕业班辅导员第二次培训会，就 2008 年山东省高校毕业生就业信息网的使用等问题作了全面的讲解，各单位毕业班辅导员及学生助理共计约 140 人参加了培训。

2007 年 12 月 17 日至 12 月 27 日，参照《山东大学学生就业工作考评办法（暂行)》(山大学字［2005］170 号)，学生就业指导中心工作人员分赴各学院开展对学院 2006～2007 学年学生就业工作的调研和考核评定工作。

2007 年 12 月 29 日，由山东大学网络文化建设领导小组举办的山东大学校内优秀网站评选活动揭晓，37 个网站被评为“山东大学优秀网站”，学生就业信息网以第五的成绩榜上有名。

2007 年 12 月 5 日至 2008 年 1 月 5 日，学生就业指导中心组织开展“山东大学 2008 届毕业生网上招聘月”活动。活动以我校学生就业信息网（http://job.sdu.edu.cn）为平台，重点邀请近两年招聘我校毕业生人数较多的用人单位参加，同时以 2008 届生源信息为依据，为毕业生开通网上求职简历服务，组织并指导毕业生进行网上电子简历注册，便于毕业生与用人单位进行双向选择。

（关　勇）

共青团工作

2007年，我校共青团工作在上级团组织和学校党委的领导下，根据《山东大学2007年学术与行政工作要点》和《山东大学2007年共青团工作要点》的要求，围绕学校确定的2007年为“作风建设与管理效益年”的整体部署和工作要求，在完善人格培育体系，促进学生全面发展方面进行了多项有益的探索，以课程化建设为切入点，以扩大参与面为着力点，发挥共青团的组织优势和资源优势，积极探索人格培育体系与知识学习体系的融合途径，推进学术品牌讲座、创新创业教育、社会实践经历的课程化，促进校园文化建设的规范化。在思想政治教育、团的自身建设、指导学生组织、文化艺术教育等方面都实现了年初制定的各项计划。

一、思想政治教育主题鲜明，效果突出

1. 2007年，我们继续以团中央“我与祖国共奋进”为核心主题，以培育青年学生社会责任心、爱国主义和民族精神为主线，在全校广泛开展了“向方永刚同志学习主题教育活动”、“向全国道德模范学习主题教育活动”、“青年月”主题教育活动、“缅怀先烈，情系祖国”主题教育活动和“学习贯彻十七大精神，争做‘四个新一代’青年”、学习贯彻党的十七大精神的主题教育实践活动等主题明确、特色鲜明的各类教育活动。

2. 充分发挥网络思想政治教育工作的优势，继续建设好以“青春山大”为龙头的共青团网站群。集中对“学习贯彻党的十七大精神主题教育活动”等重点工作和品牌活动进行宣传报道，增强思想政治教育工作的影响力和覆盖面。

3. 开发完成了“网上团校”网站，推进了团员和青年教育的网络化进程，“网上团校”成为我校团干部培训和团员教育学习新的网上阵地。

二、创新创业教育课程运作、氛围浓厚

1. 结合我校人才培养目标，我们提高认识，创新思维，以“挑战杯”为连结我校知识学习体系和人格培育体系的中间纽带、检验学生知识学习效果的实践平台、完善学生健全人格的重要手段，积极推动学院学生创新创业教育“六个一”模式建设，为学生搭建全方位、立体化的科技创新创业平台。成功组织和举办了第十届“挑战杯”山东大学学生课外学术科技作品竞赛。全校共有学院、研究中心等28个部门发动组织学生参

与了竞赛，参赛学生3000余人次，指导教师900余人次，上报校级参赛作品406件。在全国竞赛中，我校6项作品进入终审决赛，并全部获奖；其中，哲学与社会发展学院本科生刘万顺的作品《城市农民工就业歧视探究——一个过程的视角》荣获一等奖。另外，完成了第六届“挑战杯”山东大学学生创业计划竞赛初赛阶段作品申报和评审工作，有313件作品顺利进入复赛阶段，参与竞赛同学3000多人次，指导教师400多人次。完成了创业计划竞赛网上报名系统的框架设计，实现了创业计划竞赛的网上报名。

2. 经精心准备的课程设置和与教务处的沟通协调，以全校通选课形式面向全校所有二年级以上学生，成功开办了《创业研究与实践》课程。作为学校学生创业教育的辅助平台，科技创新中心以《创业研究与实践》课程为理论基础，以“挑战杯”创业计划竞赛为实践平台，设计开办了山东大学第一期创业精英训练营。

3. 先后在各校区组织和举办了报告会、论坛、沙龙、培训、展示会等活动60余场，为我校学生参与调研、科研、实践营造了良好氛围。在我校参加“挑战杯”竞赛作品申报省级和国家级竞赛期间，针对每个团队人员、作品的不同特点，进行了有针对性的指导。化学与化工学院2004级本科生董人豪同学获得由邓小平同志稿费设立的第四届全国青少年科技创新奖，并获得2万元奖金，护理学院冯乐双同学成功晋级第一届诺基亚全国学生商业计划书竞赛16强。

4. 与学生工作部协调初步完成《山东大学学生科技创新单项奖学金实施细则》，为争取全校学生科技创新资源整合迈出了坚实的一步。

三、校园文化活动运作规范、推陈出新

1. 学术类、思想性品牌校园文化活动继续引领先进校园文化方向。全年共举办7场的“大家讲坛”，18场“人文纵横”，11场“科学畅想曲”，27场“小树林文化论坛”，9场“恰同学少年——中国杰出青年论坛”，60余场创业论坛、沙龙、报告会和技能培训，12场文艺演出等全校性高层次学术科技文化活动。2007年12月，又策划推出了一道艺术盛宴——“舜歌”艺术讲坛，目前已成功举办2期，“舜歌”艺术讲坛将陆续邀请艺术界名家为山大学子奉献艺术盛宴，营造我校浓郁的艺术文化氛围。

2. 继续建设维护好“学术讲坛”网站，及时发布讲座（报告）信息，加强视频资料库的建设工作。

3. 学生社团结合自身特点，策划和举办了凸现“关注社会特点、服务社区群众、反映大学生活、贴近校园师生”特点的一系列社团活动：“社团风景线”、“十大精品社团联合展演”、“精品社团志愿服务济南社区行动接力”等系列活动，涉及和谐校园建设、节能环保、素质教育、心理健康教育、普法教育、网络安全、爱心助困等热点问题。第七届社团文化节有57家社团在3月初至5月底两个月时间内，策划和举办了大小社团活动近300余项，参与活动学生达26000余人次，其中在全校较有影响的活动达47项。

4. 2007年，我校加强文化活动的对外交流：代表山东省高校参加在同济大学举行的“五月的鲜花”展演；参与录制中央电视台《青苹果》节目专场，朱晓芳获得周冠军，展示了山大社团风采；“法姿魅力新主播”电视主持人大赛，蒋佳琦获山东赛区总

冠军；参加2007国际大专辩论赛；参与组织2008北京奥运火炬手的选拔工作，最终有两名同学胜出，将会代表山东省大学生亲身参与2008北京奥运会；组队参加中央电视台《挑战主持人——高校挑战赛》，获得华东赛区第三名的好成绩。

四、社会实践工作拓展领域、开创局面

1. 2007年，校团委大力推进了大学生“社会实践经历”教育。在科学调研的基础上，按照社会实践工作课程化、规范化、科学化、长效化建设目标要求，为全面构建大学生社会实践工作新局面奠定了基础。一是探索了新的活动模式，按照新的内容体系，推出项目化模式、体验式模式和综合型模式三种基本活动模式；二是实现了社会实践活动的课程化，出台了《山东大学学生社会实践活动管理办法（暂行）》，在我校历史上第一次把社会实践活动纳入课程教学体系，设立了《形势政策与社会实践》必修课，规范了社会实践活动范畴、内容、意义及能力导向，规定了社会实践课程的考核程序、标准和有关政策。三是初步在我校营造出以“关注社会，参与社会，影响社会，服务社会”为主要特征的具有山东大学特色的实践文化氛围。

2. 较好地完成了2007年暑期大学生社会实践活动各项工作。从走访调研、文件下发、申报立项、评审答辩、培训指导到出发仪式，从组织实施、检查巡视、宣传报道、总结交流、考核评比到表彰规划等每一个环节，都较往年有了创新和突破。2007年暑期实践活动以“关注民生，体验成长，共建和谐”为主题，以家庭角色体验、社会角色体验和综合素质拓展为主要内容，共有20000多名同学参加了各种社会实践活动。其中，有6000多名同学参加了团队实践活动，全校共组建了590支团队，分赴全省各地和全国27个省市开展活动。得到了包括《中国教育报》《中国青年报》等在内的20多家新闻单位的深入报道，取得了良好的人才效益和社会影响。17人荣获“山东省优秀指导者”称号，28人荣获“山东省优秀学生”称号，10支队伍荣获“山东省优秀团队”称号。

3. 学生服务济南社区工作稳步推进。目前，已经与山东省特殊教育中等专业学校和济南市历下区教育局达成了初步合作意向，师资培训、课业辅导等重点项目已经启动。2007年，全校日常服务社区志愿活动，在全市67个社区，89个社区服务站蓬勃开展，各学院结合专业特点，相继开展了文化宣传、科技服务、法律援助、医疗服务、社区建设等特色鲜明的服务活动，参与学生达5200余人次。

4. 青年志愿者工作组织有序。先后承担了团省委就业直通车进校园等多项大型志愿者服务活动；开展了丰富多彩的社区服务工作；积极投身社会热点问题，开展了宣传新税法知识等形式多样的宣传活动。此外，加强与校外青年志愿者组织的联系与合作，先后与团省委、团市委、济南市志愿者协会、历下区团委、历下区志愿者协会等组织建立了联系，与山东师范大学、山东财政学院、济南大学、北京理工大学等19所省内外高校建立合作机制。

5. 完成了第十届研究生支教团的选拔招募和2007年支援服务西部计划志愿者选拔工作。我校荣获“西部计划优秀组织单位”奖。

五、服务大学生就业创业深入开展，扎实推进

1. 通过形势报告会、开办就业政策讲座、组织成功人士进校园等形式，对学生进行了创业和就业教育，帮助学生掌握择业技巧，提高择业技能，引导学生树立正确的创业观、择业观和就业观；充分利用各种渠道，积极向社会举荐优秀毕业生；通过鼓励学生参与志愿服务、挂职锻炼等形式，开辟灵活多样的就业渠道；广泛争取社会资源，通过多种形式为大学生优秀创业计划吸引社会风险投资，促进了学生课外学术科技成果的转化，切实帮助了学生创业就业。

2. 采取多项措施，依托已建的7个“学士后流动站”，创造有利于青年学生前进发展的良好环境，使“学士后流动站”逐渐成为青年大学生就业创业发展的阶梯。

3. 依托实践助学中心，对外广泛吸收资源，为贫困生提供实践助学信息和岗位；对内积极争取勤工助学岗位，仅团委就提供了180多个用工岗位。同时，我们扎实做好了山东省“移动奖学金”的评审、发放工作，系统推进了“肯德基曙光计划”等各类济困助学工作。

4. 全面贯彻落实团省委其他服务学生就业创业工作举措，扎实做好青年学生济困助学工作。校团委科技创新中心开辟学术讲座专题网站，举办“创新创业”专题讲座；组织校友专题的“小树林文化论坛”，通过面对面的沟通与交流，提升了青年学生的就业创业意识。“山大青年”、学生会、研究生会、学生社团网站相继开辟服务学生就业创业的专题网页，提供青年学生就业创业相关的智力支持。

六、团的组织工作夯实基础，重在建设

1. 充分利用“网上团校”平台，加强了对全校团干部和团员青年的形势政策教育、团史团情教育和党情国情教育。举办了团干部培训班。通过听取校领导重要讲话、组织专题讲座、分组讨论、经验交流、参观考察、团体心理辅导等形式，对160多名参训学员进行了集中的共青团组织职能、团支部工作指导、团干部成长规划、党史党情、心理健康等方面的教育培训。通过培训，切实增强了学生团干部的业务能力、理论水平和工作的策划设计能力。

2. 涌现出了多个共青团系统优秀典型。医学院陈哲宇教授荣获山东青年五四奖章标兵称号，医学院李飞同学荣获山东省基层就业标兵称号，机械学院黄传真教授荣获山东省十七届十大杰出青年提名奖等。

3. 理顺了成教学生团员和我校科研院所学生团员的管理机制。成教学生团员由继续教育学院统一管理，纳入所在学院团组织；科研院所学生团员由所在单位派出兼职教师进行管理，建立了团支部。确保了团组织在青年中的覆盖面。

七、指导学生组织理顺机制，蓬勃发展

1. 成功召开第29次学代会和第11次研代会，理顺了学生组织的运行机制，提高了学生参与学校事务的意识和能力。在保留原有品牌活动的基础上，2007年开创性地开展了“学子天下”系列论坛、“校长见面会”等活动，积极做好调研工作和权益服务

工作，进一步发挥“三自”功能，全心全意为同学服务。

2. 对学生社团加强指导与管理，提升了学生社团在校园文化活动中的主体地位。按照“加强制度建设，推进奖惩机制，构建骨干队伍，定期培训指导”的思路，大力推进《星级社团月评制度》。对全校学生社团从组织到活动，从宣传到服务，从纳新到换届，全部进行了科学合理的量化，促进社团的科学管理，督促社团干部规范化开展活动，增强了社团的凝聚力和竞争意识，激活了社团内部的会员潜力。

3. 将青年志愿者协会改组为青年志愿者联合会。完成了理事、常务理事的选举，确定了组织机构，整合校院两级的志愿者资源，有利于活动的开展和扩大影响力。通过了《山东大学青年志愿者联合会章程》，对来自全校 29 个学院的 100 多名志愿者代表进行了培训，提高了志愿者尤其是骨干志愿者的素质和能力。

（毛永强）

离退休工作

2007年，离退休干部党委、离退休工作处在学校党委的领导下，以邓小平理论和“三个代表”重要思想为指导，深入学习贯彻党的十七大精神，全面贯彻落实科学发展观。围绕学校的中心工作，在认真贯彻落实全省老干部工作会议精神基础上，大力加强离退休党的建设和思想政治工作，深入扎实地做好老干部的管理和服务工作，落实好离退休干部的两项待遇，努力发挥离退休干部的作用，丰富他们的精神文化生活，尽职尽责地完成了教育部老干部局、山东省委老干部局和学校党委、行政交给的各项工作任务，为学校的改革、发展、稳定作出了积极应有的贡献。2007年，我校的离退休工作取得了丰硕的成绩，山东大学老教育工作者协会荣获山东省教育厅授予的“全省教育系统老教协工作先进集体”称号，山东大学关工委荣获山东省教育厅授予的“全省教育系统关心下一代工作先进单位”称号。

截至2007年11月底，山东大学共有离退休人员4404人，其中离休干部462人，退休人员3942人（含威海分校、齐鲁医院）。校本部共有离退休人员3629人，其中离休干部396人，退休人员3233人。校本部离退休干部党委下设3个党总支和90个党支部，现有中共党员1616人。

一、围绕学校中心工作，抓好离退休党的建设和思想政治工作，维护学校安定团结、和谐稳定的政治局面

离退休干部党委、离退休工作处针对新时期离退休工作的特点，分别制定了2007年的工作目标和工作计划，认真抓好了离退休党的建设和思想政治工作，增强了离退休干部党员的组织观念，提高了党性原则，发挥了离退休党支部的政治核心作用，团结教育广大离退休职工顾全学校大局，自觉维护学校安定团结、和谐稳定的政治局面。

1. 以党支部建设为重点，落实支部政治学习和组织生活制度，加强老同志党建和思想政治工作

2007年，离退休干部党委以党支部建设为重点，大力加强老同志党建和思想政治工作，充分发挥离退休党支部的政治核心作用和战斗堡垒作用。一是加强组织建设，完善支部设置、强化总支和支委会班子建设。采取以片区为单位，针对老同志的特点，让党性强、作风好、威信高、身体健康、乐于为老同志服务的老党员出来担任总支书记和

支部书记。始终保持支部书记队伍完整和富有战斗力，定期组织支部书记、支部委员培训学习，结合贯彻落实十七大精神组织了3期培训班。11月21日下午和11月23日下午，离退休干部党委专门邀请中共山东省委党校副校长商志晓教授和山东大学政党研究所所长、博士生导师王韶兴教授，分别为离退休支部书记、支部委员和部分党员作了十七大辅导报告培训；11月30日下午，邀请原济南军区情报部副部长、现任德州军分区司令员李进忠大校，为我校离退休的党总支委员、党支部书记、支部委员和部分党员作了关于“认清台湾战略地位，牢记我党历史使命，切实增强维护国家安全和统一的责任感”的专题报告，使老同志加深了对十七大报告的理解，增强了学习贯彻十七大精神的自觉性。二是加强政治思想建设，着重抓好政治理论和时事政策的学习教育，抓好支部政治学习和组织生活各项制度的落实，抓好支部学习和组织活动时间、地点、内容、人员“四落实”。各总支坚持每月一次的支部书记和行政组长学习例会制度，各支部认真组织好每月一次的支部学习和生活会。在学习安排上，离退休党委先后制定了上下半年的政治学习计划，全年共发放报刊杂志、学习材料13000余份，特别是10月份党的十七大召开以后，离退休干部党委又自筹经费给全校近1600名离退休职工党员每人发放了《高举中国特色社会主义伟大旗帜为争取全面建设小康社会新胜利而奋斗》的十七大报告和修正后的《中国共产党党章》各一本，要求通过集体学习、讨论和自学的方式，认真学习研读原文，组织开展专题学习讨论，深刻领会和把握党的十七大精神。

通过学习和教育，增强了离退休党支部的战斗力和号召力，党员的组织观念、思想觉悟和认识辨别能力进一步提高，能够自觉地弘扬科学、倡导文明、顾全大局，在大是大非面前不迷失方向，能够自觉地抵制错误思潮、歪理邪说和不良风气的侵蚀，涌现出了许多先进党支部和优秀党员，其中离退休干部党委所属东校区第七党支部被山东省委组织部、省委老干部局授予“全省离退休干部先进党支部”荣誉称号。

2. 做好经常性的思想政治工作，自觉维护学校安定团结、和谐稳定的政治局面

离退休干部党委、离退休工作处围绕学校中心工作，针对新形势下离退休老同志的特点和思想实际，发挥离退休党支部的战斗堡垒作用和党员的先锋模范作用，发挥离退休党支部的桥梁和纽带作用，及时向老同志传达上级及学校有关文件和会议精神，注意听取老同志的建议和意见，努力解惑释疑，理顺情绪，化解矛盾。在离退休职工关心和涉及切身利益的问题上，离退休干部党委主动反映他们的意见和建议，教育和引导广大离退休党员和职工，有意见通过组织系统反映，重点对那些思想和行动上偏激的老同志做好深入细致的思想政治工作，避免过激言行的发生，同时各级离退休党组织发挥桥梁纽带和先锋模范作用，做好解释和疏导工作。通过做好经常性的思想政治工作，使广大离退休党员和职工，能够顾全学校大局，支持学校工作，自觉维护和珍惜学校安定团结、和谐稳定的校园环境，为实现学校创建高水平研究型大学这一奋斗目标作出贡献。

二、以人为本，求真务实，扎实做好为老同志服务的各项工作

离退休党委、离退休工作处在全面贯彻落实党的老干部工作方针政策的基础上，认真贯彻落实老干部政治和生活两项待遇，真正做到在政治上尊重老干部、思想上关心老干部、生活上照顾老干部。

1. 政治上尊重关心老干部，切实落实好离退休干部的政治待遇

我们始终坚持并完善了老同志阅读文件制度、对老同志走访慰问制度、向老同志通报学校情况和征求意见制度、组织参加重要会议和重要活动制度等各项规章，在政治上尊重关心老干部，凡重大决策和涉及老同志切身利益的相关事件，学校都及时召开会议广泛听取意见，能够注意倾听和采纳老同志的合理化建议，反映出老同志的心声。

1月22日下午，组织了部分离退休老同志参加了由校党委副书记尹薇主持的学校情况通报会，展涛校长通报了山东大学2006年学校改革、发展取得的主要成绩和当前学校发展面临的困难、压力、机遇、挑战等方面情况及2007年工作的基本思路；2月12日下午和2月13日上午，省委省政府领导和学校党委书记朱正昌等有关领导在王琪龙、张永兵副校长陪同下先后走访慰问了老红军、原山东大学党委书记孙汉卿同志及“九三”学社山东省委名誉主委、山东大学生命学科创始人王祖农教授，为他们送去鲜花和慰问金，致以新春的问候，祝愿他们健康长寿；学校邀请部分离退休干部作为特邀代表参加出席了山东大学第一届五次教代会，发挥了参政议政的作用；对学校重大决策和涉及老同志切身利益的相关事件，都能及时召开会议听取意见，做到上情下达，渠道畅通；对老同志关心的阅文、补贴、房改医改、活动场所建设、学校发展规划和年度工作情况等都适时听取老同志们的意见和建议，掌握动态并及时向上级反馈；为使离退休老同志及时了解学校各方面工作情况，学校拨出专款，为2300多名副处和副高级以上的退休干部和全部离休干部每人赠阅一份《山东大学报》，受到老同志的好评，等等。

2. 生活上关心照顾老干部，切实落实好离退休干部的生活待遇

离退休工作处积极主动发挥本部门职能作用，当好学校领导的参谋和助手，积极主动地向学校领导和有关部门反映涉及离退休老同志切身利益和普遍关心的如落实“阳光工资”、扩大公费医疗用药范围、返还住房一次性补偿挂账、医疗规定调整、减轻离休干部自费药负担和活动场所的改善等方面的问题，并注意听取相关意见，在反映老同志的意见和建议时既能顾全学校工作大局，又能维护离退休老同志的合法权益，及时向老同志反馈通报情况，努力做到事情件件有着落，事事有回音，对暂时解决不了的问题向老同志做了大量耐心细致的解释和疏导工作。学校党委非常重视离退休干部生活待遇的落实，在学校财力极其困难的情况下，下发了《山东大学关于进一步提高离退休人员补贴有关问题的通知》，并于2007年5月，为全校离退休职工增发了离退休费和生活补贴，使离退休的生活待遇进一步提高，同时能按时足额发放离退休费，保证离退休干部医疗费按规定报销。继续给离退休职工发放30元的老人节慰问金、还按省直的规定标准发放了暖气补助，在为离休干部发放节日慰问金同时，全年共给120名生活困难的离退休职工、22名无工作的离休干部遗属、36名2006年病故的离退休职工老伴和1名老红军分别发放了困难补助和慰问金。离退休工作处非常重视老年活动场所建设，在东校区五宿舍、南校区东院和南新区都努力争取开辟了离退休职工活动室，为离退休同志的学习和文体活动创造了较好的环境和条件。

3. 以人为本，扎实做好日常的服务管理工作

离退休党委、离退休工作处坚持以人为本，求真务实，强调以儿女之心、之情对待老干部。2007年，热情接待老同志反映情况、提出建议和为老同志力所能及地解决困

难数百人次，为离退休干部祝寿100余人次；走访慰问离退休老同志400余人次；办理《老年人优待证》230多件；看望住院老同志200余人次，组织离退休干部健康查体2800余人次。同时还坚持了为全校厅局级离休干部的每季度一次的巡诊制度，邀请专家为老同志做保健讲座10余次，为67名去世老同志办理了后事等等，努力做到对年高多病的老同志重点关照，为行动不便的老同志提供人性化、个性化的服务。通过我们的工作，使退下来的老同志切身体会到组织的温暖、学校的关怀。

三、搭建平台，创造条件，充分发挥老同志在建设和谐社会、和谐校园中的作用

为充分发挥老同志们在建设学习型政党和学习型社会中的参与和促进作用、在经济建设和科技进步中的服务和推动作用、在弘扬党的光荣传统和培养下一代上的示范和教育作用、在建设社会主义和谐社会中的参谋和助手作用，积极为离退休老同志搭建平台，创造条件。

1. 支持山东大学老干部报告团积极关心下一代健康成长

山东大学老干部报告团是在离退休干部党委、离退休工作处鼓励支持下组建成立，通过参加学生集体活动、主题班会、座谈会、报告会以及党课等多种形式，对大学生进行理想信念教育、社会主义荣誉观教育、成才择业教育和心理卫生教育等，协助做好大学生的思想政治工作，引导大学生树立起正确的世界观、人生观、价值观。

2. 推荐老同志担任教学督导员和医风监督员

2007年，推荐60余名有教学水平和经验的离退休老专家、老教授参与到学校教学研究中去，被学校聘为教学督导员，通过参加听课，参与教学评价评估，对学校的教学工作提出宝贵的意见和建议；推荐6名德高望重的老干部被学校聘为医风监督员，对医院服务管理工作进行监督，对校医院医德医风建设建言献策。

3. 支持老年社团深入学生中开展文艺演出活动

夕阳红艺术团、老年京剧社等离退休职工文艺社团通过参加学校重大纪念日演出、与学生联欢、京剧选修课等形式，潜移默化地对大学生进行爱国主义教育和传统文化教育。退休干部姜可瑜教授长期致力于传统京剧艺术的传播和教育，他负责的山东大学京剧社吸收大学生京剧爱好者参加，还在学生中开设了京剧欣赏选修课，选课的大学生有近百人，为在大学生中传播京剧艺术，进行传统文化和爱国主义教育作出了贡献。

4. 组织鼓励和支持离退休干部党支部和大学生党支部开展共建活动

多年来我们一直组织鼓励和支持离退休干部党支部和大学生支部开展共建活动，通过“支部共建互动”这一活动的开展，拉近了离退休老党员和学生党员的距离，使青年学生不但能从老革命、老前辈、老党员身上学到许多优秀的革命传统和优秀的品质，更加坚定高举中国特色社会主义伟大旗帜的信心和决心，而且老同志也能把自己的专业知识和特长传授给学生，使学生学到了丰富的社会经验、理论联系实际的学风和为人师表、诲人不倦的高尚情操。以杨俊琪教授为书记的离退休干部党委东校区第七党支部与哲学与社会发展学院研究生党支部共建，开展了以“新老党员互动、学校和地方互动，共同为社会主义新农村建设服务”为主题的组织创新活动，并参加了学校党委组织部开展的组织创新活动的立项，已取得了丰硕的阶段性调研成果，为社会主义新农村建设作出了贡献。

5．“老少互动，双向关爱”，动员支持老同志自愿参加爱心助学活动

2007 年，我们组织开展了“老少互动，双向关爱”活动，把思想教育工作和解决大学生的实际困难，帮助大学生成材结合起来，许多老同志自愿加入爱心助学捐款这一行列，全年共收到爱心捐款 14000 余元。同时，我们从离退休党员的党费返还和离退休职工的福利费中，拿出部分经费，设立了离退休职工爱心助学基金。基金每年资助数十名贫困大学生完成学业；“六一节”期间，为我校附属中小学、幼儿园送去他们喜爱的图书音像制品及 6000 元的爱心捐款。

四、组织老同志参观考察，开展丰富多彩的文体娱乐活动

2007 年，本着安全适度的原则，积极组织开展适合老同志特点的丰富多彩的文化、体育、健身娱乐活动和参观游览考察，进一步丰富、活跃和充实了老同志的离退休生活。

1．参观游览活动

2007 年是我校离退休老同志参观游览活动丰富多彩的一年。我们组织省外旅游共 200 多人次，先后两次组织参观游览了长江三峡全景、九寨沟旅游胜地十四日游和厦门、武夷山旅游胜地八日游。还多次分批组织近 1600 名离退休职工近郊游、省内游，分别到过济南泉城公园、长清八宝峪、灵岩寺、章丘锦屏山、历城九如山、八里峪度假村、蒙山国家森林公园及济南战役纪念馆等地参观游览。为老同志提供休闲相聚和交流的平台，既欣赏了改革开放以来祖国的大好河山，使身心融于自然、开阔眼界、益智益寿，又会友谈心、愉悦身心、陶冶情操、乐而忘忧。

2．体育健身活动

2007 年，我们积极组织和支持老同志成功举办了适合老年人特点的体育运动会，积极组织和支持老同志开展各种棋类、球类、登山、踢毽等体育活动，组织了 1100 余名老同志到泉城公园游园健身和大操场 800 米健步走体育健身活动，举办了多次共计 200 余人次参加的离退休职工象棋、桥牌、乒乓球友谊赛和其他体育比赛活动，选拔、组织和支持老同志积极参加了省直老体协举办的桥牌、游泳、门球、围棋等比赛活动。10 月，我校老年游泳队参加了“2007 年省直机关迎奥运游泳表演赛”，在 47 个代表队参加的团体比赛中，取得了第二名的好成绩。

3．文化娱乐活动

2007 年，我们积极支持老同志成功地举办了“《心灵的语言》”、“迎七一”和“庆十七大及纪念建军 80 周年”三次主题鲜明、情趣高雅的书画、摄影展，近 350 人次的老年优秀作品参加了展览。积极支持老年文艺团体立足于校区，立足于校内，自娱自乐地开展健康有益的文艺演出活动。10 月 25 日，京剧社和我校电气学院新生举行了文艺联欢；9 月 18 日，积极参加校工会组织的交谊舞比赛并荣获特等奖等等。积极组织“夕阳红”艺术团参加了由中共山东省委组织部、宣传部、老干部局，山东省人事厅、财政厅、民政厅、劳动和社会保障厅、文化厅共同组织举办的“山东省第二届老干部艺术节”文艺演出活动，参赛节目舞蹈《蓝色的蒙古高原》荣获艺术节表演二等奖，山东

大学获艺术节组织奖，为我校争得了荣誉。同时还积极组织和鼓励支持老年文艺团体走出校园，多次参加省直、社区和企业组织的文艺演出活动，充分展示了我校老干部多才多艺的表演风采。如 9 月 11 日，参加了艺术节省直汇演荣获表演一等奖和创作奖；10 月 16 日，和省委第二干休所及街道办老同志进行了演出联欢等等。

金秋十月，为欢度山东省第 20 个老人节和庆祝党的十七大胜利召开，离退休工作处会同学校有关部门，借助有关学院的鼎力支持，精心策划、组织了山东大学 2007 年度“喜庆十七大，欢度老人节”系列庆祝活动，三个校区的离退休老同志和老年朋友以不同的形式庆祝十七大盛会的胜利召开，欢度自己的节日。其中活动之一“山东大学 2007 年度老人节电影招待会”在三个校区分别举行，学校党委副书记尹薇、校长助理贾磊代表学校党政领导分别出席招待会，向老同志祝贺节日，送上学校的慰问和敬意。

五、不断加强自身建设，努力提高服务的意识和管理水平

2007 年，在学校党委领导的关怀和领导下，我们离退休干部党委、离退休工作处领导和职工能够认真分析离退休工作所面临的新情况、新特点，不断加强自身建设，增强做好老干部工作的责任感和使命感，能够圆满顺利地完成学校党委行政交给的工作任务和年初制定的工作目标和工作计划。

坚持每两周一次的政治和业务学习制度，强化工作人员的岗位意识、服务意识，加强了机关作风建设，不断提高现有干部队伍的自身政治素质和业务水平，以便更好地适应新形势下老干部工作的需要，形成了特别能奉献、努力进取的良好风气。

大力加强制度建设和规范化管理，建立健全了各项规章制度，对离退休干部工作做到有目标、有责任、有检查，考核内容作为年终效能考核的重要内容，使工作人员的责任心、使命感和管理水平明显提高。

利用现代化管理手段，工作效率大大提高，完成和完善了全校离休干部信息管理系统和退休干部管理信息系统信息采集和输入工作，全校离退休党员信息管理系统也在进一步完善之中，能够及时准确地向上级部门上报老干部统计信息。离退休工作处荣获山东省离退休干部统计工作先进单位光荣称号。

加大宣传力度，建立了山东大学离退休干部工作网站。2007 年，我处加大了老干部工作信息的采集和上报，通过建立离退休干部工作网站，及时地宣传报道离退休工作的动态，离退休干部的活动情况和思想状况，同时把老同志关心的相关政策信息上网，受到老同志的普遍好评。

（郭举修）

机关党委工作

2007年，机关党委坚持以邓小平理论和“三个代表”重要思想为指导，全面贯彻落实科学发展观，紧紧围绕学校发展中心、服务大局，认真落实校党委“作风建设与管理效益年”精神，大力加强机关党的思想、组织、作风和制度建设，推进和谐校园建设，提升机关管理水平和服务质量，以改革创新精神推进机关党的工作，为实现学校事业又好又快发展作出了贡献。

一、坚持把思想建设放在首位，努力用党的创新理论武装头脑、指导实践、推动工作

按照校党委的工作部署，认真抓了机关党员干部和教职工的理论学习。一是党委理论学习中心组坚持学习制度。注重用学习成果指导机关工作，全年分专题集中学习了8次。二是认真学习方永刚同志先进事迹，用党的创新理论武装头脑。机关党委专门召开会议，认真传达学习朱正昌书记、展涛校长在学校党委常委（扩大）会议上的讲话、《中共教育部党组关于开展向方永刚同志学习的通知》精神。各支部采取多种形式，结合实际情况，学习先进事迹。三是认真学习胡锦涛同志重要讲话和省第九次党代会精神。6月下旬，组织党员干部群众学习了胡锦涛同志在中央党校省部级干部进修班上重要讲话和省第九次党代会精神。9月份，学习了胡锦涛总书记在全国优秀教师代表座谈会上的重要讲话。四是扎实开展学习宣传贯彻党的十七大精神，把思想统一到十七大精神上来。举办了“山东大学机关迎十七大摄影作品展”；召开了校部机关处级干部会议部署学习宣传贯彻党的十七大精神工作；开展了以学习党的十七大精神和新党章为重点的党支部书记培训活动，请山东大学政党研究所所长王韶兴教授作了题为“学习十七大精神，推进党的建设”的辅导报告；举行了学习宣传党的十七大精神百题知识竞赛和学习体会交流，制作了6期宣传栏。各支部开展了一系列学习宣传贯彻党的十七大精神教育活动。

二、紧紧抓住基层党组织建设，努力创新党组织活动的内容、方式和载体

根据校党委《保持共产党员先进性四个长效机制文件精神贯彻落实情况自查迎检工作方案》精神，结合机关党的基层组织建设实际，机关党委先后召开党委会议、支部书记会议，认真学习文件精神，联系实际进行自查，扎实推进措施整改，努力研究解决办

法，进一步提升机关党建工作水平。一是坚持党员经常性教育，不断提高党员队伍整体素质。坚持政治理论学习日制度，进行两个《条例》、科学发展观、和谐社会理论、“四五”普法、廉政建设、形势政策、党章、“八荣八耻”等思想政治教育。采取培训党员骨干、开展主题实践活动等举措，保证了学习效果。二是认真落实整改措施，建立健全先进性教育长效机制。机关党委制订了《校部机关先进性教育整改方案》。重点抓实七项工作和建立健全六个方面，使保持共产党员先进性教育长效机制，进一步得到发展和创新。三是全面加强组织建设，增强党支部的创造力、凝聚力、战斗力。坚持对任期届满的党支部进行换届选举，严格按照标准发展新党员，全年发展了 14 名新党员，12 名预备党员按期转正，12 名入党积极分子参加党校培训。开展主题党日活动，召开支部工作和机关党建工作研讨会，开展学习型机关创建活动。各支部结合部门（单位）工作特点，开展了形式多样的富于创新的组织活动，丰富了支部建设内容。继续开展了党组织活动方案立项工作，三个支部获“最佳方案”，三个支部获“优秀方案”。四是积极探索党建工作新途径，提升机关党建工作水平。明确工作目标，把机关党建工作的重点放在凝聚党员干部共同奋斗、建设和谐校园上来；完善工作机制，为推进机关党建工作创新、实现学校事业又好又快发展提供有力保障；总结典型经验，为机关党建工作创新、不断注入新的活力；开展具体活动，落实好“五个一”（一次集中学习、一次民主生活会、一次经验交流会、一次普遍谈心、制定一个创新措施）。五是组织实施党支部考核测评工作。另外，还进行了党建课题研究。

三、加强作风建设和党风廉政建设，提高党员干部服务质量、管理水平和廉洁自律意识

认真组织党员干部学习了胡锦涛同志在中纪委第七次全体会议上的重要讲话，充分认识加强党的作风建设和党风廉政建设的重要性。研究制定加强干部作风建设的意见和措施，自觉把作风建设融入机关各项工作之中。5 月下旬，机关召开了“加强作风建设，提高服务质量”座谈会，就加强机关作风建设的重要性、如何加强机关作风建设、如何提高管理效益等进行了研讨。党办、校办、学工部、人事处、教务处、研究生院（部）、实验室与设备管理处、公安处、校团委等部门负责人针对新形势下高校管理服务工作的新情况、新特点，结合本部门工作实际，分别从提高工作效率、强化服务意识、规范工作流程、加强理论学习、深入调查研究、创新管理方式、营造和谐氛围、注重制度建设等方面进行了交流，并提出了加强作风建设、提高管理效益的措施和建议。通过研讨，达成共识：加强机关作风建设，提高管理效益，充分发挥职能部门在和谐校园建设中的作用，要紧密联系实际，抓好理论学习，切实提高对作风建设与管理效益年重要性的认识；要学习借鉴先进经验，注意研究新问题，把加强作风建设落到实处；要加强制度建设，推进科学管理，按照建设高水平大学的要求，搞好管理和服务；要树立以人为本、以学生为中心的服务意识，推进管理创新，建设服务型机关；要加快信息系统建设，推进管理信息化进程，提高工作效率；要树立节约意识，严格执行财务管理制度，控制各项开支。

四、加强调查研究工作，努力提升为学生服务质量和管理水平

4月18～29日，先后在28个学院发放3000份调查表，在东、西、南校区分别召开了由学生会骨干、本科生、研究生参加的4个座谈会；召开了部分职能部门和直属单位负责人座谈会，组织工作人员开展学习，进行自查等形式，对学校职能部门（直属单位）为学生服务情况进行了全面调查。问卷调查结果显示，学校的管理、服务队伍敬业爱岗，保证了各项工作的良好运行；学校职能部门（直属单位）为学生的服务质量也有较高的评价，但同时也提出了不少意见和问题。职能部门针对这些问题提出了改进措施：勤奋学习，提升素质；贴近学生，竭诚服务；加强协调，团结共事；制定措施，认真整改。

五、开展和谐校园建设主题教育活动，为实现学校发展目标提供有力保障

开展了促进和谐校园主题教育活动，教育党员干部努力做到：勤奋好学、学以致用，真抓实干、务求实效，艰苦奋斗、勤俭节约，顾全大局、令行禁止，发扬民主、团结共事，情趣健康。自5月份以来，校部机关启动了体育健身活动，提出了“运动、健康、和谐、成功”的主题。为各部门（单位）配发了13种880余件文体器材，供大家健身。机关各部门（单位）充分利用配发的文体器材，坚持各种锻炼：有的部门之间进行友谊赛；有的部门组织职工户外锻炼；5月25～31日，机关组织了10个部门（单位）的代表队进行了拔河比赛，150余人参加；组织16个部门（单位）的代表队80余人进行了飞镖比赛；组织18个部门（单位）的代表队100余人进行了踢毽子比赛；由机关20余名男女教职工组成的交谊舞代表队，参加学校庆“七一”教职工交谊舞比赛，荣获一等奖；10月份，在学校举行的2007年田径运动会上，机关荣获教职工团体总分第一名；11月下旬，校部机关举行了第八套广播体操比赛，按照“队伍整齐，动作规范，整齐划一，精神饱满，领导带头”的标准，评出了一、二、三等奖。

六、继续推进学习型机关建设，不断提升工作人员综合素质

运用多种载体开展学习型机关创建活动，树立终身学习、终身教育的理念。进一步健全学习日制度。制定适合本部门、本单位的学习计划，统筹安排，抓好落实。注意激发工作人员学习积极性，鼓励自学。结合实际，引导党员干部确定个人学习计划。组织学习论坛：紧紧围绕学习型机关创建活动，邀请专家、学者和理论与实践工作者开展交流研讨活动。利用网络资源学习：充分利用网络媒体，自觉学习现代科学文化知识，加快知识更新，不断提高本职业务工作能力。围绕学校事业发展，把学习成果转化为谋划工作的思路、促进工作的措施、创新工作的能力。

另外，还认真完成了资产清查、人大代表换届选举、人口和计划生育等项工作。

（姜玉琢）

工会工作

截至 2007 年底，我校校工会以下院处级基层工会组织 43 个，下设部门工会或工会小组 494 个。

2007 年，校工会在学校党委和上级工会的领导下，认真贯彻《工会法》和《工会章程》，紧紧围绕学校中心任务，根据自身的性质和特点积极履行职能，团结、动员和带领广大会员和教职工，在学校改革、发展和稳定中作出了应有的贡献，圆满地完成了年度工作计划制定的各项目标。

一、积极开展民主管理、民主监督工作，努力为推进校园民主政治建设作贡献

（一）认真筹备我校第一届教职工代表大会（以下简称教代会）第五次会议。教代会是学校党委领导下的重要民主制度，是教职工参与民主管理、民主监督的基本形式，在学校改革发展稳定中发挥着重要作用。按照《高等学校教职工代表大会暂行条例》的规定，工会承担着其工作机构的重任，为此，工会十分重视教代会工作，从会议议题草案的调研选定，到会议的组织筹备，再到会议的召开，都一丝不苟，为大会的成功奠定了基础。

经过两个多月的认真组织筹备，于 3 月 29 日成功召开了我校第一届教职工代表大会第五次会议。省人大常委会副主任、校党委书记朱正昌致辞；校长展涛作学校行政工作报告；副校长樊丽明、校工会常务副主席韩锋分别作学校财务工作情况报告和提案工作情况报告；四位教职工代表作大会发言；会议讨论并通过了《认真贯彻〈关于进一步加强党的建设，努力建设社会主义和谐校园的意见〉的决议》；正式代表、特邀代表、列席代表共 416 人出席会议，认真听取讨论了有关工作报告，同时结合工作实际，提出了一些建设性的意见和建议。这次会议充分发挥了教职工参与学校民主管理、民主监督的作用和代表们的桥梁纽带作用，进一步统一了思想，明确了奋斗目标，凝聚了人心，为把我校推入科学发展、和谐发展的轨道作出了积极贡献。

（二）本次教代会共征集提案 85 份，已发至各相关部门认真落实。

（三）积极推进基层民主管理工作。材料学院、物理学院、管理学院和二附中分别召开了一届三次和一届二次教代会；机械学院和工程训练中心召开了首届一次教代会，充分发挥了基层教职工广泛参与民主管理的作用。

（四）为了充分发挥教代会代表参与学校民主管理、民主监督的职能，继续开展了

教代会代表巡视工作。经校领导研究同意，于 6 月 8 日组织 27 位教代会代表对学校综合楼工程的规划投资及建设等工作情况进行了巡视。尹薇副书记和张永兵副校长参加了巡视工作，同时发表了重要讲话。代表们在听取基建处负责人的工作汇报和现场巡视后，对学校基本建设取得的成就和基建处同志辛勤工作给予充分肯定，并结合学校发展对基本建设的要求，对基建工作尤其是综合楼工程提出了一些建设性的意见和建议，形成了《2007 年教代会代表巡视工作纪要》，有关单位对代表们的合理化建议和意见进行了认真研究落实，取得了较好的效果。

二、开展具有工会特色的教职工思想政治教育工作

（一）2007 年 9 月下发文件，要求各基层工会坚持不懈地开展师德建设教育活动。各基层工会根据文件精神，以青年教师为重点，以自我教育为主，开展了丰富多彩的群众性师德建设活动，大力宣传学校和本单位师德标兵的先进事迹，引导全体教职工贯彻党的教育方针，努力为推进素质教育，提高教育教学质量作贡献。在持续不断的师德建设活动中，涌现出了许多师德建设先进个人。其中，我校推荐的蔡履中教授被评为山东省师德标兵，推荐的马春元教授获山东省富民兴鲁劳动奖章。

（二）为了提高工会干部和广大教职工参与协调劳动关系和调解劳动争议的水平，促进和谐校园建设，校工会在全校范围内开展学习宣传 2008 年 1 月 1 日起施行的《中华人民共和国劳动合同法》活动。在深入学习辅导的基础上，组织了《劳动合同法》知识竞赛活动，全校有 6100 多名教职工参加了这一活动，有 134 人获得竞赛优胜奖，34 个单位获优秀组织奖。

（三）在庆祝建国 58 周年和“五一”劳动节等活动期间，通过组织教职工参观建国 58 周年成就展、革命历史遗址等活动，不断提高教职工的爱国主义思想。

三、不断提高工会干部队伍的政治业务素质

（一）5 月 29 日，举办了我校基层工会主席培训班。二级教代会正在逐步推开，为提高二级教代会的质量，本次培训班重点在提高基层工会主席关于教代会特别是教代会提案工作的水平。聘请清华大学原工会副主席郭大成研究员在培训班上介绍了清华大学教代会的概况，特别是提案工作的经验。尹薇副书记在培训班上讲话，对工会工作特别是做好教代会提案工作提出了具体意见和要求。

（二）7 月下旬，召开了基层工会主席工作研讨会，到内蒙古大学等兄弟院校考察学习基层工会工作，重点是二级教代会工作经验。

（三）11 月上旬，举办了全校基层工会主席学习党的十七大精神培训班，请王韶兴教授作了学习党的十七大精神专题报告。

（四）督促落实基层工作干部每月一次理论学习制度，并根据实际情况，对理论学习提出新的要求。先后派出 5 名工会干部参加了全国高校和省属高校工会系统举办的工会工作理论研讨会和工会工作培训班。在 2007 年全省教育工会系统优秀调研成果评选活动中获优秀组织奖。所推荐的论文获一、三等奖各一篇。

（五）积极配合妇委会做好女工工作。

附：

山东大学第一届教职工代表大会第五次会议召开

2007 年 3 月 29 日，我校第一届教职工代表大会（以下简称教代会）第五次会议在科学会堂召开。参加会议的正式代表 376 人，特邀代表 20 人，列席代表 73 人。大会由学校党委副书记尹薇主持。

山东省人大常委会副主任、山东大学党委书记朱正昌在会上致词。

本次会议的主要议题是：

听取讨论展涛校长作的题为《抢抓机遇，直面挑战，加速发展》的学校工作报告；听取讨论樊丽明副校长作的《关于山东大学 2006 年财务预算执行情况和 2007 年财务预算方案的报告》；校工会常务副主席韩锋作的《关于一届四次教代会提案落实情况的报告》；讨论通过“关于认真贯彻《关于进一步加强党的建设，努力建设社会主义和谐校园的意见》的决议”。

一、校长展涛的学校行政工作报告分三部分：第一部分，2006 年度学校工作回顾。第二部分，2007 年学校工作计划。第三部分，关于收入分配制度改革的说明。

关于 2006 年工作，报告分 10 个方面作了总结：（一）学科研究与建设；（二）人才培养工作；（三）师资队伍建设；（四）国内合作与服务地方工作；（五）国际合作及港澳台合作；（六）管理工作与服务支撑；（七）校园基本建设；（八）和谐校园与大学文化建设；（九）威海分校工作；（十）医疗卫生与附属医院工作。

关于 2007 年工作计划，报告就 9 个方面提出要求：（一）做好“作风建设与管理效益年”工作，务求办学效益有明显提高；（二）抓好学科建设与科学研究工作，确保学校综合学术实力的“亮点”更亮起来；（三）提高人才培养质量，让“第一使命”真正成为第一位的工作；（四）师资队伍与管理队伍建设；（五）国际交流与合作；（六）国内合作与服务山东；（七）办学条件与服务支撑；（八）威海分校工作；（九）医疗卫生工作。

关于收入分配制度改革的说明，展校长分两方面作了概括说明：（一）事业单位收入分配制度改革的原则与基本内容；（二）收入分配制度改革工作进展情况。

二、樊丽明副校长代表学校作的《山东大学 2006 年财务预算执行情况和 2007 年财务预算方案的报告》分为三部分。第一部分，2006 年学校预算执行情况；第二部分，关于 2007 年学校财务收支预算安排；第三部分，齐心协力，真抓实干，共同完成 2007 年度财务预算。

三、韩锋代表提案工作委员会作的提案工作情况报告，对四次教代会提案落实情况作了汇报。

首届四次教代会共收到提案 129 件，根据涉及的问题性质，划分为 16 个类别，分别由 16 个职能部门承办。其中问题已经解决或正在解决的 117 件，占提案的 90.69%；经征询意见，提案人对提案的办理和答复满意或基本满意的 115 件，占 89.14%。

四、四位教职工代表作大会发言，包括姜建壮的“加强作风建设与管理，提高学科科研水平与影响”、傅有德的“关于人文学科的几个问题和建议”、娄凤兰的“加强科学管理，促进节约增效”和徐波的“重视人才培养质量，促进学生就业，努力把我校学生就业工作提高到一个新水平”等。

（李　达）

妇委会工作

2007年妇委会工作的指导思想是：深入学习贯彻党的十六届六中全会精神和十七大精神，紧紧围绕学校“十一五”发展规划，根据妇女工作特点，进一步发挥妇女组织的特点，不断创新妇女工作，积极引导我校广大妇女参与和谐校园建设，为创建高水平大学作出新贡献。

一、评先、推优、表彰工作

1. 隆重召开“纪念‘三八’国际劳动妇女节暨表彰大会”。3月8日下午，大会隆重举行，23个“妇女工作先进集体”、3个“三八红旗集体”、77位“妇女工作先进个人”受到表彰。党委副书记尹薇参加大会，并作重要讲话。尹书记在讲话中肯定了学校的妇女工作，并向为学校事业发展作出贡献的女教职工、女大学生表示诚挚的敬意。她要求校妇委会在新的形势任务面前要突出创新、突出特色、突出效益、突出和谐，取得新的成绩与发展。控制学院党委书记李玲、心理咨询中心主任吴少怡、外语学院教授刘淑梅、外语学院学生陆璐分别代表院部、团体、个人、学生作了典型发言。她们的发言反映了学院的支持、女工委员的无私奉献、学生的积极参与，使我们感受到妇女工作越来越受到学校的重视和大家的关注，覆盖面越来越广。院部领导的支持、妇女工作者的工作自觉性、学生的积极参与将是我校妇女工作不断发展的巨大推动力。

2. 举办了“山东大学巾帼风采展”。“山东大学巾帼风采展”准备近两个月，“三八”节在东校区图书馆前展出，33个单位参展120多米长的50多块展板中不但展现了孔令仁、王小云、龚瑶琴、陈子江、夏光敏等杰出女性的成就，同时也展现出了200多名优秀女性的风采。这次风采展较全面地反映出我校广大妇女在学校改革、发展、稳定中的作用和为创建和谐校园所作出的积极贡献，展现了我校广大妇女在建设国内外知名高水平大学中所取得的成就，展现了广大妇女爱岗敬业、勤奋工作、努力成才所特有的风采。这里面有在教学、科研、管理、服务等岗位上做出突出成绩的杰出女性；有在平凡岗位上作出贡献的老师和以女性为主体的团队；有在各项大型文体活动中广大妇女健美的身姿和她们精神焕发、朝气蓬勃所带来的靓丽风貌；还有各单位特色鲜明的妇女工作。总之，“山东大学巾帼风采展”是山大历史上第一次全面的展现广大妇女在教学、科研、管理、学习和生活等各方面鲜活感人的画面。丰富多彩的巾帼风采展，吸引了很多的参观者在亮丽的展板前合影留念。

3. 继续向省妇联、省高校工委推荐杰出女性。我们向省妇联、省高校工委推荐王小云为第五届“齐鲁巾帼十杰”、海内外有影响力的“《中国妇女时代人物》”、山东省十大新闻人物。

二、围绕学校培养学生的中心工作，发挥妇女组织特有的作用

1. 召开会议研究女大学生的培养和发展问题。5 月 16 日上午，我们邀请了学工部、研工部、团委、就业指导中心、心理咨询中心等有关单位负责人及部分院（部）党委副书记汇聚办公楼一层会议室，共同分析和研究女大学生的培养和发展问题。

参会的同志们各自结合本职工作和本单位情况分析了现代女大学生的特点和社会对女大学生的要求，大家的共识是：要形成妇委会牵头，各有关部门相互配合、齐抓共管的工作机制；妇委会要重点在引导女大学生树立自尊、自信、自立、自强方面提供帮助，多做些工作。尹书记最后强调，女大学生是妇委会工作发展的重要组成部分，要求妇委会贴近女大学生，把工作做得更具体、更有效，并要求建立长效机制，创立工作品牌。同时尹书记希望各职能部门、学院、教职工继续为之献计献策，在对女大学生人格培育上合力协作，共同服务于能影响社会经济、文化的山大女性的培养。

这次会议的召开为妇委会如何为女大学生服务、如何多做工作，为山大妇女工作的全面发展明确了思路、找到了努力方向。

2. 组织了“情系学子，共享母爱”手织品献爱心活动。手织品献爱心活动从年初准备到 11 月 23 日结束，有 41 个单位参加，共捐 1000 余件物品，其中新手织品 856 件，旧衣物 150 件。为使该活动在师生中产生一定的影响，使女大学生体验到老师的爱，11 月 23 日专门举行了捐赠仪式，整个捐赠仪式亲切而充满着欢乐。尹薇书记给予这次活动充分的肯定。她认为，老师们用有形的织物营造了一个无形的爱的氛围，并要求妇委会多开展这样的活动，勿以事小而不为，发挥女性的特点，组织和引导全校女教职工积极投身关学活动。

3. 为女大学生举办了就业指导讲座。11 月 29 日，妇委会、团委、就业指导中心共同举办了“山东大学女大学生就业指导报告”。讲座由就业指导中心杜言敏主任对目前学校就业形势作了介绍，对女大学生在就业中遇到的问题作了全面的分析，并对女大学生如何应对求职中遇到的问题、困难，实现顺利就业作了探讨。他对女大学生就业提出了三点建议：一是要正确面对目前女大学生求职过程中遇到的各种各样的困难；二是要在求职过程中自尊、自立、自强；三是要有合理的期望值。讲座采取了上下互动交流的方式，学生们有困惑直接向老师求教、指点，气氛亲切而热烈。妇委会组织的“女大学生就业指导报告”是合校以来的第一次，对女大学生就业有很好的指导作用。

4. 开展了“山东大学十大优秀女大学生”的评选工作。为深入贯彻十七大精神和《中共中央国务院关于进一步加强和改进大学生思想政治教育的意见》，充分发挥优秀女大学生的示范作用，展示她们奋发向上的精神风貌，引导女大学生树立“自尊、自信、自立、自强”的精神，坚定信念、刻苦学习，发奋成才，努力成长为社会主义事业合格建设者和可靠接班人，今年下半年妇委会联合学工部、研工部、团委共同在女大学生中

开展了“山东大学十大优秀女大学生”的评选工作。此次参选学生的事迹通过学生在线进行了宣传，该项活动在全校师生中产生了很大影响。

三、维护妇女合法权益和特殊利益，为女教职工办实事、办好事

1. 2007年，继续为女教职工办理重大疾病保险工作。为女教职工办实事、办好事是我校妇委会一直坚持的原则。随着经济快速发展，人们的生活越来越好、生活质量也越来越高。但同时带来的巨大压力也影响着女性的健康，而健康是最重要的。为了给女教职工在遇到重大疾病困难时解一份忧愁，两年来我们逐步推开“平安女性安康团体重大疾病保险”工作，并在今年提出了“献一份爱心，保一分平安”的宣传口号。5月上旬这项工作完成。两年来共为711人次办了该项保险，此项工作收到较好反响。

2. 开展女性健康知识讲座。5月16日下午，为保障学校女教职工的身体健康，提高防病保健意识，妇委会、医管处共同举办了女性健康知识讲座。特邀请了山东大学医学院博士生导师孙靖中教授、山东大学第二医院乳腺中心主任余之刚主任医师为女教职工进行了“乳腺疾病的预防和治疗”讲座，受到女教职工的欢迎。

3. “三八”节期间，看望女教职工代表。3月9日上午，校妇委会受校党委副书记尹薇的委托，在一附中校长赵勇、工会主席安德芳的陪同下，看望了妇委会的重点帮扶对象，身患尿毒症多年而又乐观面对生活的一附中李梅老师，带去了学校的问候和慰问金。李梅老师表示要与病魔顽强抗争，不辜负学校的关心和厚爱。3月14日上午，受校党委副书记尹薇的委托，妇委会一行看望做了30多年女工工作的外语学院刘淑梅教授。感谢她几十年来，特别是合校以来对山大妇女工作所作出的贡献。刘淑梅教授非常感谢学校领导对她的关心，并希望山大的妇女工作越来越好。

4. 参加了省教育工会组织的单身教职工“爱心牵手”联谊活动。从今年调研的结果看，我校单身女教职工占全校女教职工的十分之一，数量较多。作为学校妇女组织对这部分人应多给予一些关心和帮助，为她们构建交友平台、创造新生活多做些工作。为参加省教育工会举办的单身教职工“爱心牵手”联谊活动，认真做了摸底工作，并于10月26日带领25位单身教职工参加了联谊活动，积极为他们牵线搭桥。

四、以文体活动为载体，营造和谐校园环境

每学年我们都开展一两项文体活动，活跃学校文化生活，营造校园和谐氛围。经过一学期的准备，6月21日下午，我们举办的庆“七一”教职工交谊舞比赛在南校区主楼前广场顺利举行。虽然当天的天气晴雨交替，给我们的组织准备工作带来一定的困难，但雨过天晴后的空气清新、树叶翠绿、冲刷得干干净净的广场又给我们的比赛增色很多，使我们的比赛顺利进行。广场上多彩的舞裙、优美的舞姿、悠扬的乐曲和观众的欢声笑语组成了一幅和谐的画面，吸引了众多教职工、大学生、中学生驻足观看，掌声不断。

五、开展女教职工现状调研工作

从2006年下半年开始，我们在校本部2830名在职女教职工中开展了调研活动，至

2007年6月底，历时八个月，调研工作全部完成。调研主要以问卷调查、不同层次调研对象的座谈以及汇集学校相关部门有关情况等形式展开。调查问卷采取无记名的形式进行，有效问卷达70%。问卷题目设计包括八个方面，主要围绕女教职工对国家和学校发展的关注度、对学术研究的参与度、对学校落实男女平等基本国策的认同感、对自身（发展、健康、仪表）的重视度和对家庭和谐的满意度展开。通过这次调研，不仅对当前我校女教职工的思想情绪、生活和工作状态有了一个较全面的了解，而且还为对今后更好地开展妇女工作提供了依据和指向性意义。总的来说，我校广大女教职工是一个政治上求进步、工作上求发展、热爱生活、乐观向上、积极作为的优秀群体。与此同时，也存在诸如新的形势所带来的压力给女教职工所带来心理、生活、婚姻等方面一些负面影响，应当引起学校和妇女组织的重视。对此，根据调研结果我们写出了近6000字的调研报告。

（扈春华）

行 政 工 作

山东大学 2007 年学术与行政工作要点

2007 年学术与行政工作的总体思路是：以邓小平理论和“三个代表”重要思想为指导，全面落实科学发展观，深入学习贯彻中央、教育部和中共山东省委、省政府一系列重大战略决策以及学校第十二次党代会精神，在去年赢得“十一五”事业发展良好开局的基础上，紧紧围绕创建高水平研究型大学这一奋斗目标，切实实现“三个转变”，改进作风，加强管理，提高办学效益，抓好人才培养质量、科研平台和学科建设，提高管理团队素质与管理工作水平，确保学校“十一五”事业发展规划的顺利实施。

2007 年是山东大学全面实施“十一五”事业发展规划的关键之年，学校面临着重大发展机遇：“985 工程”建设深入推进，“十一五”“211 工程”和新一轮国家重点学科评估增列即将启动，国家和地方“十一五”重大科研计划项目仍处在论证立项高峰期，研究生培养机制改革和本科生培养质量工程全面实施等。同时，学校发展也面临沉重的压力和严峻的挑战，主要是办学经费紧张、杰出人才和一流学科依然偏少、人才培养质量和科研水平尚不适应社会发展需求和激烈竞争的环境、管理水平尚不适应高水平研究型大学建设要求。为此，学校确定 2007 年的重点工作集中在三个方面，即人才培养、学科与科研、作风建设与管理效益，同时把 2007 年确定为“作风建设与管理效益年”。

一、做好“作风建设与管理效益年”工作

把作风建设和管理效益作为 2007 年学校重点工作之一，旨在提高学校管理团队的整体素质和管理工作水平，强化管理团队抢抓机遇、应对挑战的责任感和使命感，强化以人为本、以教师和学生为中心的服务意识，强化管理团队在各项工作中的成本意识、效益意识，进而逐步建立起现代大学管理制度和体系，为实现学校学术竞争力、社会影响力和国际化水平的进一步提升，为实现学校的可持续发展，为建设高水平研究型大学提供坚实的支撑与保障。为此，学校将制定《2007“作风建设与管理效益年”实施方案》。

（一）规范行政管理，提高学校管理水平

健全完善决策目标、执行责任、考核监督三个体系；加强作风建设，抓好机关效能

建设“九项制度”落实；开展效能监察，进一步加大督办力度，促进工作落实；改进行政管理手段，推进无纸化办公；日常行政办公经费压缩20%；充分发挥院长例会在沟通信息和部署工作等方面的作用。分类指导，逐步建立起一套符合高等教育规律，能够充分调动各类人员积极性、创造性，有利于提高工作效率和管理水平的考核办法。

（二）严格财经管理，提高资金使用效益

健全财务管理体制，提高学校对财经工作的统筹调控能力；健全专项资金的绩效考核制度和学校委派会计制度，清理和规范涉及学校财务收支的各项政策；加大审计工作力度，抓好审计结论落实。改进资产管理，切实做好资产清查工作；推行《山东大学公房管理办法》；基本完成企业清理整顿工作；制定并实施企业负责人经营业绩考核办法，提高企业对学校的回报。加强实验室建设和设备购置前期论证，杜绝低效益的重复购置与盲目购置；建立校内仪器设备调剂平台，提高设备利用率。加强基建管理和过程审计，严格控制造价，保证工程设计和施工质量。改善后勤管理，大力推进节能降耗。加强学科建设管理，完善“科技创新平台”和“哲学社会科学创新基地”建设成效公示制度，对建设项目进行绩效考核，优胜劣汰，滚动投入。健全科研管理制度，建立科研过程管理和绩效考评机制。

（三）加强依法治校，推进校务公开

完善学校基本制度，出台《山东大学章程》和《山东大学工作规则》等规章；修订和完善重要管理制度，加强对重大决策、重要干部任免、重大项目安排和大额度资金使用（简称“三重一大”）方面的管理和监督，建立健全重大事项咨询和听证制度；继续发挥好“教育部依法治校示范学校”的作用。认真做好学校招投标、各类招生、收费、人员招聘等校务公开工作；在校院两级建立较为完善的民主监督保障体制，探索适应新形势的民主管理、民主监督的有效运行机制。

二、学科建设与科学研究

（一）加强科研的组织，提升科技创新能力

组织、整合学校科技资源，提高承担国家重大科技项目的数量和质量，积极承担企业重大技术攻关课题，年度科研经费力争突破3.5亿元；鼓励发表高质量、高影响因子学术论文，被SCI收录的学术论文和论文的引用数保持全国高校前10名；被EI、ISTP收录论文数量和引用次数保持在全国高校前列；国家、省部级科技奖励有新突破；各类专利申请总数有大幅度增长。

（二）抓住机遇，积极构建国家级高层次平台

抓住国家实施“十一五”“211工程”的机遇，获取更多的学科建设经费；继续推进“985工程”建设，提高建设效益与水平；积极规划，做好新一轮国家重点学科的增补申报工作；在医学、信息、材料、能源等学科领域组织申报国家重点实验室、国家工程技术研究中心、国家工程实验室等；新增教育部实验室、卫生部重点实验室各1个；通过武器装备科研生产许可证复审工作，获得资质，国防科研经费大幅度增长；抓住“国家信息通信国际创新园”建设的重大机遇，积极参与CIIIC研究院的规划与建设。制定实验室及工程中心等平台管理办法，规范科研机构管理，促进大学科研体系建设。

（三）打造文科科研创新体系，促进人文社会科学的全面振兴

制定文科科研机构评估细则，加强科研机构的调整改革，探索建立符合人文社会科学研究规律的学术评价体系；搞好教育部和山东省人文社科重点研究基地建设，为2008年评估作好准备；寻找培育我校社会科学实验研究基地和跨学科研究基地的生长点，争取1～2个研究中心入围教育部基地；针对教育部“高校哲学社会科学繁荣计划新增项目”，做好“重大课题持续支持项目”和“学术专题数据库建设”申报工作；强化理论创新，服务政府与企业的决策咨询，保持科研经费快速增长的势头；推进人文社会科学学者参与国际交流与合作，国际合作研究项目数量与质量明显提升。

（四）搭建科技成果孵化平台，促进科技成果转化

充分发挥国家大学科技园作为科技成果产业化孵化平台的作用；积极探索组建学科性公司新路子，建立健全较为灵活的科技成果转移机制；采取联合申报科研项目、设立科技成果孵化基金等多种形式推动产学研结合；组建能够承担企业较大规模研究课题和技术难题的攻关团队，提高科技开发能力。规范科技产业管理，防范运营风险，提升经济效益和资产质量，加大对学校的资金回报，反哺科技成果研发。

三、教育创新与人才培养

（一）创新本科生培养体系

1. 以“质量二期工程”为契机，全力推进“高端突破”。积极培育名师，争取2～3名国家和省级教学名师；稳步推进精品课程建设，争取建成5门国家精品课程、15门省级精品课程、30门校级精品课程，探索精品课程资源有效利用的技术管道和监管机制；抓好优质教材建设，推动我校入选规划教材的编撰和出版；争取在“国家大学生创新训练计划”试点方面有突破性进展；加强教改立项的过程控制与目标管理，开展研究型教学试点，积极推进教学方法和考试方式改革；遴选40门精品通选课程重点建设，推动文化素质教育通选课的内容和布局优化；继续推进公共课教学改革，逐步构建融知识学习与人格培育为一体的具有山大特色的公共基础课程体系。

2. 加强专业建设，注重交叉融合。启动优秀专业评估，进行新办专业评估。重点支持优秀专业建设，达到省级品牌专业建设预期目标，争取在理工学科增设国家“人才培养基地”和国家“课程基地”，试办八年制临床医学专业。探索建立文理工医教学大平台，以数学为基础，建立适于理论物理、理论化学、生物信息、金融数学等方向发展的平台；以计算机和信息为基础，建立适于工业设计、广告、艺术、新闻、动漫等方向发展的平台；全面推行“小语种＋辅修专业”的复合人才培养新模式。

3. 推进实践教学改革，切实提高创新能力。深化实验教学课程体系改革，整合实验课程内容，开发新的实验项目，促进各类实验室开放；促进实践教学基地的建设与共享，加强工程训练中心、临床技能培训中心等校内实习基地建设，新增8个多学科共享的校外实践教学基地。规范实践教学管理，实施实践教学督导。加大奖励力度，通过“国家大学生创新训练计划”和我校大学生科技创新基金及研究生实验室助研、本科生导师制，激发学生参加科技创新和竞赛的积极性。

4. 完善“三种经历”，办好暑期学校。进一步完善和规范交流学生教学管理，平衡

学院和学科的派出数量；继续推进海外学习经历；完善课内和课外社会实践组织机制，大力开展大学生社会实践和社区援助活动；着眼于“精品化、国际化、创新型、开放式”的目标和特色，办好暑期学校，着力办好面向省属院校和海外高校开放的双学位/辅修班。

5. 强化教育拓展，深化招生改革。完善学院联系省份的教育拓展工作机制，以提高尖子生源数量为重点，落实责任，建立省内外生源基地10所，中学生奖学金范围扩大到15个省份，尖子生源数量增加10%，多数省份的平均录取成绩继续提升。跟踪研究并不断完善特殊类型招生。

（二）创新研究生培养体系

1. 完善招生制度改革，提高生源质量。进一步加强招生宣传，改善生源质量；完善推免生、硕博连读生的招生与管理制度；与若干同类院校建立长期互相保送推荐免试研究生的有效机制；加强实践考核在有关学科复试中的比重；扩大导师在招生工作中的自主权，探索招收特殊人才攻读博士学位的新途径。

2. 推进培养机制改革，提高培养质量。制定符合山大特色的研究生培养机制改革方案。全面实施“一个学生，两个导师，三种经历”的研究生培养新模式，切实落实博士研究生的双导师制度；继续设立“山东大学研究生海外留学基金”，充分利用国家留学基金委的指标和政策，扩大研究生国际合作培养的数量；加强研究生校外实践基地建设；积极推进专业课双语教学，在理、工、医等学科中实行博士学位论文双语写作；对学术潜力大、创新能力强的研究生实行个性化培养，争取1～2篇博士学位论文入选全国百篇优秀博士论文。

3. 加强导师队伍建设，提高师资水平。严格研究生导师的遴选资格和上岗条件，加强新聘导师的岗前培训；建立研究生教学效果的评估与反馈系统，提高教师的责任心；在推行研究生海外学习经历的同时，利用国家留学基金委的有关政策，增加研究生导师海外学习和工作的机会；进一步完善导师资助与负责制，对杰出学者的研究生招生和培养工作予以政策上的倾斜；加强学风建设，严格学位授予。

4. 拓展研究生在职教育规模，提高办学效益。大力发展基于网络的研究生在职教育，积极探索省外在职研究生教育模式；充分利用人事部培训公务员的有关政策，积极推进多种形式的非学历教育；把好注册、答辩、学位授予、证书发放等关口，提高收费率；研究生教育创收经费总数达到8800万元，其中在职教育创收5100万元。

（三）拓展继续（网络）教育

重点抓好外省拓展、部门合作和高职院校合作，增设5～8个校外学习中心，增设应用专业，招生规模达到1.5万人。探索运用现代远程教育技术改造函授教育和发展研究生继续教育，增加网络设备，加快教学资源建设，建立个性化教学服务体系，保证教学质量。引进优质教育资源，增加高层培训项目。收入达到9000万元。

（四）完善人格培育体系

1. 加强和改进学生思想政治教育工作。以全面提高大学生思想政治素质为目标，加强形势与政策课建设、党团课建设和经常性的思想政治教育工作，增强针对性和实效性。探索加强研究生思想政治工作的方式方法。

2. 加强对学生发展的指导和引导。加强学涯规划与学业指导、素质拓展与发展指导，改进心理辅导和创新创业教育工作，建立完善相关课程体系和工作机制；开展丰富多彩的社会实践活动、校园文化活动和科技创新活动；不断完善学生评价体系和激励机制。

3. 改进学生管理与服务工作。不断完善学生日常管理体系、助学育人体系、宿舍服务育人体系和心理咨询服务体系；加强职涯规划与就业指导，建立全程就业指导服务体系，积极开拓就业市场，实现学生就业层次的提升和就业区域的合理化分布，毕业生一次性就业率高于90％。

4. 加强学生工作队伍建设。健全学生工作队伍配备和管理考核体系；加强学生思想政治教育、学生发展指导、学生事务管理等方向的学科建设和人格培育体系建设的理论研究；注重发挥教师教书育人作用，形成全员育人格局。

四、师资队伍与管理队伍建设

（一）引进与造就杰出人才

强化人才工作目标责任制；新增“长江学者”特聘教授、讲座教授、杰出青年基金获得者计10人以上；“泰山学者”特聘教授全部聘任到岗；充分利用国家支持留学回国的优惠政策从海外引进优秀博士40人以上；设立山东大学“齐鲁学者”特聘教授岗位；精心打造学术团队，设立高层次人才科学研究特区，组建一批多学科集成的创新团队和创新实体，加强对学术团队的过程考核；积极做好院士申报工作。

（二）加强师资队伍建设

严格编制管理，明确新聘教师条件要求，加强选聘过程管理，注重改善师资学缘结构，切实提高新聘教师质量。加大青年教师培养力度，继续实施青年教师“国内外学术研修计划”和“学历学位提升计划”；积极做好“新世纪优秀人才支持计划”、“新世纪百千万人才工程”等专家的遴选工作；设立山东大学杰出青年基金，继续实行全校统筹的青年教师破格晋升政策，促进一批青年教师脱颖而出。

（三）大力加强博士后工作

完善博士后工作制度，修改博士后工作管理规定，探索推行师资博士后制度，大力发展博士后规模，在站人数达到300人；做好新增博士后流动站申请工作。

（四）积极推进人事分配制度改革

全面梳理学校机构设置及各类人员编制情况，以收入分配制度改革为契机，积极研究我校专业技术岗位设置方案，探索以岗位管理为核心的教师及其他专业技术职务聘任制；建立符合国家政策和我校实际、体现岗位绩效和分级分类管理的收入分配制度，完善工资正常调整机制，健全宏观调控机制，确保人事分配制度改革平稳进行。

（五）充实管理队伍力量

根据国家关于事业单位岗位设置管理试行办法，结合学校管理队伍现状，科学论证、统筹协调，制定辅导员队伍、管理队伍新聘人员聘任条件及聘任计划，从校内外公开选聘优秀管理人员，优化新聘人员的专业、学缘结构；加强对管理人员的培训和指导，提高管理人员整体素质。

五、国际交流与合作

（一）深化国际合作

认真落实好原有校际合作协议，再与10～15所海外知名大学建立合作关系，逐步完善国际合作网络，使每个学院、科研机构与至少两所境外大学开展实质性、持久的合作项目；聘请海外100名课程教师来校授课；来校短期讲学人数达到300人以上；启动境外博士生导师引进计划；继续支持重大国际合作项目的开展；鼓励、支持各院部所与国际学术、教育机构或外资企业合作，鼓励合作建立研究中心等。

（二）提高人才培养的国际化水平

推动教师海外学习计划，使一年以上出国出境教师总数达到150人以上；鼓励学者出境讲学、参加国际学术会议等；继续做好管理人员境外研修工作；积极利用国家留学基金委等资源和校际合作渠道，增加在校学生海外经历人数，年度派出到海外学习或访学学生达到500名。

（三）推进教育国际合作

推动有条件的学院开展在校生2＋2本科生的双学位中外联合培养；探索小语种的双专业中外合作培养模式；推进部分专业课程国际化；继续优化中加高等教育基础部项目、中韩项目的质量；积极探索高层次的中外合作办学项目；启动与法国的3＋2＋1化学工程师联合培养项目。

（四）加大汉语国际推广力度

完善对外汉语师资双学位培养模式；结合本科生“三种经历”计划，加大海外汉语志愿者培训力度；启动海外师资培训学历提升计划；加强对外汉语教学基地建设，办好已批复合作建设的孔子学院，在美国、日本开辟新点，完成我校孔子学院在全球的布点目标。

（五）扩大留学生教育规模

探索留学生教育发展新机制，建立包括山东大学留学生奖学金、留学生医疗保险基金和国际交换学生基金等为主要内容的留学生基金制度；各类长（短）期留学生人数达到1450人，自费留学生总收入达到1900万元。

六、国内合作与服务山东

（一）深化校校和校研合作

深化与国内名校的实质性合作，推动工作重心下移，各学院与合作高校同类学院之间建立起对口交流关系，通过互派博士后、访问学者、推荐免试研究生和联合进行科研等形式，实现深层次合作；加大与中科院等科研机构的合作力度，在师资资源共享、共同承担国家级项目等方面有实质性突破。

（二）做好校董会工作，拓宽筹资渠道

制订山东大学校董会中期规划；面向海内外企业家和基金会发展5～8名校董；加强筹资项目策划，落实已有合作项目，及时跟踪校董捐赠；实行回访校董制度，开好一届二次校董会议。筹备成立“山东大学教育发展基金会”；策划实施“荣我母校”捐资、校友基金捐资等方案；加强制度建设，完善全校参与社会筹资的工作机制与激励制度；以校董会为平台，广泛吸收社会资金，完成社会筹资 4000 万元。

（三）推进服务山东行动

构建校院两级地方合作组织体系，形成服务地方的长效机制；全方位参与制造业大省、生态省、文化强省和创新型省份建设；推动与大型企业合作，共建 10 个以上“产学研”一体的研发平台；充分利用“公务员培训年”契机，积极参与山东省公务员培训；推进与省属院校合作，继续接收访学学生和开展第二学士学位计划项目，为山东高等教育整体水平提升作出贡献。

七、办学条件与服务支撑

（一）加快校园基本建设

完成 10 个项目的后期建设任务，年内竣工交付使用建筑面积 15.2 万 m^2，完成投资 1.4 亿元。另有 4 个项目工程主体完工，建筑面积 15.2 万 m^2，计划完成投资 2.6 亿元。新开工项目 2 个，建筑面积 6 万 m^2，年内计划完成投资 0.8 亿元。

（二）优化实验室建设和服务

加强综合性、设计性实验项目建设；全面推进实验室开放，将创新开放实验项目全部上网公布；促进大型仪器设备开放共享；推动实验教学示范中心建设，完善示范中心的管理和运行机制，搭建实验教学大平台；理顺仪器设备和家具管理机制，出台家具管理办法。

（三）增强后勤保障能力

进一步健全符合我校办学实际情况的后勤管理体制和运行机制；完善后勤服务条件和节能降耗设施；建立合理的后勤成本核算体系、有效的后勤服务质量监管体系和科学的后勤经费分担机制；全面推行后勤 ISO9000 质量体系认证工作；积极推进水、电、暖、物业、交通车管理改革；促进资源节约型、环境友好型校园建设。

（四）建设数字化校园

完善校园网网络系统和网络服务系统；继续对各部门的管理信息系统建设和运行给予技术支持；完成校园网认证服务等基础设施，初步建成学校统一认证平台；完成新一代校园网系统（网络系统、数据中心）规划和实施方案。出台图书经费分配办法，统筹图书管理，完善数字化图书馆系统，建立全校文献信息资源共建共享机制。

（五）建设平安校园

健全学校安全预警机制，加强校园综合治理，创造和维护安全稳定的校园环境；积极开展与所在社区和地方政府的文明共建活动，为学校发展创造良好的周边环境。

八、威海分校工作

着力提高教育教学质量，建立健全教学质量标准体系和监控与保障体系，强化实践创新教育，培养一流创新人才；积极发展研究生教育，完善培养机制，丰富研究生教育形式；开始实施“三学期制”；加强空间科学等特色学科和重点学科建设，保持各学科协调持续发展；精心打造学术团队，提升科研水平和服务地方能力；充分发挥分校独特区位优势和在国际学术交流中的作用；加大总校对分校的支持力度，加强总校各学院和分校的交流与合作，注重资源共享，优势互补，全面提升分校的人才培养质量、学科建设和科学研究水平。

九、医疗卫生工作

高度重视医院的发展，加强对齐鲁医院、第二医院和口腔医院的监管，支持和推动各医院健康、快速发展，进一步提高校医院医疗技术水平和服务质量。增设非隶属关系附属医院，提高学校临床教学能力和整体科研实力，理顺临床教学管理体制和运行机制，完善教学过程管理和质量监督评价体系，建立健全临床教学激励与考核机制。完善突发公共卫生事件应急机制。加强公费医疗管理，提高经费使用效益。

人才培养

全日制本、专科教育

2007年是国家启动“质量工程二期”的第一年，也是山东大学的“作风建设与管理效益年”，本年度教务处在抓好质量工程机遇、加强专业和实践教学、推进教学改革和模式创新、积极探索构建创新人才培养体系和成长环境、提高学校教学管理团队的整体素质和管理工作水平等方面开展了一系列工作，在多个领域取得明显突破，圆满地完成了本年度的各项教学工作任务，为实现学校学术竞争力、社会影响力和国际化水平的进一步提升，为实现学校的可持续发展，为建设高水平研究型大学作出了应有贡献。

一、质量工程

精品课程、教材等建设又有新的进展。积极组织校、省、国家三级精品课程的建设、申报与评审，共评定出2007年度山东大学精品课程37门（含分校3门），新建省级精品课程12门（含分校2门），有7门课程被评为2007年度国家精品课程（增量居全国高校第6位，总量已达到18门，超过“十一五”确定的12门指标）。此外，有一门课程入选2007年度“教育部-IBM精品课程”建设立项项目（全国共20门）。有5部教材被评为2007年度普通高等教育精品教材（全国共218部）。积极推动我校87部入选“十一五”国家级规划教材的编撰和出版。截至目前，已有28部出版，50部拟于2008年出版，9部拟于2009年出版。2007年度国家“双语教学示范课程”和“人才培养模式创新实验区”两类建设项目的评审已经完成，“双语教学示范课程”已经上网公示，在全国共100门中我校占了3席（医学院刘树伟教授的《断层解剖学》、刘执玉教授的《系统解剖学》和信息科学与工程学院袁东风教授的《无线通信》）。此外，有两个项目入选国家“人才培养模式创新实验区”初选（尚未发文）。以上项目累计经费超过200万元。

专业与基地项目取得新的突破。积极申报国家“第一类特色专业建设点”和“第二类特色专业建设点”等建设项目。朝鲜语、软件工程（两个方向）、集成电路设计与集成系统、通信工程、信息安全、临床医学等7个专业（方向）入选“第二类特色专业建设点”（评审结束）；历史学、生物技术、电气工程及其自动化、药学、光信息科学与技术（经费自筹）等五个专业列为“第一类专业建设点”（评审结束），一、二类专业建设项目进入全国前十位，总经费600多万元。另外评选出哲学等9专业申报山东省省级品牌特色专业评选（6个专业入选品牌专业，每个2万建设费用）。

3月份组织数学、物理基地申请了2007年度国家基础科学人才培养基金项目并获得资助，资助金额分别为180万元和300万元，为我校在数学和物理领域培养创新型人才、提高学校人才培养水平、探索创新人才培养模式、带动学校其他学科的人才培养奠定了物质基础。开始试办临床医学八年长学制专业，第一届选拔30人。

进入“国家大学生创新性实验计划”第一梯队。我校顺利入围并进入一档项目支持高校，教育部每年支持专项经费70万元，并连续资助4年，经费累计接近300万元。经过宣传发动，2007年度全校共申报项目307项，学校组织专家进行了初评和复议，经过两轮评审，共评出申报项目70项，报送教育部。

另外，与实验室与设备管理处合作，成功组织了国家示范教学中心申报，工程训练中心和管理科学两个中心入选国家示范中心。

以上质量工程项目在可比数据方面都进入前十位，累计获得资助经费1500万～1600万元。

二、专业建设

（一）制定和完善优秀、合格、新办专业建设评估标准，有计划进行专业评估和认证

在2006年12月底完成了山东大学专业建设和评估标准的基础上，2007年下半年又补充完善了优秀专业建设评估标准、合格专业补充标准，为2008年分别进行优秀专业评估和工程教育专业认证奠定了基础；完成了《新办专业建设管理办法》，严格控制新增专业，今年新增加翻译和艺术设计两个新专业，专业总量已达到112个；加强对新办专业建设的指导、管理、支持，对20多个条件差、特色不明显、教学质量不高的专业进行了专题调研和现场指导，推动了新办专业建设。针对宗教学专业师资力量强、办学条件好，但生源不足等问题，给予特殊扶持政策，有22名同学转入该专业学习。

（二）发挥我校学科综合优势，推进学科专业交叉融合，探索新的培养模式

在已有英语＋ 专业等模式基础上，今年又试办了“小语种＋辅修专业”模式，从2007年部分外国语专业提前单独拟录取学生中组织110多名学生举办了预备暑期学校加强班（PRESS），开设了国际贸易、法学两个双学位/辅修专业。

同时正在制定大理科基地班方案，计划2008年开始招生。

此外，接受了教育部对机械设计制造及其自动化工程专业认证工作。11月18～21日，以陈关龙教授为组长的教育部专家组一行12人进校现场考察，专家组的初步结论和评价较好。

（三）交流评估经验

3～4月，经再次认真梳理后，向校档案馆正式移交全部本科教学工作水平评估档案资料，共155盒。

3月下旬，修改完成“山东大学办学特色”稿件，报教育部评估中心。

与全国十所高校交流本科教学评估和教学质量监控工作经验。

下半年，张平慧和王丽娜作为教育部本科教学评估专家组成员分别参加两所高校的本科教学评估工作。

三、教学改革

推进教学内容和教学方法改革。坚持“以立项促教改，以教改出成果”的原则，加大教改项目的建设力度，严格教改项目的过程管理。组织开展了对2005年立项的省校两级40项教学改革项目的中期检查，加大了对优秀教学成果的前期培育和专家指导。今年还将评选50项教研课题立项。2005年立项的省级12个课题进展顺利，今年到位经费42万元。

首次推行了公开教学制度，学校和学院领导、各级教学督导员和专业负责人等参加了以青年教师为重点的公开课教学，取得了明显效果。

以思政课为示范的考试方式方法改革在全校全面推行。在2006～2007下学期期末考试的1943门次中，1039门进行了形式灵活、方法各异的变革，考试改革的比例明显提高，达到53.47％。与上学期32.51％相比提高了20.96％。

组织了对全校素质教育通选课课程库进行审核与清查。

四、教务管理

完善制度，规范管理。积极响应学校“作风建设与管理效益年”的号召，加强作风建设，改进教务管理，制订完善了一系列管理规定和文件：《山东大学综合教务管理系统操作规程》、《山东大学教学改革与研究立项项目管理办法》、《山东大学推荐免试研究生办法》、《山东大学教学指导委员会常务委员会会议制度》、《关于推行本科课程“公开教学”的实施意见》、《山东大学双语教学师资海外培训实施意见（试行）》、《山东大学实验课程课堂教学质量评估指标》、《山东大学高职（专科）学生学籍管理规定》等。

在多方征求意见进行充分论证的基础上，修订了一系列已有的规章制度：包括《山东大学本科学生学籍管理规定》（2007版）、《山东大学“国家大学生创新性实验计划”管理办法》《山东大学关于在校本科生转专业学习的暂行规定》、《山东大学考试管理工作实施细则》《山东大学理论课程课堂教学质量评估指标》等等。这些制度文件的出台或修订，使我校的教学管理工作更加条理化、规范化，进一步提高了我处的教学管理水平。其中新版《山东大学本科学生学籍管理规定》更加科学、合理、规范，利于操作，也充分体现了个性化、人性化管理。根据学籍管理规定，完成了对2001级以来的在校学生学籍的清理。

加强调查研究，完成了第二校园经历、海外学习经历、学籍管理现状与对策等三个调研报告，为我校三种经历的推进和提高、规范和严格学籍管理起到了重要作用。

成功地进行了普通话测试方式的改革，使测试成绩更加客观，并大大提高了工作效率，节约了开支；进一步完善了全国大学英语四、六级网上报名系统。

继续做好学校公共教学条件的建设工作。重点投入和建设公共服务设施，新增多媒体座位1200多个。在南区建设精品课程自动录播系统1套，新建多媒体教室11间，新增座位560个左右，为教学楼安装电铃和窗帘，更换公用大教室音响设备两套；更换投影机5台、热水器2台；在东区老校新建计算机中心北机房1间，新增计算机49台，新校建设大学外语自主学习中心1间，新增座位60个；校院合建多媒体教室6间，新增座位374个；利用计划外经费在老校建设了两个各200座位的多媒体教室，大大改善了老校的教学条件。

9月，完成我校对口支援新疆昌吉师范学院数字化教室硬件建设论证工作。

继续做好高职教育和职业技能培训工作。选拔38名学生于2007年8月底赴韩国中央大学作了为期5天的短期访学。组织了韩国语教师的教研活动。组织中韩班学生于2007年11月16日，举办了山东大学中韩班韩国语演讲比赛及表演活动。组织完成了“山东大学与太古飞机有限工程公司”就我校“飞机检测与维修”专业学生实习，今年6月，该专业有15名毕业生成功进入山东太古飞机工程有限公司就业，真正实现了“订单式”培养。作为国家职业技能鉴定中心的考点，承担了今年5月、11月份的国家职业技能鉴定考试，圆满完成了各项考务工作。举办了暑期助理物流师和人力资源管理师职业资格证书培训班。

增收节支成效明显。通过各种途径争取国家和省质量工程经费累计1500万～1600万元，各种创收1000多万元，得到合法社会赞助约30万元。通过控制印刷、电话、外出等，节省办公用费数万元。

五、招生工作

(一) 推进教育拓展，提高拓展效果

“走出去”。上半年在江苏、湖南等27省市和省内17地市开展了集中教育拓展和宣传咨询活动；在6个省份22所重点中学开展了山大名师巡讲活动；组织在校大学生赴10个省份中学回访母校；8月中下旬，在青岛、聊城分别组织了当地中学校长参加的招生工作座谈会；在郑州外国语学校、淄博实验中学、沂源一中、山西太谷中学、安徽淮南二中、石家庄外国语学校、山东宁阳一中等学校新建立了7所“山东大学优秀生源输送基地”，均取得了良好的效果。

“请进来”。2007年春、秋季中学生开放日活动，共有来自省内外17所中学的近2000名学生参加；与物理学院、生命学院组织了第二届中学生暑期夏令营活动，来自省内15所中学的近600余名中学生参加了本次活动；组织了2007年（第六届）山东大学重点中学校长论坛，共有来自全国17个省的130余所重点中学校长参加了本次论坛，评选表彰了山东大学2006～2007年度生源输送十佳学校。

(二) 深化招生改革，提高生源质量

认真组织六种特殊类型生源。分别制定了六种特殊类型招生的招生简章和实施细则，精心组织生源，具体落实实施方案。特类招生已经涉及20多个省（市、区）的

500 多所中学的 7000 多人，为了优化生源结构，通过实行省、内外单独画线，我校在中学及社会的影响力明显提升。特殊类型招生数量达到了我校招生计划总量的十分之一左右。

公平、公正招生。建立了电话、网络和现场“三位一体”的招生咨询平台，精心做好远程集中录取工作；今年我校本科招生计划 10350 人（总校 7000 人，威海分校 3350 人），总校在全国 31 个省（市、自治区）和港澳台地区实际招收本科生 7050 人（含赴新加坡留学等追加计划），其中，普通理科考生 5315 人、普通文科考生 1003 人，其他招生计划类型 732 人；男生 4311 人、占 61.1%，女生 2739 人、占 38.9%；少数民族学生 334 人，占 4.74%。另招收少数民族预科生 66 人。

生源质量稳步提升。我校在山东省生源充足，为了平抑录取分数过高现象，将第一志愿报考我校文科 623 分、理科 603 分以上的考生全部录取。我校今年在其他省份录取继续保持稳定良好的态势，文科录取最低分超出当地一本线 30 分以上的省份有 11 个，超出 40 分以上的省份有 4 个；平均分超出当地一本线 30 分以上的省份有 22 个，超出当地一本线 50 分以上的省份有 8 个。理科录取最低分超出当地一本线 30 分以上的省份有 14 个，超出 40 分以上的省份有 7 个；平均分超出当地一本线 45 分以上的省份有 17 个，超出当地一本线 60 分以上的省份有 9 个。

六、实践教学

上半年召开了“工科实践教学工作研讨会”，推进了工科实践教学改革；医学实验教学体系改革方面，依托国家级医学实验教学示范中心——“医学基础实验教学中心”，采取三项创新举措，对基础医学实验教学模式、教学内容和管理体制进行深层次改革，使实验教学既与理论教学密切结合，又不完全依附于理论教学，注重培养学生的创新精神和实践能力；今年首次对实验课教学进行了学生评教，推动了实验课教学水平的提高。

组织各类科技竞赛，推动我校大学生科技创新活动的开展。2007 年我校大学生各类竞赛取得了有史以来的最好成绩。全国大学生数学建模竞赛获全国一等奖 4 项，全国二等奖 5 项；全国大学生电子设计竞赛获全国一等奖 5 项，全国二等奖 8 项。获得 2007 年美国大学生数学建模竞赛一等奖 7 项，二等奖 7 项，与 2006 年度相比（一等奖 3 项），一等奖总数增幅较大，同时创历史新高。2007 年机电产品大赛获省一等奖 5 项，省二等奖 5 项。

七、办学特色

（一）三种经历

“海外经历”上升势头明显。截至 2007 年 11 月，我校已经派出 356 名本科生参加了海外交流学习，比 2006 年的 175 人翻了一番。目前，已有韩国、日本、俄罗斯、法国、德国、美国、中国台湾、中国港澳等 18 个国家和地区的高校接受我校派出的学生。

大力推进第二校园经历。2007～2008 学年，接收来自 19 所高校访学学生 426 人，选拔、派出访学学生 329 名。完成了 409 名访学学生的结业工作，并协助国内合作办公室完成了多次交流学生座谈会和结业典礼工作。为促进我校访学工作，探索新的合作方式。赴同济大学、华东师范大学、重庆大学等学校协商访学学生工作。

三种经历推介活动。为进一步促进我校“三种经历”，扩大三种经历的影响，吸引更多的学生参与，12 月初，在五个校园进行了“三种经历”推介活动，形式包括职能部门介绍、学生代表介绍、展览、网络问答等，还请吉林大学周其凤校长作了专场报告，展涛校长、樊丽明副校长也分别参加了南新区和东校区的推介会并作重要讲话。

（二）“暑期学校”

经过 2004～2006 年的实践，暑期学校已经成为我校开放办学的模式和特色。2007 年暑期学校经精心筹备，于 7 月 9 日全面开学。秉承“邀请海外名师，面向校外开放，紧追学术前沿，强化实践环节，培养创新能力，提高专项技能”的办学理念，继续围绕“精品化、国际化、创新型、开放式”的工作目标，暑期学校充分彰显了山大学科齐全、名师荟萃、学子正气浩然、学术实力雄厚的世纪积淀，亮点突出，精彩不断。本届暑期学校共开设 229 项教学项目，其中包括学术讲座 40 项、技能培训 77 项、社会实践 62 项、开放实验 32 项、国内外交流 5 项、双学位班或辅修班 13 项，分布在东区新校、东区老校、西校区、南校区、齐鲁软件学院五个校区。今年暑期学校各项目参加人员达到 12000 多人次，校外学生 1300 余人次。

双学位/辅修班、开放实验和国际暑期学校是今年暑期学校的亮点。双学位/辅修班继续面向山东师范大学、山东经济学院、山东财政学院、山东建筑大学、济南大学省属五所高校开放。除了往年的双学位班以外，今年外国语学院首次开办商务英语双学位班，将暑期学校双学位/辅修班的专业数目增加到 13 个。为了培养学生国际视野，丰富学生的学习经历，我校积极挖掘海外教育资源，坚持“走出去，请进来”的培养模式，2007 国际暑期学校迎来了来自美、亚、欧三大洲美国、韩国、日本、德国、新加坡、捷克、芬兰、泰国、澳大利亚、瑞典等 10 个国家的 28 名国际学生，在山大接受专业汉语课程学习，听取中国文化专题、当代中国专题系列讲座，并与山大学子一起体验中国文化。此外，国际教育学院还开展了加拿大高校学生“汉语桥”国际文化夏令营活动；开设了第六期蒙古国汉语培训班，来自蒙古国各个高等院校的 30 名汉语教师在山东大学进行汉语课程学习和文化考察；来自韩国暻园大学和中部大学以及韩国一些中小学的学生也利用暑假期间来山东大学学习汉语、了解中国文化。来自武汉大学、同济大学、中国传媒大学和山东大学的 120 多名学生参加了暑期夏令营。

（张　清）

研究生教育

2007 年，山东大学研究生教育以“致力于培养富有创造力的优秀人才”为目标，以提高研究生培养质量为核心，按照学校工作任务要求，认真落实《山东大学研究生教育“十一五”发展规划》，大力实施以“一个学生，两个导师，三种经历”为重点的研究生培养模式创新和以培育全国优秀博士学位论文为标志的优秀博士研究生培育计划，积极探索研究生培养机制改革，研究生教育实现了全方位开放式可持续发展，取得了明显成效。

一、加强导师队伍建设，完善研究生培养“双导师制”

1. 博导遴选。根据《山东大学遴选博士生指导教师实施细则》，完成了 2007 年新担任博士生指导教师和 2008 年上岗博士生指导教师的遴选工作，新增博士生指导教师 64 名。

2. 合作导师聘任。完成了博士生合作导师和硕士生合作导师的聘任工作，第一批聘任的 66 名博士生合作导师已经上岗，聘任硕士生合作导师 140 名。开展了新增硕士学位点“学生事务管理与学生发展指导”的导师聘任工作，新聘硕士生导师 8 名。积极配合人事处做好引进人才的博导聘任工作。下半年进行了海外博士生合作导师、硕士生合作导师的聘任工作，目前此项工作仍在进行中。

3. 对博士生导师进行岗前培训。9 月，学校专门召开博士生导师岗前培训会，对 2006 年和 2007 年新聘博士生导师进行思想和业务培训，明确工作职责，提出具体要求，进一步增进博士生导师的责任感，提高研究生培养质量。

4. 建立了研究生导师信息库，提高对导师的管理与服务水平。

二、学位点建设获得新的进展

1. 新增汉语国际教育硕士专业学位。经国务院学位委员会批准，山大 2007 年获准开展“汉语国际教育硕士”专业学位教育工作，并首次面向全国招生，成为全国 24 个首批招生单位之一。新增“集成电路工程”工程硕士领域。至此，山东大学共拥有法律硕士（JM）、汉语国际教育硕士（MTCSOL）、工程硕士、公共卫生硕士（MPH）、工商管理硕士（MBA）、公共管理硕士（MPA）、临床医学博士及硕士、口腔医学硕士 8 个专业学位招生类别。

2. 2007 年，经国务院学位办批准，我校在 11 个一级学科内自主设置 14 个二级学科专业。具体为：比较哲学（硕士）、法经济学（博士）、语言经济学（博士）、投资经济学（硕士）、保险学（硕士）、学生事务管理与学生发展指导（硕士）、对外汉语（硕士）、中外关系史（博士）、电力经济（博士）、集成电路设计（博士）、数字媒体技术和艺术（博士）、电子商务与信息技术（硕士）、卫生检验学（博士）、文化产业管理（硕士）。

3. 4个学科专业评估合格。经国务院学位委员会审议通过，我校社会学、民俗学、化学工艺和应用化学四个学科专业参加了国务院学位办2006年硕士点定期评估，评估结果全部为合格。

4. 做好第十一次全国博士、硕士学位点的申报工作。对拟申报学科的情况做了摸底调查，为正式申报做好准备。

三、积极探索培养机制改革，制定出台了《山东大学研究生培养机制改革方案（试行）》

根据教育部统一部署和我校研究生教育的实际情况，通过多方调研论证并借鉴其他高校的经验，制定了山东大学研究生培养机制改革的初步方案，出台了具有山大特色的以奖助体系改革为主要内容的《山东大学研究生培养机制改革方案（试行）》，旨在建立和完善以科学研究为主导的导师负责制和资助制度，进一步扩大导师在研究生招生培养中的自主权，推进创新型人才的培养，为2008年全面实施研究生培养机制改革奠定了良好基础。

四、加大招生宣传力度，生源质量不断提高

1. 积极进行招生咨询。首次举办了山东大学研究生招生咨询会，受山东省教育考试院委托承办了山东省研究生招生咨询会，引起了国内媒体的广泛关注，进一步扩大了我校在考生中的影响力。

2. 调整优化招生学科专业结构。在制定2008年研究生招生专业目录前，充分征求各招生单位意见，对文、理、工、医研究生招生布局进行宏观调整，通过具体量化指标科学分配2008年研究生招生计划。

3. 接收推免生总量有所扩大。推免生是我校优秀生源的重要组成部分。通过强化宣传、预留名额与相关高校互换推免生、编制山东大学推免生报名系统等手段，扩大推免生接收数量，2008年山大共接收推免生1113人，比上一年度增加16.3%。

4. 规范复试工作，深化复试改革。进一步完善了复试办法，探索科学的多元化考核体系，学校统一进行资格审查、外语考查、心理测试和健康检查，各招生单位进行政审、专业课笔试和综合面试。在2007年复试工作中，加强了监管力度，抽检了部分学科的复试工作，并进行了部分录像。研究生复试工作更加规范有序。

5. 完善工作程序，规范考试管理。不断加大研究生招生工作透明度，坚持公平公正，维护考生权益，为考生提供便利规范的服务。建立监考工作人员库，严格选用巡考和监考人员。加强考务安全设施建设，配备先进的反电子作弊设备，提高防范考场作弊的技术水平和能力。建设诚信考试档案，对作弊考生进行严肃处理。加强评卷管理，对所有评阅试卷进行二次复核，降低差错率，保证评卷工作质量。

6. 研究生录取规模平稳增长。2007年，山东大学共录取博士生859名。除外单位委培外，第一批录取的博士生全为计划内定向、非定向。录取硕士生3513人，录取总规模超过往年，其中国家计划内和省府委培研究生（不交费）占统考生（不含单考、MBA、法律硕士、软件工程硕士等单项计划考生）录取总数的87%，自筹经费研究生

比例明显下降。

7. 报考我校2008级研究生数量略有减少。2007年，报考山东大学2008级硕士研究生共为13568人，比2007级报考量略有下降（少443人），降幅3%，比全国降幅低3%。其中统考、单考减少272人（降幅2%），推荐免试增加151（本校增加128人，外校增加23人），MBA增加238人（增幅48%），法律硕士减少550人（降幅43%）。

五、研究生"三种经历"进展顺利，中外联合培养成绩显著

1. 支持、鼓励研究生赴海外名校留学，大力推进研究生中外联合培养。继续设立"山东大学研究生海外留学基金"，并利用国家留学基金委资助计划项目等各种途径，不断扩大研究生海外访学规模。本年度参加海外学习经历的研究生已达到259人，其中，受国家留学基金资助的有150人，125名博士生获得"国家建设高水平大学公派研究生项目"资助公派出国留学，受"山东大学研究生海外留学基金"资助的有35人，中外联合培养博士研究生超过170人。

2. 加强与著名高校的交流与合作，继续开展研究生第二校园经历。2007年到中科院研究生院、厦门大学参加第二校园学习的研究生达到27人，同时接受厦门大学、山西日化所访学研究生15人；2007年我校还选派20名研究生到卫生部进行联合培养。

3. 重视研究生社会实践经历，充分利用校外优质教育资源，设立研究生校外实践基地。2007年，一批研究生实践基地相继成立，其中10个示范性研究生校外实践基地已正式挂牌，分别为：山东大学邹平新农村研究生创新实践基地、山东大学青岛考古实践基地、山东大学青岛市立医院医学研究生培养基地、山东大学烟台东方电子研究生科技创新实践基地、山东大学山东疾控中心研究生创新实践基地、山东大学中信研究生实践基地、山东大学浦发银行研究生实践基地、山东大学博士伦福瑞达研究生创新实践基地、山东大学潍柴动力研究生实践基地、山东大学迅华传媒研究生实践基地。制订了《山东大学研究生社会实践管理办法》，鼓励广大研究生积极参加社会实践，提高社会实践和科研创新能力，并要求有条件的基地设立研究生社会实践奖学金岗位。目前，中信实业银行、山东省药物研究所等单位都设立了研究生社会实践奖学金。

六、优化培养过程，提高创新能力和培养质量

1. 改善研究生教学条件。2007年，建设研究生用多媒体教室8间，研究生多媒体教室总数达到43间，教学条件有所改善。

2. 加强研究生教学用书建设，推进教学内容与教学方式的改革，提高教学质量。2007年投入研究生教材建设基金37万元，鼓励各学科、各专业编写出版高水平、有特色的研究生教学用书27部，形成山东大学自己的优秀品牌教材与名牌课程。

3. 组织开展研究生暑期学校，开阔研究生的学术视野。2007年组织5个研究生培养单位举办了研究生暑期学校，参加人数超过200人。同时资助15名研究生参加教育部组织的暑期学校。

4. 组织申报教育部和山东省创新工程项目，积极推进"博士生访学"项目的开展。积极推动教育部博士生访学项目的实施，探索研究生国际化培养的新模式。2007年积

极组织申报教育部创新工程项目 6 项，申报山东省创新项目 18 项，批准资助项目 5 项，自筹经费项目 3 项。

5. 做好研究生培养管理工作。组织进行 2006 级硕博连读研究生的转博资格考试，预计有 330 余名研究生取得转博资格。截至 12 月初，审核毕业研究生 3535 人，其中博士研究生 636 人，硕士研究生 2899 人；注册新生 4319 人，其中博士 853 人，硕士 3466 人。

6. 首次在研究生中开设心理课程，指导研究生正确解决个人面临的心理疑问，受到研究生的欢迎。

七、实施优秀博士生培育计划，学位论文质量不断提高

1. 积极开展优秀博士研究生的培育工作。修改制定了《山东大学优秀博士研究生培育计划》，重点支持培育具有创新潜质、有望取得突破性研究成果的优秀博士生。设立“优秀博士研究生培育基金”，对入选培育计划者每月给予一定金额的资助。2007 年，15 名优秀博士生成为首批资助对象。

2. 采取措施，严把学位论文质量关。2007 年开始，山东大学在理学、工学、医学各学科全面推行博士学位论文双语写作；继续做好博士、硕士学位论文的匿名评阅工作；出台了《关于进一步规范博士学位论文预答辩和答辩工作的通知》，进一步规范博士学位论文答辩，在人文科学、社会科学、基础科学、工程科学、信息科学、医学六个学部各组织了一场博士学位论文示范答辩，收到了良好的效果。

3. 做好博士、硕士学位授予工作和同等学力在职申请博士学位工作。上半年组织完成了 2006 年同等学力申请博士学位的课程考试，年底又进行了新接受同等学力人员申请博士学位工作。2007 年上半年，山东大学共授予博士学位 515 名，硕士学位 3656 名。2007 年下半年，预计授博士学位人数为 147 名、授硕士学位人数为 1255 名。

4. 组织完成了教育部、人事部布置的全国博士质量调查工作。通过对我校博士培养情况的深入调查和全面分析，形成了《山东大学博士质量分析报告》。

5. 我校 2 篇博士学位论文获得全国优秀博士论文奖。在 2007 年全国优秀博士学位论文评选中，山东大学共有 2 篇博士学位论文荣获“全国优秀博士学位论文”奖，另有 2 篇博士学位论文入围全国优秀博士学位论文提名论文。目前，山东大学获全国优秀博士学位论文奖总数已达到 15 篇，保持了获奖博士学位论文总数在全国高校中排名第 11 的位置。在 2006 年、2007 年度山东省优秀博士学位论文评奖中，山东大学继续保持较大优势，各有 13 篇论文获得山东省优秀博士学位论文奖。进行了 2007 年山东大学优秀博士论文的评选工作，共评选出山东大学优秀博士学位论文 22 篇。

八、完善奖助机制，加强学术交流，建设良好环境

1. 研究生学术与科技创新活动有序开展。支持和组织博士生参加全国博士生学术论坛。今年全校共有 42 名博士生受邀参加了全国博士生学术论坛，参加论坛总人数位居全国前列，展现了我校研究生的学术风采。

自 2007 年起，山东大学“海右”博士生学术论坛首次由校内论坛转变为全国性的

博士生论坛。资助并成功举办了经济学、材料学、外语学三场全国性的“海右”博士生学术论坛。山东大学“海右”博士生学术论坛对开拓我校博士生学术视野，提高博士生培养质量发挥了积极作用。

在第四届全国研究生数学建模竞赛中取得佳绩。2007年度，共有17支队伍参赛，并取得了一等奖1项、二等奖3项、三等奖3项的好成绩。

校内研究生学术活动丰富多彩，并走向经常化、品牌化。山东大学“海右”博士生学术论坛影响力逐步扩大。山东大学“稷下风”研究生学术讲坛成功举办了104期，并举办了“稷下风”百期系列学术讲座活动，讲坛知名度越来越高。《山东大学研究生学志》经过几年的发展，稿件质量与刊物影响力逐步提高。

2. 研究生项目奖学金初步发挥了作用。项目奖学金的设立有力地促进了研究生“三种经历”和科技创新能力的提高，推动了研究生培养模式改革。2007年对2006年设立的163项科技创新奖学金、115项社会实践奖学金项目进行了结项评审，达到了预期效果。

截至11月底，2007年度共评出研究生奖学金22项，优秀奖学金获得者1023名，项目奖学金267项（其中用于立项的奖学金191项）。2007年度，共发放各类研究生奖学金250万元，其中发放社会奖学金15种计132万元，与2006年相比增加了三星奖学金、宝钢奖学金、丽东化工奖学金、银座奖学金。

3. 加大研究生“三助”聘任力度，解决研究生实际困难。2007年，研究生“三助”聘任与奖学金发放工作更加规范。把本科生班主任助理改聘为辅导员助理。“三助”工作进一步完善，对于提高研究生科研积极性，锻炼研究生实践能力起到积极作用，切实解决了部分研究生的实际困难。

2007年度，山东大学共聘博士生“助研”岗位1100名，“助管”岗位近1000名，助教186名。共发放研究生“三助”经费712万元，其中“助研”奖学金共发放439万元（学校支付207万元，导师支付232万元），导师支付的金额比去年增加11.5万元，增幅为5.2%；“助管”奖学金与困难补助金发放226万元，“助教”奖学金发放46.8万元。

当年度，学校继续为1650名自筹经费研究生购买学生医疗保险，研究生参与社会保险的比例达到77%。

研究生心理健康档案逐步完成。在研究生复试过程中进行研究生心理测试，在研究生入学后对保送研究生进行心理补测。全部建立起在校研究生心理健康档案，在最大限度上避免因心理问题影响研究生正常的学习和生活。

4. 加强对研究生的入学教育、毕业教育、安全教育和学风教育。印制研究生手册，加强了研究生入学后的规章制度学习和学术道德教育，使研究生尽快适应学习研究生活。学校首次为研究生新生专门举行了开学典礼。

为营造浓厚的学术氛围，展现我校优秀博士毕业生的风采，在2007年5月份毕业季节，开展了“‘海右’博士生学术论坛——优秀博士毕业生报告月”系列活动。为28个学院的63名优秀博士毕业生举行了32场精彩学术报告会或学术科研经验介绍会。学校隆重举行了2007届研究生的毕业典礼暨学位授予仪式。

开展安全教育活动，营造良好环境。围绕实验室、宿舍开展了系列安全教育活动。11月9日，与公安处、学工部、济南市消防分局联合，在东区新校18号高层研究生公寓组织大型消防演习活动，通过演习，增强了学生应对突发事件的能力，掌握火灾中自防自救的相关知识。

加大对违反学术纪律和校规校纪（如考试作弊、替考等）研究生的处罚力度，营造健康向上的学术环境。2007年度，有3人受到开除学籍或取消在职攻读硕士学位资格处分，3人受到留校察看，5人受到记过，1人受到警告处分。

九、研究生在职教育健康发展，办学质量和效益逐步提高

1. 录取和规模。录取2007级在职攻读硕士专业学位研究生1981人，其中，法律硕士244人，工程硕士1149人，工商管理硕士68人，公共卫生硕士80人，公共管理硕士111人，高校教师329人，录取总规模与去年持平；录取在职申请临床医学博士专业学位研究生45人；软件工程硕士自主招生录取195人；接受同等学力人员申请硕士学位人员516人，接受临床医学硕士专业学位87人。目前，山东大学在职攻读（申请）硕士学位研究生达到9000余人的规模。

2. 获得学位情况。通过在职教育学习，上半年已有950人获得学位，获学位人数比去年同期有所增加。下半年预计获学位人数1197人。全年获学位人数约达到2140人，比上一年度增加300余人。

3. 探索办学模式，拓展在职生源。做好2007年（2008级）在职攻读硕士学位招生报名工作，在生源量全国性下降的情况下，报考我校的考生共计3521人，报名人数与往年基本持平；做好2007年同等学力申请硕士学位全国统考报名工作，接受报名考生2145人次，成绩合格554人次，通过率为33.2%。

积极探索在职研究生教育的办学形式，推进合作办学。积极寻求与其他高校、企事业单位的联合，扩大办学规模。我校与青岛市立医院（集团）签订全面合作协议，联合开展高层次硕士、博士学位研究生在职教育和培训工作。

加大生源拓展工作的力度，大力拓展省外市场。调整工程硕士外省办学收入分成比例，调动学院办学积极性。2007年签订联合举办研究生课程班协议书24项，已经开班32个；拓展了温州工业科学研究院等6个工程硕士招生合作单位。

4. 加强教学管理，严格考试纪律，确保培养质量。2007级工程硕士公共课首次在多个教学点实行统一要求、统一教学、统一考试；高校教师在职攻读硕士学位新生的公共课教学及考试集中安排在暑假中进行，外语施行分级教学模式；对同等学力申请硕士学位学员，学校统一组织了马克思主义理论的学习和考试，并开设了英语普通班。

做好学分认定工作，严格论文答辩前的材料审查。实行统一要求，对各学院部分学生的试卷和材料进行抽查，促进管理工作的规范和完善。

承担了2007年济南考区教育硕士、军事硕士、会计硕士、体育硕士、艺术硕士五大类别的考试工作。严格考试纪律，查处违规考生94人次。

学校组织电子与通信工程领域自评估工作，部分学院组织进行自评估，进一步增强了质量意识。

5. 启动工程硕士网络课程教学试点工作，大力发展专业学位教育。积极利用现代化的教学条件和手段进行工程硕士课程教学，利用继续教育学院的资源和平台开展高层次人才的培养工作。2007年，研究生院投入网络课程建设启动专项经费30万元，主要用于前期公共课、专业选修人数多的部分专业课网络课件建设。

6. 提高办学效益，增加学校收入。在职教育中心2007年创收6000余万元，超额完成了学校下达5200万元创收任务；研究生院超额完成全年9000万元的创收任务。

十、加强制度建设，取得良好效果

1. 开发信息管理系统，提高工作效率。与软件学院联合研制开发了山东大学研究生信息管理系统。学位授予信息管理系统已开始正式运行，实现了学位授予信息的网上信息采集、网上审批答辩委员会组成名单、博士学位论文答辩网上公告等，并在2007级专业学位研究生中进行管理软件试运行，提高了工作质量和工作效率。

2. 实行规范化制度化管理，着力加强研究生院自身建设。本着“规范高效，以人为本”的管理理念，不断规范管理行为，改进工作作风，建立学习型、创新型、服务型、研究型机关。今年针对学校“作风建设与管理效益年”制定了《研究生院作风建设措施》《研究生院工作会议要求》《研究生院助管研究生管理规定》，修订了《研究生院工作人员行为规范》等，进一步明确工作职责和工作纪律。通过组织业务学习、研讨会、学习十七大精神讨论会等，不断提高工作人员的政治素质和业务素质，提高管理水平和服务质量。

3. 加强对全校研究生工作秘书的管理与培训。利用暑期专门召开全校研究生工作秘书培训会议，强化管理，提高水平，建设一支适应研究生教育发展需要的管理队伍。

4. 评选并表彰了2005～2006年度全校研究生教育先进单位和先进个人。授予5个研究生培养单位“山东大学2005～2006年度研究生教育先进单位”称号；授予20人“2005～2006年度山东大学研究生教育管理先进个人”称号；授予28名研究生导师“2006年度山东大学优秀研究生指导教师”称号。

5. 积极推进制度建设，创新研究生培养模式。围绕提高研究生培养质量，培养创新性人才这一根本目标，积极推进“一个学生，两个导师，三种经历”为重点的研究生培养模式创新，建立健全科学规范的研究生教育管理质量保证体系和监控机制，研究生教育不断走向规范化、制度化。2007年制定并实施的主要文件和管理规定有：《山东大学研究生培养机制改革方案（试行）》、《山东大学优秀博士研究生培育计划实施办法》、《关于进一步规范博士学位论文预答辩和答辩工作的通知》、《山东大学“国家建设高水平大学公派研究生项目”实施办法》、《山东大学研究生社会实践基地管理办法》等。这些文件的制定和实施，为促进研究生培养质量的提高、实现我校研究生教育的创新与发展起到了重要的作用。

6. 山东大学为提高研究生培养质量实施的一系列管理制度和创新举措取得良好的效果，引起有关部门和社会媒体的广泛关注和强烈的社会反响。2007年11月，《教育部简报》（2007年第110期）以“山东大学积极创新培养模式努力提高研究生培养质量”为题对山东大学实施“一个学生，两个导师，三种经历”的培养模式创新予以介绍；2007年11月20日，山东卫视在新闻联播栏目播出了“山东大学：创新研究生培养模式培育创新型人才”；

2007年12月6日我们在《科技日报》发表了整版新闻“山大新模式：一个学生，两个导师，三种经历”。2007年12月21日，《人民网》对此予以全文转载。这些新闻报道，对于扩大山东大学的对外影响力，推动我校研究生教育不断走向规范化、制度化，促进研究生培养质量的全面提高，实现我校研究生教育的创新与发展，起到了良好的作用。

（程翠玉）

继续（网络）教育

一、加强思想作风建设，提高班子领导水平

一方面，认真组织学习贯彻党的十七大报告，注重使命感、责任感教育，使工作人员思想觉悟明显提高，精神面貌焕然一新；另一方面，与党委组织部合作推出干部培训项目“干训课堂”，对管理干部进行国际国内形势、社会热点问题、理论动态、学术前沿、管理能力和思维水平等的教育培训，使我院管理干部进一步开阔了视野，增强了做好本职工作的信心和能力。

二、积极构建“四个体系”，着力提升全院的拓展能力、管理能力和资源建设能力

1. 完善了市场与业务拓展体系建设，积极推进“三个面向”，2007年拥有分布在山东、浙江、福建、江西、河南、河北、山西、西藏、江苏等9省区的44个学习中心和分布在山东、山西、天津、河南、江苏、江西、新疆等7省、市、自治区的30个函授站。

2. 加强学习支持服务体系建设，在专业建设、资源建设等方面都取得了很大进展。目前，已拥有网络教育招生专业49个、特色专业3个、面向行业办学专业6个、学历＋技能专业4个，课件资源350门。

3. 大力推进技术支持服务体系建设，新增10台服务器，引进电信专线，建立了包括新网站、教学平台、课件服务、非学历培训等教学资源的电信镜像。

4. 重视后勤服务保障体系建设，强化制度建设与规范管理，实行“月总结”、“月计划”，开展“定岗定责定制度”，极大地提高了工作效率和服务水平。

三、网络教育工作

1. 建立健全了网络教育二级办学体制，各项管理制度日益完善。

2. 创新专业设置和课程设置，加强特色专业建设，制定了《山东大学网络教育特色专业建设方案》，构建起一个多层次、全方位的网络学历教育和培训教育体系，使学生在完成知识更新的同时，能够实现技能和素质的全面提升。

3. 不断深化网络教学改革，创新教学模式，完善新生预备学习期（即小学期）。

4. 2007年，完成网络教育招生7063人，毕业3797人，187人获学士学位，在校生达12553人。

四、成人教育工作

1. 不懈努力，积极探索，大力开展函授教学改革。制定了相关的规章制度，详细规定了教学改革的基本原则、基本要求、教学过程的组织；搭建了适合学生学习的教学平台，目前，我校实施教学改革的七个学院十一个专业已能够利用新平台组织教学；丰富了成人教育学生的网上学习资源，2007 级函授、夜大各专业有 300 门课程可以在网上学习，占所有开设课程的 40%；初步建立了以网上自学为主，以面授辅导为辅的新的成人教育教学模式，为学生学习提供了更加优质的服务。

2. 2007 年，完成成人教育招生 7298 人，毕业 8409 人，1221 人获学士学位，在校生 23746 人。

五、自考工作

1. 完善各项规章制度，规范各项管理，重新修订了《山东大学自考助学班学生手册》和《山东大学自学考试助学班教材供应管理规定》。

2. 强化主考院校职能，进一步提高服务意识，做好各项基础工作。作为山东省高教自考主考的院校，今年我院承担了大量社会主考方面的工作，圆满完成了省考试院及市自考办布置的各项任务，被国家自考委评为“全国自学考试先进集体”。

3. 在教育部关于自学考试政策发生重大调整时，及时制订了《山东大学举办高等教育自学考试网络助学的方案》，构建起新形势下自学考试助学的新模式。

4. 2007 年自考助学班结业生 2561 人，在校生 2067 人。

六、培训工作

1. 整合国外优质教育资源，拓宽国际合作领域，顺利启动了英语培训、出国预科和赴新加坡带薪实习项目，共招收预科学员 50 人。

2. IT 培训项目顺利推进，招收学员近 100 人。

3. 发挥山东大学学科齐全的优势，完成了齐鲁文化与管理创新“游学”项目的设计工作。

4. 远程培训平台建成并投入运营，招生 340 人。

七、重要活动

1. 3 月 17～19 日，山东大学在绍兴召开 2007 年继续（网络）教育工作会议。会上表彰了温州工业科学院、绍兴市委党校、青岛卫生学校等 14 个先进学习中心和函授站，顾雪萍、刘琦等 33 位继续（网络）教育先进个人。山东大学副校长樊丽明出席会议并讲话。樊丽明在充分肯定学校 2006 年继续（网络）教育工作取得成绩的基础上，分析了继续教育面临的发展机遇，为继续教育发展模式定位为：“三足鼎立”，即稳定传统成人教育，大力发展网络教育，各项培训尤其是高端培训全面展开；并提出了继续教育 2007 年的工作思路：以拓展合作促发展，以综合实力树品牌，向结构调整要效益。继续（网络）教育学院院长赵炳新作了《拓展创新 合作共赢》的工作报告。分布在全国各地的34个学习中心、28个函授站的负责人和管理人员以及继续（网络）教育学院有关负责人和工作人员，共160人参加了会议。

2. 6月8日下午，山东大学和赛尔教育科技发展有限公司共同举办的“山东大学——赛尔教育合作战略研讨会”在山东大学邵逸夫科学馆举行，本次研讨会主题是“网络服务教育，合作实现共赢”。会议期间，展涛校长会见了参加研讨会的各位代表。研讨会由副校长樊丽明主持。清华大学原常务副校长、赛尔教育科技发展有限公司董事长梁猷能，赛尔教育科技发展有限公司董事、教育部科技发展中心主任李志民等出席了会议。继续教育学院有关负责人、赛尔教育科技发展有限公司中层以上干部参加了研讨。

樊丽明在讲话中说，山大与赛尔教育的合作将进一步增加网络教育的资源，促进山大网络教育再上新的台阶。双方在合作中要积极探索网络教育发展的规律，认真研究、分析社会的需求，加强网络教育与函授教育的结合，以网络教育改造函授教育，用面授教育补充网络教育。同时不断总结合作经验，促进山大继续教育、网络教育和自学考试、培训的共同发展。梁猷能、李志民表示，山东大学与赛尔教育的合作有共同的理念、共同的事业心和社会责任感，同时还有很好的技术基础，合作一定会成功。

继续（网络）教育学院院长赵炳新教授结合山大继续教育工作以及与赛尔教育公司一年来的合作情况，展望了双方未来的合作空间。赛尔教育科技发展有限公司有关负责人则从公司的战略定位及合作基础角度，分析了双方合作的重要意义，并总结回顾了双方2006年的合作情况，提出了2007年合作重点。

3. 11月3日，山东大学“2007年继续（网络）教育工作研讨会”在东校区邵馆报告厅举行，会议就山东大学继续教育、网络教育教学和管理等工作进行了深入研讨，并就今后的工作进行了部署。副校长樊丽明出席会议并讲话。

樊丽明在讲话中全面、深入分析了目前我国继续教育的发展趋势，充分肯定了山东大学继续教育、网络教育工作在2007年做出的成绩，并阐述了下一步的工作部署。樊丽明说，继续教育需求已经由过去单一的学历补偿型逐渐发展为学历需求型、知识更新型、知识复合型、素养提高型、全面发展型、充实生活型等，多元的教育需求呼唤多元的继续教育。同时，社会用工、分配、教育管理等相关政策和制度的调整，也要求高校继续教育必须明确定位，多种教育形式并存，保证办学质量，从而实现规模、结构、质量、效益的平衡发展。结合学校继续教育、网络教育工作实际，樊丽明还特别强调，今后要加强与各学习中心、函授站的沟通交流，以拓展合作求发展、以综合实力树品牌、以结构调整求效益。

继续（网络）教育学院院长赵炳新对继续（网络）教育学院2007年的工作进展情况和下一步的工作安排作了汇报，并进一步阐述了山东大学继续（网络）教育学院“服务社会发展，融入社会进步”的工作思路。

烟台黄金职业技术专修学院、济南广播电视大学、山东大学管理学院、浙江长征职业技术学院等单位有关负责人还分别就招生、教学管理、教学改革等工作介绍了各自的经验。会议还分组进行了有关招生拓展、成人高等教育教学改革、网络教育教学服务与支持体系等专题的讨论和经验交流。11月4日，会议还进行了成人教学管理平台、网络教学管理平台、学籍管理平台、远程课程培训平台的使用培训。

来自浙江、河北、河南、山西、江西、天津、山东等7个省、市的30多个校外学习中心、20多个函授站的有关负责人与教学管理人员，以及山东大学25个学院的分管院长、教学管理人员，继续（网络）教育学院全体工作人员，共160余人参加了会议。

（王　斌）

留学生教育

2007年，我校留学生教育紧紧抓住国家汉语国际推广发展战略机遇期，以海外孔子学院建设为龙头，大力发展留学生教育，为提升我校国际化水平作出了积极贡献。

一、基本情况

2007年度，山东大学（不含威海分校）共接收来自世界64个国家长短期留学生1586人。其中长期生1170人（学历生605人，语言生541人），短期留学生416人。2007年度毕业学历留学生41人，其中本科生35人，硕士生5人，博士生1人。

二、汉语国际推广

1. 孔子学院建设。2007年5月，学校正式成立孔子学院工作办公室。我校海外孔子学院建设驶入快速发展轨道。一年来，我校向海外孔子学院派遣了1名中方院长、4名汉语教师和7名国际汉语教师中国志愿者。海外孔子学院举办了各类汉语与文化培训班96个，累计培训学员3200人次；开展专题文化活动39次，举办各类文化展览宣传9期，约有10万人次参加了活动。我校与韩国忠南大学合建的孔子学院被国家汉办评为20所2007年度全球先进孔子学院。

2. 海外汉语师资培训。2007年，受国家汉办委托，承担了蒙古国、韩国、泰国汉语师资培训任务，并先后派出4名教师赴新加坡、蒙古国孔子学院，开展境外汉语师资培训。境内外培训各类汉语师资共计300余名。组织了全球孔子学院院长研修班中华文化体验（山东）暨首届“孔子思想与中华文化论坛”。

3. 汉语国际教师志愿者派出。2007年，我校共向海外派遣国际汉语教师志愿者44名，分别工作在泰国、韩国、蒙古国、法国、捷克等国家。我校的汉语国际教师志愿者满怀为国奉献，以历练自我为信念，肩负使命、牢记职责，勤奋工作，为祖国争光、为学校赢得荣誉。

4. 国家汉办领导人多次来我校进行考察、调研。2007年，国家汉办领导陈进玉、许琳先后来山东大学视察、调研，对学校今后开展汉语国际推广工作作出指示，并对山东大学汉语国际推广工作给予很高评价。

三、学科建设方面

（一）教学

1. 留学生教学。全年完成包括语言生、师资班、医学班、学分班、预科班等汉语教学 13964 课时。依据《教学质量评估方案》，专职教师教学质量保持上乘，平均分至 90 分以上。

2. 中国学位生教学。现有双学位学生 53 人（2005 级 26 人，2006 级 27 人），汉语国际教学与推广师资研究生 19 人，语言学与应用语言学研究生 6 人，学生总数 78 人。开设的课程有 22 门，总课时量为 1020 课时。

3. 2006 年，参加 HSK 考生人数约 2823 人（包括威海分校）。

（二）学科建设

1. 建立起面向海内外的语言预科、教育学本科、汉语国际推广研究生教育的人才培养体系，完善了教育学双学位、汉语国际推广师资研究生培养方案。

2. 申请自主设置对外汉语二级学科获得批准。

（三）师资队伍建设

1. 2006 年，学院有 4 位教师赴国外长期任教，新进教师 7 名（其中博士 2 名），管理人员 1 名。学院专职教师拥有博士学历的比例超过 40%。

2.《国际教育学院教师晋升实施细则》经过学校学术委员会批准正式颁布执行，成为今后一个时期提升我院教师队伍素质和科研水平指导性的文件。

（四）科研和学术交流

1. 我校有 12 名教师被国家汉办聘为 HSK 考试兼职命题员，我院作为重要合作单位参与新型汉语考试的研发工作。

2. 学院先后邀请香港城市大学、新加坡孔子学院、南开大学、中山大学等国内外知名专家来院讲学和学术交流。一年来，举办各类学术讲座、专题交流 31 次。

3. 开发和启用了双学士学位班的“网上报名系统”和“教务管理系统”、“进修证明书自动打印系统”、“教师网上成绩录入”、“学生成绩单自动汇总打印”、“留学生网上成绩查询”、“教师教学质量评估系统”等一批新的教学管理软件，提高了管理效率。

四、留学生教育和管理

1. 医学学历教育 。2007 年，我校被教育部审定为国家具有招收医学留学生（英语授课）资格的三十所院校之一，经过几年努力，教育质量稳步提高，日常管理不断加强，首届 13 名毕业生圆满完成教学计划，顺利毕业，医学学历留学生教育成为我校近几年留学生教育发展的亮点之一。

2. 社会活动。2007 年，我校组织留学生参加了曲阜国际孔子文化节、滨州国际马拉松比赛、“2007 年济南国际友人圣诞新年联谊会”、赴我省山区开展志愿者活动等，我校留学生在这些活动中表现出的良好素质，受到省市政府、外办以及社会各界人士的高度评价，在社会上产生了积极影响。

3. 校园文化活动。2007 年，组织了以迎接新生、庆国庆为主题的第七届国际文化节，中外学生同台演出，共同进行了体育比赛、棋类交流、有奖猜谜等系列活动。结合留学生毕业典礼，举行了“以艺术体验汉语、用汉语表达心声”为主题的留学生汉语汇报演出，中央电视台、山东电视台、齐鲁晚报等多家新闻媒体予以报道。

4. 教学实习。2007 年，共组织 260 余名留学生赴西安、上海等地开展教学实习，编辑印制了第 7 辑留学生作文册。

5. 留学生管理。2007 年，对留学生组织外管法教育 3 次，为留学生办理居留许可 700 余人次，办理校外住宿手续 100 余人次，受理了 7 起留学生医疗保险理赔事件。根据校纪校规，对 4 名违纪学生进行了除名处理，对 2 名学生进行校纪处分，配合有关部门对留学生违章驾驶摩托车进行治理。

五、其他方面

1. 国际交流。今年学院先后接待了来自法国、美国、日本、韩国、加拿大、新加坡、澳大利亚等国家政府、使领馆要员、大学生代表团、海外孔子学院院长等 120 余人访问。

2. 留学生 3 号公寓楼改造后启用。2007 年暑假，根据留学生规模不断扩大的现状，学校决定将原学生十三号楼改造为留学生公寓。经过精心协调组织，按期完成了改造任务，新增留学生公寓 140 间，缓解了我校留学生住宿紧张的状况。

3. 2007 年，学校审计部门对国际教育学院进行了效益审计，全面检查和分析了国际教育学院 2004～2006 年财务收入、支出情况，充分肯定了国际教育学院在规模扩大和效益增长方面取得的成绩，对今后加强财务工作提出了很好的建议。在学院收入逐年增长、学院经济活动日趋复杂、学院自主经费已占学院日常开支大头的情况下，学院严格按照学校收支两条线等有关财务规定，支出规范、效益显著，受到学校审计部门的高度评价。

（姜苏华）

科学研究

科学技术研究

2007 年，山东大学坚持科学发展观，大力开展高水平科学研究，努力建设一支高水平科技队伍，不断提高学校科技水平和科技竞争力，科技工作成效显著。截至 2007 年 12 月 29 日，全年科技经费总投入 40800 万元，其中项目经费 37548.6 万元。分别比去年增长 13.6%和 13.7%。

一、基本情况

在 2007 年两院院士评选中，山东大学物理学院王克明教授被评为中国科学院院士。至此我校已有七位两院院士，分别为工程院艾兴、王文兴、张运院士和科学院蒋民华、钱逸泰、彭实戈、王克明院士。

以山东大学晶体材料所所长陶绪堂教授为学术带头人的研究群体 2007 年获得国家自然科学基金创新群体的支持，标志着我校在国内最高水平的基础科学研究团队建设方面取得了显著成绩，实现了零的突破。以姜建壮和以刘相法为负责人的研究团队分别获得教育部创新团队。

2007 年，我校蒋民华院士获得“求是杰出科技成就集体奖”，彭实戈院士获得“何梁何利科学与进步奖”，陈哲宇教授获得“中国青年科技奖”和国家杰出青年基金资助，化学院教授郝京诚和土建学院教授李术才被聘为长江学者特聘教授。由计算机科学与技术学院孟祥旭教授等完成的“山东省制造业信息化关键技术攻关及应用工程”、化学与化工学院陈代荣教授等完成的“水热法制备无机超细功能材料新工艺”和齐鲁医院张薇教授等完成的“持续性心房颤动心房重构机制和栓塞并发症防治的研究”获山东省科技进步一等奖，我校晶体所王继扬教授等完成的成果“两类硼酸盐激光自倍频晶体生长及激光应用基础研究”获得教育部高等学校科学技术奖自然科学奖一等奖。

12 月 21 日，第 18 届“山东十大杰出青年”评选结果揭晓，山东大学化学与化工学院博士生导师丁轶教授榜上有名。丁轶教授还入选教育部“新世纪优秀人才支持计划”，丁轶教授曾在 2005 年被聘为山东省首批“泰山学者”特聘教授。

二、科研项目与经费

1. 基础科学研究 。2007 年，学校获得国家自然科学基金各类资助 138 项，立项经费 5398 万元。获教育部归国留学人员基金资助项目 30 项，立项经费 74.5 万元。获省自然科学基金资助 176 项，立项经费 1071 万元，各类基金立项总经费 6543.5 万元。2007 年，实到各类基金经费 5841 万元。王克明、娄红祥、韩圣浩教授获得国家自然科学基金重点项目资助，分别获得 230 万元、160 万元和 150 万元的资助。赵小凡教授与美国密苏里大学副教授宋齐生博士合作申请的国家基金重大国际（地区）合作研究项目获基金委资助，资助经费 120 万元。刘建亚教授、解士杰教授作为负责人申请的国家基础科学人才培养基金获得资助，经费分别为 180 万元和 300 万元。李树忱副教授申请的“隧道超前地质实时预报多频激电及二激发电流极化时差仪及其分析系统研制”项目获得国家自然科学基金委设立的科学仪器基础研究专款资助，资助经费 130 万元。

2. 应用与高技术研究。2007 年，学校获得各类政府科技攻关和高技术项目 215 项，其中“973”计划项目 6 项，“863”计划项目 18 项，支撑计划项目 11 项，立项总经费 10154 万元。2007 年，实到各级政府科技攻关与高技术项目经费 17274 万元。彭实戈院士作为首席科学家申请的“金融风险控制中的定量分析与计算”项目正式通过科技部组织 973 计划评审，获得立项资助。这是我校继去年获得 973 项目以来第二次主持和承担的国家 973 计划项目。

3. 横向项目。2007 年，学校共签订横向技术合同 643 项，合同额 18809 万元，实到横向经费 12524.31 万元。

4. 国防科研。学校国防科学技术研究步入快车道，2007 年学校已获得保密资格单位证书，通过了环保、生产安全、消防安全等资质认定。当年我校承担国防重大专项、军工 863、军工 973、军工配套、军工基础预研基金等国防科技任务 10 余项。其中重大国防任务 3 项，过 1000 万元的科研任务 2 项，争取国防科技经费 2600 万元，已到校经费 1550 万元，分别较 2006 年增长 51% 和 100%。表明我校承担国防任务的能力显著增强。

三、科研成果

2007 年，全校共鉴定成果 103 项，其中 58 项成果达到国际水平。获得教育部高等学校科学技术一等奖 1 项、二等奖 1 项；获得中华医学科技一等奖 1 项、三等奖 2 项；获得山东省科学技术奖 66 项，其中自然科学奖二等奖 2 项、三等奖 5 项，科技进步奖一等奖 3 项、二等奖 16 项，技术发明奖三等奖 1 项。申报省软科学奖 9 项全部获奖，获一等奖 3 项、二等奖 5 项、三等奖 1 项。申请专利 310 项，授权专利 156 项，其中发明专利 77 项，实用新型专利 79 项；申报山东省、市专利奖 3 项，获三等奖 2 项。

四、科研平台建设

以生命学院和药学院为基础，联合山东省糖相关企业申报的“国家糖工程研究中心”顺利通过专家答辩，获得立项建设，科技部支持建设经费 500 万元、山东省配套支持建设经费500万元，标志着我校在国家工程技术研究中心这一科技创新平台建设方面实现了零的突破。我校申报的“植物细胞工程与种质创新”教育部重点实验室和“大型地下洞室群”教育部工程技术研究中心顺利通过专家评审，被批准立项建设。“密码技术与信息安全教育部重点实验室”顺利通过教育部组织的专家验收，正式加入教育部重点实验室的行列，使我校在建和挂牌部级重点实验室达到8个；我校组织申报的“环境考古学创新引智基地”获得国家“111国家创新培育引资计划”资助，第一期立项经费45万元。液态金属及其遗传性等3个教育部和卫生部重点实验室顺利通过了专家组评估。

五、科技合作

积极促进校地、校企科技合作，进一步拓展科技开发工作的新空间。积极走出去，加强与重点地区和重点企业的沟通、交流和联系，先后与德州市德城区、垦利县、威海市、日照市、济宁市等签署了全面科技合作协议；与重庆市科委进行了对接与交流，确定了以汽车及零部件、物流工程、制造业信息化技术、岩土工程、军工技术、环保工程与技术等重点领域的合作。

积极探索产学研合作新形式，不断提高产学研合作的成效和水平。在威海市举办了产学研合作专题对接会和山东大学科技成果展，推行校市互派人员挂职等措施。我校有80余位专家教授与威海市有关企业进行了项目洽谈，签订了共建威海海洋研究院、共建山东大学国家科技园威海分园等30余项合作协议。通过与威海市产学研合作的探索，为我校今后在更高层次、更宽领域开展校地、校企合作创造了新的经验和模式。

共建校地、校企科技合作平台，建立产学研合作的长效机制。先后签署了与威海市共建“山东大学威海市技术转移中心”，与威海拓展纤维有限公司共建“碳纤维工程技术研究院”，与山东新北洋信息技术股份有限公司共建“山大新北洋工程技术研究院”、与德州市德城区共建“经济社会发展研究中心”、与潍柴共建“山大内燃机研究所”等科研平台的协议。

加强学校科技实力与科技成果的宣传，不断提升学校的社会影响力。新征集和整理我校可转移成果300余项，先后组织并参加大型技术成果洽谈会20余次，其中重点组织了省产学研展洽会、深圳高交会、福建“6.18”会议、上海工博会、广东省等地的技术交易会和产学研洽谈会。获得省产学研展洽会优秀组织奖和优秀展示奖。

六、科研队伍建设

2007年，学校新增“长江学者”特聘教授2名，国家杰出青年基金获得者1名，“新世纪百千万人才工程”国家级人选3名。截至2007年底，学校有两院院士7位，新世纪百千万人才工程国家级人选22位，人事部有突出贡献的中青年专家23位，教育部长江学者奖励计划长江学者特聘教授18位，长江学者讲座教授8位，国家杰出青年基金获得者16位，泰山学者18位。2007年，学校有11位教师入选教育部2007年度“新世纪优秀人才支持计划”，资助期限为2008～2010年，资助金额自然科学类为50万元，哲学社会科学类为20万元。入选人员分别是：机械学张勤河，齐鲁医院杨其峰、彭军，物理学院王雪林，控制学院刘允刚，晶体所郝霄鹏，生命学院郭卫华，文学与新闻学院施战军，政治学与公共管理学院方雷，历史文化学院方辉，管理学院丁荣贵。

七、科技活动

4月7～8日，以“全面加强国际科技合作，提升山大国际学术影响力”为主题的第一届南山论坛暨山东大学国际科技合作论坛在山东大学东校区新校邵逸夫科学馆举行。科技部国际合作司副司长姚为克、国家自然科学基金委国际合作局局长韩建国分别以《新时期的对欧国际科技合作》和《科学基金国际合作项目申请介绍》为题作了专题演讲。国家自然科学基金委数理学部常务副主任汲培文、科技部中欧科技合作促进办项目助理李捷分别以《加强国际合作，促进学术交流，提升学科水平》和《中国机构参与欧盟科研框架计划》为题作了专题报告。本次论坛的召开，为今后进一步提升山东大学的自主创新能力，拓展国际合作领域、创新合作方式、提高国际合作成效等方面具有重要意义。山东大学“南山论坛”自2006年5月创办以来，已成功举办了5次活动，成为促进学校科技工作交流与发展的一个新平台。来自省科技厅，学校理、工、医各学院、独立研究机构以及附属医院的近200位专家和学者参加了本次论坛。

4月11日下午，山东省科技厅厅长翟鲁宁一行来山东大学调研科技工作。翟厅长在讲话中对山东大学的科技工作给予了很高评价，指出山大应当加强对重点、重大关键技术的前瞻性研究，着重瞄准国际前沿、国家目标进行“顶天”的设计与研究，结合山东实际对经济与社会发展作出“立地”的贡献。山大不仅要在科技创新上，而且要在体制创新、机制创新上进行研究探索，解决科技成果转化中的瓶颈问题。她希望山大在“十一五”期间能承担更多的国家级重点、重大课题，获得更多有显示度的科技成果，为山东的技术进步与社会发展作出更大的贡献。省科技厅监察专员、纪检组长孙伟，副厅长王家利及校内有关学科专业的20余位专家、教授出席了座谈会。

5月23日下午，在东校区邵逸夫科学馆，国家知识产权局知识产权研究中心主任助理魏衍亮博士作“高校及企业知识产权的挖掘与经营能力”的学术报告。这次学术报告会旨在提高我校广大教师和科技人员的知识产权法律意识、保护意识和竞争意识，通过对知识产权的进一步了解，有利于促进科技人员利用知识产权提高科技工作的质量，推进科技工作原始创新、技术创新及集成创新工作的深入开展，加快我校综合型研究型大学的建设步伐。报告会由赵显处长主持，学校有关部门领导、科技人员及硕士、博士生等150余人参加了报告会。

5月28日，教育部部长周济一行来山东大学视察工作。在视察了有关重点实验室及“985”创新平台建设情况并听取了山东大学的工作汇报后，周济部长指出三点意见，一是很好地总结过去，肯定成绩，发现不足，分析面临的挑战，加强宏观思考和战略研究。二是在科学发展观的指导下，高等教育要坚持以人为本。三是要在再学习、再思考、再规划的过程中，更多地强调把学校的发展融入创新型国家建设、社会主义和谐社会建设、社会主义现代化建设中去。希望山东大学要牢固树立“以服务为宗旨，在贡献中发展”的意识，服务国家、山东省的经济、社会发展，要抓住机遇，乘势而上，开创新局面。

5 月 30 日上午，欧盟驻华使团科技处科技官员 Ignacio Asenjo 先生一行访问山东大学，与我校部分科研人员在邵逸夫科学馆第一会议室进行了座谈交流。Ignacio Asenjo 先生总结回顾了欧盟第六框架计划（FP6）的执行情况，介绍了欧盟第七框架计划（FP7）申请的相关问题，建议山东大学科研人员在申报 FP7 过程中要扬长避短，继续发扬空间科学领域、公共卫生领域的研究基础，要重点加强针对信息领域和人文社科领域的项目组织申请。在山东省共承担的 10 项 FP6 计划项目中，山东大学承担了 2 项。Ignacio Asenjo 先生分别听取了我校卫生管理与政策研究中心孟庆跃教授和物理与微电子学院承担的 FP6 项目的进展汇报。校长助理贾磊参加并主持了座谈，山东大学科技处、国际合作与交流处及相关学院项目负责人参加了座谈。

6 月 21 日下午，科技部部长万钢，中共山东省委副书记、代省长姜大明，科技部副部长尚勇一行来山东大学视察工作。在视察了晶体材料国家重点实验室并听取了山东大学的工作汇报后，万钢部长作了重要讲话。他说，此行来山大调研工作，希望和大家讨论一下国家中长期科学和技术发展规划纲要，重点就如何构建一个平台听取意见。山东大学晶体材料国家重点实验室早闻其名，今天能够一睹其风采，特别是看到蒋民华院士培养了一支年轻的队伍，带领着一支年轻的团队，为国家军工和民营企业的发展作出了重大贡献，感到特别高兴。现在我们的工作，一是要落实好发展纲要，包括重大科技专项的启动；二是做好所有的配套政策和实施细则。希望山大充分利用现有的机制，在国家“985”建设中取得更多的成果。山大要参与到更多的平台建设当中去，加入到更多的国家试验室建设中去，在国家科技发展和区域经济发展中作出更大的贡献。姜大明代省长在讲话中说，万钢部长等科技部领导一行来山东大学视察调研工作，表明科技部对山东省和山东大学的发展十分重视，今后，省委省政府将一如既往地支持山大的发展。

8 月 23～26 日，我校在威海市承办了以“光电子材料与器件”为主题的技术科学论坛和地方科技咨询活动。此次论坛，来自国内 30 余名院士和 10 余名相关领域的专家参加了会议。承办本次会议，对提高我校学术竞争力与社会影响力、加强高水平人才的培养与造就、促进山东高新技术发展以及地方科技产业发展将起到积极的推动作用。

9 月 12 日下午，中共山东省委书记李建国来山东大学视察工作。李建国书记先后视察了山东大学的四个校园，察看了学校部分重点实验室及“985”创新平台，登门看望了自己当年的老师，听取了山东大学的工作汇报，李建国书记代表省委、省政府对山大多年来对山东省经济、社会发展所作出的贡献表示感谢。他说，要实现山东经济的又好又快发展，省委、省政府需要山大的支持。山大作为山东高校排头兵和科研基地、人才基地、科技创新与知识创新基地，在新的历史时期，要在山东“一体两翼”的战略发展中作出新的更大的贡献，这也是他作为一个山大老学生的一点愿望。李建国强调，山大是教育部直属重点高校，为全国输送人才，在科技创新和技术创新等方面，应该是国家队。在山东，山东大学也应该明确自己的地位和实力，这是服务山东的问题。山东大学在校企合作方面已经走出了自己的路，但还要继续努力，同时，围绕“服务山东”，山东大学在山东省一百多所高校里也应该做得更好，更有成效。针对今后山大的发展，李建国指出，山东大学是省委、省政府支持的重点，省里支持山东大学发展成为国内外知名的高水平大学，这既是山大师生的目标和使命，也是省委、省政府的责任。山东省将与教育部进一步沟通协商，争取在今年下半年签署第三期省部重点共建山东大学协议，继续支持山东大学创建高水平大学。山大作为重点大学在基础研究领域有很重的任务，但服务山东，在专业和学科建设方面还要作些调整，特别是优势学科、特色学科，应该面向山东经济建设主战场，在服务中求发展，在发展中作贡献。省委常委、省委秘书长王敏，副省长黄胜，省委副秘书长倪明元、孙建功，省政府副秘书长刘俭朴，省教育厅厅长齐涛，省委办公厅副巡视员陈保亚，省教育厅副厅长张兴民，省委高校工委副书记傅华峰等随同视察。

9 月 16 日下午，教育部副部长赵沁平来山东大学调研工作，并就学校重点学科建设工作提出了指导性意见。赵沁平副部长指出，山东大学合校这几年的发展情况很好，说明几年的融合、整合起到了作用，在学科建设方面已经显示出自己的优势。山大在申请新的国家重点实验室方面，以及申请国防重点学科等方面都是很有希望的。这几年山大的发展比较快，每一个二级重点学科都很有发展潜力，相信山东大学在重点学科、重点实验室建设方面今后一定会有很好的发展。出席座谈会的还有教育部语言文字应用管理司司长、中国心理学会常务理事王登峰教授，国家语委副主任、教育部语言文字信息管理司司长李宇明，山东省教育厅副厅长张兴民，山东大学副校长王琪珑，科技处处长赵显等。

9 月 19～22 日，国际昆虫生理生化与分子生物学学术讨论会暨中国第七届昆虫生理生化与分子生物学学术讨论会在山东大学东校区新校邵逸夫科学馆举行。来自中国、美国、韩国、日本等国家的 120 余名代表参加了会议。本次国际会议获教育部批准，受国家自然科学基金委员会、山东省科协和山东大学资助，由中国昆虫学会昆虫生理生化与分子生物学专业委员会和山东大学共同主办。会议主题是“昆虫生理生化与分子生物学研究新进展”，研讨内容主要包括：昆虫基因组学及蛋白质组学，昆虫发育的功能基因及激素调控，昆虫免疫学，昆虫生殖生物学。会议共安排 18 个主题报告和 35 个发言，其余论文做墙报展出。国际昆虫学领域主流杂志 *Archives of Insect Biochemistry and Physiology* 将为本次会议出版专集，*Insect Science* 杂志将择优发表会议的优秀论文。

9 月 23～26 日，由山东大学晶体材料国家重点实验室主办、中科院理化技术研究所协办的“2007 中日双边晶体生长与晶体技术研讨会”在青岛东海国际大酒店举行。亚洲晶体生长与技术协会第三届主席蒋民华院士、名誉主席福田承生教授出席了会议。中日双方代表就中日晶体生长领域的最新进展和研究动向进行了广泛的交流。会议期间，还召开了亚洲晶体生长与晶体技术协会主席会议，讨论了明年 5 月在日本举行的第四届亚洲晶体生长与晶体技术会议和将于 2010 年在中国北京举行的第十六届晶体生长和晶体技术国际会议的组织问题，会议决定下一届中日双边晶体生长与晶体技术研讨会将于 2009 年 9 月在日本举行。此次会议对山东大学晶体材料国家重点实验室和我国晶体生长科学、晶体制备技术的发展将起到重要的推动作用。亚洲晶体生长与技术协会常务理事陈创天院士、吴以成院士、王继扬教授和王牧教授，理事会名誉理事小川智哉教授及山东大学晶体材料国家重点实验室主任陶绪堂教授以及双方代表 45 人参加了会议。

9月28日，由国家知识产权局、中国工程院、山东省人民政府联合主办的第八届中国专利高新技术产品博览会，在曲阜科技城隆重开幕。我校党委书记朱正昌随同省委书记李建国、代省长姜大明参加了开幕式，并一道参观了我校所在的主展区。会上展示了我校在新材料、节能环保、新型能源、先进制造技术、电子信息、医学化工、生物技术等领域的50余项专利产品和科技成果。会议期间，我校共与7家企业签订了合作意向。

11月13～23日，诺贝尔医学奖评委、瑞典卡罗琳斯卡医学院终身教授 Anders Zetterberg 访问山大，校长展涛接见了来宾，双方就进一步合作的有关问题交换了意见。Zetterberg 教授还应邀为医学院的青年教师和研究生作了题为“诺贝尔奖的历史及产生过程”的报告，为六年制临床医学学生作了题为“肿瘤分子病理”的报告。Zetterberg 教授此次来访，主要是进一步加深双方之间的合作，计划在医学院病理教研室建立一个分子病理实验室，利用最新的 QM-FISH 技术进行肿瘤分子遗传学的相关研究。Zetterberg 教授与病理教研室周庚寅教授已就合作事宜达成初步意向。Zetterberg 作为山大特聘客座教授，自2003年先后四次访问山大，其实验室与医学院病理教研室建立了长期稳定的合作关系。

12月15～18日，由中国解剖学会主办，山东解剖学会、山东大学和青岛大学联合承办的首届断层影像解剖学国际研讨会暨第五届中国国际解剖科学研讨会举行。研讨会以“断层影像解剖学的开拓创新与临床应用”为主题，以“交叉融合，开放共享”为宗旨，就断层影像解剖学的研究进展、临床应用和发展方向进行了深入探讨和广泛交流。本次会议共收到英文论文54篇，来自中国、美国、德国、韩国和中国香港的110余位解剖学、医学影像学和计算机等学科的科研工作者参加了会议。

（高　杰）

社会科学研究

2007年，学校制定实施了《跨学科交叉研究基金项目管理办法》，进一步完善了《青年成长基金管理办法》，加强了对人文社科研究机构的管理，使科研机构真正成为科学研究、学术交流、人才培养的平台。全年人文社科科研经费稳定增长，重点研究基地建设有了新的发展，科研立项数有较大增加，学术交流更加活跃，人文社科科研成果丰硕。

一、人文社科科研经费稳定增长

2007年，我校人文社科科研经费显著增加，到位的科研经费达到2290万元，与2006年相比增长了23%。纵向项目经费409万元，在纵向项目经费增长的同时，国内合作项目经费和国际合作项目经费增长迅速，到位经费1858万元，与2006年相比增长了近30%。

二、重点研究基地建设有了新的发展

2007 年，我校新增政党研究所和公共经济与政策 2 个山东省重点研究基地，使该类基地达到了 7 个。教育部人文社科重点研究基地完成了基地“十五”发展总结和“十一五”规划的制定工作，为下一个五年的发展明确了目标，制定了措施。数年来重点研究基地在“985”工程建设以及重点学科建设中作出了巨大贡献。

三、科研立项数有较大增加

组织了国家社科基金、教育部规划等十多类项目的申报，申报课题 500 余项，立项数量有较大增加。获国家社科项目 16 项，立项数为历史新高；获教育部项目 26 项，其中重大项目 9 项。组织了 2007 年度教育部新世纪优秀人才支持计划的申报工作，其中有 4 人获准通过。

四、人文社科科研成果丰硕

2007 年，我校文科共发表论文 1900 多篇，出版学术著作 220 部。文科科研成果在数量增加的同时更加重视质量，在 2007 年山东省哲学社会科学优秀成果奖、山东省高等校校哲学社会科学优秀成果奖的申报与遴选工作中，获得优秀成果奖 57 项，其中一等奖 10 项。

五、学术交流更加活跃

学术会议承办和组织成果显著，共举办高层次、产生重大影响、对学科建设至关重要的国际性和全国性学术会议近 20 次，如荀子思想国际学术研讨会、社会发展与残疾人事业国际研讨会、海峡两岸哲学学术研讨会等。

六、主办的人文社科期刊再次全部入选 CSSCI 来源期刊

2007 年，我校哲学人文社会科学类五种期刊《文史哲》、《山东大学学报》（哲学与社会科学版）、《当代世界社会主义问题》、《周易研究》、《民俗研究》再次全部入选 CSSCI 来源期刊。此外学术集刊也有了较大发展，2007 年共 6 种集刊入选 CSSCI 来源集刊。

附一：

2007 年度新增社科各类研究项目

（一）国家社科基金项目

项目名称	负责人	单位	类别
基本公共服务均等化：基本理论与实证研究	樊丽明	经济学院	一般项目
日本女性道德观的衍变——以中国女性作品在日本的传播为中心	王慧荣	外国语学院	青年项目
20 世纪儒学通志	庞　朴	儒学研究中心	重点项目

项目名称	负责人	单位	类别
近代中国教会的自立——以岭东长老会为典型个案（1881～1951）	胡卫清	历史文化学院	一般项目
新时期以来文艺本质问题的论争及其理论探析	马龙潜	文学与新闻传播学院	重点项目
华北乡村社会姻亲关系研究	刁统菊	文史哲研究院	青年项目
供应链协同的质量竞争理论与实证研究	温德成	管理学院	一般项目
科学的马克思主义观与当代中国的马克思主义	周向军	马列教学部	一般项目
近年出土黄老思想文献研究	曹　峰	文史哲研究院	一般项目
中小型科技企业成长机制研究	张玉明	管理学院	一般项目
宋代辞赋的嬗变	刘　培	《文史哲》编辑部	青年项目
我国社会转型期的阶层分化与社会心态问题研究	马广海	哲学与社会发展学院	一般项目
经学的转型：唐代中叶至北宋末年的“新《春秋》学”	葛焕礼	宗教、科学与社会问题研究所	青年项目
新时期诗歌叙述性诗学研究	孙基林	威海分校	一般项目
立法后评估研究	汪全胜	威海分校	一般项目
情感文学与民族道德——论英国情感小说的作特征与社会效应	耿力平	威海分校	一般项目

（二）教育部人文社科规划项目

项目名称	负责人	单位	类别
《左传》词义色彩研	杨振兰	文学与新闻传播学院	规划项目
城市更新治理及其运行机制研究	姜　杰	政治学与公共管理学院	规划项目
全球化与日本近代女性文学	肖　霞	外国语学院	规划项目
认知效应的法律影响与利用：行为法经济学的基础理论与应用研究	魏　建	经济研究中心	规划项目
公司会计治理架构——基于嵌入性视角的整合研究	刘慧凤	管理学院	规划项目
我国承接服务业外包的对策研究	刘庆林	经济学院	规划项目
证券公司失败预警研究	张道奎	经济学院	青年项目
山东旅游企业集团化研究	王晨光	管理学院	专项任务
刑事被害人国家补偿研究	王瑞君	威海分校	规划项目
技术进步与近代中国工业化研究	左　峰	威海分校	规划项目
免除农业税之后的乡村治理研究	张文军	威海分校	规划项目
企业隐性人力资本的形成和作用机理研究	刘　文	威海分校	规划项目

法律概念的解释——以刑事司法为视角	吴炳新	威海分校	青年项目
汉语朝鲜语早期对应词研究	侯玲文	威海分校	青年项目
综合模糊理论：不确定金融资产定价与风险管理方法研究	肖洪生	经济研究院	后期资助
形而上学导论	沈顺福	哲学与社会发展学院	后期资助

（三）教育部人文社会科学重点研究基地重大项目

招标单位	课题名称	首席专家
当代社会主义研究所	拉丁美洲社会主义及左翼社会运动研究	奚广庆、崔桂田、蒋锐
当代社会主义研究所	中国社会主义核心价值体系研究	徐艳玲
文艺美学研究中心	文明的结构与艺术的功能	赵秀福、祁海文
文艺美学研究中心	中国高校艺术教育现状与发展趋势研究	王旭晓
易学与中国古代哲学研究中心	明清易学研究	林忠军
易学与中国古代哲学研究中心	宋代经学与哲学研究	向世陵
犹太教与跨宗教研究中心	宗教与哲学互动关系研究	傅永军
数量经济研究中心	中国经济转轨过程中的制度变迁与权力博弈	魏　建

（四）山东省社科规划项目

项目名称	负责人	单位	类别
构建完善的政治生态环链体系——关于腐败问题的“恐惧生态学”研究	刘京希	《文史哲》编辑部	一般项目
胶东半岛制造业基地创新环境建设研究	郑　波	产业集团	重点项目
刑事疑案问题实证研究	胡常龙	法学院	青年项目
英美法上的LIEN的制度研究	孙新强	法学院	基地重点
民事实体法和程序法的制度衔接与规则协调	刘保玉	法学院	基地重点
宽严相济形势政策视野下的监狱行刑改革研究	柳忠卫	法学院	基地重点
节能自愿协议及其应用研究	张式军	法学院	一般项目
中荷留置权制度比较研究	孙玉芝	法学院	自筹一般
构建和谐执法机制研究	柳砚涛	法学院	自筹一般
行为公司治理理论研究	卞　江	管理学院	青年项目
流动性约束、消费波动与农村金融服务体系研究	裴春霞	管理学院	青年项目
所得税制度变化与企业理财行为选择研究	刘慧凤	管理学院	基地重点

中国上市公司关联交易生成机制与规范治理研究	徐向艺	管理学院	基地重点
建设旅游经济强省——山东省旅游产业竞争力提升研究	王德刚	管理学院	重点项目
以图书馆事业发展促进山东文化事业发展的对策与策略	江三宝	管理学院	自筹重点
地方保护的测度与辨识及其对资源配置效率的影响研究	余东华	经济学院	青年项目
胶东半岛区域税收一体化测度研究	常世旺	经济学院	基地重点
山东省农村公共品的供给效率研究——基于制度比较和行为分析的视角	陈　东	经济学院	基地重点
外国银行的直接投资对中国银行业绩效的影响	秦凤鸣	经济学院	一般项目
和谐社会建设过程中的社会资本累积及其功能研究——基于山东、江浙等地的比较研究	刘国亮	经济学院	重点项目
实施经济国际化战略，加快我省转变外贸增长方式研究	范爱军	经济学院	重点项目
农村合作金融组织公司治理模式创新——理论分析和以山东省为例的实证研究	曹廷求	经济学院	重点项目
20 世纪山东金融业发展研究	陈新岗	经济学院	自筹青年
构建现代产业体系，推进经济大省向经济强省转变研究	杨　风	经济学院	自筹一般
山东省农村金融发展和农村经济增长关系	石　莹	经济研究中心	青年项目的 研究
新中国农村土地产权制度与经济绩效研究	孙圣民	经济研究中心	基地重点
“合作经济学”理论构建基础	韦　倩	经济研究中心	基地重点
我省城镇企业职工养老保险基金风险管理研究	王新军	经济研究中心	重点项目
文化山东战略下的高等学校大德育体系建设	徐国亮	马列教学部	一般项目
新型农村合作医疗制度可持续发展战略研究	刘雅静 张荣林	马列教学部	重点项目
山东改革开放 30 年典型研究	陈　华	山东大学学报 （哲社版）	自筹重点
基于“金融强鲁”战略：山东省自主品牌银行CI 体系设计研究	王金军	设计艺术系	一般项目
美国“南方文艺复兴”的阶级性研究	李　杨	外国语学院	一般项目
基于语料库的英汉评价系统比较研究	刘世铸	外国语学院	重点项目
过渡语中时体标记习得状况研究	牛毓梅	外国语学院	自筹一般
协商民主论研究——以哈贝马斯的探索为中心	傅永军	文史哲研究院	重点项目

社会主义和谐影视文化建设研究——兼论山东影视创作与传播现状	郑凤兰	文学与新闻传播学院	一般项目
艺术设计与品牌传播	李　克	文学与新闻传播学院	重点项目
20 世纪第一个二十年四大女性文学创作群体研究	郭延礼	文学与新闻传播学院	重点项目
辽金元明清陶渊明接受史	李剑锋	文学与新闻传播学院	自筹青年
易学思维的当代价值研究	刘玉平	易学与中国古代哲学研究中心	一般项目
制度与伦理关系研究	刘陆鹏	哲学与社会发展学院	一般项目
村庄变革与推进山东社会主义新农村建设研究	林聚任	哲学与社会发展学院	重点项目
城市化进程中的当代中国农村社会保障体系研究	程胜利	哲学与社会发展学院	自筹一般
法国移民社会问题	宋全成	哲学与社会发展学院	自筹重点
欧洲议会党团问题研究	李　宏	政治学与公共管理学院	基地重点
和谐社会视域中党的执政方式问题研究	兰　华	政治学与公共管理学院	基地重点
东亚产业转移与其地区政治效应研究：国际政治经济学的分析视角	刘昌明	政治学与公共管理学院	自筹一般

（五）山东大学 2007 年度青年成长基金后期资助项目

项目名称	负责人	单位	成果形式
双重转型下的中国产业组织优化研究	余东华	经济学院	专著
城市治理中的利益整合机制研究	王佃利	政治学与公共管理学院	专著
多层治理理论与欧洲政治一体化	朱贵昌	马克思主义学院	专著
金融开放背景下我国银行国际竞争力问题研究——基于“拓展 SCP 框架”的分析	郭　妍	管理学院	专著
从法律形式主义到法律现实主义	许庆坤	法学院	专著
人民币汇率波动对金融体系的影响	陈晓莉	经济学院	专著
两汉诸子“经济”思想研究	陈新岗	经济学院	专著
日本成人后见法制研究	李　霞	法学院	译著
环境公益诉讼原告资格研究	张式军	法学院	专著

发展适能与多维健康	尹向仁	体育学院	专著
意识形态与近代中国政治发展	傅　静	政治学与公共管理学院	专著
中国における滅憲審査制の歴史と糖飄	牟宪魁	法学院	专著
清末宪政思潮研究	王德志	法学院	专著
六朝道教上清派研究	宇汝松	宗教科学与社会问题研究所	专著
炼丹术与中国古代医药学研究	韩吉绍	宗教科学与社会问题研究所	专著
王国维学术转向之过程及原因考辨	高迎刚	艺术学院	专著
20世纪儒学发展研究	徐庆文	儒学研究中心	专著
《商君书》实词研究	杜丽荣	韩国学院汉语系	专著
北宋辞赋史论	刘　培	《文史哲》编辑部	专著
宋代乡村组织研究	谭景玉	宗教科学与社会问题研究所	专著
梁山方言研究	王　彦	国际教育学院	专著
金元明社诗学研究	綦　维	文史哲研究院	专著
西汉地方学术文化中心研究	黑　琨	国际教育学院	专著
中国记者历史专题研究	李开军	文学与新闻传播学院	专著
基督教文化与中国当代文学	丛新强	文学与新闻传播学院	专著
西方设计史研究	王震亚	机械工程学院	专著

附二：2007年度人文社科类优秀成果奖名单

（一）2007年获山东省第二十二次社会科学优秀成果奖29项，其中重大成果奖2项，一等奖1项，二等奖11项，三等奖15项。具体如下：

重大成果奖（2项）

中国墨学通史（上、下）　郑杰文

先秦两汉文学考古研究　廖　群

一等奖（1项）

公司治理制度安排与组织设计　徐向艺

二等奖（11项）

在交易成本不为零条件下的一般均衡分析　谢志平

市场开放条件下消费需求扩张政策的选择与有效搭配——新时期扩大内需的政策研究　臧旭恒

中国铁路客运高峰负荷定价模型分析　于良春

中产阶级的崛起与东亚政治转型　杨鲁慧

生态现代化理论与绿色变革　郇庆治
贝尔纳科学社会思想再认识　马来平
与时俱进的思维：简·奥斯汀小说的辩证观　耿力平
徘徊于“通”与“专”之间：关于现代文学的若干思考　郑　春
汉唐村落形态略论　马　新
“走出疑古”的困惑——从“夏商周断代工程”的失误谈起　张富祥
马瑞芳揭秘《聊斋志异》　马瑞芳

三等奖（15 项）

中国银行业竞争效率分析　王　馨
信息、风险、契约与中小企业融资　张玉明
金融垄断资本主义发展新阶段论析——从《资本论》到《帝国主义论》　费利群
中国工业品的国际竞争力　范爱军　林　琳
农村正规与非正规金融发展：山东例证　胡金焱
母子公司管理控制研究　陈志军
法律论证导论　焦宝乾
全球化视角：解读“马克思主义中国化”　徐艳玲
论不确定性　鲁　鹏
传播学学科特性的反思　李欣人
明清小说传播研究　王　平
流行的代价——法兰克福学派大众文化批判理论研究　尤战生
中国历史上的陶渊明绘事　李剑锋
金石铭刻的澳门史——明清澳门庙宇碑刻钟铭集录研究　谭世宝
两极之间的新史学：关于史学研究会的学术史考察　陈　峰

（二）2007 年获山东省高等学校人文社科优秀成果奖 28 项，其中一等奖 7 项，二等奖 10 项，三等奖 11 项。具体如下：

一等奖（7 项）

近百年来中国政治思想史研究综述　葛　荃
生态现代化理论与绿色变革　郇庆治
公司会计治理与公司治理：同构、嵌入还是交叉　刘慧凤
中国地方政府债务管理研究　樊丽明　黄春蕾　李齐云　李一花
汉唐村落形态略论　马　新
两极之间的新史学　陈　峰
中国墨学通史　郑杰文

二等奖（10 项）

法律论证的几个基本理论问题　焦宝乾
论法国移民社会问题　宋全成
中产阶级的崛起与东亚政治转型　杨鲁慧
论地理标志的法律保护　王笑冰

普通高校研究生体育与健康教育工作论　张瑞林　闻　兰　王　飞
金融垄断资本主义发展新阶段论析　费利群
澳门历史文化探真　谭世宝
钟摆：中国新诗之发展轨迹　章亚昕
与时俱进的思维：简·奥斯汀小说的辩证观　耿力平
道与言——论存在与表达　沈顺福

三等奖（11项）

奥运会争议仲裁　黄世席
新马克思主义城市理论　高鉴国
政府权威研究　徐国亮
《大分流》模型化解析　陈昆亭　龚六堂
城镇企业养老保险隐性债务规模及未来偿付能力精算分析　王新军
董事会治理评价研究　谢永珍
中国近代出版业的实绩　朱以青
美国当代生态批评述评　李晓明
剑桥插图英国戏剧式　刘振前　李　毅　康　健
传统在海外——中华传统和海外华人文学　黄万华
道与言——论存在与表达　柳砚涛

（张东鹏）

高等教育研究

2007年，高等教育研究中心在学科建设、理论研究、高等教育评估等方面取得了较大进展。积极开展了高等教育研究，高等教育学、教育与经济学两硕士研究生点的教学与管理、有关学术数据指标统计与评估以及为地方服务等工作。不断加强队伍自身建设，整合研究力量，提高研究水平，在为学校及地方高等教育的决策和实践提供切实有效的服务中取得了一定成绩。

一、学科建设和研究生培养工作

招收研究生9人（含韩国留学生2人）。修订2008年“高等教育学”专业和“教育经济与管理”专业研究生招生目录。制定“2008年高等教育学专业接受同等学力人员申请硕士学位”招生目录。全年开设9门硕士研究生课程，共计324课时；开设面向全校本科生的通选课《证券投资分析》。完成2005级研究生中期筛选、开题报告、前沿讲座、就业指导。安排2005级、2006级、2007级研究生到教务处、国内合作办公室、国际教育学院进行社会实践。

6月，3名2004级研究生完成论文答辩并获得了教育学硕士学位，我校的高等教育学硕士专业经过三年的人才培养有了第一届毕业生。

5 月 8～30 日，美国鲍灵格林大学的高等教育研究专家 Dr. Carolyn Palmer 在我校向高教中心师生、教务处工作人员、部分学院的副书记、副院长、辅导员开设“美国高校学生事务管理”讲座 9 次，举办“美国大学生学术指导”专题报告 1 场。2007 年 9 月，日本山口大学何晓毅准教授在中心作学术访问，作《日本大学面面观——学术自由的保障》学术讲座。

加强中心资料室建设与管理。今年共购置图书 258 种，800 余册；订购期刊 53 种、内参 3 种、报纸 3 种，保证了高教研究和研究生教学工作的顺利开展。

二、理论研究与学术交流

今年共申报并获批 6 项研究课题：（1）中国未来研究会教育分会、中国未来研究院“十一五”规划研究课题：大学创新文化建设研究；（2）中国学位与研究生教育学会“十一五”学位制度与研究生教育研究课题：大学联盟与研究生培养质量提高的实证研究；（3）山东省科技发展计划（软科学部分）课题：山东省制造业创新型人才培育可持续发展对策研究；（4）山东省软科学课题：在职培训与山东企业科技创新能力；（5）山东大学研究生教育创新课题：研究型大学研究生创业教育的理论研究与实践探索；（6）省高等医学教育研究中心立项课题：省高等医学院校临床教学基地评审指标的建立。

本年度，中心全体人员共参编著作 1 部；在全国核心期刊、CSSCI 来源期刊和一般期刊上发表高等教育研究论文近 20 篇，1 篇论文获全国博士生（教育类）学术论坛优秀论文；1 篇调研报告获山东省教育系统优秀调研成果一等奖。

中心人员共参加了 2007 年高等教育国际论坛、“提升质量：外部质量保障的理论与实践”工作组（培训班）、2007 年全国博士生（教育类）学术论坛等。

三、编辑内刊与信息服务

编印《高教研究与探索》（信息与动态）6 期，约 80 万字，分送校领导、职能部门、直属单位和各院部领导参考，并同全国部分高校进行交流。每周刊发 1 期《高校改革与发展动态》，共编辑 41 期，精选文章 420 余篇，以电子邮件形式发送给校领导、职能部门（直属单位）和各学院主要负责人。将 2006 年高教信息与动态资料加以分类、整理，编辑了 80 余万字的文字材料，制成 VCD 光盘［《高等教育研究资料集锦（四）》］，送学校和各单位领导。编印《医学教育》内刊 2 期，刊发稿件 75 篇，约计 15 万字，同全国 50 余所医学院校进行了交流。

四、高等教育评估工作

修订山东大学学术指标数据设置并对 2006 年的指标数据进行了统计、汇总和审核。在修订调整院部及直属科研机构学术数据统计指标的基础上，开展了 2006 年院部及直属科研机构学术指标数据统计汇总工作，对 29 个院部和 20 个直属科研机构的 90 项指标进行了统计，完成约 70 项指标数据的统计汇总及审核工作。

继续开展研发和修订《山东大学学术指标统计数据库》工作，完成了学术指标数据库阶段性设计工作。数据库的构建，将实现学术指标数字化、传输网络化、用户端智能化，从而有效提升学校内部管理系统的效率。

参加2006～2007年（上、下学期）山东大学本科生考试试卷抽查工作。

五、积极参与学校的改革与发展

参与举办“第二届山东大学高等教育管理论坛”。同学工部（学生处）合作，于3月举办第二届山东大学高等教育论坛。论坛以当代大学生人格培育为主题进行探讨和研究，旨在进一步完善山东大学学生人格培育体系，促进知识学习体系和人格培育体系的有机融合。山大视点网站对论坛实况进行了网上直播。

积极开展信息调研，加强高等教育前瞻性分析，注重学校改革与发展问题的分析与对策研究，撰写较高价值的研究报告。11月份，中心抽调4名业务骨干和10名研究生，积极承担了山东大学“全国博士质量调查”的数据分析及其主体报告核心部分的撰写工作，共处理问卷568份，撰写了2个分报告、3个调查报告、3份访谈总结，共计8万字，圆满完成了任务。5月，组织专家对教育部下发的《独立学院设置与管理暂行规定（征求意见稿）》进行了认真研究并形成反馈意见，上报教育部办公厅。派出2位同志作为学校“十一五”事业发展规划编制工作办公室秘书参与“十一五”规划中“学生培养建设”、“学科与科研建设”的修订工作。

六、积极为地方高等教育发展服务

1. 山东省高等教育学会秘书处工作

召开山东省高等教育学会分支机构（专业委员会）秘书长工作会议，各分支机构负责人进行了工作经验交流。

组织中国高教学会“十一五”教育科研规划课题和省高教学会教育科研课题的开题工作。

受省教育厅高教处委托，学会秘书处承担编写《山东省志·教育志》（高等教育部分）资料长编任务，组织有关专家进行编写，圆满完成任务。

组织召开了山东省高校通识教育研讨会；组织召开了第二届驻济高校高教研究机构协作会；组织开展评选第二届全国高教研究机构先进活动，我省共有三所高校被评为全国先进。

2. 省高等医学教育研究中心及省医学会医学教育分会工作

遵照卫生部的要求，上半年在全省开展中央补助山东省公共卫生项目评估工作。参加研究制定《2003～2005年中央补助山东省公共卫生项目评估指标体系》。设计制定各类评估工作用表，组织召开评估培训会议，统计汇总评估数据，并完成了其中4个地市全过程的评估工作。

召开山东省医学会第八次医学教育会议暨省高等医学教育研究中心2007年学术年会。组织评选2007年度优秀论文工作，收到参评优秀论文57篇，共评出优秀论文42篇。

组织评审 2007 年山东省高等医学教育研究中心立项课题 38 项；对 2005 年立项的 29 项课题进行了结题鉴定。

修订山东省高等医学院校临床教学基地评审指标体系，对附属医院、实践教学医院两套指标体系进行了修订。

受山东省卫生厅委托，组织专家对 9 所山东省高等医学院校临床教学基地进行了评审。

（王建国　李卫东）

学科与实验室建设

学科建设与发展

在教育部新一轮国家重点学科评审中，我校原有6个国家重点学科以优异成绩全部通过国家评估，继续作为国家重点学科建设。我校参加本次考核评估的6个国家重点学科是文艺学、运筹学与控制论、凝聚态物理、微生物、材料学、流行病与卫生统计学。

我校有12个二级学科成功通过增补评审，被增列为二级学科国家重点学科，2个一级学科被认定为一级学科国家重点学科，3个二级学科被列为国家重点（培育）学科，二级学科国家重点学科增列数量位居全国高校第4位，占山东省增列总量的3/4。目前，我校拥有一级学科国家重点学科2个，二级学科国家重点学科22个（含2个一级学科国家重点学科覆盖的8个二级学科）、国家重点（培育）学科3个，国家重点学科覆盖文、理、工、医四大学科领域，实现了各学科的协调发展，超额完成了15个国家重点学科的“十一五”学科建设目标。本次国家重点学科的增列，标志着山东大学的科研水平和学术实力的大幅提升，标志着山东大学的综合学术竞争力和在全国高校的位置明显前移，标志着山东大学服务国家和山东省经济和社会发展的能力显著增强，进一步巩固和提高了山东大学的社会影响力，在国内引起强烈反响，教育部领导也多次对我校学科建设工作所取得的成绩给予高度评价和充分肯定。

创新学术团队建设成效显著。我校以晶体材料研究所陶绪堂教授为学术带头人的“具有重大应用前景的功能晶体材料”创新团队，成功入选国家自然科学基金委“优秀创新研究群体资助计划”。程林教授带领的创新学术团队继获得国家“973”重大基础研究项目支持后，新增教育部长江学者奖励计划“特聘教授”一人。赵国群教授带领的创新学术团队继2006年李术才教授获得国家自然科学杰出青年基金支持后，又新增教育部长江学者奖励计划“特聘教授”一人。姜健壮带领的创新学术团队申报的“分子及功能材料化学”项目入选教育部2007年“高校创新团队发展计划”。

（房　瑞）

实验室建设与设备管理

一、以实验教学示范中心建设为龙头，搭建实验教学大平台

1. 结合国家级、省级实验教学示范中心的申报工作，在全校范围内进行了广泛发动，组织召开全校实验室工作会议。与兄弟部门团结协作，充分调动各院部的积极性，统一思想、提高认识，积极推进实验教学改革和实验教学示范中心建设，组织专家重点规划建设了九个实验教学示范中心。加强与主管部门的交流沟通，切实做好组织申报工作。在去年取得“零”的突破的基础上，今年又有管理、工程训练两个实验教学示范中心被评为“国家级实验教学示范中心”，我校实验教学示范中心总量进入全国高校的前列。

2. 进一步加强实验室建设的规划设计，规范项目立项程序，确立了实验室建设与实验教学改革相一致，与建设条件（人员、场地等）相协调的立项原则，向共享实验室倾斜，支持校企共建实验室。组织专家对 2006 年实验室建设立项项目进行了全面检查和中期验收。

注重实验室功能的开发与利用，充分发挥实验室建设软件项目的作用，强调软件项目的硬件成果形式，加强了软件项目的过程管理和结果推广；开发了实验室软件项目网上成果库，把历年来的 260 多个软件项目的优秀成果在校园网上进行展示，辐射和带动实验技术、实验水平的提高，收到了良好的效果，为 2007 年的实验室软件项目立项工作打下了基础。2007 年各学院共上报软件项目 173 项，经专家组评审共立项 101 项。

3. 进一步推动实验室开放工作，支持实验技术人员利用现有资源开发新的实验项目，建立网上实验项目库，使实验室开放落到实处。在实验材料费的分配和研究生助教岗的设立方面向开放实验室倾斜，利用实验教学示范中心建设评审推动实验室开放。

4. 做好实验室信息统计工作。按照教育部要求，2007 年的实验室信息统计工作更换新的统计软件，为了确保统计信息的准确及时，组织了两次全校实验室统计人员的培训班，进行统计软件的培训工作，目前信息统计工作圆满完成。

二、以资产清查为契机，进一步做好仪器设备管理工作

根据财政部、教育部的文件精神，2007 年进行了全校范围的资产清查工作。在设备家具专项清查工作组的领导下，我们不仅把本次清查作为上级布置的一项工作任务，而且还作为提升我们资产管理水平、改进自身管理工作、提高资产使用效益的一次难得的机遇。建立了设备家具专项清查的基层组织，制定《山东大学设备家具专项清查的工作实施方案》，召开了全校设备家具专项清查工作培训及动员大会。自寒假起，组织全处精干力量分校区开展工作，先后发布设备家具清查通知、工作方案、说明文件 10 多份；全校各单位分户账 183 份；准备了 10 部电话随时答疑，组织参加专项工作会议 20 多次；核对、收回设备、家具自查表格 800 多份；张贴设备家具专用清查标签 20 万张；统计、调整、修改、汇总信息 20 多万条；审核设备家具盘亏说明近 7000 份。

在与兄弟部门的密切配合下，圆满完成了全校 8.6 万余台设备、37 万件家具的清查工作，账物相符率为 93.22%，价值达 1100779917.03 元，各种清查数据一次性通过审核，得到了教育部指定中介机构的肯定。

在做好设备实物管理的基础上，高度重视设备的价值管理，逐步确立设备的全面管理模式。进一步加强了设备购前论证，将大型仪器设备购置与使用管理结合起来，建设实验室资源共享平台，将设备、技术人员、实验室三方面信息置于平台之上，为仪器设备的共享、开放奠定良好的基础。加入省科技厅、济南市科技局大型仪器设备协作网，联合建设科学仪器共享平台，分别获得山东省和济南地区大型科学仪器共享服务平台 2007 年度先进集体。

进一步完善设备网络信息管理系统，结合资产清查，明确了行政单位的设备管理员和家具管理员，建立健全了设备、家具管理员体系；把设备维修与管理结合起来，通过多种维修手段，全力保障教学设备，支持共享设备，提高设备开机率和延长运行周期。全年共维修大型设备 31 台件，常规教学仪器设备 1500 台件，保证设备完好率 92%以上。采取院部与学校按比例承担费用的做法，提高了维修资金的使用效益。进一步推动大型仪器设备开放基金使用工作，完成了 2006 年的大型仪器设备开放基金的统计和补贴发放工作。设立了设备调剂平台，为校内设备的充分利用创造了条件。

三、以物资保障为切入点，努力做好教学科研的服务工作

1. 在保证资金安全合理使用的前提下，加快采购速度。对招标购置程序进一步规范和细化并上网，建设和使用了设备招标信息管理系统，实施了购置招标全过程的信息化管理，方便了教学科研单位的设备购置。

2007 年执行购置计划 738 份，计划金额 8769.9622 万元人民币，签订内贸合同 92 份，购置设备 8719 台（件套批）；签订外贸合同 150 份，购置设备 356 台（件套批）。对于单台（件）超过 10 万元的设备或大宗金额的系统方案，组织大型综合设备论证会 6 次。

2. 修改了《山东大学家具管理办法》，制定了《家具管理账务工作规范》，起草了《山东大学家具管理员工作程序》，为全校家具管理制度化、规范化做好基础工作；修订、充实了竞争性谈判文件，进一步规范了家具制作标准。组织竞争性谈判采购 9 项，签订合同金额 795.2 万元，组织议标采购 20 余项，价值 29.6 万元。组织安装学生公寓、博士后公寓家具等 1 万余套（台件），实验室家具 1000 余台件，食堂家具 800 余台件。组织家具采购前期考察、中期检查和后期验收 10 多次；组织并委托山东省家具工业检测中心对东区新校学生公寓 2600 余套钢木组合床进行了验收。

3. 进一步规范化学药品试剂的管理，在多年调研筹备的基础上，建立了山东大学化学试剂采购网，规范了学校化学试剂的采购程序，保证了使用单位化学药品试剂的采购质量，为各相关学院实验室搭建一个化学药品试剂采购管理平台。

（马　宁）

人事工作

2007 年，学校人事工作坚持以科学发展观为指导，紧紧围绕创建高水平研究型大学这一奋斗目标，根据学校确定的 2007 年为“作风建设与管理效益年”的总体部署和要求，努力实现“三个转变”，改进作风，加强管理，下大力提高管理团队素质与管理工作水平，较好地完成了今年的各项工作。对照《山东大学党委工作要点及学术与行政工作要点任务分解详目》的要求，对 2007 年工作进行了梳理总结，主要完成了以下八个方面的工作：

一、杰出人才工作

（一）长江学者的申报、聘任和管理

1. 根据教育部《关于 2007 年度长江学者招聘有关工作的通知》（教人司［2007］176 号）精神，共有 21 人提出申请，通过基层学术委员会推荐和校学术委员会评审，确定李术才等 7 人为长江学者特聘教授候选人，确定王兴利等 4 人为长江学者讲座教授候选人，创历年上报人数新高。教育部现正组织评审，12 月中旬评审结束。

2. 根据《“长江学者和创新团队发展计划”长江学者聘任办法》的有关规定，学校与特聘教授、讲座教授通过签订聘任合同和工作任务书的办法明确聘任双方的责、权、利关系。

3. 按照教育部教人司［2007］300 号文件要求，组织开展了“长江学者奖励计划”实施工作总结评估。

（二）二批泰山学者特聘教授推荐和三批泰山岗位申报

1. 根据中共山东省委组织部、山东省人才工作领导小组办公室《关于做好泰山学者特聘教授（专家）选聘工作的通知》精神和山东省教育厅的有关要求，经过公开选聘，材料加工工程岗位尹龙卫教授、免疫学岗位高成江教授、发育生物学岗位高建刚教授、环境考古岗位于世永教授（因人设岗）和齐鲁医院的孔北华教授、孙秀莲教授共六人受聘“泰山学者”岗位特聘教授（专家）。

2. 按照省人才工作领导小组的要求，组织第三批“泰山学者”岗位申报。从 15 个申报岗位中推荐数量经济学、人体解剖与组织胚胎学、微生物学、计算机软件与理论、工程力学、电力系统及其自动化、电路与系统等 7 个学科作为 2007 年度高等学校泰山学者岗位，山东省人才工作领导小组办公室组织的评选工作已经结束，我校数量经济学、微生物学和电力系统及其自动化等三个岗位通过评审，结果近日公布。

（三）“985工程”科技创新平台和哲学社会科学创新基地人才招聘

为推进“985工程”人才队伍建设，在总结经验的基础上，调整招聘期限，变定时招聘为长期招聘，变一批一评为随来随评，加快了评审周期，提高了工作效率。2007年招聘学术带头人1人，学术骨干4人，另有3人已通过基层学术委员会评审。

（四）国家级奖励计划和省部级人才工程

1. 根据教育部《关于推荐和提名中国科学院、中国工程院院士候选人的通知》精神，结合学校实际，就做好2007年中国科学院、中国工程院院士候选人推荐和提名工作进行了部署。经过个人申报和专家遴选，学校决定推荐和提名王克明教授、王小云教授为中国科学院院士候选人。经过初选，王克明教授和王小云教授均成为中国科学院院士有效候选人。11月上旬，院士大会投票表决，王克明教授顺利当选。

2. 根据《关于选拔2007年度山东省有突出贡献的中青年专家的通知》精神，推荐山东省“有突出贡献中青年专家”6人，全部进入省政府考察范围。

3. 根据教育部人事司《关于选拔推荐2007年度“新世纪百千万人才工程”国家级人选的通知》精神，推荐4位教授为2007年度“新世纪百千万人才工程”国家级人选，2位入选。

4. 完成第十届中国青年科技奖候选人的推荐工作，陈哲宇教授获此殊荣。

5. 全校有1人成为2007年度国家杰出青年基金获得者，11人进入教育部“新世纪优秀人才支持计划”。

（五）山东省优秀创新团队的推荐

根据中共山东省委组织部、山东省人才工作领导小组办公室《关于做好2007年山东省优秀创新团队选拔推荐工作的通知》（鲁组通字［2007］36号）精神和《山东省优秀创新团队评选表彰办法》（鲁办发［2007］17号）的有关要求，推荐金融数学、热科学、功能晶体材料、微生物技术、产业经济学和中国古代史等6个团队为山东省优秀创新团队。山东省人才工作领导小组办公室组织的评选工作已经结束，我校金融数学创新团队和热科学创新团队通过评审。

（六）发挥兼职人员来校工作的最佳效益

制定了《山东大学兼职人员考核管理暂行办法（试行）》，区分不同类型，对不同层次的兼职人员适时进行考核。草拟了《山东大学“齐鲁学者”特聘教授聘任管理办法》（讨论稿），山东大学“齐鲁学者”特聘教授岗位设置正在论证中。

二、人事调配工作

（一）加强制度建设，规范管理

1. 制定了《山东大学职员制度管理暂行办法》、《山东大学职员制度首次聘任过渡办法》《山东大学人员岗位分类原则》等文件规定的讨论稿，为下一步职员制的实施提供了学校层面上的政策和制度保障。

2. 出台了《山东大学师资博士后管理暂行办法》。以学校文件形式进一步明确了各类人员招聘的原则、范围、途径、程序等，第一次明确提出了招聘校内外、海内外教师的比例和数量，对改善教师学缘结构将起到积极的促进作用。

3. 在人员招聘中，重点掌握各单位人员编制情况，结合学校发展对各层面人员的需求，以及各单位现有人员在学缘、学历、年龄、职称结构等方面状况，拟定科学的招聘方案，适时调整了人员招聘的原则、条件、程序等，逐步完成了人员招聘、聘期期满考核的制度入轨工作。

（二）日常管理工作

1. 加强机构调整管理。对学校的机关单位、基层党组织、群团组织和直属单位、学院、学校直属独立建制科研单位、教学科研辅助单位、部分附属机构等进行了梳理，成立了 13 个依托院部的科研机构，成立了大学科技园、糖工程中心、孔子学院（合署）等 3 个处级机构和校董会秘书处、安培中心等 3 个专门机构，变更了马克思主义学院的名称，调整了科技处等 6 个处级单位的 12 个科级职数。

2. 加强人员招聘、调配、学校内部岗位调整工作的规范。推行新进人员网上公开招聘、竞争上岗，不断完善《山东大学教师招聘办法》等相关文件规定。今年 1 月、5 月、6 月份，分别将我校教师招聘计划、管理人员和辅导员招聘计划、实验技术人员招聘计划上网公布，对教师以外的管理、实验教学、专职辅导员等系列人员招聘进行了统一组织。完成了 186 名人员招聘工作（其中毕业生 118 人，海外留学人员 25 人，博士 102 人）、43 人的校内工作岗位调整、46 人的离校工作（辞职 3 人）；在新进人员中，对 71 人实行了人事代理，与 162 人签订了《聘用合同》，对拟离校人员的协议、服务期、出国培训、国内进修培训等情况进行了认真审核，对 11 名违约人员按规定作了 296636 元违约赔偿。

3. 组织完成了教职工年度考核、聘期期满考核。将连续两年考核不合格、出国逾期不归或不在岗的 34 人按自动离职进行了处理，将考核不合格的 6 人、病休的 13 人相关情况汇总给有关科室予以处理。对 2002 年和 2004 年入校的 213 名聘期期满人员进行了考核，与考核合格的 187 人签订续聘合同，与 24 人解除合同，另有 2 名不在岗人员待处理。

4. 妥善完成了 20 名军转干部、5 名复员退伍军人的接收、岗位安置工作。

5. 根据学校分配制度改革和校内岗位津贴实施办法，完成了经费切块单位的人员编制测算、经费划拨及发放数额的具体审定；完成了校内专业技术岗位、经费自筹单位人员岗贴的年度总额审核、控制；完成了机关一般管理岗位和管理辅助岗位 61 人的新进、调出、工龄变化、岗位变化等情况的具体数额调整发放工作。岗贴发放中，严格对照人员名单，落实人员在岗状况，发现不在岗人员，及时按规定处理。

6. 为 21 名有海外经历等情况的教师发放安家费 21 万元，为 21 位符合发放住房货币补贴人员，完成了按学校规定要求十年发放完毕的月发标准，给予 29 位有博士学位人员发放科研启动经费 57 万元。

7. 完成了 123 名职工自费出国人员校内手续审批、办理工作，562 名因公出国人员登记手续，217 名回校人员办理返校备案登记等工作。

8. 组织推荐评选了全国教育系统先进集体 1 个，全国高校优秀思想政治教育工作者 1 人，山东省优秀教师 2 人，宝钢基金优秀教师 2 人，宝钢基金优秀教师特等奖 1

人，齐鲁晚报杯高校优秀教师1人；以上人员同时被评为山东大学优秀教师，另评有9名共16名山东大学优秀教师。根据国家法律、法规及学校文件规定，对我校2名违纪人员给予行政处分；给予去年受行政处分，现处分期满1人解除处分并落实相关待遇。

9. 与29名学历教育人员签订在职攻读协议，完成了25名报考2008年研究生入学考试人员的资格审核、报名手续；完成了76名学历学位教育人员学费审核报销工作及33名职工探亲路费的核报工作；对2000～2007年辞职、自动离职等非正常离校人员进行整理，并拟编印成册。

10. 完成了事业单位管理人才、专业技术人才年报，教育部直属高效机构编制情况统计表、高校基本情况报表等上级部门要求填报的大型报表及临时性报表4份，以及与定岗定编相关的一系列统计分析和校内日常管理使用的临时统计数据；并对人员信息进行分类维护，目前正在进行进一步的核对工作。完成教代会提案督办答复7份；学术与行政例会督办答复4份；党政联席会要求落实合校以来524名自动离职人员校内关系转交情况调查、核对、答复；落实引进人才家属、子女入学入托问题处理。组织完成了5人次的援疆教师到昌吉学院的支教、管理工作。

11. 做好公章管理使用工作；全处文件收发、报刊杂志订阅、信函邮寄、通知传达等工作；为278名教职工办理工作证；做好文书档案整理归档，分类整理76卷，240份，转发机要56份；协助做好信访工作，配合工会等群团组织完成相关活动的组织工作等。

三、劳动工资与社会保障工作

1. 贯彻执行国家收入分配制度改革政策，根据工资改革的有关文件规定，为我校在职职工进行工资套改，为离退休人员增加离退休费。建立了一套全新的收入分配制度，做了大量的宣传工作，全处同志加班加点，查阅了7000多名在职人员的档案，对每一个人的基本信息进行采集、录入，并且进行了三下三上审核校对，建立了较为准确的工资套改数据库。4月份，我校第一步套改工资兑现发放。6月份又兑现了2006年7月以后职务变动人员的工资，并晋升了2007年全体在职人员的薪级工资。下半年，为学校定编设岗进行了前期准备工作。为新入校工作人员进行了工资审定发放。配合计财处做好教育部安排的住房补贴审计工作。

2. 上半年为离退休人员增加了离退休费。为142名达到退休年龄的教职工办理退休手续。

3. 学习贯彻执行《劳动合同法》，为改革我校临时用工制度进行了调研。完成各项社会保险改革工作。为合同制工人和聘任制人员交纳养老保险；为全校在职人员交纳失业保险。

4. 根据国家政策和我校有关规定，发放特殊岗位保健津贴和教职工节假日加班值班补助。

5. 做好职工福利、丧葬抚恤工作。解决职工困难，慰问老弱病残职工和去世职工家属。

四、博士后工作

1. 根据年初人事部、全国博士后管委会对博士后流动站的申报要求，全校共有 15 个学科进行了申报。通过专家评审，人事部审批，我校新增设 11 个博士后科研流动站，新增数量列全国首位，新增的流动站分别为：理论经济学、法学、政治学、外国语言文学、光学工程、动力工程及工程热物理、电气工程、信息与通信工程、控制科学与工程、环境科学与工程、口腔医学。通过本次增设，全校博士后流动站已达 26 个。

2. 截至 11 月，已有 128 位博士后进站，出站 23 人。目前在站人数已达到 286 人，博士后工作在招收人数和在站人数都有所突破，圆满完成年初计划。

3. 5 月份德州武城科学行活动，并有两个科研项目达成合作意向。分别与兖矿集团、沈阳黎明航空发动机集团公司、山东省科学院等工作站联合招收企业博士后 9 人。

4. 完成博士后公寓家具、电器的配备工作，起草《山东省博士后公寓管理条例》和《山东省博士后公寓房屋租赁契约》，年底即将入住。

5. 第 41 批中国博士后科学基金共有 68 人参与申请，我校有 6 人获一等资助，15 人获二等资助。第 42 批有 69 人参与申请，目前正在评审中。2007 年，我校在博士后基金获资助等级与数量上都有所突破。在山东省博士后创新项目专项资金申请中，我校共有 142 人参与，比 2006 年申报人数增加 69 人，目前项目正在审批中。

6. 加强博士后国际合作交流，我校机械学院、信息学院和生命学院的三名青年教师申请到“中韩青年科学家交流项目”。

五、师资培训工作

（一）教师的继续教育和培养

1. 在职教师做博士后研究。在职教师在国内博士后流动站做博士后研究的共计 48 人，国内学术进修 6 人。

2. 教师在职攻读学位。有 56 人考取我校在职博士，4 人考取外校在职博士。

3. 教师公派出国留学。3 月份召开了公派留学咨询会，分别于 3 月和 9 月受理国家留学基金申报和“青年骨干教师研修项目”申报。2007 年度，我校申报公派留学基金 219 人，其中申请国家留学基金项目 186 人次，申请“青年骨干教师研修项目”97 人次。2007 年度，我校共有 21 人被录取为国家留学基金委全额资助项目，有 73 人被录取为“青年骨干教师出国研修项目”出国人员。2007 年国家留学基金委专项项目录取 17 人，山东省政府自筹经费资助出国项目录取 13 人。截至目前，我校共有 124 位国家公派出国留学录取人员。本年度，我校共派出教师 106 人，其中，国家公派 89 人，省自筹 7 人，单位公派 17 人；受理延期申请 16 人次，批准 16 人；办理豁免 2 人；公派出国留学人员回国 90 人。

根据国家留学基金会《关于做好“青年骨干教师出国研修项目”执行情况总结的函》（留金秘出［2007］3354 号）的精神和要求，对该项目三年来的执行情况进行了详尽的统计和全面系统的总结，撰写了 7000 多字的项目总结报告，填写了各类出国留学统计表并上报国家留学基金委。

4. 教师的非学历教育。组织举办了4个班共60余人的ESEC英语学习班、2个班共40人的WSK英语辅导班。由外籍教师和我校有丰富教学经验的教师授课，强化了我校教师的英语能力，对我校教师海外学术进修起到了积极的推动作用。

5. 补发上年度在职博士后和在职博士科研配套经费。对已申报并获批准，因公派出国留学去年停发科研配套经费的，在其按期返校报到后予以补发。

（二）校聘关键岗助手的考核及津贴发放

对全校194位校聘关键岗教授的助手进行2006年度工作考核，并落实发放了2006年度助手岗位津贴。根据学校实际及时调整政策，2007年关键岗教授助手岗位津贴停止发放。

（三）教师资格认定和岗前培训

本年度组织参加岗前培训人员共计696人，其中包括首批临床医学教师589人。为培训合格的487人办理了岗前培训合格证。为符合条件的教师，包括部分离退休教师办理了教师资格证书，共计办理568人。

（四）国内访问学者

制定2008年度国内访问学者计划，接受国内访问学者申报。本年度共为20名国内访问学者办理了结业证书，并为20名国内访问学者办理了入校手续。按学科编号编制我校《博士生导师情况汇总表》、《重点学科情况汇总表》，上报教育部。

（五）工科青年教师社会实践调研

为落实我校青年教师“三种经历”的培养目标，对我校工科学院进行了题为“工科青年教师社会实践”的调研活动。通过调研，拟定了我校工科青年教师社会实践实施办法草案，撰写了较为详尽的调研报告，为校领导决策提供参考。经与学院协商，拟定机械学院、信息学院作为工科青年教师社会实践试点单位，探索教师开展社会实践活动的途径和渠道。

（六）对我校在职攻读博士学位的发展质量进行评价

根据国务院学位委员会、教育部、人事部《关于开展全国博士质量调查工作的通知》（学位［2007］30号）文件精神，配合研究生院，对我校在职攻读博士学位的发展质量进行评价。共计发放问卷300余份，回收260份，涉及人文和理工医等学科。在对问卷数据分析的基础上，形成了《国内获得博士学位教师发展质量评价报告》。

（七）政策制定

对《山东大学教职工出国管理细则》进行修订。起草了《山东大学优秀青年教师培养计划草案》和《山东大学新聘青年教师培训计划》讨论稿。制订了《山东大学接受青年骨干教师国内访问学者简章》和《山东大学接受一般项目国内访问学者简章》。

六、专业技术职务评聘工作

（一）专业技术岗位设置

根据人事部印发的《事业单位岗位设置管理试行办法》（国人部发［2006］70号）文件精神，为做好我校专业技术岗位设置准备工作，自三月份开始对我校专业技术队伍进行摸底测算，分类统计各类、各级专业技术队伍状况及人员结构，在此基础上全面分析了学校专业技术队伍现状和面临的问题，完成了《山东大学专业技术队伍基本情况分析报告》。7月份，收到教育部印发的《教育部直属高等学校岗位设置管理暂行办法》（教人［2007］4号），暑假期间根据教育部文件精神，分别对威海分校、附属医院的专业技术队伍现状进行了调查与分析，提出了我校专业技术岗位设置思路，编制了我校专业技术岗位设置方案，起草了《山东大学专业技术岗位聘任暂行办法》、教授二、三级岗位竞聘条件及其他专业技术各系列、各级岗位竞聘条件。

（二）专业技术职务评聘

1. 2007年，从国外招聘教师送校外同行专家评审的54人，提交校学术委员会常务委员会评审通过教授21人，副教授22人。

2. 根据国家人事制度改革精神，进一步深化我校专业技术职务评聘制度改革，自2007年起在全日制院校毕业生专业技术职务确认工作中，加强岗位意识，建立了试用期满考核合格后聘任上岗的聘任机制，对59名毕业生进行了期满考核，并为他们确定、聘任了相应的专业技术职务。

3. 完成了2007年接收的研究生、军转干部、招聘人员的专业技术职务资格审查、确认与聘任工作，计185人。

4. 完成了2007年度校本部教师及其他专业技术职务拟晋升人员花名册，正在进行有关数据的摸底统计工作。

（三）日常管理工作

1. 整理验收2006年度专业技术职务评聘工作形成的材料，完善各级评审组织意见及学校聘任意见，并及时归入档案，归档案者计784人。

2. 为671名专业技术人员办理资格证书，为662人办理了聘书。

3. 为15名兼职教授办理了聘任手续。

4. 组织了2007年度我校教职工参加全国职称外语考试报名工作，计681人。

5. 组织了我校有关人员参加全国会计职业、资格考试的报名工作，计66人。

七、人事档案工作

（一）人事档案的清点、核对

截至2007年11月30日，我校共有人事档案14174卷，有关分布情况见下表：

类别 / 卷数 / 校区	小计	在职人员		离退休人员	死亡人员	其他
		干部	工人			
东校区	6943	2233	664	1776	761	1509
南校区	4214	1655	561	1368	462	168
西校区	3017	1074	271	808	606	258
总计	14174	4962	1496	3952	1829	1935

5.6月份，分两个阶段将西区、南区人事档案搬迁至东区，三校区档案室的合并，腾空了西、南校区人事档案办公用房，实现了学校人事档案的集中管理。

（二）规章制度建设

结合我校实际，起草了《山东大学教职工人事档案管理办法》，明确人事档案工作职责和任务，以及归档范围和整理要求。

（三）档案管理的日常工作

1.按照中组部、教育部《关于进一步开展干部人事档案审核工作的精神》的要求，做好审查、登记、材料催要、装订整理等工作，整理干部档案500余卷。

2.收集学历学位材料、年度考核表、工资表、职称表等档案材料13000多份。2007年6月，档案室发布了《人事处关于学历、学位材料集中受理归档的通知》，对学历学位材料归档的内容做了详细的要求。

3.审核新入校人员信息表、履历表、职工登记表等500余份，登记、更改教职工学历学位、入党等信息218人次。

4.做好档案及材料的转递工作，本年度内部转递1100余卷（份）；接收档案166卷，转出档案40卷。

5.为学校教职工出具住房、子女入托、上学证明及各类查借阅档案等1000多人次。

八、人才交流服务工作

（一）做好人事代理

完成了2007年我校事业编制新聘用人员的人事代理工作。其中接收毕业生88人，通过济南市人才中心、济南市人事局办理人事调动手续的20多人。目前我校事业编制聘用人员实行人事代理人数350余人。另外还为山大齐鲁医院、山大二院接收2006年毕业生46人，地纬公司接收2006年毕业生45人，并为其办理了人事代理手续。目前校办产业聘用人员人事代理200余人。

（二）加强人事代理人员的人事档案管理

收发档案600多卷，整理800多卷。热情接待查（借）阅档案100余人次。接收人事档案800多份，收集档案材料600多份。

（三）加强临时用工的管理

对代管理的临时工进行资格的审查，共清退和轮换临时工100多人。劳动合同法颁布以后，积极参与劳动合同法的学习和实施，确保在未来使用临时工更加法制化。

（四）加强残疾职工的管理

为47个事业编制残疾职工每人发放了1000元生活补贴及节日慰问品。完成2006年我校安置残疾人员就业情况的报表工作。

（吕　伟）

国际合作与交流

山东大学国际合作与交流处（港澳台事务办公室）下设交流科、重点项目与校际合作科、综合科。设处长1人，副处长3人，佟光武教授任处长，共有工作人员19人。

一、基本情况

2007年，我校的国际学术合作与交流活动在巩固2006年的交流成果上，加大国际交流的力度和规模，提高层次，在校际合作、智力引进、科研合作、师生海外经历、管理人员境外培训、学生交流等方面都具有长足的进步。

二、友好学校的增长继续保持良好态势

2007年，我校新增13所海外友好院校，并签署了校际合作协议，其中美国、加拿大共5所，欧洲2所，韩日4所，香港1所，台湾1所。使与我校有实质性合作关系的友好学校达117所，共有97个校际合作协议，覆盖了亚洲、欧洲、美洲、大洋洲以及港台等40多个国家和地区。新签协议内容在延续传统合作模式的基础上，着重增加了大力推动我校教师进修、研究生培养、科研合作等实质性合作内容。

三、人员来访

1.2007年，共有111个境外团组991人来我校访问，其中有32位大学校长、副校长来访。主要有：美国杨伯翰大学校长、加拿大蒙特利尔大学校长、日本亚细亚大学校长、美国贝勒医学院院长、加拿大里加纳大学校长、以色列希伯来大学校长、日本大东文化大学校长、意大利都灵理工大学校长、澳大利亚阿德雷德大学校长、荷兰马斯特利赫特大学校长等。

2.全年各国来我校长期交换留学的学生72人。

3.短期专家：2007年，学校共资助各院、所短期讲学专家170人。重新修订了流动岗位特聘教师聘任管理办法，资助聘请了流动岗位特聘教师67人。

4.2007年，任职一学期以上的在校长期专家80人左右。其中非语言类长期专家23名，目前在校长期专家76名。

四、派出情况

1. 教师和管理人员派出。2007 年，我校共有 1325 人次出国（境）。其中，参加会议 235 人次，访问考察 289 人次，合作研究 77 人次，进修学习 528 人次，短期培训 52 人次，暑期学校 77 人次，任教 57 人次，其他 10 人次。在派出目的地方面：出国 970 人次，赴港澳 105 人次，去台湾 147 人次。在派出人员中，教职工 690 人次，利用国家留学基金委资助 1 年以上长期出国 103 人次。

2. 学生海外经历。自 2002 年以来，通过校际交流、国际合作、联合培养等渠道派出海外留学和访学的学生总数已达到 1387 人。2007 年，共派出了 650 名学生到海外学习或访学，其中长期生有 486 名（300 名校际交换生，186 名联合培养研究生）。

五、争取海外资源，加大引智工作

2007 年，我校新聘境外校董 3 人，共获得校董捐赠 354 万元人民币。我校向国家外专局和教育部申请的专家经费达到 684 万元，比 2006 年增加 135 万元；受教育部和外专局资助的项目达 15 个，引智专项经费 67.5 万元；2007 年度“111”计划经费数额达到 180 万元。另外，2007 年“环境考古学学科创新引智基地”获 2008 年教育部和国家外国专家局“111 计划”二期培育项目资助，获资助 45 万元。

六、国际会议

2007 年，我校主办、承办、合办的国际、双边、两岸、两地学术会议 26 个，邀请来自 20 多个国家和地区的 461 名境外学者来校参会。

七、学生交流

2007 年，先后有 13 个境外学生团组 300 多名学生来校交流，包括香港城市大学中国传统文化课程学习班、日本爱知大学学生实习团、第七届海峡两岸“孔孟故里寻根夏令营”、新加坡国立大学中国文化学生访问团、加拿大西蒙菲莎考古学生考察团、德国 ETG 学生访问团等。举办了第三届暑期国际学校，共有 28 名国外友好大学学生参加。

八、合作办学

继续提高中加高等教育基础部项目、中韩项目的亦学质量。2007 年，中韩班新招 158 人，在校生 305 人；基础部新招 298 人，在校生 566 人。正式启动了“山东法语联盟”合作项目，全年培训学员 200 人。

九、参加大学组织和论坛

为了适应国际上大学间越来越紧密的合作关系，近年来我校参加了多个大学国际组织，以适应学校对外合作与交流的需要。2007 年，学校领导应邀出席了在新加坡举办的“亚太国际教育协会（APAIE）2007 年会议”、在日本举办的“环黄海产学官大学校长论坛”、在韩国举办的“2007 中韩大学校长论坛”、在越南河内举办的“第二届中国

——东盟大学校长论坛”、在德国巴伐利亚州举办的“山东——巴伐利亚州高等教育合作论坛”，主持了在国内举办的“中澳大学校长论坛”、“中美研究生培养论坛”、“中欧大学合作亚洲链接”等有影响的国际交流活动。

十、港澳台工作

经近年来的努力，港澳台地区交流与合作工作迅速发展，友好合作院校已发展到15所。

2007年共接待来自港澳地区的大型团组21个，各类来访人员近500人次，与三所港澳大学签订项目交流协议，接受港澳地区捐款500多万元，举办了第七届海峡两岸孔孟故里寻根夏令营，继2006年成为中国大陆高校首批向台湾高校派出成规模、整学期的团组学生的高校之后，2007年向香港高校共派出21名、向台湾高校派出56名学生，交流学习时间为一学期。

（巨　苗）

财务管理

2007 年度，计划财务处（会计服务中心）认真学习并贯彻落实党的十七大精神，学校财务工作坚持全面落实科学发展观，紧紧围绕学校“作风建设与管理效益”这一主题，坚持勤俭办事业，将成本意识和效益意识贯穿于学校各项工作之中；全面强化管理，推进管理的规范化、科学化、精细化，通过加强管理实现“减少支出，确保发展”的目标，圆满完成全年财务管理工作。

一、合理编制预算，确保学校收支预算顺利完成

2007 年，总校实际完成收入 18.75 亿元，完成年初预算的 109.46%，比上年增加 3.74 亿元，增长 24.92%；总校总支出 17.80 亿元，完成年初预算的 101.55%，比上年增加 2.51 亿元，增长 16.42%。

1. 加强收费管理，全面完成了收费率 99%的目标。2007 年初，学校提出了收费率 99%的工作目标，计划财务处协调教务处、研究生院、学工部、研工部以及各个学院，制定了《山东大学关于进一步加强收费管理的若干意见》，完善学生学费、住宿费收费流程，建立新的收费机制，将学生缴费与学生选课联系起来，将学生缴费率与各职能部门和院部的预算经费分配与岗位津贴联系起来，当年超预算实现学宿费收入 557 万元。

2. 完善、修订和补充《山东大学创收分配经济政策》，调动各单位增加收入的积极性，同时，加强委派会计人员管理，实现学校各类创收收入的应收尽收。修订了《山东大学委派会计人员暂行管理办法》，分清了院部单位与委派会计人员的责任，委派会计人员充分发挥作用，使学校各类创收收入应收尽收。针对新增加的创收项目，协调有关部门制定政策，完善分配制度。2007 年各类创收收入完成年初预算的 113.65%，比年初预算增加 3537 万元。

3. 督促中国银行完善银行助学贷款制度，协助学校资助中心办理学生助学贷款。

4. 积极争取各级政府和社会资金的支持。计划财务处在学校领导的带领下，积极争取各级政府的支持，2007 年争取山东省财政、教育部支持资金近 2 亿元。另外，通过发展银行校董，争取历城区税务局的支持等，增加了社会捐赠收入。

5. 严格控制日常管理经费开支，完成了减少支出 20%的年初预定目标。

二、建立健全财经规章制度，加强规范管理

2007 年制定出台了《山东大学差旅费管理办法》《山东大学暂付款管理办法》《山东大学实行会计委派制管理办法》《山东大学关于进一步加强学生收费工作的意见》《山东大学 2007 年创收收入分配管理补充办法》《山东大学“985 工程”图书项目经费使用管理办法》等制度和办法。

三、加强科研经费管理

计划财务处采取转发文件、出版宣传册、信息化管理等方式和手段，贯彻落实《国务院办公厅转发财政部科技部关于改进和加强中央财政科技经费管理若干意见的通知》（国办发〔2006〕56 号）和《国家高技术研究发展计划（863 计划）专项经费管理办法》《国家重点基础研究发展计划专项经费管理办法》以及《国家科技支撑计划专项经费管理办法》等文件。

针对山东省审计厅对 2003 年立项纵向科研项目审计中检查出的问题，学校领导极为重视，学校党政联席会听取了科技处、计划财务处关于科研经费管理的专题汇报，提出了整改意见并上报山东省政府、山东省审计厅。

为使学校科研经费管理的整改更具有针对性，计划财务处、科技处、审计处、纪委监察处联合召开了文、理、工、医等学科的座谈会，征求加强学校科研经费管理的意见。根据征求到的意见，计划财务处、科技处、人事处等单位组成联合调研组赴武汉大学、浙江大学、北京科技大学、北京邮电大学等院校进行了科研经费管理等方面的调研。为全面修订和补充《山东大学科研经费管理办法》，制定《山东大学关于进一步加强科研经费管理的若干意见》等奠定了坚实的基础。

利用电算化手段，强化科研经费使用过程控制。通过研究科研预算项目与财务核算科目的对应关系，对科研项目支出限额成功地进行了测试，并对 2007 年新立的“973”项目作了实际限额设定。

四、按照财政部、教育部和学校的统一部署，完成学校财务的资产清查工作

1. 财务专项组资产清查工作情况。根据《山东大学关于开展全校资产清查工作的通知》（山大资字［2007］6 号）的有关精神，计划财务处、会计服务中心负责承担学校财务资产清查工作。我们确定了学校财务清查的目标，第一层次的目标是摸清学校财务的家底，做到不重不漏，账账相符；第二层次的目标是在此基础上对学校的资产、负债、净资产等账面数字进行夯实，为学校财务轻装上阵奠定基础；第三个层次的目标是通过此次清查，找到原因，提出以后的改进财务工作的建议。因此，按照以上财务清查的目标，处领导班子提出此次财务清查的工作原则：全面清查，彻底清理，夯实证据，核销损失（账务），处理历史遗留问题，提出改进工作建议的总原则。

为把清查工作落到实处，我们制定了《开展财务资产清查工作实施方案》，成立了财务资产清查领导小组和现金（银行存款）、借出款（债权）、对外投资、往来款项（应收、应付、代管）、债务（借入款项）、结算中心（原校内银行）、后勤财务等七个清查

工作小组，提出了总体工作要求，安排了工作时间进度，分配了工作任务，明确了工作内容。从1月22日起，计划财务处、会计服务中心进入了清查工作程序，在保证处内业务正常运转的前提下，清查人员加班加点进行资产清查，处里每周开一次资产清查工作例会。同时，计财处积极配合学校各专项资产清查小组的工作，认真核实账面数字，随时为校内各单位各专项资产清查工作小组提供数据支持。清查人员查找会计凭证，翻阅会计账簿，复印档案共计5000多份，联系询问经办人，撰写情况说明，有些业务事项查账甚至追查到1985年。清查期间，我处七个工作小组对三年以上尚未核销的暂借款一共发出询证函651份，查证落实每笔资金的使用情况。4月10日，计财处在校内发了《山东大学关于清理暂付（借）款有关事宜的通知》（山大财字［2007］17号），重申了学校暂借款管理办法的有关规定，在校内发放告知函，进一步加大暂借款，尤其是住院费借款的核销与清查力度。

至4月20日，计财处的资产清查任务已基本完成，对学校的各项收支项目，以及所有会计科目等逐一进行了清查；对清查的所有往来资金，一一核实了数据，取得了证据，查明了存在问题的原因，并提出了处理建议。在对清查工作底稿进行了仔细复核的基础上，严格按财政部的规定与要求，填制了山东大学行政事业单位资产清查报表。

2. 对存在的问题提出处理建议。通过这次财务资产清查，我们对学校的各类债权、债务进行了彻底清理，并对存在的问题提出了处理建议。在确定处理意见时，遵守以下原则：（1）慎重性原则：对于提出核销或核定为损失的账务，要证据确凿，不能有漏洞；（2）处理历史遗留问题的原则：即对多年来形成的历史遗留问题进行彻底清理；（3）证据充足原则：即对每一笔债权、债务，在取得全面、合法、有效的证据后，方可处理；（4）时间性原则：即把债权、债务形成的时间作为判断其是否成为坏账的重要因素；（5）重要性原则：即把握住资产管理中存在问题的实质，抓住关键点，处理重要问题。通过清查，建议确定资产盘盈17606600.00元，资产盘亏4209504.28元；建议增加收入及减少债权共计4650010. 00元，核销暂付款7998311.29元。

五、做好资金安全监管，确保学校资金需求

继续做好以银行账户、大额资金支付和银行对账单双签制度为主要内容的资金安全监管工作，完成对2006年度学校银行账户的年检工作。

科学测定学校银行贷款需求，合理运用和调度学校资金，防范资金风险，节约资金成本。完成2007年贷款方案及分校贷款置换方案。在考虑全年预算的基础上，通过对学校贷款情况及全年资金流量的测算分析，调查了解各有关银行现在及将来的授信情况，考虑其优惠政策和发展金融界校董的实际情况，贷款资金管理领导小组提交了贷款方案（讨论稿）及《关于分校贷款调整的报告》，经党政联席会议审批通过，并及时报请教育部审批新增贷款，通知银行启动贷款授信，为学校贷款作了充足的准备，为满足学校的资金需求提供了有利的保障。

六、完善学校的财务分析体系，建立学校内部（院部）财务分析制度和财务年度对外公报制度

七、根据学校对软件学院管理模式的变化，积极探索、准备校、院二级预算“分灶吃饭”管理的试点

随着学校与济南市高新区政府联合办学的不断深入，结合软件园校区管理方式的变化，按照学校的统一要求，2008 年将对软件园校区以及计算机学院、软件学院实行新的管理体制，在财务管理上，实行较为彻底的校院两级财务管理体制和预算管理体制，软件园校区的运行也将实行经费包干的财务管理体制。经多次与软件学院、计算机学院及十四个职能部门讨论软件园校区的管理模式，测算了计算机学院、软件学院的收入支出，起草了《软件园校区管理模式建议方案》，经学校党政联席会议研究通过。并着手制定软件园校区管理实施方案，以理顺各方面的管理关系，建立财务核算办法，为接管软件学院及接管后软件园校区的正常运行作好准备，此项举措对深化校、院二级管理体制和预算管理体制，探索校院“分灶吃饭”管理模式具有深远的意义。

八、做好财政收支科目改革条件下的国库集中支付工作

做好国库集中支付改革工作经验交流。2007 年学校承办了教育部财政国库管理制度改革培训会议，通过此次会议我校向其他兄弟高校介绍了经验，同时也学习了他们的先进经验。另外还多次接待了来我校参观学习的兄弟院校，进行工作交流和探讨。

积极协调财政部驻济专员办等部门，全面完成国库直接和间接支付任务。

九、加强会计核算基础工作，规范管理

1. 为进一步明确岗位职责，规范工作程序，提高工作效率，计划财务处修订完成了科室工作职责、岗位工作职责、岗位工作规范以及工作流程等，编印了《计划财务处、会计服务中心服务与管理手册》，为规范会计核算与管理工作奠定了坚实的基础。

2. 根据国家有关财经法规政策和学校财务规章制度，汇集编印了《山东大学报账指南》，对各种报账业务流程、规定和标准等分门别类地作了解答，内容全面、易于掌握，利于经办人员和财务人员准确快速地办理业务，大大提高了办事效率。

3. 实现了会计核算的事前复核。2007 年加强了人员配备，7 月份对核算流程进行调整，实现了事前复核，做到了凭证及时复核入账，错误及时发现并更正，使得会计信息质量有了很大的提高。

4. 对日常核算业务进行了规范。2007 年制定并实施了《记账凭单摘要规范》、《各类经济业务审核要点》，对内部流程进行了规范整合，形成了《大额资金审批流程》、《事前复核业务流程》、《调账业务流程》。

5. 建立健全了处内会计档案管理办法，制定了会计凭证装订操作流程，统一和规范了三校区会计凭证的整理、装订、归档程序，对会计档案进行了科学管理，健全会计档案查询、借阅制度，逐步使会计档案管理制度化、规范化。

6. 11 月中旬至 12 月上旬，为了落实山东财政专员办对财务收支进行检查的意见，

核实各单位自查自纠情况，检查各单位执行“收支两条线”管理规定情况，与纪委、监察处、审计处共同对校内33个单位2006年以来的财务收支情况进行了重点检查。

十、加强后勤财务管理工作

加强经费材料管理，确保学校材料安全。7月份，对后勤大量使用经费材料的管理服务型中心（水电、供热、校园、楼宇）在出入库制度建设、中心保管岗位的设置情况、材料采购制度、中心出入库制度执行情况、材料的盘点制度与对账五个方面进行了详细检查。对在检查中发现的采购程序、付款程序、材料对账、保管职业素质等方面存在的问题，及时向后勤各管理部门提出了整改建议，同时要求各主管会计加强各中心的材料检查、监督和对账工作。通过整改，促进了后勤经费材料的管理。

通过调研了解后勤收入来源及成本负担情况，基本摸清了后勤水电暖、校园、物业和交通等中心的相关数据，配合学校完成了水电、供暖、交通、物业收费制度改革，并为进一步做好后勤收入分配政策调整工作打下了基础，更为下年度实行项目管理、成本控制明确了方向。

十一、加强基本建设财务管理，做好资产交付工作

本年度完成了7个项目的资产交付工作。交付资产的项目有：西区教学实验楼、西区4号住宅楼、南新区设备用房、基础工程四大类25项，其中基建工程交付总面积43111平方米，交付总额10813万元；基础工程25项，总金额9456万元；合计交付金额20269万元。这些项目的交付，大大改善了学校的办学条件，改善了学生、教工的学习、工作和生活环境。

本年度将材料分类账与材料明细账及材料保管数量金额明细账进行了逐月逐笔核对，解决了往年遗留的分类账与明细账不符的问题，完成了基建材料的对账工作。形成核对制度，并上报分管处长材料核对报表，达到了材料核算规范化。

按照学校对经济合同加强管理的要求，对新校区各类经济合同每份均按照工程立项情况、项目经费预算、合同签订内容进行审核，严格把关完善合同手续。2007年审核合同共计88份，合同总额12034万元。

十二、严格实行政府招标采购，规范学校政府采购

严格实行政府招标采购，节约资金支出。2007年，学校共计采购项目315项，采购预算为34366.6944万元，实际采购金额31685.5135万元，节约资金2691.1809万元，资金节约率7.83%。其中：货物类采购项目259项，采购预算为19381.4470万元，实际采购金额17715.0357万元，节约资金1666.4113万元，资金节约率为8.60%；工程类采购项目46项，采购预算为14554.3500万元，实际采购金额13544.3673万元，节约资金1009.9827万元，资金节约率为6.94%；服务类采购项目10项，采购预算为440.8974万元，实际采购金额426.1105万元，节约资金14.7869万元，资金节约率为3.35%。

针对学校招标采购在采购市场准入、招标文件制作和发放、专家库的建立和评标等

环节存在的问题，计划财务处与人事处联合组成调研组，赴武汉大学、浙江大学、北京科技大学、北京邮电大学等院校进行了政府采购工作调研，准备结合2008年机构调整，规范学校的政府采购工作。

十三、配合有关部门成立学校教育基金会，增加1名银行校董

1. 按照《基金会管理条例》要求，参考其他高校教育基金会章程，对《山东大学教育基金会章程（草案）》提出修改意见。修改《山东大学基金会财务管理办法》。

2. 按照《基金会管理条例》、《民间非营利组织会计制度》进行教育基金会会计核算初始化，包括科目、项目体系的设计等。协调各相关科室启动基金会会计核算，包括凭证复核、银行现金出纳、账务结转等。做好基金会的会计核算及财务管理工作，编制2008年收支预算。

3. 积极配合国内办等部门，进行基金会成立前期筹备工作以及捐赠收入的清理工作。开设银行账户、办理验资事宜、办理税务登记等。

十四、大力推进财务管理的信息化和网络化

建立财务信息基础数据库，增强财务信息共享程度，完成后勤财务网络的改造工作；借助银行卡和网上银行等先进手段，大力推行资金收支业务的电子划转，提高服务质量和水平。

为了提高我校财务信息化水平和配合学校数字化校园建设，积极探索我处网络财务方案—项目经费卡系统的规划、探讨。完成对网上预约服务系统的前期调研。完成后勤财务系统的迁移和账套整合升级。与软件公司咨询协商，对后勤老服务器进行了升级改造，将原WINDOWS NT操作系统升级为WIN2000，数据库平台升级为ORACLE9i，使后勤财务核算更快捷、更科学。

十五、以人为本，努力改善服务条件，提高服务质量

7月份，在报销大厅安装了报销取号管理系统，增加了等候坐椅，改善报销排队紧张状况。8月份，启用新报账大厅，通过合理规划，增设粘贴台、长椅、饮水机等设施，进一步改善服务条件，尽力给师生员工营造一个和谐、舒适的报销环境。同时强化会计人员的服务意识，增强服务观念，改善了服务窗口的形象，更好地服务于广大师生员工。

（芦延华　史　焱）

资产管理

2007年，我处以加强作风建设为中心，以提高国有资产使用效益为目标，以积极开展国有资产管理研究、提升管理质量和效率为措施，按照学校党委工作要点及学术与行政工作要点任务分解详目下达的任务，全处团结一致，相互配合，勤奋工作，较好地完成了各项任务。

一、充分发挥国资委的决策职能，规范国有资产的管理和使用监督；制定并落实企业负责人经营业绩考核办法，对经营性资产实施监管、保值增值考核、效益评价，落实企业对学校的投资回报

1. 出台了《山东大学国有资产管理委员会议事规则》，进一步明确了国资委的工作准则、会议制度、决策事项、工作程序等事项。

2. 初步制定了《山东大学校办企业负责人经营业绩考核办法》，召开了企业负责人经营业绩考核办法座谈会。启动了“山东大学经营性国有资产监管系统”的研究开发工作，以探索实施经营性资产监管、考核企业国有资本保值增值情况并建立效益评价体系。

3. 发挥国资委的决策职能，依法履行国资委对监管企业的出资人职责，加强对派出董事、监事的管理，规范董事会的决策程序，建立企业（董事会）重大事项汇报制度。

二、制定国资管理规章的配套实施细则，逐步完善涵盖各类资产从购建到处置整个生命周期的管理制度框架体系

1. 研究通过了《山东大学受赠资产管理暂行办法》、《山东大学文物管理暂行办法》，并以山大资字〔2007〕7号和8号印发执行。该办法的制定实施，对健全制度体系、规范受赠资产和文物管理、防止国有资产流失具有积极作用。

2. 以加强资产监管、促进资源合理高效配置、提高使用效益为目标，督促和指导不同资产类别，如公共房屋、仪器设备、图书资料等，按其各自特点和使用现状，探索并制定资源使用效益考核与评价的方法、内容、指标、标准等，以全面促进办学资源效益的提高。

三、加强资产绩效管理，推动资产归口管理部门建立效益评价体系；组织完成“国有资产管理信息系统”的测试和推广工作；启动“高校办学成本核算及其控制”研究

1. 完成了财政部审批立项的“高校国有资产管理信息系统”的测试鉴定，并有针对性地选择了部分高校进行推广。

2. 结合资产使用效益评价体系的建立，积极开展“高校办学成本核算及其控制”的研究，努力探寻导致办学成本虚高的因素，采取措施分析并加以控制，以全面提高办学效益。该项目的研究已正式启动。

3. 协同资产管理相关部门和占有使用单位，积极开展仪器设备、专项资金、公共房屋等资产使用效益评价制度、评价方法、评价指标和评价标准的探索，加强对资产绩效的管理。

四、推动土地公房的规范化管理，土地使用和公房配置优先保障教学科研、重点学科、重点实验室需求，加强产业、后勤等用房管理

1. 落实校园功能定位与房产资源配置意见，进一步清理、调整公用房屋，支持人才战略和教育创新战略。

（1）校区公房使用规划工作。根据《校园功能定位与房产资源配置意见》，重新修订了西校区、老校公房调整方案，制定了《西校区护理院、老校 3 号楼、新校 18 号公寓裙楼使用配置方案》，并根据方案逐步实施房屋调整，扩大了外国语学院、国政学院、物理学院以及本科教室等用房面积，进一步推动了公房配置向教学、科研第一线倾斜。

（2）落实《山东大学公房管理暂行办法》。完成了新校公教楼、18 号学生公寓理科综合楼、旧晶体所、生命科学院腾空房、西校区科研楼、南新区社区服务中心楼、南新区构筑物等房屋的接管、分配、调整，分配给教学、科研单位使用；完成了西校区培训楼清理及分配给大学科技园工作。

（3）组织协调学校相关单位对软件学院建筑物进行接管验收工作，并督促落实相关协议。敦促南校区计算机学院搬迁工作，腾空南校区学院用房约 3600 平方米。

（4）完成了新校、南校区房屋调整、公房定额的调研工作，撰写了《南校区房屋调研报告》。在调研分析的基础上，结合学校意见，对南校区房屋整体调整方案进行修订，以期进一步提高房屋使用效益。

2. 推进公房管理改革，实施“公房定额配置，超定额有偿使用”管理办法。

贯彻落实《山东大学公房管理暂行办法》，推动公有房产管理改革，实施“分类管理、动态配置、费用分摊、有偿使用”的公房管理机制，严格执行超定额有偿使用的规定，促进资源合理配置，提高公有房产的使用效益。

启动了 2007 年度公有房产核算工作，制定了 2007 年公房核算工作方案，基本完成了以学院、校部机关、直属（附属）处级单位、校直属科研机构为基本单位的数据核算，预计 2007 年底顺利实施完毕。

3. 新建建筑物的接管验收、旧房拆除工作。

（1）接管验收了南新区社区服务中心楼、南新区构筑物、新校 18 号学生公寓，并顺利启用。

(2) 拆除了南校区电机楼（建筑面积3379平方米）、23号学生宿舍楼（建筑面积4034平方米）、新校公安处小楼（建筑面积160平方米）等危旧建筑，共计约7500平方米。腾空土地3.6亩土地：南校区电机楼（1200平方米）、南校区23号学生宿舍楼（1200平方米），总计2400平方米（约3.6亩）。优化了校园环境，为学校基本建设创造了条件。

4. 人才用房管理工作。

(1) 初步接管了环东佳园、南校区博士后公寓等房屋。

(2) 积极探索公有住宅的管理体制和机制，制订了《公寓管理办法（草案)》等文件。

(3) 积极准备南校区博士后公寓启用的前期准备工作，通过招标、议标配置了家具、设备，为2007年底前博士后人才顺利入住创造了条件。

五、确保学校土地有效利用。继续推动校办企业规范化建设，基本完成遗留问题企业的清理整顿

1. 土地有效利用。按照学校用地的总体安排，积极办理邢村立交附近新增用地的论证、报批等手续，增加学校用地规模，满足教学、科研及医疗需要；协助南新区管理办公室做好“八角山”土地租用工作；对南新区教学区进行了土地变更登记工作，换发了新土地证，土地登记面积为590879.2平方米；积极协调处理二环东路改造工程征用学校土地、齐鲁医院临时停车场使用学校土地、学府占用学校土地等事项。

2. 企业规范化建设与清理整顿。按照《教育部关于积极发展、规范管理校办科技产业的指导意见》继续推动校办企业规范化建设，并基本完成学校独资企业的公司体制改造。加大学校对外投资的管理，理顺投资关系。加强国资委监管体系以外的遗留问题企业的清理整顿，正在推进中利公司、电气研究所、学府书店、瑞兹机电公司、方兴工贸公司等的清理工作，指导后勤服务公司托管企业的重组改制与清理撤并工作。

六、按照财政部、教育部工作部署，实施并完成学校全部国有资产的清产核资

1. 积极落实财政部、教育部部署的行政事业单位资产清查工作，摸清了学校的“家底”，实事求是地反映了学校资产现状和存在的问题。现资产清查主体任务基本结束，已一次性通过财政部委派的中介机构的审核验收。

2. 巩固资产清查成果工作，对资产清查中暴露出来的问题，查找分析原因，提出切实可行的整改措施。同时对进一步规范管理、提高资产使用效益，提出改进和完善国有资产管理的意见。

七、加强产权管理

1. 企业会计决算报表上报工作。根据教育部、财政部文件精神，在时间紧、任务重的情况下，认真组织，周密部署，按时完成了40家校办企业会计决算报表的汇总上报工作。

2. 学校资产季度报表编报工作。按时完成了2006年四季度、2007年一、二、三季度学校（含校本部、威海分校、口腔医院）资产汇总报表的编报工作，及时、准确地向学校有关领导反映了学校资产变动和分布状况。

3. 企业财务信息月报上报工作。根据教育部、财政部文件精神，自2007年3月开始，按时组织完成了37家校办企业财务信息的月报工作。

（徐洪民）

审计工作

2007年，审计处在上级主管部门和学校的领导、支持下，全年共完成各类审计、审计调查项目570个，审计资金总额103771.46万元，发现有问题资金1186.93万元（含：财务处理不当1036.1万元），促进增收节支6136.31万元。其中，完成财务审计项目3个，审计资金12993.99万元，撰写审计报告3份，提出审计建议36条；完成产业审计项目5个，审计资金45302.68万元，撰写审计报告5份，提出审计建议20条，落实纠正往年财务处理不当金额963.69万元；完成修缮审计项目513项，审计资金9630.42万元，净审减额450. 54万元，平均审减率4.68％；完成基建审计项目49项，审计资金35844.37万元，净审减额5670.97万元，平均审减率15.82％。审签各类科研资金结题项目177项，审签资金3158.30万元，纠正与财务实际支出不符的结题报告13份；审核学校银行对账单380份，审核资金643403.48万元，出具审核意见书9份，提出审核建议19条。通过创造性地开展工作，第四次被山东省内部审计师协会评为“作出突出贡献和创造新经验的内审机构”。

一、继续探索效益审计，提高财政资金管理水平

根据年度审计工作计划，在往年对校办产业进行效益审计的基础上，为探索财政资金效益审计的新路子，首次对学校直属的国际教育学院的办学效益进行了审计。学校每年按预算向国际教育学院拨入经费，并给予多方面的政策支持和资金投入。国际教育学院在完成教学任务的同时，抓住机遇，利用良好的发展环境，挖掘潜力，稳步发展。审计就学校对该学院的投入情况、学院的产出效益情况进行了认真分析，对学院的经济效益、社会效益以及管理控制进行了审计评价，对投入的经济性、管理的效率性、产出的效果性进行了分析，有针对性地提出抓住机遇拓展办学空间、按需育人满足社会需求、加强管理规范预算执行和核算程序、统筹规划立足长远增加效益等若干审计建议，促进学院今后更加科学、规范、有效地进行管理。

二、加大科研经费审计力度，服务学校发展大局

为进一步强化科研经费管理，提高资金使用效益，根据学校党政联席会议的意见，下半年对2004年立项的纵向科研课题以抽查的方式进行了审计调查。通过审计调查发现目前科研经费在管理和使用方面还不同程度地存在一些问题，如部分项目会计核算不

规范、支出结构不合理、经费预算制定执行不到位、报销手续不完备等，同时项目结题率低，普遍存在结题不结账的现象。据此，审计建议学校各相关职能部门，要进一步完善科研经费的管理制度，加强公共财政意识的宣传教育，规范会计核算，确定合理的支出结构，强化经费预算的制定与执行，建立健全科研项目经费管理使用责任制。

三、做好校办产业审计，防范经营风险

按照审计计划，3 月份，对改制后产业集团首次进行了全面审计。针对产业集团对外捐款情况，提出应尽快补充完备相关财务批准手续的建议；针对产业集团为子公司的担保额度，要求认真落实教育部关于贷款担保问题的有关规定；针对多年亏损的子公司，建议产业集团给予重点关注，分析原因，争取早日扭亏为盈。

规避校办产业经营风险，探索撤出机制。受产业集团委托，对 2002 年组建的山东山大威德焊业有限公司自成立以来至 2007 年 8 月期间的经营状况进行审计。审计发现，该公司自成立以来，没有正常的经营收入，专利技术成果“双芯焊条及单弧焊接工艺”产品虽然前景看好，但仍处于调试阶段，双芯焊条主要用于教学实习，企业无法顺畅营运。为保证国有资产的保值、增值，保证学校的利益，按照现代企业制度规范校办企业，并进一步扩大和完善科技成果，审计建议改变现有公司经营运作模式，以科研项目管理形式进行运作和管理，防范在以校办产业运作模式下可能出现的经营风险。

四、加强部门沟通协作，做好工程跟踪审计

通过几年的探索，建设项目跟踪审计取得了很好的效果，有效地把提高资金使用效益和规范项目管理结合在一起，完善了项目管理体制，促进了建设资金的合理使用，节约了大量建设资金。在学校领导的支持和职能部门的配合下，目前我校在建的基本建设项目已全部实行工程造价全过程跟踪审计。

在跟踪审计过程中，注重与有关各方的有效沟通，使跟踪审计的理念、职能和功效为有关部门和领导熟知，充分地发挥好监督、咨询和服务作用，保证审计项目的顺利开展，最终实现审计目标。内部审计人员与社会审计力量合作，深入建设现场，对招投标及相关的签证环节实行过程监督，提出审计建议，履行审计职责。

与职能部门配合完成了南新区教工宿舍建设项目的跟踪和结算审计。该工程共分五个标段，其中四个标段已在本年 2 月上旬完成审计并结算，一标段施工方却因未满足其要求而反复纠缠，造成结算审计迟迟不能完成，其间审计人员的人身安全还多次受到威胁。尽管如此，审计人员始终坚持实事求是，尊重历史、尊重实际，原则性与灵活性相结合，以国家政策和相关法律法规为依据，多方沟通，不断协调，反复论争，直至 11 月底施工方终于认可了审计报告并签字结算。期间，职能部门新区建设办公室的同志给予了大力支持，共同配合，最终完成了这项工作 。

五、加强队伍建设，提高审计人员素质

2007 年，审计处新增加一名财会专业人员，该同志毕业于南京审计学院，并拥有国际注册内部审计师资格证书，知识结构合理，并降低了审计处现有工作人员的平均年龄。同时，注重现有审计人员的培养，一方面抓好政治学习和思想教育，另一方面将审计人员的后续教育列入工作安排，坚持全员业务培训，通过短期培训开阔视野、更新知识。支持符合条件的内部审计人员在职攻读硕士学位，逐步提高审计队伍中研究生比例，年内共有两人在职攻读硕士学位，其中一人已完成学业。审计队伍中高层次学历人员的增加，为今后学校内部审计工作的开展提供有力的人力资源保障。

（王善举）

图书馆工作

一、党群工作

根据学校党委要求，结合图书馆实际，制定了保持共产党员先进性长效机制，建立完善党员学习培训和经常性教育、党员联系与服务群众、党员管理与监督、领导班子思想作风建设、支部工作责任制等方面的制度。加强党员后备力量培训教育，积极做好入党积极分子的培养教育，严格按照成熟一个发展一个的原则，发展新党员 3 人。以推进决策目标、执行责任、监督考评三大体系建设为抓手，加强图书馆班子建设，坚持集体领导分工负责的领导机制，坚持党政分工协调配合的运行机制，重视干部反腐倡廉教育和自我约束。工会工作扎实认真，积极参加校工会、妇委会组织的文体活动，够级比赛荣获全校第一名。

二、完成图书文献固定资产清查与建立学校文献资源建设制度

我馆作为 2009 年教育部、财政部固定资产清查学校图书文献固定资产清查的牵头单位，将我馆和学院、研究中心的现有图书文献进行了查清统计，建立了网络数据库。我校图书文献账面数为 4438079 册（其中盘盈 25223 册），原值 107551933.44 元；本次清查数为 3960732 册，原值 107154874.44 元。盘亏 477347 册，原值盘亏 397059 元。针对清查中发现的问题，我馆提出了以制度建设规范管理的设想，目前已完成《山东大学“985 工程”图书项目经费使用管理办法》、《山东大学图书馆专家选书办法》，起草讨论了《山东大学文献统计管理细则》、《山东大学图书资料管理办法》等文件。

三、筹建开放了软件园分馆

根据学校安排，我馆多次实地考察，听取意见，提出从图书馆和软件园校区实际出发的馆舍布局、设施设备购置、人员招聘等可行性操作方案，得到学校肯定。暑假中各项工作齐头并进，购置新书 2200 余册，9 月份软件园分馆正式开放接待读者。

四、古籍普查与申报首批全国古籍重点保护单位

暑假中，我馆作为试点单位之一参加了全国古籍普查培训。开学后按照要求完成了《山东大学图书馆古籍保护试点工作方案》、《山东大学图书馆古籍修复方案》、《试点单

位基础工作调查表》等各种文件制订与信息上报；参加了第一批《国家珍贵古籍名录》收书申报，同时积极申报首批全国古籍重点保护单位。古籍普查工作从基础做起，先进行了重新整理、登记，打印账簿，按简单级回溯建库，以满足读者网上检索古籍的需求，并启动新旧账簿核对工作。之后启动了善本书库线装古籍回溯建库，除实现馆藏古籍书目数字化外，还为古籍普查下一步工作奠定基础，为 CALIS 古籍联合编目创造条件，形成善本书库新账簿，摸清了线装古籍的真实状况。

五、文献资源建设方面

组织了 Web of Science 购置可行性研讨会，充分听取各方意见，实现重大资源购置论证制度化和决策集体化。2007 年各种文献采购均实行招标，学校“985 工程”图书项目经费使用实行招标并加强了日常管理。通过招标方式，解决了院部资料室图书回溯建库经费。完成了“985 工程”二期建设期中总结、全国博士培养质量调查（图书馆部分）、CASHL 学科中心外刊书目数据库建设等工作。院系资料室回溯建库、“山大人书库”建设都在有条不紊地进行。作为全省高校图书馆文献建设专业委员会主任馆，组织了全省高校图书馆文献资源建设研讨会。为宁夏大学图书馆捐赠图书 2 万册（其中新书 3778 册）。继续接受《中华善本再造》2258 种 3475 册。购置《民国集萃》、《金文文献集成》等古籍 4000 余册。当年新购中文图书 24478 种、74543 册，外文图书 3654 册，中文期刊 5000 余种，外文期刊 814 种，续费使用国内外数据库 193 个。收到捐赠书刊 1517 册。

六、读者服务工作

处理文献传递请求 2318 件，完成 1694 件，满足率为 73.08%。接收电子版学位论文 3902 篇，合格编目 3694 篇。严格按照 CALIS 要求收集教学参考数据库参考书目信息 461 条，教学课程信息 32 条，教学大纲 32 条。开展 MSN/雅虎通/QQ、电子邮件、留言、电话等形式的虚拟咨询服务 3400 余人次，其中回复留言、专业咨询、电子邮件 694 件，数据处理 3000 余条，解决问题 1100 个；建设信息咨询中心站点，编写、编辑、制作新闻、信息 666 条。工学馆为信息学院开设精品课程图书资料专门网页。文献检索接受委托 560 多件，查新 6 件，立项和课题鉴定 200 多个。论文收录检索与引文查证出具报告 900 多份，文理馆为学校博导申报、泰山学者、优秀博士评选等提供了检索报告。文献检索课教学 1080 学时，学生 3076 人。为 2007 级 5500 多名本科新生、760 名研究生开设了《怎样利用图书馆》教育，医学馆首次为医学院留学生举办了“如何利用图书馆”英文讲座。个性化服务扩大服务群体，除关键岗位专家学者外，与人事处学科办合作，对在站 132 个博士后发出提供服务邮件 300 个。组织讲座 7 场。借还书 142.5 万余册，阅览 115.6 万人次。通借通还图书 14.56 万册次，其中跨分馆代借图书 1360 册。修补图书 5000 余册。设立预约书架。各阅览室开展了及时解答读者咨询和为重点读者专题服务，工具书检索室开展了为读者代查、代检、利用电话电邮为研究生提供论文分类服务。合理安排助学学生工作班次。

七、技术信息服务

及时更新原有和新增正式、试用数据库链接，定期进行服务器登录检查、补丁更新、防病毒软件升级、清除日志文件、清理硬盘灰尘等。压缩发布随书光盘数据 908 条，更改数据 110 多条。对金盘软件版本升级。电子阅览室注册人数达 65 万，接待读者 88 万，比 2006 年增加了 28 万人次。针对 ARP 病毒泛滥影响正常运行的情况，对系统作了重新分区和保护，逐台登记 IP 地址和 MAC 地址，发现一台查杀一台。更新硬件防火墙，更新校园一卡通服务器系统配置，解决了拍卡速度慢的问题。重新整合 SAN 存储空间万方数据存储布局，增加全局热备盘数量，提高了系统整体安全性。成功组织了到期存储设备续保谈判。升级了“电子资源校外访问系统”，扩充网通 ADSL 专线接口，扩大了国内外数据库校外访问量，提高了访问速度。完善图书馆动态信息发布门户，建立了 CALIS 省中心门户网站和图书馆内部办公信息发布平台。

八、行政管理工作

严格执行学校财务收支两条线制度，统一使用学校发票，及时、如数上交创收资金，实行票据三人会签制度，避免了财务管理疏漏。规章制度经过三年修订完善印刷成册。严格办公经费管理，5 万元以上设备实行招标，5 万元以下实行议标形成制度化。文理分馆书库载物电梯重建，墙面粉刷，书库上下水管道改造，重点部门加装防盗网，监控设备更换。西后院下陷地面重铺，东西后院由封闭管理向读者开放。医学馆动力线改造。安装了烟感或红外报警系统。从 9 月开始启用门禁系统，实行“校卫”管理。内部办公信息平台进入试运行状态。

九、CALIS 山东省中心建设取得较好的社会效益

我馆是 CALIS 山东省文献信息服务中心。该中心成立以来，密切保持与全国性 CALIS 项目的衔接与合作，通过业务延伸、创新，提高了全省高校文献资源保障率和服务覆盖面，为全省高校提供免费文献传递服务，组织电子资源数据库、馆际互借与文献传递系统联合采购，为省内高校免费配置校园网外电子资源访问系统提供了技术支持、人员培训、系统升级、信息咨询等服务。改进了省中心门户网站，开发了省中心技术论坛。对省中心检索系统、联合目录系统、馆际互借系统、文献传递系统进行了维护与统一，为校内、省内高校免费馆际互借与文献传递提供了更加安全、便捷的平台。省中心发挥有效组织、领导和协调作用，得到省教育厅、CALIS 中心和省属各高校图书馆的好评，获得省教育厅经费资助 40 万元。

（黄晓静）

档案工作

2007 年，档案馆在校党委和行政的统一领导下，组织人员认真学习党的十七大精神，领会“科学发展观”的深刻内涵，并结合学校“作风建设与管理效益年”活动，在工作理念、工作作风、现代化管理水平等诸多方面有较大进步。特别是在和谐校园建设中，充分利用档案馆丰富的馆藏优势，通过对学校历史名人的解读，在弘扬学校百年历史、传承校园文化中，发挥着独特的作用。

一、转变工作作风，深入调查研究

档案馆积极响应校党委关于转变工作作风的号召，深入各部门进行调查研究，先后到新区办、教务处、学校办公室、计财处、学工部、就业指导中心、团委、继续教育学院、科技处等单位进行走访调研。通过交流，摸清了情况，密切了感情，拉近了距离，提高了工作效率和质量，在丰富档案资源建设、调整档案工作思路等诸多方面达成共识，为促进学校档案工作的发展打下良好的基础。

二、推行档案管理系统，提高档案管理水平

几年来，随着档案馆局域网的建成和《山东大学档案管理系统》的调试、运行，档案馆为档案管理的现代化作好基本的准备。2007 年 4 月，档案馆召集全校专、兼职档案员，召开了《山东大学档案管理系统》业务培训会，由此拉开了学校档案管理现代化的序幕。通过培训，一种新的档案立卷方式——网上立卷，在全校全面铺开。学校所有立卷单位，通过校园网完成档案的组卷和数据著录，档案馆业务人员通过网络，监控、指导全校立卷工作，通过现代化手段完成档案的分类、编目工作。作为此项工作的起步阶段，档案馆业务指导人员不辞辛苦，任劳任怨，深入各单位开展形式多样的培训指导，圆满完成各项立卷工作。通过运用现代化管理手段，全年共归档入库档案 12923 卷，汇编 28 卷，照片 9000 余张，其相应的档案数字信息同步入馆保存。

2007 年，档案馆还接受 2005 年本科教学评估材料 212 卷，纪委监察处 1979～1996 年上级文件 69 卷，原山东医科大学基建、卫校等机构财会类档案 98 卷。

三、进一步规范管理，提高档案服务水平

档案馆信息服务工作始终遵循“服务至上，安全第一”的原则。2007 年，档案馆多次召开档案利用工作讨论会，围绕档案借阅、档案证明出具等系列问题进行研讨。在研讨中，大家进一步明确服务规范、服务标准，严格收费标准，注意热情服务，在服务水平和服务质量上狠下工夫，全年完成大量社会、个人、公务查档需求，如个人学籍证明、研究生论文评优、继续教育毕业生入学资格审核、干部人事档案审查补缺、院系建立周年庆典、名人档案查询等。2007 年，档案馆还对原有档案数字信息管理进行了升级，将 60868 条案卷级、29025 条文件级数据导入新的档案管理系统，并完成数据核对工作。此项工作，为运用现代化手段快速、便捷提供档案信息作好了准备，当年就投入使用，并多次为疑难档案信息的查询提供了有效帮助。2007 年，全年共接待档案利用 3264 人次，电话咨询 1500 余人次，利用档案 5811 卷次，复制档案、资料 4 万余页。

四、举办王淦昌展览，激励师生奋发进取

王淦昌先生是著名核物理学家，我国核科学的奠基人和开拓者，“两弹一星”元勋，中国科学院资深院士。1934 年 7 月至 1936 年 10 月曾在山东大学物理系任教。2007 年 5 月 28 日，是王淦昌先生诞辰 100 周年，档案馆在当天举办了“纪念王淦昌先生诞辰 100 周年”图片展，山东大学校长展涛、校党委副书记刘珂、副校长王琪珑等与师生一起参观展览。档案馆工作人员曾先后赴王淦昌先生的老家以及他曾经工作过的地方，了解王淦昌先生的事迹，拍摄有关的声像材料，供展览使用。展览共制作展板 54 块，用照片 179 幅，其中一些引自我校馆藏档案。展览从王淦昌先生青少年时期、求学清华、留学德国、执教山大、两弹元勋、杜布纳岁月、家庭亲情、情系家乡、日月同辉等多个方面展示了其光辉的一生。参观者无不为有这样的杰出校友而感到骄傲和自豪。

与此同时，小树林文化论坛“纪念王淦昌先生诞辰 100 周年”在洪家楼校区举办，档案馆馆长刘培平作为嘉宾重点介绍了“两弹元勋”王淦昌先生热爱科学、勇于攀登科学高峰、乐于奉献的精神，使师生深受教育和启发。

五、开展档案编研，加强档案资源建设

2007 年，档案馆组织人员开始编辑《山东大学历史上的今天》。通过查阅大量档案、资料，网络搜索等方式，经多次筛选、反复核对和修改，已打印形成初稿。据初步统计，此次活动共查阅三个校区的各类档案 1000 余卷册，各种校报、校史资料 5118 期，各类书籍 10 余种；复印档案资料 3000 余页。与此同时，还进行了山东大学 1901～1980 年间任职教授名录的收集工作，现已将教授名单打印成册，并收集了部分教授的生平资料。

2007 年，档案馆继续进行《山东大学年鉴》的组稿和编写工作。继续进行有关合校后山东大学全宗卷（D005）的整理编写工作。完成 2006 年山东大学档案统计年报表

的统计工作，并上报教育部和省档案局。

六、严格库房管理，保障馆藏安全

完成了档案库房的调整工作。2007年，根据馆藏档案的保管情况，与人事处协商，将人事档案库房及办公用房调整到五楼，相对集中了本馆库房及办公用房。由此，档案馆办公用房主要集中于办公楼3～4层，二楼库房主要保管财会、科研类档案，三楼库房保管教学类档案，四楼库房集中保管党群、行政、外事、出版等类档案，五楼库房保管声像等类档案。并新购置40组双面档案柜，配备到四楼80平方米库房，存放基建档案。通过调整，档案的保管条件进一步改善，存储更为合理。

（楼蔚文）

博物馆工作

本年度校博物馆配合学校的各项中心任务，紧密结合自身工作实际，在以下几方面成就显著。

一、认真学习政治理论和业务知识，使博物馆全馆人员的思想政治素质和业务工作能力有了明显提高

博物馆积极响应学校党委提出的创建学习型机关号召，认真落实了党委宣传部安排的 2007 年教工政治理论学习内容：组织学习了十六届五中、六中全会和全省高校党建工作会议精神；学习了全国“两会”有关文件和精神。在学习中，博物馆紧密结合思想和工作实际，在解决思想认识和实际问题上下工夫，取得了良好的学习效果。

同时博物馆还加强个人业务知识学习，开展博物馆工作研究，鼓励和支持有能力的同志在职攻读博物馆专业学位。2007 年底，馆内已有一名同志取得了博物馆专业博士学位，一名同志在读博物馆专业硕士学位。博物馆还积极组织全馆人员到地方和兄弟高校博物馆进行了参观学习与工作交流，通过不同学习形式，提高了全馆同志的业务工作能力。

二、以优良的服务，完成了全年的参观接待工作

2007 年，博物馆紧紧围绕学校的中心工作，认真贯彻落实学校提出的“服务学术，服务学者，服务学生”的要求，不断增强服务意识，提高工作效率，以良好的服务，完成了全年的参观接待工作。一年来，博物馆先后完成了国内外客人、新生入学、校友返校、重点中学生和全校师生员工的参观接待工作、使参观的数量与质量都有较大提高，充分发挥了博物馆对外展示山东大学的窗口作用和在建设和谐校园中的宣传教育作用。

三、认真贯彻落实学校党委提出的《2007“作风建设与管理效益年”实施方案》

2007 年初，根据学校党委提出的《2007“作风建设与管理效益年”实施方案》的总体精神，结合博物馆实际制定了博物馆作风建设与效益具体措施，并认真抓好落实，使博物馆的服务质量和工作效率都有了明显提高。

（沙晓红）

安全保卫及人武工作

2007年，在学校党委行政的领导下，在上级公安业务部门的指导下，全处同志以党的十七大精神为指导，坚持科学发展观，努力推进和谐平安校园建设，不断增强“三个服务”的意识，紧紧围绕学校改革发展的中心开展工作，加强校园治安综合治理力度，取得了明显的成效。当前学校政治稳定，治安秩序良好，校园环境改善。师生安全感提高，保证了学校教学、科研工作的顺利进行，圆满地完成了2007年的工作任务。

一、加强政治理论学习，不断提高队伍的政治业务水平

根据学校党委关于教职工理论学习安排意见的要求，组织党员干部和职工，认真学习党的十七大精神，培养职工的团队精神、责任意识、服务意识、岗位意识。在提高自身素质的基础上，做到热情服务，依法办事，讲程序，讲工作效益。举办了处科级领导干部研讨班，开展了校卫队员岗位练兵比武等活动。通过“走出去”、“请进来”的学习方式，把握建设高水平一流大学的灵魂，抓住学校战略重点的“三个提升”的精髓，不断增强责任意识和忧患意识，狠抓学校治安综合治理工作的落实，努力为师生员工营造和谐平安的学习、生活和工作校园环境。

二、加强治安防范和综合治理工作，维护校园正常的安全秩序

重点加强学校安全防范和综合治理等工作，使校园秩序、案件发生率等师生员工关心的问题得以明显改善。

加强信息调研，搞好网络安全监控工作。针对当前信息调研工作的特点，以确保学校政治稳定工作为中心，强化动态控制和情报信息收集工作。截至12月上旬全年共收集信息3800余份，写出社会调查报告110余份。上报省高校工委、省公安厅、济南市公安局、国家安全局等上级有关机关信息材料80余份，280余条，其中，上报国家安全机关16份，上报学校内部信息10份。

加强网络安全监察工作，落实管理措施，强化网上监控，对校内各论坛、BBS等交互式网站进行全天候监控，最大限度地封堵有害政治信息的传播渠道，及时发现、删除各类有害信息。举办“网络安全宣传月”、“网络文化节”活动。邀请市公安局、网络安全专家举办安全讲座9次；网络中心为学生、网管员培训、座谈会各2次。举办发现有害信息处置和服务器被黑客攻击处置演练2次；对我校校园网和三个校区的上网场所

（包括多媒体教室、实验室、计算机房、电子阅览室等）进行经常性检查 42 次；对有网络安全隐患的单位提出整改意见，关闭管理不善的网站 3 个，净化了校园网络安全环境。

做好户政工作，提高服务水平。强化窗口意识，转变服务理念，全心全意为师生员工服务。2007 年，迁出毕业生 4305 人，完成 2007 级学生落户 6971 人，办理借还户籍卡 6000 余人次，为师生员工提供户籍咨询服务 6000 余人次。另外，积极协助当地公安机关做好宣传、组织工作，确保换发第二代居民身份证的工作顺利进行。

重视校园安全防范，为师生提供安全有序的环境。实践使我们认识到，校园安全要以防为主，防打结合，通过有力地打击，能够增强防范的有效性。在积极加强预防的同时，加大了对危害校园不法行为的打击力度，以打促防，治标治本。将人防、物防、技防紧密结合，提高综合防范能力。保持对盗窃自行车、机动车的严打态势。经过不懈的努力，车辆被盗逐年下降，抓获嫌疑人 21 人，与去年相比被盗车辆下降了 45%，抓获盗窃嫌疑人的数量下降了 66%，净化了校园环境。4 月，通过从外围调查，发现一起欺骗学生的非法培训班事件，并责成培训班负责人退还 37 名我校学生所交的 5950 元培训费，预防了一起侵害学生利益案件的发生。今年以来，各类案件的发生率较去年同期有了很大下降，校园“110”接处警 1328 起，抓获各类犯罪嫌疑人 105 人，处理各类刑事、治安案件 170 余起，处理交通事故 5 起，保护了师生员工的生命财产安全和学校资产安全，维护了学校的安全稳定。

开展校园综合治理，使校园环境焕然一新。针对校园内违章建筑、占道经营、办公教学区遛狗等师生员工反映较大的事件，对校园环境进行了综合治理整治。学校领导带领有关部门就东区老校校园综合治理召开现场会，利用假期对校园进行综合整治，经过各部门的努力，清除了学校内违章建筑、占道经营、野广告等现象，使校园环境焕然一新。

切实做好消防、技防安全工作，提高技术防范能力。进一步加强消防安全宣传，增强师生的消防意识；规范了消防、技防器材设施管理；建立健全了监督检查和火灾隐患整改等各项规章制度。开展消防安全技能讲座 18 次。组织各类安全检查 30 余次，下达安全隐患限期整改通知书 24 份，并做到整改回访，使安全隐患得到彻底整改。

加强安全防范宣传教育，增强师生安全防范意识。开展了系列旨在提高师生安全意识和防范能力的宣传教育活动。一是分别组织 2007 级新生 7000 余人、学生高层公寓近 3000 人进行了消防疏散逃生与自救演练。会同学校宣传部、山东省消防总队拍摄《大学生逃生与自救》教学片；制定逃生与自救演习方案，协助指导学生部门做好了新生宿舍楼逃生与自救演习工作；通过演练，增强同学们的消防安全意识和疏散逃生技能，检验和提高学校有关职能部门对火灾扑救和人员安全疏散工作的组织处置能力。二是通过宣传栏、网络、图片展览、安全提示等多种形式，在学生中开展道德、法制、安全以及维护学校和社会稳定的宣传教育，帮助他们增强法制观念，提高安全防范意识和自我保护能力。协助学生处、团委、学生会等部门在各学院、部门开展了以“安全进校园，知识进课堂”为内容的宣传活动，提高了师生的安全防范意识和能力。及时向师生通报学校及周边地区的治安形势，有针对性地发布“安全提示”，提醒师生应注意的安全防范事项和自身应采取的防范措施。三是开展安全知识讲座，普及安全法律常识。举办各类安全知识讲座，接受教育的学生达到10000余人。

做好治安综合治理责任到位工作，完善层层落实的管理机制。为了贯彻实施《消防法》和61号令，加强学校消防工作，按照“谁主管，谁负责”的原则，各学院、各部门及每个教职员工对各自管辖工作范围内的消防安全负责实行定部位、定责任人、定工作任务管理，做到领导有组织，执行有力度。形成了主要领导亲自抓，分管领导具体抓，各部门负责人、安全员层层抓落实的管理机制。

建立完善应对突发事件应急处置预案。针对可能突然发生的火灾、中毒、传染性疾病、治安、交通和群体事件等，协助学校党办完善了火灾事故、治安事故、地震及房屋倒塌突发事件、恶性道路交通事故、食物中毒、校园网信息网络安全事件、学生自杀（离校出走）等应急处置、救援工作预案，成立了处置相应突发性事件的领导小组，对处置程序、措施落实、善后工作都做了详细的规定。

三、加强国防教育，做好人武工作

做好2007年对军烈属、伤残军人、复转军人的慰问工作，并对200余户（人）军烈属、伤残军人发放慰问金；做好2007级新生军训武器弹药的保障工作；帮助2006年冬季4名在校入伍大学生落实军属待遇；完成2007年冬季在校学生入伍工作，有5名学生通过了入伍政治、体格检查；做好军事机关赋予的预备役登记工作以及妥善处理警备区在我校组建民兵营的问题。

（吴雪松）

基本建设

2007 年，基建直属党支部、基建处在学校党委和校长的正确领导下，以“三个代表”重要思想为指导，牢固树立科学发展观，深入贯彻实施《山东大学 2006～2010 年党的建设工作工作纲要》和《山东大学“十一五”事业发展规划》，全面落实《山东大学校园基本建设“十一五”规划》，围绕山东大学“十一五”校园规划，服务科研、服务教学、服务师生，不断完善基础设施建设，构建和谐校园，为实现学校创建研究型大学的目标作出积极贡献。

（一）以理想信念教育为核心，加强学习教育、提高思想认识。紧抓思想政治建设、制度建设、作风建设、廉政建设，确保基建工作高效运行

1. 认真学习中国共产党第十七次代表大会文件，通过学习更加坚定了发展前进的方向，并以十七大精神为指导，认真完成我校和谐校园建设的有关工作，进一步落实《山东大学关于加强和谐校园建设的意见》，促进了我校基建工作的持续协调健康发展。

2. 通过学习四个长效机制文件，建立健全了经常性学习教育制度，制订学习计划，采取上党课、举行报告会、组织专题研讨、参观考察及收看党员教育专题片等形式，每两周组织党员进行一次集体学习。同时还倡导党员自觉学习，引导党员根据自身实际和工作需要，利用业余时间搞好自学，增强了学习的自觉性，切实用“三个代表”重要思想、科学发展观武装党员干部头脑，巩固先进性教育活动成果，充分发挥了党员的先锋模范作用。

3. 坚持开展廉洁自律学习教育活动。进行了党风建设、法律法规、反腐倡廉、遵纪守法的学习和教育，用党纪、国法严于律己，牢固筑起反腐倡廉的思想防线，并结合本处的工作性质及工作特点，制定了廉政建设制度。

4. 加强基建工作作风建设。高校机关工作作风是党风的具体体现，是高校机关及其工作人员精神面貌、工作水平、办事效率、服务质量的外在表现。高校机关工作作风的好坏、办事效率的高低，关系到凝聚力、吸引力，是决定高校发展竞争力的重要因素。转变基建的工作作风，首要的问题是服务态度，核心问题是服务质量，关键的问题是工作效率。

6. 进一步深化制度建设，在此基础上进一步完善了基建各项管理制度和行为规范，通过严格规范的管理制度，规范了基建行为，提高了工作效率。

7. 不断加强队伍建设，通过剖析、自查，每个同志都从政治思想、劳动纪律、敬业精神、工作作风、服务意识等方面进行了深入剖析、自查自纠，找出了自己在工作中

的突出问题，并提出了改进办法。使全处同志团结一致，努力向上，主动干好自己的工作。使基建队伍成为一支讲团结、讲廉洁、有朝气、甘奉献、能拼搏、特别能战斗、特别能打硬仗的战斗集体。

（二）2007年完成9个项目的后期建设和竣工交付工作，交付工程建筑面积14.67万平方米，完成投资1.25亿元。完成了2个项目的工程主体建设工作，建筑面积13.62万平方米，计划完成投资2亿元。

1. 东校区新校科研综合楼：建筑面积127412平方米，计划总投资3.8001亿元。2006年已经完成桩基础施工，2007年已完成主体工程施工建设，完成投资19200万元。

2. 东校区新校18#综合学生公寓：建筑面积60027平方米，总投资15413万元。2006年已经完成主体施工，2007年8月完成投资约7413万元，并提前竣工验收，为学校安装家具、分配房间创造了时间，确保学生按时入住，质量等级优良。

3. 东校区新校生命科学院教学实验楼扩建工程：建筑面积10923平方米，计划总投资3547万元。2006年已经完成主体施工，2007年6月按时竣工并交付使用，完成投资约1847万元。获2007年济南市精品工程。

4. 东校区南院3号高层住宅及换热站：建筑面积24693平方米（含换热站750平方米），总投资6300万元，2006年已累计完成投资6000万元。2007年完成装饰、室外及煤气工程，2007年12月份进行竣工验收并交付使用，完成投资约300万元。获2007年济南市精品工程。

5. 东校区新校南院4号、5号两栋小高层教工住宅：总建筑面积为12715平方米，总投资6500万元，2006年年底已经竣工验收。2007年进行室外工程的绿化等施工，于2007年1月份交付使用。

6. 东校区老校艺术学院教学楼室外工程：计划投资200万元，2007年8月份开工，2007年11月竣工。

7. 东校区老校博士生公寓1～4号楼：建筑面积16000平方米，总投资3200万元。2006年11月份开工建设，2007年12月，1号、2号楼进行竣工验收，3号、4号楼竣工清理报验。2007年完成投资1600万元。

8. 东校区老校法学院教学楼：建筑面积8774平方米，计划总投资3100万元。2007年3月份正式开工建设，2007年底完成混凝土结构，完成投资800万元。

9. 西校区东村2号高层住宅楼：建筑面积8118平方米，总投资2000万元；2007年完成室外工程建设等工作，2007年7月竣工。

10. 西区东村3号高层住宅楼：建筑面积8118平方米，总投资2000万元；2007年10月完成竣工验收，完成投资约150万元。

11. 西区护理学院教学楼及配电室：建筑面积6166平方米，总投资1800万元；在去年施工的基础上，今年主要进行了室内外装饰和空调、水电安装。目前消防已验收完，12月进行竣工验收，完成投资约1200万元。配电室及室外道路也已完成。

（三）完成学校2007年基建投资计划、调整计划以及2008年基建投资建议计划（包括威海分校）的申报、编制和调整工作。按照学校规划，2007年完成1个规划建设项目前期可行性和方案的论证，规划建筑面积1.2万平方米，计划总投资3600万元。

1. 完成西校区学生综合服务楼方案草图。目前，已委托三家设计单位进行方案设计，总建筑面积 11676 平方米，其中食堂 9328 平方米，报告厅 2298 平方米，计划总投资 4500 万元。

2. 加强与教育部主管部门的联系，积极争取计划外资金。2007 年，共有教育部中央预算内资金 1500 万元（含基数 1011 万元），安排在综合科研楼 A 座；法学院教学楼项目争取到邵氏基金第 21 批赠款 300 万港元。另外，理科综合楼在教育部港澳台办公室组织的邵氏基金赠款大学项目评审中荣获二等奖，并获奖金 12 万港元。

3. 完成老校艺术楼、东校区 3＃高层住宅、生命学院教学楼、18＃综合学生公寓、护理学院教学楼等项目的室外环境设计以及东校区北门景观带及步行桥的方案设计。

4. 完成了生命学院教学楼、老校博士生公寓、西校区 2＃、3＃高层住宅等项目的外墙保温变更审查工作。

5. 完成老校五宿舍传达室和晶体所 KDP 生长实验室项目从设计、施工、竣工验收到档案整理的全部工作。

6. 完成东校区南院 B 楼和 4＃、5＃高层住宅的管道煤气点火通气工作；完成了东校区南院 3＃高层住宅和西校区 2＃、3＃高层住宅的煤气管道安装。

（四）完成各项材料的采购和供给，保质保量按时供应到场，为各项工程的顺利施工提供了物资保障

1. 2007 年，组织学校开标会议 27 次，共计 150 个标段。其中，招标采购钢材 12000 吨、是去年的 1.49 倍，供应水泥 15000 吨，大型设备电梯 23 台，配电箱、柜 1524 台套，共完成合同金额 9000 万元。在完成上述材料设备招标采购的过程中，从招标申请书的申报，投标单位的推荐和确定都严格执行了招标、邀标各有关规定和程序，学校纪委、审计等部门全程跟踪监督，评标中对各投标人按照公平、公正、科学、择优、效益的原则，择优评出质量可靠，价格合理的产品。

2. 为使设备材料招标采购更加规范严谨，根据有关规定大宗设备材料的招标（即 120 万元以上）委托有经营资质的招标代理公司来组织公开招标。综合科研楼配电箱、柜，委托济南建招工程咨询有限公司进行了公开招标，中标总价格为 2850528.55 元。

3. 根据学校清仓核资要求，对南校区多年积压库存物资进行了清理，回收资金 62000 元，避免了学校财产的进一步损失。

4. 进一步完善规范了招标文件和合同条款，对去年初步建立的大型设备合同付款方式作了进一步完善，取消所有的预付款，只付定金。综合科研楼近千万元的合同中，只先期支付定金近 300 万元，为学校节约部分利息支出。

（五）完成了工程竣工验收和交付使用、审计初审、维修与跟踪服务和工程建设的管理及迎接上级主管部门的检查等日常性工作。

1. 完成 2007 年竣工工程的交付使用工作。在竣工交付使用过程中基本做到每个使用单位或个人有一份保修书、一份使用说明书和维修电话联系表，并进行交付后的跟踪服务和回访。

2. 完成 2007 年竣工及进行竣工验收工程的结算初审工作。土建：包括老校艺术楼、生命学院、西区 2＃楼、综合科研楼桩基、南院 4＃、5＃小高层单体工程 6 个，报

送值 8040.67 万元；审减值 780.24 万元。安装：单体工程包括生命学院教学楼、艺术学院教学楼、西区 2＃，3＃号住宅楼、南院 4＃、5＃小高层 5 个，室外工程等小型决算 30 个，初审报审值 1944.2 万元，审减值 424.6 万元。按照学校有关规定做好竣工工程的结算初审工作，节约投资，提高了投资效益。

3. 完成 2005 年、2006 年竣工的西校区口腔楼、6 号教学实验楼、药学楼、电力楼加层、东校区五宿舍 18、20、21 号楼、艺术学院教学楼等竣工工程的后期维修服务工作。

4. 在续建工程建设中，进一步加强了现场管理和与相关部门的协调，明确了责任意识，完善了各项规章制度，保证质量，节约投资，提高效益。同时在工程建设过程中完成了迎接上级主管部门的各项检查和评比，工程的竣工档案的收集、整理和报送、工程建设计划统计等日常性工作。

5. 完成了基建工程项目进度的统计工作，连续二年获得济南市统计局颁发的济南市统计工作先进单位称号。

（张小帅）

后勤管理与服务

2007 年，后勤管理处在学校党委、行政的正确领导下，团结带领全体员工，以邓小平理论、“三个代表”重要思想和党的十七大精神为指导，进一步巩固先进性教育成果，深入学习贯彻落实党的十七大精神，按照“凝聚人心，推动发展，促进和谐”的要求，推进后勤系统基层组织建设，增强后勤两级党组织的创造力、凝聚力和战斗力；加强作风建设，创新后勤管理，提高服务质量，坚持用科学发展观统领工作全局，紧紧围绕学校中心工作和后勤年度工作会议上提出的“三个坚持”，实现“三个协调”的整体工作思路，认真贯彻落实学校《2007 作风建设与管理效益年实施方案》要求及《山东大学 2007 年党委工作要点及学术与行政工作要点任务分解详目》中对后勤工作提出的各项任务目标，创造性地开展工作，充分发挥了后勤服务的保障支撑作用，并取得显著成效，为我校构建和谐校园、创建高水平研究型大学提供坚实的办学保障和服务支撑。

一、强化政治理论学习，坚持用中国化的马克思主义最新成果武装后勤干部职工

后勤党委根据学校党委要求，组织学习了十六届六中全会精神、胡锦涛总书记在中央纪律检查委员会第七次全体会议上发表的重要讲话，以及学校党委《关于转发〈中共教育部党组关于开展向方永刚同志学习的通知〉的通知》、《关于学习贯彻〈干部教育培训工作条例（试行）〉的实施意见》、《关于在全校党员领导干部中开展“加强作风建设，促进社会和谐”主题教育活动的通知》、《关于转发〈中共中央纪委关于严格禁止利用职务上的便利谋取不正当利益的若干规定〉的通知》等文件；开展了“加强领导干部作风建设，促进社会和谐”主题教育活动以及向方永刚学习等系列教育活动，组织观看了加强党员干部作风建设的专题讲座录像片。特别是党的十七大和学校党委第十二届三次全会以来，后勤党委先后召开 6 次党政联席会、3 次办公会、5 次支部书记会议，研读、交流学习体会，结合实际探讨后勤科学发展的思路，较好地完成了学校党委安排的理论学习任务和后勤系统党支部书记培训工作；通过对理论学习，营造了后勤系统团结进取、奋发向上的良好的政治舆论氛围。后勤党委为各党支部配发了书刊 2000 余册，编印学习辅导材料 4 期、360 余册；学校网登载文稿 80 余篇，后勤网登载文稿 710 余篇。

二、积极开展爱国主义教育活动，激发党员的爱国情怀

各党支部积极组织党员到华东革命烈士陵园、华东解放战争纪念馆、孟良崮、台儿

庄、山东省党史馆等革命圣地、孔繁森同志纪念馆、英雄山烈士陵园或爱国主义教育基地参观学习，有的支部创新教育方式，开展了“网上祭先烈，共筑中华魂”活动。

三、巩固先进性教育活动成果，探索保持共产党员先进性的长效机制

认真总结《中共中央办公厅印发〈关于加强党员经常性教育的意见〉等四个保持共产党员先进性长效机制文件的通知》的学习贯彻情况，积极探索保持共产党员先进性的长效机制，加强后勤党支部规范化建设，强化对后勤系统党员的教育、管理和监督，更好地发挥后勤党委的政治核心作用、党支部的战斗堡垒作用和党员的先锋模范作用；并结合建党 86 周年，在后勤系统开展了学习长效机制文件及党建知识竞赛，平均 92 分，党员参加率为 87％ 。

四、加强作风建设，打造廉洁高效的后勤管理团队

按照学校《2007“作风建设与管理效益年”实施方案》要求，制定了“后勤系统作风建设与管理效益年实施意见”，加强后勤系统干部队伍作风建设，创新后勤管理，打造一支爱岗敬业、协作创新、勤政廉洁、务实高效的管理团队，以过硬的作风促管理，以科学的管理促发展，并将后勤干部的作风表现列入考核的内容。

五、认真做好党员发展工作，完善组织生活，增强组织的活力

按照“坚持标准，保证质量，改善结构，慎重发展”的方针，认真做好党员发展工作，及时把符合党员标准的入党积极分子吸收到党内来，共发展党员 10 人，预备党员转正 8 人；各党支部开展了以“话发展，促和谐，保持先进性”主题的组织生活会；水电管理服务中心党支部的组织活动方案获得学校立项资助。

六、创新反腐倡廉机制，完善监督体系

认真学习中共中央纪委《关于严格禁止利用职务上的便利谋取不正当利益的若干规定》和教育部党组 8 月 29 日召开的“加强高校管理，进一步治理商业贿赂视频会议”精神，结合后勤实际，贯彻落实学校党委《关于落实〈建立健全教育、制度、监督并重的惩治和预防腐败体系实施纲要〉具体办法》、《关于开展治理商业贿赂工作的实施意见》，将后勤各单位廉政建设目标纳入后勤各单位负责人年度责任目标及 ISO9000 质量管理体系，形成了事事有人管、人人被监督的氛围；后勤党委书记傅佩玉撰写的《构筑新形势下高校后勤党员干部廉政建设体系的思考》一文被全国高校后勤思想文化建设论文交流会评为一等奖。

七、全面推进 ISO9000 质量管理体系建设，提升后勤系统管理水平

全面加强了管理知识的学习，积极推进 ISO9000 质量管理体系建设，先后有 8 个单位通过了现场认证，进一步梳理了后勤各项制度，基本建立目标责任、监督考核、业绩奖惩体系，进一步完善规范了工作制度，改进了服务措施，提高了管理效率，提高了服务质量，全面提升了后勤保障能力和服务水平。

八、积极开展群团工作，营造和谐的后勤软环境

组织了庆“三八”座谈会、计划生育讲座，与后勤各单位签订 2007～2008 年度《山东大学人口与计划生育目标管理责任书》；积极参加了学校工会组织的各项文体活动，取得了优异成绩；成功举办了《和谐颂》后勤职工文艺晚会，后勤各单位开展了丰富多彩的职工文化活动，凝聚了后勤系统的向心力，营造了和谐的工作、学习、生活氛围与和谐的后勤软环境。

九、建设学习型、研究型后勤，积极探索后勤改革发展新思路

加大了学习型后勤、研究型后勤建设力度，成功举办了 2007 年后勤发展论坛，论坛为开放式，邀请了部分驻济高校后勤同仁和学校相关部门领导，目前已撰写论文 50 余篇，1 部后勤管理方面的书籍正在组稿中。

十、坚持以人为本，把解决职工困难作为改进后勤领导干部作风的一项任务

后勤党政领导非常关心患病职工与困难职工生活问题，在学校人事处和工会等部门的支持下为困难职工发放生活补助 41 人次、金额 36100 元，看望住院职工 50 余人次。

十一、抓党的建设，促进行政工作的开展

充分发挥后勤党委的政治核心和监督保证作用、后勤系统各党支部的战斗堡垒作用、后勤党员的积极性和创造性，为实现后勤 2007 年各项目标任务提供坚实的思想理论基础和坚强的政治保证、组织保证、制度保证；引领、调动后勤党员、干部、职工的积极性、主动性和能动性，工作突出创新并取得实效，推进并实施了班车交通车收费改革、学生用水用电指标管理、家属区物业管理改革、新建公房的物业管理及经费分担机制等；教育后勤全体干部职工牢固树立和谐、安全、节约、效率、效益的工作理念，促进后勤各项工作任务的顺利完成，发挥后勤在和谐校园、平安校园、资源节约型校园建设中的基础作用；充分发挥思想政治工作的宣传、教育、引导作用，妥善处理后勤改革发展中的热点、难点问题，切实维护好稳定，为后勤发展创造稳定和谐的内部环境，为学校又好又快发展提供坚实的保障和服务。

十二、遵循规律，强化监管，后勤服务保障工作再创新佳绩

1. 遵循规律，突出重点，后勤系统成功组织开展了春秋季卫生清扫及安全生产隐患自查自改专项整治活动，确保安全运行。通过开展专项整治活动，进一步改善了后勤安全生产条件，提高了后勤保障能力、服务质量和管理水平，确保了设备完好率达到 99％，故障及时排除率达 100％，保证了日常运行安全、可靠，满足了学校的教学科研及师生日常服务需求。同时也进一步增强了师生员工的安全意识和自我保护能力，营造了全校师生员工共同关心和支持学校安全工作的良好局面，从而切实保障了师生安全和财产不受损失，达到了消除安全隐患、防患于未然的目的，有力地推动了平安校园、和谐校园建设。

2. 修订实行了新的安全、管理、廉政三项目标责任制。在已有的基础上，对三项目标责任书的内容作了修改、充实和完善。5月份，与后勤各中心、幼儿园签订了《管理目标责任书》、《安全目标责任书》和《廉政目标责任书》，实行年度目标责任管理，保证了全年工作顺利开展。

3. 强化日常监督管理协调职能，维护学校安全稳定。根据行业特点、季节规律以及市场变化等因素，后勤处加强日常监督管理，对后勤各单位的服务保障工作进行定期、不定期检查或突查，特别是对涉及师生切身利益、敏感度高、安全性强的食堂饭菜价格、饭菜质量、交通服务、水电设施以及超市价格等实施重点监管，确保了校内服务市场公正有序和设施设备安全运行，真正起到了督促提高、化解矛盾、排除隐患、维护学校稳定的作用。

4. 继续引入ISO9000质量管理体系，推动后勤实施科学管理，不断提高管理水平和服务质量。上半年，饮食管理服务中心、供热管理服务中心和校园管理服务中心顺利通过了ISO9000质量管理体系认证，标志着后勤公益型、管理型中心和幼儿园已全部驶入科学管理的轨道。下半年，后勤处专门成立了认证审核小组，对后勤八个贯标认证单位的质量管理体系运行状况进行了年度第二方审核。通过审核，确保了目标认证单位的质量管理体系得以持续改进，同时也保证了目标认证单位的质量方针、质量目标和体系文件更具适宜性、充分性和有效性，避免了ISO9000质量管理体系认证流于形式，从而进一步提高了管理水平和服务质量。

5. 保质保量地完成了后勤资产清查工作。通过清查，摸清了后勤资产“家底”，进一步规范和加强了国有资产管理，完善了资产管理制度，维护了资产的安全与完整，同时也促进了后勤资源的整合和共享共用，提高了后勤资产的使用效益和效率。

6. 圆满完成中学生开放日、第一届教职工代表大会第五次会议、高考阅卷、迎接新生、2007届学生毕业典礼暨学位授予仪式及庆祝中韩建交15周年联合文艺演出等学校重大活动的后勤服务保障工作。

十三、转变机制，创新管理，后勤各项改革稳步健康持续发展

1. 办学保障和生活服务后勤咨询制度继续深化。围绕公房物业管理改革和稳定学生伙食价格等问题，先后组织召开了两次办学保障和生活服务后勤咨询会议。通过召开咨询会议，加强了与学院、职能部门以及师生的沟通，赢得了广大师生员工对后勤工作的理解和支持。同时，也使后勤决策更加趋向科学化、民主化。

2. 山东山大后勤服务公司的法人企业改制工作顺利开展。一是初步拟定了企业改制的框架方案；二是对所属的杏林公司、南区劳动服务公司进行了资产清查、产权界定，并会同齐鲁会计事务所，制定出了企业改制的实施意见。通过上述举措，进一步明晰了后勤产权关系，理顺了企业管理体制，明确了资产使用范围，确保了学校后勤资产保值、增值。

3. 后勤用工制度改革不断深化，临时用工管理逐步走向规范化。为进一步规范临时用工，保证临时用工队伍的稳定，在充分调研的基础上，后勤形成了《关于规范后勤系统临时用工的意见》，上报学校人事处，积极为学校出台相关政策建言献策。

4. 公房物业管理实现新突破，后勤改革再出新举措。为认真贯彻落实学校《2007作风建设与管理效益年实施方案》的要求，切实搞好学校公房物业管理，6月份，制定出台了《山东大学公房物业管理暂行办法》，对校内公共楼宇的物业管理经费实施合理分担。

下半年，通过招聘方式引进了深圳新东升物业公司，对新增或具备条件的艺术楼、晶体楼、新医学楼、生命学院北楼、新药学楼、护理楼和南区教学八楼等公房全面实施物业管理。经过四个月的试运行，改革取得了明显成效。楼内环境卫生更加整洁，设施功能更加完善，管理和服务更趋向人性化，师生满意率大幅上升，使用单位对物业公司的工作也给予充分肯定。

通过公房物业管理经费的合理分担，提高了学校公房资源的使用效益，缓解了学校公房资源的供需矛盾，有效遏制住了学校物业经费快速增长的势头，保证了学校正常的教学、科研和工作秩序。同时，也增强了教职工的公房资源节约意识，进一步推进了资源节约型校园建设。

5. 水电改革继续深入，收效明显。一是对各院部水电指标进行科学合理调整；二是核定并下达了2007年学校机关、直属和公共服务单位用电指标以及学生宿舍人均用水用电指标。通过此项新举措进一步加强了用水用电管理，避免了浪费现象，加大了经费回收力度，减少了经费支出，提高了水电运行效率和效益，有效遏制了学校总用电、用水量连年快速增长的势头，取得明显成效。仅用电方面，2007年总用电量较2006年下降了3%。

6. 班车、交通车管理改革顺利完成。通过改革规范了乘车秩序，维护了职工的切身利益，杜绝了非山东大学人员乘坐山大班车、交通车的现象，解决了乘车拥挤和混乱现象，改善了师生的乘车条件和环境，提高了运行效率和效益。

7. 家属区物业管理改革稳步推进。1月份，东校区新校南院小高层成功实施物业管理。5月份，完成了南校区东院物业公司招聘工作。6月份，西校区东村3、4号楼通过选举成立了业主委员会，为下一步招聘物业公司奠定了良好基础。实践证明，这种管理模式不仅减轻了学校负担、节约了开支，而且还提高了服务水平，赢得了教职工的好评。

十四、精心组织，缜密部署，科学合理地实施基础设施和校园环境建设改造，育人环境和保障能力不断优化提高

2007年，在已有基础设施维修改造的基础上，坚持高起点、高标准、高水平的做好后勤基础设施和校园环境建设改造，有计划、有重点地实施了校舍环境和功能改造、水电暖基础设施建设改造等工程项目，进一步提高了保障能力，优化了育人环境。

1. 根据学校改革发展总体规划和年度工作部署，按照《山东大学修缮工程项目管理办法（暂行）》的精神，全面规划设计了学校校园建设和基础设施维修改造方案，完成了年度工程立项编制工作。全年工程立项184项，预算总额约2927万元，其中包括单位自筹资金39万元，其他单位项目经费171万元。

2. 统筹协调，确保了基础设施的改造按期完成。

一是按期完成了东区新校 13 号学生公寓改造、齐鲁软件学院招待所改造、西区槐荫路改造、南新区停车场改造、晶体所室内部分改造以及部分楼宇屋面防水维修改造等维修改造项目。共维修校舍屋面 3.75 万平方米，整修道路 3500 平方米，调整路沿石约 2000 米，维修围墙约 3000 平方米，新建和更新绿地 6500 平方米，显著的改善了校容校貌，提高了校舍的使用功能。

二是按期完成了南新区食堂服务台和售饭台的装饰以及燃气改造工程、齐鲁软件学院食堂功能改造、南区金苑宾馆墙面粉刷和地面维修改造以及东区老校憩园宾馆地面维修改造等工程，提升了餐饮供应能力，缓解了就餐拥挤的压力，师生就餐环境也得到了明显改善。

三是按期完成了新校 18 号学生公寓暖气管网安装、南新区学生公寓室内供暖系统改造、南区南院室外供暖管网改造以及 13 号学生宿舍楼室外供热管道改造等工程，提高了供暖管网的运行能力，保证了供暖的正常运行。

四是按期完成了新校中心开关站土建、设备安装及校外双电源线路的铺设、新校 18 号学生公寓室外上水改造、新校 13 号学生公寓室外电缆铺设以及部分单位 IC 卡电表安装等工程，进一步提高了全校供电网络的可靠性，增强了供电保障能力，满足了学校发展和师生员工的服务需求。特别是新校中心开关站的成功运行，为东区新校提供了强有力的电力供应，满足东区新校急剧增长的用电需求，实现了真正意义上的双电源。

3. 加强工程管理，确保每项工程取得较好的投资效益。

一是严格贯彻落实《山东大学修缮工程安全文明生产管理办法（暂行）》，进一步提高了修缮工程的管理水平，使修缮工程项目管理及施工过程更加规范化、标准化和制度化。

二是继续引进现代管理技术和手段，采用新设备、新材料、新工艺，并抽调各类专业技术人员和管理骨干，组建工程管理平台，推行项目经理负责制。

三是不断完善《山东大学维修修缮工程单元报价体系》，切实加强以工程审计为主要内容的内部审计管理和监督，提高了资金的实用性，有效地保证了工程质量，降低了工程造价。

十五、尽职尽责，运作有力，后勤各单位发展态势良好，圆满完成各项保障服务工作

2007 年，后勤各单位在确保运行经费不超出年度预算指标的情况下，圆满完成了管理、服务、经营指标，呈现出强劲的发展势头。特别是八个贯标认证单位全部实现了其质量目标和质量方针。同时，后勤八个行业实体所有员工的奖酬金实现了自筹，经营服务实体员工的基本工资实现了自筹。后勤除了把水电暖回收 3338 余万元，经营型资产条件费 137 万元，公益型和经营型服务人员返还基本工资 294 万元，全部抵支了学校后勤经费缺口外，还划出创收收入 183 万元用于弥补经费不足，减轻了学校负担，保证了后勤正常运行。

1. 饮食管理服务中心通过加强 ISO9000 质量管理体系运行、员工队伍建设、成本核算、安全卫生等管理，在规范化标准化体系、价格调控机制、教育培训体系、监督管理体制等工作中取得了新进展，创造了较好的管理效益，为师生员工提供了安全、卫

生、整洁的就餐环境。1～11 月份完成服务收入 1.017 亿元，较 2006 年同期增长 12.5%。一年来，中心以整体化、规范化、标准化体系建设为基点，以通过质量管理体系认证为契机，进一步完善和修订了相关作业文件，实现了服务形象、服务质量、伙食质量、管理水平的整体提高。特别是面对物价上涨，中心按照学生伙食公益性原则，积极采取应对措施，逐步建立和完善了原料成本随行就市、相对稳定、小幅跟进、稳步调整的伙食价格调控机制，稳妥调整了主食和纯肉类制品价格，并通过合理调整菜品结构和投料比例，确保了学生伙食保质保量、价格合理，维护了学校稳定。同时中心以节约发展为主题，进一步完善成本核算体系建设，最大限度地降低服务成本。年初重新修订了《饮食管理服务中心 2007 年运行办法》，并逐级签订了《2007 年目标管理责任书》和《安全管理目标责任书》，确保了年度各项目标任务的完成，确保了食品卫生安全和生产安全，保证了日常的餐饮服务。暑假期间，圆满完成了齐鲁软件校区食堂接管、筹备和启用工作，确保了齐鲁软件校区假期和新学期学生餐饮服务保障。2007 年，师生就餐满意和较满意率达到 94.93%，中心被省教育厅和卫生厅分别评为“2007 年高校伙食工作先进单位”和“2007 年卫生先进单位”。

2. 水电管理服务中心顺利完成了质量体系年度内审和第二方审核工作，确保了质量管理体系有效运行。通过建立院部用电二级管理体系和学生宿舍实行指标管理等措施，有效遏制了用电量快速增长的势头，师生的节能降耗意识得到了很大提高，水电管理改革取得明显成效。仅 9 月份，学生宿舍用电量就下降 30%。积极配合后勤管理处完成了水电基础设施改造工程，保证了学校正常的教学、科研、生活用水用电。1～11 月份完成水电费回收 1580 万元。

3. 供热管理服务中心全力推行 ISO9000 质量管理体系，保证了中心质量方针和质量目标的实现。中心通过从工资中直接扣除、对代供户及时催交、校内遗属户分工到人、上门收费等措施和方法，加大了采暖费回收力度，保持了较高的回收率。同时，中心积极实施《供热耗能控制标准》，制定了《变温定流量运行方式》，将技术节能与管理节能有机结合，在确保供暖温度满足供暖承诺标准的前提下，千方百计节约能源，确保了中心年度预算指标的完成。为保证 2007 年供暖季正常供暖，中心早准备、早打算，在暑假期间、全社会用煤淡季时，一次性购进本采暖季用煤 2.6 万吨，并在供暖前与港华燃气公司签订了供气合同，保证了煤源和气源的充足。

4. 校园管理服务中心以提高认识、统一思想、增强意识为重点和突破口，加强培训和引导，顺利通过了 ISO9000 质量管理体系的认证。通过认真贯彻 ISO9000 标准，全员认识发生了质的变化，责任感和使命感有了显著增强，较圆满地完成了绿化养护、保洁、道路、围墙修缮等保障任务以及各项经济指标任务。2007 年，中心工程技术服务费突破 40 万元大关；卫生、绿化有偿服务费 3.5 万元；会务服务费总收入达 7 万元。同时，中心积极做好挖潜增效、增收节支工作，提出了十项节能降耗的警示，并通过自己培育草花、合理调整垃圾装运方式、减员增效等措施和方法，年减少支出约 15 万元，有效地降低了运行成本，保证了中心在工作量不断增加、应急任务重、物价上涨的情况下，年度运行经费不突破预算经费。

5. 楼宇管理服务中心以 ISO9000 质量管理体系标准为抓手，坚持把标准贯彻落实到楼宇管理服务全过程中，进一步优化了组织结构，明确了管理的职责和权限，同时也进一步规范了服务行为，提升了服务形象和管理水平。一年来，教学设施、设备完好率达100%，门值服务态度热情，保洁区域干净整齐，教学耗材供应和维修及时到位，为师生提供了良好的学习环境。"五一"假期期间，对全校2667台电风扇、47149套课桌椅以及186间多媒体设备进行了彻底检修，保证了师生正常教学使用；配合后勤处按期完成了16项综合维修改造工程、3.5万平方米屋面维修以及各校区教学楼电梯维修保养工作；配合相关部门圆满完成了高考阅卷后勤服务保障工作，确保了阅卷工作顺利进行，充分展示了楼宇管理服务中心的良好形象。

6. 交通服务中心牢固树立服务和安全意识，克服市区道路整修拥挤、车辆数量少，运力不足、驾驶员年龄偏大等重重困难，在保证班车、交通车正常运行的情况下，圆满完成了学生选修课、实验课、高考评卷、迎接新生等交通服务任务。针对车辆运转不足的实际，中心积极探索交通服务保障的新途径、新方法，缓解交通压力，租用了5辆客车对南新区、软件学院开通了班车，基本解决了南新区、软件学院教职工上下班、学生出入交通不便问题。同时，中心认真贯彻落实《班车、交通车管理办法》，进一步规范了班车、交通车乘车秩序，改善了师生的乘车条件和环境，提高了运行效率和效益，中心职工的精神面貌和外在形象也发生了很大的变化，拾金不昧现象层出不穷，全年归还失主物品106件，收到表扬、感谢信48封，师生满意率在99%以上。一年来，中心未发生责任性机械、交通事故，被山东省文明办评为省文明安全示范单位；中心2名同志被评为济南市文明安全驾驶员；8名同志被评为历城区优秀驾驶员。2007年，中心有偿服务收入达422万元，比去年的397万元增长6.2%。

7. 通信服务中心以规范校内市场和提供优质服务为重点，积极稳妥地做好学校通信服务保障工作。通过采取市场管理与代维部利益挂钩等措施，进一步规范了校内通信市场，保证了学校电信畅通；通过完善114查号台微机查询系统和新版网上办公电话查询系统，进一步拓展了收发和代维便捷服务渠道。全年中心收发室完成收发量达838.45万件，日收发量达2.3万件；报刊杂志全年征订额突破60万元；代维部全年维护电话2.8万部，维护宽带量近3000部，故障率控制在1%范围内；票务中心售火车票13000多张，极大地方便了师生员工；工程部相继完成了三校区新生宿舍3341部铁通电话装机、东区新校南院4、5号小高层电话网络验收、东区新校15、16号学生宿舍楼电话线路改造等工作，并协调铁通济南分公司出资完成了东区新校学生18号公寓楼通信网络建设和960多间6.8万米的电话布线及后续通信配套等工程，进一步提高了通信保障能力。

8. 商贸服务中心深化用人制度和分配制度改革，打破了人员身份界限，推行了岗位绩效工资制度，实现了员工收入与企业效益、个人岗位及业绩挂钩；完成了资源整合与流程再造，逐步整合了内部人力、市场、房产等资源，调整了内部产业结构；对个别效益不理想、无发展前景的经营单位进行了关停并转；继续推行目标管理，健全了经济效益、安全生产和廉政建设三大指标体系，通过与企业实体负责人签订《企业负责人年度经营目标责任书》，健全了目标核定、分解、控制、评价与考核体系。通过开展食品卫生安全月、消防安全月、优质服务月、集体食堂伙食质量评估等活动实现了经营、安全、财务、质量、服务监督管理的常规化、制度化。全年实现经营收入 2100 万元，中心企业和实体的经营能力明显增强，各项工作呈现出良好的发展局面。

9. 房改办公室全年共发放新房钥匙 169 套；办理腾空房交接手续 1800 人次；收取腾空房预收款 3600 余万元；安置腾空房分配后 28 户遗留人员的住房；办理四宿舍楼房大证、南区东院高 2＃楼售房手续；测绘、评估新建集资房 32 幢；办理 1998 年参改后未调整住房职工房产证（小证）170 户；建立了 2001～2006 年学校调离人员数据库；完成了山东省高校清房办 98 年后所建住房清查、2002 年后新建住房审批、省财政厅房改、补偿、挂账统计报表、2008 年离退休人员住房资金预算和全校房屋固定资产清查以及 1998 年以来未调整住房职工补偿挂账兑现准备等工作；拟定起草了《山东大学教职工住房管理意见》，进一步规范了教职工住房交易行为。

10. 爱卫会办公室严格落实卫生职责，进一步完善了卫生分片检查包干责任制，并以创省级卫生先进单位和市、区爱卫会、高校卫生检查协作组检查为契机，对边角卫生进行了彻底清理，进一步改善了学校环境卫生，获得上级单位及检查组的好评。灭蟑、灭鼠、灭蚊蝇等工作扎实有效。通过采用生物饵剂布药等措施对各区学生宿舍进行灭蟑，取得显著成效；全年对四个校区（包括家属区）进行了四次投药灭鼠，并对新楼和缺损室外鼠饵站进行了维修和配备，大大降低了老鼠的危害；购买和分发了气雾罐 4000 多桶、苍蝇拍 3000 多把，为食堂购买了灭蚊蝇久效威杀虫剂 250 公斤。同时利用学校宣传栏、网络等，积极开展爱国卫生宣传，进一步增强了师生员工的卫生意识。

11. 家属区管理办公室积极稳妥地推进家属区物业管理改革和环境整治。1 月份，东校区新校南院小高层成功实施物业管理；5 月份，完成了南区东院物业公司的招聘工作。协助街道办事处、派出所等地方政府部门做好计划生育、调解纠纷、拥军优属、征兵等大量的行政管理工作。全年为我校 35 户教职工家庭及子女低保户办理社会救济金；为 3 位困难家庭子女申请教育救济金；为 2 户患病困难家庭申请医疗救助金；为 2 户困难家庭申请住房救助；为 3 户困难家庭申请慈善救济；为 13 位残疾人办理换发残疾证；为 241 位 60 岁以上的老同志办理换发老年乘车卡；发放 411 人独生子女费；解决民事纠纷 17 起，民事纠纷调解和解率达到 90％以上。同时利用家属区宣传栏、后勤网站等媒体，大力宣传国家的法律法规、属区的好人好事及生活小常识等，积极引导开展健康向上的文体活动，营造良好的社会风气，推进和谐社会建设。

12. 幼儿园圆满完成了 ISO9000 质量管理体系年度内审和第二方审核工作，进一步提升了幼儿园的科学管理水平和保教质量。按照标准要求，幼儿园实施素质教育，全面促进幼儿德、智、体、美、劳诸方面和谐发展。坚持抓好安全工作，始终把安全应放在各项工作的首位，认真贯彻执行卫生保健制度和幼儿一日生活常规活动，用各种技术指标和膳食结构培养和发展儿童，为幼儿的安全健康成长奠定了坚实的基础；不断推进“德育为首，教学为中心”和“全面发展加特长”的特色办学指导思想，加强岗位培训，提高员工整体素质，教师的教学水平和服务意识有很大提高，科研水平也显著提升，已初步形成了有特色的教科研体系。

（杨汝元　梁　勇　吕　鸽）

校办产业

2007 年度，校办产业以教育部关于高校科技产业改革发展的方针政策为指导，认真贯彻科学发展观，紧紧围绕校办产业实际，进一步梳理产业规范化建设工作，查缺补漏、巩固成果；加强财务监管和审计监督，规范企业行为，化解运营风险，提高运营质量；助强扶优、分类指导，提升企业盈利能力，加大对学校的回报；依托优势学科和优势产业，加强产业与科技结合，在科技成果转移转化中发挥作用；加强基层党的组织建设、党风廉政建设和思想文化建设，保持了校办产业的稳定发展，2007 年校办产业整体上继续保持健康发展的势头。

截至 2007 年底，产业集团下属企业共 27 家，其中，全资企业 10 家，控股企业 14 家，参股企业 3 家。从业人员 2600 人，其中学校事业编制职工 200 人。2007 年，产业集团实现销售收入 12.257 亿元，净利润 4065 万元，上交学校 2000 万元，返还事业编制人员工资 600 万元。

一、企业经营管理工作

（一）明确任务目标，强化责任落实

随着校办产业重组改制的不断深入，产业集团的中心工作逐步由以防范化解运营风险，转移到促进企业持续、健康、快速发展，培育新的增长点和增加对学校的回报上来。为贯彻学校提出的 2007 年“作风建设与管理效益年”，实现产业集团规范管理、增收节支、增加对学校回报的战略目标。产业集团推出三项具体管理措施，号召所属企业开源节流，大力减少非生产性开支。一是要做到两个务必。集团所属企业务必要强化规则与责任意识，务必树立勤俭办企业及过紧日子的理念，自觉规范企业经营行为，全面压缩各项费用开支，增加对股东的回报，加强对学校的回报。二是制定和完善集团规范管理相关规章制度。进一步明确集团及所属企业的权利和责任，建立集团与所属企业清晰有序的管理规则和流程，集团各职能部门加大对制度执行的检查、指导和监督力度。三是集团下发文件，进一步明确规定了各企业年内不准购买小汽车，各项费用开支不得高于经济效益增长幅度，企业工资发放总额及负责人薪酬严格控制在集团核定的额度以内。

3 月 8～9 日，产业集团召开年度工作会议，总结 2006 年度工作，部署 2007 年的产业工作任务，明确工作思路和经营目标，对所属企业负责人 2006 年度的工作业绩进行了年度考评，评选并表彰了5名优秀企业管理者、2名优秀创业者。会上，与集团所属企业负责人签订了2007年经营目标责任书。

根据工作需要，4月16日，学校对产业党委和产业集团的主要领导进行了调整：张兆亮任产业党委书记，马国臣任产业集团总经理。

产业集团召开2006年亏损企业及微利企业负责人会议，帮助企业分析现状，查找亏损原因，制定扭亏目标和整改措施。截至2007年底，亏损企业均兑现了扭亏或增效的承诺。

根据工作需要，张永兵副校长于7月份辞去产业集团董事长的职位，产业集团董事长由娄红祥副校长担任。

7月14～15日，产业集团召开中期工作会议，总结分析生产经营形势，查找上半年生产经营中存在的问题和薄弱环节，明确下半年工作重点和措施。娄红祥副校长在会上作了重要讲话，对校办产业的发展提出明确要求。

（二）产业规范化建设工作成效显著

按照教育部关于高校科技产业改革发展的一系列文件精神，经过近几年的努力，校办产业的重组改制、清理整顿工作已全面完成，现代企业制度的框架体系已经建立，长期困扰校办产业的企业亏损问题、产业结构不合理问题、重大运营风险等问题已基本得到解决，规范和发展是今后一个时期校办产业的主要任务。根据国家最新法规政策要求，结合校办产业实际，研究制定了《关于推进校办产业改革与发展的实施意见》，并于8月30日下发产业集团所属企业，对指导、规范校办产业工作及企业运营行为，促进企业进一步完善企业法人治理结构，强化责任意识、规则意识，完善权责分配、议事规则、决策流程、财务管理、劳动人事等方面的规章制度，提高企业的管理水平、运营质量和核心竞争力提供了可遵循的依据。

按照教育部的要求，按时完成了《山东大学关于产业规范化建设工作进展情况自查报告》，于4月10日上报教育部。同时，根据自查情况，制定了相关问题的整改意见，并逐一落实改进。

根据教育部关于规范企业冠用校名的要求，年初对冠用校名企业进行了分类清理，并制定了规范冠用校名的具体方案。截至12月份，大工公司、智苑公司、计算机科研所、方智公司、天宇公司、液压气动公司、联润公司、热处理厂等企业完成了名称变更手续。

（三）强化科学管理，提升企业盈利能力

为帮助校办产业财会人员进一步了解掌握财政部发布的新《企业财务通则》，做好新旧制度的转换工作，7月下旬，举办了校办产业《企业财务通则》培训班，产业集团所属企业的财务负责人、财务经理、主管会计共30余人参加了培训。为进一步规范产业集团本部及集团所属企业的财务运作和审计监督，学校审计处先后对产业集团本部、科技园公司进行了审计，查找财务运作方面存在的问题，对提升财务管理水平起到积极作用。下半年，根据签订的经营目标责任书和《企业国有资产保值增值考核办法》，产业集团对下属各企业应发放工资总额及总经理工资额进行了审计考核，对上年度审计整改意见进行了追踪检查，使审计整改意见较好地得到落实。

根据国家电网公司“主多分离”及学校产业调整的需要，完成了山大鲁能公司外部股东退出和企业减资工作。山大鲁能公司成立于2000年，注册资本22000万元。当初由产业集团以无形资产、原鸥玛公司经营性资产及部分货币资金出资11220万元，占51%；鲁能集团以货币资金出资10780万元，占49%。上半年，经股东双方协商一致，以减资形式实现鲁能集团从山大鲁能公司的完全退出。8月底签订完成了产业集团与鲁能集团方面有关减资的全部法律文件和资产移交工作，产权过户正在办理中。减资完成后，山大鲁能将成为产业集团的全资子公司。

为学校科研成果转化创造一个良好的平台，根据学校安排实行产业集团全资企业——科技园发展公司与学校科技园办公室合署办公。同时，为有利于科技园管理体制变革，理顺产业集团与科技园公司的产权及债权债务关系，将产业集团持有的能源环境公司和俱进物流公司的股权，转让给科技园公司，为科技园公司独立运作创造条件。

为加速学术交流中心发展，使学府品牌做强做大，提高经济效益，在收缩外围战线，转让学林大酒店经营权的同时，启动了访问学者综合楼的建设。3月30日，在学校南校区举行了访问学者综合楼的建设开工典礼，该楼建筑面积近1.2万平方米，预计2008年中期建成投入使用。访问学者综合楼建成后，将大幅度提升学术交流中心的经营规模与档次，显著提升中心的经营服务效益，成为山大产业的又一个亮点和利润增长点。

配合中国高科股权分置改革，及时完善股权手续，适时变现股权，收回现金800余万元，上缴学校财务。收缴山大华特股改中集团代垫股份，收回现金80多万元。

（四）大学科技园园区建设

完成了济南高新区大学科技园产业园区公共道路的硬化、路灯安装、大门修建、园区绿化等收尾建设工作，实行了统一的物业管理，为入园企业的发展提供了良好的内部环境，改善和提升了园区的外部形象。从2006年下半年起，逐步向入园企业办理土地使用权的转让。根据入园企业要求，本年度加快了转让协调工作力度，截至年底，除山大鲁能公司外，先后与五家入园企业办理了土地使用权的转让手续。

（五）加强对外合作交流，推动校办产业快速发展

4月25日，武汉大学高新技术产业发展部部长、资产经营投资公司总经理阎平、高新技术产业部党委书记沃闻达一行11人访问我校产业集团。产业集团总经理马国臣、产业党委书记张兆亮、产业党委副书记郑波等与客人进行了座谈。

5月17日，组织召开了“高新技术创新服务平台建设”项目组专家咨询会。技术创新服务平台建设项目是山东半岛高新技术产业带创新工程的重要组成部分，张永兵副校长为课题负责人，集团为立项单位，是我省加强科技自主创新，培育具有自主知识产权的高新技术支柱产业、加快山东半岛高新技术产业发展的重要举措，也是学校服务地方经济和社会发展的重要内容。与会专家们就大学科技园的建设与发展、如何加强科技与产业相结合、加快科技成果转化等问题进行了广泛讨论，提出了许多宝贵的意见和建议。会议由副校长张永兵主持。校长助理贾磊，材料学院、药学院、生命学院、机械学院、能动学院等有关学院负责人及专家，科技处、设备处、产业集团、工程训练中心的有关人员参加了会议。

6 月 20 日，召开了山东大学、济南高新区科技创新服务研讨会。副校长张永兵、校长助理贾磊，济南高新区管委会副主任钱宇建出席了会议。会议就如何发挥政府、高校、企业在科技创新中的作用，如何建立科技创新资源共享的有效途径，如何提高服务效率和质量等问题进行了研讨。会议由产业党委书记张兆亮主持。学校科技处、设备处、产业集团，济南高新区科技局、创业服务中心、齐鲁软件园、济南科技风险投资公司的有关人员参加了研讨。

12 月 12～13 日，中南大学分管产业副校长胡铁辉率中南大学资产经营有限公司以及校办产业管理办公室一行 7 人访问我校。副校长娄红祥、产业集团总经理马国臣、产业集团党委副书记朱效平、郑波等与客人就校产管理工作进行了交流座谈。

（六）加强科技和技术创新工作，促进科技成果转化

在校办产业发展中，重视科技工作和技术创新工作，积极申报国家、省、市科研项目和各类企业创新基金，据不完全统计，2007 年度产业集团所属企业共到位科研经费 1200 万元。在 6 月 19 日召开的山东省软件产业会议上，山东大学地纬公司被授予“山东省优秀软件企业”称号，地纬公司总经理张世栋、华天软件公司董事长杨超英被授予“山东省软件企业领军人物”称号，山大鲁能下属的鸥玛软件公司被认定为首批“山东省软件工程技术中心”。这表明山大软件企业已经成为山东省软件产业发展的中坚力量，在加快科技成果转化、加强科技与产业结合、带动山东软件产业发展等方面发挥着重要作用。

二、产业党建工作

2007 年，产业党建工作坚持以“三个代表”重要思想为指导，深入落实科学发展观，紧紧围绕中心工作，积极开展各项活动，为校办产业经营管理和发展提供坚实的政治保障。

（一）强化理论学习和政治教育，提高干部职工的思想素质

2007 年，产业党委坚持以加强理论学习为主导，本着生产经营学习两不误、两促进的原则，狠抓了党员干部和职工的理论学习。年初，根据学校政治理论学习安排，制定下发了职工政治理论学习计划，先后组织党员干部和广大职工认真学习、领会、贯彻、落实《山东大学关于落实〈建立健全教育、制度、监督并重的惩治和预防腐败体系实施纲要〉具体办法》，组织学习了胡锦涛总书记在中央纪委第七次全会上的重要讲话和中央党校省部级干部进修班上的重要讲话精神，狠抓了党的十七大会议精神的学习贯彻。针对产业集团 2007 年生产经营目标，开展形势任务宣传教育，有效地提高了产业各级干部和广大职工的政策理论水平和思想觉悟，为校办产业的发展和做好各项工作奠定了良好的思想基础。在集团与各企业之间形成了密切配合、共同努力、为实现年度经营目标奋力拼搏的良好氛围。

（二）加强产业基层党的建设，不断提高基层党建工作水平。

随着校办产业员工队伍及企业的变化，及时调整和完善产业基层党的组织。一年来，先后调整了山大鲁能党总支所属党支部、山大环保水业党支部、中天公司党支部和电子发展公司党支部，将凯文专修学院党支部及所属党员的组织关系全部转出，理顺了

隶属关系。针对产业集团所属企业党支部书记大都是兼职的实际，采取以会代训的方式加强对支部书记的培训。11月1日至12月13日，根据学校党委统一安排，又集中一个多月的时间，对产业和党支部书记进行了系统培训，培训工作紧密联系校办产业的工作实际，针对新形势下基层党组织建设和党员队伍建设所面临的新情况、新问题，进行了积极探索，并就加强和改进校办产业党建工作进行了深入研讨，有效地提高了党支部书记的业务素质和管理能力。重视党员队伍的管理教育，严格按照党章要求，坚持标准，本着成熟一个发展一个的原则，在各企业党组织考察培养的基础上，全年共发展了7名职工入党，保证了产业党员队伍的不断充实和党组织的壮大，使党组织在产业各项工作中的政治核心作用和党员的先锋模范作用得到了充分发挥。

根据《山东大学基层组织活动方案立项工作暂行办法》，结合校办产业特点，在集团所属企业内组织开展了基层党组织立项方案活动，其中，山大鲁能销售支部确立的《树立先锋旗帜，科技服务三农，共建和谐农村》和山大华天第三支部（电子科技发展公司）确立的《发挥资源优势，服务山区教育》两个组织活动立项方案被学校确定为优秀方案。

（三）加强党风廉政建设和民主监督工作，营造勤政廉政良好氛围

2007年，产业党委始终把党风廉政建设作为产业党组织的一项重要任务，立足教育，筑牢思想意识防线，有计划地组织党员干部收看反腐倡廉警示教育录像片，防微杜渐。狠抓了《学校党委关于贯彻落实〈建立健全教育、制度、监督并重的惩治和预防腐败体系实施纲要〉的具体意见》和《国有企业领导人员廉洁从业若干规定》的贯彻落实。坚持运用企业领导班子内部监督、民主监督、内部审计等办法来规范企业负责人的管理行为。在对企业负责人年度考核过程中，充分发扬民主，除组织企业负责人进行年度述职述廉外，产业党委、产业集团组织人员深入各企业广泛听取职工对企业负责人的意见，使考核更接近实际、更加科学。

（四）加强企业文化建设，努力构建和谐校办产业

企业文化是企业核心竞争力的源泉，产业党委坚持以人为本，把思想教育和严格管理结合起来，把解决思想问题与解决实际问题结合起来。2007年，产业党委坚持把对职工的理想信念教育、形势任务教育和职业道德教育作为政治教育的主要内容来抓，引导职工树立正确的人生观、价值观，大力弘扬爱岗敬业、艰苦奋斗、开拓创新、团结协作、无私奉献的精神。积极关心支持工会工作，新《劳动合同法》公布后，及时组织广大职工认真学习讨论，上半年，产业党委、产业集团对所属企业用工和执行用工制度情况进行了全面的调查了解，对执行不好的企业及时提出整改意见，从调查情况看，绝大多数企业都按有关规定给职工办理了各种保险，有的企业还安排职工查体和外出考察，对有特殊困难的职工给予救济和帮助，充分体现了校办产业大家庭的温暖。

积极参与学校组织的爱心捐助“送温暖”等活动，在助学捐助送温暖活动中，产业职工共捐款20772元。在秋季学校举行的职工田径运动上，产业职工又取得了职工团体第五名的好成绩。除此，绝大多数企业还结合本单位特点，开展了元旦、春节“辞旧迎新联欢会”、歌曲演唱会、乒乓球比赛和跳绳、书法绘画、够级、拔河、健身比赛等丰富多彩的文体活动。1月21日，山大华天公司在珍珠泉人民大会堂举行公司成立十

五周年庆典文艺演出，山东省人大常委会副主任、党组书记邵桂芳，校长展涛、党委副书记尹薇、方宏建，副校长张永兵等学校领导出行了庆典活动。

通过组织开展丰富多彩的文化活动，不仅丰富职工的文体生活，而且还调动了职工的工作积极性，同时，对维护企业稳定、构建和谐企业发挥了积极作用。2007 年，产业工会被校工会评为工会工作先进集体。

（五）狠抓安全工作

认真加强安全生产管理工作，防止发生事故隐患。2007 年，产业党委、产业集团多次组织人员对集团所属企业的安全生产情况进行检查，及时发现解决问题，结合实际，成立了以产业党委书记张兆亮、集团公司总经理马国臣为组长，集团有关人员及部分企业负责人参加的应急预案领导小组，制定了产业党委、产业集团灭火疏散应急处理预案。

附件：2007 年山东大学校办企业一览表

2007 年山东大学校办企业一览表

序号	企业名称	法定代表人	经营范围
1	山东山大产业集团有限公司	娄红祥	投资与高新技术产业、服务业、房地产业及资产管理；机械电子设备、环保设备、化工（不含化学危险品）的销售；计算机软硬件的开发、销售及网络安装；环保产品的开发及技术服务；企业形象策划等。
2	山大鲁能信息科技有限公司	马国臣	光学标记阅读机；彩票一体化投注机系列产品；晶体材料及晶体器件产品；烟草收购计算机系统。
3	山东山大华特科技股份有限公司	张兆亮	学校周边房地产开发、服务、物业管理；工业自动化产品的开发、制造和销售；通信产品的技术改造。复合型的氧化氯发生器、纯二氧化氯发生器、稳定性二氧化氯发生器、稳定性二氧化氯水溶液，大型二氧化氯发生器。计算机软硬件开发销售、培训、咨询服务。
4	山东山大华天科技股份有限公司	李宇兵	补偿式交流稳压电源、智能化不间断电源系统；逆变式S/ST 型弧焊电源；WDGI/TY 型电力系统继电保护及自动化装置、互补相控电源；高频 PWM 补偿式电力综合调节电源。
5	山东山大科技园发展有限公司	贾　磊	电力、电子、机械、化工、环保、计算机、节能技术及产品的开发、技术服务、技术咨询、人才培训。
6	山东地纬计算机软件有限公司	王海洋	计算机软件硬件产品。
7	山东大学学术交流中心有限公司	潘超平	住宿、餐饮、文化服务。
8	山东山大环保水业有限公司	朱效平	水处理设备的开发、生产、销售及技术服务；水处理设备配件、五金交电、日用百货的销售。

续表

9	山东山大吕美熔体技术有限公司	边秀房	有色金属的合金材料、金属熔炼辅助材料、熔炼及精炼除气设备的生产、销售及技术服务。
10	济南意达医药有限公司	李承俊	医疗器械、中药品、生物工程药品、滋补保健品、化学试剂、玻璃制品、计划生育用品、卫生材料、医药包装材料、制药设备等销售（批发零售）。
11	济南大工科技有限公司	朱效平	办公自动化、通信器材、金属切削具及新技术的开发研制、销售，金属材料、仪器仪表、机电产品、音响设备的批发、零售。
12	山东华泰标牌有限公司	朱效平	各种车辆牌照、交通标志、广告牌及设备标牌等。
13	济南方智管理咨询有限公司	臧旭恒	企业策划、软件开发、经营战略设计、区域经济规划、资料翻译。
14	山东地纬数码科技有限公司	孟祥旭	计算机软件硬件产品。
15	济南山大天宇空调有限公司	吴承科	TBFC系列空调风纪变频控制器；SUC2000系列中央空调单元控制器；TTC系列中央空调温控制器；TDF（S）系列低噪声离心通信机。
16	济南山大驾驶培训有限公司	朱效平	机动车驾驶员培训。
17	济南山大金属工艺材料有限公司	吴承科	铝合金除渣除气剂、精炼剂、细化剂、热处理用盐。
18	济南山大有色金属铸造有限公司	朱效平	金属材料铸造、铸造模具制造。
19	济南现代智苑科技有限公司	戴智章	工业机械、电力产品、电子产品、计算机软硬件、热工设备、环保产品、自动化控制产品的开发、销售及技术应用与服务。
20	济南矽华科技有限公司	马洪磊	工业清洗设备；电子工业清洗剂DZ的开发、生产、销售。
21	山东山大威德焊业有限公司	邹增大	焊接设备、焊接辅机与工具、焊接材料的设计、生产、销售；焊接技术服务。
22	山东实成精细高分子材料有限公司	郑　波	精细化工技术开发、技术咨询、人员培训；印染增调剂的生产、销售。
23	山东拓普液压气动有限公司	朱效平	液压气动、自动化器件及设计、制造及相关技术咨询服务。
24	山东亚星农药有限公司*	李冠庆	杀菌剂、杀虫剂、除草剂、复合肥料等。
25	山东山大联润信息科技有限公司*	于　波	计算机软件及网络技术的研究开发、信息系统集成、新材料的开发。
26	山东山大置业有限公司*	吴立春	经济适用房的开发建设。
27	山东山大泰克信息科技有限公司*	马国臣	工业自动化过程中计算机检测、控制系统。

备注：*代表参股企业。

（郭思东）

医疗保健工作

一、坚持“以人为本”，完善公费医疗管理，提高师生员工医疗待遇

1. 落实“以人为本”的理念，进一步做好学校师生员工的医疗保障工作，不断提高医疗待遇水平，经学校研究同意，2007 年 7 月，调整学校公费医疗用药目录和高值医用材料最高限价标准，扩大了师生员工的用药范围和新医疗技术的应用，满足了学校教职工的医疗需求。

2. 严格执行公费医疗经费支出定期专项检查和口腔门诊报销审核制度。2007 年，分别组织了一、二、三季度公费医疗报销专项检查，重点检查各校区医院公费医疗管理规定执行情况，通过检查及时发现和整改了在公费医疗管理规定执行中存在的问题和不规范的现象；审核口腔病历 308 份，审核不符合报销规定的 36 份。通过检查等措施提高了校区分院负责人对公费医疗管理严肃性、重要性的认识，坚决杜绝非公费医疗经费项目支出，提高公费医疗经费使用效益，满足师生员工的正常医疗需要。

3. 为提高公费医疗经费的使用效益，根据学校财务处关于《山东大学暂付款管理办法》，制定了《学校离退休、在职职工住院费借款管理规定》；配合计财处开展住院医疗费催欠款结算工作，2007 年上半年共催缴 132 人次，催结医疗费欠款 624.4 万元。

4. 服务师生，做好学校公费医疗政策相关工作，发放 2007 年离退休人员门诊医疗补贴、学生门诊医疗费 130 万元；为 250 人办理了特殊病种病人用药申请；办理异地就医 30 人，调整公费医疗关系 34 人；办理大病补助申请 36 人次。

5. 完成 39875 名学生的医疗保险投保工作。

6. 做好学校公费医疗政策的咨询、解释，来信、来访回复工作。

二、积极做好学校预防保健工作，维护师生员工的身体健康

1. 根据《山东大学健康保健工作实施意见》提出的建立教职工正常查体制度的要求，做好各类人员的健康查体工作。2007 年，健康查体任务非常重，查体人数多，人员类别复杂，我们制定了工作计划，有步骤、有秩序地完成退休人员、毕业生、离休人员、学术骨干、管理骨干等人员的健康查体，其中学术骨干、管理骨干 1000 多人的查体全部安排在周末进行，通过工作人员的周密安排、辛勤劳动，查体组织、查体质量、结果反馈等工作得到了学校老师们的称赞。

2. 创新健康教育模式，积极面向学院、面向学生，开展小班式的健康讲座活动。根据2007年工作计划，在全校范围内开展了结核病预防专题教育活动，活动力求让每一位在校大学生都接受一次结核病防治知识教育，从而提高学生对结核病的知晓率，增强预防结核病的能力。从9月17日开始至11月16日，历时两个月，共组织讲座62场次，全校31个学院19000余名学生参加了结核病知识普及教育活动。此次结核病预防专题教育活动，受到了广大同学的欢迎和一致好评。在对学生的问卷调查中，67.8%的学生反映以前没有接受过结核病预防知识的教育，97.3%的学生认为在大学生中开展类似的宣教活动非常有必要。本次普及教育活动为我校结核病预防控制工作打下了坚实的基础。

积极开展其他形式多样的健康宣传教育活动。2007年5月，为保障学校女教职工的身体健康，提高疾病保健意识，邀请山东大学医学院博士生导师孙靖中教授，为学校女教职工进行乳腺常见疾病的预防知识专题讲座，受到学校女教工的欢迎。3月24日，在校园内组织了“世界结核病日”系列宣传活动，省卫生厅、省教育厅、省胸科医院及山东大学师生200多人共同参加宣传教育活动，提高了在校学生的健康观念和健康意识。

3. 做好学校医疗保健对象的医疗保健证办理工作。为享受保健医疗待遇的762人办理医疗保健证和保健信息的采集工作。

4. 组织完成学校研究生复试、2007届毕业生、2007级新生、新进工作人员等的健康查体工作。

三、加大卫生监管力度，消除卫生安全隐患

1. 饮食卫生工作是学校卫生监管的重要内容，根据《食品卫生法》、《山东大学饮食卫生管理暂行办法》等规定，大力开展学校饮食卫生安全检查活动。2007年，分别开展了春季、夏季、秋季饮食卫生安全大检查，并对检查结果进行了全校通报；对在检查中发现的饮食卫生安全隐患要求及时进行整改，并对整改情况要求进行反馈，有力地促进了学校饮食卫生工作的开展，保障了师生员工的饮食卫生安全。

软件学院由于管理体制的因素，饮食卫生管理相对薄弱，为保障饮食卫生安全，2007年上半年，先后五次对软件学院的餐厅进行了检查和指导，大大提高了软件学院饮食卫生管理的水平，使软件学院的饮食管理有了较大的进步。在高考阅卷期间，为保障在软件学院阅卷老师的饮食卫生安全，我处派专人对食堂的饮食卫生进行现场督导，保证了阅卷老师的饮食卫生安全。

2. 为保障学校的饮用水卫生安全，2007年4月，对全校教学楼的58个电热水器、9个二次供水蓄水池进行了全面的卫生安全检查；9月，对二次供水泵房进行了检查，通过检查提高了工作人员对饮用水管理重要性的认识，对发现的问题，及时提出了整改意见。

3. 为创建良好的生活、学习环境，保障公共场所卫生安全。11月30日，在山东省卫生监督所的指导下，对学校图书馆电子阅览室、书库、4个计算机中心进行了卫生状况集中检查，通过检查提高了各公共场所负责人对公共场所卫生管理的重视程度，健全

了卫生管理制度。

四、依法实施传染病管理，提高传染病防控能力

依据《传染病防治法》，加强对校区医院传染病管理的规范化建设，落实各项规定、职责、流程、设施等；对校区传染病管理进行监督检查，2007 年 5 月，聘请山东省卫生厅卫生监督所专业人员对三个校区医院的传染病管理进行了全面检查和考核，进一步规范了学校传染病管理的各项制度和预防措施。

五、落实卫生安全隐患排查，建设卫生安全校园

根据学校安全工作会议的要求，我处于 2007 年 6 月 7 日、22 日对我校附属中小学、幼儿园的传染病管理、小饭桌饮食卫生、公共场所卫生进行安全排查，检查发现部分单位存在一定的卫生安全隐患，及时与被检查的单位进行了沟通和指导，并向学校有关的领导和部门汇报了检查情况。

六、提高突发公共卫生事件应急处理能力，保障校园卫生安全

2007 年 7 月 18 日，由于受特大雨水的影响，我校东校区老校部分宿舍、办公室遭受雨水浸泡，为防止传染性疾病的发生，我处于雨水退后第一时间与山东省疾病控制中心联系，实施学生宿舍卫生消毒，指导学生进行疾病预防，并配合其他部门完成食堂、办公室等场所的消毒工作，有效防止了疾病的发生，保障了校园的卫生安全。

（成　荣）

国内合作工作

一、工作概况

按照“山东大学2007年党委工作要点及学术与行政工作要点任务分解详目”的要求，在学校全方位开放式发展战略框架下，国内合作以“三个提升”为目标，以推动校际、校研、校企、校地深度合作为主线，积极落实服务地方办学理念和《山东大学服务山东行动方案》，大力拓展与国内大学之间的合作交流，狠抓项目落实，推动我校国内合作各项工作的开展，取得了显著的成效。

二、继续落实《山东大学服务山东行动方案》，进一步完善校地合作

1. 与科技处一起，积极推动与威海市结成产学研战略合作联盟。11月3日，我校和威海市政府签订了《威海市政府与山东大学产学研战略联盟合作协议》，标志着山东大学服务威海进入了一个崭新的阶段。仪式上还签署了共建威海海洋研究院、共建山东大学国家科技园威海分园、共建山大——光威碳纤维工程技术研究院等合作项目协议。

2. 配合科技处，推动山东大学国家糖工程技术研究中心筹建。7月10日，山东大学国家糖工程技术研究中心福田分中心、保龄宝分中心、龙力分中心揭牌，标志着以山东大学“山东省糖工程技术研究中心”为基础，联合山东省生物药物研究院、禹城市相关功能糖企业共同申报国家工程技术研究中心获准建立，这对山东大学糖科学的发展和进步、人才的引进与培养和科技成果的转化将产生推动作用，对带动和辐射山东省乃至全国糖产业的发展具有积极意义。

3. 推动我校与重庆科委签署产学研合作备忘录工作。11月24日，山东大学与重庆市科委在重庆签署“山东大学——重庆市科委产学研合作备忘录”，拉开了山大与重庆市全面合作的序幕。双方本着“优势互补，合作双赢，共同发展”的原则，建立全面深入、长期稳定的科技合作关系，共同开展产学研合作。

4. 与其他地市的合作。6月5日，我校与武城县签署了科研合作协议，化学院、生命学院相关教授将参与武城企业的课题研究。同时与德州市的临邑县、平原县人民政府在技术、人才、投资、教育等方面进行了合作探讨。

5. 新增校局合作伙伴，扩大了合作领域。3月30日，山东大学一山东省质量技术监督局合作协议签署，将提升我校的人才培养、质监系统的能力，推动山东省质监系统

质量监督和检测能力的全面提升。仪式上，一并签署了双方重点共建的“食品安全评价实验室”、“特种设备失效与预警技术实验室”、“山东省电光源质量监督检测中心实验室”三个实验室合作协议。

三、打造校企合作平台，探索新的产学合作机制

（一）继续拓展原有合作伙伴的合作领域

1. 山东大学海信研究院在技术研发、成果转化、人才培养等方面形成了“海信模式”，开拓了产学研合作发展新途径。

一是加强沟通协调。6月23日，双方在青岛举行“山东大学海信研究院2007年春季论坛”。截至此次论坛，山大海信研究院论坛交流已经举行了7次，双方的合作越来越紧密，成果越来越显著。除了在保持正常项目进展前提下，海信集团将借助CIIIC研究院平台，发挥特色，积极参与研究院的建设和发展工作。11月14日，展校长率团参加海信集团“数字多媒体技术国家重点实验室建设计划可行性论证”，搭建沟通互动平台。

二是拓展合作领域。在原有电子信息领域的基础上，今年双方的合作将拓展至绿色制造、光电通信、医疗设备、数字家庭、LED背光源等方向。

三是合作成效显著。“绿色制造关键技术与装备”关键技术“高光无熔痕绿色注塑新技术及其成套工艺与装备”研究取得重要进展，以我校材料学院院长赵国群教授为主要负责人的海信研究院项目组自主设计和研发的“高光塑料模具温度控制系统”在海信集团大尺寸平板电视机面板生产车间得到规模应用，这一技术和其所生产的产品质量均达到国际先进水平。海信集团成为国内第一家拥有自主知识产权的高光无熔痕绿色注塑新技术生产线的企业。

2. 深入落实和发展潍柴合作模式。

一是启动了“170系列柴油机缸套和机体计算分析”等一批新的合作项目，涉及经费230余万元。

二是协调落实了2007年潍柴动力奖学金发放工作，400名本科生、研究生获奖，资助金额50万元。

三是扩大订单式硕士研究生培养规模，积极推荐优秀本科生、研究生到潍柴工作。

3. 继续推动与其他原有合作伙伴的合作。

继续加强与新矿集团、兖矿集团、富士康集团、省烟草专卖局（公司）、山东省商业集团、塔里木油田等的合作。与富士康合作开设网络学历教育班，双方确定在员工学历提升（专科、本科、工程硕士）、实习基地、定向培养、科研交流等领域开展合作。另外，协助顺利完成相关单位在我校设立和发放奖/助学金，促进毕业生到合作单位就业。

（二）积极拓展合作领域，增加新的合作伙伴

1. 推动与山东格力电器销售有限公司合作。4月29日，山东大学“董明珠楼”命名暨“董明珠”奖学金颁奖仪式举行，格力携手山大，惠教泽学，传递爱心，山大与山东格力开展合作。7年内，山东格力将为我校提供不低于400万元的捐赠。首批100万

元已到位。

2. 推动与山东高速公路集团公司的合作。9月9日，山东大学、山东省高速公路集团有限公司签署合作协议，联合成立“山东大学山东高速集团工程技术中心”。山东高速集团将出资6500万元（其中2500万元用于在我校南新区建设建筑面积为10000m2的建筑一座，4000万元用于购置中心发展相关的仪器设备，设备产权归山东高速集团）用于中心的建设与发展。校企双方将用5年左右的时间，将中心建设成为国家级水平的工程技术中心创新服务平台，成为集高速公路科学研究、技术开发、技术咨询、试验检测、人才培养为一体的产学研基地，为山东大学道路、交通、岩土、结构、材料等学科的发展和山东高速集团高速公路的建设、养护、管理以及高层次人才的培养提供有力的技术支撑。

3. 推动与五大银行的合作。6月10日，山东大学中行厅、工行厅、招行厅、建行厅、开行厅命名暨揭牌仪式在南新区讲堂群举行，山东大学与中国银行、中国工商银行、国家开发银行、招商银行、中国建设银行五家银行在人才培养、科研合作、金融业务等方面密切合作，不断拓展合作项目，实现互利共赢。

（三）校企合作经济效益显著

通过与上述企业的合作，以推动资源共享、提高合作效益为目的，不断探索新的产学研合作机制，推动了校企合作双赢。同时，在校企合作过程中，我校也获得了经济收益。本年度，先后协调各类企业到账经费1900万元。

四、继续推动对口帮扶和对口支援工作

1. 对口帮扶费县。继续派出研究生支教团赴费县进行支教活动，截至2007年，已有9人次研究生分赴费县一中、薛庄镇中心进行为期一年的支教工作。

2. 对口支援新疆昌吉学院。进一步落实《教育部关于实施“援疆学科建设计划”的通知》和《关于全面实施对口支援新疆、西藏本科高等学校有关事宜的通知》的文件精神，加大对口支援工作力度。6月30日，山东大学、吉林大学对口支援新疆昌吉学院2007年工作例会在山大顺利举行，三校就继续加强人才、学术、科研等方面工作的交流进行了探讨。

五、加强对外联络，发展校董，筹备召开山东大学校董会第二次会议和山东大学教育基金会，积极构建对外合作交流与筹款融资新平台

1. 加强对外联络，发展校董10名，并于10月12日顺利召开山东大学第一届校董会第二次会议。2007年，新发展珠海格力电器股份有限公司副董事长、总裁董明珠；中国建设银行山东省分行党委书记、行长彭洪明；山东鲁信置业有限公司总经理付克辉；东晟（香港）有限公司、利昌宝石公司董事长柯利德；北京元丰盛业科技有限公司董事长刘庚子；山东省高速公路集团有限公司总经理孙亮；澳门名嘉集团董事长、澳门地产商会荣誉会长谢硕文；美国General Mills公司董事兼顾问、香港“北京水饺”品牌创始人臧健和；香港佛陀教育协会董事主席、澳洲净宗学院院长、昆士兰大学教授释净空博士；招商银行济南分行党委书记、行长连柏林等校董10名。草拟《山东大学校

董会秘书处工作管理办法》、《山东大学校董会议事规则》等相关规章、制度，建立校董会中长期发展规划，完善社会捐款融资的工作机制与激励制度，使校董会秘书处工作逐渐程序化、规范化。

2. 认真分析学校发展的迫切需求、学习研究国内外高校教育基金会成功经验的基础上，在全校同仁的大力支持下，山东大学教育基金会作为独立的非营利基金会法人经民政部门批准成立。

经精心策划与筹备，山东大学教育基金会成立大会暨教育基金会第一届理事会第一次会议于10月11日顺利召开。经甄选，新成立的教育基金会确定理事13位，监事2位，其中校内9人，校外6人，均为长期关心帮助学校建设或为学校教育事业的发展作出突出贡献的人士。理事会研究通过了由我们参与研究起草的《山东大学教育基金会章程》。

3. 校董会、教育基金会作为学校建设和发展的筹资、融资和资金运作平台，是学校向社会筹措办学资金的重要渠道。校董会、教育基金会成立以来，得到了海内外各界人士的大力支持，筹集社会捐助款协议金额7421.034万元，年内到位资金近1122.7459万元。

六、校际合作工作顺利开展，合作伙伴不断增加，合作领域不断拓展，学校的影响力明显提升

1. 合作伙伴快速增多。四年来，新增同济大学、华中科技大学、华东师范大学、中国传媒大学、中南大学、云南大学、新疆医科大学、重庆大学、兰州大学、天津大学、吉林大学、哈尔滨工业大学、中国海洋大学、中国政法大学、宁夏大学、宁夏医学院、山东经济学院、山东工艺美院等18所高校，使我校国内合作高校数量增至22所。随着合作伙伴档次的不断提高，合作数量的增加，校际合作已初具规模，影响力不断提升。

2. 合作领域不断拓展。启动了学生交流、高层互访、推免研究生、师资共享、教师进修、学院对口交流、政工干部挂职锻炼、暑期夏令营等合作项目。其中以学生交流为主要内容的“第二校园经历”进入规范化、程序化的稳定发展阶段，成为创新人才培养模式的品牌，得到兄弟院校和社会各界的重视与好评。四年来，我校共派往国内13所高校访学学生1376名，接收国内19所高校访学学生2016名。派出政工干部挂职锻炼51人。

3. 合作效益比较明显。校际合作为学校注入了生机和活力，活跃了校园的学术气氛，带来了师生思想观念的新变化，推动了学校的改革与发展，形成了开放式办学的基本格局。同时，通过单向接收访学学生，获取经费791万元。

（井海明）

信息化工作

一年来，信息化工作办公室以邓小平理论和“三个代表”重要思想为指导，求真务实，全面落实科学发展观，按照《山东大学2007年党委工作要点及学术与行政工作要点任务分解详目》及我办2007年工作要点的要求，坚持以人为本、服务师生的原则，解放思想，开拓创新，立足实际，着眼长远，脚踏实地，拼搏实干，确保了校园卡系统的稳定可靠运行和管理信息系统的畅通，较好地完成了全年工作目标。

一、规范校园卡管理行为，确保系统稳定可靠运行

校园卡系统的安全稳定运行事关学校稳定及和谐校园建设的大局，校园卡管理结算中心全力以赴，恪尽职守，努力改进工作，完善服务，把以人为本、服务师生的理念落到实处，加强制度建设，规范校园卡管理行为，做好校园卡系统的运行维护工作，确保系统稳定可靠运行，做到让师生员工满意，让学校满意。

1. 规范服务，提倡服务细节化，树立良好的窗口服务形象。一年来，校园卡管理结算中心牢固树立“以人为本，服务第一”的工作理念，任劳任怨，精心工作，设身处地地为服务对象着想，注意服务的每一个细节，为师生员工和各结算商户提供了满意周到的服务，使得本学期持卡人投诉大幅度减少，树立了信息办的良好服务形象，师生满意率大幅度提升。2007年校园卡管理结算中心受理校园卡业务近90万人次，涉及金额7400余万元，为商户结算金额近7300万元。

2. 校园卡管理制度建设初见成效，管理行为更加规范有序。本学期重点制订和修订了一系列校园卡管理及结算制度，优化了校园卡库存的核算管理及制卡管理，定期对各校区盘点、对账，使账卡相符、款项及时入账，降低了校园卡管理成本，规范了校园卡财务管理及结算的程序和办事流程；制订了中心机房日常值班流程，使机房值班标准化、程序化，降低了系统运行隐患。

3. 完成了毕业生及其他各类人员的校园卡销户工作。根据学校工作的统一部署安排，本着方便学生，简化流程的原则，制定了详细的工作预案，使毕业生能够顺利离校。全年为近2万多名毕业生及其他各类人员办理了校园卡销户手续。

4. 积极制定2007级新生校园卡制作方案，确保新生入校及时领到正式校园卡。为使新生进校后即能用上自己的正式卡，校园卡管理中心积极与有关部门协调，组织力量完成了2007级研究生和本专科生的信息和照片整理工作，并制定了新生入校的校园卡

制作预案。由于我们提前布置，尽早准备，改善了制卡工作流程，新生一次制卡率达到96%以上。对极少数未能制卡的新生及交流生、留学生等，采用现场制卡方式，确保入校时均能及时领到正式校园卡。2007 年，共制做新卡约 1.3 万张，其中，新生卡约 1.2 万张，大大提高了校园卡发卡效率，方便了学生的校园学习生活。同时，节约了采集新生照片信息费用。

5. 基于校园卡系统的无线车载系统正式投入使用。在 2006 年工作的基础上，与后勤处和相关部门合作，完成了基于校园卡系统的无线车载系统的安装调试工作，并按时投入使用。完成了各类乘车人卡类的认定和写入工作，并根据工作需要，对驾驶培训中心驾驶员进行了多次无线车载系统使用技术培训，改进了车载系统的部分技术不足，进一步拓展了校园卡的功能，该系统已成为全国高校首家采用无线数据传输的车载系统。

6. 首次通过校园卡完成了学校本科生英语四、六级考试报名费和普通话测试报名费的自动缴费工作。与教务处、财务处合作，借助校园卡批量扣款功能，在较短的时间内完成了学校本科生英语四、六级考试报名费和普通话测试报名费的收取工作，避免了过去学生缴费时间长、工作人员工作量大、工作效率低、易出差错等问题，提高了工作效率，减轻了工作量，方便了学生生活。

7. 加强校园卡系统技术改造，提高了校园卡系统的安全稳定性。在加强制度建设的同时，对校园卡系统进行了一系列技术改进，如增加了商务网关的光电隔离措施，调整了机房空调设备的运行控制方式，完善了校园卡系统专用 VLAN 的互通配置，并对核心万兆交换机进行了相应调整，对校园卡系统软件及时升级，加强校园卡系统安全防护等等，消除了系统隐患，确保了校园卡系统安全稳定运行。同时，在学校有关部门的大力支持下，完成了东校区老校校园卡管理结算分中心的搬迁改造工作，改善了服务条件，减少了校园卡系统的隐患，提高了系统运行的可靠性。

8. 加强校园卡系统知识的宣传力度，提高了校园卡用户对校园卡系统的了解程度。为提高校园卡用户对校园卡系统的了解，熟练使用校园卡系统的各种功能，组织人员集中进行了校园卡系统知识宣传和银行转账子系统（圈存机）使用的专题宣传活动，以宣传材料和展架并行的方式进行了一次大规模的宣传展示活动，取得了良好效果。

9. 加强校园卡系统管理队伍建设，加强理论学习和业务培训，提高了工作人员的政治业务素质。在学校领导和主管部门的大力支持下，充实了校园卡系统技术人员，加强了系统维护力量；组织开展了多次业务培训，派出 5 人次外出技术培训，提高了业务素质和能力；为维护单位形象和部门团结，组织党员群众参加有益的群体活动和党员教育活动，增强了队伍的凝聚力和战斗力。

二、结合工作实际，拓展校园卡系统的功能，稳妥地做好数字化校园建设二期工程规划

1. 基于网络和校园卡的学生体质健康监测系统通过省级鉴定。根据教育部和国家体育总局的要求，以及教育部的标准，开发了《基于网络和校园卡的学生体质健康监测系统》，并于 2007 年 11 月 25 日通过了山东省信息产业厅组织的项目鉴定，邀请了清华、交大和省内专家参加了鉴定会，获得了国内领先的评价，大大地提高了我校的大学

生体质健康检测工作效率。

2. 开发了基于校园卡系统的门禁管理系统。与我校信息学院合作，完成了基于校园卡系统的重点实验室门禁管理系统的开发与建设，实现了重点实验室的身份认证功能，使实验室管理更加科学、安全可靠。

3. 开发了基于校园卡系统管理软件。根据学校有关部门的需求，开发了基于校园卡进行身份认证的“会议签到系统”、“考试指纹识别系统”、“本科生校内餐饮消费数据分析辅助决策系统”及“图书馆和校园卡管理中心资产管理系统”，为学校科学管理、规范管理提供了技术支持。

4. 根据教育部有关部门的要求，与赛尔新概念网络有限公司合作，完成了我校语音、短信平台的建设及调试工作，目前技术准备工作已全面完成，进一步的推广使用工作正在进行中。

5. 积极稳妥地做好数字化校园二期工程建设规划。在前期对国内高校数字化校园建设情况调研的基础上，结合我校数字化校园建设的实际，按照积极稳妥的原则，在第一次专家论证会的基础上，提出了我校数字化校园二期工程建设的基本思路和初步方案，并待学校研究确定后组织实施。

三、做好办公自动化系统的升级改造，更新维护办公信息网站

1. 认真履行教育部电子政务试点职责，作好办公自动化系统的升级改造。作为教育部电子政务的试点单位，今年我们一项很重要的工作就是进行了办公自动化系统的升级。山东大学电子政务平台是由教育部和微软联合开发研制的办公自动化应用系统。该系统能够很好地适应学校党委、行政以及各处、室、院、部单位的办公需求。学校各行政管理部门很方便的通过网络，完成日常办公以及公文的收、发和其他文件处理的过程，可大大缩短文件上传下达的时间，提高科学管理水平和办公效率。该系统还引入最权威的教育政务信息资源库、最先进的电子签章技术、更优秀的安全机制、更亲切的用户界面和操作方式、更多共享与交流功能。

我们结合我校的工作实际，进行了电子政务平台系统的安装、测试、培训、试运行。(1) 电子政务平台系统的安装、测试。在系统的安装测试过程中，我们与党办、校办紧密配合，根据我校公文拟稿、审核、批示的实际流程，就系统功能中与我校行政工作需求不相适应的地方，对系统进行了多次修改和完善，直到满足我们的行政办公需求为止。(2) 电子政务平台系统的培训、试运行。系统安装测试完成后，我们对党办、校办科级以上干部进行了多次演示和培训。在培训过程中，我们认真进行讲解，对使用过程中的反馈意见进行仔细记录和归纳。针对提出的有关公文流程问题、界面问题以及系统其他的不足进行了修改，及时进行系统升级改造，直到符合我们的实际工作需求，得到了校长办公室领导的肯定。现在政务平台在校长办公室内部进行试运行，待到系统各方面条件成熟之后，将在全校进行推广使用。相信在2008年，一个功能更加强大、使用更加便捷、信息容量更加齐全的办公自动化应用系统将更好地服务于我校广大师生员工。

2. 更新、维护办公信息网站，保证学校办公信息发布渠道畅通。本学期还对办公信息内容进行了扩版更新，增加了最新消息栏目，突出了办公网信息的严肃性、新闻性、时效性和权威性。每年的访问量达到600多万人次。另外，管理信息中心还圆满地完成了教育部收发文系统和省府电子公文接收系统的管理和维护以及驻办公楼所有单位的网络维护工作。

（李永在）

校友工作

根据《山东大学 2007 年党委工作要点及学术与行政工作要点任务分解详目》的要求，校友工作办公室紧紧围绕学校的中心工作，认真学习贯彻落实党的十七大精神，按照学校作风建设和管理效益年实施方案的要求加强校友办自身建设，服务校友，扎实工作。全年工作开展情况如下：

1. 认真考察调研，制定切实可行的计划，建立科学高效的校友工作机制。2007 年，校友办到全国部分重点高校就校友工作进行了考察，通过广泛调研，结合我校的校友工作实际，认真制定了全年校友工作计划。同时，积极走访各个学院，分校区举办了各学院校友工作座谈会，指导建立学院校友会二级分会，进一步完善校—院校友工作网络，使校友工作做到点面结合、对口联系、分层实施。

2. 加强与校友的联系，拓展学校与校友及社会各界合作的渠道，协助校友搞好有关地方校友会的筹建工作。在全国部分省市、全省大部分地市走访校友，就各地校友活动的开展进行指导，积极推动各地校友会组织的融合与建设。山东淄博校友会于 2007 年 12 月 15 日成立，樊丽明副校长出席成立大会并讲话，校友办李居忠主任、王允修、李湘军、于德宁副主任参加成立大会。

3. 认真做好 2007 年校友返校日的策划与组织工作。为纪念高考改革暨恢复高考三十年和庆祝我校建校 106 周年，确定了以“中国高等教育的春天——纪念恢复高考三十年”为主题的校友返校活动。返校日活动中，学校领导和学院领导深入到有关返校班级参加活动，使广大返校校友倍感亲切，处处感受到了母校的温暖。返校日活动进一步密切了母校与各地校友会、母校与校友、校友与校友之间的联系，增进了师生感情和校友情谊，进一步激发了广大山大校友热爱、支持母校建设与发展的热情。

4. 搞好校友资料库建设，做好校友通讯录特别是知名校友的信息采集工作。我们利用校友返校活动的有利时机，继续做好校友通讯录、校友捐赠和知名校友典型事迹的搜集整理工作。同时注意协调返校校友的有关活动，及时收集校友信息，充实校友信息资料库，可联络校友数量在原有基础上有了显著增加。我们充分利用现代计算机网络技术构建校友信息查询系统，规范校友信息库建设，更好地发挥校友办校友信息服务的功能。编辑《校友工作简讯》四期，及时掌握校友动态，定期为学校领导和各院部主要负责同志提供知名校友和重点校友信息。

5. 积极参与学校教育基金会筹建工作，联络校友，搞好校友基金筹集工作。利用校友对母校的回报情感和社会对教育的认知、理解，接受校友的各种捐赠，并做好捐赠事迹宣传工作。

6. 充分发挥校友企业家俱乐部的作用，本着“以交流促合作，以合作求发展，以发展谋共赢”的发展理念，组织企业家校友开展合作，建立密切联系，搭建了校友回报母校的平台。

7. 加强校友文化建设，继续加大校友工作宣传力度，做好对知名校友的宣传报道。加强宣传校友阵地建设，积极挖掘校友资源，为学校的人才培养、科学研究工作提供有力的服务。通过编辑校友刊物，宣传知名校友的事迹和思想，交流各地校友会的活动经验，传递校友之间的情谊。继续搞好校友网站的建设。

8. 努力培养在校大学生的校友情结，协调做好我校大学生服务校友志愿者协会自身建设，并开展丰富多彩的活动。通过校友志愿者协会成员收集各校区毕业班级的通讯录(包括研究生毕业班)。组织协调服务校友志愿者协会成员暑期开展“寻访山大校友，弘扬山大精神”走访校友活动，通过该活动积极搜集山大校友信息；采访校友的先进事迹；征求校友对母校教学改革发展的意见和建议。组织大学生服务校友志愿者协会以77级校友为对象的采访活动，激励在校生发扬优良传统，珍惜大学时光，努力学习，立志成才。组织学生和《齐鲁周刊》、经济广播电台联合开展了寻访我校恢复高考第一批校友的活动。

9. 加强与各职能部门的交流、合作与协调，为学校教学、科研、学生教育和招生就业等各项具体工作服务。成功举办了第二届和第三届校友创业论坛，通过校友的创业事迹激励在校大学生们回报社会、立志成才，反响强烈。为加强对大学生的教育，邀请了知名校友参加新生开学典礼并发言，激励新生珍惜大学美好时光，努力学习。在学校成立校董会和教育基金会的工作中，积极联系各界知名校友参加，部分知名校友积极参与并担任校董。积极为学校发展开展基金募赠活动。

（于德宁）

工程训练中心

中心全体教职员工在校党委、校行政的正确领导下，全面实施《山东大学2006～2010年党的建设工作规划纲要》和《山东大学“十一五”事业发展规划》，紧紧围绕加快国内外知名高水平研究型大学建设进程和建设国家级实验教学示范中心的目标，中心党政领导班子带领全体干部职工，坚持科学发展、和谐发展，团结拼搏，开拓创新，在省级和国家级实验教学示范中心申报、新中心建设、教学体系完善、教学任务完成、社会服务开展、实践教学管理、师资队伍建设等工作方面均取得了丰硕成果。

2007年，工程训练中心共有职工133名，7名职工退休。晋升高级工程师1名，晋升工程师2名，晋升助理实验师2名。

一、党务工作

1. 加强思想建设。中心成立了领导班子政治理论学习中心组，制定了领导班子的政治理论学习制度，采取集体学习和业余自学相结合的方式，认真组织学习了胡锦涛总书记等中央和省部领导的重要讲话及有关文件、党的十七大报告和修改后的《党章》。通过系统的理论学习，提高了领导班子的政治理论素养和理论水平，使广大党员干部的认识进一步提高，思想进一步统一，增强了贯彻落实科学发展观的坚定性和自觉性，真正成为科学发展观的坚定信仰者、忠诚实践者和科学发展的积极推动者。

2. 加强制度建设。中心党总支根据新《党章》编写了《党总支制度汇编》，为中心党组织的各项活动提供了章程和制度。坚持领导班子的例会制度，每周召开一次党政联席会，对中心建设、改革和发展中的重要问题进行集体讨论和决策；坚持民主生活会制度，坚持开展批评与自我批评，集思广益，互帮互助，促进了民主与和谐，并且党政领导班子成员要过双重民主生活会。

3. 加强作风建设。认真组织学习了学校《关于在全校党员领导干部中开展“加强作风建设，促进社会和谐”主题教育活动》的通知和《2007年“作风建设与管理效益年”实施方案》的精神，全面落实《中共山东大学委员会关于落实〈建立健全教育、制度、监督并重的惩治和预防腐败体系实施纲要〉具体办法》，制定了《关于开展治理商业贿赂工作的实施意见》，开展了财务专项检查，有效地防止了腐败现象的发生。深入学习了胡锦涛总书记在中纪委第七次全体会议上的重要讲话精神，大力倡导“八个方面良好风气”，制定了《2007“作风建设与管理效益年”实施方案》，创新管理机制，规范内部管理，转变工作作风，提高了管理绩效。

4. 加强阵地建设。加强宣传阵地的建设，充分发挥网站、宣传栏、校报、学术刊物等一切媒体的作用，大力宣传党的路线、方针和政策，构建和谐校园、和谐中心。为此，中心组织开展了“共建和谐中心，和谐科室，和谐班组，和谐家庭，和谐你我”的“五和谐”活动。在该活动中大力宣传了各个工作岗位涌现出来的好人好事，在学校各类网站共发表宣传报道40余篇，弘扬了“为人朴实、做事扎实、作风务实”的优良传统，形成了“树正气，讲团结，求和谐”的良好氛围。

5. 加强班子团结。一个单位、部门能不能搞上去，领导班子建设是关键。要把中心教职员工团结在党组织的周围，必须首先建设一支政治坚定、求真务实、开拓创新、团结协调、群众信得过的党政领导班子。班子不团结，群众难和谐。为此，中心提倡党政领导班子成员之间工作分工不分家，在日常工作中相互团结、相互通气、相互补台，积极支持分管的同志独立地开展工作，促进了党政领导班子的团结，营造了中心的和谐氛围。

6. 加强党建工作。各基层党支部深入贯彻学习党的十七大报告，明确目标，细化标准，健全完善了基层党建工作责任制；创新手段，改进方法，扎实开展了党员经常性教育；拓宽途径，改进方式，促进了党员服务群众、服务基层、服务地方的工作。

围绕工作抓党建，效果甚佳。如第四党支部在组织建设工作中，坚持与时俱进，紧密结合实际，探讨适应新形势和新任务要求的新方法与新途径。在组织和指导大学生的科技创新活动和各类大学生竞赛活动中，构建起了“开放实验室＋校内选修课＋校内科技创新大赛＋校内科技创新基金立项＋全国电子设计大赛＋全国机器人电视大赛”的科技创新平台。在人才培养和科技创新中充分发挥党员的战斗堡垒和先锋模范作用，把党员教学育人、创新育人纳入支部的日常工作，让创新团队学生党员参与教工支部的活动，在加强思想、组织和作风建设的同时，优化了育人环境。

通过立项抓党建，成效显著。根据校党委组织部开展的“基层党组织课题立项活动”安排，中心组织申报的三项活动方案入选。其中第四党支部申报的《多方联合，共建创新育人平台》获最佳方案；第二党支部申报的《发挥党支部战斗堡垒作用，争创国家级实验教学示范中心》和第三党支部申报的《做好环保产业技术创新，促进社会和谐发展》获优秀方案。

各党支部把支部立项活动贯穿在党员活动、教育、工作的全过程，每项活动都有支部委员负责、党员参加，党员参与率为100％。第四党支部围绕立项促党建，一方面与学院党支部进行专业合作，拓展科技创新平台的内容；另一方面，通过与学生党支部的联合与交流，吸引了研究生党员和本科生党员及其身边的普通学生到创新平台参加各类科技创新活动。“多家联合，共建创新育人平台”立项活动的成果，在大赛所取得的成绩中得到体现。在2007年全国大学生电子设计竞赛中，工程训练中心有15个团队参赛，共获得全国一等奖2个，全国二等奖3个；山东省一等奖6个，山东省二等奖1个，取得了全国大学生电子设计竞赛有史以来的最好成绩。在中心承办的“2007山东大学大学生科技创新大赛”中，报名团队达到120个，450余名学生参赛，涵盖了控制、信息、物理、计算机、电气、材料、机械、能动、土建、医学等学院，共获得一等奖16个，二等奖19个，三等奖24个。第二党支部按照课题立项内容，组织党员、积极分子到其他高校训练中心进行参观、学习，结合中心陶艺训练模块存在的问题，有针对性地到江西景德镇陶瓷学院开展对口交流，借鉴其他高校实践教学的新思路、新方法，指导本工种教学，提高了教学水平。

7. 加强党员教育。一是加强对党员的教育，增强党性意识，保持党员的先进性。为此，开展了以“学党章，争优秀”为主题的学习活动，开展了以“学习邓小平理论，学习十七大精神，践行‘三个代表’”为主题的党员“两学一行”活动，并组织党员到铁道游击队纪念馆、台儿庄战役纪念馆、王尽美烈士纪念馆等地参观学习，收到了很好的教育效果。二是加强对党员的管理，用规章制度和具体措施规范党员的言行。为此，党总支制定了党员的政治理论学习制度、民主生活会制度、民主评议制度和年度考核制度。在民主评议中，分本职工作、民主评议、学习活动、宣传报道、联系群众、其他活动（参加工会、妇委会活动）等六大方面，以党支部为单位，党员之间进行自评和互评，并邀请部分群众对党员进行评议。对于评议的情况，党总支进行认真分析和总结，对评议结果比较好的进行鼓励，提出更高的要求；对评议结果差的进行了个别谈心，帮助他们寻找自身存在的不足，明确今后努力的方向。通过党总支有效的教育和管理，广大党员的思想觉悟和认识水平得到了提高，他们在教学、创新、培训、管理中讲原则、讲风格、讲奉献，表现出较高的积极性、主动性和创造性，在中心的建设、改革和发展中较好地发挥了先锋模范作用。在2007年评选的各类先进中，95%以上是党员。由于全体党员的努力，2007年，中心被评为山东省实验教学示范中心、国家一级安全生产培训机构、国家级实验教学示范中心建设单位。

8. 关心职工利益。中心高度重视离退休、工会、妇委会等群众组织的工作，加强组织领导，凝聚各方力量，促进中心和谐发展。坚持“以人为本”，积极营造充满人文关怀的工作氛围，围绕学校党委的“聚心工程”，真正把思想政治工作寓于教学、创新、培训、管理等各项工作之中，做到关心人、尊重人、体贴人，积极为教职员工办好事、办实事。关注每一位教职员工的健康成长，及时帮助教职工解决日常生活中的困难、工作中的实际问题和反映强烈的热点问题，切实为他们排忧解难。关心离退休老同志，定期走访，形成尊老、爱老、敬老的良好风气。对45位年过70岁的离退休老教工送生日蛋糕等，把党组织的温暖送到他们的心头。

二、示范中心申报

示范中心成功获批。在学校领导的大力支持与指导下，在中心全体教职员工的共同努力下，通过明确思路、确定目标、整合资源、加强建设、规范管理、完善机制、改善环境、精心组织，于2007年7月被评为目前山东省高校工程训练中心唯一的实验教学示范中心，同年11月又以全国排序第一（共11个）的位次成功获批为国家级实验教学示范中心建设单位。这一结果的取得是中心多年来建设和发展成绩的集中体现，标志着山东大学工程训练中心已经进入“国家队”，昭示着中心今后的发展将进入一个崭新的历史阶段。

三、新中心建设

新中心建设进展顺利。2007 年 5 月，山东大学建筑面积 22000 m^2 的新的现代化工程训练中心动工兴建。新中心的规划与建设是一项百年大计，关系到中心的发展与未来，也关系到我校工程训练中心能否进入全国前十名这一总体目标的实现。因此，中心领导高度重视新中心的规划、建设和发展。通过对全国各高校工程训练中心现状及发展趋势的调研，结合我校工程训练中心的功能定位和发展目标，按照“高起点规划，高水平设计，高质量建设，高效化管理”的要求，制定了新中心建设规划。本着“空间使用合理化，场地效益最大化，设备安装最优化，环境布局人性化”原则，借鉴国内外高校工程训练中心的建设经验，主动和新区办、建筑方和设计院等及时协调，合理规划了设备布局、地面基础、水、电、暖及气源分布等。中心密切关注工程进展，发现问题及时解决。国家级实验教学示范中心建设单位的批准和新中心的建设，为中心展现出了无限光明的前景。

四、教学体系完善

1. 拓展现有设备功能。购置了数控机床维修实验台，拓展了设备功能，增设了综合训练项目。该实习装置可用于训练学生的数控机床编程方法、机床控制原理、安装、调试、维修等实际动手能力。该设备采用模块化设计，便于组合和扩展，有利于检查和调试，可以模拟加工过程，受到学生的欢迎。

2. 校企联合共建实验室。为了完善实践教学体系，中心积极吸引社会投资，与企业联合共建实验室。2007 年 10 月，中心与台湾凌阳科技有限公司共建了“山东大学凌阳单片机创新实验室”，拓展了创新训练平台，增加了训练项目，为今后中心实验室的建设开辟了一条新的途径。

3. 积极组织开设选修课。今年在原有 8 门选修课的基础上，新开设了《创新技能训练》、《arm 嵌入式系统基础训练》、《linux 网络管理》及《网络管理员技能训练》等 4 门选修课程，丰富了工程训练的理论教学内容。

五、实践教学工作

1. 完成实践教学任务。今年工程训练中心共接受金工、电子、生产实习、毕业实习等各类实习学生 5876 人，共完成实践教学工作量 49756 人，保质保量地完成了学校下达的各项教学任务。

2. 完成暑期学校教学。今年暑期学校共开设了 12 个训练项目，400 多名学生参加了实践教学训练。为确保今年暑期学校各项工作顺利进行，中心成立了“暑期学校教学督导小组”，定期对暑期学校教学项目进行检查，检查内容是教学组织和教学秩序，检查重点是教师授课情况和学生听课情况，通过了解项目进展情况和总结各阶段暑期学校工作的经验与问题，保障了暑期学校教学工作的规范有序。在年底教务处评比中，中心暑期学校被评为全校二等奖。

3. 设立科技创新基金。为鼓励和培养大学生的科技创新精神，提高科学技术转化为生产力的实践能力和整体素质，中心自筹资金设立了我校大学生科技创新基金项目，并启动了中心首届大学生科技创新基金项目立项工作。经过项目立项答辩，共评出五个学院的6个科技创新项目，分别获得了3000元项目基金的立项支持。

4. 开展科技创新活动。中心利用开放性的科技创新实践平台，为学生开展科技创新活动提供条件和环境。学生利用课余时间，提高实践及动手能力，培养团结合作的“团队”精神，促进优秀人才和优秀成果的涌现。通过参加全国大学生机器人大赛和全国大学生电子设计大赛等各种比赛来检验学生的创新能力和水平。

(1) 组队参加了全国大学生电子设计竞赛。由教育部高等教育司和信息产业部人事司共同主办的2007年全国大学生电子设计竞赛于9月3日至9月6日进行。经过作品测试和现场答辩，在工程训练中心组队的15个参赛团队中，有13个团队获奖。其中获得全国一等奖2个，全国二等奖3个，山东省一等奖6个，山东省二等奖1个。创我省参赛队获奖最多纪录，取得了我校参加全国大学生电子设计竞赛有史以来的最好成绩。

(2) 组队参加了2007年“达盛杯”全国电子毕业设计暨创新设计大赛。2007年“达盛杯”全国电子毕业设计暨创新设计大赛于2007年8月14～15日在秦皇岛市举行。全国参赛团队共199个，经过专家评审，18个队进入总决赛。经过作品演示、答辩和论文审阅，物理学院马建国、邵明珍团队的《基于CAN总线的远程数据采集系统设计》题目获得大学组全国竞赛一等奖。

(3) 组队参加了2007“银泉杯”中国机器人大赛暨RoboCup中国公开赛。全国大学生机器人大赛于10月26～28日在济南大学举行。我校首次组队参加该项赛事，共参加了5个项目的比赛。其中RoboCup中型机器人（4∶4）全国排名第五，双足竞步机器人（大学组交叉足印）全国排名第六，RoboCup中型足球（2∶2）全国排名第七，FIRA仿真足球（5∶5）全国排名第十二，并分别获全国三等奖。中国中央电视台青少节目中心对我校参赛队作了专题报道。

(4) 组队参加了首届山东省大学生“星科杯”机器人大赛。大赛于10月13日在山东建筑大学举行，这是山东省举办的首届机器人大赛。中心组织了11支代表队，参加了爬竿机器人、爬绳机器人、排雷机器人等比赛，共获得一等奖4项、二等奖7项，获一等奖总数列全省第一位。

(5) 组队参加了山东省大学生“华兴机械杯”机电产品创新设计竞赛。竞赛于2007年8月23～25日在德州学院举行，由中心组队并指导的机械学院学生王永、宋建建、王林、张祥敢制作的《智能语音垃圾桶》获山东省一等奖，物理学院和机械学院学生马建国、吕宏卿、刘勇制作的《大蒜收割机模型》和机械学院王东平、徐金明、金鑫等同学制作的《洗衣机健身器》分获山东省二等奖。

(6) 组织承办了山东大学第三届大学生科技创新大赛。由教务处主办、工程训练中心承办的我校第三届大学生科技创新大赛于2007年6月24日举行，来自控制、信息、物理、计算机、材料、机械等学院的77个团队、300余名学生参加了比赛。经过严格的考核评审后，最终59个团队获奖。其中一等奖16个，二等奖19个，三等奖24个。

六、开展社会服务

1. 建立各种培训基地。①经过专家现场评估和安全培训机构评估工作领导小组会审，国家安全生产监督管理总局于2007年6月5日发布公告，正式授予山东大学国家一级安全生产培训资质，9月30日，学校正式成立了山东大学安全技术培训中心。②成立了国家信息产业部人才培训基地，针对全国大学生电子设计竞赛、全国大学生数学建模竞赛申报了《电子技术应用工程师》、《系统分析及软件应用工程师》职业资格培训证书，可为大学生提供电子工程师认证服务。

2. 开展各种培训活动。今年与宁阳联合机械制造有限公司共同举办了四期数控技术职业技能培训班，培训学员174余名，累计3200课时。与济南监狱合作开展了服刑人员技能培训、数控改造、网络建设等项目。与中国人民财产保险公司、中国大地财产保险公司、山东百江燃气等诸多企业合作举办了高级管理人员培训班。分别承办了山东省安全培训机构师资培训班及中央驻鲁及省管企业负责人安全培训班，共培训学员426人。与学工部、教务处等合作对在校经济困难学生举办了计算机网络技能学习班、嵌入式系统学习班、创新课堂网页制作学习班等。

3. 组建社会服务团队。今年共组织了农村职业技能服务团队、五里沟街道办事处社区服务团队、济南监狱服刑人员技能训练调研团队、山东省科学院科技交流团队等社会服务实践团队，参加社会实践活动的同学分别来自机械、土建、控制、能动、信息、材料等学院。其中农村职业技能服务团队、五里沟街道办事处社区服务团队获山东大学优秀实践团队。通过开展大学生社会实践，丰富了学生的经历，加强了与社会的联系，搭建起了合作桥梁。

4. 发挥示范辐射作用。积极开展与中心建设、教学改革、科学研究、师资队伍建设等有关的学术和交流活动，先后应邀派出指导教师16人次，分别去山东建筑大学、聊城大学、山东英才学院等高校进行工作指导、示范讲课；先后多次到济南大学、山东理工大学、山东轻工业学院等学校指导中心的本科教学评估工作；分别到德州学院、莱芜职业技术学院、泰山学院、山东电子职业技术学院等学校进行大学生科技创新经验交流和讲座。

七、加强教学管理

1. 完善教学管理文件。制定了激光、测量、电气技术三个训练项目的教学文件，编制了教案、实习报告、实习指导书等，有效地规范了训练过程。

2. 建立发展咨询机构。聘请了国内及校内知名专家组成了跨校际的教学指导委员会，直接参与中心的规划建设和教学指导工作。进一步扩大了教学研究室的规模，由原来的3名扩大到了11名教师，参与教学改革，充分发挥教研室的作用。

3. 强化环境安全管理。“安全责任重于泰山”，面对每年5000人以上的求知欲强、好奇心重、缺乏自我保护意识的“新手”参加工程训练，为了确保师生安全，完善了安全管理制度，加强了环境安全管理。今年所有的教学设备无一发生责任事故，完好率达到95％以上；学生与指导教师无一人发生人身事故，保证了实习训练的安全顺利开展。

八、师资队伍建设

1. 加强教师能力培训。利用没有学生的时间举办了职工培训班；在班组内组织教师进行了讲课比赛、听课及交流活动；根据工作需要，组织了教学人员外出培训，先后到景德镇陶瓷学院参加培训学习，到清华大学进行 Pro/E 软件学习，去东南大学进行 CAXA 软件的学习，到青岛参加数控设备维修培训等。

2. 开展教学研究活动。积极鼓励教师参加各类教研活动和课题立项，本年度教学共申报省级软科学项目 1 项，“国家大学生创新训练计划”创新立项项目 2 项，校实验室软件项目 8 项，在各类刊物发表论文 12 篇。

（刘　健）

网络与现代教育技术工作

一、进一步完善网络建设，完成重点部位的网络优化和扩容改造

完成学生18号楼等新建楼宇超过5000个点的网络接入；完成办公楼等重点楼宇的网络优化及软件学院1000多个信息点的网络扩容和改造。山东大学校园网信息点总数超过70000个，联网计算机总数已经超过40000台。

二、进一步强化了运行管理，校园网安全稳定运行得到保障

坚持自主开发完善网络管理系统，在各校区完成了部署，对学生宿舍的国际流量进行了比较有效的控制；升级了学生上网认证系统，实现了更准确的用户追踪和定位；进一步完善了网络监控，实现了网络系统和服务器系统运行状态的实时监控，各类故障均得到了及时有效处理，校园网运行稳定性得到进一步提高，运行质量均达到99.9%。

三、结合国家CNGI驻地网建设项目，完成了山东大学IPv6的部署和推广工作

实现了全校校园网用户的IPv4/IPv6双栈接入；完成全校网络管理员（包括院系网管和学生网管）IPv6相关知识的培训，对IPV6在校内进行了推广；初步完成了中国下一代互联网示范工程CNGI山东大学IPv6驻地网的网络与信息服务系统建设。

四、网络服务系统进一步完善

充分利用现有资源，对电子邮件系统等进行了升级改造，系统稳定性进一步提高；部署了网络防毒系统，已经有超过800台计算机下载使用，取得了良好效益；网上视频会议管理系统开发完成投入测试，网上视频科研协作平台得到进一步完善，将投入使用。

五、积极实施技术服务，开展部门协作

协助科技处完成科研管理信息系统建设；协助招生办公室完成招生在线信息系统重新开发和维护工作；协助继续教育学院完成网络教育平台的优化工作；完成财务网的改造以及协助水电中心完成水电监控网建设等工作。

六、新一代校园网规划方案初步完成

完成了学校领导交办工作；积极完成了学校有关部门需要网络中心解决的问题；完成新一代校园网规划，初步完成学校数据中心的规划，制定了有关规划建设方案，并将进一步投入论证。

（刘　琪）

出版工作

本年度，我们始终坚持党的出版方针，坚持大学出版社为高等学校的教学、科研服务的办社宗旨，以“三个代表”重要思想统领出版工作，贯彻落实党对新闻出版业提出的“加强管理，优化结构，提高质量”的总要求，把握正确的出版方向，不断深化出版改革，切实优化选题结构，进一步完善内部管理机制，逐步提高经营管理水平，从而使我社的工作上了一个新的台阶。

我们严格遵守国家关于图书出版的法律、法规和各项管理规定，不断深化出版改革，切实优化选题结构，进一步完善内部管理机制，逐步提高经营和管理水平。以大学的学术资源优势为支撑，坚持以学术为本，同时走出学校，坚定不移地面向市场，大力开拓出版领域，不断提高出版各级各类教材和学术著作以及科普读物的比例，以改革促发展，向竞争要效益。山东大学是教育机构，为教学服务是我们办社宗旨之一，所以我们有针对性地在教育上做文章；同时，山东大学是具有一定学术地位的综合性大学，在学术上有一定优势，有大量的学术资源可供利用，所以我们坚守学术阵地，走学术出版之路，立足于为本校学科建设服务，着力出版能够代表本校学术水平的科研成果。从这些认识出发，我们大力调整了图书结构，逐步形成了以教育类图书保证出版规模，以学术类图书来保持我们的学术品位，以人文类图书为龙头，各学科并举的整体结构。2007年，我社共出版图书392种，其中新版图书200种，重印或再版书192种，其中学术专著和教材占很大比重。从统计数据的分析来看，新版图书和重印图书数量较往年都有所增加，初步完成了我社的既定目标。全年完成生产码洋1．4亿元，比2006年又上了一个台阶。

在实际工作中，我们紧紧把握住“三贴近”原则，围绕经济建设、社会发展和提高全民族的科学文化素质，崇尚科学，抵制和反对封建迷信，向社会推出一系列中小学教材、学术专著和其他类图书。在学术专著的出版上，我社坚持大学出版社的出版方针，依托高校的资源优势，面向社会推出了一系列人文社科精品图书，如《中国文学名篇鉴赏》、《犹太战争》、《耶路撒冷》等，形成了山东大学出版社在专业学术专著出版方面的优势与特长，得到了社会各界读者的广泛公认与好评。

我们始终强调出版物要坚持质量第一的原则。无论是出版物的思想内容、科学技术，还是它的艺术水平、文字表达，抑或装帧设计、校对、印装等，都要经得起读者的检验，经得起时间的检验。为此，我社加强了对图书生产过程中每一个环节的监督和检查，并形成制度化。诸如，强化“三审”，加强审读，采用稿前审读、重复审读，把好文字关，内容关；成立图书装帧设计评审小组，按优劣进行奖惩，等等。得力的措施，丰厚的回报，2007 年度我社分别获全国印刷出版物优质品铜奖，图书印装质量部优、省优品达到 90%以上，在全国 700 多家出版社中名列前茅。

在把握出版方向、提高社会效益的同时，我社坚持两个效益一起抓，努力面向文化市场，有效利用出版资源，提高本社优秀出版物的市场覆盖率。全社上下牢固树立精品意识，组织了一大批对传播先进文化能发挥重要作用，思想性、艺术性和可读性俱佳的优秀出版物，并根据当前社会关注程度高的热点和难点问题，组织出版了“职场风向标系列丛书”、艾滋病防治指南等。这些优质出版物大大提高了我社出版物的整体质量，我社的出书品种和图书结构都得到了较大改善，对提高的市场占有率和经济效益起到了明显的促进作用。

2007 年新版图书目录

《马克思主义研究辑刊》（2007 年卷）

《全球化视域下社会主义的理论与实践》

《犹太战争》

《耶路撒冷》

《哲学与政治——当代中国政治哲学研究》

《犹太研究》（第 5 辑）

《统计学原理》

《社会工作视野下的大学生事务管理》

《客房部运行与管理》

《威海市新型合作医疗与公众健康》

《中韩人文社会科学研究》（第 2 辑）

《欧洲移民研究——20 世纪的欧洲移民进程与欧洲移民问题化》

《科技革命与社会发展》

《人伦传统与交往伦理》

《成就你自己——大学生成才之路》

《商业贿赂犯罪问题研究》

《山东大学法律评论》（第四辑）

《政治生态论》

《民法典成年保护制度》

《环境政治国际比较》

《法治政治论》

《当代欧洲政党政治——选举向度下的西欧社会民主党研究》

《生态文明视野下的环境法理论与实践》

《乔伟文集 · 补卷》

《思想政治教育：基于新视野的系统分析》

《朝鲜半岛时局与对策研究》
《环境政治学：理论与实践》
《理论探索的脚步——新时期统一战线理论研究与实践探索获奖文集》
《推进社会主义新农村建设研究》
《人权保障与权力制约》
《新编军事理论教程》
《科学发展观视角下的城镇化研究》
《旅游市场营销学》
《人民银行会计管理概论》
《农村合作金融改革论丛》
《坚持科学发展 建设海洋强省》
《职业技能鉴定工作问题解答与文件汇编》
《外商直接投资的环境效应》
《寻求跨越——县域经济协调发展研究》
《县域银行管理初探》
《融入全球产业链的山东沿海经济带发展战略研究》
《山东与沿海发达地区比较研究》
《大学英语四级考试教程》
《病理学实验教程》
《护理心理学实验教程》
《规范汉字书法教程》
《新课标互动同步·思想品德·七年级》（上册）
《新课标互动同步·中国历史·八年级》（上册）
《新课标互动同步·语文·七年级》（上册）
《口腔内科学学习指南》
《文明之旅》
《路基路面工程》
《家园之旅》（第一辑）
《中考冲刺百页试卷》
《语文主题学习·五年级下》
《语文主题学习·九年级下》
《语文主题学习·七年级下》
《语文主题学习·八年级下》
《临床护理指南》
《桥梁工程》
《新课标互动同步·数学·八年级》（上册）
《口腔正畸学学习指南》
《新课标互动同步·中国历史·七年级》（上册）

《新课标互动同步・思想品德・九年级》
《旅游心理学》
《新课标互动同步・数学・七年级》(上册)
《新课标互动同步・英语・九年级》(上册)
《餐饮服务与管理》
《C程序设计实训教程》
《非线性光学》
《高校思想政治理论课学习指南》
《前厅运行与管理》
《新课标互动同步・思想品德・八年级》(上册)
《饭店英语》
《有机化学》
《饭店管理概论》
《新课标互动同步・英语・九年级》(下册)
《山东省教师资格认定考试辅导教程》(学前教育部分)
《数学建模基础知识与案例精选》
《小学教育专业教育综合教程》
《CT导向下恶性肿瘤放射性粒子组织间植入治疗学》
《成本会计实务》
《高职教育管理与校园文化建设研究》
《行政补偿制度的理念与机制》
《小学新课标互动同步・语文・四年级上》
《大学生学习手册》
《高等学校实验教学示范中心建设指南》
《语文早读》(第一辑)
《流利英语口语之路》
《教师教学指南》
《山东省教师资格认定考试辅导教程》(小学部分)(上、下册)
《山东省教师资格认定考试辅导教程》(中学部分)(上、下册)
《中国广告史》
《学问之道——人文社会科学硕士博士论丛》(2006)
《电子商务》
《踏步集》
《农村教育城市化战略实践探索》
《中国传统对外关系的思想、制度与政策》
《人本・质量・特色・创新》
《大学英语四六级写作全攻略》
《成人高等教育教学指导》

《高等学校学生工作探索与实践》
《给你一滴甘露——启迪·体悟·引导·行动》
《教育拓展的理论与实践》
《大学生国防教育读本》
《英语联想作文》
《三论美是和谐》
《成本管理会计习题集》
《我的哲学笔记》
《语文主题学习·六年级上》
《光照千秋》（二十）
《2006中国小说排行榜》
《临床头面痛学》
《实用流行病学》
《经济法》
《现代监狱行刑研究》
《知识产权在网络及电子商务中的法律保护研究》
《被害人视野中的刑事和解》
《生命科技的法律问题研究》
《外国经典歌剧解读》
《旅游英语》
《旅行社经营管理》
《旅游交际礼仪》
《快乐写作》
《探寻、追忆与再现——齐鲁地区非物质文化遗产调查与研究》
《新课标互动同步·英语·七年级》（上册）
《新课标互动同步·英语·八年级》（上册）
《口腔修复学学习指南》
《新课标互动同步·语文·八年级》（上册）
《新课标互动同步·世界历史·九年级》（上册）
《走过2006》
《六类微积分与泛力学引论》
《现代集成电路制造工艺原理》
《德育为先——山东首届大学校长德育论坛》
《初中新课程同步训练·化学·九年级下》
《实用文体写作》
《反馈与英语写作》
《会话中的回指修正研究》
《俄语句际关系研究》

《普通话与口语表达》
《人文述林》(第九辑)
《永远的记忆》
《英美现代主义文学新视野》
《中国文学名篇鉴赏·词赋卷》
《中国文学名篇鉴赏·文卷》
《和圣柳下惠与和文化》
《日本近代浪漫主义文学与基督教》
《中国文学名篇鉴赏·诗卷》
《经史散论》
《史记新解》
《聚落与环境考古学理论与实践》
《海岱地区青铜时代考古》
《章丘耕地》
《广饶耕地》
《楼宇自动化工程技术训练》
《无网格法理论及程序设计》
《大学物理精讲精练》
《线性代数》
《传染病应急与处置》
《居民养生和谐保健指南》
《饮酒与疾病》
《冠心病药物及康复治疗进展》
《如何开启与使用右脑——瞬间激发无穷的潜力与创意》
《白癜风》
《简明帕金森病治疗学》
《四世同堂百年春》
《药物制剂设备实训教程》
《杏林儒风》
《百年杏坛 嘉木成林》
《结核病大讲堂》
《明于阴阳——中医的概念与逻辑》
《药物制剂设备》
《山东大学第二医院志》
《SQL SERVER 2000 简明教程》
《常规探伤研讨文集》
《计算机应用基础》
《高速公路与城市发展论》

《山东省河流水环境容量研究》
《潍坊园林》
《高等学校科学理财理论与实践》
《潍坊古树名木》
《大学的管理与质量》
《预拌混凝土质量控制措施》
《龙口市持证残疾人状况研究》
《现代职业技术教育——理论与实践》
《高校和谐校园理论与实践》
《看淡金钱做生意》
《避险与自救实用手册》
《建筑工程常见质量问题预防措施》
《建筑工程施工技术资料常见问题要点》
《建筑工程质量检测实用手册》
《住宅工程质量分户验收指导手册》
《高校后勤管理》
《建筑安全文明施工图集》
《枣庄野生植物资源》
《烟草营销绩效提升金典》
《闻道人生》
《建筑工程质量验收手册》
《沂蒙大观》
《为了未来的事业——山东省高校首届辅导员工作论坛获奖论文选编》

（陈海伟）

《文史哲》编辑部

2006年10月，教育部首期“名刊工程”建设项目结项，在此基础上，优胜劣汰，产生了第2期“名刊工程”入选期刊。在学校领导及有关部门的大力支持下，经过编辑部全体人员的共同努力，《文史哲》顺利进入“名刊工程”第2期的行列。2007年，是《文史哲》进入“名刊工程”第2期的第一年，对于《文史哲》来说是极为关键的一年。围绕“名刊工程”建设二期这一中心任务，2007年，《文史哲》主要做了以下诸方面的工作：

一、巩固与强化品牌栏目的地位和实力，形成持续性社会影响

名刊以名栏为支撑。目前，《文史哲》已经形成以“人文前沿”和“疑古与释古”两个栏目为品牌的主打栏目格局，二者在学界都产生了广泛的学术影响。一个名牌栏目的培育，至少需要五年左右的时间。2007年，无疑是这两个栏目生长发育的至为关键的一年。可喜的是，《文史哲》自2006年第二期开设“疑古与释古”专栏，连续九期对近年来在史学界极具影响力的“走出疑古时代”提出讨论，引起了学术界、理论界的热烈响应。这一讨论，被重要学术刊物《社会科学》(2007年第一期)评为“2006年度人文学术热点”之一，与“马克思主义的当代价值”、“王富仁的‘新国学’”、“《文学概论》教材与文学理论的基本问题”等学术话题和文化事件并列，共同组成2006年的文化镜像和学术奇观。

二、进行“《文史哲》丛刊”书系的前期选编工作

“《文史哲》丛刊”是准备以专题形式出版的一套论文集，主要收录改革开放以来《文史哲》杂志所刊载的优秀论文，计有《国家与社会关系》、《儒学与道学》、《疑古与释古》等十五册。截至2007年11月底，有5册已整理完毕，并进入编辑程序，将由商务印书馆陆续出版。

三、加强与学界中坚力量和新生力量的沟通与交流，占领学术前沿

《文史哲》经过多年的积淀，形成了持重、扎实的学术风格。其优点是厚重、严肃，但缺点也极明显，就是缺乏敏锐性、前沿性，缺乏朝气，因而对前沿性学术问题的参与不足，更谈不上对学术潮流的引领。一直以来，重视与老作者、老名家的联系，忽视新

生代作者的发现和培育，便是明证。也因此，《文史哲》在中生代和新生代的学术力量中，缺乏影响力。当务之急，是尽快弥补这一缺陷。2007 年，加大了在这一方面的工作力度，分学科拟定了学界中坚力量和新生力量的名单，赠送刊物，坚强联系，培养感情，并进行学术追踪。目前来看，取得了不错的效果，中青年学术精英的来稿比重较以往有明显增加。

四、加强与知名校友的联系，使之成为《文史哲》与外界沟通的桥梁

《文史哲》是学界的阵地，但首先是山大的阵地，校友的阵地。过去，我们缺乏与校友的沟通，没有利用好校友这一资源。2007 年，我们加强了这一方面的工作，积极展开与知名校友的联系和交流，以期实现《文史哲》与校友的双向服务。2007 年初，通过细致入微的资料搜集工作，大致掌握了重点校友的最新情况，初步拟定了一份校友通讯录，从 2007 年第 1 期起，赠送《文史哲》给知名校友，既为校友提供了学术服务，也进一步扩大了《文史哲》在校友中的影响力。

（耿玉晶）

山东大学学报（哲学社会科学版）

1951年8月，山东大学学者华岗、童第周等创办了新中国建立后最早的高校综合性学报之一:《山东大学学报》。初期学报为哲学社会科学版与自然科学版合刊，后而分离。刊物坚持“百家争鸣，百花齐放”方针，倡导学术创新，弘扬人文精神，追求科学真理，依托山大优势，放眼四海学界，广纳学术百家，推进文化建设，服务学科学术学者，发表了大量校内外、国内外知名学者及学术新人的前沿学术成果，社会影响和效益显著。1955年，毛泽东主席曾委托中央办公厅订阅本刊。半个多世纪来刊物与中国学术风雨兼程，与时俱进。刊物为中文社会科学引文索引（CSSCI）来源期刊第一批入选学术期刊之一。现为全国中文核心期刊，中国人文社会科学核心期刊，中文社会科学引文索引（CSSCI）来源期刊，中国人文社科学报核心期刊，山东省优秀期刊，全国百强社科学报。本年在编编辑12人，其中编审（教授）3人，副编审9人。傅永军为《山东大学学报（哲学社会科学版）》主编暨编辑部主任。

“民间法研究”、“本刊特稿”、“诠释学与经典诠释”等栏目继续作为名栏进行重点组稿和推介。全年6期均在显著位置设立“民间法研究”专栏，特约栏目主持人、法学院教授谢晖在各期栏目首篇发表《主持人手记》。本年“民间法研究”专栏发表论文15篇，如张晓萍《中国民间法研究学术报告（2006年）》，胡平仁《法社会学的百年历程》，眭鸿明《习惯自在调整与习惯的法律化》等。“本刊特稿”栏目载文有余纪元《新儒学的〈宣言〉与德性伦理学的复兴》，陈炎《中国：走向世界的语言与文化》，焦宝乾、陈金钊《2006年度中国法律方法论研究学术报告》，王建民《路德维希·冯·米瑟斯社会主义观述评》等。“诠释学与经典诠释”专栏刊文如陈治国、洪汉鼎《2005：诠释学与中国（年度学术报告）》等。其他栏目：“儒学研究”，“批判理论研究”，“宗教与文化”，“西方哲学研究”，“法学研究”，“恢复性司法研究”，“史学研究”，“文学与语言研究”，“产业经济学研究”，“经济学研究”，“政治学与国际政治研究”，“社会学研究”，“语言学研究”，“管理学研究”，“学术专论”等。学报双月刊全年共编辑出版正刊6期，刊发论文146篇，约197万字。编辑出版“高校文化论坛专辑”增刊1期，共编发论文73篇，约43万字。

（牟　进）

山东大学学报（自然科学版）

2007 年，编辑部具体承担着山东大学学报（理学版）（月刊）、山东大学学报（医学版）（月刊）、山东大学学报（工学版）（双月刊）、山东大学耳鼻喉眼学报（双月刊）的编辑出版任务。现有在职人员 20 人，外聘 10 人。2007 年是编辑部完善创新模式，期刊规范发展的一年。在学校及编委会的正确领导下，实施全方位开放式办刊战略，严格审用稿流程，突出期刊特色，紧紧围绕一个基础（编委会及编辑队伍建设）、两个核心（学术质量及编辑质量）、三个理念（开放、特色、信息化）开展工作，期刊的学术质量、编辑印刷质量及相关引证数据得到了较大提高，学报的各项工作都呈现出了崭新的局面，取得了较大的进步。

一、完善创新模式，推动期刊发展

在 2006 年编辑部已形成了适合学报发展的集约化管理模式雏形的基础上，2007 年进一步强化全方位开放式办刊理念，淡化原有因版设置的机构，强化期刊发展需要设置的机构，编辑部发展有所全面突破，突出期刊特色思想深入人心，为学报快速发展提供了前提与保证。

二、坚持“以法治部”，运转体制与机制面临进一步突破

编辑部所有制度的制订与实施紧紧围绕一个基础（编委会及编辑队伍建设）、两个核心（学术质量及编辑质量）、三个理念（开放、特色、信息化）原则，制定并不断完善了一系列对内对外的规章制度。通过制度建设，使学报的稿件采用及内部管理更加公正、公开、公平，现有体制和机制优势得到极大发挥。随经营、考核等发展的需要，运转体制与机制面临进一步突破。

三、克服信息化过程中的困难，初步实现期刊开放存取（OA）

在 2006 年编辑部全面推进期刊管理软件的运用，作者投稿、专家审稿、稿件查询及编辑全部实现网络化的基础上，克服了软件漏洞多、受黑客攻击等一系列困难，保证了期刊的正常出版，初步实现了期刊的开放存取（Open Access，OA），走在国内期刊发展的前列，顺应了期刊发展潮流。外聘相关人员，信息化办公室力量得到加强。进一步全面落实所有稿件初审在数据库中的查新及寻求小同行审稿人的工作，为保证稿件的

创新性做了大量的基础工作。

四、英文编辑中心投入运转，英文编辑质量得到全面提高

因需要成立的编辑部英文编辑中心投入运转，同时聘请母语为英语的专家 Edward C. Mignot［美］博士做英文审读工作，英文编辑质量得到全面提高；与国外相关数据库联系正在进行中。随着工作的开展和不断深入，在做好现有期刊英文编辑、审读的基础上，英文编辑中心将加强对外联络，开展服务与合作，不断提高学报的社会影响力和国际化水平。

五、主编身体力行，编委会关心学报发展

娄校长参加，召开主编座谈会，主编们与编辑部同志们一起座谈期刊发展，对编辑部工作、学报发展与定位给予具体指导和支持，使全体编辑人员增强了办好学报的信心和决心。编委会为学报定位及学术质量的把关和提高提供有力支持和保证。理学版编委会主任、主编刘建亚教授，医学版编委会主任、主编龚瑶琴教授，工学版编委会主任、主编邹增大教授，耳鼻喉学报编委会主任、主编栾信庸教授、副主任潘新良教授都为学报发展付出了大量的劳动，作出了重要的贡献。

六、主动联系学科及学术组织，抓特色栏目建设，实施精品期刊工程

在总结办刊经验的基础上，明确主动出击约高水平稿件、突出期刊特色作为我们工作的重点，与 2006 年相比有较大突破：理学版进一步强化了数学特色，数学研究论文占 50％以上。2007 年改为月刊后，单月出版的期刊为综合集，双月出版的期刊为数学研究论文专集。在双月出版的数学研究论文专辑中，特设以下不定期栏目：①数学高端论坛：主要刊登由各个数学专业的国内外著名学者撰写的前沿成果、综合评述；②信息安全：主要刊登密码技术与信息安全研究领域的领先成果；③金融数学：主要刊登金融数学研究领域的领先成果；④生物信息学：主要刊登生物信息学研究领域国内外最新成果。以上栏目分别由中国科学院院士或长江学者担任顾问和主持人。医学版将在认真总结经验的基础上，2008 年对栏目全面改版。工学版根据学科优势及特点，在控制学院的帮助下，已建成“控制科学与工程”特色栏目，由“泰山学者”做栏目主持人。耳鼻喉眼学报全面改版栏目，根据学科优势及特点，已建成“头颈肿瘤”、“睡眠呼吸障碍性疾病”两个特色栏目，并设有专家笔谈、耳科学、鼻科学、眼科学、消息等栏目，下一步将进一步拓宽眼科学稿源。特色栏目建设，将不断提高期刊专业特色和影响力，进而实现从名栏到名刊的跨越。

七、期刊引证数据不断提高

引证数据是评价期刊地位和水平的重要依据，是衡量期刊学术质量、社会影响力和国际化水平的标尺。据科技部中信所最新公布的 2007 版《中国科技期刊引证报告》（核心版）显示，学报引证数据在稳定提高（见下表）：

理学版、医学版、工学版2002～2006年主要引证数据

项目/时间	理学版			医学版			工学版		
	总被引频次	影响因子	他引总引比	总被引频次	影响因子	他引总引比	总被引频次	影响因子	他引总引比
2002年	80	0.066	0.80	178	0.120	0.85	165	0.311	0.27
2003年	112	0.136	0.91	250	0.174	0.90	155	0.210	0.56
2004年	183	0.239	0.83	225	0.138	0.91	117	0.092	0.83
2005年	220	0.231	0.86	383	0.255	0.91	166	0.194	0.83
2006年	278	0.311	0.87	349	0.160	0.94	202	0.192	0.92

注：引自中信所2003年、2004年、2005年、2006年、2007年版《中国科技期刊引证报告》（核心版）。

耳鼻喉眼学报2005年、2006年是扩展版收录期刊，其引证数据在稳定提高，其2005年、2006年总被引频次分别是142/225，影响因子分别是0.184/0.260。

八、新增核心期刊

通过编委会和编辑部的共同努力，经多项学术指标综合评定及同行专家评议推荐，2007年6月，山东大学耳鼻喉眼学报被收录为中国科技论文统计源期刊（中国科技核心期刊）（核心版），实现了年初的既定目标。这是耳鼻喉眼学报发展过程中的一个重要标志，也为进一步发展创造了良好条件。

九、加强编辑队伍建设，加大科学研究及对外交流力度

人是决定性的作用，编辑力量是期刊发展的基础。我们坚持走出去请进来，不断提高编辑素质。编辑人员参加相关学科学术会议10多次，委派2人参加全国编辑培训，请资深编辑朱诚教授来编辑部对期刊质量点评并做培训工作，很大程度上提高了编辑对学科的了解和期刊编辑质量。结合编辑部办刊实际，明确了把媒介管理学研究作为科学研究的主攻方向，现承担2项中国高校自然科学学报研究会基金课题，为建设研究型编辑部打下基础。在全国性学术会议及座谈会上被邀请作经验交流和典型发言，提高了编辑部的影响力。在《编辑学报》、《中国科技期刊研究》等多种核心、非核心期刊发表近20篇论文。

十、圆满完成学报出版等任务

截至2007年12月13日，编辑部全体同志克服人员严重缺编的困难，超负荷运转，圆满完成了理学版、医学版前11期，其他2个版前5期的编辑出版任务：

1. 理学版：成功地改为月刊，并按计划在9月份改至126个页码，发表时滞在最近3期（9，10，11期）已经缩短为7个月（158，219，201天）。截至12月4日，共收稿件466（含会议稿35篇，约稿1篇）篇，退稿235篇（退稿率50%），发稿234篇，其中基金项目资助论文159篇，基金论文比达到68%。

2. 医学版：截至到今年12月5日，医学版收稿582篇。据统计，1～11期，已发表论文316篇，其中论著285篇，占90.2％，综述2篇，技术方法及经验交流19篇，短篇报道10篇，基金论文139篇；医学院48篇，公共卫生学院19篇，药学院5篇，口腔医学院7篇，齐鲁医院99篇，省立医院51篇，第二医院29篇，中心医院9篇，千佛山医院11篇；平均发表时滞7.2月。基金论文篇数现已超过去年总和，占45.4％（去年136篇，占42.5％），博士论文70篇，占22.9％，同比较去年下降（去年占49.0％），博士论文加上教授、副教授论文共110篇，占35.9％，也较去年同比下降（去年占54.1％）。硕士生论文175篇，占57.2％，较去年同比上升（去年占32.5％）。发表时滞较去年明显下降。与2006年相比，文章信息密度、基金论文比略有上升，实验研究论文比例略有下降，博士、教授论文比例明显下降，硕士论文比例明显上升，基础医学论文明显下降，临床医学论文明显上升。这与医学院等学院的论文评价政策呈明显相关性，医学院基础医学研究的稿件大量外流。

3. 工学版：截至今年12月13日，收稿436篇，退稿220篇，退稿率为50％。

4. 耳鼻喉学报：12月10日共收稿362篇，出版5期188篇（第6期资料尚未统计），其中论著和综述144篇，山东省稿件69篇，外省市稿件75篇，课题稿件13篇。第6期课题稿件9篇。若第6期按26篇论著及综述计算，2007年课题稿件比例为12.9％，与去年（12.6％）持平。有两个趋势：一是外省市稿件比例增长；二是课题稿件比例提高。说明成为统计源期刊及扩大宣传、加强审稿力度的效应已初步显现。

5. 教学工作：完成了承担的医学院本科生医学写作课、博士生医学英语论文写作教学工作。

6. 严格审读和质量考核，不断提高编辑质量：在严格工作流程的基础上，为更好地做好2007年编辑质量考核工作，统一将抽检的文章送交校外知名编辑专家作全面审读，在全部审读结束后认真讲评，不断提高编辑印刷质量。

十一、探索一条适合学报发展的经营之路

初步建立了与经营相关的管理办法，调动了大家参与经营的积极性；通过成立文印室，保证了排版、制版的连续性与排版的质量，从而掌握了与印刷厂谈判的主动权，通过公开招标，大幅度降低了出版印刷费用；创收工作初步启动，通过刊登广告等收入十余万元，全部收入均进入学校账户，产生了一定的经济效益。

（李　伟）

山东大学第一附属中学

本年度，紧紧围绕山东大学和历下区教育局 2007 年工作要点积极开展各项工作。以邓小平理论和“三个代表”重要思想为指导，深入学习贯彻党的十七大精神，以科学发展观和构建和谐社会统领学校发展全局，全面贯彻落实党的教育方针，全面实施素质教育。组织实施山大附中“十一五”发展规划，深入实施“科研兴校，文化立校，质量强校，创建品牌”战略。坚持“教师发展的沃土，学生成长的乐园”的办学思想，为了“十一五”期间的奋斗目标，即“办出特色，树立形象，争创名校”，在五年内“把山大附中办成省内一流，全国知名度高的省级规范化学校的发展目标”，扎实有效地开展工作。

一、党建工作

本年度，党总支组织教职工认真学习贯彻“十六届六中全会文件精神”、“中央关于党员先进性教育四个长效机制”、《关于落实〈建立健全教育、制度、监督并重的惩治和预防腐败体系实施纲要〉具体办法》、《教师职业道德规范》、《新义务教育法》、“十七大报告”、《新党章》以及胡锦涛总书记的一系列重要讲话和有关基础教育的法规文件。

进行了附中工会的改选。经校内民主选举并报请山东大学工会 2007 年 4 月 17 日批复：王振泉任工会主席，张锡锋任文体委员，姜荣奎任宣传、女工委员，钟少鹏任生活委员，王丽华任计划生育委员。进行了历城区人大代表的选举工作，进行了数学党支部的调整选举工作，汤华财任支部书记、郑廷伟任宣传委员、闫星华任组织委员。

做好组织发展工作，年内完成了张伦超同志的发展入党工作。

二、行政管理工作

1. 树立“学校是‘教师发展的沃土，学生成长的乐园’”的办学指导思想，全面推进素质教育。

2. 在精细化管理上重点突破，全面提高工作效率，重在抓落实。以“促进教师发展”为中心，加强各项制度建设，健全和修改完善各项规章制度，实行精细化管理，力求管理落实到位，形成目标管理体系，努力提高学校的管理水平，修改完善了《教师手册》。

3. 健全教师继续教育制度，促进专业成长，提高教师队伍的整体素质。结合我校实际，制定了《山大附中2007年教师全员培训的方案》并组织实施。落实《山大附中名师工程行动方案》，努力培养名师队伍。

4. 落实师德规范，为人师表，敬业爱生，完善师德考评制度。

三、德育工作 素质教育

1. 回归原生态，让德育真正育人。

确立适合我校的德育管理目标，让德育回归基础、回归生活、回归实践，培养学生善良、文明、有责任感、有现代气息。创造机会，搭建平台，让学生发展、快乐、幸福，真正落实“育人”根本和“发展”主题。通过“活动德育、实践德育”，丰富学生，丰富学校。通过完善评价体系，引领学生和谐发展、健康成长。

2. 改善管理模式，管理权限下移。本年度开始实行年级组管理模式，发挥年级组作用，年级主任承担本年级组的教育教学管理重任，组织各班主任做好学生管理工作，协调教研组指导备课组抓好各科教学。层层落实责任，实行无缝隙管理，提高管理效能。

3. 抓细节抓落实，加强学生日常管理。

4. 做好学校文化建设，提升学校文化内涵。

(1) 组织人员研究切实适合我校学生特点的德育管理目标，制定符合各年级特点的德育全程系列活动内容，有针对性地开展主题活动。

(2) 组织收看中央电视台《2007感动中国》、《道德的力量》主题节目，引导学生热爱祖国、热爱中华民族、崇尚科学、遵纪守法、要有理想。

(3) 加强“文化氛围”建设，弘扬“文明”之风。

①请中国科学院蒋民华院士作学术报告；②组织“放飞理想，走向明天”初三年级毕业庆典；③组织初二年级“感恩、责任、成长”14岁集体生日庆典大型活动；④初一年级各班组织“告别儿童，承担责任”活动。

5. 丰富学生实践活动，潜移默化提高学生能力。

开展各种主题性实践活动，进一步拓宽学生社会实践的渠道、范围和形式，让学生在参与中感悟，在感悟中提高。

①初二年级徒步远足活动；②初三年级社会志愿者活动；③“小记者奔赴四面八方”初一年级社会调查及交通安全调查宣传活动；④走进田园体验农村实践活动；⑤赴英国、新加坡交流活动；⑥暑假夏令营活动；⑦济南—泰安—曲阜320公里自行车之旅；⑧全校学生送售国旗；⑨初二年级随父母一天工作体验 。

6. 组织家长委员会，提高家庭教育质量。

四、教学工作

1. 严格执行国家规定的教学计划，开全课程，开足课时，保证各科教学的正常进行。

2. 加大教学管理力度，保证教学质量的稳步提高。

教务处加强对备课的规范性要求，强调超周备课，细化学生学习过程，重视课后反思。

在备课组长的带领下，认真进行集体备课。在集体备课的过程中，除按常规要求外，突出了新标准、新教材的学习和研究，结合学生实际，就备课、上课、辅导、作业布置、平时测试等常规教学的每一个环节，加强研究和交流。

课堂教学是提高教学质量的关键，学校制定了能够促进师生发展的课堂教学评价标准，广大教师能够积极参与到课改的大潮中，努力发挥学生主体地位，力求改变教师教与学生学的方式，大胆创新。如初三数学、英语分层教学、初三分层辅导、初一数学进行了“促进学生自主学习的策略研究”。

各教研组分别组织了主题式的公开课，按“先定主题，然后围绕主题选定课题；先在组内进行试讲、研讨、修改，然后在全校正式讲；讲后主讲人说课，组长最后点评”的程序进行，取得显著效果。

本学年，在开展有效的教研活动上做了大量扎实有效的工作。首先，学校统一安排活动地点和时间，规范活动形式；然后，要求教研组长开拓思路，活动主题要明确，提前准备，提前通知到每一位组员做好讨论、研究准备，实现教研活动的实效性。校领导积极参与各组教研活动，在活动交流中共同发展提高。

3. 电教工作情况

本学年加强了对学校现有电教资源的整合应用研究，建立富有本校特色的学科资源库。3 月份，历下区首届信息技术与学科整合研讨会在我校召开，也是对我校电化教学工作取得成绩的充分肯定，也为今后工作的开展提供了先进的理念和思路。积极加强与市区电教部门联系，为老师们提供更多的展示机会，取得了优异的成绩，6 人次获区级以上电教评优课奖励和荣誉称号，多名老师的课件、论文获省市级奖励，我校被评为“历下区 2006 年电化教育工作先进学校”。我校申报的课题“信息技术环境下教学模式和教学方法的创新研究”被省电教馆确定为“十一五”重点课题。

五、教育科研

本年度，学校科研工作有了新的突破，迈上了一个新的台阶。

1. 组织教师学习、培训，开阔视野，更新理念。

通过各种方式展开师资培训，例如：暑假，学校组织以班主任、教研组长等为主的骨干教师进行集中培训，并请南京师范大学课程与教学论专业博导杨启亮教授、章丘市教科室郭道胜主任为教师们作报告，教师的教育思想、教学方法都得到很大的提升。

本年度，我们安排教师外出参加各种培训，累计达百人次。暑假，有 11 位教师到新加坡、英国参与教育教学交流活动；选派出朱子炎老师到美国学习半年。国际间的教育交流开阔了教师们的视野，促进了教师的专业成长。

2. 开展课题研究，注重研究过程，促进课改深入。

重视以科研为先导，引导教师将课题研究与课改实验有机结合起来，坚持课题带动、提升实验，让教科研成为课改工作的助推器。

（1）本学年，学校继续加强各级各类课题的管理、督促和检查，并全方位展开“十一五”市级重点规划课题“构建山大附中发展性评价机制，促进教师成长的策略研究”。

（2）参与教育厅张志勇副厅长的“中国基础教育范式转型研究——基于创新型国家建设背景下的创新教育”的子课题研究。

3. 鼓励、规范教师博客的发展。为教师的发展提供一个广阔的交流平台，撰写博客，自主成长。

（1）承办了历下区第五届教师发展论坛。

（2）教师博客群已经形成规模并产生广泛影响。

（3）2007 年 12 月，学校承办了济南市“十五”课题研究成果推广会，我校获了奖并做了题目为《博客，我们的美丽家园》典型发言。

4. 成功举办了本年度的教学年会。

2007 年年会的组织有方案、有落实，本次年会的主题是“在展示中交流，在交流中反思，在反思中研讨，在研讨中发展”。

（1）充分展示一年来的教育教学成果和教师们的成长，展示以下方面取得的成绩：

①展示教研组、备课组的教研活动、集体备课活动模式；

②以“有效课堂教学”为目标的课堂教学改革成果展示，展示一年来课堂上，学生学习方式和教师教学方式的变革，以及由此带来的课堂效率的提高；

③展示教师在一年来的读书、学习、成长、进步，如教师博客精华网上文集，课改成果、论文写作及教师获奖情况展示；

④课题成果展示，展示各个课题组在一年以来的档案建设、研究成果等情况。

（2）交流、反思、研讨课堂教学改革、有效教研活动、集体备课活动、课题研究以及教师成长方面的经验、做法、困惑、问题，并在研讨中使教师的认识、做法有所提高，从而更好地促进教师成长，促进教育教学的发展。

六、总务工作

2007 年完成各项修缮工程：（1）抗击 7.18 特大暴雨袭击，全校教职工奋力抗洪救灾。（2）完成洪水毁坏工程的修缮（约 60 万元）。（3）对教学楼、传达、综合楼的门、窗、日光灯、电风扇、电视机清洗工程。（4）更新改造监控报警系统工程。（5）改造综合楼三层图书室、阅览室。（6）订购课桌凳、文件柜、办公用品。（7）绿化校园购进大批花木，保证三季有花、四季常绿。

七、教育教学成绩

本年度学生中考成绩和各科竞赛获奖的人数和级别继续在济南市名列前茅，中考成绩再创佳绩。

2007 年毕业生 467 名，参加中考 462 人，保送推荐生 5 名。达到实验中学统招线（628 分）的 69 人，占毕业生人数的 14.78%，正式录取 32 人；达到山师附中统招线（625 分）的 78 人，正式录取 31 人；达到济南一中统招线（577 分）的 254 人，占毕业生人数的 54.39%；达到济南市国办高中最底录取提档线 400 分以上 412 人，占毕业生的 88.23%。

本年度教师在各科比赛评优中获奖 171 人次；学生在各科竞赛中，获全国奖的 33

人次，省级奖的 53 人次，市级奖的 45 人次，获各种奖项共计 131 人次。

本年度学校被评为：全国教育科学“十五”规划重点课题研究先进集体、全国中学生生物联赛优胜学校；“博客伴我成长，促进教师专业成长”被认定为全市推广的教育科研优秀成果；荣获历下区校本培训先进单位、历下区校园文化建设先进单位、历下区教育技术能力校本培训先进单位、历下区田径运动会初中 B 组团体总分第一名。

附：

山大附中大事记

2007 年 1 月 1 日，刘斐被聘为我校政治课教师。

2007 年 1 月，姜荣奎、董会丽、汤华财、郑廷伟、孙绪秀、孙永丽、朱子炎、甄广军被评为历下区教学能手。

2007 年 1 月 5 日，姜荣奎获教育部在海南主办的全国第五届创新教育教师素质能力大赛一等奖。

2007 年 1 月 15 日，获得省电教馆 2006 年全省优秀教育网站评选活动一等奖。

2007 年 1 月 18 日，获得山东大学“2005～2006 年度人口与计划生育目标管理先进单位”（山大综子［2006］38 号）。

2007 年 2 月 25～27 日，学校领导班子全体成员在锦绣山庄召开了“附中 2007 年教育教学工作计划会议”。研究制定《教研组工作考评办法》、《备课组工作考评办法》、《年级组组长工作职责及考评办法》、《班主任工作条例》等管理制度。

2007 年 2 月 28 日，安德芳同志退休（山大人字［2007］19 号）。

2007 年 3 月 1 日，郑丽丽被聘为电教管理员。

2007 年 3 月 14 日，赵平文在《济南日报》发表文章“坚持以人为本，构建和谐校园”。

2007 年 3 月 20 日，赵勇获中央教育科学研究所、“研究性学习的理论与实践研究”总课题组、中央教育科学研究所科研管理处全国教育科学“十五”规划重点课题先进个人。

2007 年 3 月 21 日，“山大附中学生青岛考察活动”被济南市精神文明建设委员会评为 2005 年度未成年人思想道德建设“优秀社会实践活动”。

2007 年 3 月 21 日，获得省心理健康教育研究会“山东省心理健康教育先进学校”。

2007 年 3 月 21 日，在 2006 年全国中学生英语能力竞赛中，我校有九名同学获奖，其中全国一等奖 1 人、全国二等奖 6 人、市一等奖 2 人。

2007 年 3 月 22 日，我校初二四班卓东野同学在 2006 年全国英语奥林匹克竞赛决赛中获山东省综合能力优秀奖和口语十佳奖。

2007 年 3 月 27 日，历下区第五届教师发展论坛在山大附中召开，论坛主题是“办好博客为教师，我的成长我作主”。

2007 年 4 月 1 日，王卫国退休（山大人字［2007］27 号文）。

2007 年 4 月，杨丽丽获得全国中学应用物理知识竞赛委员会第 17 届全国初中物理知识竞赛复赛优秀指导教师奖。

2007 年 4 月 18 日，王波获得教育部中国“中小学”幼儿教师奖励基金会、中国人才研究会教育人才专业委员会“全国中小学科研兴校先进工作者”。

2007 年 4 月，申桂华、付蔚、常书芳获得中国教育学会化学教学专业委员会“全国初中化学竞赛园丁奖”。

2007 年 4 月，姜荣奎、杨茜获得济南市历下区教育局“信息技术与课程整合教学能手”。

2007 年 4 月，张伦超获得济南市历下区教育局教育技术岗位操作能手。

2007 年 4 月，李娟获得山东省教育学会、中学物理教学研究专业委员会“第 17 届全国初中物理知识竞赛复赛优秀指导教师奖”。

2007 年 4 月 30 日至 5 月 3 日，我校 47 名学生在 13 名老师的带领下，前往泰安市下港乡泰安十六中，与十六中同学一起生活、一起劳动，体验农村同学日常生活。

2007 年 5 月，马晓蕾参加全国中学生生物学竞赛委员会山东赛区委员会全国中学生生物学奥赛，获山东省奥林匹克优秀辅导员一等奖。

2007 年 5 月，赵勇获历下区教育局中学教研室 2006～2007 年优秀地理教育工作者。

2007 年 5 月，郑廷伟获得济南市电化教育馆济南市信息技术与课程整合课评比一等奖。

2007 年 5 月，郑廷伟被济南市教学研究室聘为济南市 2007 年高中阶段学校招生考试数学学科命题组成员。

2007 年 5 月 17 日，我校田昊、吕温馨、刘望原、王世鹏、张昱旻五名同学在基本素养、发展能力、知识水平等方面脱颖而出，被山东省实验中学推荐录取。

2007 年 6 月，甄广军获得济南市历下区艺术教育委员会“中小学艺术活动先进个人”。

2007 年 6 月，王娜获得中国教育学会中学数学教学专业委员会“全国初中数学竞赛优秀指导教师奖”。

2007 年 6 月 6 日，根据济南市教育局批复，我校以下同学被评为 2007 年济南市三好学生、优秀学生干部。

市级优秀班干部：初二·1 班　张梦莹，初二·2 班　周　琪，初二·7 班　孙洁，初三·2 班　陈晓丹，初三·3 班　娄天立，初三·4 班　王世鹏，初三·5 班　张伟丽，初三·6 班　井　凯，初三·7 班　张昱旻。

市级三好学生：初一·4 班　张萌萌，初二·1 班　许文博，初二·2 班　张　炯，初二·3 班　刘春骁，初三·1 班　陶飞洋，初三·3 班　韩　悦，初三·4 班　高硕，初三·8 班　郑　骅。

2007 年 6 月，杨茜获济南市电化教育馆济南市中小学信息技术与课程整合优质课评选一等奖。

2007 年 7 月 1 日，于复海、高宏伟、龚天雁、赵秀娟被聘为数学、语文、英语教师。

2007 年 7 月 11～16 日，我校在长岛进行了为期 6 天的全员培训。聘请南京师范大学博士生导师杨启亮教授为全体教师作了《新课程改革中的教育教学实践问题》和《教师的专业发展》专题报告，章丘市教科室郭道胜主任作了《时代的呼唤——做一个思想的老师》的报告。

2007 年 7 月 24 日，郭寅调入我校任地理课教师。

2007 年 7 月 30 日，解聘地理教师赵娜。

2007 年 8 月，阎锡平获得山东省教学研究会、山东省教育学会体育教学研究专业委员会省第四届中小学体育教师教学基本功比赛一等奖。

2007 年 8 月 1～18 日，由王振泉主任、林存相、徐春霞老师带队的一行 34 人赴英国进行了为期 18 天交流活动。

2007 年 8 月 5～14 日，由庄晓迎副校长带队，王波、张敦迎、甄广军、汤华财、薛海东、周文清和姜荣奎老师等师生一行 80 人赴新加坡交流活动。

2007 年 8 月，杨茜获得山东省电化教育馆 2007 年山东省电化教学优质课评选一等奖。

2007 年 8 月 22 日，学校选派朱子炎同志赴美国佛蒙特州铂特纳中心学校学习工作 5 个月。

2007 年 8 月 31 日，数学教师曲荣老师退休（山大人字［2007］92 号）。

2007 年 9 月 1 日，刘丽云被聘为地理教师。

2007 年 9 月，董会丽获历下区优秀教师；朱子炎、台东获历下区教师职业道德建设先进个人；张敦迎、汤华财获历下区优秀班主任；郑廷伟获历下区优秀教育工作者。

2007 年 9 月，刘斐获得历下区教育局中学教研室历下区优质课评选一等奖。

2007 年 10 月 2 日至 10 月 5 日，我校举行了学生国庆自行车之旅活动。此次活动共有 6 名同学和 3 名老师参加，从济南出发经泰安到曲阜再回到济南，行程 320 多公里。

2007 年 10 月 8 日，蒋民华院士来我校作报告。

2007 年 10 月 8 日～11 月 5 日，赵勇校长赴美国参加校长培训、交流，并与美国康州 Clinton 中学签订学校互访及合作协议。

2007 年 10 月，孔磊获得历下区教育局中学教研室“历下区语文优质课评比一等奖”。

2007 年 10 月，刘斐获济南市教学研究室、济南市中学思想政治课教研会 2007 年济南市初中思想品德优质课评选一等奖。

2007 年 10 月 31 日，数学教师吴元英退休（山大人字［2007］118 号）。

2007 年 11 月 8 日，甄广军被评为第五批山东省教学能手；郑廷伟荣获济南市骨干教师教学能力大赛一等奖第一名；姜荣奎荣获济南市骨干教师教学能力大赛一等奖；孙永丽荣获济南市骨干教师教学能力大赛一等奖；汤华财老师被评为济南市教学能手；郭寅老师获全国地理优质课比赛特等奖。

2007 年 11 月，阎锡平获得济南市历下区教育局教研室 2007 年历下区体育课评优活动一等奖。

2007 年 11 月 14 日，安钢提出解聘申请，不再担任英语教师。

2007 年 11 月 29 日，陆萍同志退休（山大人字［2007］128 号）。

2007 年 12 月，我校被省教育厅确定为国家社会科学基金“十一五”规划课题《基于素质教育的劳动技术教育实践深化研究》实验学校。

2007 年 12 月 20 日，济南市教育科学“十五”规划科研优秀成果推广会在山大附中召开。常务副校长王琪珑，济南市教育局长刘元刚、副局长朋星，山东省教科所副所长刘吉林等领导、专家出席了会议。

2007 年 12 月 20 日，山大工字［2007］3 号文公布：钟少朋、王丽华、张敦迎、台东、王振泉为工会工作积极分子，一附中被提名“表扬和奖励基层工会”单位。

2007 年 12 月 28 日，历下区教育局全方位目标考核检查组来校检查评估，领队李景和副局长，组长叶世春督导等七人前来检查。

2007 年 12 月 19 日，根据《劳动合同法》和附中工作需要，拟聘张永、王珍、黄福霞、刘斐、台东、李洁、秦丽曼、牛珺、姬宁、杨丽丽、阎锡平、于复海、高宏伟、龚天雁、赵秀娟、崔庆霞担任我校教师。

2007 年 12 月，薛海东、张敦迎获得济南市历下区教育局教研室 2007 年历下区数学教师优质课评比一等奖。

2007 年 12 月，薛海东、汤华财、王娜、张敦迎、郑廷伟获得山东省教育学会中学数学教学研究专业委员会、山东省数学竞赛委员会山东省数学竞赛优秀指导老师奖。

2007 年 12 月，在山东省教育科学研究所山东省中小学信息技术教育行动研究优质录像课评审活动中，郑廷伟执教的《轴对称图形》荣获一等奖。

2007 年 12 月，刘斐获得中央教育科学研究所科研管理处、《中国德育》杂志社组织的现场课《悦纳自我，发展自我》评比一等奖。

（赵平文）

山东大学第二附属中学

2007年是我校进入省级规范化学校的第二年。如何做好后规范化学校的工作，我们提出了"建一流的省级规范化精品学校"的奋斗目标。围绕这一目标，我校在学校和市区教育局的领导支持下，继续以强化"三风"（校风、教风、学风）建设为重点，以情感凝聚人心，以目标激励人气，以制度规范人；以科学发展、率先发展、和谐发展为主题，营造学校发展的新优势；以精细化管理为切入点，提升学校办学水平，使我校的各项工作又上了一个新的台阶。

一、抓党建工作，促学校发展

2007年，在学校党委的正确领导下，二附中党总支坚持以"三个代表"重要思想为指导，以继续抓好"三个代表"重要思想和党的十七大精神的学习宣传贯彻落实为首要任务，以提高党的思想、组织、作风建设和党员队伍的综合素质为重点，把制度建设贯穿于整个思想建设、组织建设和作风建设之中，团结一致，开拓创新，扎实工作，力争使党建工作跃上新台阶，并带动和促进其他工作出现新飞跃。

党的十七大胜利召开以后，党总支就着手制订学习计划，把学习贯彻党的十七大精神作为首要政治任务，组织党员干部利用周六和课余时间，采取集中学习和自学相结合，学习原文与学习辅导材料、讨论交流相结合的方式，认真学习十七大报告，深刻领会十七大精神，联系实际，讲求实效，努力提高党员干部的思想认识和政治理论水平。党总支重视广大教师的思想政治工作，经常组织全体教师进行学习，学习胡锦涛《在全国优秀教师座谈会上的讲话》、胡锦涛在党的十七大全国代表大会上的报告等文件和精神，学习教育理论，学习教育界模范教师的先进事迹，探讨人生哲理，提高广大教师的理论水平和思想政治素质，使党员群众的思想统一到建设和谐社会、落实科学发展观的精神上来，坚定了党员群众的理想信念和宗旨意识，使科学的理论成为广大党员群众坚强有力的精神支柱。

党总支下设三个支部，现有党员40名。各支部充分发挥党支部的战斗堡垒作用，坚持以讲学习、讲政治、讲正气为主要内容的党性党风教育。严格执行党支部的各项制度，开展正常的组织生活，加强党员队伍建设，保持党员的先进性，召开工作会议、入党积极分子培训、预备党员转正大会、支部总结会议等，开展谈心活动，并组织了丰富多彩的党员活动。

二、抓学校内部管理，提高办学效益

只有高效科学的管理才有高层次的办学效益。我校非常重视学校的管理，不断探索内部管理体制改革和管理手段现代化，初步形成了以人为本，科学、规范的管理体制。

（一）坚持民主管理

我校始终坚持民主管理，实行校务公开、充分发挥“教代会”的作用。学校重大问题必须经过校务会讨论决定。定期召开教职工代表大会，代表由教职工选举产生。事关学校的发展、重要规章制度的制定等，均要通过教代会讨论通过，虚心接受来自各方的意见和建议，让广大教职工知校情、参校事、论校政，真正成为学校管理的主人，提高行政工作的透明度。

（二）坚持制度管理

我校根据教职工不同的岗位要求，从管理育人、教书育人、服务育人等方面提出岗位目标要求，建立健全了各项管理制度，最大限度地避免了工作的随意性和盲目性。如分层管理制度，认真落实管理责任，变一人操心为大家操心，将管理责任具体化，明确化，要求每一个人都要到位、尽职，对工作负责、对岗位负责，人人都是管理者，处处有管理，事事见管理；量化考核制度，先后多次修订期末教学质量评定办法、年终评优评先量化赋分办法等，充分调动全校教职工的积极性。各种例会制度，使学校各项工作实现规范化、制度化。

（三）坚持人文管理

学校努力关注、关心、尊重每一位教师的工作、生活与发展成长，积极为每一位教师营造自身发展的空间，搭建施展才华的舞台，激发广大教师教书育人的积极性。坚持在政治上引导人，在思想上教育人，在业务上锤炼人，在体制上激活人，在生活上关心人，将教师的发展与学生的发展、学校的发展紧密地联系在一起。

在学校的管理中，由于我们注重基础管理，加强规范化管理。按精细化的要求，从小事做起，从点滴做起，从细节做起，抓反复，反复抓，抓重点，抓提高。形成了人人会管理、处处有管理、时时见管理的局面。教师在规范中整体素质不断提高，学生在规范中逐步养成良好的行为习惯，整个学校形成了一个团结勤奋、积极上进的良好氛围。2007年，获历下区全方位目标管理考核优秀学校、历下区师德建设先进单位、山东大学工会工作先进单位和计划生育先进单位等称号。

三、抓师资队伍建设，提高师资水平

一个好的校长能带出一所好的学校，一所好的学校必须有一支高素质的师资队伍。因此，我校始终把抓两支队伍建设作为学校管理工作的关键。

（一）抓好领导班子队伍建设

因为我们是单位办学，干部队伍一直非常稳定，队伍建设的侧重点主要在思想建设上。我们要求全体干部不断加强理论学习，更新教育观念，严于律己，率先垂范，在实践中增长才干，在自律中提升品位，努力实现“三有”目标，即：思想上要有活力，要善于学习，善于钻研，追求先进的教育思想与理念；把学校办学理念作为每一位成员的工作目标，帮助教师物化教育思想，使学校教育焕发出生命的活力。工作上要有创新力。要勇于思考，善于思考，形成创新的意识；要善于虚心学他人之长，补己之短，勤反思，求创新，努力形成自己的教育思想和工作特色；要理清思路，求真务实，大胆探索，不断进行创新实践，取得创造性的业绩。管理上要有凝聚力。既要有自身崇高的人格魅力，又要有自己的学术权威，还要善于挖掘教师的潜能，扬起教师理想的风帆，真正调动教师的积极性和创造性，形成全校师生心往一处想、劲往一处使的良好局面。全体干部的“四种作用”（表率作用、服务作用、人格作用、沟通协调作用）得到了加强。使我校的干部队伍真正成为一个与时俱进、开拓创新、团结奋进、务实高效的领导集体。

（二）抓好教师队伍建设

我们深信：“名师铸就名校”。为了建立一支“师德高尚、业务精良、结构合理、敬业奉献”的事业型、复合型、科研型的教师队伍，我校以校本培训为依托，以教师的发展为目标，采取多种形式，对教师进行多层次、全方位培训，为老师们提供学习、施展才华的舞台，创造成才、成名的机会。

首先是加强师德教育。组织教师认真学习济南市教育局颁发的《教师职业道德修养》、《中小学教师职业道德规范》等文件，认真观看“全国优秀教师师德报告会”录像、聘请孔屏教授作报告、举行“书伴我成长”演讲比赛等，引导教师不仅要勤于学习、自觉学习，而且还要善于学习；既要学理论，又要学知识，还要学本领。牢固树立终身学习理念，提高教师的师德修养和文化素养。在教师中大力弘扬“四种精神”：敬业精神、团队精神、科学精神、创新精神，使每位教师切切实实把四种精神贯彻到平常的教育教学工作中。认真做好师德考核工作，每学期进行一次有教师、学生、家长三方位的考察，确定等级，作为年终考核的参考依据。

二是加强业务培训。为了改变教师传统的教学观念，改变过去陈旧的教学模式，给教师新的气息、新的活力、新的理念，提高教师教学能力，我们以“学·悟·思·创”为基本要求，开展了各种活动。如学习新课改理论，每学期 1 万字的读书笔记。走出去、请进来，学习别人的先进经验。加强教学研究和集体备课，规范自己的教学行为。定期举行观摩课、评优课评比等，创新自己的课堂教学。采取“拜师制、结对子”等形式，切实提高青年教师的业务水平，促进教师整体素质的优化。使我校拥有了一只专业基础扎实，知识视野开阔，理论研究深刻，学科结构合理的优秀教师队伍。我校中学部现有专业教师 52 人，中学高级教师 21 人，中学一级教师 23 人。其中，山东省特级教师 2 人，山东省优秀教师 1 人，近 30 人先后获得过市区级骨干教师、教学能手、学科带头人、优秀班主任等荣誉称号。有 50 人具有本科以上学历，占教师总数的 96%。有 10 位教师取得硕士学位或研究生课程班已毕业，另有 10 多位教师在职攻读硕士学位。

四、抓学生全面发展，提高学生素质

“为学生的终身发展奠基”是我校的办学理念。全方位育人，德智体全面发展，让每一个学生都能成功、成人、成才，是我校追求的目标。

（一）抓德育教育

以人为本，全方位育人，让每一个学生都能成功、成人、成才，是我校德育工作的目标。我校认真贯彻党的教育方针，按照教育思想现代化的要求，提出了“创一流业绩，办精品学校”的发展目标，确立了“为学生的终身发展奠基”的办学理念，并将这一办学理念贯彻渗透到学校的管理、德育、教学、科研等各项工作中，化作具体措施与要求。全校师生努力实践“志不求易，事不避难”的校训，积极营造“和谐、淳朴、求精、创新”的校风，在教职工中大力提倡“博爱、严谨、求真、奉献”的教风，激励学生“博学、砺志、求索、奋进”。以校园为主阵地，以课堂教学为主渠道，通过国旗下讲话、宣传栏、刊物、专题讲座、播放录像、写观后感、开展读书阅报等系列活动，加强对学生的爱国主义、集体主义和社会主义教育，树立正确的世界观、人生观、价值观。加强德育工作的常规管理，建立了班主任聘任、培训、考核、评优等制度。坚持每天干部执勤制度，加大每天监督、检查、评比的力度。定期召开年级组长、班主任例会，加强班主任队伍的建设与管理。充分利用优质教育资源，建成了诚信教育长廊、安全教育长廊、古典文化长廊、科技之窗、健康之窗、礼仪之窗，学生的优秀字画装裱上墙，体现了学校丰厚的文化底蕴，展示了学生良好的艺术才华，让学生时时处处受到多种文化的熏陶。今年我校开展了“我与科学家在一起”系列教育活动，先后聘请了中国工程院艾兴院士，国家拔尖人才、长江特聘教授李术才院长等来校给学生作报告，科学家们的奋斗经历、对事业的追求和辉煌的成就，给学生留下了非常深刻的印象，大大增强了学生们向科学家学习、将来成为国家栋梁之材的信心与决心。

学校建立了规范的卫生管理制度，把健康教育列入教学计划并认真实施。定期给师生体检，对公共场所进行杀菌消毒，以预防流行性传染病。聘请有关专家和我校优秀毕业生来校做专题报告，观看禁毒、法制教育的资料片，指导、帮助学生培养良好的道德品质和行为习惯，了解有关法律常识，提高法制观念。积极开展心理咨询活动，加强对学生的心理疏导，培养学生健全的人格和心理。2007 年，我校被评为山东省心理健康教育先进单位。

（二）抓教学质量

我校在教学工作中，始终遵循“常规工作抓规范，创新工作抓突破，各项工作抓落实”的方针，加强过程管理，加强课堂教学，不搞加班加点，不搞题海战术，切实减轻学生负担，提高教学效率。改革课堂教学，切实把学习时间还给学生、把主动权还给学生、把思考的时间还给学生、把参与过程还给学生。使课堂成为每个学生自主、和谐、健康成长的摇篮。要求教师关注每一位学生，全方位激发学生的个性特长，实施因材施教，因人施教，既给“千里马”阳光，又给“丑小鸭”雨露。通过举行各种竞赛活动、学习方法介绍、聘请专家指导，调动了学生学习的主动性，掌握了学习方法，提高了学习成绩。在今年的中考中，我校有 4 名学生分别被保送到实验中学和山师大附中；中考总平均分 539 分，位列历下区第四名；最高分 663 分，名列济南市前十名。在学科竞赛中，我校每年有 100 多人次获得全国、省、市、区的奖励，学生的获奖率在市区名列前茅。初一、初二年级期末考试成绩总分平均分名列区前两名。

（三）抓学生特长

在艺体劳教育方面，我们在面向全体学生的基础上，积极创造条件让有天赋、有特长的学生脱颖而出。每天的大课间活动，除了做广播操外，中小学学生分别做自编的韵律操和武术操，给学校增添了一道靓丽的风景。每年举办一届艺体节，学生们通过参加文艺演出、书画比赛、诗歌朗诵、各类体育比赛等，提高了能力、陶冶了情操、锻炼了身体、发展了特长。

我校是山东省体育传统项目学校，游泳队连续多年在济南市的比赛中名列前茅，2007年又荣获济南市少年组团体第二名。我校学生具有较高的艺术素养，从穿着打扮、举手投足，到教室布置都力求体现出学生的审美情趣、审美意识和审美标准。每年在全国、省、市、区组织的各类艺术体育比赛中成绩突出，学校合唱团在济南市比赛中获得一等奖，在2007年历下区第九届艺术节中获团体一等奖。2007年7月，我校参加了济南市“三好杯”篮球比赛。

五、抓课题研究，提升课堂教学水平

几年来，我校非常重视科研工作，成立了教科室，由专人分管学校的教科研工作，每学年制定科研计划，建立了科研管理制度和课题管理办法，形成了组组有课题、人人搞科研的良好氛围。我校现有国家级课题《“Z＋Z”智能教育平台运用于国家数学教学》、省级课题《现代信息条件下初中课堂教育学的策略研究》、市级课题《探索低负高效的课堂教学的策略研究》、《图形格写字》及部分老师申报的共8项教师专项课题研究。由于课题组老师的积极努力，使我校在课题研究方面取得了显著的效果，课堂教学的效率不断提高。先后承担了语文、数学等学科的区级教研活动。建立了二附中、二附小教师博客群组，先后编印成册教育教学论文集、教育教学反思集、优秀教案集、学生优秀作文选等。每年召开教育教学年会，及时总结提升工作经验。今年年会的主题是“讲讲我的课改故事”。

六、加强总务工作，提供有力保障

总务后勤本着为教学服务、为师生服务的原则，努力给师生创造良好的工作学习环境，净化、绿化、美化校园环境，积极营造良好的校园文化氛围，特别是通过创省规，校容校貌、办学条件等焕然一新。今年我校又自筹资金，对原工会俱乐部进行了改造，给师生增加了440平方米的活动场地。铺设人工草坪球场。将语音室改为集语音、电子阅览等为一体的多功能教室。建起了鸽舍和养鱼池。建立并认真实施学校财务管理制度，购物申请制度等，经费支出比例合理，收费项目及其标准公开，无乱收费项目。财产设备、校舍场地管理制度健全，落实到位。学校有安全防卫措施和安全检查制度，将安全教育列入学校的重要议事日程，利用大小会议、集体外出、节假日前夕对师生进行安全教育，聘请了交警为师生作安全教育报告等，收到了较好的效果。

七、继续扩大对外交流工作

3月份，新加坡淡滨尼小学和思励中学师生共32人来访，我校与思励中学结为友好学校。7月底，我校师生一行32人去新加坡访问。通过双方师生互访，进一步了解对方的风土人情，探讨教育教学规律，共享教育教学资源，互相学习，共同发展。

（王春玲）

学院建设

哲学与社会发展学院

2007年是山东大学全面实施“十一五”事业发展规划的关键之年，同时又是“作风建设与管理效益年”，重点工作集中在人才培养、学科与科研、作风建设与管理效益三个方面。一年来，哲学与社会发展学院认真按照《中共山东大学委员会2007年工作要点》、《山东大学2007年学术与行政工作要点》及《2007“作风建设与管理效益年”实施方案》等文件精神，在学校的统一部署下，经全院师生的共同努力，基本实现了本年度的工作目标，推动了学院各项事业的平稳发展。

一、学院基本情况

哲学与社会发展学院设有哲学、宗教学、社会学、社会工作四个本科专业；拥有哲学一级学科博士授予权和哲学一级学科博士后科研流动站；同时还拥有马克思主义哲学、中国哲学、外国哲学、科技哲学、宗教学、伦理学、社会学、社会保障8个硕士点；有1个直接挂靠在学院的教育部人文社会科学重点研究基地“山东大学犹太教与跨宗教研究中心”和1个与本院有密切学术关系的教育部人文社会科学重点研究基地“山东大学易学与中国古代哲学研究中心”；另有诠释学研究中心、宗教研究中心、残疾人事业发展研究中心、儒家文化研究所、社会发展研究所、社区研究所、现代传播研究所等院属科研机构。

目前全院在岗人员62人（包括3名外聘教授），专职教师51人，行政工作人员11人。其中本院在岗业务教授22人，副教授17人，讲师9人。博士研究生导师12人。教师中获博士学位及在读博士学位者共36人，占教师人数的70.6%，其中5人拥有欧美著名大学博士学位。教师中具有高级职称者占教师总数的76.5%，教师平均年龄42岁，70年以后出生的教师13人。可以说这是一支学历和职称层次较高、年龄结构合理、具有创新精神、充满活力和发展潜力的学术队伍。

学院现有全日制在校本科生528人、硕士研究生182人、博士研究生57人（含在职），具有较大的扩大招生规模、特别是扩大本科生招生规模的潜力和需求。

二、加强党建和思想政治工作、推动制度建设和院风建设

1. 高度重视领导班子建设

加强领导班子建设是加强学院建设的关键。党政领导班子作为一个对学院发展负有重要责任的团队，进一步明确了领导班子及每一个成员的岗位职责，出台了《哲学与社会发展学院处级领导干部职责要求》，在领导班子中继续强调了“讲大局、讲团结、讲服务、讲责任”，提倡民主的工作方式和按制度办事的工作作风，十分重视相互间的团结协作，班子成员之间较好地做到了经常性的思想交流，初步形成了勤政务实、团结协作、廉洁高效的集体。

2. 加强了制度建设，力求建立推动事业发展的长效机制

根据学院发展需要，对学院现有的规章进行了梳理，并有计划地建章立制。出台了《哲学与社会发展学院党政联席会议议事和决策制度》及《哲学与社会发展学院党风廉政建设责任制实施办法》。坚持了每周党政联席会议制度，进一步落实了党风廉政责任制，注重发挥院学术委员会、工会等组织的作用，实行院务公开，对相关重要事项，在决策前均以不同方式征求教职工意见，坚持了院务民主、公开和重要情况及时通报制度，自觉将院务工作置于师生的监督之下。

3. 根据《哲学与社会发展学院党建工作规划纲要实施方案》，进一步加强对基层党建工作的探索和研究，注重发挥党组织的政治核心和党员的先锋模范作用

坚持以党建促和谐、以党建促发展，努力发挥党组织的政治核心和党员的先锋模范作用。采取多种方式，开展了以学习十七大精神、提高素质能力、努力干事创业为核心的党员教育、教职工理论学习、教工学生联合开展党支部活动立项、教职工军事生活日、党支部书记及科以上干部培训等活动，进一步激发了全体党员及师生员工的先进性意识和责任意识，促进了学院和谐，巩固了学院事业发展的思想基础。根据计划，积极稳妥地做好党员的教育培养和组织发展工作，2007 年发展新党员 66 名，预备党员转正 27 名。全院 91.6 %的团员学生向党组织提交了入党申请书，一批优秀团员青年作为入党积极分子正在接受党的教育和考察。

4. 明确责任目标，统一思想意志，形成工作合力

学院继续积极倡导“责任，团结，奉献”的优良院风，紧密结合学院教学、科研和人才培养的实际，以建设和谐学院、促进事业发展为主线，以政治学习、支部生活、教研室活动为切入点，充分利用计算机网络等载体，不断创新学习方式，力求为师生员工提供方便快捷的学习平台，加深师生员工对党的路线、方针、政策、法规、政纪及学校、学院发展目标的认同感，并力求使每一位教职工都能在学院的发展过程中找到应有的位置。积极为教职工多办实事，支持工会、共青团多举办有益于师生身心健康的活动，进一步增强了师生员工的集体荣誉感、凝聚力和归属感，在全院上下进一步巩固了风正气顺、团结和谐、干事创业、进取成才的良好局面。

5. 进一步加强了机关工作作风建设

进一步落实《哲社学院机关工作人员工作行为规范（试行）》，继续巩固机关工作人员“在管理过程中体现服务、在服务过程中实现管理”的思想，进一步强化了机关工作

人员对学院中心工作的服务意识，提高了服务水平。

6. 积极为离退休老同志健康有益的活动提供力所能及的支持

定期不定期地召开座谈会、茶话会，及时到医院看望生病老同志，关心他们的身心健康，认真落实老同志的政治、生活待遇，帮助他们解决生活中存在的各种困难和问题，听取他们对学院发展的意见和建议，积极支持他们开展健康有益的活动，为学院发展创造了良好的外围环境。

7. 安全稳定工作常抓不懈

根据学校要求及《哲社学院关于安全卫生工作责任制的规定（试行)》，经常性地进行安全稳定教育和检查，特别是结合有关事例进行警示教育，保证了学院发展的稳定环境。

三、紧紧围绕“本科教学质量工程二期”建设，努力提高本科教学水平

1. 确立了本科教学的两大行动方案，并逐步实施推行

2007年之初，经过反复论证提出了“提高本科教学质量行动方案”和“本科教学精品工程行动方案”，这两个《行动方案》成为全年本科教学工作的行动纲领。“提高课堂教学质量行动方案”主要包括“听课观摩制度”、“教学科研制度”、“信息反馈交流制度”等八个方面的内容，“精品工程行动方案”则紧紧围绕着“名师”、“名课”、“名教材”、“重大教研项目”等“本科教学质量工程二期”建设的相关要求，制定并实施了学院的工作计划。

2. 成立了本科教学工作委员会，全面促进本科教学工作水平的提升

根据学校的部署及学院实际，我院在学校率先成立了“哲社学院本科教学工作委员会”，起草了《本科教学工作委员会章程》，按照该委员会的工作计划有条不紊并卓有成效地开展了工作。该委员会以提高学院本科教学质量为自己的核心任务和基本目标，制定了一系列具体的工作方案。目前这个委员会已对学院所有老师开设的本科课程听课一遍，同时召开了不同年级、不同层次的学生座谈会，直接把握了我院本科教学的实际状况，对于促进教学质量的提高具有直接有效的推动作用。在未来的一个时期，该委员会必将在学院的本科教学管理、教学研究等方面发挥更大的作用。

3. 本科教学建设取得了明显的突破

林聚任老师的“社会调查方法”被评为校级精品课程，以傅有德老师为首的“宗教学教学团队”被评为校级“教学团队”，在教学改革课题的完成等方面也都取得了明显的成效。

4. 其他工作

配合《行动方案》的落实，进一步强化了教学改革，在包括课堂教学方法、考试方法等方面的改革工作取得了明显成效；按照教学评估的要求，进一步规范完善了对学生毕业论文和试卷的管理，在试卷规范、装订、保存等方面明显得到了提高；加强了实践教学，利用假期、课程实习等多种形式开展实践教学，对于学生真正掌握学科知识起到了良好的作用；对外交流工作开展良好，宗教学、社会工作等专业多次邀请海内外学者为学生开设学术讲座及相关课程，开阔了学生的视野，激发了学习兴趣。

四、加大了师资队伍建设力度，推动了学院学科建设和学术实力的提升

1. 进一步优化师资队伍，为学科建设提供基本保障

进一步坚持人才引进与人才培养并重，加大提高师资队伍素质和人才培养的力度。继续鼓励教师在职攻读博士学位，目前专任教师博士（含在读）率已达70.6%，师资结构进一步优化；积极鼓励有博士学位的老师进行博士后研究，进一步拓展他们的研究视野；积极并有计划地支持教师实施海外经历，合理配置人才资源，努力培养新的学科带头人。2007年先后派出5位中青年教师出国进行短期和长期访问学习。在此基础上，严格人才引进要求，并加大对社会学专业的支持力度，2007年引进海内外优秀教师4名，有效地改善了师资队伍结构。

2. 加大学科建设力度，实施学科培育新举措

（1）2005年我院取得哲学一级学科博士点，2006年 增设了马克思主义哲学、科技哲学、宗教学三个博士点，使得本年度拥有了5个博士点的招生阵容。另外，积极推进了硕士点的建设，先是在认真组织导师队伍的基础上，开始了自本年度起伦理学专业方向的招生；继之，2006年申报的一级学科博士点下自主设置的比较哲学专业方向的硕士点获得批准，并自2008年起开始招生。（2）2006年度，积极组织梯队完成了省级重点学科的申报工作，获得了中国哲学、外国哲学、社会学3个省重点学科。本年度开始着手三个重点学科的建设。另外，全院上下，包括其他相关兄弟单位，配合学校的部署，齐心协力，积极进行了国家重点学科中国哲学的申报工作。由于种种原因，申报最终未能获得成功，留下了深深的遗憾，但也为今后国家重点学科的申报、为学科点的建设，提供了深值省思的经验教训。学院上下，透过经验教训的总结，形成了积极引进高素质人才与优化现有队伍并重、加大学术梯队建设的基本共识。（3）拓宽在职教育，增多学科发展的新的生长点。本年度优化重组导师队伍，申报了伦理学与社会保障两个分别隶属于哲学、公共管理学的专业方向的在职申请硕士学位点，并积极着手应用心理学专业方向在职申请硕士点的建设。（4）以“会通中西，引领学术，守望理想，服务社会”为最高期许，为增强全球化时代全院教师的学科前沿意识、问题意识之自觉，加强学者间的深层学术交流与互动，提升后进前进的步伐，培育良好的学术研究氛围，优化师资队伍，本年度学院建立了“山东大学哲学与社会发展学院学术报告制度”，并开始了初步的具体落实，在全院学者队伍中产生了强烈反响，收到了比预期还好的效果。

3. 学科建设的成绩，还表现在所争取到的新科研项目与所发表的一系列学术成果上

在科研方面，本年度我院获得国家社科基金项目2项，一为马广海教授的一般项目“我国社会转型期的阶层分化与社会心态问题研究”，经费10万元；一为刁统菊老师的青年项目“华北乡村社会姻亲关系研究”，经费7.5万元。教育部人文社会科学重点研究基地项目2项，一为谢文郁教授、陈坚教授的“基督教和佛教对当代中国社会生活方式影响的比较研究”，一为林忠军教授的“明清易学研究”，经费皆为20万元。教育部后期资助研究项目2项，一为谢文郁教授的“《约翰福音》：从古希腊哲学到中世纪哲学”，经费5万元，一为沈顺福教授研究项目一项。

2007年我院教师发表在核心期刊和CSSCI学术期刊上的文章33篇，学术著作5部，获奖项成果2项。

五、进一步探索研究生培养工作新模式，努力提升研究生培养水平

1. 较好地完成了招生计划

本年度根据择优录取的原则，严把初试与复试两大环节，着力考察考生理解问题、分析问题的能力，并将书面表达与口头表达有机结合起来综合评价，使招收的学生能够有培养的潜力。本年度哲学专业共招收36名硕士生，社会学专业招收18名硕士生，社会保障专业招收7名硕士生。所招学生的素质，普遍好于往年。在博士招生方面，本年度马克思主义哲学、中国哲学、外国哲学、宗教学、科学技术哲学五个专业方向共招收了19名博士研究生，招收学生的素质与往年基本持平。

2. 圆满完成研究生的毕业与就业任务

本年度，上半年哲学方向共有35名硕士研究生毕业，并顺利获得硕士学位。其中7名考取博士生，继续深造，另外28名也找到了自己的工作。中国哲学7名博士生参加了论文答辩，并获得了博士学位，全部走上工作岗位。社会学专业共有20名硕士研究生毕业，也顺利获得硕士学位，除1名考取博士生继续深造外，其余全部走上新的工作岗位。社会保障专业共有3名硕士研究生毕业，全部获得硕士学位，并走上工作岗位。下半年，哲学的外国哲学1名高校教师、宗教学专业1名在职申请硕士学位，都顺利通过了硕士学位论文答辩；社会学专业1名在职申请硕士学位，顺利通过了论文答辩。

3. 进一步加强了对于研究生学位论文撰写学术规范的要求，严禁剽窃事件的发生，收到了一定成效

（1）本年度突出抓了博士学位论文的撰写问题。博士学位论文的撰写，在基本要求上，力求做到具有鲜明的前沿意识、问题意识与原创意识之自觉，详细占有第一手的文献资料，熟谙学界已有的研究成果，最大限度地提出自己较为系统而具有原创性的学术见解；论文构成中，必须有适当的文献综述与述评一项内容；透过阅读论文，必须让阅读者获得如下基本信息，即在本研究领域，学界已有哪些研究成果，本人所提出的原创性见解有哪些。（2）根据研究生院的部署，博士论文在2005年首次实行预答辩的基础上，今年继续实施了预答辩，为检验论文是否合格或有哪些尚需作进一步修改提供了保障，在一定程度上促进了学位论文质量的提升。（3）配合国务院学位委员会、教育部、人事部全国博士质量调查工作的部署，根据学校的具体要求，积极展开了相关工作，并以此为契机，从导师与学生两个方面着手，规划了研究生未来培养的基本方向与目标。

4. 继续推进了研究生培养新模式的探索

（1）2006年，配合研究生院研究生培养方案的修订，尝试在硕士生中初步按一级学科设置培养方案，争取在一级学科的各个专业方向能够有所打通，以便拓宽学生的知识面，避免视野的狭隘化，也为增强他们在就业后的应变能力打下良好的基础。今年是新培养方案实施的第二年，实施过程中效果良好，对于学生学科视野的拓宽，问题意识的培养，前沿意识与原创意识的自觉，现实关切的加深，起到了预期的作用。也有力带

动了师生间的良性互动。(2) 配合研究生院增聘博士生、硕士生合作导师的工作，积极申报了外聘的硕士生、博士生合作导师，为增加培养渠道，给学生提供更多的学习、研究、实习机会与空间，迈出了新的一步。(3) 继续聘请了外国专家直接以英语给研究生授课，让学生真切感受到了外国人是如何思考、分析问题的，在国门之内接受到了外国的文化氛围，为全球化时代与国际接轨作了有益尝试。(4) 多次邀请海内外专家来此讲学，有力拓宽了学生的视野，使他们更多地了解了学界的许多前沿问题。(5) 提倡并支持研究生在学期间的“三种经历”，本年度将一些学有潜力的硕士生、博士生送到国外或港台地区的知名高校进行短期学习，收到了良好的效果。(6) 配合国家留学基金委科教兴国、人才强国战略与建设全球化视野下的高水平大学目标下的海外留学计划，尤其是该计划的新转向，即将攻读国外著名大学博士学位的留学生比例提高到 50%，积极组织号召研究生取得各种外国著名大学所要求的外语水平考试成绩。

六、加强了境内外学术交流与合作，提升了国际国内合作水平

1. 成功举办了 5 次国际（两岸）性的学术研讨会，扩大了学院的影响力

2007 年 5 月 30 日至 6 月 1 日，由山东大学犹太教与跨宗教研究中心与香港浸会大学共同主办的“当代语境下的耶儒对话：思想与实践”学术研讨会在香港浸会大学举行。8 月 9～11 日，由山大哲社学院主办、台湾辅仁大学哲学系协办的“海峡两岸哲学及其时代角色意识之自觉学术研讨会”在山东大学邵馆举行，来自于海峡两岸的近 50 名专家学者参加了研讨会。2007 年 10 月 14～16 日，山东大学犹太教与跨宗教研究中心在山东大学邵馆举办了“儒学与犹太—基督文化比较与对话国际研讨会”。来自美国、以色列以及中国社科院和国内多所大学 20 多名学者参加了会议。2007 年 10 月 8～13 日，11 月 12～16 日，犹太教与跨宗教研究中心与访问教授 Mel Stewart 一起举办“科学与宗教：当前对话”系列报告会。12 月 3 日哲学与社会发展学院、残疾人事业发展研究中心主办“社会发展与残疾人事业”国际学术研讨会。

2. 邀请海外学者专家进行集中授课和研讨，为学生提供国际交流和研讨的平台

2007 年流动岗特聘教师 4 人、聘请长期国外专家一人。1 月 8 日至 1 月 25 日，加拿大 Doug Durst 教授为社会工作专业学生授课。7 月 23 日，承办第 12 届中英美暑期高级哲学研讨班，邀请到了法国巴黎大学、美国纽约大学、英国剑桥大学和意大利的世界著名哲学研究专家，共有来自北京大学、中国人民大学、中国社科院、兰州大学、吉林大学、香港中文大学等全国各大高校、科研院所的 70 余名学生参加。10 月 29 日至 11 月 3 日，香港著名社会工作师吴惠贞女士为社会工作系学生做反家庭暴力热线义工培训，社会工作系部分老师、研究生及本科生共 50 多人参加。香港科技大学涂肇庆教授讲授高级社会统计学。

3. 邀请短期学者访问和学术交流，进一步拓宽国家交流的领域和范围，为今后的长期合作打下基础

我院 2007 年共邀请短期境外专家 38 人次，通过讲座、与学生交流、参加学生实务活动等形式，在一些国际前沿的学术领域内进行了交流与探讨，并达成了进一步合作的初步意向。

4. 推动师生境外交流和培训

2007年师资境外访学进修5人（次）、出境参加学术会议、讲学10人（次）、派出和接收国际交流学生9人；我院目前已经有一年以上国外访学经历（包括获得海外学位）19人，占全院教师比重的36.5％；有半年经历者5人，占9.6％。

5. 加强了与国内高校及校内兄弟单位间的合作与交流

今年我们探索了与国内其他高校相关院系的合作与交流，目前与多所大学的哲学系和社会学系开展了学者互访与交流，邀请著名学者做我们的兼职教授。同时，与我校护理学院、公共卫生学院和医学院探索了开展各种合作的可能，并在一些方面取得了实质性的突破，学院将在进一步总结的基础上，继续把这项工作做深做好。

6. 我院在2007年国际交流的主要特点

（1）交流形式多样、层次水平高。除学校统一组织、管理的交流外，我院还与海外社会服务机构开展合作，如组织师资到香港社会工作服务机构参观访问；应聘的短、长期专家具有多年专业工作经验，并具有博士或副教授以上职称，学术水平高，专业对口。（2）保持长期、稳定的合作伙伴关系。社会工作专业与宗教专业都与海外高校建立了长期稳定的合作伙伴关系，如与美国波士顿大学、哈佛大学、华盛顿大学（圣路易斯），加拿大不列颠哥伦比亚大学、多伦多大学等诸多著名高校的对口机构保持密切的合作，主要的人员交流和合作研究大都是与以上长期合作对象进行。（3）学术效果明显，取得丰富教学和科研效益。所聘请的专家既加强了我院重点学科、重点研究项目、重点实验室的学科建设和人才培养，也极大地帮助加强社会学、社会工作等薄弱学科的发展，有利于解决研究项目中的难题，明显提高了我院的国际化水平。（4）积极为学生创造海外交流与学习的机会与平台。除了邀请海外学者讲学及鼓励师资海外培训和交流外，我院也积极争取海外资源，为学生实现国家访学交流创造机会。将学术探讨、科研项目、实务活动等有效地结合起来。

七、以学生为本，打造学生工作新亮点，促进学生素质全面提升

1. 加大工作投入力度，完善院级人格培育体系

学生工作是学院工作的重要组成部分，特别强调学生工作人员的言传身教，一切以有利于学生综合素质的提高为出发点，注重以人为本，牢牢抓住“管理、质量、特色”的指导思想，注重工作的实效性、长效性与创新性，从学生的根本利益出发，围绕人格培育体系，完善了学生管理的制度化建设、加大了学生素质培养的力度，积极为学生的发展铺路搭桥。努力树立学院学生工作的经典和品牌活动，在思想政治教育、校园文化、社会实践、学风建设等各方面均取得了较大的成绩。

2. 政治上密切指导，提高学生的思想觉悟

坚持用邓小平理论、“三个代表”重要思想和科学发展观构筑青年学生的精神支柱，以社会主义荣辱观教育增强青年学生道德意识，结合“十七大”的召开及“全国道德模范评选表彰活动”积极探索教育途径，创新活动载体，努力为学生健康成长和全面成才提供政治导向、精神动力和思想保障。针对有的学生对一些现实问题产生的困惑，思想出现的波动，均能积极靠上去做工作，没有出现任何遗留问题。2007年，全院有66名

学生加入中国共产党，目前全院有学生党员155人，占学生总数的20.2%，毕业班党员比例更达到30.3%，全院递交入党申请书人数占学生总数的96.7%，学院学生党员队伍建设有了进一步的提高。2007年4月，教工党支部与学生党支部成立了“服务弱势群体，达致共同成长”、“党性在生命中闪光，知识伴心灵成长”课题组，以老党员带新党员，发挥专业优势，关爱帮扶弱势群体，加强了学生的社会责任感。2007年5月，以“关爱·温暖”为主题，我院40名志愿者与山西下关中学的学生开展了一系列互动活动，通过亲手绘制、编写《国学经典小丛书》及一系列往来书信、绘画、图片的交流，将源远流长的中国文化精华、大学丰富美好的生活以及大山外面的精彩世界展现给山区的孩子，同时，也将贫困山区孩子的生活、学习状况呈现在更多学生的眼中，激发广大学生的社会责任感和感恩之情；2007年10月，组织全院学生党支部书记通过观看录像、撰写读书笔记、小组讨论等多种形式学习党十七大精神和新党章，进一步提升学生党员的思想觉悟和理论修养。本科第三党支部学生还自发组织起来，按期前往“孤闭症儿童康复中心”参与服务活动，为残疾儿童募捐，身体力行作为一名党员的义务和职责。

3. 学习上严格要求，培育学生科技创新意识，提升学生学术素养

认真开展了学风建设，学生学习风气进一步浓厚。2007届本科毕业生考研成功率为35%，硕士研究生考博成功率为14%。

在此项工作中，一是加强专业思想教育，强化专业基础。二是树立学习模范典型，营造学习氛围。多次开展年级间、班级间的学习经验交流会，形成“老生带动新生”的传帮带体制，和“同学帮助同学”的“朋辈辅导”体系，对学习动力不足、成绩较差的同学采取帮扶措施，充分利用家庭、学校的力量来感召学生，让一个个即将踏上退学边缘的学生迷途知返。同时通过树立典型模范的方式，将我院在学习及各类重大竞赛中表现突出的同学，作为全院同学学习的典范，有效地带动了我院各年级同学学习的积极性。此外，还利用“挑战杯”的良好学术平台，努力探索学生科技创新活动中具有专业特色的工作做法，鼓励号召广大同学投身于创新创业活动，投身于学术钻研，培育创新精神，并取得优异成绩。2005级社会学刘万顺同学获得第十届“挑战杯”全国大学生课外学术科技作品竞赛全国一等奖，实现了我院最高奖项的突破。另有3篇作品获得校级一、二、三等奖。

4. 生活上真情关怀，让学生感受到组织的温暖

学院一直注重对家庭困难学生、少数民族学生等特殊群体的关怀帮助，在生活上、学习上热切关注、真情关怀，使他们真正感受到哲社学院大家庭的温暖。如对身患绝症的谢春艳，对陷入家庭经济困境的李伟、张磊等等同学的救助，充分展现了全院师生团结互助、不怕困难、积极进取的良好的精神风貌。

5. 发展上创造环境，为学生提供素质拓展的舞台

积极搭建学生社会实践活动平台，开展丰富多彩的校园文化活动，为学生综合素质的提高营造氛围。

2007年3月成功举办了“春天的希望——哲社学子与校长面对面”座谈活动，积极做好学校品牌学术讲座的组织工作，承办了第七十九期“小树林”文化论坛，“人文纵

横”学术讲座4期；坚持举办研究生“思想者学术沙龙”和“思想者”论坛。在第十四届大学生科技文化艺术节活动中，我院辩论队夺得全校亚军，在健美操比赛中获得三等奖。

在暑期社会实践中，我院被评为校级社会实践优秀组织单位，一支团队被评为“校级示范团队”，两支团队被评为“校级重点团队”。“号外余音”济南市报摊群体生存状况调查团队及“善心缘”团队获得了“社会实践活动优秀团队”称号。

针对目前学生就业困难的客观现实，全院上下以学生为本，围绕着毕业生的就业工作，采取积极有效的措施，尽最大努力，实现了毕业生最大限度就业。

八、服务社会，扩大影响，增创福利

在做好学院教学科研、人才培养等中心工作的同时，对服务社会、扩大影响、增加创收工作给予了特别的重视。在稳定夜大学招生的基础上，努力开发在职申请学位、网络教育、自学考试辅导等学历教育项目；在通用管理资格证书考试培训、面向中学生的培训、面向全省老龄工作干部的培训、面向济南市社工人才的培训、面向韩资企业的定向培训等方面做了力所能及的拓展，并在继续努力拓展“国学”等方面的培训市场、特别是未来社工师持证上岗方面的培训市场。总的来说，这方面的困难还比较大。

（李永卫）

经济学院

一、学院概况

山东大学经济学院位于山东大学东校区新校，是培养经济领域高级专业人才的教学与科研机构。学院设有经济学系、财政学系、金融学系、国际经济与贸易学系、风险管理与保险系五个系；消费与发展研究所、产业经济学研究所、政治经济学研究所、财政税收研究所、金融研究所、国际贸易研究所、西方经济学研究所、国民经济学研究所、数量经济学研究所、区域经济学研究所、劳动经济学研究所、世界经济学研究所和国际经济研究中心等研究机构，此外，还设有山东省公共经济与公共政策研究中心、山大方智管理咨询中心和《产业经济评论》编辑部。

学院现有教职工 91 人，并从国内外知名高校和科研机构聘请了 20 余位兼职教授。现有专任教师 75 名，其中教授 21 人，副教授 29 人；博士生导师 20 人（含兼职与外聘 6 人），硕士生导师 46 人（含兼职 11 人），具有博士学位的教师有 46 人，在职攻读博士学位的教师有 15 人；有长期（一年以上）海外访学经历的 15 人；“泰山学者”特聘教授 1 人，山东省有突出贡献的中青年专家 2 人，享受国务院特殊津贴专家 4 人，国家级教学名师 1 人。学院设院长 1 人，副院长 3 人，党委书记 1 人，副书记 2 人。院长由臧旭恒教授担任，党委书记由于良春教授担任。

二、党政管理

1. 组织党员学习十七大报告和新党章等相关文献资料；组织党员观看了相关录像资料，提高党员贯彻执行党的基本路线和教育方针的自觉性。

2. 坚持民主集中制，定期召开党政联席会，坚持重大事项集体讨论决定的原则。领导干部带头坚持学校和学院的各项规章制度，减少了工作决策中的随意性和盲目性。

3. 加强干部队伍建设，重视领导班子团队精神的培养；加强对领导班子成员的民主考核和评议工作；领导班子成员要参加双层民主生活会制度，领导班子成员之间要经常交流思想和工作经验。

4. 实行政务公开和党务公开的制度，规范办事程序，增强学院内重大事项决策的透明度，加强民主管理和民主监督。要按照相应的决策程序，分别通过全体教职工大会、党政联席会、学术委员会和学位评定委员会等通报相关院务情况。

5. 加强党风廉政建设，落实党风廉政建设责任制。领导班子成员要带头严格遵从中央和学校的有关规定，以身作则，廉洁自律，起表率作用；认真开展批评和自我批评，针对存在的问题，制定整改措施，并检查整改措施的落实情况。

6. 在2007年山东大学党组织活动立项中，获得优秀方案、最佳方案各1项。注重改善学生党员队伍结构，2007年共发展党员145人，其中研究生32人，本科生113人。

三、本科教学工作

学院形成了“学士—硕士—博士”完整的人才培养体系。学院现有经济学、财政学、金融学、金融工程和国际经济与贸易、保险学等六个本科专业，设有政治经济学、西方经济学、财政学、金融学、产业经济学、国际贸易学、国民经济学、区域经济学、劳动经济学、世界经济学、数量经济学、保险学和投资经济学等十三个硕士专业以及产业经济学、财政学、国民经济学和政治经济学等四个博士专业以及应用经济学博士后流动站。

1. 进一步加强教学规范管理。

(1) 强化系、所和课程组职能，推行主讲教师负责制，规范课堂教学内容，加强课堂教学秩序管理；(2) 推行青年教师相互听课制度，要求副教授以下青年教师相互或到教授、博导本科课堂听课2次，相互取长补短，提高教学水平和质量；(3) 强化和规范了考试管理、阅卷管理，认真做好了2007届本科毕业生的毕业实习和毕业论文写作和答辩管理。2007年，学院有1门课程获得校级精品课程，1门课程获得省级精品课程。

2. 加强教材建设。2007年学院继续加强教育部“十一五”规划教材建设，并有2本教材被列为教育部“十一五”规划教材，使学院教育部“十一五”规划教材达到7本。

3. 2007年，学院积极申报，获得了包括1项基地项目在内的3项校级教研项目立项。

4. 大力推行英（双）语教学及国际交流。2007年，学院开设了10门纯英语教学课程及多门双语教学课程；与荷兰、法国、澳大利亚的多所大学签订了本科生2+2协议，已有多名学生赴海外学习，并有4名外国学生到本院学习。

5. 推行本科生双导师制。在财政学本科中推行了双导师制，每个导师负责对4～6名本科生的学习进行全方位指导，包括日常课程学习、必要的研究、毕业实习及毕业论文。

6. 加大学生就业指导工作力度。针对2006年经济学类本科毕业生就业出现下滑的形势，学院加大了就业指导工作力度，通过落实就业工作“一把手”工程，采取宣传发动、信息发布、主动推介与联系相结合等多种方式，全员参与，利用各种方法拓宽毕业生就业渠道，全面提高了本科毕业生就业率。2007年本科生一次就业率超过了90%。

四、研究生教育工作

1. 制订完善了新增博士点和硕士点培养方案，加强了研究生招生的宣传工作。进行了新增博士生导师、硕士生导师以及合作博士生导师、合作硕士生导师的遴选工作。调整规范了博士生、硕士生的招生专业，对全院导师的招生专业进行了合理调整。

2. 加强了对研究生学位论文的质量监督工作。坚持了对全部硕士论文进行双向匿名评审的工作，加强了对论文答辩过程的规范化管理，提高了硕士论文的整体水平、减少了质量隐患。

3. 全院共录取博士生 26 人，硕士生 124 人。进行了校内外免试保送研究生推荐选拔，共接收校内外保送生 40 人。

4. 顺利完成了博士毕业生、硕士毕业生和在职申请学位人员的论文答辩工作。完成论文答辩博士 13 人、硕士 128 人；论文答辩坚持了质量标准和规范的程序。

5. 进行了研究生各类奖学金的评定，我院研究生本年度共获校长奖学金 4 项，其他各类奖学金近 50 项，山东省“优秀博士学位论文”1 篇。

五、科研工作和学科建设

1. 产业经济学成为国家重点学科。被山东省哲学社会科学规划领导小组批准成立山东公共经济与公共政策研究基地。

2. 出版著作、教材 10 余种，在国内外重要学术期刊发表论文 100 余篇。

3. 2007 年新申请到国家社科基金课题 1 项，教育部课题 2 项；省级科研课题 14 项，包括 7 项省规划办课题和 7 项省软科学课题。获省部级优秀社科成果奖 6 项。2007 年学院新增山东省有突出贡献的中青年专家 1 位，山东省精品课程 1 项。

4. 学院拨款资助教师的科研活动，包括出版资助和研究课题资助，共资助拨款 8 万元。

六、学术交流与国际合作

1. 正式启动我院与澳大利亚昆士兰大学、法国雷恩大学的本科 2+2 项目。同时也启动与荷兰蒂尔堡大学的本科生短期交换项目，2007 年有 2 名荷兰学生在我院就读，我们提供了 9 门全英语教学的专业课程；根据双方协议，我院已经启动了选拔计划，将于 2008 年派出 10 名本科学生到对方经济学院进行交流。

2. 继续推进我院与荷兰蒂尔堡大学的研究生“1+1”项目，2007 年 2 名同学前往对方经济学院，开始了他们的海外求学之旅。

截至 2007 年 11 月底，我院共接待来自 10 个国家和地区、21 所大学的来访专家 51 人次，涉及金融、贸易、产业经济学等多个学科。2007 年，我院共派出 9 位老师分别前往澳大利亚昆士兰大学、美国斯坦福大学、美国哈佛大学等学校作访问学者；共举办 4 次国际学术会议和 3 次国内学术会议。

七、学生工作

截至 2007 年 9 月，学院有全日制在校学生 1907 人，其中博士研究生 82 人，硕士研究生 368 人，本科生 1372 人，外国留学生 85 人；招收新生 460 人，其中全院共录取博士生 32 人，硕士生 124 人，本科生 304 人，留学生 8 人；毕业学生 569 人，本科生

348 人，高职生 88 人，硕士研究生 123 人，博士研究生 10 人。

加强对毕业生的教育和指导。对毕业生开展深入细致的教育工作，帮助其树立正确的择业观；举办了学生就业经验交流会和职业生涯规划报告会；将毕业生的信息上网，在学院服务器中设立专门网页，及时发布需求信息，向用人单位推荐优秀毕业生。其中研究生就业率达到 93.84%，本科生就业率达到 93.21%，升学率达到 23.12%。有 27 位同学获得省、校级优秀毕业生称号。

院团委获得山东大学先进团委称号，此外，还荣获宣传调研先进集体、暑期大学生社会实践先进集体、科技创新先进集体、青年志愿者活动工作先进集体等所有先进集体称号。开展大学生志愿服务和社会实践等活动。在原有建站的基础上，继续建立了甸柳一中等新的志愿服务基地；在校团委指导下，与外国语、生命科学等学院、历下区团委等单位、工程训练中心等机构联合搭建起我校第一个志愿服务平台；在社会实践方面，学院“山东省外贸出口增长”考察实践分队、“红色革命行”志愿服务队、“鲁浙农民增收情况”考察实践分队等四支队伍被列为暑期社会实践校级骨干或重点团队。

八、院庆工作

学院在 2007 年 10 月 6 日举行了经济学院（系）创建 30 周年庆典活动，返校校友多达 1400 余人，另有近 20 家友好院校和企事业单位和个人发来贺信贺电，借此机会召开“中国改革开放三十年与山东发展新探索：‘一体两翼’高层论坛”，邀请 20 余位国内著名经济学家参加并作报告。此次院庆充分展现了学院三十而立的风貌，扩大了学院的社会影响力。以三十年院庆为重要契机，学院的整体工作也得到了全面有力的推进。圆满实现了“总结办学经验，整合社会资源，凝聚师生校友，弘扬学术精神，扩大学院影响，谋划未来发展”的目标。

（马　燕）

政治学与公共管理学院

2007年是政治学与公共管理学院的各项工作稳步推进、持续发展的一年。学院领导班子认真贯彻落实学校党委和行政指示精神，全面落实到学院的各项工作中去。

2007年，在全院师生的共同努力下，学院各项工作顺利开展并取得较好的成果。学院建制相对平静，领导班子健全，师资队伍稳定，在职人员65人，其中教学人员48人，教授为14人。本年度新增教授1人，副教授2人。

2007年，毕业本科生135人，毕业硕士生96人，博士生6人。招收本科生134人、硕士生105人、博士生19人、公共管理硕士（MPA）学生111名。

一、党政工作

深入贯彻落实由院学术委员会和党政联席会制定的《学院十一五发展规划》，以“十一五”发展规划确定的目标为指导，不断改革创新，探索学院发展的突破口和新机遇。

学院思想政治工作开展突出特色，加强了领导班子和教职工的团结。通过开展丰富多彩的活动，增强全院教职工的凝聚力，使教职工积极参与到学院重大问题的讨论和决定上来，扩大了民主的范围。

在党员教育方面，11月开展了“学习十七大精神”的活动，全院师生通过各种形式开展了学习党的十七大文件的活动。2007年底，学院团委书记高弟老师被评为山东大学首届十大“爱岗敬业模范人物”。

学院在对原有管理方法、管理制度进行调整的基础上制定了一系列新的行之有效的规章制度。通过量化管理，使教学管理制度化、规范化，评价考核体系渐趋完备。

二、教学工作

完善专业设置，适应社会发展对新型复合型人才的需要。2007年9月，设立公共事业管理专业并制定了系统的培养方案。同时，国际政治英语双学位班恢复办班招生，为学生提供了更加丰富多彩的专业选择。

进一步加强研究生教学与管理，修订了新的研究生教育方案。MPA教育稳步发展。4月17日，由全国公共管理硕士（MPA）专业学位指导委员会主办、我院承办的“第二届全国公共管理院长论坛”在济南舜耕山庄隆重开幕。论坛的举办对我院MPA

教育的深入发展具有极为积极和深远的影响。

三、人才培养

在院党委的领导下，院团委、学生工作办公室为学生提供充分展示和锻炼自己能力的舞台，指导院研究生会、学生会开展主题鲜明、形式多样的活动，我院学生在全国博士生论坛、中国大学生“挑战杯”课外学术及科技作品大赛等多项赛事及校园文化活动各个领域表现突出，为学院增光添彩。

学院高度重视党员的发展工作，坚持高标准，把优秀大学生吸收到党的队伍中来。

学院学生工作的特色不断突出。3 月 22 日，院团委主办以“民主民生”为主题的小树林论坛。“读书月”、“斯多葛讲坛”、“畅言学术沙龙”、“阳光行动服务社”、“青年理想促进会”等已经成为在学术文化、社区服务、社团建设等层面的优秀品牌。学院团委本年度被评为山东大学“红旗团委”。产生山东省优秀学生 1 人（段艳文），山东省优秀学生干部 1 人（陈磊），山东省优秀毕业生 15 人，2004 级行政管理团支部被评为山东大学十佳团支部。截至 9 月 1 日研究生就业率达 63.37%，本科生就业率为 81.48%。其中本科生中研究生的考取率为 34%。

四、学科建设与学术交流

在教育部研究生教育与研究中心组织的全国学科评估中，学院政治学一级学科名列全国第九名，许多指标处于更靠前的位置，为政治学以及其中的二级学科的进一步发展奠定了良好的基础。

2007 年 4 月，成立了山东大学环境政治研究所（IEP），标志着学院在环境政治这一前沿学术领域中居于领先地位和高水平行列。

2007 年 12 月，学院欧洲研究中心承担的“中国—欧盟欧洲研究中心项目”顺利完成。该项目以促进中国的欧洲研究中心的建设与发展为宗旨，获得了 34 万欧元的资助，执行期间共派出 20 位教师、9 位硕士与博士生到欧洲研究和学习，4 位教师到欧洲参加会议，25 位欧洲学者来山东大学授课和参加国际会议。围绕着“欧洲一体化与欧洲政治秩序的转变”课题，与欧洲学者进行了合作研究，组织了 4 次国际会议，8 位国内外学者为“欧洲与世界论坛”演讲。项目还举办了一次“欧洲政治研究”讲习班，两次“欧洲日”活动，为山东省地方干部举办了“建设和谐社会：欧洲的经验”培训班。中心还购买了 120 本英文原版著作和教材。在整体上提升了中心的研究与教学水平，增强了中心的学术影响力，巩固和扩大了中心与欧洲学者和机构的合作关系，奠定了中心的可持续发展的能力。通过该项目，欧洲研究中心正在确立中国一流的欧洲研究机构的地位。

2007 年学院教师的两部著作（赵明义主编《科学社会主义》，姜杰主编《管理学概论》）入选“十一五”国家级规划教材；获山东省社科优秀成果一等奖、二等奖各 3 项。

（蒲业虹）

法 学 院

一、总体情况

山东大学法学院 2007 年有全职教师和行政管理人员 74 人，其中专职教师 56 人，教授 14 人，副教授 29 人，已获得或正在攻读博士学位的有 38 人，有海外访问、进修经历的 36 人。在校生规模近 2000 人，其中博士研究生、法学和法律硕士研究生 1200 余人，本科生 780 余人。有法学一级学科硕士点和理论法学、宪法学与行政法学、民商法学三个博士点。

二、教学科研

2007 年我院进一步鼓励、支持教师的科研活动，鼓励科研创新，努力提升学术水平，扩大学术影响，为教师提供配套经费，支持教师参加重要的学术会议和学术交流活动，实行高职称教师学术报告制度，积极聘请国内外名家来我院讲学，努力提升我院的学术氛围和国内外影响。

2007 年各项科研指标与往年比，都有显著提高。2007 年我院的科研工作取得了可喜的成绩，共发表科研论著 159 篇，其中 CSSCI 来源期刊 67 篇（2006 年 CSSCI 来源期刊 43 篇），出版学术专著 10 部。获山东省法学优秀成果奖一等奖 3 人、二等奖 2 人、三等奖 3 人。获司法部项目 2 项、中国博士后科学基金项目 1 项。山东省社科基金项目 6 项。《人权研究》、《民间法》入选 CSSCI 来源期刊。

三、学科建设

在学科建设方面，继续加强理论法学、宪法与行政法学、民商法学三个专业博士点的建设外，确定刑法、诉讼法等二级学科作为学科建设的重点，为一级学科建设蓄积力量和条件。6 月份成功申报博士后流动站，使学科建设又上一个台阶。

2007 年，我院主办 7 次国际和全国性的学术研讨会，加强了学院与国内外知名学者的学术联系，提升了学院和学术骨干的学术知名度。

举办了 62 场法学学术讲座，100 多位国内外专家学者走上学术论坛，发表专业学术讲演，拓展了教师和学生的学术视野。

在山东省首次省级品牌专业、特色专业评定中，法学专业获山东省品牌专业；行政法学被评为山东省省级精品课程。

四、对外交流

我院教师15人次出国访学或参加学术会议，开阔了视野，扩大了对外联络。共有33项外事来访，与美国、日本、韩国、英、德、法、意大利、丹麦、瑞典、荷兰、澳大利亚、中国台湾、中国香港等国家和地区高校法学院的交流与合作的规模和方式正在扩展，效果日益显著。

五、学生工作

学院设立了学生创新基金，每年出资5万元用于支持学生创新项目，支持和鼓励学生参加各种专业大赛活动及社会服务活动。设立了两个社会奖学金，鼓励学生的个性发展

我院在第五届JESSUP选拔赛中取得好成绩，获二等奖，此外夺得“理律杯”模拟法庭竞赛第四名。

2007年我院共毕业学生506人，其中本科生204人，硕士研究生285人，博士研究生17人。截至9月1日，平均就业率为71.5%，其中本科毕业生就业率为73.5%，研究生毕业生就业率为70.1%，法律硕士就业率为63.1%，博士就业率为100%。

（刘　红）

文学与新闻传播学院

2007 年文学与新闻传播学院在编人员共计 96 人。其中专任教师 76 人，行政管理教辅人员 20 人。离退休人员 38 人。2007 年在校学生共计 1529 人，其中：本科生 1035 人，硕士生 366 人，博士生 128 人。学院师生总数为 1663 人。2007 年 6 月学校根据工作需要任命郑春同志为院长，主持学院党政工作。

2007 年学院新增教授 1 人：张志庆；副教授 3 人：朱秀清、刘悦坦、李开军；新增博导 3 人：廖群、王小舒、刘方政。

2007 年是学院积极稳定向前发展的关键之年，学院领导班子在校党委和行政的领导下，按照学校的统一部署，齐心协力，恪尽职守，努力凝聚全院师生员工的力量，比较顺利地完成了教学、科研、机关后勤服务管理等方面的工作，取得了一定的成绩，为学院下一步工作的快速发展打下了良好的基础。

一、党建工作：以党建工作为龙头，注重领导班子建设，努力维护学院稳定和谐发展的良好局面

1. 注重发挥党建工作的导向性、渗透性和创新性，确保党员在各项工作中的核心作用，为学院团结和谐氛围的形成提供扎实的基础。2007 年，学院党委共组织党员教育立项课题 3 项，其中 2 项是师生党员共同联手参与撰写的，并且被学校组织部评为党员教育立项的最佳方案，另一项获得优秀方案。从而更加密切了师生党员之间的交流。2007 年下半年结合十七大召开积极举办了党支部书记培训班，强化了对基层支部的思想、组织建设和理论学习，进一步探讨总结了学院党建和发展中的问题，提出了解决思路，统一了全体党员的认识。

2. 强化班子成员的职责分工，调整了部分成员的工作内容；梳理完善了《文学院办事条例》等各项制度近 20 项，在各项工作的运行过程中充分体现出民主、公开、高效的特点，使较为棘手的琐碎工作形成了较为有效的规范化、制度化运作，赢得师生的认可。

3. 紧紧围绕学校和学院工作重心，进一步强化了教师的师德建设、思想作风和工作作风建设，加强了机关人员的组织纪律，强化服务意识，结合年终工作考评，对机关人员德、勤、绩等几个方面，作出综合评价，分别给予表扬或批评，促进机关工作更加规范有序和谐地发展，为学院发展奠定更加坚实的基础。

4. 2007 年学院积极认真的组织校友返校。热情周到地迎接了 77 级、83 级校友的到来，在此次校友返校活动中，83 级校友向学校和学院捐赠了著名诗人臧克家先生的铜塑雕像，价值约 13 万元。表达了对学校、学院的关心热爱和对臧克家先生的崇高敬意，也是对学院后辈学子的激励。

2007 年 9 月 12 日，学院 63 级校友、现中共山东省委书记李建国到学校指导视察工作，一并对学院进行巡访。李建国书记到了学院的图书资料室及当年上课的 239 教室和学生宿舍探望了当年任课的老师周来祥、袁世硕、董治安、钱曾怡，最后与学院的部分学生、教师在文史楼前进行了合影。李建国书记的到来，对学校和学院今后的发展作了极为重要的指示。

二、教学工作：突出注重专业课程创新，提升人才培养水平

1. 加强专业建设与基地建设，打造本科教学品牌。在“质量工程”（一期）的实施过程中，学院取得了较好成绩，其中：国家精品课程 3 门、省级精品课程 3 门；国家教学成果奖 2.5 项，省级教学成果奖 2.5 项；国家“十一五”规划教材 6 部。2007 年陈炎教授的《中国审美文化史》获国家精品课程；袁世硕、周来祥教授荣获山东省首届社会科学突出贡献奖（全省共评出 5 人，山大 2 名全部在我院）。显示了学院文艺美学、古代文学的研究实力。

2007 年，学院进一步加强与艺术学院等学院的合作，充分利用校内各方面资源和暑期学校等机会，召开了三场新闻系师生座谈会，在广泛征求意见后，适当调整新闻、广告等专业的课程安排，使之更加优化、合理。积极争取引进 2 名具有博士学位的高水平人才充实新闻广告专业，加入了新闻传播学方面在民政部正式注册的唯一一级社团——中国新闻史学会，使新闻广告专业教学呈现出一个良好发展势头。

2. 进一步规范教学管理，严格维护教学秩序。完善各方面的规章制度，规范秩序，严肃考纪，加强和规范学生选课、成绩管理、毕业论文等各个环节的工作和管理。建立健全各类教学档案，做好原始资料的积累保存。2007 年学院本科教学工作委员会加强工作力度，对本科教学全部进行现场听课、现场指导和点评，促进了青年教师教学水平的提升，同时对学院整体教学质量的提高起到了直接有效的推动作用。

三、师资队伍与学科建设：加大师资队伍建设力度，推动学院学科建设和学术水平的提升

1. 进一步优化师资队伍，坚持人才引进与人才培养并重，加大提高师资队伍素质和人才培养的力度。鼓励教师在职攻读博士学位，目前专任教师博士（含在读）率已达 66.7%，师资结构进一步优化；积极鼓励 6 名有博士学位的老师进行博士后研究，进一步拓展他们的研究视野；积极支持教师实施海外经历，2007 年先后派出 12 位中青年教师出国进行短期和长期访问学习，2007 年在学院攻读博士后的教师已达 46 名，其中 2007 年接收 12 名。

2. 学科建设与科研工作。2007 年学院制定了《关于科研经费用于外出参加学术会议的规定（草案）》，建立健全了教师的学术档案。使每位从事教学科研工作人员出版的著作、发表的论文、获得的奖励、新承担的项目、参加学术会议的情况有了及时明细的电子档案。经统计，2007年度共发表各类学术论文300余篇，其中CSSCI论文近80篇，A类核心期刊论文14篇，B类核心期刊论文90余篇；共出版第一作者学术著作36部；共立项项目10多项，其中国家级项目4项（包括优秀人才支持计划项目1项），省规划办项目4项，在研项目近60项；纵向项目立项科研经费60万元，横向项目立项科研经费近100万元；各类获奖20多项，其中国家级精品课程奖1项，山东省优秀社会科学成果奖7项。共主办国际学术会议2次，国内学术会议3次，参加学术会议的科研人员达100多人次。

2007年度文艺学学科继续被评为国家级重点学科；中国古代文学、汉语言文字学被评为山东省强化建设重点学科；中国现当代文学继续被评为省级重点学科。

2007年共举办11期（总第59～69期）“新杏坛”讲座。应邀杏坛讲座的学者有90%以上来自海外，共聘请了台湾大学哲学系所主任、比利时鲁汶大学讲座教授、荷兰莱顿大学讲座教授傅佩荣等11名海外学者，傅佩荣为学院及山东大学师生作了题为“哲学与人生”的讲座，反响十分强烈。开阔了学生们的学术视野。使他们更多地了解了学界的许多前沿问题。

四、学术交流：积极开展对外交流，开阔师生学术视野

2007年共邀请、接待境外来访学者12位，与香港新珠海学院新闻及传播系、香港浸会大学“国际作家工作坊”等访问团开展了多种形式的学术交流活动，促进了我院与国外大学的密切合作。

拓展研究生的学术视野和研究力创造力，开展研究生的对外交流工作，本年度有9名学有潜力的硕士生、博士生到国外或港台地区的知名高校进行学习，收到了良好的效果。有14名本科生交流到台湾清华大学、美国加州大学等海外大学学习，61名学生到中国传媒大学、人大、武大等5所高校交流，接受了100余名来自13所高校的学生。

五、研究生培养工作：加大研究生工作管理力度，确保高层次人才培养质量

2007年，学院为加强对研究生的培养管理，采取了以下措施：

1. 强化导师责任制，建立健全导师考核制度，加强对研究生教学的督导，听课检查、测评，探索研究生教学的新模式，不断提高研究生教学水平，保证人才培养质量。

2. 完善学院研究生工作管理规章制度，健全研究生教学计划、考试、考察、中期筛选、答辩等各个环节的培养资料，防止因管理不善、制度不健全而造成工作中的被动、失误。

3. 配合研究生院增聘博士生、硕士生合作导师的工作，2007年共申报了21名外聘的硕士生、10名博士生合作导师，为增加培养渠道，给学生提供更多的学习、研究、实习机会与空间，迈出了新的一步。

以上措施保证了学院对高层次人才的培养质量。2007年，学院有51名博士生和119名硕士生论文评审全部合格，并顺利通过毕业论文答辩。2007年学院被评为山东大学研究生工作先进单位，由黄万华、陈炎教授指导的博士论文获山东大学2006～2007

年度优秀博士论文。

六、重视继续教育与研究生在职教育工作，扩大办学平台

1.2007 年学院的继续教育工作包括非学历研究生教育中的在职人员申请硕士/博士学位、高校教师在职攻读硕士学位、研究生课程进修班等教育形式，也包括成人教育中的函授教育、成人脱产教育、网络教育、自考网络助学教育以及各类培训等。总体来讲，2007 年学院继续教育与研究生在职教育办学规模比较稳定，未出现大起大落，在全体教工的努力下，各类生源未有流失，达到了招生的预期计划和目标。

2007 年，学院继续教育与在职研究生学生总数为 716 人。其中：自学考试助学班学生 217 人，函授生 330 人，在职攻读硕士学位研究生（含高校教师硕士班）155 人，当代文学作家班学员 14 人。学院在抓好继续教育拓展工作的同时，特别重视加强了对自学考试助学班学生的教育和管理；首先建立健全班级管理制度，配齐了班干部、建立了学生会和团支部。第二，制定了奖学金评定制度和优秀干部表彰制度，为此学院从奖福基金中拿出部分经费、设立了一、二、三等奖学金，2007 年自考班有十余名学生分别获得了一、二、三等奖学金，有二人获得优秀学生干部的荣誉称号。以上措施的实施加强了自考生的组织纪律性，提高了学习的自觉性，自学考试成绩的通过率也有了较大提升。

2. 加强了对在职研究生的培养管理。2007 年，学院进一步加强了对在职研究生的论文开题、指导及答辩等程序的审核把关。特别加强了对论文的指导审阅，杜绝了论文写作肤浅和抄袭的现象，提高了在职研究生的培养质量。提高了学院的办学声誉。

七、提升服务质量，强化品牌意识，不断创新学生人格培育思路

2007 年，学生工作主要围绕“抓党建促学风、抓品牌活动促人格培育”的思路进行，以服务学生成才为目的，收到良好效果。

1. 党员主题教育先行，党员综合素质突出。2007 学年度，学院重视党员培养、发展、教育工作，全年共发展学生党员 121 人，党员的综合素质十分突出，占推荐免试研究生人数的 60%以上。学院充分发挥基层支部立项、党员主题教育活动的载体作用，组织部立项活动为党员教育提供了良好平台，一是强调与专业结合，二是强调与学生思想实际结合，突出活动的效果和影响力。

2. 着力建设优良学风，关怀帮扶贫困学生。学院历来注重优良学风的培养，重视考风考纪教育。2007 年度全院继续保持近五年来无学生违纪的记录，且因本科生淘汰率低在全校各院系中名列前茅。2007 年学院 970 名本科生参评山东大学优秀奖学金，182 人获得校级一、二、三等和优秀学生干部奖学金，获奖金额 32.89 万元。425 名贫困生获得国家助学金、国家励志奖学金、山东大学助学金等 44.52 万元专项资助；36 人次获得香港思源奖学金、光华奖学金等社会资助。

3. 校园文化活动精彩纷呈，学生评奖硕果累累。2007 年学院学术讲座突出专业特色，强化精品意识。校园文化活动注重发挥社团作用，卓有成效地拓展学生素质，营造育人氛围。共举办 11 期“新杏坛”，并举办了“新杏坛”图片回顾展，强化了“新杏

坛”品牌；“研究生沙龙”共举办5期，从不同角度对研究生热点问题进行交流。2004级新闻三班荣获“山东省先进班集体”；玩家剧社在山东大学心理剧大赛中荣获心理剧大赛二等奖、最佳原创剧本奖；山东大学笑融团队获得“山东电视台第九频道D9街区微笑行动二等奖”；还获得山东大学暑期“三下乡”社会实践工作优秀组织单位“第十四届科技文化艺术节”优秀组织奖等160余项校级以上奖项和荣誉。

4. 推免接收学校层次高，就业呈现上扬态势。由于注重学生的人格培育和全面发展，在2007年度推免研究生工作中，学院学生以过硬的综合素质，多年来外推率高居榜首，学生专业水平和综合实力均得到了全国各重点院校的认可及好评。绝大多数同学都具有学习成绩与发展素质“双优”的特点，综合排名前10名的学生，在各级别的刊物上共发表文章近1500篇，另有多名同学在《文艺报》《文苑》《大众日报》等国家级、省级媒体上发表多篇文章。毕业生实现了优生优分，2007年度全院学生总体就业率为96.96%，其中本科为94.98%，硕士生为98.29%，博士生为100%；2007年学院荣获学校“就业工作先进集体”荣誉称号。

（王永革）

艺术学院

艺术学院于2001年开始招生，负责专业课教学和全校公共艺术课教学。学院院址设在东校区老校艺术楼。

学院下设音乐系、美术系两个系，有音乐学、美术学两个本科专业，有艺术学、设计艺术学、音乐学、美术学等四个硕士专业，艺术美学、美术考古学和民艺学三个方向的博士研究生，成为山东省唯一的具有从学士、硕士到博士的完整的人才培养体系的艺术学科，初步实现了学院的跨越式发展。

学院现有教职工52人，其中专任教师40人，有博士学位的8人。专任教师中有教授8人，副教授8人。学院设院长1人，党委书记1人，副院长2人，办公室主任1人。李晓峰任院长，刘钊任党委书记，张义宾、刘晓静任副院长，孙亚娣任办公室主任。

2007年，学院共招收本科生120人，研究生48人（其中硕士生46人，博士生2人）。截至2007年12月，学院有全日制在校本科学生共465人，硕士研究生98人，博士研究生5人。

一、党政管理工作

党政领导班子坚持民主集中制，实行党政联席会议制度，充分发挥集体的智慧，调动教职工的积极性，使学院的各项工作健康有序地进行，进一步加强学院领导班子建设，完善决策目标、执行责任、考核监督三个体系，为学校改革发展提供坚实的组织制度保证；大力加强教学管理工作，提高教学质量，努力接近培养中国最优秀的艺术类本科生的目标；以学校“985工程”二期建设为契机，构建学科发展平台，不断提升学术竞争力；广揽英才，选育并重，建设了一只优秀的专兼职艺术教师队伍。2007年9月，艺术学院正式启用新艺术楼，新艺术楼的启用为学院的发展提供了良好的条件。各项设施和设备逐步到位，基本满足了教学需求。

值得一提的是，在2007年7月18日，济南遭遇百年不遇的大洪水，山东大学老校由于地势较低，成为重灾区，艺术学院刚刚落成的新教学楼又在老校的最低处，因此地下室几乎被全部淹没，一些图书和设备严重受损。洪灾发生后，我院迅速组织部分留在济南的教师和学生抢险救灾。经过师生的共同奋战，终于在最短的时间内完成了抗洪抢险任务，把损失降到了最低。

二、教学科研工作

2007 年，是艺术学院本科教学成果丰收的一年。在 2 月份举办的香港亚洲钢琴公开赛中，我院师生获得了一等奖 1 名、二等奖 3 名、三等奖 6 名。在 2007 年 5 月 25～28 日举行的山东省第二届高校音乐专业师生基本功比赛中，艺术学院师生共获教师组一等奖 2 项、三等奖 1 项，学生组一等奖 2 项、二等奖 2 项、三等奖 5 项和优秀奖 3 项，获奖比例在参赛单位中名列前茅，为学校争得了极大荣誉。我校也因此被评为优秀组织单位。另外，我院学生还在全球华人艺术风尚大典比赛、全国高校音乐教师教育专业教师及研究生声乐演唱邀请赛、全国手风琴邀请赛等诸多重大赛事中夺得大奖。教师队伍也在重大赛事中屡创佳绩，我院青年声乐教师刘书妤 8 月在俄罗斯举行的“LIRA-2007”国际音乐比赛中取得了声乐第五名的好成绩；青年钢琴教师袁伟在香港亚洲钢琴公开赛中获得第五名的好成绩；在山东省第二届高校音乐专业师生基本功比赛中，音乐系青年钢琴教师徐凯获教师钢琴组一等奖、声乐教师吕小凤获教师声乐组一等奖、声乐教师刘娜获教师组三等奖。

2007 年艺术学院招收了第四届硕士生和第二届博士生，研究生总人数达 100 余人。为了保证研究生的培养质量，艺术学院聘请了五位国内一流的专家担任兼职导师，同时充分利用校内资源，聘请校内的相关专家教授承担相关研究生课程，收到良好效果。

学院毕业生得到社会认可和欢迎。2007 年艺术学院毕业生的一次就业率为 80.56％，同年山东省艺术学科平均一次就业率为 45％。艺术学院第一届研究生的一次就业率更是达到 100％，创下了山东省艺术专业学生就业率的新纪录。

三、学术交流工作

为了增进国际交流、扩大师生的学术视野，2007 年艺术学院与美国辛辛那提大学，韩国中央大学、暻园大学，中国台湾台东大学等学校开展了丰富多彩的学术交流活动。邀请了一大批在国内外有较高影响的学者和艺术家来校讲学，包括享誉国际的法国萨克斯管四重奏 DIASTEMA、韩国著名女高音歌唱家、韩国大邱加多利大学声乐教授朱宣映、著名旅法艺术家高远等。

2007 年 5 月，与韩国中央大学共同举办送别毕业生暨庆祝中韩建交 15 周年文艺晚会。晚会中，艺术学院师生与中央大学的师生同台演出，促进了双方的学术交流。

四、人格培育工作

艺术学院在学生中积极开展学生思想政治教育、学生发展指导和学生事务管理等三个方面的工作，坚持以思想政治教育为核心工作，寓教育与引导之中；以学生发展指导为主体工作，寓指导于辅导之中；以学生事务管理为基础工作，寓管理于服务之中。

针对艺术生个性比较突出的特点，艺术学院充分尊重并鼓励学生发挥自己个性，培养全面发展人才，其中，李媛、李慧、米永盈三名同学荣获 2007 年度山东大学校长奖学金；管超、孟丽、杨宁、张晓慧评为 2007 年度山东省优秀毕业生；孟丽被评为 2007 年度山东省优秀学生干部。

由于艺术专业学生的特殊性，艺术学院在重视理论教育的同时，也注重实践工作，让学生在实践中锻炼自己的创新能力。近年来，艺术学院所举办的“青春漫步”周末音乐会、“朱雀演绎”南新区艺术月、“收获金秋”音乐会、“音乐之声”校园艺术沙龙、“执手相看”送别毕业生系列活动、“冬之韵”新年音乐会等逐渐成为知名品牌，在校内外引起强烈反响，进一步培养了学生的创新能力，也为构建和谐校园贡献了自己的力量。

（李海燕）

外国语学院

2007 年，外国语学院共有教职工 289 人，其中教授 21 人，副教授 83 人，具有博士学位和在读博士 53 人，90％以上的青年教师具有硕士学位。外语学院专业外语方向现有 87 名专业教师，其中教授 17 人，副教授 38 人，讲师 32 人，具有博士学位的 34 人，在读博士 22 人，占全院专业教师 64％；有海外访问、进修经历的 86 人，占 98％；85％的教师曾在国外进修、学习过。多数教授教学科研成绩突出，仅英语专业的名教授中就有 8 名，分别在全国和省级学会中担任会长、副会长等职务。7 人在其他院校担任兼职教授和特聘教授。此外，还聘请 11 名国内外知名学者、专家作为外语学院的兼职或客座教授。学院设院长 1 人，副院长 4 人，李德凤教授任院长；分党委设书记 1 人，副书记 2 人，郑倩副研究员任书记。

2007 年，学院共招收本科生 354 人，硕士生 107 人，博士生 17 人。截至 2007 年 9 月底，学院有全日制在校学生 1712 人，其中本科生 1247 人，硕士研究生 411 人，博士研究生 54 人。

一、学科与实验室建设

外国语学院下设八个系，一个教学部和七个研究所（中心），即英语系、应用英语系、日语系、朝语系、俄语系、法语系、德语系、西班牙语系；大学外语教学部（设有办公室、研究生教研室、3 个本科生教研室和大学英语教育研训中心，承担着全校研究生、本、专科生、网络生和成教生的全部公共英语教学任务）；美国现代文学研究所、外国语言文化研究所、日本研究中心、应用外语与翻译研究所、东亚文化研究所、俄罗斯研究中心、大学英语教学研究所。承担英、俄、日、朝、法、德、西班牙等语种的教学、科研和交流工作。2007 年设立外国语言文学博士后流动站。外国语学院拥有英语语言文学博士学位授权点，外国语言文学一级学科硕士学位授权点，英语、俄语、日语、亚非语言文学与应用语言学等硕士学位授权点。外语学院设有 10 个多媒体教室和 1 个自主学习室，大学英语部有 8 个语言实验室、4 个多媒体教室和一个微机室供大学英语公共教学使用。学院建有自己的资料室，有各语种图书 7 万余册及大量的有声资料，各类中外学术期刊近百种，能够很好地满足教学与科研需要。

二、教学工作

外国语学院一贯重视教学工作，把“培养21世纪需要的、外语语言基础扎实、知识面宽、能力强、素质高的高级外语专门人才”始终放在首位，把教学工作作为经常性的中心工作，强调专业基础课的重要性，突出科研在教学中的渗透作用，把业务培养与素质教育融为一体，把知识传授与能力培养融为一体，把教学与科研融为一体，提高人才培养质量。以高水平、研究型学院的标准作为奋斗目标。外语学院研究生培养实现了跨越式发展，2007年，录取了研究生107人，在规模上处于国内同类院校的前列。研究生的生源不断拓宽，来此攻读硕士、博士学位的学生大多来自国内著名大学。在扩大招生规模的同时，2007年研究生的学位论文全部寄送省外重点大学匿名评审，对提高研究生的培养质量起了有力的促进作用。

学院承担英、俄、日、朝、法、德、西班牙7个语种和英、法双学位，英、国政双学位的教学任务。

三、科研工作

外国语学院始终坚持教育与科研相结合，大力倡导学术研究的精品和创新意识，完善竞争激励机制。积极承担国家和区域重大研究课题，在相关学术领域寻求突破点，求新、求变，努力向前沿的纵深和未知领域推进，使科学研究成果更具有原创性和开拓性，为国家的开放和先进文化项目的传播作出重要贡献。科研水平不断提高，学术成果较为显著。2007年度新增国家社科1项，省部级科研项目7项。其他项目4项。

2007年，发表论文共68篇，其中核心期刊51篇，占总数的75%。出版专著19部，编著和译著2部，教材6部。

四、学术活动

外语学院十分重视学术交流工作，全院上下形成了浓厚的学术氛围。

1. 2007年3月19～21日，法国雷恩二大的Bourvon教授与Le Bot教授作了法语学习初期的问题和法国概况的报告。

2. 2007年3月26～27日，法国雷恩二大校长、法国文学专家M. Contard和雷恩二大副校长Prof. Emilienne Baneth-Nouailhetas通过幻灯片向大家简单地介绍了雷恩二大的发展史、现有重点学科以及外国留学生情况，向大家作了一场关于“法语区文学史”的报告。

3. 2007年4月2日，芬兰大学Porter教授作了“语言与文化”的专题讲座。

4. 2007年4月5日，香港理工大学中文及双语学系的博士生导师石定栩教授作了“形势句法理论最新发展”的学术讲座。

5. 2007年4月13日，中国海洋大学外国语学院副院长李庆祥教授作了“异文化间的非语言交流——中日非语言行为比较”的报告。

6. 2007年4月14日，中国日语教学研究会会长、吉林大学外国语学院院长、博士生导师宿久高教授作了“日语的语境与语义”的学术讲座。

7. 2007 年 4 月 18 日，EF（英孚教育）的 the Senior Teather Jason 和 EF 海外项目顾问张丽女士为外院师生作了英国文化和英国社会交际礼仪的报告。

8. 2007 年 4 月 22 日，俄罗斯侨民文学与“白银时代”文学研究专家弗拉吉米尔·维尼阿米诺维奇·阿格诺索夫作了“二十世纪自白银时代以来的俄罗斯文学”的学术报告。

9. 2007 年 4 月 24 日，南京师范大学博士生导师辛斌教授作了“转述语言与新闻语篇的对话性”的学术报告。

10. 2007 年 4 月 24 日，北京外国语大学俄语中心主任、博士生导师李英男教授作了“东正教与俄罗斯文化”的报告。

11. 2007 年 4 月 26 日，原外交部翻译室口译员、甲申同文公司专职译训专家兼行政总监张雪涛先生作了同声传译公益讲座。

12. 2007 年 5 月 9 日，北京外国语大学王克非教授为外院师生讲述了双语对应语料库与英汉语句对应翻译问题。

13. 2007 年 5 月 16 日，巴伐利亚州对华高教中心主任邓菲力先生作了“中心的性质和职能”的报告。

14. 2007 年 5 月 16 日，韩国驻青岛教育领事郑imgs韵先生作了“如何与韩国人更融洽地相处”的报告。

15. 2007 年 5 月 23 日，法国驻华大使苏和先生向外院师生介绍中法关系和总统大选之后的法国。

16. 2007 年 6 月 1～15 日，美国加州州立大学圣马库斯分校原元教授向外院师生作了以“英美文学”为主要内容的系列讲座。

17. 2007 年 6 月 3 日，语言教育专家王立非教授、河南大学外国语学院博士生导师张克定教授分别作了“国际英语教学的进展与启示”和“呈现性 there—构式的信息状态与认知理据”的报告。

18. 2007 年 6 月 7 日，英美文学专家、南开大学博士生导师、美国关岛大学教授常耀信先生作了“自我、世界与当代美国文学”的讲座。

19. 2007 年 6 月 15 日，英国阿伯丁大学语言学教授 Barbara Fennell 作了“Whose/Who's English? Learning English in an Era of Globalization”的报告。

20. 2007 年 9 月 15～16 日，“东亚视野中的日本学研究”国际学术研讨会在山大召开，会议由外国语学院副院长李铭敬主持。

21. 2007 年 10 月 24 日，浙江大学博士生导师施旭教授来山东大学外国语学院作了“西方话语分析的文化转向”的学术报告。

22. 2007 年 10 月 26 日 ，外院日语系知名外教田端克敏为日语系全体师生作了“听日本名师谈日本民生”的讲座。

23. 2007 年 10 月 26 日，黑龙江大学俄语教学研究处博士生导师孙淑芳教授为俄语系师生作了一场关于俄语学习及俄罗斯文化风情的内容丰富的讲座，拉开了俄语协会博士系列讲座的序幕。

24. 2007 年 10 月 26～28 日，第五届中国外语博士论坛在山大顺利召开。会议由外国语学院副院长苗兴伟主持。

25.2007年11月2～3日，参加首尔韩国外国语大学“东亚的日本文学研究”国际学术研讨会，“《法华灵验传》中所引用资料的考察研究”。

26.2007年11月6日，中国俄罗斯文学研究会副会长、比较文学与世界文学研究所所长吴泽霖教授在外院为师生作了两场精彩的学术报告。

27.2007年11月7日，林华教授作了一场主题为“怎样辨别语言的节奏？——国外研究语言节律的新方法”的讲座。

28.2007年11月19日，山东省国外语言学学会应用语言学专业委员会成立大会王俊菊参会并当选为会长。

29. 2007年11月28日，南京国际关系学院张辉教授应邀在山大外院205教室作了一场题为“心理空间与概念整合：理论与实践”的学术报告。

30.2007年11月29日，河南大学牛保义教授应邀在山东大学东校老校5号楼201教室作了一场题为“‘把’字句语义建构的动因研究”的学术报告。

31.2007年12月14日，北京日本学研究中心副主任、博士生导师曹大峰教授为日语系师生带来主题为“双语平行语料库的研制与应用研究”的学术讲座。外院日语专业及英语专业的部分研究生、本科生参加了本次讲座。

五、学生工作

2007年是外国语学院学生工作快速发展的一年，也是取得成绩最为丰硕的一年。我们以邓小平理论和“三个代表”重要思想为指导，全面贯彻落实科学发展观，深入学习贯彻党的十七大精神，坚持服务学校发展和青年成才，切实做好对学生的服务工作。

1. 以思想政治教育为首要。借党的十七大召开、香港回归10周年等重大活动为契机，深入开展“我与祖国共奋进”主题教育实践活动，进一步深化“五心”主题教育活动的成果，培养学生强烈的爱国主义精神和社会责任感。举办了“把握世界脉络、关注中国发展”征文、演讲活动、“寄语十七大”、“十七大就在身边”等班级讨论会、邀请党校副主任刘玉平教授作形势报告等，这些活动充分调动了同学们弘扬民族精神、关注中国与世界联系和发展的能动性，将国家发展和自我完善紧密地联结在一起。

2. 完善制度建设为保障。本年度我院学生工作着力加强了制度建设，如建立健全了《外院学生会章程》《学生政工干部职责范围》《外国语学院本科学生综合素质测评办法》《外国语学院党员发展暂行办法》《外国语学院宿舍舍长职责规范》《外院考试规定》《学生党员管理制度》《学生干部管理规定》等，使各项活动有章可循。

3. 学生文化活动为亮点。认真做好参加第十届“挑战杯”全国大学生课外学术科技作品竞赛的组织工作，十一部作品获奖，为历年最高；社会实践点面结合，层次分明，成果丰硕，被评为“2007年暑期社会实践活动优秀组织单位”；校园学术文化活动异彩纷呈，获得“山大杯”大学生辩论赛冠军、承办了第三届“卡西欧·译天下”杯英语主持人大赛、学术讲座报告会达42场、校运会取得了团体第四名的历史最好成绩等。

4. 健全人格培养为目的。2007年，我院学生常规工作紧抓不懈、扎扎实实、规范管理、整体推进，2006级德语、2005级英法等近10个班级获得校级优秀班集体、优秀团支部等荣誉，学生校级以上获奖比例达60％以上；积极推进学生素质拓展工作，提高学生竞争力；就业率达96.54％，高于去年近9个百分点。朝气蓬勃的2007年，我们脚踏实地，硕果累累，满载收获；充满希望的2008年，我们将一如既往，开拓创新，超越自我！

（朱光祥）

历史文化学院

一、科研、学科建设与人事工作

1. 中国古代史学科整合考古学、专门史、中外关系史等学科以整体优势获得国家级重点学科。

2. 人才队伍建设取得重要进展。(1) 学院院长、王育济教授入选国家级教学名师；(2) 张金龙教授、方辉教授入选教育部新世纪人才；(3) 于世永、曾振宇入选泰山学者特聘教授岗，继去年姜生教授被评为泰山学者后，全院泰山学者增加到 3 人；(4) 新进青年博士 3 人。

3. 本年度科研工作有较大进展。我院教研人员共出版各类专著、编著 10 余部；在国内外知名刊物上发表高水平各类学术论文近 90 篇，其中 SSCI、CSSCI 来源期刊论文 26 篇、A 类期刊论文 15 篇。新获国家社科基金课题 2 项，使全院所承担之省部级以上重大项目达到近 20 余项，科研项目、科研经费总量继续保持全校文科前列。

4. 科研基地建设有新发展。(1) 除原有的 21 个省人文社科研究重点基地“山东省文化产业研究基地”和“山东省东方文化研究基地”外，“东方考古研究中心”也于 2007 年入选山东省“十一五”强化建设重点研究基地。(2)“环境考古学学科创新引智基地”入选 2008 年教育部和国家外国专家局“111 计划”二期培育资助项目（基地标准建设)。(3) 中国古代史、专门史、考古学入选山东省“十一五”强化建设重点学科。

5. 博士后科研流动站工作有新的重要进展。本年度，新进博士后科研人员 2 人，特别是宇汝松、聂家华、许杰等三人获得国家博士后基金资助（5 万～3 万元不等)，杨东篱、赵强、蒋锐、扎西当知等四人获得省级博士后基金资助，每人 2 万元，表明我院博士后科研人员的学术水平和学术竞争力有明显提高。

二、本科教学工作

1. 王育济教授被评为国家级教学名师。

2. 历史学专业被评为国家一类特色专业。

3. 全校公共必选课《中华民族精神概论》，在已经获得国家二等奖和国家精品课的基础上，进一步巩固基础，突出特色形成了较为成熟的教学和管理体系。

4. 继续改革和完善历史学专业本科生培养指标体系，着眼于学生的全面发展。坚持以本科教学为核心的学院发展和建设思路。依据历史学科的双重价值体系的特点，寻求历史、世界史、考古、档案、文化产业管理专业在教学内容和方法上的共同点和交叉点，逐步明确和形成了“以提高学生的历史人文素质统领全院教学”的基本教学思路。

三、研究生工作

（1）新增中外关系史博士点，使学院的博士点增加到9个；新设文化产业管理硕士点，是目前该专业领域全国唯一的硕士点。使学院的硕士点增加到11个。

（2）本年度共毕业博士研究生28人，硕士研究生87人。

（3）研究生培养质量有明显提高。学院重视学生综合竞争能力特别是研究生学术竞争力的指导思想成效初显，有130人次学生在各级各类评优评比中获奖，研究生公开发表学术论文近百篇。谭景玉获省级优秀论文奖。

四、学生工作

加强学院学生培养体系的建设，继续完善“综合互动的育人模式”，把“知识学习体系”和“人格培育体系”融为一体。围绕中心任务，做好基础工作，巩固工作优势，突出学科特色，保证人才培养质量，全面提高学生综合能力和就业竞争力。按照“公正、规范、民主、透明”的原则处理与学生切身利益相关的事宜；利用各种契机和环节，鼓励学生自主开展主题教育活动、专题报告会和文体娱乐活动，不断拓展学生自主教育和自我成长的空间，本年度开展各种活动近百次；关心学生的生命安全、生理健康和心理健康，无任何重大安全事故发生；全面做好国家助学贷款、勤工助学及经济困难生帮助工作。

2007年度共青团工作总结考核暨评比中我院团委被授予山东大学共青团工作最高荣誉——“红旗团委”荣誉称号（全校共5个），实现了我院共青团工作的重大跨越。学院团委还被评为共青团宣传调研与网络建设工作先进集体；有三名学生获得校长奖学金；学生党史学习研究会被评为全校十佳社团之一。有25支立项团队435人参加社会实践活动，其中山东红嫂访调团被评为省级优秀团队。

五、国际合作

（1）2007年先后有24名海外学者到学院学术交流和讲学；（2）有7名教师到国外进行访学；（3）有15名本科生和研究生到国外和港澳台的高校学习；（4）举办“儒家文明与中国传统对外关系暨中韩关系国际学术讨论会”，60余位专家学者参加会议，其中海外学者17人。

六、创收工作

本年度继续抓紧创收工作，特别是着力做好“高硕”、“自考”、文化产业网络本（专）科教育等项目，使创收总收入达到738万元，其中上缴学校纯收入300万元，为学校作出了较大贡献，也为全院岗位津贴的发放及学科建设提供了较强支撑。

七、离退休工作、校友工作、工会工作

继上年度成功接待56级学友毕业50周年返校活动后，2007年又成功接待57级校友毕业50周年活动。继续组织全院教职员工按博导标准进行了健康查体。校友工作也取得重大进展，我院杰出校友傅克辉博士捐资100万元设立的“山东大学王仲荦学术基金”正式运行，同时，傅克辉博士还被聘为山东大学第一届董事会校董。

（薛辰兵）

数学学院

2007 年，数学学院认真贯彻《中共山东大学委员会 2007 年工作要点》和《2007 年山东大学学术与行政工作要点》精神，以学科建设为突破口，全面落实学院“十一五”事业发展规划，较好地完成了年度工作任务，在学科建设、人才培养、科研平台等方面取得了历史性的成果，山大数学被认定为一级学科国家重点学科，学院被评为“全国教育系统先进集体”。

一、党建与思想政治工作

加强领导班子建设，提高了决策水平。坚持用科学的理论武装头脑、指导实践、推动工作，使领导班子成为政治坚定、团结进取、勇于创新、廉洁奉公的坚强领导集体。领导班子坚持每周一次的党政联席会制度，重大决策由集体研究决定，坚持党政联席会会议纪要公开制度，增加工作的透明度。通过党组织立项活动加强党组织建设，进一步提高了党组织的创造力、凝聚力和战斗力。在积极推荐学校基层党组织活动立项的同时，首次开展了学院党组织立项活动，通过立项活动推动基层党组织建设，效果显著。2007 年获学校党组织立项活动最佳方案 1 项，优秀方案 1 项，学院自设党组织活动立项 6 项。加强了对入党积极分子的教育、培养和考察，严格组织发展，程序规范。2007 年学院新发展党员 119 名，学院党委研究、通过学生预审、审批、转正材料共计 367 份，党员在学生中发挥了良好的模范带头作用，受到师生好评。加强对党支部书记，尤其是学生党支部书记的工作培训，提高组织建设的质量和效率。学院 10 月下旬至 12 月上旬举办了党支部书记培训活动。加强教师职业道德教育，通过庆祝数学为国家一级重点学科、刘桂真教授获国家教学名师奖、学院获全国教育系统先进集体称号宣传栏等形式增强广大教职工育人的责任感和使命感。积极完成教育部“援疆学科建设计划”任务，在对口支援昌吉学院工作中，每学期派出一名青年骨干教师支教，妥善安排好昌吉学院干部挂职、访问学者、教师进修等工作。加强工会、统战、群团、离退休等工作，调动一切积极因素，促进学院的新发展。落实安全稳定工作责任制，完善突发事件应急应对机制，积极向师生开展经常性安全教育，创造、维护安全稳定的校园环境。加强对学生的思想政治教育与日常管理，重点做好困难学生资助、就业指导、心理健康教育、学生公寓管理等工作。

二、学科建设

今年，我们在学科建设上可以说创造了历史，取得了重大突破。学校去年底正式启动新的一轮国家重点学科评审工作后，院领导层高度重视，把这项工作作为2007年头等大事来做，精心组织，按照学校要求，成立专门工作组，集合学科方向带头人，多次召开论证会，成效显著。“运筹学与控制论”二级国家重点学科通过评审，“基础数学”被增列为新的二级学科国家重点学科，全校16个二级国家重点学科，我院占2个；在此基础上，数学一级学科还被认定为一级学科国家重点学科，全校2个。下半年，我们又集中力量，制订了国家重点学科（2007～2010年）建设与发展规划，《规划》着眼大局，根据国际发展趋势和国内外学术动态，瞄准国家及区域重大需求，进行了战略布局，《规划》必将在核心竞争力的提升、人才培养质量、科技创新水平和社会服务能力方面产生深远的影响。

三、教学工作

今年，本科教育工作也是大丰收的一年。一是刘桂真教授获“全国第三届高等学校教学名师奖”。二是数学“基地”获得国家基础学科人才培养基金项目中的能力提高项目，经费180万元。三是《复变函数与积分变换》入选山东省精品课程，《微积分与数学实验》课程入选国家精品课程。四是刘建亚教授带领的大学数学教学团队被评为“2007年国家级教学团队”，通过团队建设，将在改革教学内容和方法，开发教学资源，促进教学研讨和教学经验交流，推进教学工作的传、帮、带和老中青相结合，提高教师的素质和教学能力等方面进行全面探索。五是信息安全专业被评为“国家特色专业”。六是在与国外名校合作办校上有新的突破。9月，2004级7名本科生获得英方奖学金资助赴英国拉夫堡大学进行为期二年的学习深造。

研究生培养工作任务繁重。一年来，研究生导师付出了艰辛的劳动，认真履行岗位职责，开拓创新，严谨治学，精心育人。教学进一步规范，研究生毕业论文质量不断提高。彭实戈教授获“山东省首届优秀研究生指导教师”称号。陈增敬教授指导的《非线性数学期望—g—期望理论及其在金融中的应用》获得“全国优秀博士学位论文奖”，全校两篇。

四、科学研究

一是广泛开展学术交流活动。一年来，学院的学术交流活动继续保持频繁活跃态势。6月承办了“第五届国际生物信息学研讨会”，8月承办了“山大—吉大数学学科第三次学术研讨会”，10月与威海分校合办了“潘承洞院士逝世十周年纪念暨铜像揭幕仪式”，11月与化学院联合承办的了“山大——韩国昌原大学第七次学术研讨会”。一年来，有20余人次到国外进行交流、合作研究，国内外知名专家有50余人次应邀到院里来讲学或作学术报告。通过广泛的学术交流，大大促进了教师学术水平和科研能力的提高。

二是加大了对优秀人才的资助。2人获得院“面上科研基金”，1人获得“专项青年基金”，分别得到 3 万元和 2 万元的资助。

三是科研立项多。据不完全统计，今年省部级以上科研项目立项 12 项，其中，彭实戈院士作为项目首席科学家的“金融风险控制中的定量分析与计算”项目正式通过科技部组织的 973 计划评审，获得重大立项资助，国家自然科学基金面上项目 8 项，国家自然科学基金对外交流与合作项目 3 项。今年的 SCI60 篇，EI39 篇，ISTP22 篇，MEDLINE1 篇。彭实戈院士获何梁何利科学与技术进步奖。

五、师资队伍建设

进一步加大了对学术带头人、学术骨干的支持力度。学院历来重视师资队伍建设，制定了师资发展规划和配套政策。有计划地选派骨干教师和学术带头人，尤其是青年学术带头人和学术骨干教师出国留学、访问、作博士后研究或参加国际学术会议，迅速提高师资队伍，特别是青年教师的教学科研水平。现学院拥有海外博士学位教师比例达到 3.6%，拥有海外留学经历的教师比例达到 42%以上。给青年教师压担子，鼓励在教学科研上冒尖，鼓励参与学科梯队。通过教学观摩活动、专家学术指导等形式提高青年教师的教学、科研水平，使他们在国家重点学科的建设中尽快找到自己的努力方向，参与到学科的建设中来。高标准引进人才。加强了人才引进力度，成效显著，提高了师资的整体水平。学院将具有一年以上海外教育经历作为教师招聘的必要条件，提高了新进教师的要求，在人才引进工作上下了很大的工夫，成功引进了中科大的青年数学家一名，另一名中科院青年数学家引进手续在办理中。

2007 年，我们取得了历史性的成果，但在课程设置、年轻教师的教学科研水平等方面还存在着不足。我们将继续努力，开创学院工作的新局面。

（穆允军）

物理学院

2007 年物理与微电子学院紧紧围绕学校的发展战略，全面贯彻落实学校“十一五”规划，以党建工作、学科建设、师资队伍和教学科研与人才培养等工作为中心，以实现“三个转变”、建设研究型大学为目标，以科学发展观统领学院工作全局。认真贯彻、落实十七大精神，进一步强化“人才”观念和创新意识，强化作风建设与管理效益。经我院全体教职工努力工作，取得了显著成绩。

2007 年学院最大亮点是王克明教授当选为中国科学院院士。

本年度学院在职职工 139 人，其中教授 48 人，副教授 24 人，博士生导师 25 人。

一、师资队伍建设

（1）成功招聘“985”平台学术骨干仝殿民教授，海外教师冀子武教授，招聘博士毕业生 5 人，其中校外 2 人。共引进教师 7 人，进一步充实了学院的教师队伍。

（2）实施青年教师培育计划，支持教师出国学习、交流参加国际、国内学术会议。2007 年有 10 位教师出国学习、交流。

（3）在 985－II 资助下，参与搭建功能材料科技平台，以学科带头人为核心、以中青年学术骨干为主体，培育创新团队，设立了“青年学术带头人培育计划”基金，学院 9 名青年骨干教师获得基金，为学院年轻学者的快速成长创造一切条件。

二、本科教学工作

（1）组织策划物理实验教学示范中心的建设与申报工作，本年度被评为山东省物理实验教学示范中心。

（2）组织策划国家理科基地建设基金的申报工作，承办了国家基金委员会主持的全国物理基地建设工作会议，争取到两项国家基地基金项目的资助，资助金额 300 万元，年度拨款 150 万元到位。

（3）深化《物理实时测量技术》课程的改革，实施与美国国家仪器公司建设山东大学联合实验室的协议，赠送和购置的仪器设备已经到位。

（4）进行单片机相关课程在教学内容和教学方法等方面的改革，策划与美国 Atmel 的合作（初步意向赠送价值 50 万元人民币实验设备），在山东大学建立联合实验室（中国大陆首家）。

（5）实施国家大学生创新计划项目6个，在日前结束的山东大学中期检查中，获得全校最好评价。

（6）设计开发的AVR单片机实验教学板、开发板、仿真器等教学仪器在教学中使用，并在全国教学仪器交易会上展出，获得极大关注。

（7）精心策划暑期学校的课程内容，完成去年培训后的专利申请40余项。

（8）针对国家质量工程二期不断推进，狠抓精品课程的建设，采取多项措施，不断促进建设进程，两门课被评为山东大学精品课程。

三、研究生教育

（1）努力提高研究生培养质量，2007年发表研究生第一作者SCI、EI论文74篇；有1名毕业生获山东省优秀博士论文，1名获山东大学优秀博士论文，并在全国百篇优秀博士论文方面实现突破，王克明教授指导的王雪林博士的毕业论文获2007年度全国百篇优秀博士论文。

（2）积极鼓励研究生参加学术交流，研究生参加学术会议40人次，口头报告15个；举办“第一届威海高能物理暑期论坛”，研究生参加人数为15人；举办了物理学院第三届博士生论坛，11人作报告。

（3）开展研究生联合培养，2007年派到国外联合培养7人，中国科学院10人，其中高能物理学科在不占用学校或教育部资源的情况下，获得对方资助派出3名研究生到国外进行联合培养。

四、学科建设与科研工作

（1）积极参与国家重点学科的验收与增补工作，凝聚态物理重点学科通过了国家验收和评估，粒子物理与核物理被批准为国家重点学科。重点学科建设取得进步。

（2）本年度新立项国家973计划3项、国家自然科学基金10项，山东省自然科学基金5项，年度划拨纵向科研经费637万元。

（3）2007年学院科研论文的数量和质量在校内保持前列，在国内同行中具有一定的影响，发表SCI、EI文章176篇。

（4）专利申请得到进一步重视，2007年批准专利5项。

五、国际、国内交流与合作

（1）举办多次全国和国际学术会议，如第一届威海高能物理暑期论坛；离子束课题组主办了第二届中韩先进信息功能薄膜研讨会。会议得到了国家自然科学基金委员会、山东大学和韩国科学与工程基金委员会的资助。会议论文经评审后在SCI刊物韩国的“*Journal of Korea Physical Society*”上正式发表。

（2）高能物理实验与欧洲核子中心的国际科研合作进展顺利，2007年在对方长期科研合作的教师2人，3位教师到欧洲短期访问，2位研究生受对方资助到欧洲核子中心联合培养。

（3）有2位教师获得国家留学基金委资助。3位教师在对方资助下出国科研合作。

到国外参加国际学术会议并作学术报告 11 人次。

（4）长江学者讲座教授焦军正式上任，来校举办了为期两周的扫描电子显微镜培训班；特聘教授王占国院士来山大威海分校参加学术活动并为学生作学术报告。新聘流动岗位特聘教师 3 人，短期专家 8 人，国内学者 9 人，做学术报告 25 余场。欧洲原子研究中心任忠良、美国的 Hard Cohen、英国曼彻斯特大学的宋爱民，分别来学院讲学。

（6）研究生、本科生学生出国交流学习共 8 人，分别去往美国国家伯克利实验室、美国惠灵顿大学、新加坡国立大学、香港城市大学等。

六、学生工作

学院重视学生的科技创新教育，积极加强学生科技创新平台建设。多次邀请了有丰富经验的教授和有科技创新经历的学生进行科技创新交流。本年度学院 9 个项目获得国家大学生科技创新训练项目支持。获得全国大学生电子设计大赛全国一等奖 1 项、二等奖 3 项，省一等奖 4 项、二等奖 1 项；获得数学建模比赛国家二等奖 2 项，获挑战杯课外学术作品大赛全国三等奖 1 项。

学院与英国曼彻斯特大学保持着长期的合作交流项目，并每年选派学生到德国、中国香港等国家和地区的高校交流。全年外出交流学生共 7 人，外校来学院交流学生共 30 人，2003 级有 3 名同学前往曼大深造。在暑假的社会实践中，学院学生自主组织起了 7 支社会实践团队，其中校重点团队 2 支。暑假的社会实践中，1 人获得社会实践省级先进个人，14 人获得校级先进个人称号，校级社会实践报告 10 篇。寒假个人社会实践报告 1 人获校一等奖，1 人获三等奖。

2007 年学院有 143 人获得优秀学生奖学金，金额 261000 元，其中一等奖 29 人，二等奖 56 人，三等奖 58 人；11 人获得国家奖学金，共 88000 元；2 人获得校长奖学金；25 人获得国家励志奖学金，共 125000 元；1 人获得中创软件奖学金，共 4000 元；26 人获得各类社会奖学金，共计 28000 元。另外本年度有 137 人获得国家助学金，共 216000 元；16 人获得各类社会助学金，共 20840 元。

2007 届物理学类本科毕业生 165 人，就业率为 95.8%。社会需求量较大，需求与供给比大约为 1.2∶1。毕业生就业流向以大中城市为主。研究生共 52 人，其中，博士生 16 人，硕士生 36 人。就业率为 94.23%。

七、党建工作

根据学校 2007 作风建设和管理效益年的工作要求，学院党委以“发展学院内涵，强化人才强院意识，统筹学院资源，不断开放创新”为指导思想，以党建工作、学科建设和教学科研师资队伍和人才培养等工作为中心，不断加强院管理人员的作风建设，大力提倡廉洁勤政、协作敬业，提高了班子成员的管理协调能力和工作效率。

坚持党政班子联席会制度，通过联席会讨论教学科研中存在的问题，认真落实了院务公开制度，在党员发展、研究生保送、工作量计算、各种先进奖励的评选等重大事情中都充分讨论，及时公示，做到公正无私、公开透明；加强了班子成员廉政建设，落实了党风廉政建设责任制。继续坚持并完善我院的民主集中制度，规范议事规则，并使之制度化，增强了全体干部廉洁从政的意识。

特别注重对青年教工入党积极分子的培养教育工作，加大对学生党员发展工作的力度。2007 年在保证质量的前提下，培养发展 2 名青年教师加入党组织，发展学生党员 60 名，转正 37 名，学生申请入党的有 320 人，占学生总数的 42％。

党支部活动通过立项展开，开辟了党员活动的新形式，我院党委高度重视，加强组织指导，以创新精神改进基层党组织建设。2006 年基层党组织立项活动评选中我院微电子系党支部的“让党徽在科技成果转化中闪光”获三等奖。2007 年我院又成功申请 3 个立项，其中“师生同心齐合力，借得‘东风’好扬帆”获得最佳立项。在立项的支持下，各党支部组织开展了系列活动，广大党员和入党积极分子深受教育和鼓舞，并且在学校先锋网、山大视点网和本院网站上展开宣传活动，扩大了影响。

进一步抓好工会工作，关心群众疾苦，热心帮助群众解决困难，去医院、家中看望有病的职工、学生和离退休教师 20 人次，重阳节组织离退休职工团聚，将全院的一份真情送给他们，使他们感受到物理学院这个大家庭的温暖。

（于新好）

化学与化工学院

2007年学院保持2006年建制不变。姜建壮教授任院长，张大庆研究员任书记。新成立材料研究所，由钱逸泰院士任所长。学院拥有化学、化工两大一级学科，设有化学博士后流动站，拥有化学一级学科博士点及8个硕士点，并有胶体与界面化学教育部重点实验室，高分子物理与化学省级重点实验室，物理化学国家重点学科、无机化学省级重点学科。2007年学院退休、调离教职工3人，新进人员10人（含博士后2人），学院共有在职教职工198人，其中教师124人（教授62人、副教授47人），占全体教职工62.6%，博士生导师38人。具有博士学位的教师78人，占教师总数63%，具有硕士学位的教师28人。应用研究员4人，高级工程师（高级实验师）22人。

一、党政工作

2007年学院认真学习贯彻十七大会议精神，以科学发展观为指导，全面实施《山东大学“十一五”事业发展规划》，以“作风建设与管理效益年”为契机，创新学院管理，提高办学质量。坚持每周一召开党政联席会和政治理论学习，认真贯彻民主集中制，规范程序原则，重大事情集体决定，调动班子每位成员的积极性，做到集体领导、分工负责，保证党政团结和谐、协调有序、干劲十足。注意调查研究，自觉接受群众监督，充分发扬学术民主，做到科学、公开、公正、公平。学院重新修订了《安全条例》和《灭火预案》，圆满完成了资产大清查，基本做到账、物、卡相符，稳步推进学院科研用房使用的改革方案，实行科研用房有偿使用。

加强党建工作，制定每学期的政治学习教育计划，严格党组织生活制度，健全完善学院党员领导干部联系点工作制度，进一步提高党组织的创造力、凝聚力和战斗力。全院共有24个基层党支部，其中教职工支部14个，学生支部10个，教职工党员93人，学生党员316人。2007年新发展学生党员75人。10月份组织了学生党支部书记的专题培训。进一步做好统战、群团、离退休工作，发挥各民主党派、无党派人士和离退休老同志在学院发展稳定中的积极作用。学院工会积极参加学校组织的各项活动，并取得较好的成绩。在全校职工够级比赛中我院工会取得了亚军；积极组织学院教职工的乒乓球比赛、卡拉OK比赛等活动，丰富了教职工的文化生活。

二、师资队伍建设

大力实施人才战略，引进与造就杰出人才。努力建设一支结构合理、富于创造力的高素质师资队伍一直是我院工作中的重中之重。学院坚持培养与引进相结合，加大高层次人才的培养和引进力度，通过各种渠道联系和吸引高层次人才来院工作和学术交流，利用送出去（在职培养）和请进来的办法，提高师资队伍的整体素质，收效显著。今年新进人员10人，其中引进学术骨干教授1人，副教授2人，讲师4人。鼓励教师出国留学、访问、作博士后研究和参加国内外学术会议，2007年学院有5位教师到国外知名大学做为期一年的访问学者。先后聘请学术造诣深、影响大的国内外知名学者来学院讲学，为教师学术上开阔视野、增长知识创造了条件。聘请中科院院士佟振合为学校兼职特聘教授、聘请浙江大学长江学者郑强教授为学校讲座教授。侯万国教授聘为山东省泰山学者。泰山学者丁铁教授被评为“2007年度山东大学十大新闻人物”。姜建壮教授带领的“分子及功能材料化学”团队获2007年教育部创新团队。在专职教师中45～54岁的占教师比例27%；35～44岁的占48%；35岁以下占14%。目前，全院兼职特聘院士5人，长江学者1人，杰出青年2人，中科院百人计划2人，教育部优秀人才计划6人，教育部骨干教师2人，百千万人才2人。初步建立起学历层次高、海外经历比例大、年龄结构较为合理、能适应学院今后发展的师资队伍。

三、教学工作

认真抓好教学与学生培养工作，学院加大教学管理的力度，进一步规范领导听课制度、学生意见反馈制度。全面推进本科教学质量工程，积极开展教学研究。在去年与校外签订七家教学实习基地基础上，进一步巩固实习基地的建设，先后有多年级去实习基地锻炼学习。2007年7月承办教育部教指委化学与化工学科教学指导委员会化学类第二次会议；重点启动实验中心新一轮教学改革；完成《基础化学实验I—无机分析部分》、《基础化学实验II——有机化学实验》、《基础化学实验III—物理化学实验》3本基础实验改编和出版工作，完成《物理化学简明教程（第四版）》的修订和出版工作；近20人参加了全国有关化学与化工类教学方面的研讨会并承担参与了部分教学研究课题；今年从申报的38个创新课题中评选出20个项目给予资助。苑世领教授《分子模拟基础》获山东大学2007年度研究生教材建设专项资助。

四、学科与实验室建设

在教育部重点实验室、山东省重点学科、一级学科博士点、博士后流动站等学科建设的基础上，进一步强化一级学科平台建设。2007年学院申报“物理化学”国家重点学科，并获得批准，实现了学院国家级重点学科零的突破，使化学学科建设上升到国家学科建设水平上，为今后申报国家重点实验室打下坚实基础。积极推进“985工程”二期建设项目，2007年学校在学院平台建设中投入经费420万元，全部用于大型仪器设备的购置，购买10万元以上设备4台（套），其中两台（套）正在购买中。使学院基础科研与教学条件得到进一步的改善，大大提升了平台的科研创新能力。

五、科学研究与学术交流

2007年度新申请到国家863计划、973计划项目各一项，国家自然科学基金资助14项，山东省级项目20项。目前学院承担和参与的在研项目过百项，其中军工项目有了较快增加，实到科研经费1556万元。在国外学术刊物上发表论文300篇，被SCI收录277篇，其中发表在国际著名学术刊物 *Angew. Chem. Ed. Int.* 1篇，*J. Amer. Chem. Soc.* 2篇，影响因子分别为10.232、7.696。出版箸作4部。陈代荣教授团队研究的“水热法制备无机超细功能粉体材料新工艺”获山东省科技进步一等奖。承担国际交流合作项目6项。学院利用科研特色积极拓展服务地方活动，及时将科研成果转化为生产力，2007年获国家授权专利9项。2007年10月由胶体与界面化学教育部重点实验室承办的第二届亚洲胶体与界面化学科学大会在我校隆重举行，共有来自日本、韩国、印度等国家的38名代表和国内北京大学等十几所院校以及台湾地区的近百位杰出学者与代表参加，我校钱逸泰院士作大会报告。学院积极加强国内外学术交流，拓展科研与学术多元化合作。2007年全院邀请国外学者来院讲学16人次；国内学者20人次；聘请沙特阿拉伯皇家医院研究中心首席科学家Hassan. Y为学校流动岗教授；与韩国两所大学举办了学术年会；成功举办了全国理论化学学术年会，一批知名学者参加了会议。通过学术交流扩大了学院的影响，逐步实现学院面向世界的开放发展。

六、学生工作

2007年全日制在校学生1458人，其中本科生969人，研究生489人。继续教育45人。招收新生422人，其中本科生241人，研究生181人。毕业学生361人，其中本科生236人，研究生125人。授予博士学位39人，硕士学位87人。

强化学生教育管理，促进学生全面成长。认真落实《中共山东大学委员会关于进一步加强和改进大学生思想政治教育的实施意见》，培育个性与人格健全发展的人才。2007年就业率90%以上，超额完成任务；2004级学生董人豪先后在2007年8月获得第四届“中国青少年科技创新奖”，11月第十届“挑战杯”中国大学生课外科技作品大赛二等奖。化学院“赴滨州无棣博士研究生科技服务团”被评为2007年山东省暑期社会实践优秀团队；化学院在2007年1月被评为山东大学学生就业工作先进集体、先进团委、科技文化艺术节先进组织单位；院团总支书记赵希波同志被评为山东省高校思想政治教育工作先进个人。全面实施以“一个学生，两个导师，三种经历”为主要内容的研究生培养模式改革。成功举办2007研究生暑期学校，期间邀请国内外专家9人来作专题讲座；1名荣获2007年度山东省优秀博士论文奖，2人获2007年山东大学优秀博士论文奖并被推荐参加2008年度全国优秀博士论文评选；博士研究生边永忠发表论文《三明治型卟啉、酞菁类金属配合物的合成及性质研究》获“全国优秀博士学位论文提名奖”。目前，全院已与法国雷恩大学、斯特拉斯堡第一大学、南锡医科大学、德国拜罗伊特大学、韩国昌原大学等联合培养研究生，实现国内国外双导师与三种经历的双结合。8名研究生被评为山东大学2007届优秀毕业生并授予山东省优秀毕业生称号，4名研究生获校长奖学金并授予山东大学优秀研究生称号。

（季书豫）

生命科学学院

生命科学学院按教学体系下设四个系：生物科学系，生物技术系，生态学系，生物工程系。一个本科实验教学中心。国家生命科学与技术人才培养基地。科研机构设五个研究所：微生物学研究所，发育生物学研究所，细胞与遗传学研究所，生物化学与分子生物学研究所，生态学与生物多样性研究所。有微生物技术国家重点实验室、国家糖工程技术研究中心、生态学与生物多样性山东大学重点实验室。

学院领导班子组成如下：曲音波教授担任院长，兼任学院党委书记，并担任微生物技术国家重点实验室主任。夏光敏教授、林建群副教授、张治国副教授为副院长。李本智、郑晓健同志为党委副书记。李永晓同志为办公室主任。至 2007 年底，学院在职教职工 151 人，其中教授 38 人，副教授 37 人，应用研究员 2 人，高级工程师 6 人。

一、人才队伍、学科、重点实验室建设

学院拥有微生物学国家重点学科、生物学一级学科博士授权点、生物学博士后流动站。发育生物学和发酵工程学为山东省重点学科。2007 年在人才培养、学科建设和重点实验室建设方面主要做了以下工作：

（一）人事工作

当年新进人员 6 人。退休及调离人员 8 人。博士后入站 5 人，博士后出站 4 人（其中博士后黄刚良、鲁敏因故退站）。美国 St Jude 儿童研究医院高建刚博士被聘为我院发育生物学“泰山学者”。年内教师出国访问或合作研究一年以上的 5 人，按期回国 4 人。我院获国家留学基金委资助出国计划人选 4 人，其中全额资助 3 人。生物学博士后流动站博士后获第四十一批中国博士后基金资助 4 人。夏光敏教授 2007 年完成的“小麦不对称体细胞杂交机制及杂种遗传和基因组研究”获山东省自然科学一等奖、国家发明专利，被评为山东省优秀教师、山东省突出贡献中青年专家。当选“2007 年度山东大学十大新闻人物”。

郭卫华副教授获新世纪优秀人才资助计划资助。陈秀兰、祁庆生教授获新世纪优秀人才支持计划资助。李越中教授享受 2006 年度政府特殊津贴。

（二）学科建设工作

1. 在学校领导和有关部门的大力支持下，通过学院认真组织，全体员工高度重视，全力以赴踏实工作，认真准备评估材料，使微生物学国家重点学科顺利通过了教育部的

评估，保持了国家重点学科的地位。在随后进行的增补新的国家重点学科的工作中，申报的发育生物学学科获得了45%的支持，未能获得通过。

2. 与药学院合作，积极组织了申报国家糖工程技术研究中心工作并获得成功，科技部正式批准山东大学国家糖工程技术研究中心立项建设，资助政府立项建设经费1000万元。完成了国家糖工程技术研究中心的组建、召开理事会会议、招聘部分人员、实验室建设调整等一系列工作。

3. 启动了山东省发育生物学泰山学者岗位招聘工作，成功引进了泰山学者高建刚博士。

4. 申请并获批“植物细胞工程与种质创新教育部重点实验室”。

5. 申报了山东省“微生物学”泰山学者岗位，并成功获得批准。

6. 编制完成了生命科学学院“十一五”发展规划。

（三）“985”工程二期科技创新平台建设

1. 完成了“985”工程二期建设阶段性总结报告和2007年度计划书及经费预算的编制。本年度经费下拨后，在相关老师配合下，完成了仪器的选型论证，购置材料的编制和上报。与相关老师配合，基本完成了本年度的设备购置任务。

2. 强化了仪器管理与维护工作。策划了新启用大楼内的生命学院公用仪器室的整体规划，形成了分析测试、分子生物学和发酵工程三个公用技术平台。在相关老师的配合下，顺利完成了仪器的搬迁工作，目前绝大部分仪器已正常运行。在各位仪器管理人员的有力配合下，仪器的完好率保持在一个比较高的水平，但设备共享程度依然需要进行改善。

二、本科教学工作

（一）教材建设

出版了《生态学空间分析原理与技术》（科学出版社）、《生物信息学应用技术》（化学工业出版社）两本教材。另外《植物生物学》、《动物生物学》、《微生物学》、《生物化学》、《分子生物学》、《细胞生物学》、《遗传学》和《普通生态学》等八本“生命科学研究型教学基础课系列教材”的初稿编写完成，并与出版社进行了出版工作的洽谈。

（二）实验教学中心建设

参与了国家教学实验中心的建设立项申报工作，促进了我院本科教学实验中心建设工作。完成了2006年实验建设中心项目（50万元），完成了生物技术、生物科学、生物工程专业实验室建设。本科教学实验条件得到进一步改善。启动了生物学实验教学示范中心基础平台的建设工作。

（三）教学研究

省级教研项目“生命科学学科建设和本科研究型教学范式构建与实践”进展顺利，校级教研项目“生命科学学院研究型本科实验教学研究与实践”取得阶段性成果，完成了2006年实验室软件项目的立项申报，获得批准一项重点项目和四项一般项目。陈冠军、肖敏教授主讲的“生物化学”、“微生物学”荣获2007年度山东大学精品课程称号。陈冠军教授荣获山东省第三届教学名师奖。夏光敏教授获山东省暨山东大学优秀教师称号。

（四）基地建设

实施生命科学与技术人才培养基地新的组建方式，充分利用生命学科的良好基础，发挥优势，加强基地的建设，办学目标更为明确。聘请校外知名专家和企业家为学生讲授相关课程，扩大学生实训基地，落实培养方案。以生物科学与生物技术专业为基础申报“第一类特色专业”，以生态学专业为基础申报“第二类特色专业”。

（五）院际交流与辐射作用

继续扩大生命科学与技术基地科学普及与支援西部高校的作用，积极开展暑期学校工作，加大全校选修课程的数量。继续为八年制（59人）、七年制医学专业（241人）开设生命科学基础课。与合作院校交流本科生26人次（到校外交流10人、外校来我院交流16人）。为新疆医学院培养七年制医学专业学生59人。

（六）教学实践改革

推行“多点小型”的专业实习模式。鼓励学生到更高水平的实验室进行至少一个月的研究技能训练，充分利用国家重点实验室为本科实践教学服务。生物工程专业的学生，注重与生产实际相结合，主要以工厂实习与实训为主，生态学专业的学生以野外实习为主。

（七）本科教学质量

积极开展多种形式的公开课活动，课堂质量重点放在日常教学秩序的管理与督导，坚持老教授督导制度，加强青年教师的岗前培训与帮带制度。在保证本科毕业论文时间的同时，加强了日常工作的管理，发挥教学指导委员会的作用，规范毕业论文管理。

三、研究生教育与培养

2007年硕士研究生招生专业9个，硕士生毕业66人，硕士生招生118人，硕士生在校296人。博士招生专业数10个，博士生毕业40人，博士生招生54人，博士生在校196人。2007年新增博士生导师4人：高建刚教授、马翠卿教授、陈秀兰教授、赵建教授。新增硕士导师6人：凌建亚、李福利、刘红、张厚程、陈凡国、谷晓峰副教授。

于波博士的论文“孤对电子杂环类环境污染物的微生物降解研究”获得2007年度山东大学和山东省优秀博士论文奖，还获得全国优秀博士论文提名奖。赵静博士的论文“血管内皮细胞及肿瘤血管凋亡诱导研究”获得2007年度山东大学优秀博士论文奖。

生命科学学院被评为山东大学2005～2006年度研究生教育先进单位；南贤淑老师被评为山东大学2005～2006年度研究生教育管理工作先进个人。

2007年上半年我院有34名博士研究生、65名硕士研究生和14名同等学力申请硕士学位人员顺利通过论文答辩并获得学位。下半年我院有6名博士研究生、1名硕士研究生和4名同等学力申请硕士学位人员申请学位论文答辩，答辩全部通过，并获得学位。

经院领导认真审核，我院有43名博士、硕士研究生获得了山东大学各类优秀研究生奖学金。

2007 年共送出 15 名研究生到国外知名大学或研究机构进行合作培养。

为了使研究生更好地了解本学科国际前沿研究进展动态，提高论文设计水平和应用最先进的实验方法更好地进行科学研究，本学年继续组织和邀请了 25 名国内外知名专家学者为我院研究生讲授学位课程《生命科学研究前沿进展》开拓了学生视野，取得了很好效果。

四、科研与学术交流工作

从国家自然科学基金中新获得国家自然科学基金面上项目和青年基金项目、重大国际合作项目、国家杰出青年 B 类项目等 18 项资助；申请到国家“863”、“973”、国家支撑计划项目等十多项，总经费近两千万元。

发表 SCI 论文的影响因子明显提高，IF 在 4.0 以上的论文十余篇，并有多篇论文获得全国细胞生物学会青年优秀论文奖。

在山东大学举办了“国际昆虫生理与分子生物学”学术研讨会。

在威海分校，先后组织了微生物技术国家重点实验室学术委员会年会、第二届全国资源生物技术与糖工程学术研讨会以及纤维素乙醇生产技术培训班。协助数学院举办了国际生物信息学研讨会。

先后举办了微生物技术国家重点实验室学术年会及生命学院其他学科全体教授学术交流会和学科建设研讨会。

曲音波、夏光敏等十余位教授先后受邀在第 29 届国际燃料与化学品生物技术研讨会、中国生物经济大会、生物产业大会、全国植物生物技术与产业化大会、全国植物生理学会等国内外重要学术会议上做特邀报告、专题报告 30 余次。

邀请数 10 名国内外知名学者及我校兼职特聘教授和短期访问教授来学院作报告并进行学术交流。

五、学生管理和思想工作

（一）本科生管理和思想工作

2007 年先后荣获了山东大学 2007 年暑期大学生社会实践活动优秀集体、山东大学学生就业工作先进集体、山东大学田径运动会女子团体第五名和“体育道德风尚奖”、山东大学校园体育文化节健美操大赛冠军、第十四届大学生科技文化艺术节健美操大赛一等奖；“生命彩虹”和“春晖之使”实践团队获山东大学优秀实践团队和暑期社会实践活动精品实践项目；第十届课外学术科技作品竞赛中获得省一等奖 1 项、校特等奖 1 项；本科生 9 个科技创新项目获得国家科技创新基金支持。

1. 加强辅导员队伍建设

辅导员队伍建设得到全面加强。通过对十七大报告和新党章的学习、交流与座谈，思想政治觉悟得到进一步提升，辅导员中 3 人参加高校教师岗前培训并通过教师资格证考试，2 人参加心理咨询师培训及心理咨询师考试，3 人参加“辅导员成长之家”活动。参加了 2007 年校级学生工作《校园文化建设与大学生人格培育研究》课题，并撰写了多篇研究论文。张攀攀荣获山东大学 2007 年度优秀辅导员称号。

2. 着力加强和改进大学生思想政治教育

在青年学生中广泛开展“成才以报国，永远跟党走”等一系列主题教育活动。多种举措开展学生党员经常性教育活动，探索改进学生党支部建设和活动立项工作。如2007级本科生党支部先后开展发挥学生党员作用、支部建设和支部活动立项计划大讨论。2006级本科生党支部《以知识服务农村，以所学奉献社会——“寿光模式”在济阳县的宣传和推广》主题活动申报的立项，获得校党委组织部批准。继续开展了“‘一个党员，一面旗帜’学生党员形象工程”活动，在学生宿舍进行了挂牌仪式，使学生党员的形象树立在日常生活得以彰显。

3. 社会实践工作

2007年，为加强社会实践活动品牌项目建设，开展了以支农支教、社会调查、科技攻关、文化传播、政策宣讲、教育培训、创业实践、挂职锻炼等为主要内容的社会实践，组织17支实践团队，分赴安徽、甘肃、内蒙、北京和山东各市进行了形式多样的社会实践活动，其中包括2支校级实践团队和15支院级实践团队，并有数百余名学生以家庭角色体验和社会角色体验的方式进行了个人分散实践活动，创建出“生命彩虹”、“春晖之使”等实践活动品牌。

4. 新生入学教育工作

今年我院报到本科新生525人，开学伊始，学院就开展了“走进新学期”主题教育活动和军训总结表彰活动，并针对新生开展了适应性教育、安全性教育、公民意识教育、规章制度教育、集体主义教育、社交礼仪及个人卫生教育等一系列主题教育活动，对新生进行了学涯、职涯及生涯规划指导，要求每位新生制定出具体规划，并举办了首届新生学涯规划大赛，帮助学生尽快适应大学生活，明确人生目标和方向。

5. 毕业生工作

2007年毕业生主题教育活动特色鲜明，举办了“我和未来有约”毕业生系列主题教育活动，取得了显著效果。全院本科毕业生399人，我们克服困难，想方设法，帮助毕业生调整心态，更新观念，保证了他们如期顺利毕业。截至9月1日，通过学校举办就业市场推荐、学院联系用人单位及自荐等渠道落实就业单位的共359人（含灵活就业），其中考取研究生167人（含出国读研21人，军校读研3人），就业率达到92.23％。

（二）研究生管理和思想工作

1. 认真对研究生进行政治思想教育

组织研究生认真学习邓小平理论及“三个代表”重要思想。深入学习贯彻《构建社会主义和谐社会的行动指南——党的十六届六中全会精神学习读本》，组织研究生收听收看中国共产党第十七次代表大会的实况转播，组织研究生学习十七大报告和新党章，为研究生安排十七大辅导报告，组织研究生党员骨干去孟良崮战役纪念馆参观学习。学习《树立社会主义荣辱观教育读本》等文件精神，把对研究生的政治思想教育落到实处，使全院研究生以饱满的热情投入到建设国内外知名高水平大学的实践中去。

2. 组织多种形式的学术活动，提高培养研究生素质

邀请国内外到院访问的专家、学者作专题学术报告23人次，开阔研究生的视野，

营造交流的氛围；加强我院“海归论坛”和“校长奖学金论坛”两个学术品牌的建设；邀请我院出国学习深造归国的老师报告国外研究工作前沿进展情况，在国外学习的体会、所见所闻；邀请我院校长奖学金获得者谈学习经验、学习方法；邀请院里的知名教授做学术道德建设报告。通过以上学术活动，开阔了研究生的眼界，提高了学生学习的竞争力，增强了研究生的道德意识，提高了研究生的综合素质。经过大家的共同努力被山东大学评为研究生教育先进单位。

3. 做好研究生的就业指导工作

在学校就业指导中心的正确领导下，不断完善就业服务体系，努力为毕业研究生和用人单位提供优质服务。积极组织学生参加省内外及山东大学的人才招聘会。通过各种渠道联系用人单位。在本院组织招聘会十余场次，为学生提供就业信息，为用人单位提供生源。请济南圣泉集团股份有限公司党委副书记兼人力资源部经理朱庆虎同志给全院毕业研究生作就业指导报告，为毕业生的就业指明了方向。学院能够按时完成就业中心和上级领导安排的各项工作。2007 年暑期参加山东大学就业寻访活动，与济南、聊城、菏泽、临沂、日照、潍坊、淄博和滨州等地市人事局、用人单位及往届山大毕业生进行就业工作交流，为我校学生的培养和就业提供了宝贵的经验。

4. 高度重视学生的心理健康教育

积极配合学校心理咨询中心开展各种形式的宣传教育活动，做好学生的心理健康教育普查、心理素质测评工作。根据学校的要求，对我院 2007 级 170 余名研究生进行了心理素质测评，为做好我院研究生工作打下了良好的基础。

5. 每周定时召开辅导员例会

会上传达上级及学校的有关文件，检查上周布置的工作完成情况，安排本周工作，各年级辅导员汇报本年级学生一周工作情况，进行交流，取长补短。

6. 开展丰富多彩的文体活动，增强研究生的综合素质

组织迎新晚会和元旦联欢晚会、组织 2007 级研究生参观博物馆、去红叶谷秋游、研究生沙龙等活动，丰富了研究生的业余文化生活，加深了研究生之间的友谊和了解。组织的篮球、足球、乒乓球、羽毛球等比赛，增强了研究生工作的凝聚力，促进了研究生之间的交流，增强了研究生的身体素质，为研究生的学习打下了良好的基础。

7. 做好研究生工作的宣传报道

将我院研究生开展的各项工作，及时、准确、快捷地在院网站、研究生院网站、学校就业指导中心、学校网站等刊发各类稿件 70 余篇次，向全校宣传了我院研究生工作情况，展现了我院师生的风采。

8. 对研究生进行科研保密及实验室安全消防教育

请学校专家给研究生做科研保密及实验室消防安全报告，使学生们提高了在科研工作中的保密意识和实验工作中的消防安全意识，树立“生命无价，主动防范”的思想。组织学生参加济南市公安局与山东大学公安处联合组织的高层公寓消防逃生演习；组织学生观看消防安全教育片。以上活动为研究生搞好科研和学习打下了良好的基础。

六、党委工作

1. 巩固扩大保持共产党员先进性教育成果，加强保持党员先进性教育长效机制建设。参与学校党委基层党组织建设立项活动，发育生物学教工党支部申报的“学习沂蒙精神，服务革命老区”、2006级本科生党支部申报的“以知识服务农村，以所学奉献社会——‘寿光模式’在济阳县的宣传和推广”两项活动获得了批准。

2. 认真组织党支部书记培训活动。于10月30日开始组织了生命科学学院党支部书记培训活动。院党委成员、副处级以上党员干部及全院各党支部书记共23人参加了此次培训。活动中首先由党委书记曲音波教授在全院教工大会上作报告，结合社会需求以及学院实际，谈了自己的学习深入贯彻落实科学发展观体会，进行了集中辅导。除集体学习外，还观看录像讲座，邀请王韶兴教授作辅导报告等。

3. 注意发挥好我院工会、共青团、学生会、研究生会等社团组织在学院改革发展稳定中的重要作用。在院部机关工作人员中增强了服务意识，转变了工作作风，将“服务学生，服务学者，服务学术”的管理理念体现在工作的每一个环节中。

4. 加强对申请入党的积极分子的培养、教育、考察。坚持标准，保证质量，进一步做好发展党员工作。我院现有党员375人，其中教工党员66人，本科生党员105人，研究生204人。设党支部16个。2007年接纳新党员80人。

5. 发育生物学党支部、2005级硕士生/2007级博士生党支部荣获2006～2007年度山东大学先进基层党组织称号；陈忠科、李本智、李庆刚、魏健获2006～2007年度山东大学优秀共产党员称号；郑晓健获2006～2007年度山东大学优秀党务工作者称号。

（李永晓）

信息科学与工程学院

信息学院下设电子工程系、通信工程系、光学工程系，各系分别设有电子自动化研究所、计算机与网络技术研究所、微波技术研究所、现代通信技术研究所、信号处理与计算机视觉研究所、图像处理与模式识别技术研究所、信息光学研究所、光通信技术研究所、光电技术研究所及院实验中心。另设有 ASIC 设计与通信系统仿真研究中心、孟尧微电子研发中心、山东省激光工程应用中心等教学和科研机构。学院拥有各种大型精密仪器价值达 1100 万元，承担各种研究课题 95 项，2007 年在国内外重要学术期刊及 IEEE 所属重要国际会议上发表论文 285 篇。学院现有中外文图书和期刊 4 万余册，其中中外文图书 2 万余册，中外文期刊 2 万余册，中文期刊 300 余种，外文期刊 350 余种。

学院共有教职工 171 人，其中教授 36 人、副教授 35 人。学院设院长 1 人，副院长 4 人，袁东风教授（博导）任院长；院党委设书记 1 人，副书记 2 人，李清德教授任书记。

一、科研工作与学科建设

2007 年，学院承担各类纵横科研项目 95 项，承担国家级科研项目 5 项，其中，国家自然科学基金项目 3 项，国防其他计划 2 项；承担省级科研项目 17 项，其中，省自然科学基金 7 项，省中青年科学家奖励基金 4 项，山东省科技发展计划项目 2 项，教育部博士点基金项目 2 项，学院还承担了企业委托开发的应用课题共 65 项。2007 年学院经费总额为 989.6 万元。获省部级以上自然科学奖（排 15 名）1 项。获山东省科技进步二等奖 1 项，山东高等学校优秀科研成果二等奖 2 项。成果鉴定项目 4 项，专利申请 28 项。全院共发表论文 242 篇，其中，SCI 收录 58 篇、EI 收录 68 篇、ISTP 收录 24 篇。2007 年学院教师发表学术专著 5 部。

二、人才队伍与国际合作

本年度新引进名校博士 5 名，其中第一次引进海外博士 1 名。

2007 年获得信息与通信工程、光学工程两个博士后流动站；获得信息与通信工程一级学科下自主设立的新的二级学科“集成电路设计”博士点；获得“集成电路设计”工程硕士点。

本年度，有2位流动岗位特聘教授来院讲学和学术交流，包括法国雷恩一大的Ronsin Joseph教授，日本Yamaguchi University的棚田嘉博教授。接待国际短期访问学者12人，包括德国慕尼黑工业大学的IEEE Fellow Josef A. Nossek教授、希腊雅典国家天文台的Takis Mathiopoulos教授、英国利兹大学的Jha教授、英国Kent大学的David A Jackson教授等。

2007年承办了2项重要国际会议和1项国内会议，其中国际会议为两年一届，经IE批准，山东大学信息学院为首创单位。

学院外事工作也取得了一定成绩，在2007年山东大学外事工作会议上学院作了重点发言。学院的外语网站也同时获奖并排名第一。

三、研究生教学与本科教学

2007年本院硕士130人，博士21人。加强对外合作，与哈工大达成互推互接协议，每年互推2名学生；积极推进研究生海外联合培养，5名博士生获国家留学基金委资助；新增博导2人、合作导师15人；学院出版研究生教材1部（山东大学出版社）；获山东大学优秀博士培育计划1人；获山东省优秀博士论文1人、山东省优秀硕士论文3人；获山东省创新成果二等奖2人、三等奖2人。

2007年本科生434人，9个班级。教学在专业建设、课程建设、实践创新方面获得突破。通信工程、集成电路工程专业被评为国家第二类特色专业；光学工程专业被评为国家第一类特色专业；无线通信课程被评为国家双语教学示范课程；通信工程、光学工程专业被评为山东省品牌专业；高频电子线路课程被评为山东省精品课程；蔡履中教授被评为山东省教学名师。

全国大学生电子竞赛取得历史性的突破：获1项一等奖，3项二等奖。开公开课20节。投资10万元设立院大学生创新基金，支持学生科技创新活动。

学院完成了实验室建设和软件立项任务，全部项目通过校专家组验收。与美国ALTERA、XILINX联合建设实验室已挂牌。积极开展“国家电工电子实验教学示范中心”的建设，争取明年获得“国家级电工电子实验教学示范中心”的称号。

（闫　玫）

计算机科学与技术学院

一、基本概况

山东大学计算机专业始建于1971年。现在的山东大学计算机科学与技术学院由原山东大学计算机科学系、山东工业大学计算机科学与技术系、山东医科大学计算机基础教学部于2001年1月合并而成。山东大学计算机科学与技术学院现拥有计算机科学与技术一级学科博士学位授权点，计算机软件与理论、计算机应用技术、计算机系统结构三个博士学位授权点和电子商务与信息技术硕士点，并设有计算机科学与技术博士后流动站。学科建设方面，学院坚持理论研究与应用研究并重，经过多年发展现已形成了人机交互与虚拟现实、软件与数据工程、智能计算理论与技术、Web信息技术与应用、几何设计与信息可视化、移动计算、信息安全、并行处理与信息检索、嵌入式系统、网络技术等多个研究方向。

学院设有计算机软件与理论、计算机应用技术、计算机系统结构、电子商务四个研究所，计算机科学与技术、电子商务两个教学系以及计算机基础技术教学部、计算中心等单位，并设有软件工程省级重点实验室、山东省制造业信息化工程技术研究中心、山东省CIMS工程技术研究中心、山东省应用软件工程技术研究中心、山东省高性能计算中心等科研机构，是山东省计算机及软件人才的重要培养基地。学院现有教职工140余人，专任教师80余人，其中博士生导师12人，教授19人、副教授44人。近年来，学院博士生招生规模逐渐扩大，硕士生、本科生招生规模趋于稳定。现有在校本科学生2000余人，博士生100余人，硕士生400余人。另有在职攻读硕士学位学生1000余人。

学院坚持将“培养具有高度的社会责任心，过硬的社会竞争力乃至国际竞争力，个性与人格得到健全发展的高素质人才”作为人才培养目标，逐步构建起了适应社会发展需求的人才培养体系，培养出了数以千计的优秀计算机专业人才。近年来，依托软件园校区优良的软硬件环境、宽松的学术氛围、倾斜的政策支持获得了突飞猛进的发展，在教学科研上取得了较为丰硕的成果。

学院的国际学术交流广泛，现已与欧、美、澳及亚洲10多个国家和地区的30余家高校、研究所和跨国公司建立了较为密切的学术交流和合作关系。开展了专家学术巡讲、学者交流访问、师资培训、学生互派、实验室共建、专业技术认证和校园科技活动等多层次、全方位的合作。

学院秉承山东大学百年积淀的人文精神，创建培育出了团结进取，勤奋严谨，和谐和睦，务实创新的学院文化。在不断前行的教育发展中，将进一步提高学科水平和办学水平，努力实现建设一流研究型学院的战略发展目标。

二、党建工作

我院认真组织了广大师生员工学习十七大精神及胡锦涛同志重要讲话精神，深刻领会和全面把握科学发展观和构建和谐社会的丰富内涵和基本要求，增强用发展着的马克思主义指导新的实践的本领，将科学发展观和构建和谐社会作为学院工作的根本指针。深入贯彻落实学校第十二次党代会精神，自觉把第十二次党代会精神落实和体现到各项工作中去，把力量凝聚到建设高水平大学的奋斗目标上来。坚持学习制度，营造浓厚的学习氛围，全体教职工特别是领导干部带头参加学习并在各自的岗位上发挥了模范带头作用。稳步推进《计算机与软件学院党委关于落实“山东大学2006～2010年党的建设工作规划纲要”的细则》和《计算机科学与技术学院“十一五”事业发展规划》，推动学院党的建设和各项事业全面协调可持续发展。进一步健全完善“三个体系”，认真落实领导班子任期目标责任制，完善考核制度，改进考核方法。

三、学科建设

今年我院对学科各个方向进行了深入调研、论证，吸取国内外各知名大学在学科建设、学科组成、学者队伍培养等各个方面的先进经验，重点做好软件工程重点实验室的建设。开放基金的设立已经开始启动，并以此为桥梁，广泛联系国内具有发展潜力的青年学者，为计算机学院的未来发展打好基础。今年我院学科建设取得了以下新突破：

1. 我院参与国家创新园研究院建设，负责计算机及设备中心、软件中心、研究员公共服务平台的筹建，已完成论证阶段，其中的数字媒体试验平台规划、预算已经完成，现已进入设备购置阶段。

2. 我院申报成功软件工程山东省强化建设重点实验室。

3. 我院申报成功计算机软件与理论山东省强化建设重点学科。

4. 我院自设数字媒体博士点、电子商务与信息技术硕士点已得到教育部批准并开始招生。

四、科研工作

2007年学院继续积极组织申报国家及省部级课题，至今为止共立项科研项目22项，经费1150余万元。2007年获得教育部科技进步一等奖1项、山东省科技进步一等奖1项，发表论文230余篇，出版专著2部。

学院先后多次参与科技厅和学校科研处组织的“国家信息通信国际创新研究院”的筹建工作与建设论证工作，负责计算机技术和软件技术研究中心建设论证，提交了两中心建设项目论证材料。2007年6月15日，在北京邀请中科院计算所、清华大学专家举办了建设项目论证会。

受山东省科技厅委托，组织学院力量，调研了山东省及全国动漫产业的现状和需求，在此基础上，向山东省科技厅提交了国家信息通信国际创新研究院“动漫产业公共技术服务平台”的技术方案，为进一步建设平台打下了坚实的基础。目前方案已经通过了政府财政审批，进入到实施阶段。平台的建立，对于进一步提高学校与山东省政府产业合作、改善学校实习实训环境有非常重大的意义。

参加科技厅组织的山东省“十一五”产业链规划，规划了软件技术和计算机技术两个产业群，包含制造业信息化、数字内容技术以及中间件产业链等。

五、对外交流

学院与卢森堡大学开展信息安全专业硕士联合培养计划，4名二年级硕士生到卢森堡大学攻读信息安全专业硕士学位。

学院加强了中加、中韩合作项目的管理，提高了质量，扩大了中韩合作办学招生规模。学院与新加坡理工大学合作，接受新加坡理工大学21名学生到学院实习。

学院加强与海外同行专家的合作与交流，学院继续加强教师和学生的海外经历，选派了4名教师到国外大学进修一年以上，选派了3名优秀博士生赴英国Cardiff大学，新加坡国立大学和奥地利理工学院进修一年。

我院邀请了香港大学、美国辛辛那提大学、日本会津大学、华盛顿大学博塞尔分校、瑞典皇家理工学院、英国龙比亚大学、卢森堡大学教授到学校短期学术访问20余人次。聘请了香港大学、香港城市大学教授为兼职博士生导师，双方共同培养博士生。

六、研究生培养与教育

以《山东大学研究生教育创新计划》为指导，培养研究生的创新意识、创新能力、独立科研能力。

增加前沿和交叉学科讲座，注重实验教学。鼓励导师推荐或学生自选探索性、创新性课题，客观评估探索性课题的意义和成果，鼓励学生在新兴交叉领域进行探索。

我院研究生培养实行全程跟踪，从选导师、开题、预审到答辩，建立了学生评教制度，督促研究生导师认真制定培养方案，注重学生创新意识的培养，建设研究生公共试验平台，开设新实验，取得良好效果。

坚持实行研究生论文答辩预审制度。通过预审，对学位论文水平、发表论文的质量和数量提出了严格要求，凡是达不到要求的学生，一律延期答辩，抓好在职申请硕士学位研究生计算机技术领域工程硕士的培养，保证研究生论文质量。

通过对学科、专业、学位宣传，扩大研究生生源，尤其是工程硕士规模有明显扩大。为了支持国防建设，今年，我院统招硕士生114人，其中同济南军区联合招收17名工程硕士，博士生2人毕业。

七、本科教育

学院确立培养研究型与工程型的高级计算机专业人才的办学定位。学院调整培养计划，着重于理论知识的教学和分析问题、解决问题能力的培养。

集中优势资源搭建培养平台，确定在招生环节上进行必要的调整，为此在规模上减少计算机专业的招生人数，按大类招生，让学生经过一年的适应期后，根据自身的条件决定到电子商务专业分流。

关于专业建设，本年度进行了专业选修课的调整，增加了专业方向课模块的课程数量，把主流软件技术引入到课程体系中，把科研成果引入课堂，注重数学基础训练，强调算法分析和问题求解能力的培养，增大了实践教学的比重。

八、单位、部门和个人奖、惩状况

本年度，计算机学院教学工作取得较好的成绩，计算机专业获得2007年省级品牌专业，张彩明教授主编的《计算机图形学简明教程》（高等教育出版社）被教育部评为"2007年度普通高等教育精品教材"，青年博士崔立真主持申报的《软件项目管理》入选2007年度"教育部—IBM精品课程"建设立项项目，李明飞、彭飞、孟雷三名同学在世界上公认的规模最大、水平最高的国际大学生程序设计ACM/ICPC竞赛中，勇夺金牌（学校排名：清华、北大、浙大、山大）。

以创新精神和实践能力培养为重点，开展学生科技活动，特别是数学建模俱乐部活动的广泛开展，提高了学生创新精神和实践动手能力，涌现出许多优秀学生，其中计算机2005级周景博同学获得全国大学生数学建模一等奖，同时获得全国电子设计大赛一等奖。在ACM/ICPC国际大学生程序设计大赛亚洲区预选赛南京赛点获铜牌（历史最好成绩），长春赛点获优胜奖，北京赛点获金牌（亚洲区第四名，第一清华、第二北大、第三浙大），为学校学院赢取了较大荣誉，何萌同志获得三个赛区优秀教练员奖，有希望代表中国大陆参加在加拿大进行的世界总决赛。

（曲　青　韩黎明）

材料科学与工程学院

2007年，在校党委、校行政的正确领导和统一部署下，在全院师生员工的共同努力下，材料学院在学科建设、教学工作、科学研究、实验室建设、国内外合作与交流等方面都取得了明显成效，为把学院建成国内一流、国际上有较大学术影响的开放式和研究型学院作出了积极努力。

一、党的建设和思想政治工作

学院认真贯彻落实学校第十二次党代会提出的各项任务和工作部署，以迎接、学习、贯彻十七大精神为主线，全面加强理论学习，保证了学院各项工作健康有序的推进。

一是认真制定教职工政治理论学习计划，做到精心组织，周密安排，严格考勤，重求实效。二是通过深入基层调研、个别谈心、召开座谈会等方式，及时了解师生员工的思想动态及对学院工作的意见和建议，注重强化政策导向，及时处理好“热点、难点”问题。三是坚持“党要管党、从严治党”的方针，强化党性党风党纪教育，坚持党内组织生活会和民主生活会制度，开展民主评议党员活动和表彰先进基层党组织和优秀党员活动，团结和带领师生员工卓有成效地开展工作。

认真做好离退休、民主党派、共青团工作，认真听取了他们的意见，并落实工作建议，帮助解决实际困难和问题。

二、学科建设和人才队伍建设

2007年度学院学科建设紧密围绕申请国家重点学科、“985工程”科技创新平台“新结构材料与智能化加工技术”的建设等工作展开，其中心任务是申报材料加工工程二级学科国家重点学科和材料科学与工程一级学科国家重点学科。

学院与晶体所一道，顺利完成了“十五”材料学国家重点学科的评估工作，材料学二级学科通过国家重点学科评估检验；与此同时，学院全力以赴进行了材料加工工程二级学科国家重点学科的申报工作，经过精心准备和有效组织，顺利获得了材料加工工程二级学科国家重点学科；在材料学、材料加工工程两个二级学科国家重点学科的基础上，又获得了材料科学与工程一级学科国家重点学科，成为我校拥有两个一级学科国家重点学科中的一个。2007年我院在国家重点学科建设方面取得了重大成绩。

圆满完成了“985 工程”二期科技创新平台“新结构材料与智能化加工技术”的年度任务，“985 工程”平台建设对于本学科国家重点学科获准、学科人才队伍建设以及科学研究起到了重要作用。材料液态结构及其遗传性教育部重点实验室顺利通过了教育部组织的专家组的评估。

2007 年度学院教师队伍建设取得了较大进展，新增 2 名“泰山学者”特聘教授（其中 1 名教师申请获得了企业泰山学者岗位），3 名教师晋升正高，5 名教师晋升副高；从海内外引进和招聘教师 7 名，其中包括：从哈工大引进教授/博导 1 名，从中国海洋大学引进教授 1 名，从德国引进博士后 1 名，从哈工大引进博士后出站人员 1 名等。

三、本科教学与研究生培养

1. 在本科生教学与管理工作方面，积极探索课程教学新方法，推进研究型、互动式、启发性的课程教学改革，加强精品课程建设，不断强化双语教学和英语授课力度。学院制定了《学院毕业设计工作实施细则》、《材料学院教学经费使用及管理办法》以及《材料学院教学指导委员会和教学督导组章程》等三个教学管理文件，经学院教代会通过并实施。正式启动了学院“青年教师工程见习训练计划”，共有 30 名青年教师分赴学院各专业实习单位，进行了为期一个月的工程教育训练，并提交了专业实习总结报告或起草了专业实习计划、大纲和内容。2007 年为材料学院教学研究年，学院面向青年教师设立了教学研究项目 31 项，部分项目已经取得明显效益。孙康宁教授等《工程材料及其成型技术基础》、李亚江教授《特种连接技术》教材入选“十一五”国家级规划教材项目名单。暑期学校期间，材料学院开展各级/类别实践项目 15 项，学生参与人数 300 余名。同时，学院获得国家级大学生科技创新实验项目 9 项、校级 19 项、院级 30 项、企业资助十余项。材料学院与齐鲁特钢厂签署了“材料学院本科生实践教学基地”。材料学院被学校授予了“山东大学教育拓展工作先进单位”，闵光辉老师被评为“山东大学教育拓展工作先进个人”。包装工程系被中国包装联合会和包装工程专业教学指导委员会共同授予全国包装教育先进单位称号，季忠老师被授予全国包装教育优秀教师。

2. 在研究生教学与管理工作方面，2007 年度在我院攻读学位的研究生共 450 余名，其中硕士研究生 239 名、博士研究生 126 名、在职攻读硕士学位人员 70 余名（包括工程硕士、高校教师、同等学力）、研究生课程班学员 20 余名。2007 年我院招收研究生共 143 名，其中博士生 35 名、硕士生 85 名、工程硕士 23 名。2007 年我院授予学位人员 112 名，其中工学博士 34 名、工学硕士 61 名、工程硕士 8 名、高校教师授予硕士学位 4 名、同等学力人员授予硕士学位 5 名。我院博士生导师邹增大教授、边秀房教授被评为山东省首届优秀研究生指导教师和山东大学优秀研究生指导教师。我院新增博士生导师 2 名，即赵士贵教授和王广春教授。我院现有博士生导师 28 名，其中校内博士生导师 25 名，校外兼职博士生导师 3 名。我院研究生获得学校各类奖学金共 43 人次，其中获得山东大学校长奖学金 3 人、优秀研究生奖学金 4 人、韩国三星集团奖学金 1 人、小松中日奖学金 3 人、科研成果奖学金 2 人、潍柴动力奖学金 3 人、光华奖学金 5 人等等。我院材料加工工程学科博士生贾传宝申报的课题获得 2007 年度“中国焊接学会创新思路预研经费”，成为全国获得该项资助的 6 名博士生之一。

四、科学研究

2007年，我院在科研项目申报、科研管理与监督等方面的制度建设和资料整理取得较好的进展。

1. 为了推进科技成果的产业化，学院组织相关教师到淄博市淄川区岭子镇进行科技咨询与交流活动，组织教师积极参加山东大学与威海市政府举办的产学研科技洽谈会、南山论坛以及校国防科学研究院组织的军工项目洽谈会等科技活动。学院还邀请科技处专利科有关人员到学院专门介绍国家发明专利申报工作。

2. 2007年我院立项总经费达到1250余万元。其中国家"863"课题1项，经费300万元；国家自然科学基金5项，经费165万元；教育部博士点基金（新教师）2项，经费6万元；山东省科技发展计划项目6项，经费95万元；山东省自然科学基金10项，其中重点项目2项，经费104万元；山东省中青年科学家奖励基金6项，经费40万元。2007年实到纵向经费220万元，各类基金课题经费295万元，横向课题研究经费453万元。

3. 2007年，我院共发表论文300余篇，根据中信所公布的统计数据，我院2006年度发表的论文被SCI收录114篇、EI收录论文130篇、ISTP收录1篇；我院共获国家发明专利13项，实用新型专利1项；出版著作10部，其中专著1部；我院共获山东省科技进步二等奖2项、三等奖1项，山东省技术发明三等奖1项，作为第二完成单位获得山东省科技进步一等奖1项。

4. 我院新材料研究中心王新洪、邹增大、曲仕尧等荣获"2006 Vanadium Award"优秀论文奖，这是我国科技人员首次获此殊荣。Vanadium Award奖是国际钒技术委员会（VANITEC）于1981年钒被发现150周年时设立的，奖励委员会每年在国际范围内评出1篇在钒及合金的冶金技术研究领域年度最优秀的研究论文，并在伦敦举行一次隆重的颁奖典礼。自该奖设立26年以来，先后有英国牛津大学、利兹大学、美国加利福尼亚大学、日本东北大学等著名大学的研究人员发表的22篇论文获奖。2007年11月21日，国际钒技术委员会主席David J Milbourn先生专程来到山东大学，为作者颁发"2006 Vanadium Award"优秀论文奖，以鼓励作者在钒及其合金研究与应用领域所作出的贡献。

五、实验室工作

在实验室管理工作方面，积极推进了"材料学院实验室用房有偿使用管理制度"、"大型分析测试仪器机时票发放管理办法"等规章制度的实施，使实验室管理工作走向科学化、规范化、标准化。完成了学校规定的实验教学任务，进一步加强了"形状记忆合金"等综合性实验教学训练的内容，提高了实验教学水平和学生创新能力。设立了基层单位设备管理员岗位，落实了材料学院仪器设备分户建账管理，保证了仪器设备完好率达到95%。承担了材料学院实验中心综合性建设项目和聚对苯二甲酸乙二醇酯/苯乙烯/无机填料共混改性功能化综合实验、先进材料热分析精品实验教材、药用玻璃侵蚀虚拟试验、材料学院大型仪器设备共享平台的建设与管理四个软件建设项目，完成了材料学基础实验室建设项目。顺利地实施了各基层单位水电统计管理和有偿使用制度，提高了水电使用效益。努力创造条件理顺教学实验室与系、所和科研机构间的业务关系，保证了学院所有的教学和科研实验室工作进展顺利。

六、国内外合作与交流

学院积极开展与国内外知名的大学和学术机构的合作研究，促进学术交流，继续积极开展与国内外知名的大学和学术机构的合作研究和学术交流，先后邀请法国、日本、乌克兰等国外及国内知名大学和研究机构的学者多名来我院讲学和访问。我院与日本小松公司联合开展的国际合作项目进展顺利，日方专家本年度来我院两次，对我院承担的合作研究项目表示满意，日方除按年度继续拨付研究经费，支持项目不断完善外，又进一步拓展了合作项目的领域和数量；十多人次教师参加国内学术会议交流；2007 年与多家企业进行了科技和人才合作，并建立了有关实践教学基地和产学研合作基地。

七、学生工作

2007 年，我院招收 329 名本科新生，他们在军训中表现优异，获得了“军政训练优秀连队”。校运会上，我院学生获“男女团体第八名”、“女子团体第六名”、“男子拔河比赛季军”、“女子拔河比赛季军”和“道德风尚奖”。2005 级基地班、2004 级包装班、2006 级 3 班获“山东大学先进班集体”称号。本年度，我院学生被评为“山东省优秀学生”2 人、“山东省优秀学生干部”1 人、山东大学校长奖学金 2 人。姜清河、石元昌和高进强获得“山东大学优秀班主任”称号，辅导员刘西华获得“山东大学优秀辅导员”称号，辅导员边晓婷获得“军政训练优秀政工干部”。我院荣获“山东大学就业工作先进集体”称号，辅导员姜炳刚获得“山东大学就业工作先进个人”称号。

2007 年，我院大学生校内外活动丰富多彩，荣获“山东大学先进团委”称号、“学生主题教育活动先进集体”、“学生创新创业教育活动先进集体”、“共青团组织建设工作先进集体”。2005 级基地班获“山东大学十佳团支部”称号。

暑期我院组织了 3 支校重点资助社会实践团队，积极参加暑期社会实践。在山东省临沭县常林集团有限公司建立了“材料学院产学研基地”，常林集团并在我院设立了 10 万元的产学研资金支持。学院组织的“材料学院赴临沭常林集团科技服务团项目”被评为“山东省 2007 年暑期社会实践优秀服务队”。李赛强书记被评为“山东省社会实践优秀指导教师”，姜清河、姜炳刚、路丽丽被评为“山东大学 2007 年暑期社会实践优秀指导教师”。我院荣获“山东大学社会实践活动优秀组织单位”。2004 级本科生田立志、汤盛文在 2007 年全国大学生电子设计竞赛中荣获省一等奖。

2007 年学院本科生一次就业率为 99.31%，硕士研究生考取率占毕业生人数的 47.4%。毕业生素质得到用人单位的广泛赞誉和好评。

（吕宇鹏）

机械工程学院

学院下设制造科学与工程系、机械设计系、车辆工程系、过程装备工程系、设计艺术系五个系；机械制造及其自动化、CAD/CAM、机电工程、车辆工程、过程装备与控制工程、现代工业设计、机械设计及理论、工程图学八个研究所，高效精密制造技术与装备、计算机辅助设计两个省级重点实验室，山东省CAD工程技术研究中心、山东省石材工程技术研究中心、山东省冶金设备及工艺数字化工程技术研究中心、山东省高效切削加工工程技术研究中心、山东省特种设备安全工程技术研究中心、山东省生物质能源工程技术研究中心六个省级工程技术研究中心和学院实验中心等单位。

学院设院长1人，副院长3人，李剑峰教授任院长。学院党委设书记1人，副书记2人，秦惠芳教授任书记。学院在职教职工156人，其中中国工程院院士1人，博士生导师22人，教授47人，副教授38人，高级实验师6人，具有博士学位者49人、硕士学位者62人。

学院有博士后科研人员6人，在校博士研究生51人，硕士研究生232人，工程硕士59人，本、专科生1480人，其中2007年进站博士后2人，招收博士研究生20人，硕士研究生119人，工程硕士29人，本、专科生418人。

一、党建与思想政治工作

1. 以作风建设为重点，加强了领导班子、骨干队伍建设

（1）执行党风廉政建设责任制及廉洁自律的各项规定，对照学校党委颁布的《关于落实〈建立健全教育、制度、监督并重的惩治和预防腐败体系实施纲要〉具体办法》及《任务分解表》，进一步完善了《机械工程学院党风廉政建设规定》、《机械工程学院党政联席会议制度》、《院务公开制度》，继续坚持了学院民主生活会制度，坚持民主集中制，领导班子成员联系学生班级和研究所的制度等，有力地促进了学院管理的制度化、规范化、科学化，促进了院务公开，加强了学院师生员工对学院领导班子及学院党政管理工作的考核与监督。

（2）学院党委根据《中共山东大学委员会关于学习贯彻〈干部教育培训工作条例〉的实施意见》精神，按照分级实施管理的要求，结合学校“作风建设与管理效益年”的开展和学院2007年工作要点，以“提高构建和谐学院的能力”为主题，在学院科级以上干部中，开展了干部教育培训工作，并把贯彻落实学校关于在党员领导干部中开展

“加强作风建设，促进社会和谐”的主题教育活动，作为一项重要内容纳入到学院2007年干部学习培训教育工作中，加强了对学院领导班子、骨干队伍的培训，提高了班子领导学院科学发展的能力，促进了骨干在教学科研管理中的引领作用，为打造一支敬业、务实、创新的管理、骨干队伍做了基础工作。

2. 以宣传、思想政治工作为保证，促进了学院和谐发展

（1）加强了领导班子中心组学习、党员学习和教职工理论学习。联系学院实际，分别制定了学习计划，以丰富的学习内容和灵活的学习形式，增强了学习效果，进一步提高了学院党员干部和师生员工的理论水平和政治素质。十七大召开后，学院党委把学习宣传贯彻党的十七大精神作为学院当前首要的政治任务，制定了系统的学习计划，召开了专题研讨会和学习交流会，引导党员干部和师生员工把思想统一到党的十七大精神上，把力量凝聚到实现党的十七大确定的各项任务上，为把学校建设成为国内外知名高水平研究型大学努力工作。

（2）学院党委注重调研教职工的思想工作，通过学院党政领导联系研究所和学生班级，及时掌握师生员工的思想状况，并要求党支部书记及时了解和向学院党委汇报师生员工关心的热点、难点问题，以增强思想政治工作的针对性和实效性。学院党委以师生为本，以思想政治工作和制度为保证，创造良好的工作学习环境和有利条件，让教师在教学、科研上发展自己的特长，让机关人员在服务、管理中实现自己的价值，让学生在学习、生活中成长成才，促进了教学、科研和管理团队的建设。

（3）加强师德建设，不断提高教师队伍的师德水平。院党委以“学习方永刚 爱岗敬业 做学生的良师益友”为主题，在全院教职工中开展了向方永刚同志学习的教育活动，要求全院教职工通过学习方永刚教授的敬业精神、诚信精神、知行统一的践行精神，切实加强教师自身修养，提高广大教师不断增强自身学识魅力和人格魅力的自觉性，做学生的良师益友，为人才培养做好本职工作。此次学习教育活动有效地促进了学院师德师风建设和师资队伍建设。

（4）认真做好离退休老同志的工作，加强对工会、共青团工作的领导，重视民主党派的工作，搞好社会治安综合治理，做好学院的稳定工作。学院离退休老同志都是学院建设和发展的宝贵财富，学院做到定期联系、重点走访、探望，坚持为70岁以上的老教师祝寿，注意发挥了他们在教学、科研及学科建设中的作用；工会、共青团是学院联系群众的桥梁和纽带，学院党委加强了对他们的领导，学院第一届教代会在广泛征求全体教职工的意见和建议的基础上，于2007年3月召开。首届一次教代会的胜利召开，对进一步激发和调动全院教职工积极参与学院的发展建设的热情和创造性，推进学院的院务公开、民主管理，实现学院的和谐发展与可持续发展，起到了推动作用；在学院党政的大力支持下，学院工会组织学院在职教职工到省立医院健康查体中心查体，体现了对教职工的关心关爱；从讲政治的高度，认识做好统战工作的重要性，为统战对象发挥作用积极创造良好的条件；认识维护学院稳定的重要性，高度重视社会治安综合治理、与“法轮功”邪教的斗争以及其他隐蔽战线的斗争，做好防火、防盗、防中毒、防意外事故的工作，确保了学院的安全、和谐和稳定。

3. 以落实党组织建设和党员教育的长效机制为核心，进一步加强了党支部和党员

队伍建设

(1) 学院党委认真落实党员教育、管理的各项制度，落实《党组织建设和党员教育长效机制》。院党委重视对党员的经常性教育，以坚持各党支部按期组织支部学习、生活会为基础，“七一”前后，举行了新党员宣誓大会和老党员重温入党誓词活动，各党支部按照学院党委的部署，分别召开了专题组织生活会，专题组织生活会以话发展，促和谐，保持先进性为主题，结合向方永刚同志学习，检查总结自己在工作中党员作用的体现，进一步提高党性意识和党员意识，推动“一个党员一面旗帜活动”的扎实开展。

(2) 学院党委十分重视党支部活动立项方案工作，认真贯彻《中共山东大学基层党组织活动方案立项工作暂行办法》，围绕学校2007年三项重点工作和学院工作计划，抓住重点，明确主题，引导支部立项。2007年度，学院三项支部活动立项方案获得组织部立项，两项支部活动立项方案获得学院立项支持。通过立项活动，发挥了党支部对学院重点工作的推动、促进、提升作用，发挥了党员在学院各项工作中对广大师生的引领、示范作用，促进了学院的改革、发展、稳定。

(3) 重视发展新党员工作，加强对入党积极分子的教育、培养和考察，本年度发展教工党员1名。

二、学科及师资队伍建设

学院设有机械工程博士后流动工作站1个。有机械工程一级学科博士点1个，机械制造及其自动化、机械设计及理论、机械电子工程、车辆工程、制造信息系统、虚拟工程、过控7个二级学科博士点，机械制造及其自动化、机械电子工程、机械设计及理论、车辆工程、化工过程机械、设计艺术学、工业工程和机械工程硕士点8个，设机械设计制造及其自动化、过程装备与控制工程、车辆工程和工业设计4个本科专业。

截至2007年底，有35名教师分别在国内知名高校攻读博士学位，2007年学院有6名教师获得国家留学基金委、山东省和学校的资助，并先后派出8名教师去美国和中国香港等国家和地区进行合作研究。

2007年学院1人获教育部新世纪优秀人才支持计划资助。

三、本科教学工作

根据学院2007年本科教学工作计划，围绕专业建设这个主题，做了两件事，一是进行了新培养方案的落实、课程建设、教材建设、教学方法、教学手段等的改革，取得了可喜的进步；二是全院上下共同努力，圆满完成了接受教育部认证专家考察的任务，顺利通过了机械设计制造及其自动化专业认证试点。

1. 实施以重点学科为支撑的专业建设

机械设计制造及其自动化专业2006年获得“品牌专业”称号后，按照新的目标进行了机械大类专业课程体系的构建，在精品课程建设、优秀教材建设、青年教师培养、鼓励引导学生自主性研究型学习等方面有了明显进步，形成了专业的优势与特色。

(1) “精品课程建设”有了新的突破，学院重点支持了前期工作基础好、近年来上升势头好的课程，着重抓了实习和实验教学方面的改革，收效显著。本年度新增一门

“机械制造技术基础”省级精品课程，新增一门“产品设计”校级精品课程。

（2）建设工科机械基础课程基地，推进以专业基础平台为核心的教学方法和实验改革。探索形成综合学科环境、研究环境、开放环境下的基础课平台。进一步组织、督促“十一五”规划教材的建设，本年度已经出版了两本。

（3）继续实施“学院青年教师培养计划”，青年教师工作积极主动，配备的指导教师认真负责，不仅指导如何授课又指导如何写讲稿，而且还为造就教学过硬的师资后备力量作出了贡献。

2. 注重实践教学过程的质量监督

（1）在2006年调整了实习指导教师队伍结构后，组成了专业课教师和基础课教师相互融合，实际工程经验比较丰富的中老年教师和青年教师互相补充的实习指导队伍，既有利于学生的指导，又为提高青年教师工程实践能力提供了机会，学生反映效果很好。

组织教师赴实习基地对生产实习和认识实习进行了中期检查，一方面了解学生的现场实习状况，一方面检查教师到位情况；同时与实习企业负责人进行了座谈，了解企业的用人需求，并探讨了如何提高实习效果，为今后实习作好充分的准备。

（2）对主干课程专业实验和基础实验进行了抽查，了解教与学过程中存在的问题和不足；随机抽取了五个班级进行了实验课问卷调查，及时将调查结果反馈至相关系、所和课程负责人。

3. “三种经历”逐步推广更加深入

创造条件使学生较早参加科研和创新活动。利用导师制吸引优秀学生参与到教师的科研工作中，扩大教师参与指导科技活动的范围。我院连续三年获得暑期学校项目二等奖。充分落实了学院“紧追学术前沿，强化实践环节，培养创新能力”的指导思想。本年度校际交流人数为40余人。实施了三项大型活动：

（1）与教务处和团委联合组织实施了“山东大学第二届大学生机电产品创新设计竞赛”，将该活动扩展到控制学院和能动学院，扩大了教师与学生的参与面。

（2）受山东省教育厅委托，组织全国大学生机械创新设计竞赛的“山东省大学生机电产品创新设计竞赛”预赛工作。我校的参赛项目获得了一等奖6项，二等奖6项。学校获得“优秀组织单位奖”，六位指导教师荣获“优秀指导教师奖”。

（3）组织承办了山东大学三维设计竞赛，推选出一等奖参与全国三维数字建模大赛，获得一等奖1项，还获得省级三维设计竞赛奖励5项。

4. 圆满完成了机械设计制造及其自动化专业认证工作

工程教育认证专家组来我校进行了为期三天的现场考查。专家组认为：学校和学院党政领导高度重视专业教学工作，采取有效措施，不断提升教学质量，为社会培养了大批优秀人才。专家组肯定了专业的办学成果和专业的优势与特色。专家在认可我专业总体符合认证标准的情况下，也客观地指出了存在的问题，提出了切实、中肯的建议，为我们今后的专业建设指明方向。

四、科研工作

2007年科研管理工作的重点是：抓住国家建设制造业强国的历史机遇，加强与国家科研管理部门的沟通和协调，有重点地组织部分重点科研项目进行申报，取得了显著的效果。一年来学院科研经费有了大幅度的增长，国家“十一五”支撑计划、“863”项目和国防重点项目增幅较大，省部级资助课题经费和横向课题经费有了大幅度增长。

2007年新增课题56项（其中国家科技支撑计划子课题4项，863项目2项，军工项目1项，科技部重大课题1项，农业部重大课题1项，国家基金3项，教育部新世纪优秀人才1项，国家中小企业创新基金1项），新增立项经费约6034.95万元，其中新增项目当年到位经费约863.5万元，原在研项目当年到位经费约723.02万元，总计当年到位经费1586.52万元（不包括往年节余经费）。获奖2项（二等奖2项），鉴定成果6项，申报专利30项（其中国家发明16项）。发表论文291篇，其中国际杂志67篇，被SCI、EI和ISTP收录111篇。出版教材和著作16部。

五、国际交流与合作工作

1. 接待了英国龙比亚大学代表团。
2. 与意大利马恩大学签订了定单培养本科生协议。
3. 日本专家山中康夫应聘流动岗位教授，讲课2周。
4. 邀请了美国、澳大利亚、新西兰学者来学院讲学。
5. 接待国际来访专家9人次。
6. 中澳2+2合作办学项目已获批准。
7. 筹备第四届“智能自动化、计算与制造”国际研讨会。

六、研究生工作

我院2007年共招收硕士研究生133人、博士研究生32人。另有18名工程硕士、14名高校教师和4名同等学力研究生。截至目前，我院共有各类学历层次的研究生近600人。

2007年我院有大批研究生通过了学位论文答辩，其中工学博士研究生32人、工学硕士研究生126人、工程硕士研究生12人。

2007年7月，机械工程学院获得了山东大学颁发的研究生教育先进单位的光荣称号。

2007年11月，国务院学位委员会、教育部、人事部联合发出“关于开展全国博士质量调查工作的通知”，落实以质量为核心的发展要求，全面分析和评价我国博士质量，制定进一步提高博士研究生教育质量的政策。这项工作对提高我国国际竞争力、建设创新型国家和实现人才强国的战略目标具有重大意义。我院完成了“山东大学机械工程学院机械工程学科博士学位论文的纵向比较评阅意见综述”和“山东大学机械工程学院机械工程学科博士学位论文的中外比较评阅意见综述”（山东大学只选取了4个博士生培养工作做得较好的学院）。艾兴院士担当这项工作的总指挥，并亲自撰稿。这项工作历时半个月，除艾老师外，黄传真、赵军、葛培琪、张建华（在国外）、邓建新、周以齐、王勇、孙家林等都担任了部分撰写工作。按照三部委和山东大学、研究生院的要求，我们按时、高质量地完成了博士质量调查工作，受到了学校和研究生院及其相关部门领导的好评。

七、实验室建设

1. 规划并实施完成了 2006 年实验室建设项目经费 30 万元。

2. 2007 年新增加教学设备 58 台，总价值 5458859 元；新增加科研设备 72 台，总价值 588128.02 元。

3. 完成了 2007 年实验室建设项目经费 20 万元规划工作。

4. 组织申报了 2007 年山东大学实验室软件建设项目 8 项。

5. 进一步完善实验教学体系、理念、内容，形成了四个模块，三个层次，两个结合的实验教学体系，并得到了教育部认证专家的认可。

6. 参加了 2007 年山东大学国家级机械基础实验教学示范中心申报工作，制作完善了机械基础实验教学示范中心网站。

7. 完成了机械设计制造及其自动化专业认证实验室部分工作，完善了实验中心文化环境建设及管理档案、认证材料的整理等工作。

8. 进一步改革实验教学内容，提高了开放创新性试验比例。全年完成常规实验教学内容共计 18699 人时数，开放创新实验学时数共计 10900 人时数。

（李建勇）

控制科学与工程学院

一、基本情况

控制科学与工程学院其前身是创建于1949年的原山东工学院电机工程系。1952年，全国高校院系调整，原山东大学电机专业调整并入。随着科学技术的不断进步，电机工程系各专业逐渐分化成为信息类其他新的学科并相继独立出去。1989年山东工学院电机工程系更名为山东工业大学自动化工程系。新山大成立后，2001年1月更名为山东大学控制科学与工程学院。

控制科学与工程学院现有在校本科生1451人，硕士生350人，博士生94人。有教职工156人，其中教授37人，博士生导师22人，学院还聘有双聘院士1人，长江学者讲座教授1人，国家杰出青年基金获得者1人，海外杰出学者讲座教授以及长江学者特聘教授等8人，IEEE Fellow 2人，“新世纪百千万人才工程”国家级人选1人。

控制科学与工程学院拥有控制科学与工程、生物医学工程2个一级学科博士学位授权点和控制理论与控制工程、电力电子与电力传动、检测技术与自动化装置、模式识别与智能系统、系统工程、生物医学工程等6个二级工学博士与硕士学位授权点，并有控制工程、仪器仪表工程、生物医学工程和物流工程等4个工程硕士学位授权点和控制理论与控制工程教育硕士学位授予权。拥有自动控制、过程控制等8个研究所，还设有物流工程研究中心、机器人研究中心、生物医学工程中心、控制理论研究中心以及集产、学、研于一体的高技术产业——山东奥太电气股份公司。学院设有自动化、测控技术与仪器、生物医学工程和物流工程4个本科专业方向。学院下设自动化、测控技术与仪器、生物医学工程和物流工程4个本科教学系，并有设备先进实验中心。本科按照自动化类和生物医学工程专业招生。自动化类包括自动化、测控技术与仪器以及物流工程3个专业方向。生物医学工程专业自2008年起实行本硕连读（7年）制度。

控制科学与工程学院是“211工程”重点建设单位、“985工程”建设单位、“十五”强化建设省级重点学科单位、“控制理论与控制工程”国家重点学科建设单位。学院还建有2个山东省重点学科、2个山东省重点实验室和1个山东省品牌专业，并设有2个泰山学者岗位特聘教授岗位。近5年来，学院承担国家重点攻关项目、国家“863”计划项目、国家自然科学基金项目26项、其他政府、科研项目80余项，企业委托项目120余项，获国家级科技进步奖2项、省部级科技进步奖20余项；在国际著名刊物

IEEE Transactions on Automatic control、*Automatica* 上发表论文 26 篇，出版学术著作、教材 35 部。

二、学科建设

2007 年我院成功申报了“控制理论与控制工程”国家重点学科。控制理论与控制工程是山东大学信息学科第一个国家重点学科，也是山东省信息类学科的第一个国家重点学科。

申报成功“控制科学与工程”博士后流动站。“控制科学与工程”博士后流动站现已有 5 人入站，对今后学院人才引进和人才培养提供了更高的平台。

完成了“控制理论与控制工程”国家重点学科的 2007～2010 的建设规划；申报“山东省现代焊接装备技术研究中心”并获得批准。

三、科研工作

2007 年学院纵向科研在承担军工项目和国家支撑计划项目上取得突破性进展。主要有：国家支撑计划课题 1 项、军工课题 1 项、“863”计划课题 2 项、国家自然科学基金课题 4 项、国家自然科学基金重点课题 1 项、山东省信息产业专项课题 2 项、山东省高新技术自主创新工程专项计划 2 项、山东省中青年专家基金 6 项、山东省自然科学基金 5 项。

本年度学院荣获山东省科技进步一等奖 1 项、山东省发明二等奖 1 项、山东省科技进步三等奖 2 项、教育部自然科学奖 1 项。出版了 *Control and Estimation of Systems with Input/Output Delays Springer-Verlag*，2007、《广义 Hamilton 控制系统理论——实现、控制与应用》两部专著。发表论文 169 篇，包括在国际顶级杂志 *IEEE Transactions on Automatic Control*、*Automatica* 上发表论文 4 篇，其中长文 2 篇。

四、教学工作

以加强专业建设和精品课程建设为龙头，全面加强本科生教学工作。组织生物医学工程专业进行全方位教学改革，制定了七年制本硕连读教学体系和培养方案；组织自动化专业的国家级特色专业申报和建设准备工作，以及《电子技术基础》国家级精品课程的申报工作。

加强教材建设，《电机与拖动》被评为国家“十一五”精品教材，《自动控制原理》、《单片机原理及应用》、《可编程序控制器（PLC）原理及应用》等四本教材入选“十一五”国家级规划教材。

推动名师上讲台，特别是多名引进的专家学者给本科生授课，取得非常好的效果。

加强青年教师培养，努力提高青年教师的教学水平，成功举办 2007 年控制学院青年教师讲课公开赛。

精心组织暑期学校工作，组织了《全国大学生电子设计大赛培训》、《电子电路仿真实验》、《电子电路及电子设计自动化专题》、《自主控制智能车设计实战》等项目活动，有 300 多学生踊跃参加。

加强学生创新意识和能力培养。我院学生获 2007 年全国大学生电子设计竞赛国家一等奖 3 项、国家二等奖 2 项；获 2007 年智能车比赛华北赛区一等奖 2 项、全国比赛二等奖 2 项。

推进研究生培养机制创新。强化过程管理，强化研究生培养导师负责制，全面提高研究生培养质量。2007 年获山东省优秀博士论文一篇，1 人入选首批《山东大学优秀博士研究生培育计划》。

推进研究生三种经历，大力开展合作培养。2007 年共 7 名研究生到海外大学和科研机构从事课题研究，1 人出国参加著名国际会议，30 余人在国内其他高校、科研机构、企业学习或从事课题研究。

加强实验室建设。一年来，自筹资金近 40 万元，建设了控制学院大学生创新实验室，构建了良好的学生科技创新平台。

继续推进继续教育工作。自学考试工作逐步走向规范化，网络教育课程建设录制课件 16 门，函授教育实现了走出校门办学，与山东工业职业学院联合办学，取得了良好效果。

五、对外合作交流

8 月 18 日至 8 月 21 日成功举办了 2007 IEEE 自动化与物流国际会议（ICAL）。本届会议由美国电气与电子工程师协会（IEEE）、IEEE 机器人与自动化分会、山东大学、中国机械工程学会、中国物流工程学会共同承办。

10 月 15 日成功承办了第二届贝加莱学界联盟学术年会。邀请了境内外著名专家作了大会报告，与研究生进行了面对面的交流，开阔了视野，增长了学识。

2006 年 8 月至 2007 年 7 月山东大学流动岗位特聘教师顾建军教授在我院进行了学术访问和合作交流，讲座教授崔洪亮 2007 年间多次来我院进行学术交流和讲学。

派出 7 名青年教师到美国、英国等国家学习深造，多名师生出国参加国际学术会议，进行学术交流。

与美国马里兰大学智能交通中心签订合作协议，共同开展智能交通领域的科学研究。

本年度先后邀请了来自美国、德国、法国、加拿大、新加坡等国家的 19 位知名学者来校作学术交流。

六、党建工作

学院坚持领导班子和科级干部定期学习和例会制度，不断提高领导班子和科级干部的理论水平和解决实际问题的能力。

重视规范管理，加强制度建设。完善和建立了学院管理制度共 8 大类、47 项，同时修订完善了学院岗位职责 26 项，整理出版了《山东大学控制科学与工程学院制度汇编》。

继续推进党组织活动方案立项。教工自动化系党支部、电子新技术党支部和本科 2005 级党支部三个支部获得学校立项；教工生物医学工程党支部、学院机关党支部、过控所党支部、博士生党支部四个支部获得学院立项。

不断创新学生党支部建设。按照“纵向建支部，横向建小组”的思路，初步建立起了纵向按专业建立学生党支部、横向按年级设立党小组的学生党建体系，更好地发挥了基层党支部的战斗堡垒作用。

加强入党积极分子培养和考察工作力度，有两名青年教授光荣加入了党组织，发展学生党员135名。目前学院研究生中党员比例达到38.3％，本科生学生党员比例达到12％。

（张振山）

能源与动力工程学院

学院下设热能与动力工程系，设热科学研究所、能源与环境研究所、内燃机研究所、热能工程研究所、制冷与低温工程研究所、热工与流体研究所、交通运输研究所、清洁能源与燃料电池技术研究所等 8 个研究所和热能与动力工程实验中心。另设有教育部“环境热工技术工程中心”和山东省“燃烧与污染控制工程技术研究中心”。

截至 2007 年底，全院在职教职工 83 人，其中博士生导师 11 人，硕士生导师 31 人，教授 20 人，副教授及相应职称专业技术人员 25 人。师资队伍具有较高的学历层次和学术水平。有 29 人具有博士学位，正在攻读博士学位的教师 15 人。国家“973 计划”首席科学家 1 人，“长江学者奖励计划”特聘教授 1 人，国家级有突出贡献的中青年专家 1 人，入选国家“百千万”人才工程 2 人，入选教育部“新世纪优秀人才支持计划”2 人，“泰山学者”特聘教授 1 人，山东省十大杰出中青年科技专家 1 人，山东省有突出贡献的中青年专家 2 人，山东省优秀专业技术人员 1 人，山东省专业技术拔尖人才 5 人，享受政府特殊津贴的专家 5 人。获校聘关键岗位 3 人，校聘重要岗位 10 人。学院设院长 1 人，副院长 3 人，潘继红教授任院长；2007 年 12 月学校进行中层领导班子换届，程林教授任院长，学院设院长 1 人，副院长 2 人。院党委设书记 1 人，副书记 1 人，潘国栋同志任书记。

中国科学院院士、国家“973 计划”首席科学家、清华大学过增元教授任能源与动力工程学院名誉院长。

一、学科建设

学院认真总结学科发展规划前两年执行情况，进一步修订了学院“十一五”学科发展规划。继续把学科建设摆在学院工作的突出位置，坚持过程管理与目标管理相结合的原则，切实抓好目标制订、组织实施和监督考核等每一个环节。

进一步强化以“长江学者”程林教授为带头人的创新学术团队建设，充分发挥其对学科的辐射和带动作用，推动了学科整体水平的提升。

积极创造条件，为申报“动力工程及工程热物理”一级学科博士点奠定了基础。经人事部及全国博士后管委会批准，我院设立了“动力工程及工程热物理”博士后科研流动站。

已购置的超高速摄像、三维 PIV 系统、热重/质谱联用分析仪、噪声分析仪、热常数分析仪等多套大型仪器设备，在科研和研究生培养中发挥了重大作用，并取得一批标志性成果。学院的教学和科研基础条件明显改善，为今后的发展奠定了坚实的基础。

二、教学工作

学院主动适应国家和地方大力发展核电的新形势，在充分调研和筹备的基础上，“热能与动力工程”专业增设了“核能动力工程”专业方向，拓宽了学生专业知识面和就业途径，为下一步正式设立“核工程与核技术”专业奠定了基础。制定该专业方向课程教学计划，派出两名教师赴上海交大、西安交大进修课程。学院通过不断改善课程设置、加强课程建设，使专业建设更加适应社会发展和社会需求。

根据学院机构设置，健全、充实研究所教学管理队伍，促进了课程建设和教学研究，提高了教学水平和教学质量。杜广生教授主持的《工程流体力学》入选 2007 年度国家精品课程。

以增强教师教学责任心和促进教学水平提高为目标，扎实有效地推进教学改革、教学研究和教材建设。积极推动《流体力学》、《工程流体力学》（第三版）、《大型汽轮机运行》等“十一五”国家级规划教材的编撰和出版。积极推动学校教学改革立项——“工程流体力学教材建设思想的探讨”以及三项院级教改项目的实施，并充分发挥其示范带动作用。积极争取学校大学生创新训练计划项目，获得立项 1 项。

全面落实关于教师教学工作规范、精品课程建设、双语教学、多媒体教学等规章制度。学院在资金和工作量上给予切实有效的支持，促进了多媒体课程建设、双语课程建设，在全院起到示范和推动作用。

继续加大对新生入学教育的工作力度，通过重点介绍学科前沿成果、发展趋势、专业优势及近些年来的就业形势等，稳定新生的专业思想，增强了新生的学习动力。进一步加强了 2007 届毕业设计和各实践教学环节的规范化管理。获得省级优秀本科毕业论文 1 篇，获得校级优秀本科毕业论文 4 篇。2007 届本科毕业生 248 人（延期毕业 23 人）。推荐免试硕士研究生 34 人。

研究生招生规模和培养质量稳步提升。2007 年招收博士 10 人、硕士 39 人、工程硕士 7 人。截至 2007 年底，在校博士生 42 人、硕士生 115 人，在校工程硕士共 38 人。2007 年毕业硕士生 40 人，考取博士生 10 人。

继续抓好教学实验立项和建设工作，获得教学实验建设项目 1 项，建设经费 20 万元，用于国外进口设备“电厂冷却塔空气动力实验台”的完善。软件建设项目“离心式风机变速调节性能实验的程序模拟与数据处理”、“传热学实验指导书”获学校立项支持，经费 1.1 万元。完成 2 项教学实验建设项目，建设金额 80 万元。热工流体基础实验室新购进 5 套球体导热实验装置，交通运输实验室购进先进的电喷汽油机 1 台、柴油机 2 台。更新了实验设备，进一步提高了教学实验水平。

三、科研工作

我院加盟诺贝尔奖获得者、世界著名物理学家丁肇中教授主持的世界最尖端科研项目之一的 AMS 太空试验计划。作为 AMS 项目的合作单位之一，在程林教授的主持下已完成了热控系统的研制工作。

我院程林教授作为首席科学家承担的国家重点基础研究发展计划（“973”计划）项目“高能耗行业典型换热设备节能的先进理论与方法”已全面启动，2007 年取得重要的阶段成果。

进一步整合学院的科技资源，加强科技管理工作，应用研究与基础研究并重，取得显著成效，科技竞争力和社会影响力得到较大提升。2007 年获得国家自然科学基金项目 1 项、山东省各类基金项目 6 项，鉴定项目 2 项，实到科研经费 1255 万元（不含热科学研究中心、可持续发展研究中心）。获得山东省科技进步二等奖 1 项。2007 年申报专利 11 项 ，获得批准 10 项。在国内外学术期刊发表论文 120 余篇，其中被 SCI、EI 收录的论文 19 篇。实施学院青年科学基金计划，支持和鼓励青年教师尽快成长。本年度设立青年科研启动基金项目 6 项。

四、合作交流

本年度，来自美国、英国、德国、瑞典、中国香港等国外和地区的十多位专家学者到我院进行了学术交流。我院向美国、加拿大派出访问学者 3 名。作为山大流动岗位特聘教师的英国布鲁内尔大学赵华教授为我院硕士研究生开设了《高等内燃机原理》课程。我院还派出 1 名博士生到英国布鲁内尔大学联合进行课题研究。

我院与瑞典皇家工学院能源系签订了联合培养国际硕士研究生协议，目前联合培养的研究生已达 30 多人。

我院与美国 ABAQUS 公司成立了“山东大学联合培训中心”，获赠 20 套教学版的有限元计算软件，主要用于课程教学，对提高学生专业技能发挥了较大的作用。

我院与清华大学、西安交通大学、浙江大学、东南大学能源与动力工程学科建立了稳定的实质性合作关系，开展了多种形式的合作，并取得了较大的成效。

潍柴动力股份有限公司已决定由我院承担该公司的新能源开发项目。

五、学生工作

一年来，我院学生工作坚持“一切为了学生健康成长”的宗旨，认真贯彻执行、不断深入总结新时期新形势下高校思想政治教育与管理的要求和内在规律，积极探索行之有效的教育和管理方法，创造性地开展思想政治教育、学生事务管理和学生发展指导工作，在学生党建、主题教育、制度建设、学风建设、共青团工作、学生就业等各方面都取得了可喜的成绩。

学院先后被评为 2007 年运动会精神文明优秀组织单位、2007 年先进团委、2007 年学生服务济南社区行动先进集体、2007 年共青团宣传调研与网络建设工作先进集体、2007 年学生主题教育活动先进集体。在暑期社会实践活动中，建立了山东大学首个大学生“岗位体验”实践基地。

（刘灿伟）

电气工程学院

电气工程学院下设电力工程、电机工程、电力经济3个系，设电力系统研究所、继电保护研究所、电机电器研究所、电力电子研究所、电工理论研究所、高电压与绝缘技术研究所、电气工程实验中心、电力系统动态模拟与仿真省级重点实验室。

学院现有教职工123人，其中博士研究生导师13人，硕士研究生导师31人，教授23人，副高级职称46人。教师中23人具有博士学位，6人享受国务院政府特殊津贴。教师队伍中有长江学者奖励计划特聘教授1人、进入国家百千万人才工程第一、二层次的人选1人、教育部新世纪优秀人才1人、省级有突出贡献的中青年专家3人、教育部本科教学指导委员会委员1人、中国电力企业联合会教学指导委员会委员4人、校聘关键岗位5人、校聘重要岗位7人。学院设院长1人，副院长3人，赵建国教授任院长；党委设书记1人，副书记2人，张世敏教授任书记。

学院现有在校博士、硕士研究生196人，本科学生1095人。

一、管理工作

不断加强领导班子建设。建立和完善了党政联席会制度、政治理论学习制度、民主生活会制度，坚持了领导班子廉政建设责任制、领导班子联系学生班级和研究所的制度，充分发挥了院学术委员会在教学科研、学科建设、人事管理等重大问题上的作用。

进一步加强了党支部和党员队伍建设。建立了高年级本科生和研究生班级支部，组成15个学生党支部。积极参加学校的党组织立项活动，有一项支部立项获得了学校“最佳方案”，两项支部立项获得了学校优秀方案。学院重视了对入党积极分子的教育和培养，2007年发展党员103名，其中，研究生党员28名、本科学生党员75名。

努力做好教职工思想政治工作。坚持教职工两周一次的学习制度和院领导班子中心组学习制度。重点学习了党的十七大、构建和谐社会、科学发展观、胡锦涛总书记的两个谈话等专题。在学习的形式和内容上大胆创新，丰富学习形式和内容。一年来，举办了“科学发展观”、“加强师德建设”、“构建和谐校园”等集中研讨和座谈交流4次，举办了“学习道德楷模”等报告讲座3次。注意调查研究，增强思想政治工作的针对性和时效性，特别是在教职工普遍关心的热点和难点问题如职称评聘、评优评奖、岗位津贴定级考核、干部考核等问题上，注意层层化解矛盾，做好思想政治工作。

努力做好离退休工作，加强对群团组织的领导，重视民主党派工作，搞好社会治安综合治理工作。注重发挥工会、共青团联系群众的桥梁纽带作用和在学院发展中的重要作用。

2007年学院被评为“山东大学先进基层党委”、“山东大学就业工作先进集体”、“山东大学红旗团委”。

二、教学工作

学院积极开展教育、教学理论研究。在培养模式上，进行了科学技术型和工程技术型分类指导及分层次教学人才培养模式的研究，先后设计实行了两套本科生培养方案，并对方案进行了实践。今年5月，学院邀请了樊丽明副校长给全体教职工作了题为《教学改革的目标、机遇》的报告，学院各研究所结合本部门的实际对报告进行了讨论，深入探讨了搞好教学改革的方法和途径。

做好教育教学基金的管理，对基金支持项目实行了全程跟踪管理，争取培育出高层次的教改项目。在教学基金的支持下，出版了国家“十一五”规划教材6本；电路课程进入了省级精品行列；自控、电机两门省级精品课程得到强化。

加强新老专业建设力度。电气工程及其自动化入选山东大学申报的四个“国家第一类特色专业”。积极、稳妥加强“电力工程与管理”专业，在寻求特色和提升水平上下工夫，以满足学校和教育部对新专业评估的要求。

三、科研工作

在科研方面，认真组织了多种科研项目的申报，国家自然科学基金、教育部人才计划等纵向项目和经费均有较大增长，实到经费进一步提高，从2006年的1027万元增长为1100万元，增长约10%。在国际著名、国内权威学术期刊、著名国际会议上发表论文100多篇，发表论文档次进一步提高。2006年度被SCI、EI、ISTP分别收录7篇、24篇、21篇。科研成果应用情况良好，获山东省科技进步二等奖1项、三等奖3项。

四、学科建设

在学科建设方面，成绩卓著。本年度认真组织了多项评审工作：“电工学科”博士后流动站获准设立，“泰山学者”特聘教授岗位通过评审，“电力系统及其自动化”学科被公布为国家重点（培育）学科，新增山东省有突出贡献的中青年专家一名。组织相关专家制定了“电力系统及其自动化”国家重点（培育）学科2007～2010发展规划。

积极开展山东大学创新学术团队和重点学科培育计划项目的建设，建成了拥有国内高校第一套全数字超实时电磁机电混合仿真装置的“特高压交直流电网分析研究中心”，“磁悬浮轴承”工程中心建设成效显著，多项指标国内领先，获得多项省部级资助。

五、国内外合作与交流

组织召开了中韩继电保护论坛，到会专家学者50多人，其中韩国12人，学术气氛浓，实际效果好。邀请国内外电力系统专家学者来我院作了十多场次电力系统新理论与新技术的专题学术报告。出国进修与参加国际交流的质量和数量均有提高。

六、实验室工作

今年通过学院的积极争取，国家电网公司、国电南自公司、深圳南瑞继保公司向我院捐赠了价值700多万元的国内最先进的实验设备。建成了“特高压电网分析研究中心”、“变电站综合自动化”等高水平实验室，改善了我院相关学科的科学研究和实验教学条件。

电力实验楼2006年底投入使用以来，实验人员克服困难，采购、调试新装置，编写试验说明书，并对实验课进行了大胆创新，改进实验室教学方法。如：继电保护实验改变了以往多人一组的实验模式，采用一人一组进行实验，当场考核学生实验技能；将部分课程《单片机原理》《c语言设计》《远动通信》的部分课堂教学下放到实验环节中，提高了学生的动手能力及对新学知识的理解。开放实验室建设更加规范化，本学年共有机械、能动、材料等学院300多名学生参与了开放性实验，进行了模拟电子电路的设计、安装调试电路、实验数据分析等。

七、学生工作

以社会主义核心价值体系为重点，认真做好学生的思想教育，开展了“和谐校园，和谐你我”活动；注重理论学习与实践认识相结合，开展了“安全节约用电主题教育活动”、“社区挂职锻炼”等活动，让学生利用多种时机多接触社会、了解社会。

重视学生的创新意识和创新能力培养，积极组织学生参加“挑战杯”学术科技竞赛和数学建模大赛，取得良好成绩。获得“挑战杯”大学生课外学术科技成果大赛国家三等奖1项、省一等奖1项、校特等奖1项，获得全国研究生数学建模大赛二等奖1项、三等奖1项。

社会实践重点做好了基地建设和专题调研工作，巩固了鲁能智能有限公司实践基地，新建了烟台“东方电子集团”科研实践示范基地。今年暑假，有20余名研究生在这两个基地参加科研实践，立项并完成了三个科研项目，实现了双赢。本年度获得校大学生社会实践活动优秀组织单位、2个优秀团队、1个优秀实践基地、1个精品实践项目等荣誉。

就业工作通过健全体制、完善制度、拓展市场、个性指导，打造了高层次、宽松和谐的就业环境。调动多方积极因素，广开学生校、社联系的渠道，加强就业信息的收集、整理、应用工作；与西南部省市公司企业建立联系，拓展就业市场和用人渠道，加强了就业工作长效机制的建设。我院就业率达95%以上。

（王晓龙）

土建与水利学院

土建与水利学院现设有5个本科专业系、6个研究所、2个研究中心、1个实验中心，2个博士学位授权点、四个一级硕士学位授权点、18个二级硕士学位授权点。

学院设院长1人，副院长3人，曹升乐教授任院长。分党委书记1人，副书记1人，秦承涛副教授任书记。学院共有在职教工122人，其中专职教师87人（教授17人、副教授38人），博士生导师3人，具有博士学位的教师26人，在读博士学位的教师21人，副研究员5人，高级工程师（含高级实验师）10人。学院有教工党支部9个，中国共产党党员73人。

截至2007年12月31日，学院有在校研究生158人（其中博士研究生32人），工程硕士50人，高校教师13人，应届硕士毕业生36人；在校本科生1154人（当年招收全日制本科学生319人），应届本科毕业生211人。有学生党支部6个，共有学生党员174人（其中本科学生党员101人，当年发展学生党员64人）；2007年学院成人教育在校生288人，应届成人教育毕业生98人。

一、党建和思想政治工作

围绕综合全面发展这一中心，努力改进工作方法，拓展工作思路，从根本上不断提高学院教职工的思想政治素质。以良好的精神状态，成功进行了为期4个月的保持共产党员先进性教育活动，为我校第十二次党代会的胜利召开作出了积极贡献。

以保持共产党员先进性教育活动为先导，把学习“三个代表”重要思想活动不断引向深入。今年，学院党委紧紧围绕“坚持以‘三个代表’重要思想为指导”这一核心，在巩固原有学习成果的基础上，制定周密学习计划，认真组织教职工学习了《“三个代表”重要思想学习纲要》和《江泽民论加强和改进执政党建设》以及《理论热点18题》等重要内容。下半年以保持共产党员先进性教育活动党员集中学习为先导，带动全院教职工政治理论学习，从而将认真学习邓小平理论和“三个代表”重要思想活动进一步引向深入，从根本上不断提高教职工的思想政治素质。

在全院开展了师德教育主题活动。我院以中央16号文件精神、全面加强和改进大学生思想政治教育工作会议精神为指导，以优秀师德示范岗评选为抓手，加强师德建设工作。进一步提高了广大教职工对做好大学生思想政治教育工作重要性的认识，广大教职工牢固树立了“育人为本，德育为先”的思想观念，提高了做好教书育人、服务育人、管理育人工作的自觉性。

按照《山东大学土建学院优秀师德标兵、山东大学土建学院优秀师德示范岗评选办法》，进行了“山东大学土建学院优秀师德示范岗”的评比活动。以评比活动为契机，以教育活动为主体，以实际教学行政工作为检验，在全院创造了良好的师德氛围。

按照“三个代表”的要求加强和改进党的建设。自 2005 年开展了土建与水利学院保持共产党员先进性教育活动后，我院在中央精神的指引和学校党委的领导下，院党委和全院 15 个党支部紧紧抓住“三个代表”重要思想这条主线，突出保持共产党员先进性这个主题，时刻把握“关键在领导、基础在支部、落实靠党员”的原则，切实承担起先进性教育活动的组织工作；62 名教工党员，140 名学生党员，7 名流动党员按计划认真学习规定的文章，撰写读书笔记，深刻自我剖析，积极开展评议，制订整改计划，落实整改行动。党员的思想和精神面貌不同程度地发生有益的变化，党支部战斗力进一步增强，为土建学院今后的党建工作和整个学院各项事业发展提供了有力的思想基础和组织保证。

二、教学工作

1. 专业建设课程建设

以培养一流的土建水利类本科生为宗旨修订完成了 5 个专业的教学计划，进一步优化和完善了设计类课程体系，组建了土建类工程设计课程平台，在不同的专业上又架构了各具特色的设计类课程体系。

2. 教材建设

组织申报“十五”规划教材 3 本；全院自编出版教材 5 本。

3. 实践教学

针对土建水利学生实践性强的特点，着重培养工程素质和实践能力，建立实践教育体系，将工程素质和实践能力培养寓于教学全过程。

（1）加强实践教学基地建设。新建实习基地 3 个，使学院的教学实践基地达到 22 个。

（2）加强实习教学过程的管理。如土木工程专业毕业实习场所由原来两三个地点增加到今年的 9 个地点，且实习地点均为重点工程，真正达到了预期目的。

（3）全院聘请了国内外知名专家学者为学生讲授工程实践知识达 34 人次。

4. 教学管理

（1）制定教学质量系数确定办法。修改了工作量计算办法，充分体现“教学为本，质量第一”的原则。

（2）聘请教学督导员听课 50 余门次，院系领导听课、教师观摩听课 68 人次，教师的教学水平有了很大提高。

（3）教授全部为本科生上课，教授、副教授上课率达 100％。

（4）组织了学院自立的 12 项教学项目进行成果汇报验收，全部项目验收通过，其中山东大学研究生培养管理系统研究等 5 个项目获得优秀成绩。

5. 本科评优工作

学院高度重视本科教学水平评估工作。按照学校要求，认真整改，全体教职工为本科教学评优工作付出了艰苦的劳动，取得了明显的成绩。教育部专家对我院的本科教学工作给予了高度评价，其中毕业设计论文、试卷等项目完全符合评估要求，抽查到的三名教师全部获得优秀成绩，配合学校顺利通过了本科教学工作水平评估。

一年来，全体教职工为迎接本科教学评估工作做出的主要工作有：

（1）加强教学管理，严格执行教学计划，严肃课堂教学纪律。院系领导、教学督导员多次到课堂听课，狠抓教学秩序，督导员帮助年轻教师改进教学方法，进一步提高教学质量。

（2）组织教师对毕业设计（实习）反复整改，补充完善实习大纲、实习笔记、成绩考核实习基地协议书的资料，加强了实践教学环节的质量监控。

（3）对近三年的教学试卷、教学执行计划、新办专业材料进行了认真整改、准备，达到了评估优秀的标准。

（4）加强了本科教学评估工作的宣传动员工作，营造了浓厚的文化氛围。

6. 函授教学工作

扩大了函授招生规模，招生人数增加了 32%，提高了办学效益，为山东省和全国经济建设作出应有的贡献，配合学校以优秀成绩通过了函授夜大学教学评估。学院获得山东大学成人教育先进单位。

三、科研工作

学院承担国家、部省及有关厅局级重点纵、横向科研项目 46 项。2007 年到账科研经费计 900 万元。鉴定科研项目 9 项，部分成果在国内处于领先水平。获得山东省科技进步二等奖 1 项。在国内外发表学术论文 110 篇，其中 EI 收录论文 11 篇、SCI 收录论文 2 篇、国内核心期刊论文 96 篇，出版专著 9 部。

四、实验室工作

2007 年学校为土建学院实验室共投资 180 万元，其中实验室建设经费 130 万元（用于道路结构专业实验室 50 万元，水工与水资源专业实验室 50 万元，建筑学专业实验室 30 万元）、计量认证专项经费 48 万元、实验软件立项 4 项，经费 2 万元。

新购仪器设备 100 多台套，价值 430 万元。环境改造 1200 余平方米。实验中心承担着全院本科生和研究生基础课和专业课 200 多学时的教学实验。承担横向课题 3 项，经费 30 万元。

五、学生工作

2007 年有在校本科生 1154 人，学生党支部 4 个，共有学生党员 174 人（其中本科学生党员 101 人，当年发展学生党员 64 人）。

获 2006 年山东省先进班集体 1 个；获省优秀学生 2 人；获省级优秀学生干部 1 名；获 2006 年山东大学校级先进班集体 3 个；获 2007 年度校长奖学金 2 人；2007 年获山东大学先进团支部 2 个；山东大学优秀学生团干部 3 名；2007 年度全省大中专学生志

愿者暑期“三下乡”社会实践活动优秀学生 1 名；山东大学 2007 年暑期社会实践活动优秀指导者 2 名；山东大学 2007 年暑期社会实践活动优秀学生 5 名；土建与水利学院沂蒙红嫂寻访团获山东大学 2007 年暑期社会实践活动优秀服务团队；山东大学 2007 暑期社会实践活动优秀调查报告 5 篇；获学生学术文化活动先进集体；共青团宣传调研与网络建设工作先进个人 4 名；志愿服务先进个人 4 名；学生科技创新活动先进个人 4 名；学生学术文化活动组织工作先进个人 1 名；学生社团活动先进个人 4 名；“五心”主题教育活动先进个人 4 名；校园文体活动先进个人 4 名；学生社团优秀指导教师 1 名；获 2007 年学校运动会女子第六名，男子第二名，男女团体第四名，体育文化节团体总分第一名；山大杯三人制篮球赛获季军。

学院非常重视学生的思想政治工作，在 2007 年的党员教育活动中，学生党员在院党委的统一领导下有计划地开展学习，认真学习《江泽民文选》以及胡锦涛总书记关于构建和谐社会重要讲话。

学院注重培养学生扎实的专业基本功和较强的科技创新能力，学习风气及学术氛围浓厚。组织学生积极参加各类知识竞赛、能力竞赛，在国家大学生创新性实验计划中共有 2 项通过。学院重视学生英语、计算机能力的提高，毕业生英语通过率近 100％，六级通过率达 25％；考研比例逐年增加，考研录取率 30％以上；一次性就业率达 99％。

学院还重视学生的社会实践和工作能力的培养，学院在 2006 年继续服务已有社区的基础上，又新建了南山小区社区，让同学们深入社区、服务社区。我院还利用暑期社会实践鼓励同学们走出校园，深入实际，结合自己的所学积极进行考察和调研，大大提高了学生的各项技能。通过校友走访调查及毕业生跟踪调查材料显示，普遍反映我院学生动手能力强、能吃苦耐劳、有创新精神等，很多毕业生两三年内就能成为项目负责人，主持完成大型建设项目。

（吉　颙）

环境科学与工程学院

环境科学与工程学院是山东大学和山东省环境保护局共建学院，是集教学、科研、开发与测试服务于一体，培养环境科学与工程人才的教学实体。

学院下设环境工程系、环境科学系2个系，设环境工程研究所、环境科学研究所、现代分析测试研究所3个研究所和1个中心实验室。拥有环境科学与工程一级学科博士学位授予权。

学院在职教工56人，其中中国工程院院士1人，教育部新世纪优秀人才2人，教授11人，副教授20人，博士生导师9人，硕士生导师19人。另有7名国内外知名学者为学院兼职教授。教师队伍中具有博士学位者，占教师总数的60%。学院设院长1人，副院长3人，高宝玉教授任院长；学院党委设书记1人，副书记1人，赵永新副研究员任书记。

学院有全日制在校本科生416人，博士、硕士研究生156人。2007年招生143人，其中本科生96人，博士、硕士研究生48人；毕业学生145人，其中本科生109人，研究生36人。

一、党政管理

（一）认真学习、宣传、贯彻党的十七大精神

为了认真学习十七大文件精神，我们先后分三个层次进行学习研讨。一是抓好党政班子学习。我们认真学习了中共中央、教育部党组、中共山东省委和校党委关于学习党的十七大的通知精神，然后分专题组织学习胡锦涛总书记的政治报告。二是结合党支部书记培训，抓好全体党员的学习。我们分教工党员和学生党员两个层面，通过学习胡总书记报告、学习新党章、开展专题讨论，深入领会十七大精神。三是在全院师生中开展大学习、大讨论、大宣传，把学习十七大精神和做好当前教学科研等具体工作结合起来，把十七大精神落实到各项具体工作中去。通过学习十七大文件精神，真正把全院师生的思想统一到十七大精神上来。

（二）认真抓好党建工作

一年来，院党委根据学校要求，结合本院实际，重点做了三项工作。一是认真学习党的十七大文件，学习省委和学校党委关于加强党的建设的文件，切实强化党的理论建设。二是抓好党政班子和党支部建设。我们在工作中首先抓好党委一班人的思想建设、

组织建设和作风建设，坚持院党委制定的学习工作制度。三是抓好党的教育和培养发展工作。在党员教育工作中，我们在巩固保持共产党员先进性教育的基础上，抓好长效机制的建设，针对党员的思想和工作情况，结合学校的教育计划，做好党员的思想教育工作。同时，我们还认真抓了党员的培养发展工作，对列入发展培养的教工和学生党员，我们指定专人负责，按照党员发展的工作细则，严格要求，认真做好每个阶段的工作。由于工作抓得紧、做得细，确保了党员的发展质量。本年度学院发展党员58名。

二、学科建设

2007年，国家教委批准成立山东大学环境科学与工程博士后科研流动站。

学院重视师资队伍建设，围绕学院的发展目标，坚持引进和培养并举的人才战略，人才工程建设取得明显成效。专任教师队伍中具有博士学位教师的比例已达60%，具有硕士学位的教师比例已达80%以上。目前，学院88%的教师的年龄在50岁以下，学院教师队伍的学历结构、年龄结构和知识结构都得到了明显的改善，教师队伍得到了加强。2007年，学院从国内外高校吸收3名具有博士学位的青年教师。2名青年教师获得了博士学位，另有4名青年教师在职攻读博士学位。2名青年教师赴国外做博士后和进行合作研究。现已拥有一支年龄结构和学历结构较为合理、学术思想活跃、在国内外学术界有一定影响的学术队伍。

三、教学工作

1. 本科教学和培养

按照学校教务处的安排，进一步完善了学院主要实验课程教学的实验内容，为切实提高学院本科教学质量奠定了一个较好的基础。

针对学院本科教学中存在的问题进行分专题研讨，为进一步提高本科教学质量奠定了基础。

在广泛征求学院老师意见的基础上，汲取国内外大学实验室管理的经验，制定了学院教学实验室使用管理暂行规定以及学院大型仪器设备学生培养分析测试收费标准。对提高学院大型仪器设备的利用率、提高学院学生的培养质量具有一定的促进作用。

实验教学工作取得了一定的进展。

2007年毕业的本科生一次就业率高达92%以上。

2. 研究生教学和培养

为了进一步提高研究生的培养质量，优化教学内容，拓宽知识和专业领域，邀请国内外的专家和教授用英语为博士研究生和硕士研究生讲授了3门专业选修课，定期举办了系列高水平的专题讲座，提高了研究生对科学研究前沿的了解。

四、科研工作

2007年学院的科研工作稳步发展：获得山东省自然科学三等奖1项、山东省科学技术进步三等奖2项、山东省软科学优秀成果二等奖1项。申请到2项国家自然科学基金面上项目，50余项省部级和地市级科研项目，100余项横向科研、科技开发和服务项目。学院实到科技经费总量为1930万元（其中纵向科研经费650万元、横向科研经费1280万元），专任教师人均科研经费位列学校前茅。2007年，学院教师共发表论文81篇，其中SCI、EI共23篇。申请专利29项，授权专利23项，出版著作2部。

在环境影响评价管理方面，严格落实山东大学环境影响专用章制度和环境评价管理补充规定。有2名教师顺利通过环境评价工程师考试。

五、学生工作

2007年承办科学畅想曲系列讲座，加强学院的学术氛围，增强环保意识；学院顺利承办了主题为“保护环境，我们在行动”的第83期小树林文化论坛；我院清泉环保协会发起了“和谐校园，和谐环境”手工制作系列比赛。学院学生会组织以2006级同学为主体的辩论队，参加“山大杯”辩论赛，成功进入八强，并有两名同学获得了最佳辩手称号。院学生组队参加“山大杯”篮球赛，提高同学们的身体素质，丰富校园文化和文体生活，促进学院之间的交流合作。我院在第十四届校园文化节中承办了校园情景剧大赛。全部参赛节目都由同学们自编自演，开拓了同学们的思维，丰富了同学们的日常生活。清泉环保协会策划并发起的“心随车动，与水共舞”的大型环保公益宣传活动，共有山东大学、山东经济学院、山东财政学院、山东建筑大学和济南大学五所高校参加，通过自行车环游泉城的方式，激起人们的环保意识。我院环境保护协会携历下实验小学成功举办了“环保进小学”的环保宣传活动。“扬帆青岛——感受绿色奥运”暑期社会实践队在济南、青岛两地通过绿色奥运宣传、横幅签名、问卷调查、座谈、参观等活动，将绿色奥运的理念带入社会民众当中。团队的实践活动被《中国青年报》、《济南日报》、新浪网、青岛电视一台、二台等多家媒体报道。“蜀风遗韵——淄博三峡移民民生访谈与齐鲁巴蜀文化融合状况调查”实践团队赴山东淄博进行专题调研，通过“民生访谈”、“与童同乐”等活动，真实体验了三峡移民的神存状态，撰写了3万余字的调研报告，报送山东省三峡移民办公室。以上两项活动获得校级优秀实践团队。清泉环保协会被评为2007年度山东大学优秀学生社团；学院被评为山东大学学生科技创新活动先进集体。

（李玉江）

口腔医学院

2007年，口腔医学院共有在职职工104人，其中教授10人、主任医师6人、副教授23人、副主任医师8人、高级实验师4人、副主任护师1人。在2007年12月学校中层领导干部换届调整中，学院行政设院长1人、副院长4人、杨丕山教授继续任学院院长兼口腔医院院长；设书记1人、副书记1人，徐欣教授任党委书记。

学院共有在校学生637人，其中博士研究生24人、硕士研究生108人、五年制本科生347人、七年制本科生158人。2007年毕业学生共116人，其中硕士研究生42人、本科生74人。学院共有成人教育学生327人，其中本科生195人、专科生132人，2007年有73名成教本科生毕业。

一、学院整体工作

（一）加强师资队伍与学科建设，提高学院的科研水平和整体竞争力

2007年，学院引进具有博士学位的教师4名（其中包括有多年海外学习经历的教师1名）。具有博士学位的职工达25名，其中35岁以下具有博士学位的教师10名，具有博士学位的教师占全体专任教师的38%。2007年，学院建立口腔临床医学博士后流动站，启动了博士后的培养工作。

（二）全力做好国际交流与合作工作，实现对外合作强强联手，推进学科建设快速跨越式发展

1. 2007年，学院重点加强了国际交流与合作工作。学院共有3名年轻教师出国进行学术进修，具有半年以上海外经历的教师已达14名，占全体专任教师的21%，并有4名青年教师已经获得公派出国的资格。

2. 学院专任教师共参加海峡两岸学术会议1次，参加国际性学术会议11人次。

3. 邀请日本大学齿科学院代表团来院访问6人次，邀请瑞典卡罗林斯卡大学牙学院教授来院讲学1次，学院博士生导师代表团回访日本大学1次。这些访问与学术活动就研究生联合培养、合作研究等方面达成了实质性合作意向，并签署了合作协议。2007年与韩国高丽大学联合培养硕士研究生1人，与美国塔福茨大学口腔生物学研究所联合培养博士研究生1人。

（三）加强国内的合作与交流，提高我院在国内的学术地位和知名度

1. 进一步加强了国内的学术交流与合作，请全国知名口腔医学院校的名师来我院

讲学 20 余人次；到全国知名口腔医学院校做博士后研究的青年教师 2 名。共有 70 余人次参加了国家级学术会议，并有多篇论文在大会交流。

2. 举行了口腔医学院建院三十周年庆典活动和口腔医学学术会议。共有近 200 名校友和全国 30 多名口腔医学院校的院长和专家教授前来参加庆典和学术活动，进一步加强了学院与省内外口腔医学院校和口腔医疗单位的联系。

3. 召开山东省医师协会口腔医师分会成立大会，成为省医师协会口腔医师分会的主委单位。

4. 上海交通大学 82 届海内外专家校友团山大行活动，进一步加强了我院与国内外各知名口腔医学院校的联系，提高了我院在国际国内的知名度。

（四）加强与省政府部门的联系，争取得到更多的支持

1. 举行山东省口腔医院挂牌仪式，开始省部共建口腔专科医院，充分体现了我院服务山东、服务地方的特点。

2. 成为省直保健定点医疗机构。加强了与省保健委员会的联系，省保健委员会派专家组按省直保健定点医疗机构的评估标准对我院进行了逐项评估，听取了我院的汇报，实地察看了我院的保健门诊和基础配套设施建设，并根据评估结果，最终确定将我院纳入保健定点，作为省直保健定点医疗机构进行管理。

3. 加强了与省发展改革委员会的联系，获得专项经费支持，用于改善我院周边环境和部分基础设施的改造。

（五）科研工作

2007 年，学院获得国家自然科学基金面上项目 1 项，国家科技攻关子课题 2 项，省自然科学基金面上项目 3 项，省科技攻关 5 项，山东省青年科学家基金 1 项，山东省软科学项目 1 项，山东省卫生厅课题 4 项。到位科研经费 37.8 万元。

有 3 项国家级课题、1 项省级课题顺利结题。有 2 项课题通过了省教育厅主持的鉴定，达到国际领先水平。

2007 年共在各种期刊发表论文 63 篇，其中 SCI 期刊 5 篇 ，核心 A 类期刊 6 篇，核心 B 类期刊 25 篇。

二、全面落实教育部关于“质量工程”的战略部署，确实提高教学质量

（一）教学工作的创新性举措

1. 调整教学总结及评比的时间。将一直以来实行的年终教学总结及评比工作改为学年末进行，使教学总结的时间跨度更完整，可操作性更强。

2. 实行教研所例会制度。在学期初和学期末由分管教学的院长及相关职能部门教学管理人员到各教研所，召开教师座谈会，听取教师的意见和建议，针对教学中存在的问题和遇到的困难予以协商解决。

3. 发挥教学委员会的作用。不定期地召开教学委员会会议，商讨教学有关事宜，检查教学计划执行情况，参加教学评估等。学院还制定了每个教学委员会委员每学期至少听课两次的制度，对于提高教学质量、监督教学计划的实施起到了重要作用。

4. 实行全体教师大会制度。学院每学期召开全体教师大会，强化教师的职责，激

发广大教师以高度的责任感和极大的热情认真对待教学工作。总结上学年教学工作，部署新学期教学计划和要求，传达最新教学信息，以现代教学理念指导教学工作。

5. 修订了“口腔医学院教学工作规章制度”，并发放到每个教师，使学院的任何教学活动有章可循，也使教学管理工作更加科学规范，并且具很强的操作性。

6. 举行教师讲课比赛和优秀课件评比，达到相互观摩学习，取长补短，共同提高教学质量的目的。

7. 在临床实习的全过程实施引导式教学法，使学生对专业理论知识的理解加深，自主学习的主动性和积极性得到提高。

8. 重视并加强对青年教师的培养。通过集体备课、观摩教学、实施教学评估、评选优秀教案、讲课比赛等措施，力争培养一支思想作风好、整体素质高、知识结构新、操作技能强的青年教师队伍，使教学质量不断提高。

（二）常规教学工作

1. 认真执行教学计划。通过课堂听课、学生座谈会、教研所及教学委员会检查监督教学计划（包括理论课、实验课和临床实习）的执行情况，定期开展对任课教师的同行评估和学生评估，并将评估结果和意见建议及时反馈，有效地达到了提高教学质量的目的。学院严格考试纪律，及时、认真地完成试卷归档，并由教学办公室检查、监督。

2. 加强教学基础设施建设和投入。学院不断完善仿真头模实验室和评估系统。在强化师资队伍建设的同时，实践教学经费逐年增加，实践教学条件日益完善。

3. 不断完善图书资料。订购了大量中文专业杂志、期刊及外文专业杂志和书籍，为提高双语教学质量和拓宽学生专业视野提供了保障，也充分满足了口腔医学七年制教学和科研的需要。

4. 积极推进双语教学。强调在专业基础课和专业课程教学中，实行双语教学，提高学生的外语水平，提升国际竞争能力。

5. 重视并鼓励教师积极参加教学改革。多人参加全国教学会议，发表教研文章 6 篇，一门专业主干课程被评为山东大学精品课程。

（三）积极开展暑期学校

2007 年，学院以提高学生的学习能力、实践能力、创新能力和素质提升为宗旨，开展暑期活动项目 15 项，8 大版块，使暑期学习内容丰富、形式多样、效果显著，深受学生的好评。学院先后举办了开放实验、技能培训、“医患沟通与人际交往”系列讲座和“口腔医学专业讲座”、PBL 教学、技能竞赛、社区口腔义诊等一系列活动，收到了良好效果。

（四）加强继续教育工作，努力提升培养质量

2007 年 2004 级口腔工艺技术高职班 4 人毕业。2003 级口腔医学专科 78 名学生毕业，2005 级本科毕业 48 人。由于国家政策的调整，对口腔医学继续教育的影响较大，2007 年录取口腔医学专科学生 16 人，本科学生 9 人。

三、突出口腔医院的特色，真抓实干，大力提高医疗服务质量

（一）以提高和持续改进医疗服务质量为核心工作，促进医院内涵建设

1. 持之以恒地做好院内医疗质量评价工作。医院每月组成一个由院领导、职能部门、临床一线科主任及各科室专家组成的检查小组对临床各科室进行一次质量控制检查。督察各科室内部医疗服务质量评价工作开展情况，并通过院质控委员会会议和医疗工作简报公布检查结果，推广先进经验，指出存在问题。针对各科室不同的特点，不断完善医疗服务质量工作评价体系，逐渐使我院医疗服务质量评价工作规范化、制度化。

2. 持续改进医院感染控制工作。2007 年医院共进行了 11 次院感检查，每月汇总手机及各类治疗物品消毒情况，定期检测诊室空气、物体表面、医护人员手的消毒状况。当月检查结果刊登在院内医疗工作简报上。做到了标准规范，奖罚分明。严格控制院内交叉感染，保证了全院的医疗安全。

3. 加强管理，不断提高医技科室的服务功能。2007 年医院检验科为满足医院发展的需要，同时适应省卫生厅对检验科的要求，增加了部分临检设备。与艾迪康医学检验中心合作，对外开出了满足临床需要的全部检验项目，既方便了患者又提高了医院的服务功能。2007 年，医院还加强了药事管理。加强了院药事管理委员会的监管职责，从药品使用申请到审批采购均做到公开透明，同时严格执行国家价格政策；加强了处方的规范化管理，力争每月消灭不合格处方。2007 年，全院处方合格率接近 100％ 。

4. 认真落实各项规章制度，营造和谐医患关系。医院继续推行了病人选医生的就诊模式和医疗服务承诺制度及医疗服务价格公开制度，着力推行了门诊值班主任制度和诊前三分钟活动，切实把以病人为中心的职业理念贯穿到执业过程中。把病人就医的选择权交给病人，优化了就诊秩序，使医生护士为病人服务的责任心增强，医患纠纷的发生量下降，杜绝了医疗事故。医院按月对就诊病人进行满意度调查，调查结果在全院公布，促进了各科室不断做好医疗服务的改进工作。

（二）发挥大学优势，服务山东地方，树立山东省口腔医院的良好形象

1. 2007 年，按照山东省卫生厅的安排，我院与威海市口腔医院结成了帮扶对象，我院先后派出了十几名专家到山东大学口腔医院威海分院工作，让威海市民享受到省城口腔医学专家的热诚及高水平的口腔医疗服务。

2. 2007 年，医院多次组织各科专家和研究生深入社区、学校进行口腔保健知识宣教及义诊活动，产生了良好的社会效益。爱牙日期间，我院与高露洁公司联合举行“口腔健康促进周”活动，共接诊病人近 400 人次，使我院获得了良好的社会效益。

3. 2007 年，我院高质量地组织完成了国家医师资格考试口腔类实践技能考试工作。80 余名考官和 40 余名考务工作者，在前期精心准备的基础上，顺利完成了 1000 余名考生的考试工作。我院有三名同志分别被评为山东省考务组织管理先进个人和实践技能考试优秀考官。

4. 2007 年，在医院管理年活动中我院有两名同志被评为管理先进个人和优秀医生，受到省卫生厅的表彰。

（三）护理工作

1. 继续抓好护理质量，保障护理安全。根据山东省“医院考核标准”及医院“护理质量控制检查标准”结合医院实际，修订了原有的护理质量检查标准，护理质量控制组按照质量标准对各科室护理工作采用不定期检查，并与经济利益挂钩。建立及时反馈

机制，达到促进护理质量的持续改进的目的。

2. 不断提高护理工作业务水平。认真抓好护士业务学习，有计划地组织全院性业务学习，请专人讲解护理论文、护理科研及口腔专业新业务新知识，介绍外院护理先进经验。

3. 改进服务流程，改善服务态度，切实做到以病人为中心。邀请外院有经验的护士长介绍先进的管理理念、管理方法，以弥补我院工作中的不足，为开展优质服务奠定基础。调整各科护理服务细节，调查护士接打电话态度和交流技巧，召开沟通交流会。开展全体护士业务时间读书活动，开拓了护理人员的视野，明确了努力的方向。

四、提升行政后勤人员的服务理念，提高管理水平，全心全意地为医教研服务

1. 进一步提高行政后勤人员的整体素质和管理水平，改进工作作风，规范工作行为，提高工作效率。根据在全院实行优质服务的要求，院办制定了优质服务实施方案和相关细则，从完善规章制度、规范工作程序、明确人员职责、建立行为规范等环节入手，进一步增强行政后勤人员的服务意识，提升服务理念，进行科学管理，从而更好地为医教研服务。

2. 圆满完成了全院资产清查工作。按学校统一部署，对全院各部门基本情况、财务情况、资产状况进行了全面清查，全面摸清家底并建立监管体系，为进一步加强规范国有资产管理，有效利用现有人才、物力资源、提高管理效益奠定了坚实的基础。

3. 后勤服务。进一步理顺各方面关系，完善院内机制，积极转变服务理念，多角度控制后勤费用开支，降低管理成本，裁减工作人员。对内部资源合理配置、统一采购、压低库存，用现金物流管理理念指导后勤供应。对全院水、电、气、暖、椅等重要设施及时保养维修，使其始终处于良好状态，充分发挥效益，延长寿命。

4. 基本建设。完成教学、科研实验室大型改造，落实各种安全措施，对近两年院内的基本建设进行了决算审计。完备了院容院貌整治的各项细节工作，保证了全院师生员工、医护人员和病人真正拥有一个“以人为本，以病人、医护人员为中心”的良好的工作环境和就诊环境。

（吕艾芹　徐　欣）

公共卫生学院

2007年，公共卫生学院根据学校党委、学校行政的总体部署，按照年初确定的基本思路，深入贯彻学校制定的全方位开放式发展战略、教育创新战略、人才战略，加强学科建设、制度建设和党的基层组织建设，积极推进教学、科研和对外服务工作，强化管理，凝聚人心，较好地完成了各项工作任务，基本实现了预计的工作目标。

一、学科建设

国家重点学科的数量是衡量高校办学层次与水平的重要标志之一。我校国家重点学科较少，与高水平研究型大学建设目标的差距很大，与我校实际学术水平和综合实力也不相称。今年国家重点学科考核评估结果，直接决定着我校“十一五”学科建设目标能否实现，进而影响到我校建设国内外知名高水平研究型大学的进程，我校参加本次考核评估的学科有6个，公共卫生学院的流行病与卫生统计学是其中之一。面对校领导和学科办的指示以及国内复旦、北大等名校的竞争压力，学院领导多次召开不同层次的工作会议明确使命、统一思想，高度重视此次国家重点学科考评工作。在校领导的大力支持和学科办的积极帮助以及学院专家同心协力的努力下，我院流行病与卫生统计学国家重点学科顺利通过考核评估。这既奠定了我们在全国同行的学术地位，同时也给我们提出了新的机遇和挑战。

二、师资队伍建设

2007年度，根据学校要求，我院积极引进高学历人才，共引进选聘了3位教师，其中，2位教师均为博士研究生，1位辅导员为硕士研究生。同时，根据学院的实际情况，向学校人事处申报了2008年选聘教师计划表。

在引进人才的同时，我院还非常重视现有教师队伍的培养。我院现有教师系列51人，其中，教授19人、副教授16人、博士生导师9人、硕士生导师26人。教师中拥有博士学位者19人，2人正在进行博士后研究，拥有博士学位教师的比例达到37.3%。年轻教师中有3人正在攻读博士学位。2007年有5位教师出国进修，2人回国。

三、教学与人才培养

（一）招生情况

2007 年公共卫生学院共招收 114 名全日制本科生、48 名硕士研究生、10 名博士研究生、80 名 MPH 学员、13 名高校教师、6 名同等学力在职攻读硕士学位人员。

（二）教学质量

2007 年度，为了加强对教学过程的监督，进一步提高师资水平和整体教学质量，我院采取了一系列措施：

1. 院领导随堂听课，加强课堂教学监督

课堂教学是教学过程中一个非常重要的环节，学院领导对于本科课堂教学十分重视。为了保证课堂教学效果，学院采取了一系列相应措施，如每位院领导坚持每学期至少听三次课，并将听课意见和建议及时反馈给任课老师，这对于提高课堂授课效果起到了很好的督促作用。

2. 开展公开授课活动，提高青年教师教学质量

为了提高青年教师课堂授课质量，根据教务处的要求，我们安排了七 门课程的公开课，公开授课的老师基本以中青年教师为主，进行听课点评的老师都是教学经验丰富的同行老教授。通过现场点评，使任课老师得到了很大的启发，提高了他们的授课水平。从课后师生反馈的意见来看，大家认为公开课对于提高课堂教学质量起到了良好的促进作用。

（三）专业建设

学院领导对本科生专业设置非常重视，本学期多次召开会议进行研究讨论，经过学院领导班子多次研究和学术委员会多次论证，认为在一个专业（预防医学）中设置三个方向（预防医学、卫生检验、卫生事业管理）更适合当今公共卫生与预防医学领域的人才需要，因此，今年我院新增了卫生事业管理这一方向，并已在 2004 级开始进行专业分流。

（四）精品课程建设

精品课程项目一直是我院的弱项，对此学院领导非常重视，积极组织精品项目的申报。经过学院领导和广大师生的共同努力，《流行病学》已被评为校级精品课程，并上报省级精品课程。为鼓励老师积极申报精品课程，学院在年终岗位考核中加大了精品课程的分值，以激励老师对本科教学的积极性。

（五）实习基地建设

预防医学是一门社会实践性非常强的专业，学生的主要就业渠道是卫生监督所和疾病控制中心，因此，在卫生监督所和疾病控制中心进行毕业实习是加强实践教学的重要环节。多年来我们已和省、市多家疾病控制中心建立了实习基地的关系，但随着学生数量的增加以及实习基地的情况变化，我们感到要加强实践教学还要不断增加生产实习基地的建设，开发更多的符合我们教学需要的实习基地。济宁市疾病控制中心曾多次提出欲与我院建立生产实习基地的关系，经过我们的实地考察，学院领导一致认为济宁市疾病控制中心在师资和仪器设备方面已符合我们对实习教学的要求，因此，准备将其纳入

我们的实习教学基地。

（六）研究生培养

2007 年完成了 5 名博士研究生、33 名统招硕士研究生、4 名同等学力学员、19 名高校教师在职攻读硕士学员及 40 名 MPH 学员共 101 名毕业生的学位授予工作，通过毕业审核、论文盲评、论文答辩工作，顺利拿到学位，完成学校、山东省优秀博士、硕士论文的推荐工作，我院博士研究生温红玲获得省优秀博士论文。

四、科研与社会服务

（一）科研项目的管理

2007 年，我院在研科研项目达到 96 项，科研经费数为 980 万元，实到科研经费数为 285.49 万元；在研科研项目中国家级 12 项、国际合作 8 项、博士点基金 4 项、省基金 10 项。

在本年度新上科研项目数为 21 项，科技部 863（分支一）2 项，国际合作 6 项，其他 13 项，横向 2 项。特别是新上的 2 项科技部项目，提高了科研项目层次。

（二）科研获奖成果与专利

获山东省科技进步二等奖 2 项、成果鉴定 2 项、山东省优秀博士论文 1 篇、获山东大学优秀博士论文 1 篇。

（三）科研论文、著作

在 2007 年度共发表论文 98 篇，其中 SCI 15 篇、CSSCI 3 篇、EI 1 篇。今年发表论文数与往年的论文数量基本相同，但是 SCI、CSSCI、EI 数比往年有大幅度提高，论文质量提高大部分为核心 A、B，特别是毒理学、流行病与卫生统计研究所。本年度共出版 8 部学术著作。

五、对外交流与合作

（一）聘请专家来院访问讲学

2007 年 4 月聘请欧盟 CDC 主席 Dr. Sprenger 来我院访问讲学并洽谈与山东大学的合作事宜。2007 年 6 月聘请澳大利亚阿德莱德大学公共卫生学院常务院长 Justin Reilby 来我院访问、作学术报告。2007 年 12 月美国 CDC 国家传染病中心生物技术中心主任、乔治亚州州立大学化学系副教授 Dr. Robert Martin 来我院访问和学术交流。

（二）与国外大学进行科研合作

日本东京大学唐子尧博士（山东大学客座教授）今年多次来我院访问讲学并进行了科研合作课题，合作科研课题意向为：在家治疗者的医疗废物问题；中国农村地区居住环境认知调查。美国纽约州立大学布法罗分院张 杰博士多次访问我院进一步确定科研合作事宜。

（三）中美联合暑期学校

美国杜兰大学教授、学生 20 余人于 2007 年 6 月 28 日至 7 月 30 日暑假期间来山大公共卫生学院，举办中美联合暑期学校。该项目获教务处暑期学校优等奖。

（四）网络课程培训

与瑞典 Division of International Health，Karolinska Institute 的 Gran Tomson 博士合作在我院建立网络课程培训中心，通过网络课程培养博士、硕士生。

六、学生工作

（一）本科生教育与管理

1. 思想政治教育：在学生的教育与管理工作中，我们始终把学生的思想政治教育工作放在首位，常抓不懈，努力提高学生的思想政治素质。继续在学生党员中积极开展了保持共产党员先进性教育活动和学习“三个代表”重要思想活动，为提升学生的服务社会能力，与济南市泺源街道办事处结队，制定了山大学生服务社区行动方案，开展了“健康使者社区行”。利用学生形势与政策课对学生开展形势政策教育活动。为培养学生的良好学风和诚信意识，在学生中开展了诚信教育与学风建设活动，同时，利用学生党课的机会，对入党积极分子和学生骨干进行党的基本知识和优良传统教育。

2. 学生发展指导：在学生发展指导方面，结合学生就业，在毕业生中广泛开展了求职礼仪与技巧、职业生涯规划等就业指导工作，学生一次就业率达到 95.2%；为使学生保持良好的学习状态，减轻学习压力，在学生中普遍进行了心理健康教育；利用新生入学教育的机会，在 2007 级新生中开展了大学文化教育、校规校纪教育、专业思想教育、大学生活适应教育、专业设置及学涯规划教育。

3. 学生事务管理：在学生事务管理方面，坚持公平、公正、公开的原则，严格按照学校的要求和通知精神，认真做好每一件关系学生切身利益的事情。先后进行了学生年度综合测评及优秀学生奖学金评比工作，国家奖学金和助学金的评比工作以及十多种社会奖学金、助学金的评比工作。为给学生提供一个安全舒适的学习生活环境，以学生宿舍为突破口，经常性地开展了安全教育和学生宿舍卫生检查评比工作。

4. 校园文化活动：为丰富校园文化生活，提高学生的综合素质，院团委、学生会先后开展了“迎春杯”乒乓球团体赛、跳绳比赛、“迎新杯”篮球赛，组织学生参加了山东大学运动会，学院青年志愿者协会开展了义务家教、服务老人活动，参加了槐荫区团委组织的“志愿服务进万家 爱心奉献促和谐”活动启动仪式、辩论赛、毕业生交流会、朗诵比赛及艾滋病知识普及讲座等活动。

5. 理论研究：为提高服务学生能力，学生工作人员积极开展理论学习，努力提高理论水平。在山东大学科技创新课题立项活动中，学院所报送的“大学生应急体系研究”获二等奖。另外，在《中国校外教育》、《中国科教创新导刊》、《成才之路》、《中国科学教育》、《青少年研究》等工作刊物上发表学生工作研究论文十余篇。

（二）研究生教育与管理

1. 抓好研究生工作的组织和制度建设。逐步完善研究生自我教育和自我管理机制，建立起顺畅的组织管理体系。对研究生各年级、班级学生干部队伍和研究生会进行了调整改选。结合学院研究生教育管理的实际，完善了管理制度和措施，充分调动学生干部、党员的积极性，发挥他们在学生管理中的作用，使教育管理工作顺畅有序，保证各项工作得到深入贯彻落实。

2. 研究生的党建工作。改选了研究生党支部，加强研究生支部的组织、制度建设，使各项制度得到进一步的完善，党员的党性意识、观念有了新的提高，模范作用发挥得比较好。认真抓好党员发展工作，2007 年新发展党员 14 名，研究生中党员比例达到 38%，党员队伍得到壮大和提高。

3. 开展研究生的日常教育和管理工作。定期召集全体研究生大会、班会、党员大会，有计划地开展思想政治教育、思想品德教育和学风教育。针对研究生中出现的不良倾向和苗头，有针对性地坚持日常性教育，鼓励他们自觉学习政治理论和专业知识、自觉遵纪守法，树立良好的道德风尚，树立做事首先学会做人的理念。注重培养研究生的自我管理、自我约束、自我完善、自我提高能力和自觉性。本年度中，学生思想稳定，学风端正，积极向上的风气浓，没有发生违法违纪现象。

4. 充分发挥研究生社团组织作用，积极开展各种有利于学生身心健康的活动，如参加学术交流、论文竞赛、参与社会实践、科普宣传等。通过各种活动，活跃了全院研究生业余文化生活，增强凝聚力，使他们真正关注国家、社会和学校的发展，树立正确的理想信念和价值观，注重自身价值的实现与社会价值实现的统一，不断增强责任感和使命感。

5. 为促进教学和教育管理的有机结合，主动与各所（室）和研究生导师加强沟通交流，发挥导师在研究生培养和教育管理上的积极作用。通过不断探索创新，建立起一种长效机制，调动导师的积极性，使专家、导师在关心研究生业务能力的提高的同时也注重其思想和道德水准的提高，做到既教书又育人，实现教学与教育管理的有机统一。

6. 抓好年度研究生德育考核和奖学金、优秀学生干部、优秀研究生的评定工作。先后有 16 名同学分别获得校长奖学金、优秀科研奖学金、将军集团、光华等优秀学生奖学金和优秀学生干部、优秀研究生的荣誉称号。研究生发表不同层次的论文 20 余篇。

7. 认真开展就业教育和指导工作。结合毕业生当前就业择业的思想现状，帮助他们正确分析就业、择业、创业、与个人成功立业的关系，教育引导学生树立正确的择业观念，进一步端正就业思想。不断研究当前新就业形势，探索新形势下的大学生就业特点，积极拓展就业市场。对在就业中遇到各种困难的学生给予适时的指导和帮助，加强与用人单位的沟通与协调，帮助他们顺利就业。紧紧围绕提高就业率这一工作中心，有针对性地开展就业工作，积极完成学校下达的就业工作任务，本年度研究生就业率达到 92%。

8. 抓好今年公共卫生硕士（MPH）班的管理和思想工作。努力克服困难，协调有关部门解决学生的生活、住宿等事关学生切身利益的有关工作事项，组织好日常的学习和有关活动，有效地调动了学生学习和参与各种活动的积极性，保证了我院 MPH 教育工作的顺利开展，在学生中和社会上赢得了信誉，进一步巩固了办学地位和学院的经济效益，本年度仅此项收益达到 240 万元。

七、继续教育工作

1. 成人教育：2007 年成人教育共招生 224 人。（其中预防本科 78 人、检验本科 109 人、公共卫生管理专科 8 人、医学检验技术 29 人）医学检验技术为新增设专业。

2. 网络教育：2007 年新增设公共卫生事业管理网络本、专科专业。在山东省招生 57 人，其中本科 30 人、专科 27 人。在西藏大学开设网络公共卫生事业管理专业，其中两个层次（专科、专升本）共招生 350 人（专 200 人、本科 150 人）。2007 年共招生 407 人。

八、党的建设与思想政治工作

2007 年，院党委紧紧围绕学校整体部署和工作要求，扎实工作，开拓创新，积极进取，全面服务于全院教职员工，主要做了以下几方面的工作：

1. 组织师生员工认真学习贯彻“三个代表”重要思想和十七大精神，做好广大师生的思想工作，稳定教师队伍，调动师生的积极性。采取学习形式多样化的原则，理论联系实际，扎扎实实地搞好政治学习。

2. 组织了党支部立项活动。院党委紧紧围绕本单位中心工作，积极鼓励动员教工和学生党支部认真组织确立项目。研究生党支部申请的“创建节约型大学，从我做起”获山东大学最佳立项方案。

3. 以学习贯彻十七大精神为强大动力，以科学发展观统领全局，推动学院当前各项工作。结合新形势、新任务的要求，及早谋划好明年的各项工作，保证学院工作健康稳定发展。

4. 做好人大换届选举工作，老干部及综合治理工作，创造良好氛围，调动各方面积极性，促进学院全面发展。

（张新明）

护理学院

2007年，护理学院以邓小平理论和“三个代表”重要思想为指导，以科学发展观统领学院工作全局，深入学习贯彻党的十七大精神，实施“十一五”事业发展规划，围绕学校作风建设与管理效益年这一工作重点，在党建工作、制度建设、人才培养、学科建设、国际合作、继续教育等各方面取得显著成效。

一、教学工作

2007年在本科教学管理、课程体系构建、教材建设、教学实践、教学研究与改革等方面取得了新进展。教学质量监督通过督导组听课、学生教学日志反馈、学生座谈会、中期教学计划检查等严谨有序的监控措施促进了教学质量提高；组织落实公开课教学；组织多媒体教学课件评选，四门课件被评为校级优秀；2007学年开出通选课九门。第一学期开出五门，获全校评教前五名的好成绩。学院定期召开教学专题研讨会，针对学生实践能力培养、临床专业课教学问题进行探讨；继续实施专业教师进临床进修计划，更新拓展临床专业知识，丰富临床实践经验，为提高实践教学奠定基础；进一步完善护理学院各项教学管理规定，制定了“护理学院考试管理有关规定”；修订了教学大纲，将临床专业课程、人文社科课程、护理专业基础课程分别装订成册；组织开展“双语”教学，为教师提供有利条件，本学期首次开出双语课程三门，学生反响大效果好；为实现培养目标、突出办学特色、发挥自身优势，组织申报了教育部“高等学校第二类特色专业建设点”和“山东省品牌专业”。精品课程建设实现了新的突破，“护理学基础”相继被评为国家级和校级精品课程；继续拓展学生“三种经历”的交流，学院继续选派四名学生赴台湾成功大学、台湾义守大学为期半年的访学，拓宽了学生的国际视野，提高了学生的综合素质和竞争力，突出了开放式办学特色；继续巩固和开拓省外实习基地，更加有机地将毕业实习和就业结合起来，根据就业率调整实习单位，今年学院新开辟北京医院、广州中山大学第一附属医院为实习单位，四省一市十所实习医院，为学生就业提供了良好的机遇；2007年暑期学校七个项目，新开设两项急救技能训练，文化养生系列讲座，更加突出了我们的专业特点创新性。同中美服务促进会联合举办的英语口语班，为香港理工大学举办的临床实践班，为台湾成功大学举办人力测评和压力管理班，突出了我们开放型、国际型发展的特点，办出了效果，增进了友谊，获得了好评。

统招硕士研究生逐年增加，2007 年招收 12 人。比去年同期增加了 25%；申报博士研究生招生计划 2 名。筛选博士生导师 4 位；2005 级通过中期筛选、考核、选优和论文开题；2004 级通过了研究生毕业论文答辩，学院开展研究生创新前沿课程全英文授课。并继续实行双导师制，聘海内外著名专家教授指导研究生，拓展了研究生培养途径，学生的科研能力、学术水平不断提高，研究领域研究方向不断拓展，创新思维、综合素质不断增强，发表在核心期刊的论文逐年增加，陈新霞同学发表的 SCI 文章影响因子达到 5.147。2007 年获优秀学生干部称号 1 人，获单项奖学金 3 人，硕士毕业生就业率达 100%，其中 80%从事高校教师工作。学院进一步加强和扩大在职护理人员的研究生教育，2007 年第三届研究生课程进修班招生 26 名学员并完成了第一期面授，组织完成 17 人同等学力硕士学位申报和 5 位学位的资格审核、论文答辩工作。

二、学科建设

2007 年选留师资 1 名，赴美国肯塔基大学留学进修教师 1 名；短期到国外、境外访学 6 人；赴境外参加国际学术会议 16 人次；赴国外参与科研合作 3 人次；进入国家出国留学进修计划 2 人。今年两名教师分别获香港理工大学、中南大学博士学位，现任教师中已获博、硕学位人员达到 84%，比去年同期提高了 15%，正在攻读博士学位的教师达到 28%；两名教师进入博士后流动站开展研究工作。

加强专兼职教师队伍的建设，招揽优秀的国内外专家教授来任聘，国内特聘博士研究生导师 1 人；特聘教授 1 人。国外引智教授 1 人、流动岗教授 2 人、海外合作教授 4 人。他们在学科建设上发挥了重要作用，山东大学引进教授瑞典卡罗琳斯卡医学院徐大为博士来院工作两周并参与了研究生毕业论文答辩等事项；联合申报国家自然科学基金 1 项。山东大学流动岗教授美国佛罗里达大学医学院终身教授刘臣博士来院短期访问，进行了学术讲座，商谈联合培养研究生、联合科研等事宜，双方达成共识。学院中青年教师迅速成长，教师队伍从学历结构、年龄结构、学缘结构趋与合理，一批年富力强的学科带头人逐步凸现，优秀学术团队已初步形成。

2007 年学院承担在研课题 13 项，新申报立项科研课题 6 项，其中国家自然科学基金 2 项、省自然科学基金 1 项、省卫生厅科研课题 3 项。科研经费达百万元。同国外、境外联合科研 9 项，科研经费 60 万元。其中中国、瑞典、英国三国合作课题和中国香港理工大学合作课题完成结题，现在研课题 3 项，新开发合作课题 4 项。2007 年 SCI 收录论文 2 篇、CSSCI 论文 3 篇，主编教材 4 部。

制定完善了《山东大学护理学院科研工作管理办法》、《优秀学术论文、科研成果奖励办法》，促进学院人才建设和学术发展。

深化实验教学改革，增设护理心理学、社区护理学实验项目。完成实验教学任务 19473 人/时数。实验室全天候开放，完善学生自主管理训练仪器设备的运行模式，提高仪器模型的利用率。积极组织申报实验室软件建设项目，初选 2 项通过评审。实验室建设经费 60 万元，实验室负压吸引和氧气吸入装置已安装完成。

三、对外交流

2007年，学院接待了来自美国、瑞典、新加坡、菲律宾、印度、中国台湾、中国香港等国家和地区的专家学者16位，访学学生26位。学院应邀短期学者访问6人次；海外教师访学2位；参加境外国际学术会议18人次；其中大会报告者4位；赴境外参与科研合作者3位；学生境外访学4位。申请加入WHO护理协作中心，为学院持续性发展、快速发展注入了活力。

2007年，中美服务促进会四位志愿者来院进行为期三周的暑期口语培训，40名学生受益匪浅；10月份，菲律宾女子大学校长一行四人来访，樊丽明副校长接见，两院校在商谈的基础上达成合作意向并签署合作培养备忘录；香港理工大学18名学生，台湾成功大学8名学生来院与护理专业学生共同参与为期三至四周两个项目的暑期学校。

2007年5月，院长、书记等一行三人前往日本横滨参加国际护士学会国际学术会议，与来自WHOCC的专家学者和WHO的护理官员进行了热烈而富有成果的会谈。2007年10月，院长一行两人应邀前往泰国曼谷参加世界卫生组织西太平洋地区和东南亚地区联合举办的卫生突发事件伙伴及护理关键知情人亚太区联合会议，与会人员就亚太区突发及灾害护理网络的前景、使命和目标达成了共识。我院作为山东大学参会代表争取到了亚太区突发事件及灾害护理网络专用网站的建设、运行和维护项目承接了2008年在山大承办突发事件伙伴及护理关键知情人亚太区联合会议；同时，护理学院加入了WHO负责的亚太区护理课程比照的研究项目。《护理健康信息平台建设》项目，学校已拨资助经费20万元，工作已顺利快速地展开。

2007年，山东大学根据WHO护理发展协作中心的申请要求和程序，实施五年工作规划，展开全面的筹备工作。2007年3月，学校由樊丽明副校长带娄凤兰院长等一行三人赴北京向WHO西太平洋地区护理顾问、卫生部医政司护理处官员进行汇报得到全力支持。申请报告获省卫生厅和卫生部的批准。在此期间应世界卫生组织官员邀请先后赴日本、菲律宾、泰国参加国际学术会议和工作会议，与来自联合国国际护士协会、红十字会&红月会、国际移民组织等国际组织官员接触，同WHOCC全球网络总干事、西太平洋地区护理顾问、WHO护理与助产士发展委员会委员香港医管局高级行政经理陈磊石进行了多次深入的交流，并在国内展开了聋哑人手语项目研究，预试验已完成。筹备《沿江河水灾高发社区的预备与应对》计划。山东大学董事、济南市残联联合资助建立了护理学院音乐治疗中心。在济南市残联设立了智障儿童二级心理干扰研究基地，目前近二十项研究和助残义工等工作已顺利展开。加入WHO的筹备工作，提高了学术科研实力，提升了社会声誉，推动了学术创新和人才建设。

四、继续教育

2007年继续教育蓬勃发展，招生规模逐年增长，现函授、网络学生达到4674人，函授达到3824人，其中校本部1873人，校外联合办学1951人；网络学生达到850人。函授全年分八个阶段分别组织本、专科三个年级，近4000人次40余门课程的集中面授和考试。网络教育，重点完成五门课程新课件制作、教学大纲修订、毕业生数据库建立等工作。2007 年完成 700 余人护理专业自考实践环节综合考核工作。

同省劳动厅合作，研发社会需求的新职业教育，首次进行了育婴师、养老护理、社区护理的培训和职业认证的综合考务工作，参与了国家“保育员”相关标准的制定工作。

积极推行函授教学改革，运用现代远程教育技术改革传统教育方法，提高教学质量，降低教学成本，实现网络、函授、夜大在教学大纲、教学计划、课程设计、教材选用、成绩考核的“五统一”，利用网络教育资源，探索集中面授与网上学习相结合的办学模式，实行网上实时答疑，有效解决成人教育中工学突出的矛盾。

五、学生工作

大力开展主题教育活动和心理健康教育，促进学生个性和人格的健康发展。坚持辅导员与学生的谈心谈话制度，做好与心理咨询中心的沟通联系工作。

做好经济困难学生的认定和资助工作。为 30 人办理助学贷款，有 2 人获校长奖学金，安排勤工助学岗 24 人。2007 年度学院共获得国家奖学金、社会奖学金、困难补助等 270000 余元，优秀学生奖学金 167000 元，覆盖学生 400 多人次。

活跃丰富校园文化，举办第二届天使文化艺术节系列活动、第三届护理技能大赛、“花开十年·紫荆飘香”庆祝香港回归十周年征文比赛、“职场销培训”系列活动、院徽、标语征集；忆往昔，论今朝——中英双语演讲比赛、喜迎奥运，奔向 2008——冬日马拉松比赛、星光闪耀宿舍小情调——星级宿舍评比活动、联对对碰——元旦晚会对联征集、元旦暨迎新晚会、校园吉尼斯大赛等活动。在校科技文化艺术节活动中获校园情景剧大赛一等奖、小合唱比赛荣获一等奖，部分同学获校园主持人优秀奖、网络博客大赛银奖及最佳设计大师银奖，团委组织的舞蹈队和健美操均荣获优秀奖。组织参加校运会，荣获男女团体总分第三名，女子团体总分第三名。组织参加新生歌舞乐，组织参加体育文化艺术节，获女子篮球比赛第三名。

积极开展社会实践与服务社区活动。暑期举办了社会实践“走进舰队体验成长，军学拉手共建和谐”赴青岛北海舰队基地社会实践；学生自费组织“润物无声”莒县支教行；护理技能协会与政管学院共同组织“服务新农村——赴邹平市张高村”暑期社会实践活动。学院赴青岛“和谐军学，引航成长”社会实践团队被评为山东大学 2007 年暑期大学生社会实践活动优秀团队。学院已建立了千佛山社区、山东大学西校区老干部服务基地、趵突泉夕阳红托老所、山东大学西校区图书馆、山东大学第二附属幼儿园等五个社区服务站，组织学生定期参加社区服务。

认真做好毕业生实习和就业工作，确保就业质量。2007 年学院调整了实习、就业单位，新开辟了北京医院、中山大学第一附属医院等高质量的就业单位。开创本科学生实习反馈意见报告会工作模式，举办了系列毕业生校园文化活动，实现学院本科以上初次就业率为 94.87％。

（曹　源）

医学院

2007 年，医学院以科学发展观统领工作全局，全面贯彻执行学校的各项工作要求，抢抓机遇，积极谋划，务实进取，乘势而上，在学科建设、人才队伍建设、科研工作、教学工作、研究生工作、留学生工作、继续教育工作、党建和思想政治工作等方面取得了新的成绩。

一、认真落实我校“作风建设与管理效益年”的各项工作

1. 认真抓好学院机关作风建设，组织学院机关干部到“山青世界”进行团队项目培训，经常对学院机关干部开展政治思想和工作作风等方面的教育，进一步提高了学院机关干部“服务学术，服务学者，服务学生”的意识，进一步加强了机关作风建设。

2. 进一步加强学院研究所（室）管理，多次召开研究所（室）主任会议，通报情况、安排工作，调动了全院教师的工作积极性。

二、大力加强学科建设，科学研究水平不断提升

1. 国家重点学科建设取得突破。“人体解剖与组织胚胎学”、“内科学（心血管病)”、“妇产科学”等三个二级学科被评为国家级重点学科。组织了三个国家重点学科建设与发展规划（2007～2010 年）的编写，组织了山东省“十一五”重点学科、强化重点建设学科（人体解剖与组织胚胎学、免疫学、病原生物学、病理学与病理生理学）的建设规划编写、论证工作。

2. 国家自然科学基金取得新突破。2007 年报送国家自然基金申请标书 60 项：其中杰出青年 3 项、重点项目 2 项、面上及其他项目 55 项。中标国家杰出青年基金项目 1 项、面上项目 16 项，中标率达 28.3%，合计资助金额 584 万元。组织申报了山东省自然基金以及博士点基金项目 7 项，组织申请省科技攻关项目 9 项，省计划生育项目 1 项，省医药卫生科技发展项目 7 项。组织山东高等学校优秀科研成果奖申报 1 人，组织山东省中医药科学技术奖申报 2 人。

3. 认真做好优秀人才和科研课题进展总结工作。组织新世纪优秀人才支持计划入选者进展工作总结及省自然基金课题研究进展总结。组织 6 名专家协助开展了 2007 年度高等学校科学技术奖励网络评审工作。

4. 认真做好学会工作。推荐陈晓阳教授为中华医学会医学伦理学分会常务委员及

中华医学会医学史分会委员；推荐高英茂教授为第二届齐鲁人口奖组织委员会遴选委员会委员；推荐辛华教授为中国细胞生物学学会理事、中国细胞生物学教学与普及分会会长。

三、积极推进教育创新，提升人才培养质量

（一）本科生教育创新体系

1．“质量工程”项目取得新突破。医学院抓住本年度教育部“质量工程”全面启动的有利时机，通过反复研讨、积极筹划，实现了学院“质量工程”项目数量和获资助力度的新突破。其中，我院临床医学专业成为教育部“第二类特色专业”建设点，齐鲁医学班被评为教育部“人才培养模式创新实验区”，系统解剖学课程被评为国家级精品课程，断层解剖学和系统解剖学双语课程成为教育部首批双语示范课程。以上五个项目共获得教育部“质量工程”资助160万元。另外，刘执玉教授主编的《系统解剖学》被评为全国普通高等学校“十一五”规划教材精品教材，高英茂教授领衔的“人体解剖学与组织胚胎学”团队被评为省级教学团队，于修平教授被评为省级教学名师。这些项目的获得一方面展示了我院教师在教学研究领域的累累硕果，另一方面也为我院进一步推进教学改革、提高教学质量奠定了良好的基础。

2．实验教学课程体系改革取得阶段性成果。在充分论证的基础上，经过全院教师的共同努力，创建了医学形态学等五门综合性实验课程，建设了一批综合性和创新性实验项目，医学基础实验教学系列教材于今年8月份由科学出版社正式出版，这标志着我们创建的“基础、综合、创新相结合的医学基础实验课程体系”初步形成。该课程体系在全国也产生了一定的影响。教育部4月27日编发简报（增刊），向全国高校介绍了我们实验教学改革的经验；10月20～22日，我院成功承办了教育部（医学）实验教师高级研修班，来自全国30所医学院校的80名代表参加了研修，全国同行对我院实验改革思路和教材建设给予了高度评价；该项目负责人还应邀在香港大学医学论坛、卫生部基础医学实验教学高级研修班上发言，介绍了我们的改革思路和做法。该项改革成果对全国的实验教学改革、提高医学生的实践和创新能力起到了积极的推进作用。

3．组织专家听课，积极开展课堂教学质量监督。全年安排学院领导和教学质量督导委员会专家听课88人次，听课教师的优秀率达95％。期中教学检查期间，学院又安排了10名优秀教师的公开课，效果良好。

4．配合学校做好招生宣传、转专业、推荐免试研究生和八年制学生遴选工作。学院本科招生拓展工作小组到河南、泰安等地进行招生宣传工作，接待1300多名中学生到学院重点实验室参观。首次接收口腔、预防和护理专业优秀学生11名转入临床医学（五年制）专业。推荐2002级临床医学（六年制）123人免试攻读硕士学位研究生，占全年级50％。从2007年级七年制学生中通过面试、作文和理科综合考试等方式遴选30名综合素质高的学生转入八年制，采用本硕博连读的方式培养高层次医学人才。

5．认真做好毕业生的毕业和学位资格审核。2000级临床医学（七年制）毕业100人，延期毕业3人，97％授予学士学位，96％授予硕士学位；2001级临床医学（六年制）毕业97人，延期毕业3人，97％授予学士学位。

6. 认真做好大学生创新训练工作。2006 年大学生科技创新基金立项项目获一等奖 2 项、二等奖 1 项。2007 年大学生创新训练计划立项 7 项。

7. 积极推动教研项目立项工作。中华医学会教研课题立项 1 项，山东省医学会教研课题立项 3 项。

（二）研究生教育创新体系

1. 研究生培养质量显著提高。

（1）2007 年医学院研究生发表论文在数量和质量上大幅提高。2007 年是医学院实施新的培养方案后，研究生毕业第一年。当年毕业研究生共计发表 172 篇 SCI 文章、4 篇 EI 文章、6 篇特类、99 篇核 A、426 篇核 B 文章，其中影响因子大于三的文章 16 篇。

（2）研究生积极参加国际学术交流，并获得赞誉。2007 年 7 月免疫学专业博士生刘玉刚作为中国优秀博士研究生代表团成员，参加了在德国林岛召开的第 57 届诺贝尔奖获得者大会，聆听了诺贝尔奖得主的精彩报告，并同与会世界顶级科学家进行了面对面的交流。9 月 2004 级病原生物学专业博士生孔丽参加 American Society for Bone and Mineral Research（ASBMR，美国骨矿学会）第 29 届年会并应邀作大会学术报告 "ECM1，a direct targeting molecule of PTHrP，is a novel potent mediator of chondrogenesis"，孔丽是仅有的荣获杰出青年学者奖的三人之一。

（3）2007 年多篇研究生论文获各种奖励。2007 年共有 12 篇研究生学位论文获奖（即 4 篇获 2007 年度山东大学优秀博士学位论文奖、5 篇获山东省优秀博士论文奖、3 篇山东省优秀硕士论文奖）。

2. 大力推进研究生海外学习经历。2007 年组织申报联合培养项目 65 项，其中 39 人获国家留学基金资助、10 人获山东大学研究生海外留学基金资助。2007 年有 62 人通过各种途径出国联合培养。

3. 研究生在职教育稳步发展。

（1）研究生课程班教育成效显著。2007 年与菏泽市智源人力资源开发有限公司、桓台卫生局、枣庄市卫生人才服务中心、任丘市职业技术推广学校、淄川卫生职业中专学校五个单位签订了举办临床医学研究生课程进修班协议 。已经完成了在菏泽 31 人、淄川 27 人、桓台 30 人、济南 63 人等四地临床医学课程进修班的报名、缴费及部分教学计划实施等工作。同时 2007 年为临沂市委党校临床医学研究生课程进修班 17 人办理结业证书的审核、颁发。

（2）在职研究生教育取得良好经济效益。2007 年各类研究生层次的在职教育毛收入超过 550 万元（含同等学力申请硕士学位、在职申请临床医学专业学位博士、临床医学硕士专业学位人员、高校教师攻读硕士学位人员、临床医学研究生课程进修班、申请学位开题）。

4. 顺利完成各项常规工作。全面完成 2007 年硕士、博士研究生的录取、选课、注册、培养、考核等工作。

（1）严格把关，吸引优秀生源，认真做好招生工作。2007 年共录取硕士研究生 430 名，留学生硕士 11 名，博士研究生 173 名。继续执行将所有专业放开供推免生选择的政策，留住本校和吸引其他重点高校的优秀生源。105 名（医学院 91 人、外院校 14 人）应届本科生获得推荐免试研究生的资格。

（2）努力采取各种措施，提高研究生培养质量。2007 年医学院共计开设必修课、选修课课程 72 门，其中实验课 40 门。学生选课人数超过 50 人的为 31 门。医学院开设的课程不仅服务于本院学生，而且对外院研究生也起了积极作用，243 人次外院研究生共选修课程 13 门。加强研究生综合能力培养，坚持每周一次的研究生论坛，有 36 名研究生在论坛上作了学术报告和交流，收到了良好的效果。积极组织研究生教材编写，2007 年获山东大学研究生教材建设项目 7 项。组织申报优秀博士研究生培育计划项目 17 项，3 人获得资助。推荐 2 名博士生（全校 15 人）参加 2007 年山东省研究生优秀科技创新成果奖的评选工作。

（3）加强专业学位研究生质量管理。继续执行人机对话式专业技能考核，2007 年春秋两季共完成了 280 人次专业学位研究生和在职申请临床医学专业学位人员临床技能考核（其中七年制 99 人，二次补考 25 人），留学生申请硕士学位 16 人（通过 12 人，通过率为 75%）。统招硕士 40 人（通过 36 人，通过率为 90%）。临床医学专业硕士学位 50 人（通过 41 人，通过率为 82%）。统招博士 5 人（通过 5 人，通过率为 100%）。临床医学专业博士学位 45 人（通过 38 人，通过率为 84%）。2007 年各类研究生临床技能考核通过率 84.6%，较 2006 年（82.4%）有所提高。

（4）加强导师队伍建设，为研究生培养奠定基础。严格导师遴选，对 55 名申请者进行遴选，经分会投票同意推荐 28 人上报学校，最终有 13 人获得了博导资格。审核博士研究生导师 2008 年招生资格，有 123 名博导获得了 2008 年度的招生资格。完成本年度境外研究生合作导师的申请、筛选及推荐工作，推荐合作导师 85 人。

（5）认真做好研究生学位工作。2007 年度授理博士学位申请者 146 人（其中包括统招博士 131 人，在职申请临床医学博士专业学位及同等学力人员博士学位人员 15 人）；硕士学位申请者 568 人（包括统招硕士 364 人、七年制 96 人、同等学力申请硕士学位人员 108 人）。认真做好答辩资格审查、博士论文外审（本年度医学院授理博士学位论文的匿名送审 170 份）、论文答辩、学位授予以及学位材料的整理、录入、上报、归档工作。

（6）认真做好“全国博士质量调查工作”。配合研究生院学位办完成了“全国博士质量调查工作”。完成了临床医学博士学位论文质量中外比较分析综述报告、临床医学博士学位论文质量纵向比较分析综述报告和基础医学博士课程设置中外对比分析报告。配合研究生院学位办完成“学位与研究生教育专家数据库”的收集整理录入工作。

（7）加强研究生工作对外宣传。全面更新研究生工作网页，规范英文网站建设，为增进国际交流搭建平台。

（三）切实做好继续教育工作

1. 现有学生情况。我院现有成人教育在校学生 2689 人，其中校内高起本班 76 人、脱产班专升本 160 人 。夜大学在济南市委党校教学点一级管理专科 4 个年级共 309 人、专升本 3 个年级共有学生 545 人 。另外，分布在山东省各地市有 11 个教学点，其中业余专科、专升本学生共计 1599 人。2007 届成人教育毕业学生 930 人 ，其中校内脱产专升本班 190 人、业余高起专班 295 人，业余专升本 445 人。

2. 严格管理确保教学质量。认真执行教学计划，督促检查各教研室教学工作落实情况，严格教学纪律，对违纪老师要求教研室按规定作出相应处理。坚决杜绝迟到、早退现象的发生。圆满完成各层次、各年级在校学员的报到、注册、收费、信息采集、课程安排及教学等工作。

3. 认真做好录取新生和毕业生信息核对、上报及档案归档工作。完成了专科验证及毕业证发放工作，完成 2005～2007 级业余专升本学员的学士学位申报工作。

4. 认真完成自学考试实验环节考核工作。完成生理、生化、药理、病理学每年两次（5 月 5～7 日和 10 月 5～7 日）自学考试实验环节考核工作，每次安排四门课程考试、安排考场等。并完成通知发放、报到、输入成绩、打印成绩单等工作。

5. 认真做好执业医师培训中心的工作。利用暑假两个月时间完成了 105 人执业医师相关培训工作。主要完成了学员报名、报到、教学安排、考试、学员管理、证书制作等各项工作。

（四）进一步加强留学生的教学管理

1. 现有留学生情况。本年度招收留学生 27 人，到目前为止我院有留学生 8 个班级，255 人，学历留学生教育规模达到历史最高水平。

2. 进一步完善教学管理工作。①完善规章制度。为了进一步规范留学生教学管理，提高学生学习积极性，本年度在原有规章制度基础上，进行了必要的完善，并加大管理力度，使各项规章制度行之有效。以奖学金的形式鼓励品学兼优的学生，对优秀学生及学生干部作出表扬和奖励，对未达到相关要求的学生进行留级或退学处理。通过严肃纪律和制度，留学生的整体素质得到很大提高。②修订留学生教学计划。教育部对于招收医学留学生的院校进行统一认证和监督管理，对课程体系也提出了一系列的要求，我院在此基础上对留学生教学计划进行了统一调整完善，并制定了春秋两季招生教学计划，为明年的扩大招生奠定了基础。③安排学生实习。顺利按时安排两个班级进入临床实习并积极与相关附属医院进行沟通，安排部分同学在国内医院实习，确保临床实习的质量。④首批学生毕业工作。2007 年首批留学生毕业，我院在没有任何经验可循的情况下，对毕业工作的程序，包括补考，毕业考试，操作考试，实习鉴定等进行了胆大心细的详细规划，顺利完成任务，确保了以后的工作开展。

3. 加大宣传力度，提高生源质量。我院留学生教学水平和教学质量逐年提高，在校生以及社会各界均有较好反映。我院不断积极主动地对留学生教育进行宣传，从而增加了我院留学生工作的知名度。与校报联合对医学留学生进行了专题报道，得到学生和老师的一致认可。

四、进一步加强了师资队伍建设

1. 切实做好杰出人才工作。2007 年学院认真做好引进人才的各项工作，陈哲宇教授荣获国家杰出青年基金，并入选第十届中国青年科技奖；免疫学泰山学者岗位高成江教授、“985”科技创新平台学术带头人邵常顺和学术骨干张铭湘相继到岗，并启动科研工作。同时学院对新一轮的人才引进做了大量工作，取得一定成效。

2. 新进教师的学历、学缘结构明显改善。2007 年新进职工中，海外回国人员 5 人，外校博士 2 人，本校博士后 1 人、博士 3 人，硕士毕业生外校和本校各 1 人 。

3. 加强青年教师培养工作。学院积极支持青年教师利用各种形式在职攻读学位，海外研修等。2007 年我院 3 名教师取得了博士学位，13 名教师考取了博士研究生；12 名教师出国进修，8 名教师学成回国；国家留学基金委及其他出国研修项目录取 6 人，均为青年骨干教师。通过在职学习，明显改善了我院青年教师队伍的学历结构。

4. 进一步加强博士后流动站建设。2007 年基础医学博士后科研流动站进站 13 人，临床医学博士后科研流动站进站 6 人，医学院博士后在站人数现达到 46 人。

五、进一步加强了国内外学术交流与合作

1. 积极与海外专家学者联系。充分利用学校有利资源，共组织申报流动岗位特聘教授 8 人次来访；短期专家访问共计 16 人；获得学校出境参加会议资助 2 人。

2. 举办高水平学术讲座。来访我院的海外教授共 21 人次，组织学术讲座近 22 场，海外教授积极为我院本科生或研究生上课，并开展了指导研究生及青年教师课题设计，参加研究生答辩等工作。

3. 加强友好院校合作交流。成功安排了美国 Kentucky 4 名来访学生在我院为期 2 周的学习和生活以及肯塔基医学院与山东大学医学院交流计划的 2 位教授来访事宜。认真组织了 6 月份友好学校美国贝勒医学院院长 Peter George Traber 教授一行代表团来我院交流访问事宜。积极办理日本和歌山县立医科大学荆雪枫副教授为我院“讲座教授”的各项事宜。

4. 不断扩大国际交流范围。充分调动各研究所及专家参加到国际交流活动中来的积极性，将外事工作向更加实质的方向引导。张运院士出访美国宾夕法尼亚大学医学院，初步达成合作意向。

5、不断总结我院国际交流与合作经验。医学院领导在学校 2007 年国际合作与交流工作会议上作了典型发言，重点介绍了医学院做好海外校友工作情况，取得了良好的效果。

六、认真做好清产核资和实验仪器设备管理工作

1. 认真做好清产核资工作。对医学院和各个临床教学医院的 6123 台仪器设备，9000 余件家具逐件进行清点登记。分别将 6123 台仪器设备总账、盘亏仪器 488 台、盘盈仪器 12 台、过户仪器设备 70 台装订成册，上报校实验室与设备管理处。

2. 加强实验仪器设备和家具管理工作。对学院 10 万元、40 万元以上的大型仪器设备使用情况登记造册。在医学院内对 40 余台仪器设备及时办理了过户手续，维修大小各种仪器设备 419 台。办理新仪器设备、家具出入库 311 台件。报废仪器设备 201 件、家具 64 件。协助实验室与设备管理处编写建立实验室软件项目软件库 76 项。组织专家组对医学院实验室 50 个软件项目进行了评审、论证。组织和参与校、院“985”和所室的仪器设备招标，仪器设备报废、装修、实验室改造招议标 30 余次。整理装订国有固定资产、实验教学软课件课题、仪器设备使用统计等管理的工作档案 52 本。

七、党建和思想政治工作

医学院党委坚持以邓小平理论和“三个代表”重要思想为指导，以科学发展观为统领，以“迎接十七大胜利召开和学习贯彻十七大精神”为主线，以2007“作风建设与管理效益年”为重点，紧紧围绕学院中心工作，着力推进和谐学院建设。开展了医学院第三届“优秀教师”、“优秀青年教师”、“优秀带教教师”评选表彰活动。召开了表彰大会，表彰2005～2007年度医学院优秀教师5名、优秀青年教师5名和优秀带教教师10名。2007年5月医学院党委荣获“全省高校思想政治工作先进单位”称号。

（赵福昌　芦宗玉）

药学院

2007年是山东大学实现跨越式发展的重要一年。药学院党政领导班子在校党委和校行政的正确领导下，紧紧围绕学校的发展目标和学院“十一五”发展规划，致力于全面提升学院工作的整体水平，较圆满地完成了2007年各项预期工作目标。

一、基本情况

2007年，药学院专业设置和机构编制不变。副校长娄红祥教授兼任院长，徐文方教授任常务副院长，侯庆全研究员任党委书记，赵翠萍研究员任党委副书记。学院有教职工93人，其中教授23人，副教授24人，博士生导师12人；另有安评中心教职工18人，组合化学团队7人。教师中具有博士学位和在读博士学位人员达76.36%。有国家级突出贡献的中青年专家1名，享受国务院政府特殊津贴专家7名。

二、教学工作

（一）本科教学工作

2007年药学实验教学中心被评为山东省药学实验教学示范中心。在国内率先开展的《临床前新药研制模拟实验》，已正式列入药学专业教学计划。获得校级立项实验室软件建设课题4项。与企业共建符合GMP规范制剂工程实验室（包括水处理设备），获得企业赞助款44万元。

成立了临床药学专业教研室，编写了临床药学（七年制）毕业实习大纲和实习教学指导手册。《药物化学》被评为省级精品课程，《药物分析》和《生药学》被评为校级精品课程。5项省、校级教学改革研究课题通过了学校组织的中期检查。

主编了《药物设计学》、《药物化学》两部“十一五”国家级规划教材，《药物化学》被评为国家级精品教材。主编卫生部药学专业全国规划教材7部，参编25部。

开设双语教学课程8门，组织了青年教师英语讲课比赛。

完成了“药学”和“临床药学”二个“优秀专业建设”项目的自评报告；其中“药学”专业被推荐申报国家级“第一类特色专业建设点”。

本年度开展暑期学校开放实验项目68项、系列讲座34个；开展了专业技能培训，对药学、制药工程、临床药学三个专业的学生进行了生产实习与野外实习训练。获得国家级大学生创新训练基金项目8项。连续三年被评为暑期学校优秀组织奖。

2007年学院在校本科生660人，招收本科生198人（含七年制临床药学专业27人），毕业本科生100人，本科一次就业率为100%，考研率为40%，学位授予率为99%。

（二）研究生教学工作

制定完善研究生培养过程的管理文件，修订了“工程硕士培养方案”；拟定了新增专业制药工程和临床药学的“培养管理细则”；制定了研究生答辩与资格审查规范、联合培养研究生管理制度、在职研究生培养及开题收费管理制度，编印了工程硕士培养手册等。

本年度毕业博士生7人均按SCI标准发表学术论文；硕士生46人、高校教师1人、同等学力申请硕士学位4人，全部按培养计划完成核心期刊发表论文的要求；工程硕士31人也都在规定期刊发表了学术论文；将科研成果、SCI论文作为研究生奖学金考评的重要依据。本年度共获得各类奖学金28人次，总计约5.5万元。

2007年获国家留学基金委资助“高水平公派留学生项目”国外联合培养博士计划3人；通过其他途径已派出研究生4人。

严格在职研究生培养标准，增强对在职研究生培养过程的服务意识。利用学院研究生网页及时将研究生课程、课题、答辩等工作安排及要求进行公布；积极筹建组织研究生课程班，以保障在职研究生生源和学院创收工作。本年度开设研究生课程班5个，在读生90余人。实现创收毛收入187万余元。

通过对博士生参加全国博士学术论坛（药学）积极有效的组稿，有4名博士生获得了学校研工部的资助参加全国博士学术论坛，并以优异的学术成果获得三个优秀博士论文奖、一个优秀壁报奖，药学院同时获得最佳组织奖。

2007年学院在校研究生218人，其中博士47人，硕士171人；招收博士研究生15人，硕士研究生62人，毕业博士生7人，硕士研究生45人。

（三）继续教育工作

先后完成三个年级1843人次的面授、30余人的药学自学考试、2000余人的执业药师继续教育培训和近200人的执业药师考前辅导。组织学位考试139人，通过111人，通过率79%。组织有关专家完成了卫生部卫生技术人员资格考试药学（师）考试大纲、考试指南的编写；考试试题的出题、审题工作。

三、科研工作

2007年获得了科技部“863”专项研究课题，国家自然基金重点项目、重大专项研究课题，国家杰出青年基金海外青年学者合作研究基金，实现了承担国家重大、重点课题的突破。

2007年申报国家自然基金课题43项，中标课题8项。其中，重点课题1项，重大专项课题2项，海外杰出青年合作研究基金1项，面上基金4项。新上国家“863”课题（包括子课题）3项，国家“973”子课题1项，新上省自然基金4项。加上往年已有的基金、攻关课题、工程中心的经费拨款，本年度纵向经费总额度将超过600万元。新上横向合作课题14项，进账经费达到近500万元，全年纵横向经费达1100余万元。

2007 年全院获得国家发明专利 8 项，发表科研论文 178 篇，其中 SCI 论文 62 篇，EI 论文 12 篇。

四、国际合作与学术交流

本年度接待国外来访学者 18 名，进行学术报告 22 场。与日本东京大学药学院、美国 Georgia 大学文理学院、Kansas 大学药学院、CICINATI 大学药学院和 Ohio 州立大学药学院等建立了实质性合作关系，为学生交流、教师互访及推动学校的国际化发展战略构建起了通道。

在国家自然科学基金委国际交流与合作项目的支持下，与日本东京大学联合举办了首届“中日药物发现研讨会”国际会议，中日双方联合创刊了 *Drug Design and Therapeutic* 国际药学杂志。

与美国 Georgia 大学文理学院签订了全面合作框架协议，签署了联合培养研究生的合作协议书。该院每年为我院本科生提供两个全额奖学金赴美留学名额。

与美国 Kansas 大学药学院签订了全面合作框架协议，并已初步达成联合培养研究生，接受青年教师短期培训和本科生暑期访学的合作意向，即将签署协议。

学院新药药理学研究所与日本东京大学及欧盟国际合作研究课题已获得批准立项，正在实施中。

五、学科建设

申报国家糖工程研究技术中心获得批准，中心建设全面启动。2007 年下半年，学校已投入 300 万元，用于该中心实验室建设。国家建设经费 500 万元和山东省配套建设经费 500 万元也将陆续到位。该中心的建设将成为我院目前和今后学科建设工作的中心任务之一。

组织“国家药物化学重点学科”申报，根据学校部署，整合全院力量，邀请专家论证，并加强与国内有关参评单位的联系和沟通，有效组织了“国家药物化学重点学科”的申报。目前该学科已被列入国家重点（培育）学科进行建设。

本年度举办了由全国重点高校药学院院长参加的“学科发展规划论证会”，为学科发展的长远规划和国家重点学科的申报奠定了良好的基础，制定了国家暨山东省“药物化学重点学科”、“山东省微生物与生化药学重点学科”和山东省“分子设计与创新药物研究重点实验室”的“十一五”建设规划。

组建“山东大学中日药物筛选中心”由我院与东京大学联合申报的“山东大学中日药物筛选中心”获得学校的批准。依托该中心，中日双方联合创刊了 *Drug Design and Therapeutic* 国际药学杂志，现已面向全世界出版发行两期。

六、师资队伍建设

学院按照自身培养与人才引进并重的原则，进一步强化师资队伍建设与管理，采取一系列措施，加快提高教师的全面素质和学术水平。发挥海外学者优势，为杰出学者来院工作做好服务。学院为闫兵长江学者创新团队由校内环境研究院调入我院组建组合化学研究所进行了积极的协调和配合，与其进行了多次沟通，为其预留了实验室，向人事处争取了实验室整修和搬迁经费。

2007年选派5名青年骨干教师出国进修学习，积极贯彻实施学校的青年教师“学历学位提升计划”。现有青年教师在职攻读博士学位人员8名；在站博士后研究人员13名。

七、党组织建设

药学院党委以“三个代表”重要思想为指导，全面落实科学发展观，认真贯彻执行校党委布置的各项工作任务，带领全院基层组织和全体党员，围绕学院中心任务，积极开展工作，较圆满地完成了院党委本年度确定的各项任务。

按组织部要求，利用一个月的时间，通过学习十七大精神，收看录像辅导、工作交流，完成了对党支部书记培训任务。

在组织部开展的基层党组织活动方案评奖中，我院教工五支部评为二等奖。在2007年基层党组织活动方案立项中，我院学生党支部所报方案确定为“最佳方案”，教工三支部所报方案确定为“优秀方案”。

根据组织部下达我院党员发展计划，全年共发展学生新党员56名，为53名预备党员按期转正。

配合组织部完成了2名处级干部考察，1名科级干部的提拔工作。今年下半年，配合组织部完成了药学院中层领导班子换届考察工作。

八、行政管理工作

加强制度建设，积极开创学院节能增效新局面。制定了《药学院水电管理实施细则(试行)》、《药学院公房管理实施细则》、《药学院关于节约资源勤俭办学的若干规定》等文件，学院对科研用房、用电进行了认真摸底核实计算，实施了科研用房、用电收费管理。

加强学院机关作风建设，规范管理程序，使管理人员牢固树立“敬业、务实、协作、创新”的管理理念，不断提高工作效率和管理水平，推动学院服务管理工作向更高层次发展。

积极争取社会资源，拓展学院办学空间，与拜耳医药公司密切合作，设立了拜耳临床药学专业奖学金。

九、学生工作

本年度学生思想教育重点突出了理想信念教育，同时积极落实“社会主义荣辱观”、“学习道德模范”、“学习十七大精神”等各项主题活动；努力发挥党员的先锋模范作用，其活动方案被评为山东大学党支部立项活动优秀方案。

在抓好基本学风建设的同时，从四条途径培养学生的创新能力：鼓励支持学生积极参与“挑战杯”课外科技竞赛、创业计划竞赛活动；积极开展国家大学生科技创新训练项目的申报工作；积极开展大学生开放实验室活动；举办“杏林新锐”大学生科技讲坛，开展自我教育活动等。

以适应能力为核心，抓好新生入学教育。重点开展了社交礼仪学习活动、健康教育、学习经验交流会活动、院长见面会、团体辅导、适应性讲座、规章制度教育等。

以构建大学全程职业规划教育体系为着力点，开创就业工作新局面。对在校学生按照年级特点，开展不同内容的职业生涯教育活动。本科毕业生就业率达100%，研究生就业率达98.04%。

开展丰富多彩的校园文体活动，营造健康高雅的校园文化，促进学生全面发展。大力开展青年志愿者服务活动，提升大学生的社会责任感；开展大学生社会实践活动，增强大学生融入社会的能力；开展“冬季健身月”、“协作杯”篮球赛、元旦文艺晚会等文体活动，丰富校园文体生活，增强集体凝聚力。

一年来，我院学生共获校长奖学金2项、国家奖学金、励志奖学金34项、山东大学优秀学生奖学金、优秀学生干部、优秀团员等校级荣誉187项。获国家大学生科技创新训练项目8项，占全校总数的11.43%。院团委获山东大学科技文化艺术节优秀组织单位奖、社会实践优秀组织单位奖。获山东省优秀实践服务队1项；获“十佳团支部”称号1项。活动受到山东电视台等省市级新闻媒体报道8次。

（徐　东）

管理学院

2007年学院以发展促进和谐，以和谐推动发展，以学校建设知名高水平研究型大学和全面提升学校学术竞争力、社会影响力和国际化水平为目标，以学校“两个规划”为重点，分阶段落实学院“十一五”建设发展任务，努力做到“三个提升”，大力实施“三大战略”和“大院变强院”的发展战略，推动学院各项事业协调发展，全面推进创建国内一流管理学院的进程。

一、制度建设工作

根据山东大学管理学院第一届教职工代表大会第一次会议精神，学院广泛听取教职工代表的意见，充分发扬民主，认真落实依章（法）治院、民主治院方针，进一步加强制度建设，构建学院管理工作质量保证体系。上半年学院组织相关人员全面审查了近四年来各项管理规章制度，党政联席会议两次讨论了规章制度修改情况。11月初，学院召开了党政联席会议扩大会议，认真讨论了规章制度修改草案。11月25号正式提交给学院第一届教代会第二次会议进行审议。这次会议之后，根据代表的意见再次进行了修改完善，然后将新的规章制度汇编成册。通过完善制度，将学院的各项工作纳入制度化、规范化管理轨道，实现“依章（法）治院”，提高学院民主管理和科学决策的水平。

二、师资队伍建设工作

本年度高素质师资队伍建设获得新的成效：丁荣贵教授入选教育部新世纪优秀人才支持计划；徐向艺教授获国务院政府特殊津贴专家称号和山东省教学名师称号，并获得教育部宝钢奖奖金；杨蕙馨教授被评为山东省突出贡献专家。学院高度重视对中青年教师的培养，派出5名青年教师到国外、境外进修学习；有1名青年教师考取了博士研究生，有4名青年教师进入博士后流动站学习；第二批博士基金立项极大地支持了青年教师开展科研活动，调动了青年教师科研的积极性。

三、学科建设工作

学科建设是学院发展的基础。2007年学院把申请“工商管理”一级学科博士点作为学院学科建设的目标，采取积极有效的措施做好博士点申报的各项准备工作。

学院根据学科建设的要求，对10个学术研究团队和16个青年博士基金项目的科研成果进行了验收，其中三个学术团队和五个青年博士基金项目被评为优秀，绝大部分学术团队和青年博士基金项目都完成建设任务书所设定的目标。通过学术团队的建设，出版和发表了一批高水平的科研成果，为成功申报博士点和博士后流动站奠定了良好的基础。学院重点加强了实验中心建设和教学示范中心的申报工作。2007 年 8 月实验中心荣获山东省实验教学示范中心称号；10 月被批准为国家级实验教学示范中心建设单位。在这次实验教学示范中心评审中，在全国近 40 个高校申报的实验中心中，我院实验中心排名第二。

学院重点加强了“企业管理”、“管理科学与工程”两个省级重点学科的建设，制定了“十一五”学科建设规划，组建了重点学科建设学术委员会，确定了明确的学术研究方向，学术团队的建设和重点项目的招标工作目前正在有条不紊地开展中。学院制定了山东省强化人文社科研究基地建设规划，组建了学术研究队伍。

四、科学研究工作

科研工作是提升我院管理学科学术影响力的一项重要工作。2007 年，学院重视并加强了科研项目申报的组织与管理工作，在国家社会科学基金课题项目的申报上取得突破。张玉明教授的《中小型科技企业成长机制研究》、温德成教授的《供应链协同的质量竞争理论与实证研究》两个项目获得国家社科基金立项；王晨光老师的《山东旅游企业集团化研究》和刘慧凤老师的《公司会计治理架构——基于嵌入性视角的整合研究》获得教育部人文社会科学研究项目的资助。有 5 项山东省社科规划项目获得批准，有 10 项山东省软科学项目获得批准。纵向科研经费达到 40 万元，横向科研经费达到 90 万元。

潘爱玲教授获本年度山东省社科优秀成果一等奖，张玉明、潘爱玲等教授分获省软科学优秀成果一等奖，另有两项成果获省社科优秀成果三等奖。

我院组织出版的“现代企业管理创新丛书”出版 4 部，全套丛书已出版 9 部。该丛书在国内学术界引起较大反响。全院共出版学术专著 13 部，出版译著、教材 10 部。全院师生在核心期刊上发表学术论文 230 篇，其中在 CSSCI、SCI、EI 收录期刊发表学术论文 129 篇，比 2007 年有较大增长。

为促进学术交流和活跃学术气氛，全年共聘请国内外专家举办学术报告 93 场，受到了广大师生欢迎。

五、本科教学工作

2007 年我院共招收本科生 570 人，515 名学生顺利通过答辩毕业，为社会培养了符合社会需要的复合型高素质人才。在本科教学方面，按照宽口径、厚基础、重创新、高素质的人才培养目标，做好本科教学组织管理工作。

学院在各级教学质量工程立项方面获得新的进展。赵炳新教授的《网络营销》课程被批准为国家精品课程；徐向艺教授的《管理学》教材被评为国家级“十一五”规划教材；“工商管理”专业教学队伍被评为山东大学优秀教学团队。

学院重点加强和逐步完善课程小组的建设工作，强化专业基础课程的教学管理工作。学院成立了28个课程小组，在工商管理类、管理科学与工程类的各门基础课程做到了统一教材、统一大纲、统一出题、统一考试工作，为学生后续专业课的学习打下良好的基础。

为鼓励教师加强课堂教学研究工作，提高课堂教学效果，学院出台了管理学院本科教学听课制度，明确教学院长、系主任、研究所所长听课的具体要求。各系制定了听课计划，并将此计划报教学院长、本科教务室备案。各系主任、所长认真执行了听课计划。通过听课，发现课堂教学中存在的问题，并制定了相应的解决方案。

学院举办了公开教学观摩活动。共组织教授、专家40人次听取了18位中青年教师授课。同时让更多的青年博士教师参与到公开观摩教学活动中来，学习优秀的课堂教学方法，提高课堂教学水平。

我院从本科2004级开始在教学计划中增加了认知实习环节，2004级、2005级的学生在学习本专业各门课程之前，对本专业所从事的经济活动进行了实地参观、了解，从而对本专业的实际生产经营活动形成感性认识，为以后专业课的学习和理解奠定良好的基础。

六、研究生教学工作

2007年度我院共招收硕士研究生139人，参加2008年免试推荐研究生62人，实际录取52人，招收博士研究生20人。通过答辩的硕士研究生134人、博士研究生19人，为社会输送了高素质的优秀人才。

本年度学院进行了新增硕士生导师和博士生导师的遴选工作。博士生导师遴选新增2人（校外），硕士生导师遴选新增4人，合作硕士生导师2人。

学院创造条件，逐步实施“一个学生，两个导师，三种经历”的研究生培养新模式，贯彻学校博士生双导师制度。加强对研究生课堂教学质量监控，严格学位论文评阅和答辩程序，为研究生创造良好的学习条件，丰富研究生学术活动，提升研究生培养质量。

在研究生培养方面，本年度我院重点强化导师负责制，认真执行和落实《研究生指导教师工作规范》，发挥导师在研究生培养与管理中的主导作用。研究生导师积极引导学生参与课题研究，每位博士生导师都设置研究生助研岗。全年博士生导师资助10人次博士生参加国内外学术会议。在导师指导下，研究生在CSSCI、SCI、EI期刊发表论文总量达到25篇。近70人次获各类奖学金。

在MBA教育方面，2007级经贸MBA录取与复试64人，2007级普通MBA录取与复试140人，121名MBA学生参加春季答辩，111人参加秋季答辩。有151名毕业生就业及离校工作。开设MBA研修班8个。

学院积极探索专业学位教育管理体制和教学方法的改革。在专业学位（MBA、工程硕士）教学过程中，强化师资队伍建设，成立课程小组，探索教学内容、教学方法、手段的创新。今年，我院承办了首届中国MBA联盟、第二届中国MBA华东联盟峰会，全国近百所高校MBA代表参加，会议邀请了海信科龙股份有限公司董事长汤业国先生、中国人民大学黄朴民教授等7位著名企业家、学者进行了演讲。这次盛会对推动我院 MBA 教育发展、扩大我院学术影响力发挥重大作用。全年为 MBA 学生举办的专题学术报告 10 场。

在继续教育方面，2007 年学院招收函授生 688 人，招收自考助学生 198 人，招收网络生 1000 余人。

学院在继续教育学院的指导下，充分发挥学院的师资资源优势，积极进行教学改革，教学质量水平得到显著提高，在继续教育学院教学质量检查中始终名列第一。在教学上实行了规范化、人性化管理，受到学生和社会的好评，呈现良好的发展势头。

七、学生管理工作

学院认真贯彻落实中共中央、中共山东省委、学校党委关于进一步加强和改进大学生思想政治工作的意见、要求和部署，秉承“以学生为本”的工作理念，致力于培养优秀的管理人才，不断强化服务意识，进一步完善学生教育管理机制，以工作流程的规范化建设为基础，以工作内容方式的创新性研究为重点，以学生的创新精神和实践能力的培养为中心，重点开展了学生思想教育、毕业生就业、学术文化、科技创新和社会实践等各项工作，取得良好成效。

本年度院团委开展了“大学生诚信和社会责任感教育”、“五心教育”和“学习十七大内容，贯彻十七大精神”等主题教育活动，进行了一年级学涯规划设计、二年级专业分流、三年级素质提升和四年级择业就业的分年级、分层次教育活动。顺利完成了研究生会、学生会和青年志愿者协会的换届选举工作，成立了两个学生社团组织。组织并举办研究生“博锐论坛”三期，本科生“周末论坛”三期，承办学校小树林论坛两期，教授讲坛两期，参加学校“五四”论文评比，12 项作品获奖。组织研究生、本科生进行暑期社会实践。登记发布 500 余家企业的招聘信息，组织接待 80 余家企业的专场招聘会，2007 届毕业生就业率达到 92.76％，其中研究生就业率达 93.29％，本科生就业率达 92.23％。

学院认真组织实施社会实践活动，学生参与人数达到 2000 余人，完成社会调查报告 800 余篇，优选实践报告 40 篇汇编成册。学院举办了暑期社会实践活动成果展和社会实践成果报告会。

本年度内共评定选拔校优秀班集体 10 个，校先进团支部 12 个，校十佳团支部 1 个，校十佳共青团员 1 名，校级优秀学生干部 71 人次，院级优秀学生干部 104 人次，校级模范团支部 6 个，校级优秀团员 200 人次，各类活动积极分子 60 人次。组织参加第十届“挑战杯”大学生课外学术科技作品大赛，21 件作品获校级奖，3 件获省级奖，1 件获国家三等奖。

八、国际合作与交流工作

为推进国际合作与学术交流，学院确定了国际化、开放式的发展之路，并采取有效措施，积极推动国际合作与交流工作。

2007 年 1 月和 7 月，我院和韩国中央大学合作项目的部分教师和学生分两批前往韩国汉城的中央大学进行了访学活动。

2007年4月，学院组团对加拿大和美国的多所高校，如加拿大滑铁卢大学创新创业中心、加拿大阿尔伯塔大学商学院、美国加州大学洛杉矶分校（UCLA）国际合作部、美国辛辛那提大学管理学院、美国耶鲁大学管理学院、美国哈佛大学生物工程实验室、美国波士顿剑桥学院和哈佛商学院进行了考察和访问，取得了实质性成果。与美国辛辛那提大学管理学院签订了联合申报培养EMBA项目的协议书，签订了联合成立“企业管理创新研究中心”协议书，与加拿大阿尔伯塔大学商学院签订了合作成立“管理科学研究中心”的协议书。

2007年5月，接待了澳大利亚阿德雷德大学创业教育中心主任，双方计划在2008年1月合作成立“创新与创业教育研究中心”，实现双方师生的互访计划。

2007年9月，接待了台湾科技大学管理学院院长率领的访学团一行23人，并且举行了题为“如何培养合格MBA学生”的座谈。

2007年10月，接待了荷兰吞特大学商学院院长和莱顿大学研究生院院长率领的访问团一行25人，举行了关于大学生、研究生创新与创业教育改革的研讨会。

2007年11月，接待了美国康州大学访问团一行35人，双方就未来合作培养MBA和互换学者事项达成共识。

2007年12月，接待了韩国中央大学51人访学团。

九、社会服务工作

学院充分发挥管理学院的人才优势和学科优势，积极为社会经济和当地经济服务。

2007年学院为兖矿科澳铝业、中国银行山东分行、海信科龙集团、济南科赛基农化工有限公司、聊城大学商学院、济宁经贸委职工教育办公室、宁波工程学院、河南郑州紫薇投资咨询有限公司等单位开设MBA研修班和和工程硕士班，共计培养学生400多人。

在学校内举办MBA研修班和课程进修班，共培养学生140多人。学院举办了三期总裁班，培养高级管理人才160人。另外，还为莱芜炼钢厂、黄金集团、鲁商集团等举办短期培训班。另外与杭州天汇培训学校、山东省质量技术监督干部学校、湖南科技大学、青岛港归科技培训学校、山东省国资委、济宁天博公司等单位进行充分的洽谈并达成了合作办学的意向。

这些工作响应了“山东大学服务山东计划”的号召，为山东经济的发展作出了贡献，同时也为学院的发展和职工的福利提供了资金的保证。

十、行政管理工作

2007年，院行政认真贯彻落实学院“十一五”规划，履行工作职责，圆满完成了山东大学党政联席会交给的各项工作任务。

学院办公室是学院的协调中心、服务中心、信息中心，是展现学院形象的重要窗口。行政全体员工努力树立以教师、学生为中心的服务意识，充分发挥办公室综合协调和参谋作用，坚持热情为师生服务的宗旨意识，不断更新管理理念，改进工作作风，提高服务水平。在工作中，克服人手少、头绪多、事情杂、任务重的困难，以大局出发，淡泊名利，积极服务于教学、科研和社会工作，努力做到规范、高效、迅捷和文雅，兢兢业业地做好本职工作。

（王惠兰）

马克思主义学院

2007年5月9日山大人字［2007］63号文件决定：马列主义教学部更名为马克思主义学院。学院下设马克思主义基本原理、中国化马克思主义、道德修养与法律基础3个教研室。在职教职工64人，其中教师58人、教辅2人、管理人员4人。教师中教授12人、副教授34人、讲师12人、博士生导师3人、硕士生导师19人。教师中具有博士学位的有10人、硕士学位的34人、在读博士8人、在职做博士后研究的3人。

一、教学工作

1. 本科教学。配合国家的课程改革，对我院的教研室进行了再次调整：在保留原中国化马克思主义教研室（改名为“毛泽东思想、邓小平理论和‘三个代表’重要思想概论”教研室）、思想道德修养和法律基础教研室的基础上，将原来的“马克思主义哲学教研室”和“马克思主义政治经济学教研室”合并成为“马克思主义原理教研室”，同时在“毛泽东思想、邓小平理论和‘三个代表’重要思想概论教研室”中增设“中国近现代史纲要课程组”，在“思想道德修养和法律基础教研室”中增设“当代世界经济与政治课程组”。

制定了马列教学部“十一五”本科教学规划。为切实落实这一规划，又相继制定了《马列教学部“十一五”本科思想政治理论课教学改革与课程建设行动方案》。

制定了《马列教学部进一步落实高校思想政治理论课“05方案”行动计划》，组织教师参加了教育部、山东省教育厅、各教学研究会以及本部的教师培训，牵头组织了山东省教育厅主办的全省高校《思想道德修养和法律基础》新课程的培训。

在2006级新生中如期按照新方案组织教学。

制定了《马列教学部精品课程建设扶持计划》，组织了精品课程建设问题研讨会，组建了各门课程的精品课程建设团队并开始开展工作。

进行考试改革。展开学生问卷调查，召开了教务处分管领导、教学部相关教师、学院辅导员、学生代表参加的座谈会，从考试题型、考试频率、阅卷方式等多方面进行了尝试。

2. 研究生公共课教学。在教学中采取多种教学形式，理论联系实际，多次组织博士生、硕士生实地考察，使学生受益匪浅。另一方面外请专家精心举办了专题讲座，很受学生欢迎。

二、科研工作

2007 年学院科研工作主要围绕以下几个方面展开，并取得了一定的成效。首先，完善了学院科研管理制度，加强常规科研工作。根据学校所制订的一系列科研管理规章制度，使学院课题申报、科研评奖、科研成果评价体系、科研档案录入系统等科研管理工作逐渐规范化。其次，加强与学校社科处的工作联系，保持信息畅通，强化科研项目申报的宣传力度和立项组织工作，加强已立项科研项目的管理，督促相关人员按时、保质、保量地完成立项课题。其次，积极动员和组织各类各级课题和成果奖的申报，2007 年度学院共成功申报了 10 项课题，其中国家社科基金课题 2 项、教育部课题 2 项、山东省社科规划项目 2 项、山东省科技厅课题 1 项、山东省软科学课题 1 项、校级课题 2 项。2007 年度获得省社科优秀成果奖 2 项、省高校社科优秀成果奖 2 项。第三，2007 年度学院老师共撰写学术论文 80 篇，其中 A 类文章 2 篇、CSSCI 收录文章 32 篇、出版学术著作 2 部。

三、研究生培养、学科和师资队伍建设

1. 研究生培养。对研究生培养的硕士、博士培养方案在实践的基础上进行了全面修订，增加了“中国近现代史研究”二级学科的新培养方案。

2007 年共招收博士生 6 人，硕士生 41 人。有 2 名同学被评为山东大学优秀毕业生，1 名同学获得校长奖学金，2 名同学获得优秀学生奖学金，1 名同学获得科研奖学金，1 名同学获得“潍柴动力”奖学金，1 名同学获得“光华”奖学金，1 名同学获得银座奖学金，2 名同学获得校优秀学生干部奖学金，3 名同学分别获得潍柴、临沂、社会实践项目立项。

2. 学科建设。合理使用 985 工程专项建设资金，购置专业图书 350 余册，支持教师参加国内外学术会议 20 余人次。完成了研究生导师的遴选工作，新增硕士生导师 3 人。

3. 师资队伍建设。积极鼓励支持青年教师提升学历、学位层次和提高学术水平，2007 年有 2 人考取了博士研究生，1 人去英国巴斯大学进修学习，1 人去美国加州大学进修学习，1 人从事博士后研究。

四、党务工作

2007 年，按照学校党委的工作安排，进行了保持共产党员先进性教育“四个机制”自查迎检工作。组织党员教师及入党积极分子到河南任长霞纪念馆参观考察，进行党员的先进性教育，增强党性意识。把党员的先进性教育和教职工的思想政治教育与支持教学科研及学科发展工作结合起来，聘请专家作报告，如省高工委书记田建国作思想教育方面报告，校党委朱正昌书记作十七大精神进教材、进课堂、进学生头脑的报告，中央党校博士生导师赵曜教授作“坚定不移地走中国特色社会主义道路”的报告，收到了很好的效果。

组织基层党组织活动立项的申报工作 ，有 2 个党支部获得学校党委立项，其中 1

项被立项为最佳方案。

配合学校做好中层干部换届的组织考察工作。参加了由中组部中宣部组织的“学习实践科学发展观”的调研座谈工作。

认真、重点、持续性地开展了学习贯彻十七大精神、学习新党章系列活动。出台了马克思主义学院学习贯彻十七大精神的具体实施意见；召开由校党委书记朱正昌参加的马克思主义学院学习贯彻十七大精神研讨会。

学院研究生思想政治教育与管理工作进展有序。重视学生党团组织建设和思想政治、心理健康、安全教育与管理。一年来，有3名研究生预备党员转正，有10名研究生被吸收为预备党员，新增入党积极分子11人；组织学生到英雄山、孟良崮等地接受革命传统教育；组织学生深入学习“十七”大精神，组织学生开展“和谐从我做起”系列活动。

（仲　欣）

体育学院

体育学院下设社会体育系、竞赛训练管理中心、场馆管理中心、东新校区管理中心、东老校区管理中心、南校区管理中心、西校区管理中心、南新校区管理中心。共有教职工132人，其中教授8人、副教授50人、具有博士学位教师7人、教职工党员56人。

2007年，体育学院招收本科生138人、研究生14人。截至2007年9月，学院有全日制在校本科学生共501人、研究生39人、学生党员47人。建有男子篮球队、男女排球队、男子足球队、田径队、游泳队、乒乓球队、定向越野队等八支高水平运动队。

一、管理工作

2007年，体育学院以《中共山东大学委员会2007年工作要点》、《山东大学2007年学术与行政工作要点》、《2007“作风建设与管理效益年”实施方案》等文件为指导，以全面贯彻落实“全国学校体育工作会议”精神为切入点，结合体育学院实际，调动一切积极因素，开拓体育学院工作新局面。在工作中继续坚持以观念更新为先导，树立学校体育工作新理念；坚持以制度创新为动力，建立健全体育学院内部科学的管理机制和运行机制；坚持以聚集人才为关键，创造培养吸引和用好人才的良好氛围和环境；坚持以教学、科研为中心，全面提高体育专业和公共体育课教学质量；坚持发挥学科交叉、资源共享的合校优势，办好社会体育专业、搞好体育人文社会学和体育教育训练学硕士点建设和新专业新学科的申报工作；坚持“内聚人心，外树形象”的运动训练竞赛根本，办出学校高水平运动队的特色与水平；坚持以思想作风建设和职业道德教育为前提，充分发挥全体职工的工作积极性和创造性。

我院继续以广大学生的健康促进为宗旨，积极开展“全民健身运动”和《学生体质健康标准》达标活动，参与制订山东大学文件“山大综字［2007］43号”《山东大学关于开展学生阳光体育运动考评工作的意见》。继续努力改善体育教学条件，实现体育场馆设施和实验条件的进一步优化，参与制订山东大学文件“山大综字［2007］44号”《山东大学体育场馆设施管理办法（试行）》。

2007年4月8日，体育学院党委组织学院全体党员到莲台山、大峰山郊游，并组织参观了大峰山抗日战争纪念馆，使大家接受了一次深刻的革命传统教育，进一步增强了党组织的凝聚力。

二、教学与科研工作

学院重视教学科研工作和学科建设，不断深化教学改革，加强课程建设，严格教学管理。院长张瑞林荣获第三届山东省教学名师奖。

2月4日，“中国学位与研究生教育学会体育工作委员会常务理事扩大会议”在山东大学体育学院的组织下召开。此次会议参加单位有20个，与会27人次。会议由山东大学体育学院张瑞林院长主持，就当前研究生体育工作状况、研究生体育工作中的热点和难点问题、本年度协会的工作任务以及协会的组织建设问题展开了激烈的讨论。

4月2日，山东大学学生体质测试和“我运动，我健康”大型体育运动健康知识普及活动正式拉开序幕。本活动由山大体育健康检测试验中心和山大体育学院研究生会主办，体育学院2006级社会体育专业80名学生作为主要组织测试人员。本次体质测试同去年一样，采集身高、体重、肺活量、握力、立定跳远和台阶实验六项体能数据，时间持续两个月。

4月22日，由体育学院和定向协会组织策划的山东大学定向越野赛在山东大学东新校区拉开序幕，来自药学院、生命科学院、电气工程学院等200多名队员参加了比赛。

4月29日，在山东大学党委、行政的高度重视和精心组织下，山东大学分别组织各学院、中小学收看了中央电视台直播的“教育部、国家体育总局、共青团中央、北京市政府在北京举办的大型‘阳光体育运动’现场启动活动”。校党委常委、副书记方宏建等校领导与学生一起参加了收看。待北京“现场启动活动”进入体育活动锻炼阶段，各校区有关单位组织学生在本校区内开展了不同项目的体育锻炼活动。在东校区体育场“山东大学阳光体育活动启动仪式”的现场，体育学院张瑞林院长鸣枪，数千名学生绕场健步跑，之后同学们又举行了拔河比赛。其他校区的同学还参加了跑步、篮球、网球、羽毛球、排球、健美操等锻炼活动。

5月19日，由中国法学会体育法研究会和山东大学法学院、山东大学体育法研究中心共同主办的“法律视野下的奥运会研讨会”在山东大学新校图书馆学术报告厅举行。同时，山东省法学会体育法学研究会在山东大学成立。来自国家体育总局、中国贸促会、山东省体育局等政府部门，武汉大学、山东大学、北京师范大学、南京师范大学、外交学院、湘潭大学、中南财经政法大学、西南政法大学、华中师范大学、北京体育大学、天津体育学院、武汉体育学院、沈阳体育学院、首都体育学院、山东体育学院等30多所高等院校的法学界、体育学界专家学者60余人参加了此次学术研讨会。山东省法学会陈泽沅会长主持了体育法研究会选举，会议选举了研究会长、副会长、秘书长、常务理事和理事，张瑞林院长当选为副会长。

6月14～15日，教育部在山东大学召开了教育部直属高校体育工作会议。出席会议的有教育部体卫艺司领导，全国高校体育教学指导委员会主任、副主任，教育部全国高等学校体育教学指导委员会有关委员及教育部直属高校体育部（学院、系）负责同志120余人。

加强群众体育工作，积极开展“阳光体育运动”。我校制定了贯穿全年的“阳光体育运动”活动方案，充分调动各学院、各部门、各学生体协组织的积极性，积极开展各类体育活动，活跃了校园体育文化生活。同时，成功举办了“2007年山东大学体育文化节”，本届体育文化节时间长达两个多月，极大地丰富了学校课余体育文化活动，营造了积极向上的校园体育文化氛围。

2007年6月25日，2007国际体育学术论坛在山东大学邵逸夫科技馆举行。山东大学副校长樊丽明教授、亚洲体育管理协会主席、中国体育管理协会副主席兼秘书长、中央财经大学体育学院院长、北京体育大学管理学院院长秦椿林教授、美国运动发展学会副理事长、韦恩州立大学体育学院院长萨拉厄尔伯博士、山东大学国际合作与交流处处长佟光武教授、山东大学社会科学处处长李红教授等出席论坛。论坛由山东大学体育学院院长张瑞林教授主持。韦恩州立大学体育学院赫尔曼恩格斯教授、山东大学体育学院张瑞林教授、韦恩州立大学赖勤博士、内华达拉斯维加斯大学体育学院阿帕奇教授、日本神户大学二杉茂教授、浙江工业大学体育军训部主任黄滨教授分别在体育人文社会学、运动人体科学、体育教育训练学等领域作了精彩演讲。

三、训练与竞赛工作

我院不断加强运动训练及竞赛工作，引入竞争机制，努力做好教练员和运动队的管理，运动竞技水平显著提高。今年我院高水平运动队取得优异成绩。

1月13日，在中国大学生排球联赛女排总决赛中，山东大学坐镇主场迎战北京航空航天大学，以总比分3∶2取胜，但是在主客场小分计算上不敌北航，最终荣获CUVA全国亚军，山东大学赛区荣获了本届CUVA最佳赛区奖。

2月5日，在2006～2007年“李宁杯”中国大学生五人制足球联赛山东赛区选拔赛中，山东大学男子足球队在单循环制的比赛中六战全胜，轻松摘得桂冠，连续三次代表山东省进军全国分区赛；4月21日，北区决赛中，我校男子足球队获得北区亚军，携手电子科技大学进军全国总决赛；5月30日，代表山东省跻身决赛圈的山东大学足球队，继上届联赛取得亚军的桂冠后，再次挺进全国三甲，获得了第三名的好成绩。

在2006～2007“李宁杯”中国大学生足球联赛（CUFL）总决赛中，山大男子足球队实现了历史性突破，夺得了亚军，并将代表大学生球队参加11月份在云南昆明举行的全国职业乙级联赛总决赛。

3月15日，第三届中国大学生男子篮球超级联赛北区第二赛会在长春落下帷幕。在大超常规赛最后一轮比赛中山东大学在98∶86完胜上届全国总冠军东北大学后，跻身北区四强，拿到了晋级季后赛的入场券。比赛结束后，校长展涛，副书记方宏建向球队发来贺信，祝贺山大顺利晋级。

4月22号，全国大运会北方赛区排球预选赛在天津正式拉开帷幕，我校女排取得北方赛区亚军，男排取得第三名，双双进军全国大运会决赛。

7月10日，在2007年中国大学生沙滩排球锦标赛中，山东大学男、女排球队双双荣获本届中国大学生沙滩排球锦标赛的冠军。

7月26日，荣获中华人民共和国第八届大学生运动会“校长杯”。

四、学生工作

学院十分重视学生工作。根据学生的不同特点，扎扎实实抓好常规性工作。加强学生班级建设，增强凝聚力；组织学生开展以班级为单位的活动，如组织学生积极参加校团委、学生会组织的各项活动，多次取得好成绩，进一步提升了体育生的自信心；组织学生积极参加社会实践活动、学术报告会，承担学校承办的各项比赛的裁判工作，并承担全校的本科生体质检测工作等，增加了学生的集体荣誉感，激发了进取心，给更多学生提供了施展才能的机会。与教练员共同做好运动员学生的思想工作，并取得较好运动成绩，为学校争得了荣誉。重视学生党建工作，发展新党员 29 名，举办了两期党课学习班，85%以上的学生写了入党申请书。在学生中已经形成了努力学习、刻苦训练、积极上进的好风气，成绩显著。

6 月 21 日为庆祝即将来临的中国共产党成立 86 周年纪念日，体育学院党支部组织本院学生党员在南区办公楼会议室举行了新党员入党宣誓仪式。

4 月 17 日，体育学院举办辩论赛决赛，参赛双方分别是正方 2006 级社会体育（2）班和反方 2005 级社会体育（1）班，经过激烈角逐，2006 级社体（2）班获得本届辩论赛的冠军。

5 月 26 日，济南市槐荫区“志愿服务进万家 爱心奉献促和谐”活动启动仪式在槐荫区广场隆重举行。济南市文明办、槐荫区相关领导参与了启动仪式并作了重要讲话。来自镇、街道办、高校、企业等三十家合作单位的志愿者服务队伍使得此次活动异常丰富。共建协议单位现场签订了合作协议，随后，各代表志愿团作了现场服务。这次活动时间跨度大、内容丰富，从 5 月持续到 11 月，涉及家教、医疗、便民维修等方面。响应构建和谐社会的号召，延伸并拓展和谐社会精神，走进社区，来到真正需要者的身边，我院的志愿团已加入到了志愿服务社区、共建和谐社会的队伍中。

6 月 3 日，体育学院足球队以两场胜利，夺得了由医学院组织的山大教育超市杯 7 人制足球联赛的冠军。

9 月 27 日，体育学院研究生党支部正式成立。会议由薛应平副书记主持召开，体育学院三个年级的研究生党员参加了会议。

今年，2004 级高水平班获得“山东大学优秀团支部”；2005 级高水平班获得“山东大学优秀团支部”；2005 级社会体育班获得“山东大学优秀班集体”。

（袁淑娟）

齐鲁软件学院

2007 年，是我院发展历史上具有里程碑性质的一年，在山东大学和高新区政府的关心下，学院顺利完成了管理体制的平稳过渡。在即将过去的一年中，在校党委的领导和学校机关的指导下，我院认真学习、贯彻党的十七大精神，全面落实 2006 年国家示范性软件学院验收过程中提出的问题，全面实施《山东大学 2007 年党委工作要点及学术与行政工作要点任务分解详目》，在不断深入探索软件工程专业本科教学和软件工程硕士培养新思路，积极研讨并规划实施了数字媒体、电子政务等方向的本科及研究生培养。学院全年招收软件工程专业本科生 436 人，招收软件工程硕士研究生 365 人；送走 2003 级本科毕业生 124 人，有 156 名软件工程硕士研究生通过了硕士论文答辩顺利毕业。

一、本科教学

2007 年软件学院本科教学工作取得突破性进展，软件工程专业建设和嵌入式系统专业方向建设被教育部确定为第二类特色专业建设项目。本年度，学院在原有“2＋X”培养模式基础上，本科教学工作的中心是围绕软件学院通过教育部验收以后，进一步明确的本科教育建设方向，全面落实验收中发现的问题。本年度学院本科教学工作主要集中在以下方面：

（一）本科专业建设

进一步明确专业建设目标。软件工程专业根据国家经济发展战略和软件产业政策，在人才培养体系、运转机制、软硬件环境建设等方面进行富有成效的实施。真正实现以社会需求为导向，以实现学生知识体系与产业需求之间无障碍对接为目标，以产、学、研紧密结合为基本办学模式。

优化数字媒体专业的培养计划。结合动漫、游戏、广告、影视等数字娱乐产业实际项目案例，模拟公司运作方式，以项目管理模式从技术、沟通、进度控制、团队合作、职业规划等方面综合训练职业素质。开展专业认证考试和行业技能实训及承接企业内训。与国内外行业发展较好的企业合作，开展专业人才培训和项目共同开发。

（二）校内实训中心建设

专业建设重点是改造校内实训中心，建设成为 IT 人才实训基地和山东省 IT 实训服务平台。将校内实训基地模式由传统的校内实验和常规实训改造成一种新型工程实践培养形式。校内实训基地模拟真实企业，根据人才培养和市场业务的需求，细化出若干方向，每个方向集培养和生产功能于一身的实训单元，由该方向的技术人员和校内导师共同指导学生，进行培训和实际项目的开发，完成人才培养目的。

（三）硬件建设方面

基础实训部分建设100～150个机位环境，以大办公环境的机位方式，面向低年级学生的基础培训和实训，主要是提高程序设计的能力。专业实训部分，按照公司办公模式，设立项目开发室、经理室、讨论室、会议室等虚拟机构，开展项目管理的实训过程，包括软件项目的分析、设计、编码、测试等。专业实训在第六学期后一个月开展，分为软件工程方向、面向海外软件开发方向、嵌入式系统应用方向、电力软件开发方向；第七学期后两个月开展项目管理实训，涵盖软件工程的全过程管理实训。

（四）实训中心建设

为了加强专业的实验教学，突出软件工程的特色，学院从计算中心中分离出实验教学任务，成立软件学院实训中心，承担任务包括：软件工程实验室管理及实验指导、数字媒体实验室管理及实验指导、软件学院实训中心管理及实训指导、软件学院创新实验室管理及实验指导。

二、研究生培养

2007年是我院研究生培养内涵建设与创新工作全面提升的一年，全年共完成15个行政班、10个教学班（含外地教学班5个）的课程教学组织工作。同时为2006级秋季、2007级春季、2007级秋季共计669名工程硕士建立了个人学籍档案，并完成全部工程硕士的学籍档案整理工作。全年学院共有156名研究生参加论文答辩，全部顺利通过答辩并毕业，其中优秀占17.7％，良好占76.5％。学校抽查匿名盲审7人，通过率为100％。在完成以上基础日常工作之外，主要针对以下方面开展了创新性工作：

（一）研究生工程能力的培养创新

2007年学院加强了脱产工程硕士的培养力度，研究生培养部门打破以往传统的课程安排框架，对以“软件工作室”和软教育为核心的全新培养模式进行了研究和总结。2007年共成立了J2EE、NET、嵌入式等3个方向的工作室，组织脱产学习学生成立了4个软件工作团队，每周集中三天时间连续进行实际项目的开发。同时组织校内教师、企业员工、高年级研究生等组成指导团队，共同承担团队管理和项目指导工作。

软件工作室按照企业的管理模式进行人员管理，在运行过程中极大地激发了学生的积极性。同时，在软件工作室的基础上，形成工程型研究生培养论文一篇——*Discussion and Innovation on the Intensive Cultivation Pattern of Software Engineering Talent*，该论文目前已经被CEIS-SIOE 2008收录。

（二）建立多途径的教学模式

2007年，学院针对外地教学点和学生学习需求的增加，开始尝试多途径教学。随着教学课件、电子教案等常规课程资源的成功应用，学院将课程录音、课件旁白、课程录像等逐渐确定为新的教学手段。2007年针对软件学院骨干课程、企业任教课程等，陆续完成了《面向对象方法》《J2EE应用开发技术》《软件需求开发与设计》《软件工程》（外教课程）、《企业应用集成》、《对日软件开发规范》（企业课程）、《日本商务礼仪》（企业课程）等多门课程的课程录像。在丰富教学模式的同时，节省了教学成本。

（三）工程硕士培养方向建设

随着软件工程培养方向的成熟和新的社会需求的产生，2007 年重点对“电子政务”和“数字媒体”两个全新的研究生培养方向进行了建设。先后邀请学院主要领导、相关方向的专家教师对这两个培养方向进行了多次研讨。分别对课程体系、主要课程内容、论文方向、论文写作指导等方面进行了充分的研讨，并对相关课程的教学大纲、实验大纲、应用教材等资料进行了收集、整理和讨论。目前这两个新建成的培养方向已经进行了实施。

（四）精品课程建设与课程引进

2007 年，学院组织力量加强了学院已有课程的建设力度。经过多年的教学积累，李学庆老师主讲的《J2EE 应用开发技术》课程成功申请为年度“教育部—IBM 精品课程”。在精品课程的教学阶段，先后在 2007 年 7 月份开设以 JAVA 为主要内容的前导课程，10 月份开设《J2EE 应用开发技术》理论部分，由李学庆、刘辉、刘运臣、刘士军四位老师共同任教。11 月份开设 J2EE 软件工作室。目前该精品课程项目进展均在按计划进行，并已经通过第一阶段的审核验收。

学院充分利用 IBM 公司的“校园使者”计划，成功为软件工程硕士引进了《RUP》和《软件测试技术》两门课程，分别由 IBM 的 7 位工程师和专家来学院任教，共组织 198 人参加课程学习。经过完整系统的学习，课程结束后对 42 名同学进行了随机调查显示，绝大多数同学对课程引进比较欢迎。

（五）全面落实学位过程管理，加强论文质量控制

经过不断的实践，2007 年学院在学生学位过程管理中设置了“论文开题”、“论文中期检查”、“论文初审”、“论文预审”、“论文正式评审”五个关键质量控制点，从而将整个论文过程划分为几个小的过程进行管理，有助于学生明确各阶段的工作，避免学生偏离论文过程轨道。同时，学院加大论文指导的力度。在论文开题，论文中期检查，论文初审等环节邀请经验丰富的导师通过对学生集中指导和赴基地巡回指导等方式，与学生面对面讨论论文写作情况提出意见和建议。学院还制订了《软件学院研究生学位论文工作管理办法》，对过程管理中各环节工作的管理办法作了明确的规定。达不到关键质量控制点要求的学生将不能进入下一环节的论文工作。全年学院共有 156 名研究生参加论文答辩，全部顺利通过答辩并毕业，其中优秀占 17.7 ％，良好占 76.5％。学校抽查匿名盲审 7 人，通过率为 100％。

（六）管理信息系统在论文质量控制过程中的突出作用

2007 年学院对研究生管理信息系统进行了全面的推进。目前系统已经实现了对研究生培养全过程的支持，已经成为业务开展不可缺少的支撑平台。同时，学院全面使用该系统对学位工作进行管理。管理系统学位部分的基本功能覆盖了论文过程管理的各个环节，其特色功能是学生论文的过程跟踪和状态控制机制，为上半年学生 100％通过答辩发挥了积极的作用。

三、招生与实习工作

2007年，我院在学校的统一部署下，共招收本科学生436人，录取工程硕士365人。2007年面对软件工程硕士生源招生市场竞争较为激烈的局面，学院在充分利用学校网络媒体、在读硕士、毕业校友以及学校、山东省研究生招生咨询会平台进行广泛宣传的同时，按照纵向走行业、横向走地域的模式开展拓展宣传。围绕电力系统、国资系统、商业系统、金融系统、政府人事系统以及通信、齐鲁软件园区内IT技术企业、部队系统等重点行业领域进行了有效的拓展。

2007年度实训交流会，集中邀请近20家实训基地相关部门负责人来学院就一年来的实训情况进行总结，探讨更加符合企业需求和学院培养的实训模式。在学院实训管理系统的支持下，加强实训过程管理。通过引导各类实训学生进入正常的实训流程并按时提交报到报告、培训总结报告、实习中期检查报告、实习鉴定报告和每月提交月度总结与计划报告的方式，加强三方的沟通和交流，使出现的问题能得到及时的解决。全年共有191名学生参加实训，工程硕士93名、本科学生98名。分布在Intel、IBM、亚信、神州数码、浪潮、海信、中创、大连华信、北京用友等各实训基地

在拓展国内实训基地的同时，学院针对海外实训基地进行了大力拓展，今年通过新增海外软件工程开发（对日）方向培养体系，将原有多年建立的对日开发就业培训体系嵌入研究生培养体系中，经过一年多的培养和日企公司层层选拔，最终有7名工程硕士赴日本东京开展实习，开创了学生海外实习的新模式。

四、国际合作

2007年，加拿大里加纳大学、美国辛辛那提大学、山口大学、瑞典皇家理工学院、英国龙比亚大学、卢森堡大学等国外大学的代表团或国际合作项目负责人访问我院，与学院领导在教师互访、学生交流、合作办学项目等方面进行了深入的探讨。卢森堡大学Frank Leprevost副校长于2007年5月来到学院对申请此联合培养项目硕士生进行选拔，学院2006级两名研究生通过了选拔并于2007年10月赴卢森堡大学交流学习一年。2007年7月加拿大里加纳大学计算机科学系系主任杨学东教授来访学院，就已签署的2+2合作项目新的情况及下一步的开展计划与学院领导进行了探讨。

2007年，邀请十余位国际知名专家来访。来学院工作的专家有日本会津大学赵强福教授、新加坡国立大学陈朝成教授、华盛顿大学宋贤清副教授、美国乔治梅森大学陈锦雄教授、加拿大尼普森大学朱海滨副教授、美国蒙大拿州立大学朱滨海教授、美国德克萨斯大学Sergey Bereg教授、美国辛辛那提大学曾庆安教授、IBM研究院John C. Tang研究员和微软亚洲研究院王坚研究员等，他们为学院开设了高水平的学术讲座或短期课程，并与相关研究方向教师进行科研合作方面的研讨。

聘请国外大学或公司的高水平专家使用英文开设专业课程，是软件学院培养国际化人才的一大特色。2007年5～6月，新加坡国立大学陈朝成教授为学院2004级本科生开设了*3D Game Technology*课程。邀请加拿大尼普森大学朱海滨教授于2007年7月份为我院2007级研究生开设了36课时的《软件工程》课程。2007年10月IBM研究院

John C. Tang研究员为学院2007级研究生开设了《人机交互》的短期课程。

2007年学院与IBM、Microsoft、Intel、HP、Sun、Cisco、Oracle等国际知名企业从专业技术巡讲、师资培训、课程体系建设、专业技术认证、联合研究开发、校园科技活动、学生实习、奖学奖教奖研等方面开展了全方位的合作。邀请了来自IBM的3位资深专家开设了DB2、服务科学和SOA的前沿技术讲座。学院与IBM开展了课程结业证书项目的合作。2007年1月IBM的4位专家为学院2006级研究生开设了32课时的“RUP”课程，2007年3月IBM的3位专家为学院2006级研究生开设了《软件测试》课程。参加课程并且考试成绩合格的134名学生得到IBM颁发的课程结业证书。各跨国公司根据业界发展状况，结合高校的课程和认证需求，定期组织介绍业界先进技术的师资培训班。2007年学院共派出10名教师参加了跨国公司组织的师资培训课程。

在知名企业合作开展的新技术认证方面，2007年分别组织IBM新技术认证三期，开设DB2、UML、Websphere等目前成熟的流行认证课程，共组织1019名学生参加认证课程学习，其中参加考试955人，通过843人，总体通过率为88%。同时积极开展课程结业项目的引进，全年共组织1217人参加了新技术类课程培训，参加考试1126人，共有977人获得IBM公司颁发的全球认证证书，总体通过率为87%，圆满完成了“IBM一级认证合作学校”的任务。

在引智项目方面，学院作为国家外专局首批成立六个的国家软件人才国际培训基地之一，引进国外智力项目一直得到国家、省市外专局的大力支持。2002～2007年申报的引智项目一直被国家外专局列为重点项目予以支持。2007年学院申报的《数字媒体核心技术研发及人才培养》得到了国家外专局15万元经费资助，用于聘请高水平的国外专家来学院进行学术交流、开设短期课程、联合研究开发等工作。

五、学生工作

2007年，学院围绕“学生活动打造精品”这一核心，采取了一系列的措施，举办了一系列的收效良好的学生教育活动。发挥学生党员的模范带头作用，使学生党建工作发挥龙头作用，进一步构建优良的学风。学院以完善人格培育体系为重点，以全面提高大学生思想政治素质为目标，加强对学生成长发展的指导和引导，改进学生管理与服务工作，着力学生学业的规划，加强职业规划与就业指导，提高了学生的就业率和就业层次，全院学生工作围绕学生成长成才这一中心任务，共同为实现学生工作全面争优创先而努力。2007年度，我院学生工作主要从以下几个方面开展。

（一）开展丰富多彩的主题教育活动，营造良好的校园文化氛围

以全面提高大学生思想政治素质为目标，加强形势与政策课的教学实施工作，注重增强思想教育实效性。根据《山东大学关于加强和改进形势与政策课建设的意见》，在承担课堂主渠道教学任务的同时，通过定期举办报告会、开设专家讲座、组织专题研讨交流等形式，加强对学生的形势与政策教育。学院各年级确定不同的主题教育活动，经常性开展思想政治教育工作，提高思想政治教育工作的针对性。2007年共针对新生和毕业班开展了一系列“尽快适应大学学习生活”、“充满信心，接受社会各界的挑选”等一系列主题教育活动，充分运用班会、学生活动等载体开辟专栏、专题、专版进行思想

教育，提供全面学习的平台，加强社会主义核心价值观教育，宣传和谐社会与和谐校园建设的理论，引导广大学生为营造和谐的人际关系和校园环境以及实现自身的和谐发展积极努力。

（二）加强对学生成长发展的指导和引导，将创新教育融入学生的日常活动中

根据不同年级、不同专业、不同学习阶段的不同特点，有针对性地组织好入学教育、学业规划、就业指导、毕业教育等活动。实施大学生成长导航工程 。2007 年学院一方面加强学业规划与学业指导、素质拓展与发展指导，改进心理辅导和创新创业教育工作，建立完善相关课外指导与辅导体系和工作机制；另一方面，积极开拓就业市场，实现学生就业层次的提升和就业区域的合理化分布，毕业生一次性就业率达到 100%。同时，面向新一届毕业生开展职业规划教育及毕业生心理辅导工作，针对毕业生的就业趋向问题多次开展了主题班会和就业指导讲座，依托学院大学生成长发展辅导中心，开展一对一服务指导，提高毕业生自我认识、准确定位意识，帮助毕业生做好就业心理准备，提高就业能力。

组织丰富多彩的校园文化活动。在校园文化建设方面，我院将继续以学生会、时空俱乐部、山大博创、学生社团四大学生组织为工作重点，组织学生开展思想教育活动、形式多样的校园文化活动、丰富多彩的文娱活动和社会实践活动，极大地丰富了同学们的校园生活；在科技竞赛方面，2007 年组织同学们参加全国大学生数学建模竞赛、全国电子设计大赛、ACM 竞赛、全国机器人大赛等活动，都取得了我院有史以来的优异成绩。

（三）改进学生管理与服务工作，拓展助学途径，提升帮困质量

加强了对学生日常行为的管理与教育，规范学生违纪处理程序，依法管理，维护良好的院风。加大吸引社会奖助学金力度，拓展了社会奖助学金的项目。如：Infor 伍家铭先生助学金、Nec. Soft 奖学金等，注重困难学生档案建设，加大对家庭经济困难学生的帮扶力度，促使他们顺利完成学业。开拓了部分物业服务的勤工助学岗位，健全了学生助学岗位管理的各项制度，规范程序，进一步完善助学体系，不断推进勤贷助等工作的法制化、制度化、规范化建设。全面细致地做好学生住宿管理工作，做好对全院在校本科生、研究生、住宿安排工作，建立完整的学生住宿档案数据库。

（四）扎实做好学生党员成长工程建设

2007 年引导学生党员确立发展目标和成长计划，健康成长。继续开展党支部结对“共建”活动，促进学生党支部建设，发挥学生党员示范作用。学院成立学生党支部 5 个。今年，新发展学生党员 45 名。按照院党委要求，各个党支部在年度内均开展了党的基础理论知识学习和支部专题活动，特别是在十七大期间，各支部都积极主动地学习了十七大的相关文件精神，开展了“社区志愿服务”、“校园绿色节约行动”、“校企项目交流互动”等形式多样的学习活动。

（五）加强学生工作队伍建设，提高学生工作的执行力

首先，着眼长远需求，健全学生工作队伍的管理考核体系，建设一支有活力的学生工作队伍。学生工作队伍是做好学院学生工作的骨干力量，学生工作抓得如何，关键在于学生工作队伍的整体水平和素质。学生工作队伍建设是一个长期的渐进的过程，我们

以培养高素质的学生工作队伍为主攻方向，以建立健全多渠道、全方位的思想政治教育和业务培训体系为主要途径，以强化激励机制、竞争机制和约束机制为主要措施，加大力度，提高质量，努力建设一支结构合理、素质良好、业务精通、优势突出的学生工作队伍。其次，努力加强学生思想政治教育、学生成长发展指导、学生事务管理等方向的学科建设，培养人格培育体系建设的骨干。今年是我院辅导员参加心理咨询师、就业指导师培训的第三年，多数工作人员都已取得国家级资格证书。

六、行政服务与管理

2007 年，学院办公室在学院领导的正确领导下，以“效益，管理、服务”为目标，认真履行职责，全面落实年初制定的工作计划。8 月 1 日以后，学校全面接管软件学院，成立了软件园校区办公室，扎实有效地开展工作，全面负责校区的运行管理和服务。

资产管理方面，7 月份根据清查楼宇资产，并对固定资产上的型号、编号进行统计记录，对每项资产的金额、数量核对无误后制作资产交接明细表（按设备类低值设备、材料设备、易耗品及软件、新增、家具、图书分类），保证了学校与高新区资产交接的顺利进行，配合高新区、学校后勤部门对学院所有漏水漏雨等待修工程进行了确认。

宿舍、教室管理方面，为满足计算机学院研究生搬迁到软件园校区的住宿，对专家公寓进行了改造和购买宿舍家具。为了节约能源、保障宿舍的安全，根据学院领导的要求，在实地考察山东大学东校区宿舍智能用电系统后，经过论证，软件园校区决定安装智能用电系统。目前，智能用电系统正在进行中，估计 12 月初完成。今年由于计算机学院搬迁至软件学院，学院新增了 13 个多媒体教室以满足计算机学院和软件学院的教学需求，同时新增了 3 个讨论室满足研究生的讨论班需求。

2007 年是我院全面开展“两个能力建设”和“隐患自查，隐患自改”的一年，组织开展了以“两个能力建设”为要求的灭火演习、演练。同时学院认为真正贯彻落实“预防为主，防消结合”的消防方针最关键的就是开展隐患自查。学校和高新区交接以后，对于前期遗留的消防问题通过和高新区进行沟通，对所有的消防问题进行整改，现在工程大部分已经竣工，防火门的更换工作将在月底完成。

为理顺学院回归后的水电暖管理等工作，通过与高新区供电公司的沟通和努力，电费由原来的工业用电价格改为居民生活用电；水费目前正在积极和供水公司协调加装分离计价水表，完成后水费将由事业用水价格改为居民生活用水价格。积极和供暖公司协调，保障了今年校区的暖气正常供暖。同时，完成了对学院换热站、开水房热水循环泵、路灯等改造和维修，积极对物业保洁、绿化、公寓管理、教学楼管理、维修、污水处理、节电节能、安全等各方面工作进行监督和检查。按照学校和学院的要求，积极配合计算机学院由南区顺利搬迁到软件园校区。

宣传方面，学院网站、页面不断得到完善，学院网站更新了 40 余篇新闻，有 10 余篇新闻和信息被学校新闻网和每周信息采用。

（周　倜）

科研机构

文史哲研究院

2007年，文史哲研究院各方面工作均取得了一定成绩，尤其在学科建设方面，成绩显著，为今后的发展打下了良好基础。本年度，学校任命李平生为本院副院长，加强了院里的领导力量。

一、科学研究与教学工作

2007年，本院科研工作继续维持良好发展势头，取得的主要成绩有：

1.《山东文献集成》（第二辑、第三辑，计100册）、《山东大学文史哲研究院专刊》（第三辑、第四辑）出版，《中国古代科技名著译注丛书》重大项目进展顺利。

2.《民俗研究》通过年度考核，依然位列cssci方阵；《中国诠释学》顺利出版第四辑，第五辑正在编辑中。

3. 2007年，本院研究人员在CSSCI期刊发表论文在数量和质量方面均有一定提高，出版高水平专著多部。

4. 在科研项目立项方面获得重大收获，争取了2项国家社科基金项目，1项教育部重点研究基地重大课题，还有若干省部级规划项目和古籍整理与研究项目。古典文献研究所重新进入高校古籍整理与研究委员会直接联系科研机构行列，每年获得科研经费支持10万元。

5. 在科研获奖方面，张富祥《商王名号与上古日名制研究》一文获第21次山东省社科优秀成果奖一等奖。

6. 2007年，我院在教学方面取得的主要成绩是，为本科生开设公共选修课《经学概论》，并编写出教材，以《经学十二讲》为书名在中华书局出版。学院为这门课程配备了较强师资，力争经过几年建设，发展成为精品课程。

二、学科建设与人才建设

重点学科建设取得重大突破。在2007年全国重点学科申报工作中，隶属我院的山东省重点学科“古典文献学”学科，在学校统一组织和领导下，精心策划，严密组织，齐心协力，最终使得“古典文献学”学科成为国家重点（培育）学科。

人才引进工作亦根据学院整体发展战略顺利展开。

三、国际国内合作与交流

国际化是研究院确立的发展战略之一，2007 年是研究院国际化发展战略得到有力推动的一年。

1. 经学校学术委员会批准，聘日本大东文化大学资深教授池田知久为我院的名誉教授；聘台湾大学特聘教授黄俊杰为我院的讲座教授，极大地提升了我院师资品质。

2. 我院与日本大东文化大学东洋研究所、韩国成均馆大学儒教文化研究所合作，成功举办了会议主题为“面向世界的东方思想”国际会议，在学术界产生了较大影响，《社会科学报》用一个专版刊发了会议主要论文之摘要。此外，我院还协助台湾世新大学人文社会学院在台湾世新大学成功举办了第四届海峡两岸四地“诠释学与经典解释”学术研讨会；协助儒学中心在山东临沂成功举办了“第三次儒学全球论坛”。

3. 2007 年，我院研究人员出国出境参加学术会议、讲学以及进行学术访问和交流，达 10 人次以上，令人欣喜的是，交流国家和地区除传统的日本、韩国、中国港澳台外，还包括了美国、英国等西方国家。这标志着我院在保持传统开发格局前提下，已经有意识地寻求与西方汉学界的交流与合作。

4. 2007 年国内外学者来我院访问、讲学达 20 多人次，我院还接待了美国民俗学会访问团等学术机构来我校访问，国际国内学术交流越来越活跃。

四、党务和学生工作

本年度，院总支认真落实上级党组织的指示精神，努力做好党务工作和学生教育管理工作，全院上下团结稳定，发展势头良好。

1. 组织师生搞好政治学习。学习胡总书记“6.25”讲话和“8.31”讲话以及保持党员先进性教育长效机制文件等重要内容，把师生的思想认识统一到中央一系列文件精神上来。

2. 认真学习“十七大”会议精神。购买十七大文献等材料 260 余册供师生学习。党总支理论学习中心组安排连续五周的集中学习，学生党团支部、研究会干部安排三至四次集中学习。

3. 开展党员教育活动。举办党员“先锋论坛”，以论坛形式对党员特别是学生党员进行理想信念教育。

4. 抓好党的组织建设。年内发展党员三批 26 人，党员转正两批 7 人，组织入党积极分子参加党课学习两批 27 人。

5. 搞好党风党纪建设。学习贯彻胡锦涛同志在中纪委会议上的讲话精神，召开院班子专题会议，认真落实校党委廉政勤政要求。

6. 积极参加校工会组织的爬山比赛等文体活动，做好爱心助学捐款等社会公益事业，顺利完成人大代表换届选举工作。

7. 做好安全稳定工作。对院内的防火、防水、防盗安全，召开专门会议，责任到人。对学生的人身安全和财物安全，进行反复教育，会同学生干部逐项认真研究，特别注意问题学生的安全问题。保证了年内无任何安全事故。

8. 做好 2007 届毕业生 62 人的分配工作。截至 9 月 1 日，本院毕业生就业率达 93%，高于全校平均水平。搞好 2007 级 68 名新生的入学教育和管理工作。对学生开展了人格培育和学涯职涯教育。

9. 做好学生德育考核、困难学生助学贷款办理、奖学金评选、特困毕业生评定、卫生检查、消防演习、篮球比赛、“读书沙龙”等学生的日常活动管理工作，保证了学生有序地学习和生活。

（巴金文）

宗教、科学与社会问题研究所

1月7日，我所博士生韩吉绍获山东省首届研究生优秀科技创新成果奖。

1月9日，姜生教授荣获GPSS-MAP国际学术奖。

1月24日，首届“道教与科学”学道对话在崂山举行。

由山东大学宗教、科学与社会问题研究所与青岛崂山太清宫联合举办的“道教与科学”学者道长对话（GPSS-MAP-STAR Scholars-Taoists Dialogues I）在风景秀丽的道教圣地青岛崂山太清宫举行。参加本次对话的主要有：山东大学宗教、科学与社会问题研究所姜生教授、宇汝松博士、林威博士、谭景玉博士以及研究所博士研究生韩吉绍、李虹，青岛大学金家诗副教授、李传军博士和王滨、高建华、许慈青等硕士研究生，崂山太清宫管委会主任李宗贤道长、高明见道长、于秦玉道长、许国恩道长、袁观开道长、王诚法道长、安传军道长等。与会人士就道教与现代科学诸多方面问题，展开了多角度的深入探讨。

本次学道对话无论对学者还是道长均启发很大，学者们进一步了解了道教界对当代科学的反应及认识，道长们则通过对话进一步加深了对科学的多角度认识，表达了他们对科学的独特关注视角。姜生教授与李宗贤道长均表示，鉴于对话取得的良好效果，将择时再度聚谈。

2月5日，山东教育电视台对姜生教授作新闻专访。

2月15日，姜生教授在山大作题为“吾心便是宇宙——论人的精神世界”的学术报告。

3月31日，第二次“道教与科学”学道对话举行。

山东大学宗教、科学与社会问题研究所第二次“道教与科学”学者道长对话（GPSS-MAP-STAR Scholars-Taoists Dialogues Ⅱ）在山东大学文史楼举行。参加本次对话的道长是来自台湾的道教学术资讯网站站长洪百坚先生，本研究所姜生教授、葛焕礼副教授和一批博士生、硕士生参加了对话和讨论。

本次对话主题为道家道教文化在科学占主导地位的当今时代所面临的挑战与机遇。教授和道长对话后，参加对话的师生就相关问题进行了热烈而深入的讨论。有同学发言指出，道家道教文化的弘扬，与中华民族传统文化的整体状况密切相关，前者是后者不可缺少的一个部分，而后者是前者的重要前提。我们的目的在于使传统文化在今天能够继续惠及社会，惠及现代世界文明，提升我们民族的文化认同。

5 月 20 日，宗教所硕士学位论文答辩会举行。

宗教所 2007 届硕士学位论文答辩会在文史楼举行，共有 4 名研究生参加答辩并圆满通过。

5 月 28 日，宗教所 2007 届博士学位论文答辩会举行。参加答辩会的四名博士毕业生经过严肃认真的答辩，皆顺利通过。其中，韩吉绍同学的答辩被校研究生院选定为人文学科示范答辩专场。至此，我所共有 18 名博士研究生取得了博士学位。

6 月 1～8 日，姜生教授赴法国进行系列学术活动。山东大学宗教、科学与社会问题研究所所长姜生教授应邀赴法国参加由巴黎多学科综合大学（UIP）举办的题为“物质、光与宇宙”（New Respectives：Le Matter，La Lumiere et Le Univers）的国际学术会议。研究所教师林威博士一同出席会议并提交论文。在法国期间，姜生教授和林威博士进行了卓有成效的学术活动，拓展了研究所与法国学界的交流渠道，进一步提升了国际学术影响力。

6 月 2 日，根据会议主办方 UIP 安排，来自法国、中国、美国、瑞士、加拿大等国家的五位国际著名学者在巴黎索邦大学（巴黎四大）发表学术演讲，主题集中探讨当代物理学与哲学思维的关系。姜生教授演讲的题目是“道：恒先与宇宙”。

作为来自亚洲学术传统的唯一与会代表，姜生教授的演讲引起在场学者们浓厚的兴趣。会后，多位欧洲哲学家、科学家上前围绕姜生教授就相关问题又进行了深入讨论。

6 月 4 日，姜生教授应邀到法国著名学者 Jean Staune 教授家中做客并进行思想对话。两位学者就中西方的传统精神文化和当代科学技术的发展对人类观念的影响这一话题，展开了具有哲学思想深度的探讨。两位学者分别从西方当代科技发展和道家思想两个角度，讨论了科学的原本实质，评价和反思了近代科学技术对人们观念的塑造和影响，交流了对于未来科学发展方向的思考和期待。双方旁征博引，从古希腊哲学到文艺复兴到量子学说，从老庄思想到道家宇宙观到“新科学”，体现了思想者的魅力。充满激情的对话连续数小时，迥然不同的东西方思想传统交流的火花不时迸发，其情其景，令人兴奋难忘。

对话结束后，Jean Staune 向姜生教授和林威博士赠送了他的新书 *Notre existence a-t-elle un Sens*？（《我们的存在是否有意义？》）并感谢姜生教授的思想对其著作的影响，表示将尽快访问山东大学，再作深度对话，并探讨进一步推动和提升中法两方在这一学术领域交流合作的计划。

6 月 5 日下午，姜生教授与法国远东学院院士、国际著名汉学家劳格文（John Lagerwey）教授在巴黎七区的一家咖啡馆进行了会晤。

劳格文教授向姜生教授赠送了新近出版的学术著作，并介绍了自己主持的福建客家文化最新的工作进展。姜生教授也向劳格文教授展示了山东道教调查的部分成果。由于双方的学术思路非常相近，原定的会晤时间大大延长。劳格文教授非常关注姜生教授的研究和调查进展，表示将安排时间专程访问山东大学，并希望能有机会与山东大学宗教、科学和社会问题研究所开展学术交流和合作。林威博士和法国友人一同参加了会晤。

6 月 7 日上午，在劳格文教授的安排和陪同下，姜生教授和林威博士访问了法国亚洲艺术国立博物馆——巴黎的吉美（Guimet）博物馆。

博物馆高级文物专员凯瑟琳女士接待了姜生教授和林威博士，重点介绍了筹备中的道教文化展的情况和部分文物，希望得到姜教授的鉴定帮助。姜教授向对方介绍了部分道教文物情况，和国内目前这一领域的馆藏情况，表示愿意提供力所能及的帮助，促成这一弘扬中国传统文化的盛举。双方还就相关的学术问题进行了较深入的探讨。

随后，凯瑟琳女士陪同参观了中国文物展区，并请姜教授辨识了一通北朝道教造像碑上的铭文。最后邀请姜教授到馆藏仓库浏览正在清点整理中的部分中国艺术文物。由于缺乏相关资料，这些文物曾经长期无人关注，现在其中部分文物有望借道教文化展的机会重现于世人面前。

6 月 3 日和 6 月 6 日，姜生教授和林威博士前往巴黎的奥赛博物馆（Musée d' Orsay）和橘园博物馆（Musée de l'Orangerie）参观了印象派绘画作品。

在 2006 年 8 月申报 GPSS-MAP 国际大奖项目之际，按国际奖项目申报要求，姜生教授撰写了一篇长达 30 页的英文学术论文，其内容纵跨印象派艺术和他的一些专业研究领域，受到国际评审委员会有关专家的高度赞赏。为高质量完成论文的修订扩展，教授一行的时间表中专门安排了这次满载收获的参观。

正在中国陕西访道的法国道教协会 Karine Martin 会长，邀请并安排姜生教授与法国道教协会副会长 Igor Scerbo 等有关人士在巴黎会面。会晤中 Scerbo 副会长介绍了该协会的性质、工作计划和发展情况以及他本人的道教研究成果。姜生教授和林威博士向法国友人介绍了山东大学宗教、科学与社会问题研究所的学术特色以及正在开展的主要科研工作。双方还探讨了未来道教学术交流的前景。

在巴黎期间，姜生教授和林威博士还先后和多位不同国家的专家学者进行学术交流。这次的巴黎之行，是一次富有成果的高水准学术访问，在宗教与科学、道教研究、国际汉学界和文化团体等多个领域展示了山东大学的学术形象，拓展了我校宗教、科学与社会问题研究所与法国和欧洲学术界、文化界的交往渠道。

8 月 24 日，欧崇敬等来我所开讲座："东方的美学、建筑与艺术。"

8 月 24 日晚 7 点到 9 点，台湾南华大学的三位教授在文史楼 201 讲述题为"东方的美学、建筑与艺术"的学术讲座，该讲座系宗教所"道教、科学与再启蒙"系列学术讲座之一。

9 月 13 日，姜生教授在山大作了题为"文明圈之间的关系"的学术报告。

9 月 13 日下午 3 点，山东大学宗教、科学与社会问题研究所所长姜生教授在文史楼 201 作题为"文明圈之间的关系：已然与该然"的学术讲座。该讲座为宗教所"道教、科学与再启蒙"系列讲座之一。姜生教授讲述了不同文明圈之间关系的多种形式，强调了道家精神对于世界各大文明之间互动的重要借鉴意义。

11 月，宗教所师生赴沂源县西郑王庄村神清宫参加新宫落成开光典礼。

12 月 22 日，许洁博士获得第四十二批中国博士后科学基金资助金。

（葛焕礼）

国家“糖工程”技术研究中心

国家糖工程技术研究中心（以下简称“中心”）于2007年4月13日经科技部批准列入2006年国家工程技术研究中心组建项目计划。主管部门为山东省科技厅，依托单位为山东大学，合作单位为山东省生物药物研究院、保龄宝生物股份有限公司、山东龙力生物科技有限公司、山东福田药业有限公司。“中心”是由依托单位和合作单位共同组成的相对独立的开放式机构，直属于依托单位管理，合作单位以参股的方式通过理事会的形式参与中心的建设、管理、运营和成果分享。

“中心”通过研究开发糖的工业规模制备和利用技术、分析与评价技术，搭建一个以糖为主要研发对象的工程化技术研究平台，围绕糖类生物质资源产生能源和化工产品、新型糖及其衍生物药物的研发以及功能糖的研制及其在食品、饲料、农药等方面的应用，面向企业规模生产的实际需要，促进糖科研成果向生产力转化，提高现有糖科技成果的成熟性、配套性和工程化水平，并不断地推出具有高科技含量、高增值效益的系列产品。“中心”将促进基础研究的探索性与企业需求成果的成熟性相衔接，促进小而分散的研究与企业对成果要求的集成性相衔接，提高现有糖产品的技术含量，促进糖衍生品的开发，促进糖制备、分析、评价及标准化技术研究，促进糖工程化技术人才的培养，降低糖产业化及工程化风险，占领糖工程技术研究开发高地，辐射和带动我国糖产业的全面发展。

“中心”的任务和目标是：促进中国糖产业发展，搭建平台、汇聚人才、激励创新、发展产业。“中心”充分利用依托单位和合作单位现有资源、技术、人才等优势条件，建成具有国际先进水平的全国糖工程化技术创新中心、成果开发和示范转化中心、人才培养中心、信息和合作交流中心，为推进我国糖研究技术进步、大幅度地提高经济和社会效益作贡献。

理事会：理事会是“中心”的决策机构，对“中心”的发展方向、重大课题的研究计划、投资规划、课题协调、经费筹集等方面进行决策和协调。理事长由娄红祥（山东大学副校长）担任，副理事长由凌沛学（山东省生物药物研究院院长）和林春元（山东省禹城市副市长）担任，理事为刘宗利（保龄宝生物股份有限公司总经理）、程少博（山东龙力生物科技有限公司总经理）、王星云（山东福田药业有限公司总经理）、曲音波（山东大学生命科学学院院长）、赵显（山东大学科技处处长）、王鹏（国家糖工程技术研究中心主任）。

“中心”主任：由依托单位提名，理事会聘任。“中心”主任为王鹏，副主任肖敏、王凤山。“中心”主任对“中心”理事会负责，其职责是执行理事会制定的决策和决议，负责“中心”日常事务的管理。“中心”主任每届任期4年。

国家糖工程技术研究中心山东大学本部，自2007年批准建设以来，在依托单位山东大学的全力支持下，精心部署、认真准备、积极展开为期三年的“中心”建设工作，取得了丰硕的成果。

（一）2007年度国家糖工程技术研究中心山东大学本部固定人员情况

序号	姓名	性别	学位	研究方向	职称
1	王　鹏	男	博士	酶及代谢途径分子改造	教授
2	曲音波	男	博士	资源和环境微生物	教授
3	肖　敏	女	博士	酶及代谢途径分子改造	教授
4	祁庆生	男	博士	酶及代谢途径分子改造	教授
5	陈靠山	男	博士	低聚糖	教授
6	娄红祥	男	博士	天然药物	教授
7	王凤山	男	博士	药物糖	教授
8	姬胜利	男	博士	糖类药物与糖工程	教授
9	臧恒昌	男	博士	多糖类药物研究	教授
10	吉爱国	男	博士	多糖类药物研究	教授
11	朱明田	男	本科	纤维素酶的研究	教授
12	张厚程	男	博士	糖生物学、微生物学	副教授
13	陈　敏	女	博士	糖蛋白工程	副教授
14	顾　黎	女	博士	糖脂类药物研究	副教授
15	刘　军	男	博士	糖蛋白的化学酶法修饰	副教授
16	崔慧斐	女	博士	多糖类药物研究	副教授
17	任慧霞	女	本科	多糖、酶类药物分离纯化	副教授
18	顾国峰	男	博士	糖化学	副教授
19	曹吉超	男	本科	多糖类药物研究	高级实验师
20	卢丽丽	女	博士	糖生物学	讲师
21	师以康	男	博士	多糖类药物的抗肿瘤作用	讲师
22	公茂霞	女	本科	办公室人员	科员

国家糖工程技术研究中心山东大学本部的筹建依托生命科学学院和药学院的部分教师队伍。同年，根据人才建设计划，通过大量的筛选，完成加拿大 Simon Fraser University 化学系博士后顾国峰博士（副教授）引进工作。其研究工作主要是从事一些天

然活性寡糖及其衍生物的结构设计、化学合成和活性研究等方面，为研发糖类免疫制剂和新药提供必要的依据。主要研究基础为糖苷水解酶的抑制剂的合成，特别是针对 α-L-fucosidase 的抑制剂合成；同时，对于天然寡糖片段进行结构改造与优化，从而进行碳水化合物疫苗的筛选，用于人类疾病的预防与治疗。其学术特长为中心糖类化合物的合成提供技术支撑。同年，“中心”还成功完成美国 University of Pittsburgh 博士后师以康博士和山东大学卢丽丽博士（讲师）的人才引进。

（二）基础设施建设

“中心”目前在依托单位山东大学有两处研究场所，分别为生命科学院仪器平台和相关糖工程技术研究室，位于生命科学学院北楼和山大鲁能科技大厦 B 座；药学院分析平台和相关糖工程技术研究室，位于药学院科研综合楼。现有用于研究实验室 2500 余平方米，用于糖的结构与化学分析的实验室约 1000 平方米，用于糖的生物活性、药理与毒理作用研究的实验室约 1000 平方米。

（三）工程技术研究及其开发情况

国家糖工程技术研究中心在获准建设后，2007 年在依托单位山东大学的大力支持下，围绕着药物糖、功能糖、能源资源糖三个方面的应用进行糖工程技术的研发和技术集成，2007 年承担“酶解工业纤维废渣生产乙醇产业化示范工程”、“ 2 万吨级玉米芯生产木糖—汽油醇联产关键技术示范”、“ 多糖药物技术研究”等多项相关课题研究开发；在工程技术开发方面，2007 年 6 月纤维乙醇生产线通过省科技成果鉴定，达到国内领先水平，这条生产线也是国内外第一套以玉米芯废渣为原料生产乙醇的工业装置。2007 年承担的各类国家级项目 8 项，省部级项目 7 项，企业委托、自选项目 4 项，共计研究经费 609.25 万元。获海洋创新成果省部级二等奖 1 项。授权发明专利 8 项，申请专利 4 项。国内外期刊上发表论文 57 篇，其中 SCI 收录 22 篇。

国家糖工程技术研究中心 2007 年承担的各类科研项目情况统计

序号	项目名称	项目来源	起止时间（年）	经费（万元）	承担人/单位
1	大肠杆菌代谢途径的分子调控和功能效应	国家“973”计划项目	2007～2009	30	祁庆生/山东大学
2	糖抗原表位单克隆抗体的制备	国家“973”计划项目子课题	2007～2008	11.25	顾黎/山东大学
3	具有免疫、抗癌活性的极地微生物胞外多糖的分离纯化及其规模化生产工艺的研究	国家“863”计划项目	2007～2010	70.0	陈靠山/山东大学
4	纤维降解酶类的菌株选育与生产技术	国家“863”计划子课题	2006～2010	50	曲音波/山东大学
5	分子改造糖苷酶转苷法制备低聚半乳糖技术	国家“863”计划项目	2006～2010	50	肖敏/山东大学

续表

6	组织靶向肝素—SOD结合物和壳聚糖—SOD结合物的构效关系及对放射损伤的作用与机制研究	国家自然科学基金项目	2007～2009	28	王凤山/山东大学
7	利用化学生物酶法大量合成岩藻糖基化寡糖及其水凝胶聚合物在医学中应用	国家自然科学基金项目	2006～2008	26	王鹏/山东大学
8	糖生物学Ⅰ—糖酰胺酶的研究与应用	国家自然科学基金项目	2005～2007	20	王鹏/山东大学
9	酶解工业纤维废渣生产乙醇产业化示范工程	国家发改委高技术产业化专项	2006～2008	450	曲音波/山东大学
10	乌贼墨GAG硫酸化衍生物的制备及其抗肿瘤作用研究	中国博士后科学基金	2007～2008	3.0	刘纯慧/山东大学
11	产免疫活性多糖极地细菌的代谢调控和中试研究	山东省科技攻关项目	2007～2009	20.0	陈靠山/山东大学
12	α-GalCer-AZND1免疫脂质体的制备及其体外活性研究	山东省优秀中青年科学家科研奖励基金	2007～2009	12	顾黎/山东大学
13	抗肿瘤海胆黄葡聚糖SEP的免疫增强作用研究	山东省博士后创新项目	2007～2008	2.0	刘纯慧/山东大学
14	干扰素-β的糖基化改造研究	山东省优秀中青年科学家科研奖励基金	2005～2007	6	陈敏/山东大学
15	2万吨级玉米芯生产木糖—汽油醇联产关键技术示范	山东省资源节约型社会科技支撑体系建设专项	2006～2008	50	曲音波/山东大学
16	斜卧青霉纤维素水解酶的表征	DSM公司科研课题	2007～2009	100	曲音波/山东大学
17	多糖药物技术研究	横向（枣庄赛诺康生化有限公司）	2007～2010	30	王凤山/山东大学
18	硫酸皮肤素研究	横向联合课题	2007～2008	6.0	姬胜利/山东大学
19	糖基化改造的干扰素-β研究应用	横向课题	2005～2007	50	陈敏/山东大学

国家糖工程技术研究中心 2007 年获奖情况

序号	获奖名称	获奖种类	获奖等级	获奖年代	获奖人/单位
1	利用盐生植物牛蒡叶生产绿原酸及其应用研究	海洋创新成果奖	省部级二等奖	2007	陈靠山/山东大学

国家糖工程技术研究中心 2007 年授权专利及专利申请情况

序号	专利号	专利名称	发明人	状态（授权/申请）
1	ZL 2006 1 0042190.9	一株产槐糖脂的拟威克酵母变种及其应用	宋欣、曲音波	授权
2	ZL 2005 1 0044898.3	一种转糖基 α-半乳糖苷酶基因	肖敏、赵晗、王勤鹏、王鹏	授权
3	ZL 2005 1 0044097.7	一种转糖基 β-半乳糖苷酶产生菌	肖敏、卢丽丽	授权
4	ZL 2005 1 0044897.9	一种高效转糖基 β-半乳糖苷酶基因	肖敏、卢丽丽	授权
5	ZL 2005 1 0044095.8	一种快速制备转糖基 β-半乳糖苷酶的方法	肖敏、卢丽丽	授权
6	ZL 2005 1 0044096.2	一种筛选转糖基 β-半乳糖苷酶产生菌的方法	肖敏、卢丽丽	授权
7	ZL03112179.9	一种多硫酸寡糖及其制备方法	姬胜利、崔慧斐、迟延青、石峰	授权
8	ZL03112180.2	一种低分子硫酸皮肤素及其制备方法	姬胜利、王凤山、迟延青、谢继青	授权
9	200710015198.0	一种含低聚半乳糖的低乳糖乳清粉的制备方法	肖敏、李正义、卢丽丽	申请
10	200710116242.7	一种利用固定化酵母去除低聚半乳糖中单糖组分的方法	肖敏、李正义、卢丽丽	申请
11	200710013126.2	牛蒡低聚果糖在农业上作为抗病诱导子的应用	陈靠山	申请
12	200710014587.1	岩藻聚糖硫酸酯在制备防治神经退行性疾病药物或保健品中的应用	吉爱国、宋淑亮、宋迪	申请

国家糖工程技术研究中心 2007 年发表论文情况

1	纤维素乙醇产业化	曲音波	化学进展	2007，19（7/8）：1098～1108
2	The analysis of oligosaccharides derived from different sources by fluorophore-assisted carbohydrate electrophoresis	Gang-Liang Huang，Hou-Cheng Zhang，Peng-George Wang，	Food Chemistry	2007，101：392～396
3	Cloning and characterization of GDP-perosamine synthetase （Per） from *Escherichia coli* O157：H7 and synthesis of GDP-perosamine in vitro	Guohui Zhao，Jun Liu，Xiang Liu，Min Chen，Houcheng Zhang，Peng George Wang	Biochemical and Biophysical Research Communications	2007，363：525～530
4	Transient expression of an active human interferon-beta in lettuce	Jing Li，Min Chen，Xian-Wei Liu，Hou-Cheng Zhang，Fa Fu Shen，George Peng Wang	Scientia Horticulturae	2007，112：258～265
5	Construction of a novel system for cell surface display of heterologous proteins on *Pichia pastoris*	Qingjie Wang，Lei Li，Min Chen，Qingsheng Qi，Peng George Wang	Biotechnol Lett	2007，29：1561～1566
6	Influence of N-Glycosylation on *Saccharomyces cerevisiae* Morphology：A Golgi Glycosylation Mutant Shows Cell Division Defects	Jungang Zhou，Houcheng Zhang，Xianwei Liu，Peng George Wang，Qingsheng Qi	Curr Microbiol	2007，55：198～204

续表

7	A two-step fermentation process for efficient production of penta-N-acetyl-chitopentaose in recombinant *Escherichia coli*	Dawei Zhang, Peng George Wang, Qingsheng Qi	Biotechnology lett	2007，29：1729～1733
8	Deficiency in N-glycan outer chain elongation accelerates cell death in *Saccharomyces cerevisiae*	Jungang Zhou, Houcheng Zhang, Xianwei Liu, Min Chen, Peng George Wang, Qingsheng Qi	Current Microbiology	2007，55：198～204
9	A novel-designed *Escherichia coli* for the production of various polyhydroxyalkanoates from inexpensive substrate mixture	Li R，Chen Q，Wang P，Qi Q	Appl. Microbiol Biotechnol	2007，75：1103～1109
10	Construction of engineered yeast for the hydrolysis of glycoprotein with N-glycosidase on the cell surface	Su Y，Zhang H，Gu L，Chen M，XiaoM，Wang PG.，Qi Q	Enzyme and Microbiol Technology	2007，40：496～1502.
11	Influence of Substrate Conformation on the Deglycosylation of Ribonuclease B by Recombinant Yeast Peptide：N-glycanase.	Wang S，Wang PG，Qi Q	Acta Biochim Biophys Sin (Shanghai)	2007，39 (1)：8～14
12	Production of polyhydroxyalkanoates in recombinant *Escherichia coli*	Li R，Zhang H，Qi Q	Bioresource Technol	2007，98：313～2320
13	A novel β-galactosidase capable of glycosyl transfer from *Enterobacter agglomerans* B1	Lili Lu，Min xiao，Xiaodong Xu，Zhengyi Li，Yumei Li	Biochem Biophys Res Commun	2007，356 (1)：78～84

续表

14	Effect of Nd on Growth，Pectinase Activity and Mycelium Permeability of *Fusaraum oxysporum*	Zhang YF，Yang LF，Chen KS，Dong L	Journal of Rare Earths	2007，25：100～107
15	Inducement of salicylic acid in cucumber cotyledons by Neodymium and Lanthanum	Zhang PY，Chen KS	Journal of Rare Earth	2007，25：502～507
16	柘树根多糖的分离纯化及结构表征	石磊、陈靠山、董群、方积年、丁侃	高等化学学报	2007，28：1088～1091
17	A novel water-soluble α-（1→4）-glucan from the root of *Cudrania tricuspidata*	Shi L，Chen KS，Fu YL	Fitoterapia	2007，78：298～301.
18	The relationship between the structure of dermatan sulfate derivatives and their antithrombotic activities	Du Haiyan，Ji Shengli，Song HF，Ye QN，Cao Jichao	Thromb Res	2007，119：377～384.
19	Antagonistic effects of Ultra-Low-Molecular-Weight Heparin against cerebral ischemia/ reperfusion injury in rats	Liu Tiangui，Zhang Qingzhu，Ji Shengli	Pharmacol Res	2007，56（4）：350～355.
20	Isolation and structural characterization of a novel polysaccharide prepared from *Arca subcrenata Lischke*	Yunmian He，Chunhui Liu，Yuxing Chen，Ancheng Ji，Zilong Shen，Tao Xi and Quansheng Yao	Journal of Bioscience and Bioengineering	2007，104（2）：111～116
21	Structural characterization of an active polysaccharide from *Phellinus ribis*	Yuhong Liu，Fengshan Wang	Carbohydrate Polymers	2007，70：386～392

续表

22	Characterization and antitumor activity of a polysaccharide from *Strongylocentrotus nudus* eggs	Chunhui Liu, Qinxiong Lin, Yi Gao, Liang Ye, Yingying Xing, Tao Xi	Carbohydrate Polymers	2007, 67 (3): 313～318
23	利用重组大肠杆菌合成几丁寡糖的研究	张大伟、楚杰、郝永任、李明华、王鹏	生物工程学报	2007, 23 (3): 525～529
24	Man8GlcNAc2 糖基化的酿酒酵母菌株的构建	周峻岗、张厚程、王鹏、祁庆生	微生物学报	2007, 47 (5): 785～789
25	利用重组大肠杆菌进行寡糖合成的研究进展	张大伟、王鹏、祁庆生	生物工程学报	2007, 23: 21～25
26	绿色荧光蛋白在蛋白质研究中的应用	段青、王倩、祁庆生	生命的化学	2007, 27: 48～50
27	环糊精糖基转移酶产物专一性改造：难题与挑战	赵新帅、王占坤、祁庆生	生物工程学报	2007, 23: 181～188
28	微生物糖苷酶的新型突变酶——硫代糖苷酶的产生及应用	卢丽丽、肖敏、赵晗	微生物学通报	2007, 34 (4): 769～772
29	具有转糖基活性的糖苷酶的分子进化	卢丽丽、肖敏、赵晗	生命的化学	2007, 27 (1): 45～48
30	转糖基β-半乳糖苷酶生产含低聚半乳糖的低乳糖牛奶	李正义、肖敏、卢丽丽	食品科学	2007, 28 (5): 241～244
31	柘树根多糖的分离纯化及组成初步研究	石磊、傅佑丽、陈靠山	山东大学学报	2007, 42: 74～78.
32	南极生境真菌 Gliocladium catenulatum T31 菌株杀虫活性的研究	牛德庆、田黎、周俊英、郑立、陈靠山	极地研究	2007, 19: 131～138.
33	南极适冷菌 Pseudoalteromonas sp. S215213 胞外多糖 EPS2 Ⅱ对小鼠 S180 肉瘤抑制作用的研究.	李江、陈靠山、李光友、刘少芳、刘占涛	中国海洋药物学杂志	2007, 26: 9～13.

续表

34	牛蒡低聚果糖对小鼠抗疲劳作用的研究	郭敏、陈靠山	天然药物开发	2007，19：642～644.
35	牛蒡寡糖对大菱鲆生长和免疫机能的影响	郝林华、孙丕喜、石红旗、陈靠山	海洋科学进展	2007，25：208～213.
36	南极适冷菌 Pseudoaltermonas sp. S-15-13 胞外多糖低温保护作用的研究	李江、何培青、陈靠山、李光友	海洋科学进展	2007，25：215～219.
37	一种新型复合生物制品对大菱鲆生长性能的影响	郝林华、孙丕喜、王波、陈靠山	海洋科学进展	2007，25（1）：79～84.
38	牛蒡寡糖对草决明幼苗生长的影响．	孙利军、吴少云、张亚莉、柳春燕、陈靠山	安徽农学通报	2007，13（19）：38～39.
39	内皮抑素及其对血管生成抑制作用的研究进展	谭海宁、王凤山、凌沛学	中国药学杂志	2007，42（5）：329～332
40	真菌多糖结构研究进展	刘玉红、王凤山	中国药学杂志	2007，42（8）：561～564
41	低相对分子质量透明质酸的促血管生成作用	王彦厚、王凤山、郭学平	中国药学杂志	2007，42（9）：664～666
42	多糖化学修饰方法研究概况	李玉华、王凤山、贺艳丽	中国生化药物杂志	2007，28（1）：62～65
43	低相对分子质量透明质酸的制备及其促血管生成作用	王彦厚、王凤山、郭学平	中国生化药物杂志	2007，28（2）：107～109
44	胸腺肽（1 的特征与功能综述	高德民、王凤山	中国生化药物杂志	2007，28（2）：136～139
45	透明质酸酶催化透明质酸水解反应的特性	崔向珍、刘爱华、王凤山、郭学平	中国生化药物杂志	2007，28（3）：161～163
46	测定低分子量透明质酸相对分子质量的 3 种方法比较	王彦厚、王凤山、郭学平	中国生化药物杂志	2007，28（3）：182～184
47	肽类抗生素的研究进展	李娜、王凤山、厉保秋	中国生化药物杂志	2007，28（3）：216～219

续表

48	以玻璃酸钠为媒介对氯霉素在滴眼液中释放的影响	李琦、王凤山、凌沛学、张天民	药学实践杂志	2007，25（2）：100～101
49	2006年我国生化药物研究进展	张天民、李娜、王凤山	中国药学杂志	2007，42（13）：961～964
50	多肽类药物结构稳定性的研究进展	高德民、刘金峰、王凤山	中国医药生物技术	2007，2（5）：380～382
51	寡糖对JAK-STAT信号转导通路的调节机制	和小朵、迟延青、姬胜利	生命的化学	2007，27（4）：326～328
52	寡糖抗病毒机理	王延鹏、迟延青、姬胜利	生命的化学	2007，27（6）：550～553
53	糖胺聚糖和蛋白聚糖对神经细胞及中枢神经系统的调节作用	袁实、姬胜利	中国生化药物杂志	2007，28（5）：360-III
54	透明质酸及透明质酸酶与肿瘤的关系	曲蕾、姬胜利	中国生化药物杂志	2007，28（2）：127～129
55	低分子硫酸皮肤素的结构确定	谢继青、姬胜利、王凤山、曹吉超	解放军药学学报	2007，23（3）：194～197.
56	低分子肝素对原代培养神经细胞缺血性损伤的保护作用	于天贵、张世玲、崔慧斐	中国生化药物杂志	2007，28：40～42
57	11-脱氧甘草次酸的制备	谢松梅、崔慧斐、臧恒昌	中国生化药物杂志	2007，28：118～119

（四）对外学术交流

国家糖工程技术研究中心与国内糖研究相关单位，如中科院上海药物所、中科院上海有机所、中科院微生物所、中科院大连化物所、北京大学、复旦大学、上海交大、大连医科大学等建立了不同程度的合作和联系。与国内多家糖生产企业建立了技术咨询、技术转让关系。

2007年7月14～17日，与山东大学微生物技术国家重点实验室合作组织第二届中国资源生物技术与糖工程学术研讨会，邀请国内外20余位糖研究专家作了大会报告和专题报告。如中科院大连化学物理研究所杜昱光研究员作了“果糖基能源植物的生物炼制技术”、山东大学曲音波教授作了“木质纤维素资源的生物炼制技术”、中科院微生物所微生物资源国家重点实验室金城研究员作了“丝状真菌蛋白质糖基化及其生物学功能”、北京大学天然药物及仿生药物国家重点实验室叶新山教授作了“基于预活化策略的氨基葡萄糖的立体选择性糖基化反应”、National Institute of Advanced Industrial Science and Technology（AIST），Japan 王晓辉博士作了“酵母生物合成糖蛋白医药生产系的开发”、山东大学微生物技术国家重点实验室及国家糖工程技术研究中心王鹏教授作了“糖药物与糖蛋白研究一些进展”、加拿大 Simon Fraser University 化学系顾国锋博士作了“一种用于预防和治疗链球菌感染疾病的寡糖片段及其蛋白缀合物的合成”、山东大学微生物技术国家重点实验室及国家糖工程技术研究中心肖敏教授作了“糖苷酶法合成低聚糖技术”等大会报告和糖工程技术论坛报告，加强了国内糖科学领域学者专家的交流，促进了合作。

（王　鹏　肖　敏　王凤山　房俊强）

卫生管理与政策研究中心

我校卫生管理与政策研究中心2007年度在学科建设、科研、人才培养、国际交流和服务社会等方面，在学校及有关部门领导的指导和支持下，在中心师生们的共同努力下，发展比较平稳，奠定了进一步快速发展的基础，为创建山东大学卫生经济与管理学科品牌创造了条件。现将基本情况总结如下：

一、基本情况

卫生管理与政策研究中心2007年共有教职工16人，其中教授6名（博士生导师4名），副教授5名，讲师3名，实验人员2名。孟庆跃教授为中心主任，李士雪教授和尹爱田教授为副主任。

二、主要成绩

（一）学科建设

学科建设方面，主要取得了四个方面的成绩。第一，在校领导和研究生院的指导和帮助下，在中心全体老师的积极努力下，硕士和博士招生工作非常顺利完成。2007年共有16名硕士和10名博士到中心学习。第二，积极引进和培养人才。2007年作为中心人才引进的重点单位，在学校人事处的支持和努力下，我们引进了澳大利亚Newcastle大学王健老师，其不仅在国外大学任教四年积累了一定经验，而且出国前在北京大学担任世界银行访问学者、博士后、卫生管理与政策研究员，因此，对于王健老师的引进，必将推动中心双语教学的进一步发展，并推动与兄弟院校的进一步联系。第三，卫生部2007年组织专家对卫生经济与政策研究重点实验室进行了评审，评审结果为优秀，评审成绩在全国57个卫生部重点实验室中名列前茅。第四，2007年申请成功世界卫生组织全球卫生筹资系统综述研究中心，成为全球三个系统综述研究中心之一。

（二）科研工作

科研工作是中心的主要工作。2007年中心的科研工作取得了较好的成绩。一年来，中心共申请到了33项科研课题，实到科研经费443万元，教师人均科研课题2项，人均科研经费40万元。这些课题层次比较高，资助机构包括世界银行、世界卫生组织、哈佛大学等。有一项成果获得山东省科技进步二等奖。

中心共发表论文114篇，其中核心期刊59篇。出版著作1部，参编著作4部。中心承担的多项科研课题，特别是山东省药品注册研究等，为国家决策提供了重要的参考。在巩固与世界银行和世界卫生组织科研合作的基础上，实质性启动了与哈佛大学公共卫生学院科研合作项目。

3. 研究生培养

自中心成立以来，研究生培养工作有了很大发展。在数量上有一定发展后，中心更注重其对国际最新动态的发展并为其创造出国学习的机会。2007 年，中心派出涂诗意博士到英国利物浦大学进修一年，孙晓杰博士到瑞典卡罗琳斯卡学院进修一年，对于其拓展自己的专业方向具有重要意义。在专业结构上，改变了过去单一的招生来源，根据卫生经济和卫生管理学科特点，增加了管理和经济学学生，能够促进学科交流；在来源上，吸收了省外大学的学生。

4. 国际合作与交流

开展国际合作与交流是中心的一大特色。2007 年中心继续巩固与世界卫生组织、世界银行、儿童基金会等国际卫生机构的合作，并与国际著名大学哈佛大学、澳大利亚 LA TROBE 大学、瑞典卡罗琳斯卡学院、澳大利亚新南威尔士大学继续合作，实现两校的联合培养计划。过去一年中，有 10 人次出国参加国际会议或者其他活动。

5. 社会服务

中心积极组织社会服务活动，包括为中央和省级卫生行政部门提供政策咨询。中心两位教授在山东大学服务省会济南论坛上发言，阐述卫生领域如何为济南社会经济发展服务。中心还积极鼓励在学研究生开展社会实践活动，在全国 12 个县开展了卫生服务调查研究工作。2007 年与山东省医院协会合作继续开展了医院院长培训班，并成功举办西藏班卫生干部培训班第二期。

（贾丽英）

易学与中国古代哲学研究中心

易学与中国古代哲学研究中心现有专职研究人员 13 人。主任刘大钧，副主任林忠军、刘玉建。主要职能：开展科学研究；培养硕士、博士研究生等高素质人才；通过举办全国及国际会议推进学术交流；开展中国哲学特别是易学专业图书资料建设；加强基地学术网站的建设；深化科研体制改革。

一、科学研究

(1) 本年度科研课题：基地科研人员获 2 项教育部人文社会科学重点研究基地重大项目，科研经费 40 万元。新到“985”二期工程年度项目经费 125 万元。

(2) 出版著作 3 部：

刘大钧教授主编《简帛考论》，上海古籍出版社 2007 年 5 月出版；

刘大钧教授主编《大易集释》，上海古籍出版社 2007 年 5 月出版；

刘保贞副教授著《墨子》，中国少年儿童出版社 2007 年月 1 月出版。

(3) 在各类学术期刊发表论文 14 篇。主要围绕《周易》经传、简帛易学以及易学史方面的问题展开研究。

(4) 出版《周易研究》(中文版) 6 期。

(5) 获奖：林忠军教授《周易郑氏学阐微》一书获山东省第二十一次社会科学优秀成果三等奖。

二、举办学术会议

2007 年 12 月 25～28 日，举办了“易学与中国古代哲学研究基地科研工作会议暨易学与中国古代哲学前沿问题研讨会”，基地专职研究人员以及来自中国社会科学院、北京师范大学、深圳大学、四川大学、浙江大学、山东师范大学等高校及科研机构的基地兼职研究人员共十余位学者以及山东大学的博士、硕士研究生 30 余人出席了会议。基地主任刘大钧教授作了《做好科研工作，迎接教育部基地评估》的讲话，对基地的科研工作作了总体的部署和要求，指出科研服务社会的重要性。基地重大项目负责人先后介绍自己所承担的课题，并作了交流和讨论。其中包括郭沂教授、王新春教授承担的先秦易学项目，刘玉建教授承担的两汉易学项目，郑万耕教授承担的易学哲学项目，舒大刚教授承担的儒家文献学研究项目，景海峰教授承担的儒学与解释学，王钧林教授、苗润田教授等承担的儒家哲学与现代文明，陈绍燕、丁原明、孔令宏、李延仓等承担的道家哲学研究项目，郑杰文教授承担的墨学思想研究项目，对课题研究的进度、成果、存在的问题以及预计结题时间都作了说明和论证，为基地重大项目的完成有了明确的预期和可靠的保证。

会上，傅永军教授作了《批判解释学初论》、景海峰教授作了《诠释学的研究现状及其前景》、曹峰教授作了《先秦出土文献研究动态》三场学术报告，介绍了西方解释学的兴起和它传入中国的意义，西方诠释学的历史和现状、诠释学的传播，重点讲解了诠释学在中国的创造性发展；介绍了最近几年发现的重要出土文献资料，并对上博简的收购过程、已经发表的文献资料的主要内容及问题作了详细说明，之后又介绍了国内主要的研究出土文献的机构和专家，对研究的热点问题、热问题材作了说明。这三场报告引发了与会者的热烈讨论。

此次研讨会气氛热烈，取得了圆满成功，为基地科研工作的进一步开展起到良好的促进作用。

三、参加重要学术会议

2007 年 8 月 27 ～30 日，王新春教授、李尚信副教授出席在西安召开的由西北大学主办的“第二届中国经学国际学术研讨会”，分别在大会作了《荀爽易学乾升坤降说的宇宙关怀与人文关切》、《论观象系辞与周易古经之编纂》的发言。

四、访问讲学

（1）2007 年 3 月 26 日至 4 月 3 日，受台湾辅仁大学、台湾大学、台湾中央研究院等单位的邀请，基地主任刘大钧教授、副主任林忠军教授及办公室主任张文智博士赴上述机构参加学术会议及学术座谈。

刘教授等三位学者的台湾之行，完成了一次圆满而充实的学术交流活动，为扩大易学基地在海外的影响、进一步促进易学基地与海内外的学术交流奠定了坚实的基础，为以易学为源头活水的中国传统文化进一步走向世界建立了更为广泛的联系，为易学基地将来科研规划的制订与落实等无疑具有十分重要的意义。

（2）2007 年 6 月，李尚信副教授赴台湾中央研究院及台湾大学进行了学术访问，作了两场学术报告，并花费约一个月的时间查找科研资料，并与当地的学者展开了相关的研讨。

（3）2007 年 8 月，张文智博士赴美国哈佛大学燕京学社开始为期一年的访学。

五、人才培养和引进

基地注重专职青年研究人员培养，为他们提供优越的科研环境和必要的科研手段，优先解决科研经费，优先考虑出国交流，派出 2 人次去美国、中国台湾地区访问讲学。

六、决策咨询与社会服务

基地遵循教育部将理论研究与社会实际需要相结合的精神，积极探索理论与实际结合的途径，开展了相关的服务活动，起到了良好的效果，产生了较大的社会效益。

应新疆特克斯县领导同志的邀请，基地自2006年就为新疆特克斯八卦城的规划、保护和开发工作提供一系列的合理化建议，特克斯八卦城在2007年被批准为国家历史文化名城。2007年7月25～29日，基地主任刘大钧教授、李秋丽博士再度受邀赴特克县八卦城考察，为八卦城的进一步开发和建设提供建设性建议。

七、信息化建设

基地今年继续购置文史哲方面的书籍，订购期刊42种，购买图书480余册，资料室建设进一步完善。在易学书目及论文目录的收集整理方面也有显著成效。

网站内容更新速度加快，内容更加丰富，特别是文献资料和电子图书栏目资料不断充实，为科研人员的研究工作和研究生的学习提供了丰富而有价值的资料。尤其是英文网站办得有声有色，被评为本年度山东大学优秀网站，成为向海外学界展示基地形象的窗口，为基地国际合作与交流工作搭建了稳固而畅通的平台。

（张文智）

全日制毕业生名单

山东大学2007届全日制毕业生名单

本科毕业生名单

哲学（文史哲基地）

王来美 刘敏捷 孙丽芳 陈太明 苗　晟 范菲菲 胡炎丽 赵文杰 赵彬彬

社会学

张　建 马　栋 毛丽丽 王译霆 王晓峰 王雪雯 王　惠 邓端定

布海吉儿古丽·吐

白　璐 庄文石 成　娜 曲　晶 努尔比亚 吴　炜 杨　上 杨正药

杨　均 阿米娜热木土拉 陈　迪 范倩倩 柳晓翠 胡兰芳 赵鲁英 盛思铭

黄　磊 温　静 刘　力 董文浩 王晨光

哲学

王　勃 王栋伟 王　璇 白　丹 刘小飞 刘秀明 严梦斋 张　伟 张非非

张　玲 张　晔 张彩勤 沈文达 邹真珍 罗　燕 侯彦青 赵　利 赵　涌

郝艳艳 徐　鑫 温　磊 谢小燕 韩美玉 薛　原

金融数学与金融工程

于　鹏 文群星 王建松 付　洁 刘　杨 刘明伟 刘　鹏 吕秀华 吕　昌

朱　红 祁　妙 张亚丽 张　晓 李　伟 李冰洁 李　明 赵　青 赵玉华

赵　楠 唐　寅 秦阳洋 隽永敏 崔　剑 崔剑峰 黄天普 彭丽云 蒋　翠

韩　虎 薛一麟 苏　明 袁忠圆 姜　超 彭　超 彭小利 秦　侃 许洛川

经济学

万　晖 牛　帅 王　颖 刘　强 刘　景 吐尔逊巴克·买 宋文娟 张丰智

张庆捷 张海平 张　璇 李一鸣 杨小花 沙依兰别克 陈陆清 陈睿睿

陈　曦 孟凡超 季平伟 赵　莹 郝龙顺 商先凯 曹　斌 阎玉林 塔依儿

谢雪燕 韩晓琳 蔡巧嫔 薛　雪 王　健

国际经济与贸易

于志南 孔灵之 孔德洋 王　同 王连文 冯雪松 田　雷 边丽晔 乔　萍

刘　宇　孙安鹏　孙欢欢　孙晓明　孙康乐　朱玉航　严斯特　张　宁　张　敏
张景超　张　颖　李东晓　李　燕　杜　雯　杨　伟　杨　哲　陆世明　陈　晓
陈维飞　周翰辉　林建通　罗　震　范霁瑶　郑慧慧　姜雪刚　赵　爽　柴超群
高秀秀　高　原　崔小秀　梁学良　黄　彪　谭　华　魏艳涛　王东伟　王立杰
王伟臣　王泽宇　王晓婷　王菲菲　王寒雪　王　斐　冯向永　冯　杰　卢翠翠
史晓南　司　贤　石翰卿　刘金晶　刘鹏展　朱丽华　汝　虎　刑　政　何　怡
佟　宁　张立波　张　静　李　尧　李翠霞　邱　倩　陈春辉　周　晓　罗　颖
郑珍珍　宫　波　赵向南　钟小云　钟　爽　夏　洁　贾　坤　郭锦绣　高书涛
蔡增彬　黄俊才　蒋来奇　褚鹏鹏　藏　楠　蔡立科　潘　毅　潘　默　吴耿君
张晓娜　栗　涛　王宝琴　张保学　杨建文　郭振书　唐　芬　杨旭东　于晓飞
邵勤勤　王秀丽　戚业珍　张世满　张丛丛　范一媚　魏　芳　王　硕　蒋　赫
李　滢　赵　甜　郝晓红　王　琪　李梦莞　张小陌　孙　鹏　张　璐　王　鹏
郑克清　梁　倩　刘佳佳　潘　虹　徐兴斌　张　涛　满　琦　杨湛文　徐翠翠
邹廷明　张　栋　赵　清　刘　超　魏　辉　梁开强　马庆坤　张宪成　刘　婷
朱风光　姜露娟　夏卫国　张　霖　王胜朋　邹　松　吴海燕　孔祥军　杨国庆
李　凯　李　君　陈殿云　崔向营　郝海峰　陈　蕾　刘文军　王　菲　孙洪飞
战东辉　王　悦　孙雯雪　程　贺　刘文菲　刘　娜　马　璐　张在颂　姜鹏超
于韶堂　翟香凤　王书兵　刘　磊　张金强　刘海曼　梁　恬　曾照娟　潘　伟
刘蹬宇　谢　慧　扈　帅　曹双瑞　董　双　许双双　张丛丛　肖　烨　朱晓莎
刘潇霞　赵　静　何事峰　柳　俊　屈丽娟　李文娟　刘乃贵　戚振坤　盖　晓
张　冰　唐茂青　陈精华　王志伟　王立萍　于　侃　姜　科　赵长勇　于莹莹
张克银

专科起点　国际经济与贸易

王洪伟　邢娟娟

财政学

林海笑　丁　娴　马克斌　孔宪平　王宇宙　王淑贞　王瑞喜　王　鹏　龙　玲
乔宏晨　刘东博　刘　青　孙　琳　孙　蕾　衣竹青　张　宁　张娟娟　张靖会
张耀梅　李占一　杨姚春　国　雪　林勇宁　范骏剑　姜　伟　段　超　逄　超
徐建伟　高　倩　曹灶强　龚成涵　谢晓霞　韩　林　路晨星　路　遥　熊明明
樊立飞

金融学

于冠楠　丁　孟　丁　玲　马小龙　马春英　马素娟　王仙梅　王　冬　王诗炜
王惟达　王　曦　宁祯华　田海存　任玲燕　刘人慧　刘　哲　吕尧尧　孙　慧
朱　勇　邢东凯　冷　雪　宋媛媛　张晋筠　张　淳　张　蔷　张　鑫　李升华
李　哲　李　雪　杜　静　杨亭亭　花小安　陈　烨　官小兰　郇淑媛　郑　伟
郑　陆　柳国旗　胡博文　贾　阳　郭　颖　郭霞霞　高亚俊　黄修高　傅文琦
彭华雯　彭新月　褚鲁伟　鲍　磊　鞠武志　李　欢　张　辉　邱　倩　孙　辉
夏　鹏　高国华　施志伟　唐定燕　袁宁益　吕小琴　林　宁　赵　杰　李永胜

吴文敏　王轶群　席　儒　毛婷婷　柳　松　郑　静　林子扬　孙　健　赖罡斌

保险学

王晓伟　韦汉四　史坤岭　刘　艳　刘　彩　孙永廷　孙向安　宋　一　宋曰军
张伟伟　张敏敏　张德周　李东方　李康乐　邱晓銮　陈丽君　赵晓伟　赵文青
赵　明　郝豫华　宾　琳　徐冰玉　贾雪凤　钱婷婷　陶　鹏　高　杨　黄建华
彭双宁　程　磊　董文华　窦恒利

科学社会主义与国际共产主义运动

刘传宝　刘　杰　刘庆荣　张树焕　李　停　杨金华　汪　静　苏　通　胡俊杰
解先伟

政治学与行政学

谢海岸　于中海　于永川　于　森　马　彦　王增国　王敬敬　邓呈萍　冯　静
申树欣　刘志刚　刘秋莲　刘　涛　孙大斌　孙天龙　安　辉　朱志理　吴其亮
宋大为　杨　飞　肖丹丹　陈　姣　周长金　周前进　岳昭亭　林立辉　吕宁宁
贺荣繁　徐勤堃　钱炳余　梁风菊　梁　超　梁　睿　曾清玉　温瑛琳　褚海海
廖建铭　潘瑞阳

国际政治

马迎凤　朱晨姝　张　绵　卓晓虹　黄琰婷　马　耕　尹　圳　王东升　邓远秀
冉慧慧　叶丽梅　田　超　孙　亮　朱　静　张　龙　张　胜　张聪聪　李万元
杲　磊　金　鹏　胡　婕　莫　涛　高相凯　曹光金　鹿　鑫　黄广义　曾　磊
韩　晶　缪建春　戴阳阳　吴筱梅　董珊珊　秦　勇

行政管理

陈艳华　杨　越　于相龙　马晓飞　王立勇　王伟明　王志勇　王彦坤　王　萍
冉　攀　卢宗晏　申　敏　任懿平　刘　杰　刘　涛　刘　峰　孙文文　孙连波
成伟伟　毕誉鑫　闫舒丽　吴仁辉　吴亚楠　吴　慧　张　飞　张继亮　李小林
李　旭　李香丽　李爱红　杨伟凯　陆世真　陈　雷　武永强　罗国华　姜　新
赵　伟　徐　研　贾莎莎　高木申　高　欣　梁固全　梅　雪　彭　鑫　颜玉柱
刘玲玉　陈　琳　尹易雯　庄秀飞　靳　雪　刘光磊　张成祥　吴秋新　张宝同

英法双学位班

尹静静　王　凯　王国柱　甘凌燕　田　静　刘文婧　刘孝堂　吕丹丹　吕海峰
朱　倩　宋伟伟　张　倩　张甜甜　杜建英　徐　艳　于春晓　孔祥芳　尹哲旋
冯晓东　乔　磊　刘　星　孙承光　吴　斌　李啸峦　李　想　李聪聪　范晓璇
聂云鹤　滕　颖

法学

刘　斌　张　璐　颜笑伟　袁　洁　马卫利　万　颖　于书生　门晓东　牛　宁
王　月　王　可　王　存　王　萍　田丽静　任佳佳　刘祥超　许　堃　何文广
宋　叶　张金孝　张程远　张　静　李广升　李东辉　李杰文　李晓丽　李璟珏
杨鹏毅　肖正国　陈东远　周文文　孟　婕　胥永武　赵　清　赵筱萌　夏　萍
耿兴涛　常仰伟　程春梅　葛胜亮　蓝翠玲　靳超英　潘培伟　糜易霖　魏　建

马　震　王凤华　王茂娟　王　敏　王　婷　丛　奔　付邦寅　尼　次　刘婷婷
孙慧娟　孙　婷　孙　琳　闫　冰　齐建华　张伯全　张恒华　张皆娜　张　晶
李令庆　李　冰　李建存　李　辉　邵东洁　邵径舟　陈火贵　陈国娟　陈建业
周　莎　孟祥成　林一英　郑　磊　侯华南　战玉玺　柯年伟　赵金朝　格桑朗杰
高　飞　高丽媛　韩大延　翟玉平　于洪亮　于春霞　马　鑫　孔维衡　王书娟
王占荣　王志华　王　澎　王　璐　韦明姣　田　辉　刘尚杰　吕仁玲　孙俪男
宋　越　张　敏　李可心　李振涛　杜国伟　邵　莹　陈甲彬　陈林林　陈强音
拉巴次仁　罗　贤　赵　兵　顾思佳　高兴云　高莉娟　隋　颖　黄春辉
黄莉藜　黄清平　蔡　琳　谭　笑　潘　娟　魏　雪　王　伟　王秀莲　王　侃
王培培　王　博　王　静　王　赟　卢　旭　刘晓蕾　孙　芳　孙　倩　朱丽琼
张　伟　张华平　张银银　张　斌　李　宇　李建伟　李敏生　李　静　杨加永
陈光敏　陈伯桥　苗得雨　郎　峰　胡丛丛　赵　娟　凌洁怡　索　央　陶婷婷
高　亮　崔树磊　崔晓辉　曹　甜　温龙旺　韩富鑫　裴冀鹏　薛　晶　鞠　磊
赵洁如　谢　鹏　唐正波　王　娟　刘　建　单　杉　蔚海娇　徐　丽　刘　珊
赵景豹　潘　琳　张　涛

汉语言文学（文史哲基地）

李春佳　李　璐

汉语言文学

刘增光　王　震　鲁　扬　李艳林　邹长平　陈　潇　任竟慧　刘凤霞　张春燕
于　婕　于丛丛　于文杰　孔　荣　王世昌　王冰鸿　王秀文　王芙丽　王　婷
艾洪磊　刘心恬　何　灿　张正宜　张园园　张基莹　李　光　武光杰　赵　静
徐艳霞　徐淑琪　贾华杰　郭　磊　崔丽珍　梁　毅　雷淑英　熊坤梅　于　丹
于　雪　马科慧　亓晓庆　牛家林　王晓伟　王海静　王　越　王　磊　代　怡
卢　媛　叶佳佳　左慧芳　任晓文　刘　娜　刘艳娟　宋美娟　宋慧娟　张伟庆
张　兵　张　欣　张　琳　李汉烨　李　朋　李　炽　李家琪　李　斐　陆　彦
陈江波　陈璇娟　庞海琼　金佳星　姜　娜　赵卫丽　倪美蓉　徐风华　徐光宗
徐青春　徐　敏　郭　艺　崔　新　梁清清　黄　蓓　蒋　莹　廖樊顺　漆琼娟
熊灿辉　潘　莉　王小径　黄桂钊　龙国栋

新闻学

李　玉　刘晓群　冯　斐　郭兴燕　文　个　毛振华　王子明　王文硕　王　欢
王明哲　王　娟　王家祥　王晓羽　王莎莎　王　超　王　僖　白　亮　刘金红
刘　彪　刘　翔　吉　蕾　孙　晓　朱艳丽　衣秀芹　闫　岩　吴　迪　宋　娜
张文倩　张春晓　张　晔　张艳华　张　琛　张　琰　张　瑜　李　刚　李雪仪
李　婷　杨天翼　杨　鹤　陈　茜　陈雅雯　陈　静　周　宇　周　丽　孟晓路
房黎明　罗　真　范开云　范晨鹏　金少红　金雅琪　侯林林　赵伟伟　赵　娟
赵　慧　殷红艳　梁文迪　逯　濛　薛俊庆　杨晓艳　岳　明　段永昌　赵　璇
毕京贞　冀新娜

广告学

王欣欣 丛伟国 冯 强 卢媛媛 刘小俊 刘家辉 孙振远 张园园 张灵慧
张剑锋 张艳琼 李晓凌 郑琅琅 唐 琳 徐 谦 黄 伟 赖 幸 潘 军
瞿祥耀 曹红星 梁 雪 翟若愚 田 东 刘学涛 李军喜 李蓓蓓 冯雪如
贾广彬 冯 娟 孔 涛 张义中 王 卫 张勇鑫 陈景祥 魏现芳 刘亚玲
庄伸艳 郭安丽 高 望 李晓蓓 张翔燕 王学斌 朱瑞云 任 伟 杨彩莲
刘军霞 王帅强 殷方超 李红峰 杜加荣 王建丽 张仁忠 薛 明 张 晗
王庆云 陈永强 张莹莹 陈晓翠 韩 霞 许建萍 赵嵩石 孙瑜燕 井秀阁
张 静 贾 琳 赵学才 冯 硕 张智超 郭 琳 刘 潇 吴丛丛 郭连帅
王营营 乔 婧 张效清 米莎莎 唐 娜 杨 波 宋 镇 张雪晶 王 楠
赵汗青 吕 颖 张 程 薛德丽 张 展 都一天 周 晨 朱红梅

专科起点广告学

于文静

历史学（文史哲基地）

于 鹏 马 亮 尹明亮 王广坤 王帅婷 厉建梅 申 斌 任晓东 李成香
岳 阳 姜珍晓 唐雁超 徐 燕 黄 钰 董秀娟 谭 琦

历史学

才让扎西 孙大伟 巨马浑·巴拉提 王庆庆 马文武 尹 承 王丽娜
王纯光 付丙秀 史安静 刘园园 巩玉亭 张 甲 张 茜 张凌宇 张莉丽
张慧娟 李纪方 李晓宇 李 琴 杨 婧 辛张伟 陈 勇 周恩帅 宛 利
姚春冉 骆 飞 敖 翔 贾秋燕 崔宏烨 曹 佳 阎菁华 程 强 蔡建媛
薛正英 王 刚

考古学

王传明 王泽冰 甘 宁 白小芳 朱晓芳 杜胜春 杨 琨 郑 滨 徐 政
刘 焕

世界史

白宝乾

档案学

王 欢 王秀清 王 炜 刘 勇 刘衍通 刘 瑶 刘 静 孙大东 孙大勇
张凤丽 张 蕾 李翠萍 邵明杰 孟德彬 罗小伟 徐 琪 黄春娥 黄 磊
樊孝臣 燕绍林 薛永兵 张茂州

音乐学

王 锋 王 瑾 孙 莱 宋 晓 张晓雪 李 泰 李 颖 杨 帆 杨 雯
杨腾飞 杨 韬 肖 娜 芈璐璐 邵 佳 陈 婷 周晓蓓 孟 丽 赵娅琳
赵 晶 赵 瑾 钟卓文 耿炜娜 袁菁婧 郭 峰 谢 非 管 超 蔡淑蓉
丁 翠 丁慧梅 于良斐 于媛媛 孔丽娟 毛小丽

美术学

牛 奔 王一名 王文文 王素云 刘晓杰 刘 艳 刘培培 刘 絮 吴 萍
宋 进 张文正 张花粉 李珊珊 李 明 李 源 李 鹏 杨 宁 肖佳星

周纳纳　苗兴旺　苗　然　姚文杰　姜双梅　赵开玉　赵迎春　郝　振　唐鹏飞
尉希慧　崔　敏　崔萌萌　曹　戈　黄　乐　蒋　婧　蔡丽萍　潘焕杰　题　伟
魏紫琪

英语、国际政治双学位班

王守荣　王秀婷　王　艳　田栋栋　石　岩　曲澜娟　朱楠楠　吴丽丹　吴绿绿
李　旭　范文娟　范　锐　柯松辉　徐　敏　马彦竹　孔小婵　牛兴荣　王冬梅
王　静　冯黄俦　甘信防　刘　刚　刘　瑞　张本金　张　倩　张新宽　宫莎莎
夏　云　桑会卿

英语

苏凯凯　李昊天　王　飞　王敬溪　王暖强　刘　可　刘倩倩　孙　文　张坤坤
张富华　李园园　李　娜　李艳飞　武晓君　赵莉娜　赵　楠　郝桂芬　唐新伟
高正娥　傅晓燕　董培培　王玉栋　王　苗　王　涛　冯　靖　刘　媛　刘　鹏
刘　燕　刑　宇　宋　瑞　张传英　张海杰　李　娜　李春玲　李晓花　武元磊
赵化强　赵　振　徐　童　顾　冉　康会莲　阎　潇　马　跃　亓玉杰　尤　静
王金枝　刘琼歌　朱育斌　许攀登　余　雯　宋榕榕　李春玲　李素纯　辛厚东
陈　曦　尚盼盼　林书娟　金　敏　胡云涛　胡　静　黄　瑞　薛秋梅　马淑梅
巴　芳　王玉文　邓为琼　冯小丽　司　然　龙春红　刘国英　刘　猛　吕文迎
李永红　李亚男　苏传杰　孟元元　觅　诺　郑增微　姚　禹　徐喜锋　殷方祥
高晓婧　尹　川　尹晓红　王华丽　王海燕　王　琳　王雅娟　石　玥　吕冬青
吕艳君　孙华妮　孙　艳　祈　婷　许秀英　许　洁　张晓梅　张　翠　李　华
杜圣婴　姜贻娴　段慧冉　钮恩华　奚慧娜　徐振华　崔岳涛

俄语

付桂香　于　强　王英姿　王　翠　乔卫东　刘　军　吴晓娟　张乐安　张国良
张浩芳　张　琨　李　伟　李金珠　李　静　杜晓慧　杜增山　周丽娟　房德龙
杜晶晶　练登科　罗宏伟　姜富婷　赵燕荣　常辰晨　王丽丽　王宝玲　王　敏
吴　涛　李　娜　邱娜娜　邵雯雯　陆向珍　陈晶雪　官　青　范　维　姚张宁
姜　宁　荆翠莲　贺　瑶　徐廷廷　黄继鹏　韩　笑　依里哈木江·艾合买提

日语

黄美子　巴桑卓嘎　王丛丛　卢丹丹　尼玛卓嘎　刘小伟　孙杜赢
毕景莹　米　璇　闫少鲁　齐羽羽　何　鑫　张可胜　李　佳　李琳琳　杜姗姗
苏海瑞　金　莹　赵仲元　赵建建　赵瑞梅　徐菁菁　徐　蹇　格桑拉姆
郭燕梅　普布央金　普布卓玛　董步云　谢　珽　魏晓波

朝鲜语

于聪聪　王金凤　田　坤　刘吉坤　刘　婧　张力超　张洪林　李承超　陈会会
贺　冬　贺鹏飞　赵莹莹　郝连山　郝晓明　袁华玉　章科佳　董胜男　解加文
臧金云

数学与应用数学

王　鹏　田　浩　李　伟　丁　睿　万鹏飞　亓旭文　王民安　王琳琳　王瑞雪

邓洋洋　韦凤良　付　凯　付鹏飞　冯克难　史　柘　刘　侃　刘　玲　刘　博
刘　潇　吕建阳　孙　逊　孙晓晔　成行健　曲丹丹　朱国芳　朱晓然　朱新强
何楠楠　宋芳静　张　帅　张　齐　张　昂　张松文　张益平　张　鹏　李娟娟
李　智　李蔚郁　杨　佳　杨　畅　杨　哲　杨晓亮　杨海彤　苏　晨　陈建毅
林　洁　欧阳熙鹏　　索梅芹　耿　明　贾岩涛　郭　峰　郭晓永　陶志云
尉继武　崔训强　黄兆庭　黄海涛　彭　鹏　程华伟　童　魁　董瑞娟　谢宇坤
韩晓璐　樊　昊　薛小东　戴　蔚　魏亮亮　苏　峰　孟令磊　吴盼玉　刘　明
傅之星

信息与计算科学

周　强　李梦拓　林铁鑫　何水清　张朝晖　丁其川　万　芳　于帅鹏　于孝亮
于　璐　王会娟　王　帆　王红梅　王　迪　王　晓　王晓芳　王焱鑫　王　然
王　缙　王　腾　卢志坚　卢昌武　叶　峰　宁　立　甘信军　田进太　田明鲁
田　雨　石　璞　仲光瑾　任红果　伏圣品　刘永发　刘　丽　刘丽媛　刘明洁
孙文东　孙　岩　孙建青　庄宿东　何晓然　张双奇　张文政　张永祥　张立强
张　丽　张布峦　张良泉　张　欣　张冠男　张　婧　张　敏　张　楠　张　章
李丽芬　李　娜　李宪伟　李海伦　李海昌　李婷婷　李新源　杜　充　杨东伟
苏宗帅　苏　虎　苏　哲　陈　诚　陈　晨　周　彬　范　晨　胡巨达　唐晓亮
徐　伟　徐园园　聂天洋　贾琳琳　顾　嫣　高述龙　崔　鑫　盛建亭　黄头生
曾祥国　焦　健　董　永　董　虹　谢晓辉　翟汝芳　戴　硕　鞠　川　马　璇
陈　斌　安少帅　魏　柯　张　强　王诗平　于　永　何　峰　陈　利

统计学

张　磊　付国锋　黄乃静　万　钊　亓菁晶　王锡林　任芳欣　刘　力　刘永辉
刘　佳　刘　强　孙定一　曲双石　朱洁琳　张　苍　张玲玲　辛　宁　邹学兵
陈　旭　陈　曦　周　峰　范春燕　唐　郦　殷化宝　高　林　曾耀辉　董英杰
藏金朋　阚士行　阴贺婷

信息安全

曾翰韬　王定波　王献鹏　乔　贝　孙军强　朱巧玲　朱星全　毕经国　纪明辉
严　震　何　铮　吴光超　宋　群　张　旭　张晓飞　张海静　张程伟　张　超
李二雨　李若寒　李　栋　李程远　陆　阳　陈元中　陈玉龙　陈佳哲　单致豪
林新炎　姜　楠　战　浩　胡昌慧　赵　超　贾仃仃　韩　飞　熊圆圆　魏一博
胡晓光　殷　涛　袁　江

物理学

兴连军　宋修祥　刘海龙　王　译　张雪峰　于　剑　王一非　王　帅　王亚乾
王国伟　王　恺　王　棹　王　锦　孙园杭　孙春阳　汤敏建　闫　丽　宋　生
张中利　张盈利　张海龙　张雪霜　李　冰　李　刚　李　波　李金柱　李晓宇
李　淳　李敬超　李　鹏　杜　飞　杨思达　周海涛　林　鹤　郑俊辉　修至诚
姚　彬　胡树韧　赵　乐　赵厚超　郗泽潇　徐化勇　秦义文　郭　庆　高天树
高　超　黄钰博　黄清芳　曾　斌　韩永波　韩　崇　鲁济豹　王红星　王晓宁

龙　宇　孙　礼　纪存亮　何晓溪　时高山　李　哲　李　强　李　璇　畅宁波
郑亚娟　赵海升　桑元华　曹　强　黄　立　程亚洲　谢兰飞　王　朴　王镇海
卢　建　左致远　刘　洋　李朝举　李　超　李　雷　杨喜超　贺树敏　赵　明
郝文涛　葛海波

应用物理

王福强　吴广阔　王云鹏　王中玉　王　文　王怀林　王　盼　王　鸿　孙子文
孙继浩　闫建利　吴凯棋　宋　涛　张世伟　张　挺　张道军　李　磊　汪　鑫
陈晓阳　周彦彬　赵振海　赵　磊　郭　建　崔　万　戢先雄　景年勇　曾　义
董洪彬　霍键文　魏　鹏

微电子学

刘　杨　安兆嵬　方少杰　王世军　王　帅　王　政　王盛贵　付文彬　卢泽江
史伟波　尼　浩　田新儒　任　斌　刘阳东　吕元杰　曲胜平　朱　振　张洲洋
李　年　杨国东　苏少坚　陈　戈　陈廷坚　陈　磊　周西军　娄海涛　赵福涛
夏驿杰　葛　琛　蒋　健　熊　磊　裴　选

计算机科学与技术

付瑞林　房天厚　范　婧　郭元庆　郝广建　汉振甲　黄焕虎　贺庆友　胡美霞
李　鑫　李　悝　李珺凯　李　兵　李宝丽　李　春　李　琴　李霄鹏　李朝坤
刘　洁　刘崇辉　刘久峰　刘　永　刘存山　刘秀娟　刘　琛　刘进鲁　刘　然
刘华宁　刘文杰　吕剡祺　马庆曾　马　超　马印禹　马　越　庞　敏　裴振红
彭　超　戚　昱　荣　华　盛世波　商　斌　田丽丽　谭笑天　王瑞博　王梅莹
王善飞　王　成　王立军　王　涛　王秀丽　王伯刚　王志龙　王明曦　吴国亮
徐吉美　肖光磊　许　源　于运广　于学佳　杨　栋　杨　峰　杨福婷　闫铎功
姚芳芳　赵　雨　赵凤芹　张增振　张丙亮　张思运　张　斌　张天震　朱　青
郑　和

专科起点　计算机科学与技术

王　见　刘　勇　李海龙　王润生　张　迁　吕　云　刘耀华　刘学志　郭子豪
李　兵　张转利　张伟伟　杨　镇　张文燕　刘国仙　钟　旭　王新佩　桑红涛
梁福坤　张　磊　聂秀波　王明水　刘福辉　张战友　杨恩军　吕正强　朱龙军
程　刚　梁　群　冯萌萌　夏　苗　薛慧芳　张　东　陶　冶　朱孝悌　齐冬冬
李万超　李洪宽　万士元　王旭涛　王法军　王　鹏　乔兆祥　刘爱凤　孙兴钊
张　璇　李小鹏　李艳青　范须耀　封振宇　韩中星　詹惠安　王　凯　张少华
张代军　张　冰　李　伟　杨成豹　林　森　堵国军

化学

张　均　刘训臣　丁　美　马腾达　孔　强　牛　泉　王　婷　叶　晨　乔增莹
任璐璐　刘立强　刘明翠　刘冠辰　吕英东　孙永奎　孙其君　孙建强　孙洪强
孙端军　庄　洁　朱全东　许　强　张玉梅　张　红　张　昀　张茂利　张　涵
张　磊　张黎明　李　戈　李　伟　李华峰　李　慧　杨志杰　杨志洲　沈　国
苏文琼　邱翠翠　周兴峰　孟庆洋　季亮亮　罗立恒　苗志强　范建都　赵　飞

赵胜文　赵峰　徐伟　徐洪俊　栾春红　浦华磊　涂佩　耿晓宇　高阳
高靓　康卫兵　曹洪涛　符丽柳　温泉山　程玉珍　谢轶州　靳红亚　鲍添增
冀波涛　魏丽　王秋勇　孙一鸣　李海平　战付旭　张鸣　贾传坤　杨亮
马儒政　廉哲　潘明　田加富

应用化学

刘彦峰　孙朝辉　黄永棋　于建卫　王旭东　王修乾　王荣跃　王蹇　王磊
邓奇思　田硕　龙攀峰　刘刚　刘贯东　刘倩　孙忠英　孙涛　安伟
吴大千　吴超　张峰　张晓　张晓　张润涛　张婧　张笙笙　张祺
李旭　李普辉　李超　杨文波　杨平　杨敏　杨辉　汪栋　周小金
周海峰　周钰欣　范学斌　郑玺　胡建　胡爱娟　胡群群　费兆阳　赫连龙
唐林芝　徐泽梅　徐炳华　袁世刚　高彦山　高敏洁　崔福鹏　常佩　曹锐
彭冲　董莹　蒋继龙　韩娜　韩莉　谭小宝　谭青林　张翔宇　钟文辉
刘仲辉　杨军丽

化学工程与工艺

于斐　张莉　马爱丽　王传名　王旭永　王纯刚　王枫　王善亮　王福庆
韦尚正　刘东　刘绪　孙钦超　朱小梅　朱迅　朱敏琦　刑政　邢海霞
闫斌　齐建　吴洁　宋方超　张龙　张伟　张培训　李升亮　李冬冬
李华军　李峰　李超帅　肖秋霞　邹鑫　陈一楠　陈绍飞　房启岭　罗敏
郑斐斐　金少瑾　姜明理　赵玉阳　徐海亮　高蓉　宿国宝　常亚莉　曹峰
黄开泉　黄延敏　葛小霞　董芳　董海龙　谢小银　韩海涛　潘栋　霍朝飞

电子信息科学与技术

王新喜　陈晓波　马传令　宋朝眉　王牣　王韬　王攀　王宗敏　史进超
任杰　刘芬　刘言　刘坤　刘洋　刘晓　刘晓宁　孙大川　孙致钊
邢伟卫　吴昊　张锐　张风国　张正起　张迎晓　张鲁筠　李明　李玉福
李亚珂　李顺礼　杜光伟　杨明　杨东周　杨福明　汪振兴　邱西慧　陈伟光
陈高友　周夔　林永涛　苑瑞福　柏国超　祝国浩　赵斌　赵学斌　徐超
秦超　袁海峰　高国钊　梁利　梁博　谢谦　韩雷　韩兆强　鲁锟
楼俐锋　蓝肖建　褚超　蔡志涛　臧艳军　魏戈　魏磊　周亚林　李红军
王永涛　刘少华　于天成　李文成　宋维娜　高旭　高晖　王庆浩　褚金玉
胡玉矿　冯新建　王伟

电子信息工程

黄炳磊　孙伟　王东　金星　姜正平　常利　王伟　王健　王琳
王策　王超　王海涛　任振峰　刘哲　孙兴伟　孙贵平　孙赵婉　张璐
张建伟　张晓亮　张媛媛　李进　李琪　李洪才　李海东　杨梅　沈永卿
邵娟　邵金东　陈栋　陈素梅　屈琳　金蓉蓉　侯善甲　贺微杰　赵骄阳
唐琛　徐甲　徐义光　袁峰　贾儒彬　郭旭东　黄焕爵　窦和新　与顺利
王琛　王鹏　王小东　王超兴　韦敏　刘雷　牟祥飞　纪阳阳　许岩岩
许家新　严兰芳　张伟华　张轩伟　张国鹏　李笋　李文虎　李军元　李衍伟

杨灿 杨琦 汪延东 陆幼萍 陈晓宝 周铖 周晓天 胡金成 荣文
赵东东 赵晓丽 曹维达 阎冬 惠王伟 熊飞飞 魏光磊 王纯纯 李琳
王凤菊 魏建云 周建文 鲁威志 贺祥 胡笑浒

通信工程

杨大鹏 王勇 鲍睿 冀正强 马兵 毛彤 牛小保 王鑫 王传美
王华鑫 王林剑 史学谦 刘冲 刘斌 刘军辉 刘艳婷 孙业超 曲延河
许玉滨 闫亮 吴明龙 宋君 张琪 李强 李慧 李运波 李黎明
陈伟 陈庆华 侯希超 姜伟伟 宫哲 赵婧 唐元瑞 袁江 程永明
韩建 韩东东 翟超 樊磊 戴新波 王娜 王崇 王皓 王魏
王金堂 王栋霖 依丝看带儿 杜曼 玉素甫江 白亮 龙乾
任玉鑫 刘伟 孙振业 张敏 张媛 张魁 张小敏 张文杰 张方坤
张纯波 李捷 李仁波 李文慧 李金洋 沈象钦 苏红利 陈军生 周浩
林宪涛 贺刚 秦洁心 康强 曹永清 黄帅 曾凡声 董和磊 蒋堃
蒙阔 薛长举 丁宝峰 万伟 于泉涛 王军 王东曦 王兴利 王其景
王国栋 玛尔江娜依 石震 任国升 刘文亮 刘臣平 刘宗政 刘宝国
刘建华 刘德刚 孙东 许俊峰 吴志 李友望 杨文良 杨然然 苏魏
谷海波 陈莉莉 庞洪森 种衍林 贺明 唐乙双 钱隆 韩立富 鲜静
宋磊 季辉 刘福军 王希光 郭欢欢 熊辉 李本泰 张顺 展茂祥
李鹏 陈衍鹏 孙文文 刑杰 李林 张雷 刘云强 乔伟 刘芳
许燕 李庆涛 于海宁 庞雷

光信息科学与技术

丁瑞勇 刁英英 于悦生 马杰 马付胜 马甲坤 孔德新 王楠 王友银
王玉展 王虎山 王胜强 王荣阳 冯成虎 任德晨 刘云青 孙志远 孙宗跃
孙宝清 许海腾 孙大鹏 张大鹏 张伟伟 张百涛 苏峰 苏银妹 陈再辉
陈经纬 易东 林大宾 林生烨 姚显 赵发财 唐鹏 康定康 郭永祥
龚来凤 詹求强 薛振 王伟 常翠祖 薛瑾瑾 杨西斌

电子科学与技术

商朋 王磊 于新生 李春华 赵晖 郭崎 黄飞杰 彭伟 许乐
张东利 李学宽 单维刚 赵国良 高加乐 廖志广 卜春光 于庆霞 王宁
王超 王守涛 付文祥 冯亮 乔德灵 刘磊 刘元财 刘晓龙 孙会
孙明 孙腾 孙明营 朱武志 吴健 吴多武 吴胜龙 宋志勇 宋树良
张倩 张雪 张庆武 李智勇 杨博 杨永文 杨晓亮 陆新城 周光颖
周扬玉 庞松涛 武振 姜丹丹 段芳芳 胡东 赵怿萍 徐慧华 徐燕明
袁敏 章炎 彭朝 董延涛 黎荣辉 魏兴政 于彦刚 于光义 孔麟
文博 王方晴 王光新 王志飞 王金豪 王新宁 叶东东 刘宁 刘超
刘雯 刘磊 刘月胜 刘照光 孙宝瑞 阮善斌 吴强 宋永潇 宋复俊
张刚 张倬 张旭辉 张金金 张数宝 李宪 李士波 李宗光 李绍娟
李娇娇 李振兴 杨伟 杨俊卿 杨翔宇 苏谦 周斌 周小兵 赵奇

赵守磊 赵建伟 徐建彩 秦晨曦 郭 敬 高幼俊 康广宁 葛 俊 谢晓娟
虞策立 薛 峤 孙立金 付 鑫

计算机科学与技术

何丽萍 李晨光 罗 林 张 珺 杨晓光 范 睿 笪黎海冰 王彦勇
王 锐 从云理 胡 青 郭耀祖 舒 嘉 慕广骥 朱京伟 李承强 张 杰
程云飞 亓立栋 文 静 王 宁 王 衍 王晓飞 王 浩 王强飞 刘二阳
刘 宁 刘 尧 吕延飞 孙玉祥 孙延腾 毕 文 宋 波 张文行 张纹华
张淑燕 张 铖 张 磊 李文浩 李照旭 李 睿 周福波 岳义振 苗亚飞
荣忠绪 赵光胜 赵 扬 唐大伟 郭晋凯 高 腾 密丽莎 曹建军 龚鹏程
程 鹏 栗 勇 董康平 阚美娜 薛 晖 丁希新 牛振州 王 帅 王延可
王亮亮 王海豹 王 博 付俊迎 冯静哲 卢继磊 关 冕 刘丰镜 孙 韬
朱泽全 江 珲 纪君伟 许鸿乾 刑发明 齐大伟 吴子豪 宋志华 张利明
张英华 张晓晨 张 晖 张智敏 李大伟 李伟楠 李 国 李 波 杨传彬
周 文 胡希胜 郝 飞 唐 伟 唐 铭 桑德一 耿建平 高 伟 曹 青
梁 鹏 萧汝祥 韩延栋 丁海涛 于普磊 马国恩 王 坚 王李涛 王浩源
王 斌 王 琦 王霄鹏 卢志奋 刘文金 刘 刚 孙 亮 朱树闯 朱家伟
邢胜男 吴 鹏 张 帅 张帅帅 张 华 张念志 张 磊 杨 旭 陈达康
陈 哲 周 建 周海鹏 孟圣智 武二元 姚丽丽 胡振升 夏 辉 徐建鹏
徐 建 翁玉芬 袁 娟 郭 菲 顾庆华 高 云 高永文 高传聪 高希伟
高 琳 高 鹏 盛志超 董彩玲 马吉炎 马行空 王小亮 王吉亮 王树鑫
王 绘 邓晓东 付晓东 关 峰 刘海燕 刘敬余 刘 磊 孙 妍 孙维波
庄苍松 朱肖静 闫丛丛 张有彬 张洪锁 张艳强 张 硕 时 立 李 剑
杨兴华 远 翔 周召亮 周 益 苑克勇 侯 萌 赵雨萌 郝 勇 倪 麟
夏本亮 夏常有 扈光永 董 晓 董 磊 蔡冬青 魏 征

电子商务

张仲秋 范艳艳 徐祥中 由云峰 庄 涛 肖 磊 蔡仁孟 霍胜伟 于志斌
于 洋 于洪鹏 马 哲 云 斌 王晓娟 王端钊 冯艳艳 刘祖君 刘 鹏
安 鑫 曲原波 朱晓琳 毕文静 许 可 闫利民 何书照 张俊青 张春华
张海参 张 颖 李希望 李 钊 李荣均 李 锋 李 寒 李 强 杨 超
汪明波 苏清洁 迟丽杰 周 昊 林 蒋 宫 磊 秦永幸 秦 超 崔德强
富 迪 程文华 程兆坡 蒽文敏 韩军伟 廖何歆 翟德刚 蔡晓蕾 戴艳飞
亓永杰 仇 鹏 王 艺 王 伟 王坤鹏 王豪磊 冯治强 宁尚剑 刘 凡
刘俊芳 刘晓攀 刘 梅 祁 斌 许春莹 余 茜 吴少楠 李晓峰 李 璇
杜怀宇 杨 建 杨雪梅 杨 静 林 娇 罗素芬 苗新杰 侯 翔 胡京通
胡洪峰 逄莉莉 郝甲东 袁 磊 钱惠敏 顾金飞 崔明明 曹 玮 黄娉婷
景 妍 琚苏丽 葛 峰 董 浩 蒋芙蓉 韩 伟 解凤信 薛雅伟 衡冬晨
籍学刚 杨国臣

生命技术（生命科学基地）

张从刚　袁得天　于宗霞　王成栋　田加强　刘　冰　刑　澍　闫　健　李　宁
李　刚　段　青　刘志强　刘良玉　张　正　詹　妮　孔　蕴　王丹晨　王志坤
王　坤　王　超　兰培祥　刘　会　刘国栋　齐　建　杨蕾蕾　陈　亮　孟祥峰
武兆宇　徐春亮　徐胜娟　殷光波　董少伟　马　遥　王晓光　苏智端　魏佳洁
于　勇　李　真　申天琳　张　兵　李松侠　杜兴荣　徐　毅　张泽宾　梁海清
丁　艳　刘忠振　马　磊　孙　伟　李玉玲　顾天鹏　张佳荣　庄　铮　张开萌
陈　菁　范强旺　张　玲　曹新伟

生物科学

申东俊　刘慧燕　郑　珊　郑鹏耀　夏　锐　梁玉柱　韩　亮　刘胜武　丁晓辉
于　宁　于官令　尹家鹏　王一玲　王玉冰　王玉娟　王勇新　王海翠　王　慧
冯明静　田延鑫　伊现富　刘　孜　刘晓斌　刘钰莹　刘淑鹏　吕宏君　孙圣楠
邢永政　闫　寒　张家宁　李　恒　李　琳　杨　伟　陈　方　侯安龙　赵济光
赵新帅　秦善超　高恒亮　崔永坤　戚树涛　曹　敏　彭　勃　董其平　谢　伟
万　硕　仝宗永　冯翠珠　申晓萌　石　昕　艾尔西丁·阿力木　刘行佐
刘　昊　曲　毅　朱　凯　米锡阳　齐艳红　吴　凡　库尔班江　张可峰
张倩倩　张晓光　张　宗　张　曦　李　真　李雅洁　杨　杰　肖　乐　邱　玥
陈功明　陈　浩　陈高峰　帕丽达·吐尔迪　易学贤　林　琳　范路生　侯　冰
胡文超　赵　阳　赵　昉　倪乾华　钱　乐　高　翔　康俊华　焦绪瑶　程　杰
谢　洁　窦　鑫　谭嘉言　潘　萌　谭立博　费　娜　李　栋　吴　翔　郑传森
闵浩翔　崔　晓　曾　彪　刘　佳　于　洋　牛宁宁　王文婧　王传旭　王显伟
乔莉苹　刘升波　吕　擎　曲径遥　闫　翰　张　斌　李　龙　李　春　李耀明
苏　婧　周庄植　姜兴林　姜春燕　胡兴臣　高　洁　高　程　高　翔　葛　晓
马　圣　王俊姝　王　雷　车　婧　吕小磊　吕　琼　邢　飞　何丽娟　吴　畏
张　宁　张彦婷　张盖华　张　婷　李先平　李　妍　李秀娥　李雪瑞　陈永刚
陈　婕　陈　嘉　周　玭　周　焱　施　鹏　秋　昕　贺金雪　赵冠波　夏　英
徐小曼　徐正一　柴　谦　陶　翔　草阳春　曹瑞源　彭友松　曾丛林　管　鑫
薛　源　隋强军　王　锐　阴倩倩　张　新　孙宗盈　王　鹏　王姗姗　邝金刚
薛守维　郭江田　刘同营　边　亭　赵　华　王　军　陈落远　于美健　刘晓华
段　伟　常文鹏　张春杰　孟红丽　葛瑞蕾　王　猛　黄志光　李子勇　张兆轩
薛　芳　翟发涛　韦忠林　孔令明　于红莲　陈兴明　陈　怡　郭彩虹　秦　华
井祥凤　倪守仟　商希红　齐保宾　李　翠　朱丽静　王庆申　周忠伟　张楠楠
葛序宾　许士豹　张金花　刘振江　王晓媛　刚永春　牛伟霞　王陶然　陈文侠
王玉洁　王自豪　倪崇锋　李德杰　陈安普　刘　静　吕左航　魏晓晨　周　燕
孙　岱　谢　凯　王剑驰　毛然博　崔振玲　李轶养　朱光宇　胡长娟　马晓琳
杨晓红　李　健　刘　凯　韩　婧　程广辉

专科起点　生物技术

张　乐　梁绍荣　侯琳琳　刘　伟　姜胜功　石近森　刘文静　朱洪波　任晋云
冯宇栋　张艳艳　李　宁　翟庆贺　王志伟　张　颖　李　萍　史　伟　张　建

薛　蔚　张　韵　于　灏　刘　越　王　芬　王悦琳　路凤鸣　王　倩　曾　鸣

生态学

丁文娟　木也赛尔　付鹤玲　甘　琳　孙姝娟　安忠蒲　张文杰　张文涛
孙张茹　张国栋　张海娟　张益睿　李文赞　李　栋　李　倩　杨　朋
帕克日亚·艾合买提　易　琛　林书恒　徐德琳　秦文强　高　甡　曾强能
滕　娴　魏文翠

生物工程

丁学斌　牛兆鑫　王　丹　王万春　王　妍　田桂兰　白培华　龙后印　刘一辰
刘玉祥　刘振山　刘　菲　刘新东　刘　鹏　刘　鑫　孙建军　何东旭　吴青华
张凤霞　李忠强　李　哲　李培山　辛春桃　周晓静　岳占国　林秀萍　林海明
郑兆娟　钟晓倩　徐元喜　徐长勇　袁紫林　贾克文　黄　洁　董森林　蒋东坡
霍晨晰

材料科学与工程

孙旭鹏　王兆福　李　军　刘兴华　王　慧　严金存　梁红星　于　军　于　雪
马冬冬　王大鹏　王　伟　王协彬　王教友　王　磊　仲红刚　刘少武　孙明伟
祁　振　宋永强　张昌钦　张　波　张振军　张　斌　李萍丽　杜正国　汪　维
周伟岗　孟　文　罗红星　苗德壮　郅玉春　施斌卿　禹宝军　胡立杰　郝丰民
常　静　梁金振　曾立芬　程敬华　董海荣　蒋　铠　薛成蹇　魏　强　马永飞
马晓光　孔凡利　牛鸿庆　王生旭　王　韬　叶　荣　刘保见　孙金磊　毕永成
汤国磊　许海靖　张立涛　张军伟　张国良　张金光　张　涛　李　冲　李志颖
李宗起　李　健　李建军　李　涛　李　辉　汪　硕　邹宇辉　侍重燕　周晓蕾
林　军　范洁平　姜宇明　姜　坤　郭晓冬　郭　雯　高　云　崔立成　韩东方
韩　琨　于树南　马晓兵　仉　君　孔刚明　王　力　王广才　王伟礼　王继虎
王　斐　史传伟　龙兴平　刘士奎　刘　坤　刘睿恒　孙晓磊　曲兵兵　何　南
吴东亭　李　强　李　禛　杜　春　杨雪理　苏　莹　苏璐璐　陆新林　宗　磊
林　舜　林　衡　郑建龙　郑昭科　赵仕平　赵　峰　钟　超　骆光恒　徐　鹏
秦承鹏　琴　思　郭丽萍　高　健　董敬敬　蒋　俊　路丽丽　路　磊　么佳歆
马凤德　毛　丹　王本正　王　凯　王怡然　王晋槐　王　晓　王晓霞　王　翔
冯立刚　白建昌　石新颖　刘　勇　刘　巍　孙鲁超　江小梅　米春旭　许　静
初鹏涛　吴　涛　宋建朝　张　宁　张　坤　李子健　李　阳　汪　耀　陈春黾
单金明　周　舟　孟德国　赵连玉　徐传富　袁斌先　贾皓凌　郭　栋　郭超群
高　瑞　程　剑　董建新　詹英杰　靳栋梁　樊　浩　马东良　牛嗣勇　王　民
王永伟　王　琳　王　超　刘均立　刘秀丽　吕　健　朱大东　毕海平　何　莹
吴晓菲　李　丽　李　斌　汪月琼　陈　婷　宗玉良　林清云　金德岩　赵一博
赵奇培　赵呈春　徐　林　郭小花　高　坤　鹿传超　黄志坚　董晶晶　韩　广
熊艳坤　魏芬芬　魏晗兴　于明霖　于翔宇　于　群　王　刚　王晓荣　王　蔚
王　静　韦嘉伟　田乃东　任长宝　刘　冰　刘红卫　孙风川　孙永洲　庄哲辉
何忠平　于荣江　张　茜　李文姬　李东振　陈绪辉　陈碧莺　单夫玺　周　毅

庞文珊　赵同选　赵其斌　党　上　翁其峰　郭春奇　高维华　崔宝娜　章芳芳
彭建亭　温　严　鲁法云　雷　丹　裴拂晓　潘少鹏　宁　爽　韩　婷

材料化学

王　震　姜　波　程合峰　齐现五　李东周　李汝款　孟世明　滕　宽　史　晓
孙海峰　张志强　杨永飞　翟光耀　兰　翔　刘　萌　庄文斌　张　瑜　俞中平
徐晓脍

包装工程

邓鹏辉　王　伟　王枭然　王　巍　玄泽亮　刘金刚　刘晓晔　刘　晶　吕　飞
闫　敏　吴建超　张　凯　李由辉　李全祥　杨丹丹　杨　帅　季　莹　唐业飞
唐恒敬　贾子仁　梁宏琪　黄伟华　黄　静　董道坤　潘福明　杨　天

工业设计

李　乐　王伟伟　王丽丽　王　坤　王学昆　王　超　王攀石　石建亮　刘方晓
刘泓伶　刘家豪　孙尚宝　纪　鑫　张传晶　张　继　李义娜　赵宝华　赵恒彪
唐　烨　高　雪　黄　强　曾令军　谢传强　谢　超　潘龙清　王晓诚　王淑芳
刘　辉　吴庆康　张同梅　张　洁　张海贞　张灏渊　李庆庆　李晓林　李晨昕
李　超　杨晓东　狄玉平　季顺永　赵金华　郭志平　卢姝羽

机械制造及其自动化

王　强　彭新辉　宋　杰　张　军　康　靖　王义明　王　泰　郭延茹　韩法初
蒋培刚　于英龙　于　浩　王太进　王以露　王　良　王磊磊　王黎明　邓　珊
伏阳明　刘　冰　刘　朋　刘　泉　刘晓伟　华永龙　孙运刚　孙　涛　邢玉德
宋术青　张朋元　李　阳　李　轩　李　波　李涛涛　杜付鑫　沈　浩　赵宝林
赵善龙　徐光龙　徐　亮　桑英豪　秦　凯　曹　瑜　鹿秉柏　魏传柏　冯夫光
包　琳　叶　欣　刘少丰　刘　恒　吕士侠　朱红军　朱　浩　米文龙　许　超
何文明　宋月涛　张　凯　张福海　李建宁　李　倩　李　聪　杨　雄　谷朝臣
陈　林　陈　菲　单士朋　林　泉　胡宝林　徐　超　秦万国　郭长青　郭　伟
崔孝敬　曹乃亮　梁喜辉　黄顺富　韩文广　韩　勇　鲍长江　熊春健　颜　培
丁文山　刁凤超　王云晓　王　明　王　亭　王　斌　冯忠波　乔　磊　任小平
刘建伟　刘　明　刘香川　刘　琳　朱友坤　朱志俊　宋茂新　张　帅　张　永
张永明　李仕明　李建新　李　智　杨志威　周良金　周　朋　周　涛　孟庆好
孟　卿　郑　滨　姜玉杰　姜启升　赵　飞　赵泽明　徐　芳　袁　强　焦淑权
鲁海宁　管明扬　马永恒　王会章　王俊龙　韦祚礽　史　军　关　伟　孙朝雷
朱传同　朱梦涛　毕砚庭　闫　柯　宋　戈　张金鹏　张紫萍　杨伟民　邹腾安
林　苟　郑志齐　赵学进　赵树椿　唐艳荣　郭贤伟　钱　庆　顾世川　曹新飞
隋小洁　黄海波　程祥利　潘永成　于鹏坤　马文杰　王胜君　王永健　边祥胜
任尧栋　刘双存　刘　钢　刘　盛　闫　庆　张宗礼　张振果　李　军　李志军
李　佳　李　明　杨奇彪　邱曾武　林艺煌　范国起　郑洪杰　姜胜海　宫娜娜
贺　超　赵　鹏　桑志谦　郭玉富　戚振军　曹红祥　黄忠任　韩兴昌　韩海桥
潘增辉　穆凯圆　顾珂韬　刘月萍　崔冬梅　赛华松　黄　璜　褚克强　刘长明

杨诚潇　王炜烨　王　震　葛　强　杨　彬　张　进　国云星　赵长柱　周　波
张子镇　于传勇　赵　亮　陈增合　朱纪宾　齐延军　杨鲁川　肖仓库　杨　峰
李　均　赵玉田　刘晓军　秦泗烈　于光辉　解加旭　张胜进　岳彩军　王宝强
刘志明　闫　伟　李　星　郭仲宝　唐金腾　高书安　李玉鹏　魏兰军　王本松
姜海涛　周福伟　李春燕　杜艳丽　李　娜

过程设备与控制工程

王　哲　马连骥　乔　亮　刘　曰　刘　芳　刘　媛　孙慧敏　朱柏林　闫　瑞
宋　怡　张现利　李书磊　李学卫　李　明　杨新振　沈爱群　陈　伟　陈　华
陈建峰　林宝凤　范永坤　段　超　夏宗栋　袁鹏飞　梁广志　蒋庆磊　戴仁杰
魏国君　卢　佳　关海峰　刘　伟　刘华东　刘耀东　许慧群　闫峻山　张付军
张　伟　张洪军　李崇军　李雅娴　杨庆岩　杨灿峰　尚延伟　侯名可　胡东欲
党　鹏　徐庆磊　徐曦庆　高小飞　梁士虎　董　淳　韩继伟

测控技术与仪器

赵衍波　刘　铮　李　超　于水波　马　峰　卞　力　王　月　王　超　刘　浩
华正伦　张　辉　张刘泽　张旭旭　李　哲　李　瑞　李洪全　李海燕　陈淑平
屈　涛　林天柱　俞景伟　胡　兵　胡同波　钱　伟　陶巍伟　尚祥伟　康彦深
黄俊朋　燕振志　魏文星　魏志强　王传波　王志强　王婷婷　卢晓洋　叶　壮
任平平　孙中文　孙祚明　孙海滨　许喜云　张　涛　张大鹏　张海涛　张清学
杨　蓁　陈　彤　陈　霄　岳伟峰　武景鹏　赵兴武　唐伟鑫　高书征　常传强
董恩松　韩　蓉　薛　涛

自动化

孙振兴　张　磊　伏嘉冰　刘华梁　李　真　马　军　于　鑫　梁海涛　王　亮
田大庆　马　文　王　力　王　潇　王凤岩　王永浩　甘亚辉　任其广　刘　斌
刘玮珊　刘俊俏　孙丙成　延　康　朱　亮　邢　雁　张立伟　李媛媛　杨　凯
杨立广　杨瑞剑　汪立海　肖梦生　邵　平　陈清枚　周　涛　明文龙　姜　平
洒国栋　赵　健　夏群芳　郭志华　韩林峰　任参考　孔　建　王学伟　王海相
王艳杰　史友波　史光远　叶子龙　刘　健　吕世超　吴　昊　吴劲熊　张　明
张　峰　张耀明　李　玮　李　辉　杨　宽　陈　梅　姚　雪　姜倩倩　郝增笨
项文磊　唐　磊　徐洪涛　桑　磊　耿明明　高摇光　康泰钟　葛金来　尹国鹏
牛万玛吉　王付全　王会泉　王全亮　王密国　卢锦明　任庆杰　刘　勇
刘献刚　吕　凤　孙　波　曲奕霖　朱　凯　何军堂　宋海涛　张　伟　张　超
李　娜　杜旭伟　杜瑞杰　杨新伟　谷多玉　邹化强　陈冠权　侯　璐　赵连杰
赵金强　徐　涛　聂清珍　郭锡文　高　婧　高寿泉　梁效忠　黄长伟　程建国
马　健　王　伟　王　斐　王从先　王巧燕　王颜海　叶英华　平　津　刘　杰
刘志宇　刘明光　刘春雨　刘振桥　刘海宁　孙庆轩　吴国栋　吴喜翠　宋德峰
张守业　杨少芬　杨振昱　苏瑞东　周爱丽　祝建伟　贺亚亚　袁志勇　郭　琨
钱振松　高　波　高　翔　高　鹏　杨高青　曾　斌　程　飞　韩志跃　廖　竞
崔亚茜　刘志伟　胡春明　戚自辉　郜宏达　刘丙利　赵　磊

生物医学工程

李光黔 李万翔 司庆丹 牛健 王本涛 王君伟 王润飞 田莹 边乐军
刘刚 刘莉 吕金丽 安恒 宋旭辉 张伟 张方元 张金凤 李斌
李璐 杨立旭 周文杰 苗阳 郑璐璐 侯玉珠 胡蕊 徐建光 秦庆霞
袁玉莹 郭利平 郭树强 高迪 高新 曹香鹏 逯雯雯 黄虎 傅建伟
谢涛涛 韩津华 石媛 刘坤 崔亭亭 马继勇 王涵 孙静静 李勋华
刘鹏鹏 汪蔷 崔建强 张要花 刘娟 杨磊 孙兵 张敬涛 孙英波
程婷婷 张珂 于佳 周斌甲 王亮 任苗建 董加庆 孙波 刘艳珍
李远洋 赵国立 张云蔚 汪世明 徐昊 余学进 冯小敏 康韵 陈红良
杨丽丽 严毅发

物流工程

王伟 王倩 王猛 王小奔 王建东 王恒鹏 邓行俊 付生鹏 白鸽
白连任 任莹 任效磊 刘鹏 刘福星 孙希利 朱永 邢海波 吴秀军
宋玉宝 张代乐 张申旭 张西林 李云 李津 李晖 李培峰 李梦阳
杨勇 周燕 周广峰 周焕新 孟鹏 房丽君 武春江 姜江 姜帅帅
赵京生 徐俊 徐辉 耿文娟 耿秀丽 高少华 黄海浩 彭韧 蒋洋
窦玉刚 翟纪江 谭志强 蹇圳 魏德志

热能与动力工程

吕毅 孙逊 李升旭 赵国益 严庆斌 丁文浩 王友 王宏国 王建伟
司南 任霄汉 刘冰 刘星 刘艳杰 孙建 许太培 张士虎 张克松
李澎 李小军 李鹏飞 肖元超 陈明杰 林伟伟 罗秀朋 郑恒斌 姜渊
姜毅伟 高飞 高明杰 崔峥 崔福星 鹿磊 鲁盼 雷小苗 王勇
王现顺 付小飞 左绍良 刘鑫 刘文栋 刘启超 孙乾 孙自栋 邢文军
闫君 吴旭艳 张弛 张仁水 张思坤 李娟 李涛 李宝兴 李政凌
杨艳 陈伟 陈娟 陈文文 陈航宇 郑伟夫 赵永娟 徐强 高扬
高岩 曹兴 黄绍荣 将小萌 覃振业 简应富 鲍青波 熊云鹏 戴振余
魏从玉 于旷世 仇大千 王小娟 王宝武 王俊鹏 甘国良 刘聪 刘为强
孙万千 孙立秋 曲明亮 吴静 宋猛 张浩 张磊 张凤鸣 张代贤
张言智 李鹏翔 杨晓燕 陈芹 罗甘霖 娄利福 赵阳 赵鹏 赵雅文
徐鹏元 耿延凯 曹壮 董斌 董红岩 蒋寒辉 熊志波 万小涛 于域
王军 王召奎 王申英 王祥磊 艾华 刘玮琳 刘洪贞 孙岩 毕军政
祁春芳 何路 张泉 张印彬 张妍妍 张恒明 李良 李林 李甲春
肖富强 邹斌 居桂林 岳建雄 侯永畅 查永龙 赵蕊 桑迎迎 常威
梁洁兰 黄庆 焦明潇 童丽萍 董学敏 马健 王治朝 王宪红 王敦敦
王新宅 王瑞雪 史磊 田帅 孙迎 毕长华 张雯 张磊 张义洁
张庆虎 张惠民 李良 李培虎 杨成 周源 罗朝敏 姜志成 胡记超
胡春煊 贺玲玲 唐文 徐飞 曹银松 曹鹏飞 梁荣业 黄万友 黎振中

交通运输

于文舟 王　凡 王　坤 王　青 王　彪 王兆军 王安庆 王秀玲 王建立
冯文忠 术晓剑 申　思 边晓婷 向赵龙 孙业军 孙胜伟 孙楠楠 朱水仙
朱宁波 宋思占 张　晰 张广福 张秀英 李　娜 李　智 李永民 李俊慕
李桂杰 杨　杰 杨胜国 邵明光 陈　婷 陈天兵 陈海强 罗公海 姜　涛
宫彬彬 胡玲玲 逄学艳 夏立民 徐　冰 韩平超 潘晓伟 薛建效

电气工程及其自动化

包善波 李存乐 王国孟 张　挺 吴德水 林晓全 李相国 田玉芳 邹　婕
孟　君 初晓明 唐金萍 蔡言斌 张小龙 姜俊安 李应林 贾　芳 魏庆卫
刘晓彬 孙振兴 常学飞 王　旭 张兆彬 王　津 刘国栋 丁　曼 王贯华
王洪明 张　昱 张书宇 李　荪 李文东 郑金波 胡　凡 赵　冠 赵文蕾
王庆林 田　佳 周岳成 赵友国 程　茵 周福顺 袁封刚 李学鹏 扈　建
尹义民 王　兵 王星恒 王　栋 史学杰 刘晓飞 刘清华 孙巨中 孙泽虎
许　伟 余睿阳 张小洪 张　伟 张明明 李万英 李　浩 李瑞明 杨　建
杨　冕 沈　豫 狄义伟 苏鹏飞 陈林兴 陈　恒 陈祖键 陈　灏 周　波
周　雷 修晓青 赵金涛 赵洪学 党传坤 郭启伟 郭　鑫 高孟友 戚昌彬
董长城 韩金林 潘兴华 潘军营 严世超 魏　飞 魏新颖 万　顺 马广松
王守礼 王克南 王启涵 王建楠 白兴刚 乔东伟 刘世超 刘　勇 刘祥圣
刘　斌 刘毓伟 庄雷明 牟小磊 牟树君 何玉磊 张中伟 张文涛 张玉鹏
张　利 张宝坤 张　勇 张　耀 李广森 李长林 李　波 李　勇 李　峰
李　磊 杨　冬 杨立滨 杨　林 杨　涛 汪海洋 辛兆伟 陈　岑 陈　波
陈　超 林　华 赵　岚 赵国爱 钟文涛 徐文敏 彭　可 阚　琪 马　蕊
亓　超 王建建 王　昊 王　彬 王绪利 王　鹏 卢　伟 叶春峰 尼晓辉
刘铭超 孙雪光 谷　杨 行　磊 阴俊生 宋庆敏 张忠磊 张春波 张　彬
张　锋 张　磊 李兆平 李晓宁 李　根 李　楠 杨同春 陈宁宁 单金博
范　杰 信大庆 姚金茂 赵建明 赫希华 钟世民 聂立鑫 莫红彬 袁　东
郭平山 常庆严 梁　涛 梁景芳 黄华颖 熊振戬 尹　健 王艺深 王明靖
王振海 王继伟 王　蕾 冯传水 冯善强 田　骏 艾　青 任大伟 刘广建
刘宁宁 刘亚丽 刘传良 刘保军 刘　剑 刘　斌 刘瑞先 孙凤甲 孙幸立
衣启明 佟　强 宋伟宁 宋　超 张云伟 张　杰 张　欣 李文聘 李丽君
李沐阳 李乾功 杨　东 苏小向 陈忠意 周永灿 林积琥 赵兴乾 聂德顺
郭路山 曹永镇 梁园斌 梁学友 梁　琛 韩　帅 孔令元 孔令稷 王玉宝
王　灿 王秀广 王　亮 王春娥 王　健 王　磊 乐　韵 史　磊 田茂熙
刘　帅 刘西全 刘晋孝 吕衍凯 吕婷婷 许化强 吴　磊 张　永 张　极
张　扬 张德坤 李文博 李全俊 李　兵 李晓强 李　涛 李　谦 杜宁宁
沈庆胤 罗相群 赵斌财 徐　冰 徐韶清 秦亚霄 耿大雷 韩富英 戴福宁
庄绪祥 王志远 宋　朋 马金川 张兴永 康守东 熊晓亮 张丽丽 杨国庆
胡照文 赵佃云 高志明 梁　博 黄宇保 李　晖 王　宁 蒋　哲

建筑学

韩立范　尹晓丽　王　明　王传斌　王竹叶　刘　栋　刘　菲　刘　霞　刘大伟
刘进宝　刘海威　孙仁杰　帅任远　庄　越　曲金妹　毕鲁娟　何建艇　余常虹
吴昭华　宋　璇　宋军振　宋然然　李亚军　李笑言　沈勤伟　陈玉婉　周彦涛
周海龙　罗映兆　唐箭荷　徐中伟　高　晴　高中岭　黄　晓　程　清　谢家保
鲁瑞荣　解存刚　穆明华

土木工程

刘　麒　李宗宇　毛　瑞　陈厚胜　王　良　赵　毅　程宝建　文　峰　毛　健
毛月林　王　成　王军涛　王宝立　王晓阳　邓享波　冯善进　田长存　关　胜
刘含江　刘美川　刘翔宇　孙　盈　孙文博　孙兆华　余　跳　宋　英　宋　哲
张全市　张道强　李庆新　李德收　杨育臣　沈建军　陈　杰　周　颖　柳旭辉
赵洪善　读召国　郭建明　韩　良　潘　超　鞠增福　刁志超　于　鑫　于成龙
于建明　马克峰　孔德超　毛文立　王　军　王　振　王长庆　王兴国　石艳飞
刘　波　刘　矿　刘　斌　刘翰圣　孙　超　孙兰玉　张　璞　张建军　张晓斌
张爱伟　李宏涛　汪维学　陈昊序　周晨来　夏　雨　晋丽娜　翁信托　郭小伟
郭志刚　梁毅山　彭　龙　蒋　舒　谢　地　詹进生　薛　彪　薛常余　马　成
王　棣　王志华　丛炳刚　史帅力　田腾辉　任永明　刘　斌　许　建　张　杯
张慧斌　张慧慧　李　明　杜　康　杨　晶　沈育平　周飞秦　郁万彬　郑文波
侯　峰　段烨明　赵永峰　赵海生　赵磊磊　徐子豪　徐鲁华　高　慧　高发亮
曹　聪　黄　彬　黄亮亮　童刚强　董琳琳　蒋甫海　黎　振　王亮亮　王洪波
冯现大　田洪铭　白云波　关家耀　刘　鹏　刘德军　吕国栋　孙世博　衣晓庆
何志好　吴　为　吴建东　吴海刚　张　宁　张　锟　张吉光　李　凯　杨奇珍
陈铁虎　郑文华　赵上上　夏　芬　钱志刚　高　阳　黄　勇　董　鹏　董加举
缪　伟　蔡瑞昌　滕孝焱　霍　伟

水利水电工程

原建章　刁　伟　戈晓明　马　正　尹　斌　王　勇　王　磊　王世金　王兴顺
王柳江　王健飞　王海军　刘　洁　刘人太　吕春凯　孙启栋　孙厚杰　汤　波
纪胜振　冷泽桦　宋苏林　张　磊　张学超　张瑜洪　李　庆　李龙飞　李亚非
李翠峰　邵安志　陈文艳　陈福容　姚　猛　赵　维　赵　强　赵明明　陶体盛
韩伟伟

工程力学

于东升　马圣友　牛海燕　王　磊　王长安　王永鹏　刘晓峰　牟晓蕾　余志贵
张树桢　李　良　李　谦　李建峰　李燕彩　杨　静　罗　宁　罗晓青　姚永汉
唐　帆　袁夫然　郭　正　郭西岗　游开富　董飞翔　蔡彬权　戴　燕

环境工程

贤孔荣　王　祥　王新锋　代　博　卢　磊　刘倩辉　刘媛媛　刘　斌　孙振富
孙绪顺　吴辰光　孙永强　张宪忠　张强强　李振华　李　鑫　杜家伟　杨炳军
汪艳雯　阿不都拉沙　阿依努尔　陈丽媛　宗　帅　易先亮　俞帅立
祖尔古丽阿　胡伟伟　夏鹏飞　徐明伟　聂　玮　袁　蕾　黄红丽　温丽娜

葛　耀　窦国金　于雪静　于晓健　付　敬　史倩倩　刘光明　孙丰凯　朱玉玲
许伟颖　宋　洋　寿幼平　张　雷　李春玲　李彭辉　杨姗姗　肖乃东　邵　华
陈大明　陈　婷　周莎莎　林延欣　武振杰　侯艳玲　姜永青　胡荣政　赵立健
徐　琳　桑彦彦　聂瑞芳　钱利红　黄鸾玉　腾少香　腾　跃

环境科学

陈庆文　于尚振　于　洁　王　飞　王方丽　王　晶　冯洋洋　白　梅　任　猛
刘　凯　刘　璇　孙宏图　孙晓梅　何淑仲　宋善军　张　芸　张　艳　李　玲
李晓阳　李　晨　陈文婷　陈　芳　周世强　罗　涛　罗　杰　侯文文　姚雅伟
赵永芬　赵玲子　赵　辉　郭玉玲　高亚杰　崔　凯　常军军　常　迪　黄新文
曾琴文　廖　理

预防医学

于金宁　尹方方　毛雯雯　王　倩　王　婷　王　瑞　王庆彬　王凤香　王承顺
王素婷　王超昕　汉　锋　石春兰　任燕萍　刘　芳　刘　洋　刘　娟　刘晓丽
邢丽娜　况鸣春　张　勇　张　桦　张　森　张凤凤　张昊坤　张柱涛　张振伟
杨鹏成　肖　琛　辛　星　陈红虹　单　聪　范子亮　郑　飞　金丽君　姜艳艳
禹长兰　胡　洁　胡远莲　胡晓晴　荆兴乐　赵晓磊　郝　淼　郝　鹏　徐　昊
徐立伟　郭绍华　梁明理　黄　瑛　窦丹丹　路瑞芳　薛　聃　丁培远　于龙凤
毛　茂　王　伟　王　玲　王小平　王胜锋　王海婷　王海燕　刘　平　刘　晖
刘晓林　刘静静　吕玉奎　巩泉泉　曲英莉　朱　云　闫玉芬　何作力　张存山
张自亮　张海滨　张黎楠　李文昌　李冠帼　李振红　杜　丹　杨　华　杨　群
杨　鹏　杨晓倩　邹　艳　陈　鑫　陈玉荣　陈亚力　周　游　孟　妍　孟令芸
季　静　郑晓民　姚　丹　姜延飞　胡　乐　赵　盛　赵景艳　郝　民　徐小凌
徐华雷　秦　娟　郭晓沫　黄儒婷　韩　敬　路　明

临床医学（本硕连续七年制）

陈　炜　陈亚飞　崔晓霈　邓　林　董　辉　樊慧慧　冯　华　冯钦利　冯秋月
付文静　傅乐乐　顾刚刚　郭　峰　郭　萌　韩　勇　韩玉香　何　平　季振华
姜　凯　孔香云　李金枝　李连军　李　梅　李　涛　李　伟　李晓霞　李　绚
李学恩　梁　斌　刘　彬　刘　红　刘剑华　刘敏敏　刘　伟　刘文国　刘小倩
刘　颖　逯景辉　马瑞兰　倪　瑾　宁进尧　潘　燕　戚艳艳　齐玉玺　钱海燕
邱　浩　沈曰娟　石　冕　石援援　隋　娜　孙晓刚　孙兆义　王胡根　王　锋
王翰博　王金申　王　静　王　亮　王　鹏　王姝艳　王西艳　王　晓　王亚茹
王　岩　魏东敏　郄国强　许兰伟　薛　涵　杨江飞　杨　明　杨　睿　杨雪梅
杨永健　姚寿国　衣巍伟　于绍轶　俞新爽　袁　野　曾　茹　翟春娟　翟秀朋
张　蓓　张海洋　张菊红　张　蕾　张念昭　张　玮　张兴华　张轶群　张泽立
赵　宝　赵红玉　赵建军　甄长青　周　可　邹本奎

临床医学

李　瑶　侯腾菲　杨　昕　白巧红　陈　强　崔京磊　崔　涛　郭　宁　韩乐天
郝晓红　黄　雷　贾晓玉　姜　杨　雷　龙　李　君　李开升　李　岩　连培龙

刘红涛 刘健 卢桂芳 马玲 彭瑾 乔令艳 秦荣荣 宋勰 孙厚荣
王翠翠 王佳妮 王健 王鹏 王魏 王燕婴 吴晶晶 谢晨曦 杨帆
叶蕴青 尹宁宁 尹训涛 张本青 张建 张静 张明君 张茹 张璇
张云霞 张地 赵杰 赵秋洁 赵振华 赵志义 周林林 曹立军 程娟
董梅 樊传武 范右飞 付春毅 付勇 傅曙光 高龙 高萌 葛学玲
郭婷婷 怀娟 黄建华 黄紫房 焦方刚 鞠成群 李杰 李居艳 李伟
李阳 刘强 陆树洋 栾东风 栾少红 毛飞 倪艳艳 苏恩裕 王蕾
王明 魏淑珍 温冰 谢国璐 邢乃栋 熊明涛 闫涛 杨蕾 杨绍楠
于冰 张传臻 张璟婧 张丽娟 张沂洁 赵文昌 赵振华 周厚民 周丽云
梁修明

口腔医学

孔磊 门庆林 马云良 马丽 马宏伟 尹雪莱 文勇 王文君 王守一
王彦军 王洪玲 王海波 王海靖 王琴琴 冯媛媛 田文菊 全鹤 刘政军
刘洋洋 刘洪 刘晓伟 刘晓伟 刘琳 危常磊 孙圣军 孙春梅 朱艳艳
闫香珍 张欣 张益琳 李红利 李恒 李雪芬 李慧敏 杜林娜 杨蕊
芮昕 周炯 孟麟 岳亭 武智伟 胡少鹏 赵芬 赵琰芳 钟炎
夏荣辉 徐祖杰 郭虹虹 郭艳艳 梁伟 梁翊 黄大伟 韩婧 潘爽
潘燕 颜娜 陈婵婵 董仁萍 吴莉

专科起点　口腔医学

赵鲁明 张伟 李小洁 乔朋艳 苗玉珠 刘海霞 郑义 刘雪荣 陈昭慧
刘智永 孙洪涛 孟宪斌 张玉英 宋晓彬

护理学

刁秋霞 于晓丽 王平 王丽 王迪 王红蕾 王丽丽 王丽娟 王爱娜
刘芳 孙玉 孙雯雯 牟栖霞 余昆容 张娜 张文婷 李青 李慧
李凤娟 李玉华 李兴华 李宗香 李彦英 杜鑫 杨荔 苏桂云 陈丽
苗苗 夏琳 徐李琴 贾旭艳 黄敏琼 谢于娜 韩智培 褚金花 樊贵真
穆敏敏 于宁 王微 王升平 王亚丽 王泽纬 叶婷 刘春燕 刘晓燕
孙冰 孙海璐 米东升 闫赟 张园园 张燕妮 李凤娇 陈延亭 周娜
房金凤 范韵涛 郑妮 郑梅玲 侯晓慧 姜静静 赵芳 赵倩 赵其娜
赵国妮 赵媛媛 唐晓红 徐西苓 袁媛 贾美香 常秀云 惠海燕 童瑾
覃倩 蔡蕊

药学

曲直 祝宇松 林芸峰 李琳玉 任来阳 张胤 程隔霞 孙建栋 牟鲁霞
李静 陈琼 贾乐娇 包汉海 田艳艳 刘春喜 张晓 李爱凤 房文通
高艳 孔令伟 王建强 王松松 王春露 王振 冯优 史敏 石绍孟
伍顺尧 刘佳 刘珊 孙雪杰 曲焱焱 何红燕 张小贝 张为鑫 张杜娟
张岩 张晓攀 张艳丽 张琨 张颖杰 张静 李中港 李长亮 李永志
李庆飞 李艳贞 李莹莹 杜娟 沈明霞 陈厚林 陈洪飞 陈峰 周玉升

周　芸　宗爱珍　所青芳　罗俊永　刘庆坤　贺　雯　徐丽华　徐海春　袁昌振
贾　健　黄　蕊　韩　喻

制药工程

丁晓明　马艳玲　王书美　王　朋　王沿东　王娜娜　王　涵　田文岩　任世言
任继波　刘洪兵　孙秀秀　曲淑娟　汤日玲　何志凌　张文军　张　宁　李东岳
李亮亮　李品俊　李　娟　邵长冰　陈祥娥　周　荣　范聪颖　郑亭亭　金　浩
赵文法　秦成芬　莫华娟　袁　彬　陶妍洁　曹素琼　廖永祥　管玉瑶　臧玉花

管理科学

亚合甫江·吐拉甫　王庆　王百宁　王金玉　邓　爽　田培军　任春生　刘　畅
刘晓强　吕琳琳　孙东升　孙　轶　米文振　严　慎　张　宁　张吉林　张丽昙
张彦君　张　静　李燕玲　杨净净　杨学良　陈洪祥　金　丽　姚龙景　赵　伟
钟文敏　唐　楠　袁云鹏　郭　灿　郭斐然　黄奇峰　黄　蕊

信息管理与信息系统

贺春利　马鹏程　张　立　杨　伟　丁　方　丁烨琦　于文城　马　亮　孔凡静
王俊生　王春霞　伍武香　刘志强　刘晓军　刘瑞玲　孙玉平　朱永红　朱忠兵
许　浒　吴日升　吴晓东　吴　婉　宋　璟　张玉琼　张　琳　李长卿　李冬梅
李　青　李　琳　李静静　杜颖建　杨乐山　杨兴时　肖　磊　周彦莉　孟献杰
岳贤会　苗永超　郑应燕　姜　明　律　健　徐涛泉　高　佳　高　斐　梁飞燕
焦丽媛　蒋蛟龙　潘林林　丁　琳　马文超　王小龙　王　景　王颖颖　王　瑾
邓丽丽　付　敏　史惠子　曲子旻　张　芃　张松波　张金锁　张海涛　李帅之
李秀龙　李明明　李俊杰　李　斌　杨　明　杨修煊　杨晶华　杨　鹏　连娟娟
陈卫涛　苟　泉　郑立明　侯　镇　洪津津　胡海鹏　贺　斌　徐文华　徐　洋
黄艺玲　程　惠　董继明　蒋贵斌　熊晨晨　缪蓓蓓

工业工程

冉红兵　王　洋　周中将　于会勇　孙宾宾

工程管理

陆春波　尹　涛　王小康　王　美　伊　宁　刘　岩　刘　明　刘　鹏　孙允弟
孙林浩　朱　堃　汤小洁　邢晓宇　吴青霖　吴　操　宋曦光　张　琳　时　兴
李　科　李　强　李朝智　陈琳琳　罗文兵　段腾飞　胡玉晓　赵春城　赵　珂
倪晓蕴　殷齐鲁　曹文军　曹建祥　韩珊珊　韩　菲　谭宏斌　潘光远　薄代林

工商管理

刘　磊　郭　华　王　宏　王昌功　朝长海　代新蕾　刘苹苹　于　丹　王世龙
王　伟　王晓磊　王爱洁　王　莉　王　静　乔海涛　刘华文　刘　英　吕　涛
孙华安　孙国栋　孙晓龙　毕　悦　池秀苹　宋立玉　张文彬　李　玉　李玉诚
李　刚　李西会　李金富　李春旺　李　强　李　鹏　杨　芳　杨绪春　杨舒可
杨　雷　陈　洁　陈颖颖　孟　佳　林联龙　罗　亮　郁云云　郑向铮　侯　帅
修振华　贲成英　唐　伟　郭晓鹏　顾婷婷　高云山　崔　寒　符莹莹　程宜峰
董　青　蒲　超　谭菲菲　于海洋　马　千　马长青　马亭强　马春辉　马桂兰

马常欣　文　龙　王　莉　王淑洁　王　璇　付　宇　仝　敏　叶岳龙　田姗姗
石小丽　龙云伟　任倩倩　刘　朋　刘　颖　孙　凯　全宗帅　齐方媛　何　佳
张利杰　张娓娓　张景阳　李宏强　李晓庆　李　蓉　李碧锦　杨　进　杨凯中
邵公明　周　云　侯大炜　侯贵斌　姜　宇　徐晓俊　徐　康　秦志伟　贾　良
常丽荣　梁媛媛　彭杉杉　程学美　蒋开发　窦文信　薛光红　蒋　岩

市场营销

马　师　马晓沛　尹俊丽　王兆国　王　斌　王　超　邓鹏鹏　田　芸　刘建宇
刘钦亮　刘　健　刘晓亮　孙景宾　毕　硕　张　康　张　晶　张　磊　李兴文
李　朋　邹超群　房　梁　武　斌　俞京锋　宫文卿　唐　林　夏传振　徐　峰
聂　飞　聂　翔　郭　帅　郭　静　崔应楠　曹雪娟　韩　超　熊方杰　戴宁宁

会计学

岳宏伟　王明辉　王　迪　王　姝　王　姗　王　莉　王鹤云　刘进宝　刘晓晓
刘　萌　刘敬坤　刘　睿　刘　静　巩　薇　张　兵　张　斌　张　静　李　外
李正峰　李伟铭　李岱君　李　洁　杜爱丽　苏　磊　陈春梅　陈　晓　孟　帆
孟昭洋　庞亚娟　郑　娟　赵传友　赵国利　钟东华　闻绥衢　唐香香　索艳丽
崔　睿　康彩云　曹　睿　黄小斐　程　凤　翟　婷　谭　涛　谭琳琳　丁　晓
于兴华　马福纯　尹　翠　王晓枫　王　晔　王　晶　兰　媛　左凤丽　伍晓君
刘晓英　刘晓静　孙立海　孙海龙　孙海龙　孙　超　纪瑞英　许文静　邢昭娜
何维维　吴匡笔　张国源　张　博　李金怡　李钰超　李清如　杨玲玲　陈　飞
陈　洁　周长杰　尚苗苗　侯剑宾　盆贵成　钟　信　凌蕊蕊　耿冬梅　贾艳丽
高　华　高　姗　彭赛玉　焦建薪　程明岩　董　鹏　谢景生　韩　光　鲍玲玲
蔡志栋

人力资源管理

刘　磊　于　颖　尹　倩　文增安　方　希　牛仲杰　王　伟　王　安　王　朋
王　寅　王清辉　王　慧　邓慧茹　付绍敏　代　维　冯　倩　冯娟娟　田　烁
白　杨　任泉泉　刘卫华　刘卫清　刘　军　刘丽霞　刘　卿　安　娜　曲雅琳
邢　璨　张宝军　张　宏　张　晓　张维佳　张晶晶　张　超　李　飞　李晓云
杨　艳　杨晶晶　杨德晶　季　超　赵　锴　赵　懿　唐　丽　耿振山　郭海艳
梁　蕾　梅　燕　龚　晶　韩夏筱　蔡　燕　裴　蕾　蔡晓娜

旅游管理

陈文峰　毛绪海　徐志刚

图书馆学

王　法　车　宁　冉雷强　刘腾飞　张玲玲　李树玲　汪　威　肖文娟　周净泓
岳庆荣　郑珊霞　姜劭琮　宫大林　相　洁　赵玉洁　董草岭　韩文甲　蔡廷建

国际商务

徐心语

电子商务

赵德山

财政学

丁　杰　于　平　于　刚　门国强　王为豪　王家强　王　朕　王　渊　王　瑞
冯成吉　冯　娟　卢　晨　史　磊　石俊国　刘建辉　刘　鹏　刘　静　吕　强
孙　岳　孙　晔　曲　良　朱晓伟　何源远　冷维彤　张世宝　张正克　张传芳
张　冲　张　宇　张　昊　张亮亮　张衷奎　张　晶　李　卫　李梦佩　李　强
李然洁　李　慧　李　鑫　杨　达　周晓川　郁　浩　郑　凯　姜　坤　宫　玺
徐晓铂　秦胜会　郭　鹏　崔　燕　黄潇潇　傅　强　韩贻冰　韩　琳　谭　君
薛　钊

社会体育

马东旭　马　波　孔德忠　文福君　王连师　王亮亮　王　涛　王富磊　王　超
王耀东　石庆福　石　波　刘兵吉　刘佳媚　孙　冰　孙常柱　孙野旭　宋凌峰
张业利　张　亮　李云伟　李光胜　李　明　杨振刚　杨裕威　汪春兰　肖　克
苏前祥　陈一雷　陈清斌　周　伟　周航峰　周敬安　武少勋　金桃梅　段　旭
胡青斌　赵　刚　徐建林　郭东光

计算机科学与技术（软件工程）

宋钦正　田木林　藏志愿　房延祖　轩　浩　陈晓龙　王　鹏　梁　心　董　刚
刘　正　安佰明　张大鹏　张　昆　刘　倩　马晓宇　方　旭　王　帅　王　晖
王常洲　史　麟　乔　广　刘大鹏　刘立华　刘　伟　刘　琦　刘　瑞　吕　帅
吕　佳　孙　凯　孙　超　曲　萍　朱　勉　朱　聪　牟　伟　克　远　吴奕瑜
宋　歌　张全峰　张炳禹　张　森　张　露　李长城　李祎凡　李　倩　李溢欢
李鑫磊　杜文晶　杨大鹏　杨　阳　杨景淑　陈佃晓　陈　亮　孟令正　孟　壮
范小虎　朗晶甜　侯小凯　赵丛丛　郭心建　高继林　崔　波　谢　梦　韩佳佳
韩　顺　蔡文涛　蔡舒妤　潘明远　鞠　卫　韩振寰　井　明　王　玮　王洪运
王炳亮　石文鹏　刘永辉　刘　超　刘　睿　吕红志　孙玉凯　孙翔飞　孙　璐
曲春晓　毕　涛　江　畅　汤晓丹　吴　晗　张玉萍　张　玥　张雨锋　张瑞娟
李　伟　李卓慧　李洪波　李　辉　杜言琦　陈执锐　陈秋丽　周广通　周爱芳
孟令虎　孟　健　林一鸣　罗　义　苗　姗　范　聪　郑　楠　姚相振　姜　峰
胡　叶　赵　炎　栾　帅　贾丁丁　顾　牛　梁　超　黄文静　程　旭　程雅兰
蒋诗烽　蒋　焱　路　亮　路　婧　廖怀志　潘　温　郭少卿　何　婷　高　超
孙秀菊　叶慧慧　王建新　韩晓艳　禚艳红　刘麟鹏　刘　兴　吕　伟　陈　岩
张洪涛　郭保占　赵　伟　马　强　梁春丽

计算机软件工程　高职学院

刘　岳　李春雨　刘战果　乜守信　王保伟　吴红强　许道鹏　张　健　郑　波
邹　康　张明明

汽车检测与维修

蔡　勇　刘思吉　史向阳　于海洋　于晓并　张　彪　赵振兴　戴海琛　牟洪亮
臧宜盛

飞机检测与维修

宋立广　孙曙光　陈卫超　董全文　何晓飞　姜妍妍　林凌云　刘　超　刘蕾杰
刘卫东　王健懿　王龙飞　谢周林　于　良　赵　强

自动化

高　原　解　磊　刘　飞　牟永博　宋建辉　王文明　王志法　张丙兴　张　禄
张　冉　张　颖

内燃机制造与检测

刘庆洋　魏少峰　徐　晨　杨达伟　张　国　张子磊

口腔工艺技术

刘　伟　马玉千　王佳森　魏秀娟

护理学

艾丙超　陈虹蓉　陈艳玲　李　巧　林　颖　刘朝霞　刘大鹏　于以双　张　玉

山东大学2007届全日制硕士毕业生名单

哲学

董　冰　王美玲　单　伟　朱　蕾　刘开芹　姜　伟　崔　建　胡　伟　张克宾
姚海涛　周作福　王　维　胡长芳　李　娜　张玉营　徐　杨　李　伟　刘　鹏
徐希冕　宋武红　李　倩　陈艳艳　李　斌　陈明光　宗　晓　李　丽　王宜凯
牟　杰　宋芝业　王　刚　肖　虹　武　伟　相恒振　李永光　陈　建　王　凯
王东生　王国伟　张炳杰　台　明

经济学

Dzoumba Jean Firmin　李雪梅　薛　蕾　陈传刚　田　蕾　高凌云　李国峰
张凤兵　田呈星　段洪俊　李玉光　杨建磊　林　峰　宁方勇　王蕴翠　李　辉
姜雁杰　葛　虎　邹晓光　王　辉　张义凤　陈　娟　栾航乾　马　甜　李　勇
李　巍　陈玉停　潘亚宁　刘芸芸　李蔚林　花　小　赵　辉　王佳琳　韩佩宏
刘　军　李　浩　朱艳平　李　齐　刘喜丽　李立伟　梁　娜　李宗宝　王冠琦
姚　洁　王　林　马　征　刘　双　陈　铁　刘　勇　王　晶　姜明惠　刘金娥
侯　玥　姚晓黎　魏守富　李　莹　李焕龙　任尧骏　沈高峰　王　艳　李　贤
钟　颖　谢佩洁　邓　蕊　车玺玉　刘晓霞　潘　林　张　凯　陈　雷　欧金仓
李　菁　赵子龙　唐　杰　陈燕华　王希航　陈忠民　符　妍　张明婕　李增亮
管丽娜　徐鲁芹　蒋贞灿　冯　睿　张　惠　赵　婷　罗　斌　王黎黎　申静芳
张　伟　雷林平　汪　洋　刘宗梅　朱孟晓　盛卫宁　王　佳　朱冬梅　张爱莲
王丽丽　郝　玉　王　辛　贾亚丽　刘　素　孙旭蕾　李丽丽　艾红梅　姚　丽
张淑泉　翟凤霞　张雄辉　李　莹　王　爱　吴纯婧　刘海玲　赵佳颖　刘晓宁
刘　欢　马俊杰　田峥峥　kabasinga Jean Aime　徐光耀　刘　鑫　刘　磊
江文昶　牟少英　刘云英　吴　凯　王　雪　闫付美　黄晓芯　高佩娟　王　营
刘艳利　赵　娅　尹立钊　田　青　李恒旺　韩　薇　谢　欢　张　莹　宋艳锴
孙晓琳　宋　薇　赵　峰　王文斌　王航晶　王　萃　何　坤　郑文风　张亚静
赵　睿　孙　威　薛善国　李　韵　殷　然　陈金凤　刘　英　谈兆娜　陈雪梅
尹惠媛　蒋　玮　赵　建　罗光扬　王林新　许　靖　陈文华　张　勇　于晓燕
杨庆祥　夏灵根　万益迁　曹艳艳　耿　良　赵　杉　蔡红兵　刘玮玮　黄珊珊
彭　涛　王　涛　陈　言　谭　征　王晓青　谢　炜　牛玉莲　张丹丹　李洪禄

都燕妮 张 山 邵大为 宋丽秀

法学

刘 娜 何卫卫 张 静 危 敏 杜金艳 李 莎 梁 艳 李明明 周丽丽
吴帅琴 杨 克 王 超 王冬桂 谢 冰 刘 娟 李晓丽 李汝宾 杨书胜
王培新 秦 力 权晶晶 张 韬 唐昊涞 张 娟 舒 心 梅 强 巩方健
亓同惠 姚 雪 郝志刚 于妙妙 崔晓花 孟 雯 张 华 孙璎珞 宋 歌
王环宇 孙小蕾 王之香 王燕慧 王秀慧 柯 岩 梁亚男 李少慧 刘晓丁
杨 萌 陈 冉 陈海民 张凤英 刘 斌 王恒磊 杜 娟 赵 玮 王金龙
刘芳芳 汪 雷 鲁晨生 范 真 刘庆伟 郭献朝 盛冬梅 宋献晖 包 明
张 杰 葛 进 吴小帅 何玫莉 魏军政 张 阳 李蕊智 段荣芳 唐墨华
曹静静 韩 鹏 肖亮亮 黄海荣 赵萃萃 刘 颖 李传峰 王振东 曾庆俊
张义福 王 磊 刘兰兰 吴玉阁 谭秋霞 姜晓焱 唐红光 王 蓉 王 巧
邢 敏 王 玲 肖 辉 李玉都 高玉峰 王媛媛 孙 明 孙 强 宋爱洁
孙 疆 胡珍玉 霍希芳 尹晓燕 管启飞 刘 博 王凤英 李冬梅 杜晓柳
陈 菡 郑婷婷 张 燕 张晓华 刘亚军 陈华栋 徐会平 臧 震 张晓磊
陈 清 王 娟 庞立昕 冯文花 乔秀颐 崔三常 宋好修 李 达 朱晓彬
王 艳 韩海涛 王代金 翟金鸣 朱天祥 谭 雪 毛吉康 姜照辉 宋 超
刘向华 王 伟 杨德超 徐 峥 刘世萍 刘慧玲 庞春恩 牛 燕 汲淑艳
马 涛 葛 丽 冯 速 李 振 张 岩 李 强 谭 雯 国林霞 王迎春
刘发喜 吕庆建 娄彩虹 郭 鹏 杨 媚 刘光良 董 艺 王 波 潘洪娥
赵玉利 侯宪来 齐山华 赵庆海 付振华 李宗涛 徐晓霞 张乃亭 张晋兴
卜凡香 王明远 任双霞 赵 龙 孙 芳 东广明 郑宏雁 张 菁 张玉萍
孙光宁 张伟强 张 强 陈 霞 陈 欣 胡晓梅 汪道平 朱颜新 李亚青
郭士民 李 娜 王 军 迟 涛 陈为峰 王勇军 台 明 S. Bounmanikham

文学

葛 桐 尹 上 刘冠君 王小范 张 晶 张 磊 谭 莉 朱玉芬 王洪涛
赵全会 孙伟伟 吕欣欣 史宏捷 王 旻 尹 航 张志国 李 晶 唐先乐
石效美 高益刚 司奉彦 韩素梅 夏清宇 孔 霞 李 嵩 王 珊 田顺芝
赵 光 崔 云 林 飞 唐 顺 王 靖 邵 伟 石 静 谭雅静 王 浩
廖颂举 李翔宇 赵 晔 王慧敏 李亚鹏 刘凤侠 张 瑜 顾大朋 姚金笛
李 敏 彭 伟 张晓媛 程 轶 于海峰 张 伟 薛 莹 杨秀苗 王从芳
刘 梅 党 巍 徐晓利 胡跃茜 夏一雪 李 琳 杜晓锋 王兴强 蒋炜玮
李翠芳 张红艳 李慧君 兰传斌 魏娜娜 肖 晶 赵慧娟 朱晓霞 简金芝
姚成丽 马 静 周 幸 陈为艳 马芳芳 徐 敏 王 倩 孙文娟 张 婷
郭小桃 张婷婷 夏 露 王红妮 郝凤苓 谢隆艳 赵天亮 钱 增 张蓓蓓
王蔚洁 王丽娜 隋云丽 高 潇 李明娟 宋 颖 徐文静 董映颉 李 丽
王 静 陈 丽 郭炳利 王 娟 甘 丹 杨 超 张洪利 刘光英 汪霏霏
杨 瑶 王强一 孙宜山 马晓琳 崔江宁 丛贝贝 赵利国 冷若冰 李晓蕾

林静　龚天雁　王伟芳　刘颖　田莲青　李银华　尹兰兰　邵妍　张莉
李艳　王丽洁　王祥　程颖颖　朱媛凤　薛惠媛　赵琳　杜娟　雷霞
赵志清　朱湘铭　邹应龙　张绪峰　宋一明　赵景雪　徐美珍　石静　陈金丽
崔红健　主父志波　金晓东　续晓琼　仇道滨　李玲　邢心　高峰
艾炬　冯欣　杨春　周琳　赵雪梅　刘悦　卢宪玲　陈琳琳　孔梓
刘文珍　盛娜　王翠　王玉凤　徐霞　朱晓峰　周靓　郑彩霞　郑峥
刘晓娟　李慧　李美华　李秀菊　戴理敏　陈琛　顾艳艳　任翠云　张巧英
赵宏展　赵牧　刘姝　巩艺超　张文国　赵立霞　赵兰凤　张建静　侯杰
章丽娜　张丽华　赵卿　季成　孔冉冉　刘玉华　李建强　邵光庆　薄建岚
唐茂琴　邵昌红　赵娜　姚雪丽　毕明鑫　张成栋　张玉婷　韩佳　李岩峰
张广颖　鞠志勤　蒋珊珊　孙西辉　刘国云　李成凤　吴迪　王平　张莹
高萍　张蓓蓓　孟玮　孔雁　陈春萌　王秀兰　张长虎　王丽　王丽娜
王建国　刘海林　邓晓彦　周艳春　秦永丽　张莉　韩燕　刘敏　郭喜凤
徐媛媛　张东力　郑爱燕　相廷礼　胡乃麟　崔晓丽　闫小丽　聂文燕　王翠萍
郭玲玲　朱绪芹　薛瑞增　彭旭　林娜　李敬联　宋雄伟　刘孝萌　张晓燕
韩晓　王剑　程伟　王芬　刘海荣　孙冬梅　吴云荣　邹连锋　舒伟
范志君　毛剑秋　朱小杰　卢晓梦　张爱红　谢莫华　门雷元　王欣　杨柳
韩涵　李娜　邓亚楠　陈国战　赵思奇　彭达　陈饴媛　常文渊　蒋建华
李玮　高英　雷云　付璐玮　董二丽　曲瑾　徐晓涵　黄萍萍　宋赛南
赵晶　崔英　邹素　李玉霞　魏倩倩　张爱丽　谭秀梅　赵艳丽　韩云霞
姜茜　韩筝　云小珊　秦桂芝　张晓慧　王笑容　陈涛吉　白洁　宋方昊
李勇　宋斌　丁尚军　王明良　刘琪　王海涛　宋方　周坤鹏

历史学

侯方峰　姜萌　邓欢　于立勇　陈丽珍　金汉波　崔英杰　李晓筠　王莹
李栋　王志　李亮亮　张强　付兴胜　王春燕　李宁　吴艳　王菲
任燕翔　鲍海勇　李强　钊阳　于燕　王文萍　李春芳　郭二艳　王静然
杨晓莹　王惊雷　孟玮　李桂英　孔繁嵩　李秀丽　项树闰　陈子建　尹晓盛
李曰强　许曙宏　张蕾　李毅婷　高毅鸥　张明　刘全彬　张媛　闫海青
吴伟华　刘静　李真真　杨青　常兆旸　付其建　丁秀娟　赵颖　史晓菲
林丰艳　郭春梅　尹茂祥　宋尚峰　刘京军　李林翰　张运春　董虹　朱伟
陈明芝　满霞　钟丽　夏红　刘孝恩　曹新群　霍金渊　王朋　王建波
吕维克　李萍　郭瑞雪　周莹莹　田桂友　刘思明　王璐璐　王爱华　孔利华

理学

刘文剑　吴家超　赵树法　葛守富　张超　梁伟　孔亚方　王琳　孙铭
刘洪华　秦栋　谯旭　刘经东　张静　李莹莹　吴婷　孙腾蛟　徐瑞民
王伟娟　贺飞燕　张明　赵琪　刘新玲　孙朕　许荣霞　姜文晖　王娅
石然　孙多如　田锐　高小伟　张吉旺　沙亚军　张晓花　梁亚茜　孙厚兴
徐少磊　李洪忠　吴玉文　马小红　刘波　王婷　马刚　乔建军　王芳

杨波　高鹏　赵建强　蒋鹏飞　殷代君　耿建艳　于彭　袁斌　王磊
黄辉　雷红　徐金福　谷玉红　李静　李丽　侯广乾　乔思远　周丽
温敏　李成栋　魏荣　张乐　孙旭滨　韩伟　蒋治国　张行　赵荣霞
闫静　吴清早　刘甜甜　唐国磊　郭颖　刘涛　于海杰　马艳妮　李慧
张超　高文兰　李晓桐　林朝征　李晔　王恬　段艳林　郑金华　李菲菲
耿巧红　田欣哲　王翠洁　许红霞　王影影　冉德焕　陈明　席智赢　白瑞钦
刘盈　宋恩峰　冯磊　冯丽萍　刁广照　李美顺　林晓宏　曾春梅　王连成
范大伟　姚琳　王昌伟　刘超　孙振文　曹泉　张全烜　李浩　朱玉正
郭冠伦　王桂秀　陶彩虹　商书芹　李永　张玉兰　刘利君　李敏　卢圣欣
赵红娟　任雪梅　赵国庆　任海蓬　吴岭　曹小丽　郭锋　魏昂　张秀青
冯兴丽　王清静　刘俊芝　王亮　石磊　吕迅　任宏　蔡超　张磊
汤爱华　崔庆华　韦芳　袁强　董文亮　房玺　毛延军　段文增　刘霁
许振龙　解树涛　王东亮　周帅　许海朋　马涛　吴昊　王稚萱　蔡晓凤
郝立凯　刘秀华　韩文彬　戴旭慧　孙庆贺　赵雪娜　张正红　苏郁洁　蒋利平
周光涛　刘培海　许晓晖　袁永　郑晖　高翠娟　刘佳　刘宣　王圣钧
毕金燕　吴晓良　刘亭　张小华　李卓　李胜男　于清　蔡雁峰　安云鹤
李建伟　吴克良　李学智　梁奉军　黄色新　隋镇华　邓婧瑶　宋玲玲　石垒
李煦　陈芳　王玮玮　孔芳　张淑娟　杨婧　赵翠珠　李巍　王雷
刘少芳　杨丽芬　毕玉琦　刘海光　魏广金　吴大千　翟雯　王晓婧　韩林
邓建钦　李宇　高寒　于海波　徐先蓬　陈沛　杨青　何锴　秦宝东
由雪梅　王艳　牛晓冰　陈晓迪　郭东军　李明　许艳　张学杰　金鑫
林宇瀚　王倩　王文彬　迟晓军　韩道民　姜燕　李涛　刘冰　李建印
吕兵　赵志新　张光庆　暴丽华　毕爱玲　谢晓　张亚伦　涂兵　王晓蕾
任凯　蔡捷　曾庆伟　刘斌　范海燕　王辉　李际盛　王频　于蓓蓓
李春民　郭辉　陈茂营　王雪芹　王建强　白如珺　王超　邓利娟　方磊
邓志鹏　常昱　倪刚　李锦　王建筑　袁桂艳　宋燕青　王娟　顾纪锋
王海刚　李林军　邹东娜　张四喜　汪涛　孙维彤　高辉　刘峰　宋丽洁
刘军　黄建权　张敏娜　赵学武　李玉华　宫蔚　张治云　曲蕾　冯晨
段伟奇　谢松梅　崔向珍　陈玉娟　任彭　王韦玮　欧扬　王允山　马牧
李响　周吉航　石井花

工学

秦斌　李俊洪　王元民　梁兴华　李彩玉　黄善兴　吴小惠　李锦枝　陈玉梅
卢烁今　王永利　常中坤　张全德　李立珺　胡晶红　赵希波　朱艳丽　王鲁艳
吕荣晖　赵宁　孙从征　马承业　武玉彬　张艳霞　王振华　邢文国　井涛
刘磊　吕伟平　董厚欢　罗长宏　李云静　印会鸣　夏传波　孙俊　盖忠辉
张洪喜　宋理富　李顺磊　贾鹏　董磊　高怡　邱娉　李永富　杨宏志
苏志国　李鹏　刘波　王永瑛　吴天柱　许新新　郑辉　洪晓芳　马克杰
张甜　魏芳　刘丽云　赵成　侯志刚　霍芳　于方杰　牛晓莉　高玉霞

王丽丽　许玲玲　刘云霞　张如磊　许　磊　宫延新　张　伟　刘蕾蕾　蔡　琴

孙小钧　翟临博　丁国栋　黄清明　盛　赞　王　琳　高　赞　金　鑫　李晓宁

赵　雷　华熹曦　尹忠和　喻其财　姜　健　单晓娟　杜玉红　李　申　尚　峰

王　超　张　恒　张海波　庞智敏　王海军　陈　哲　马文静　庄　琳　石晓辉

刘　杨　周　磊　马树皓　陈　静　冯海亮　陶俊伟　杨　明　赵传强　赵同明

周　燕　赵　林　孙海蓬　张丽君　陈春晓　杜晓军　李前娜　程合彬　吕振林

周新虹　张国伟　贺长伟　孙　佳　王　玮　薛玉利　陈　爽　袁博宇　侯艳艳

陈力华　史　英　王绪振　刘　伟　田宏阳　李　莹　张大志　王效杰　孙传涛

杨顺良　高　斌　李　良　张宝芹　杨冬梅　梁曦敏　韩春蕾　王丽华　徐光辉

王艳艳　陈婷婷　司　维　张玉玲　马新刚　王　波　潘　齐　苏元成　由丽娜

王　倩　赵士燕　鞠　莉　王　强　龚文娟　李小彩　孙　逊　谢连科　岳文文

潘　寻　张升晓　王晓鹏　张　锋　刘晓环　战立伟　毕研俊　甄博如　朱龙基

倪寿清　王　静　徐　倩　孙　剑　刘贤伟　邱宪锋　解建坤　乔　鹏　毛岩鹏

杜金辉　王兆祥　李善青　刘　伟　徐　洁　杨新飞　田艳丽　东　青　朱广楠

王　峰　尹文宗　王旭波　孙衍林　曹　宁　马　杰　马奎星　王启芬　聂丽芳

王洪升　杨茂伟　王军刚　吕西珍　鲍瑞良　孙晓宁　李　静　杨欣欣　刘焕章

姚　亮　杨晓洁　常雪婷　张继明　魏明真　陈立博　张艳娥　孙保安　邹菲菲

陈　杰　孙晓敏　曹　伟　袁桂平　张世亮　陈洪堂　李贞宽　尹立雪　金士峰

于　斌　徐桂华　马仁殿　孙立明　张　敏　陈国军　衣彦宏　栾守成　张文平

韩　娜　韩振强　于茂旺　张　磊　娄利霞　胡　晶　谢瑞财　焦金玲　毛　潭

郝良品　李清明　张伟杰　刘　旭　朱国庆　赵伟华　汪心立　钟金豹　朱冬伟

吴军涛　邵子东　郭　鹏　石　磊　杨大鹏　亓茂富　孟祥涛　郝　竞　王永利

张京正　李光业　张　鹏　刘增文　于　刚　丁林曜　曹瑞军　方文勇　李天涛

牛　敏　张　磊　黄乐建　刘　璐　吴春香　张道建　陈　凯　徐　伟　厉　超

单　伟　赵　邦　李德江　黄燕云　宋　嘎　王来华　颜　涛　刘培梅　张　刚

邱　朋　李　岩　王延刚　孙宜田　刘　浩　王新刚　蒋德才　崔　艳　高书磊

孙晓燕　巩晓莹　胡　滨　刘克强　李　斌　石　振　李　升　鹿素芬　江京亮

宁纪翠　张亚旭　张　明　靳　杰　李　婕　刘国华　孙兆冰　张　渊　张长冲

罗福祎　刘保国　林清国　金文斌　李春峰　杨锋苓　颜建成　蒋永翔　邢晓伟

陈桂芳　郑　威　李玲燕　何庆琼　曲建丽　马鸿良　肖　琦　金瑶瑶　耿　萍

张　宁　徐　磊　房丽丽　程艳花　高文英　苑丽伟　田　林　马　悦　张海清

谢　磊　任慧忠　程中杰　唐　娟　刘　永　张万里　黄　飞　薛建波　丁国栋

魏　涛　叶泉流　王　伟　刘永辉　马永坤　姚良山　孙宗保　王　振　张继刚

王　湛　周　雷　王法庆　吴晓红　郭英杰　董窈窈　芦　灯　卜晨晨　侯延进

张　鑫　申　宁　韩　强　潘永君　华　健　张　鹏　牟　莹　徐天昊　孟庆辉

王　峰　赵　怡　姜建平　张玉荣　马姗姗　王明强　孙燕燕　李　莉　单体勇

宋明慧　丁希亮　刘　瑜　高　琳　曹　阳　陈　钰　王　强　高红梅　温建春

蒲永红　于　杰　郑伟杰　郭方正　邹　杰　曹　艳　徐淑文　张红丽　戚俊丽

刘　莹　于　涛　韩鹏飞　蔡润溟　姜晓飞　王继鑫　解晓东　常晓颖　宋大伟
郑　罡　董绍光　李义鹏　李长安　徐　亮　陈　平　邹　亮　王加程　何莉萍
张　平　刘海涛　王晓燕　王　昉　张化德　周保杰　刘　娜　张加庆　陈　磊
王　晶　童跃光　付　爽　徐海东　李晓杰　汤华龙　高金波　闫媛媛　辛　想
芦玥义　刘海鹏　段海雁　韩晓敏　李　俊　耿陪陪　王　哲　黄金龙　孙瑞娟
王小朋　刘丛丛　张　娟　周国威　冯海川　汤　晓　王元华　刘　帅　蔡新波
杨洪军　王仁和　解淑英　崔　蕾　魏书芳　刘　涛　李玉峰　王红霞　李　伟
李松源　张洪亮　张　文　柴　汇　穴洪涛　孙洁君　薛凌燕　韩修恒　贾荣丛
杨东营　王彦堂　闵颖颖　臧磊真　纪恩庆　亓化振　肖　莎　徐长波　侯　磊
邱兆军　赵守鹏　罗　晓　伍海龙　张纪明　艾茂良　王金玉　孙　毅　杜秀芳
赵玉良　姜明顺　徐　栋　张　玲　孟　芳　于　蕾　李义兴　侯贻蒙　李婧瑜
丁玉琴　杜俊贤　时迎亮　孙彩霞　付延安　侯海燕　张丽婷　郭　文　于　东
刘　雪　王孝莉　黄祖伟　崔明辉　王华杰　张建国　张雪伊　白光磊　孙　欣
郭　磊　张振旺　王晓东　刘　芳　李金亮　姚玉翠　严彬彬　孙　磊　房庆军
朱　岩　沙建鹤　伊桂花　王静波　秦峰华　张冠女　曾　华　许　娜　赵秋园
刘　沛　张启徽　张武梅　宋作玲　于文潞　李　辉　江兴敏　高　琦　赵汝祥
孔祥娜　李　敏　温暖冬　鲁　娜　王培森　朱　娜　许炜萍　楼　昕　马福雷
隋海荣　孙绍霞　刘　尚　王小惠　李　鹤　孙媛媛　宋绪传　朱春梅　马惠群
高风华　赵　磊　孙文章　张丽静　赵秋艳　吕贵梅　胡文军　于雁鸣　庞　静
谭永乐　傅吉民　周启金　姚学亮　冯洪波　刘　明　宋静静　段　昕　于志强
王渭中　吴佳明　李丽娟　廖　宁　苑红晓　王　祥　孙韬敏　郭清锁　庞希愚
翁金象　刘晓宁　李　森　孟祥国　徐淑丽　王忠伟　王　刚　耿瑞芬　王亚敏
赵　嫣　付　强　孙　艳　刘伟伟　潘国栋　朱晓莉　齐　艳　马如悦　魏　巍
段　蕾　郭　海　宫文娟　李艳丽　李　健　褚　娟　宋文萍　张　晓　孙　凯
林　杰　李观松　单世海　方长江　周学文　杨立博　郭爱平　罗卫国　李　静
张　慧　刘晓军　赵卫中　许　烨　张　磊　余　存　梁建华　温晓明　夏存景
仇一泓　沈　鹏　沈慧勇　吴海刚　禚全刚　王志红　康　健　丁秀云　荣风光
宋春芳　张文波　张晓光　许化强　张　迎　韩秀娟　鞠训卓　邓　佳　毕重科
王　东　张　帆　崔　旭　张　庆　杨　楠　乔永波　陈登梅　高彦钊　王颖玲
刘　振　孙　伟　杨　鹏　崔　宁　张　磊　刘　鑫　张起飚　李金莉　李　林
林晓伟　单晓岚　杨方圆　梁子民　刘成林　郭志强　刘晓妮　夏晓忠　李少玲
赵　磊　唐晓东　陈云睿　王雪芳　韩　帅　徐丽娟　曹美荣　陈慧星　张佃昌
黄晓光　何　珂　贾同辉　周晓林　刘　伟　于鹏程　肖　敏　刘元勋　王建中
李　宁　刘志杰　于磊磊　石志昕　张曙光　马玉玲　王春雷　李明彩　程秋云
王文为　吴　超　黄俊浩　李建全　张国衡　梅建廷　刘筱萍　陶晓丽　冯连刚
朱新义　张耀文　李新智　乔　威　鞠华方　杜　猛　凌　龙　孙玉辉　唐　伟
董国防　张　丽　周世颜　王丽丽　刘祖良　王金江　王文渊　王新林　尚琳琳
宋继伟　范　菁　周　莉　李晓丽　陶世忠　张迎春　赫连浩博　欧阳磊广

郭振慧羽

医学

王凡 张芳 蔡敏 孙晔 张晓玲 王海林 李莉娜 魏红 王静
刘红 于宁 李加美 林阿丽 赵岩 张洁 李树英 李首庆 申红玉
刘成虎 卜洁琼 张慧 徐蕴 姜爱莲 廉瑞青 宋海岩 刘婷 董娟
靖永胜 侯晓磊 徐俊梅 宋宁宁 薛慧艳 傅保娣 郑永先 邵国强 陈少杰
王莹 郑媛 王丽娟 刘鹤 张晓雯 时蕾 叶萍 李静 江涛
张海燕 付志婕 赵秋良 仲艳霞 徐安然 张意茗 袁苗 靳琼 魏永青
段彼得 钟艳慧 刘洁 王红霞 张爱凤 陈少敏 张宁 孙雪琴 刘姗
单英华 王国华 丁明霞 杨蓓 刘宗花 刘天凤 孙祥秀 张晓慧 姜树玲
徐永前 赵珊 赵燕 王艳琴 刘敏 姜育燊 王金凤 郑桂喜 周芳
刘春红 高锡刚 韩秀迪 隋婧 于婷 王慧 唐利军 朱运锋 丛敏
许建民 付金栋 刘春涛 姜大磊 范玉琛 张莉 朱萍 郝明秀 李传保
孟晓 陈为志 王京 郭燕 唐与晓 李鲁宁 王萃玥 薛淑芳 马增霞
张国栋 付信娟 李飞 洪虹 刘美强 白文坤 李培 程文娟 王金慎
赵淑磊 刘波 刘霞 余永梅 术红燕 董巧凤 刘永 刘金彦 刘玉英
丁卜同 王慧 李雯雯 周培静 张召力 陈美华 刘志超 曹庆科 周景
王奕 王小花 戴廷军 李美晔 任守臣 张明丽 冯建利 董礼全 林鹏
丛艳彬 袁晓东 王敏 于海宁 汲长蛟 李海涛 周磊 胡魁 蔡中续
牛福文 韩键 刘钊 牛洪欣 赵锐 石晓岩 韩兴华 郭旭峰 高培显
黄庆 赵鑫 张宜明 李尚滨 于晓波 巩方明 丁远景 张磊 李勇
李桂石 李常辉 杨旭东 杨晓清 刘高利 陈礼新 张纪庆 邢德国 王敬源
闫宏山 王峰 韩克 白云 尹刚 刘海波 金广超 张爱君 史建国
李志 徐留玉 王明海 谷志涛 赵浩 王宇雷 史敏 丁蕾 高志娟
徐文文 李巧 张慧卿 王玖玲 Minhua Zhu 李云 梁粟 魏玮
毕迎惠 孙美丽 王振波 刘晓琳 王翠萍 李亮 王群 程显玲 刘旭冬
马志坤 马丽 刘利妍 杨轶文 张荣成 杨萍 王鑫 宋迪 赵婷婷
王广丽 冯艳 张伟 宋磊 冯吉贞 马蕾 田静 李玉花 盛华强
赵鹏 王江涛 阮正敏 魏海港 班永光 邹芙蓉 许成岗 郭艳红 李翠鸾
于敬杰 简佳 李敏 隋宏 李彬 吴敏 王艳梅 胡茂红 王娜
吕新辉 唐芳 王启文 王涛 常彩云 居学海 高海燕 付军 米兆娟
冯国昌 刘跟生 刘晓婷 贾晶 张雪琰 张增智 席波 周贵珍 潘光兵
陈超 马海燕 李妮娜 于永胜 高知义 宋烨 程晓平 肖长杰 周晓清
董莉莉 马锋 于西佼 王伶俐 刘玉 刘桂香 马晓妮 贾珊珊 陈岱韻
侯秀娟 郑秀梅 艾华 陈新霞 张媛 张静 韩杰 李明霞 刘先同
尹洪银 李慧 梁晋 方增军

管理学

刘佳 刘倩 杨明伟 方静 陈维芳 于腾帅 杨志 徐桂庭 孙克伟

潘记永 胡艳蕾 刘德建 邵　莉 尹衍成 孙吉海 薛维娜 赵春艳 李　颖
马　强 高传好 杨开丽 郭凤燕 苗红培 李守霞 朱彩霞 张琳琳 张　洁
杨国英 张　淼 杭忠丽 周兆君 刘园园 祁　飞 王献忠 李功华 王晓春
王奉合 崔开华 邵浩浩 刘　珂 王景瑞 刘　琰 滕玉军 齐子萍 赵　伟
赵永超 张　蕾 荣朝艳 丁长海 刘　正 李　峰 苏杨珍 孙　倩 张　磊
张　超 马嘉苒 闫建平 高杜鹃 王　艳 佀传周 苗祖燕 骆　娟 李海丽
朱伶杰 赵林林 金　郸 赵亚敏 孙　菁 刘丽娜 朱　敏 由晓柳 焦　岩
李湘江 钟继灿 李玉霞 赵　娜 袁　璟 焉　然 马晓静 潘新锋 王利燕
宋春燕 齐晓琳 徐立柱 刘永强 赵玉晖 王　垚 王丽娜 胡　坤 魏　薇
张春瑜 宋亚静 任红美 丁海欣 张　晶 殷复鹏 张　伟 王彦伟 张　鹏
孙韩高 王万梁 吴梅磊 徐小华 吕　杰 王召群 李　丹 魏鲁鸿 刘好平
丁明敏 柳　进 黄璐艳 孟佳男 刘国光 任　刚 胡　滨 王佳声 张　林
徐蓓蓓 张　冉 王　建 张会丽 陈　岩 仇　瑾 徐　慧 许翠娟 钟长军
孙道娟 韩　涛 魏双来 付小妮 赵祥涛 丁　岷 于晓东 邓志钦 李　晖
席　辉 燕　鹏 高小珣 卢　丽 李　磊 徐延宾 崔　丽 周　琼 刘　萌
张亚男 代　冰 毕京波 唐　兰 朱　蕾 王亚斌 王富晓 修建峰 李　贞
王静波 郁晓燕 朱文娟 郭贤欣 李　婧 石　颖 于　莉 周黎阳 徐礼飞
蒲业潇 顾安宁 楼智慧 陈雪娜 冯　伟 朱　燚 尚　鹏 金　颖 逄淑芹
房德智 李　攀 张诚一 杨　佳 郭　灵 怀心强 刘春艳 魏文忠 张晓敏
刘志海 穆春英 许　松 王琳琳 宫文博 于德利 吴东晓 张　雨 孙国文
宋　艳 杨晓钏 王　磊 李保民 李　莎 代海岩 徐帅洁 汪亚男 张　丹
闫晓雯 牟向荣 罗明新 楼鹏宇 马云辉 蔡利红 陆洪艳 楼宝蕊 王　猛
卢宏亮 Premarathna M.P.C.R 龙浑璞 彭燕平 孙　赫 易　金 王利英
程　艳 宋国惠 魏有广 马永刚 宋　鹏 赵品华 田　玮 陈　公 刘　琪
孙玉柱 张　昕 孙文明 赵锡锋 辛玉蕊 迟晶晶 隋　佳 毛振鹏 伏立霞
宋　伟 纪　峰 焦　磊 何永香 张美萍 董建锋 赵　青 牛艳云 李雨嘉

教育学

贾　宁 赵　娅 周金鸿 马文静 张　丽 夏　颖 李　韵 曾波涛 赵金萍
鲍　红 王巍巍 段熙明 李　颖 许婷婷 冀永娟 万德智

法律硕士专业学位

吴　丹 朱兆虹 李　英 王　锐 李德喜 李长英 刘绍林 李红斌 赵　林
郭萍萍 从　健 张来来 魏　震 熊　苹 丁相梅 卜鲲鹏 刘同江 李培学
王俊彪 孙元涛 李　娜 李文军 董庆华 邱　芸 伊西成 刘锦森 王俊峰
张红生 李庆涛 陈晓辉 张庆卫 马　原 丁　薇 李　强 杨长青 温雪萍
许晓鑫 李　琰 黄媛媛 赵焕芝 王　慧 张科伟 孙晓蔓 李　宁 孙大为
陆　燕 李海涛 张文辉 魏耀华 詹　瞻 李志伟 赵宪章 杨翠屏 范昌贵
王旭光 张　鑫 陈　鹤 步明泰 李　宏 高建明 徐丽枝 韩淑梅 亓建文
魏　静 陈　菲 刘　琦 李　鹏 郭洁萍 尹　琪 徐鲁燕 王邵建 崔　凯

沈俊丽　庄　严　高先鹏　孟晓晓　张　海　孙启东　南国杰　周　珂　韩　捷
董世连　马　强　杜永立　李　鸰　楚红梅　商明凯　高玲玲　靳瑞朋　马亮文
石腊梅　杨淑霞　高　攀　杨　松　姜　南　孙晓臣　王会敏　王晓云　刘　潇
李　腾　叶伶俐　赵东菊　赵丽萍　金　涛　尹晓稳　汪　扬　李蓓蓓　王　新
许明亮　何文春　赵开勇　商红霞　王林敏　刘志城　郎建修　闫从杰　史　晓
法国昌　柏永春　张　涛　史华东　李　岚　尤　嘉　李　璞　孙照祥　齐元军
刘志强　翟　婷　田青霄　杨金明　刘智霞　董　敏　李　伟　程　勇　李　真
高淑鹏　冯　军　董国平　牟长江　肖向民　徐田翠　刘传宾　吴小丽　张玉晓
韦钦良　王春勇　徐云龙　王希成　万劲松　王飞雁　徐李波　王　磊　许玉泉
邹　静　段汝刚　李秀成　王海燕　陈吉伟　常振华　岳彦忠　李　玮　王松雷
朱红红　魏　魏　王福鑫　刘　伟　杨菁英　蒋贤起　张　利　祖良军　崔美艳
李志伟　王翠霞　李宏玉　林　朋　王丽伟　杨春兰　王晓磊　高　岩　仲　艳
胡　伟　康宝东　李晓斐　王启全　于会东　王永刚　任雪征　张洪江　伊　澍
孙卫东　魏长青　陈志刚　齐瑞金　徐德坤　吕运涛　颜世成　刘洪河　张　伟
董彦鹏　王　东　张建勇　魏东平　徐俊庆　张洪岭　商平度　董则明　朱文献
孟丽梅　贾世炜　孙月文　薛聚良　姜　欣　曹燕燕　陈　博　路　强　庞可心
秦海玉　肖辉晓　仲　雷　张夕芬　王天林　于国俊　周　莹　孙明霞　孙英慧
杨琢孔　田俊芹　李海军　薛　丽　杨　锋　黄　甦　杨相国　王竣峰　王文功
田开封　姜国栋　戴　红　席　刚　吕　峰　刘　军　崔泽花　刘国峰　刘建惠
张　涛　李　芹　张　玮　杨德军　宋宜长　于慧玲　尹书浩　王　斌　于治波
黄筱倩　王海蓉　仉　磊　张联巍　芦　锋　邱剑波　胡成立　孙成省　王中霞
田明静　朱　敏　王永辉　曹　勇　许家苗　杨孟金　裴殿立　张如明　张文祥
王雪芹　连淑娟　刘洪海　宁　莉　许秀杰　张庆勇　武绍山　刘海威　陈俊海
耿延红　贾丰元　孔庆民　韩高奎　马　明　石胜利　魏希贵　刘华东　扈炳刚
纪　兵　丁国强　李雪峰　宋　斌　王民生　曲晓峰　马丽萍　杜迎春　张明霞
高曙光　马世峰　刘　勇　张伟伟　杜中礼　陈尊贵　褚国良　张　璐　刘　敏
刘　翔　魏　梅　黄现师　刘玉奇　耿　靖　张　笋　邵泽毅　葛明顺　吕克杰
张焱涛　王运生　李雪峰　隋登科　李　华　刘宗部　刘　伟　房永凤　杨华振
金　霞　董　伟　宋洪栋　张晓磊　王玉瑞　高　良　张　霞　王雪梅　卢国强
蔡淑香　常清利　王　鲲　田俊强　司兴波　李建波　陈　勇　滕世雷　马永平
刘明光　王文升　范红军　杨海萍　王　园　吴曙燕　李爱军　刘　斌　张贯修
马　斌　陈　丽　陈士果　孔令平　卜凡江　幸咏梅　王智童　刘　刚　刘淑娟
丁海曾　吴庆涛　刘桂竹　于江涛　刘艾迎　孔祥东　张志峰　徐　涛　叶得宝
董国华　韩福臣　王义宽　付胜涛　李进步　吕延铭　张　伟　官　强　赵凤强
李淑贞　方　云　张健鹰　陈成治　郑永彬　张　炯　董加伟　孙广胜　袁　涛
蒋玉锁　刘瑞云　李焕宝　王　强　李耀勇　袁　凤　孙　娜　曹　林　常　胜
郑乃群　钟　臣　狄晓琴　李晓红　于敏华　吕成光　谭已晓　马保岭　刘永刚
于建虎　王志国　薄庆良　安宗波　程　军　李卫东　王英波　王　佳　史玉华

孙兆钧 刘培森 高海燕 王洪义 任海燕 仲 涛 顾 锐 赵慧莲 张俊来
靳 阳 李鸿雷

工程硕士专业学位

谢冰融 李勇刚 宋 慧 初世莹 刘同海 刘 勇 武 珺 杨晓东 李佰国
宋 晓 欧阳长征 张 琳 李海腾 白如健 王 铮 李秀梅 刘 杰
刘善坤 孙艳玲 郭 强 刘宏令 蔺增强 刘志刚 孟 栋 王 超 汪明华
刘爱梅 刘 博 金长新 裴继勇 吴 坚 刘 芳 桑中山 李 溪 郝茂沛
赵晓秋 董春辉 李 冰 张瑞珊 张 韬 杜 冉 李 昂 金福辉 王 琨
李 杨 吴 涛 周晓宁 张向明 梁 宁 孙奕颖 刘 平 于晋达 刘晓敏
姜 珂 徐敬文 刘夫江 王海澜 刘婷婷 张靖宇 徐永文 刘爱平 陈 杰
林晓慧 王理斌 卞华东 严云飞 姚丽华 刘永波 朱建高 赵广林 卢玉波
张 伟 丁 滨 王 璐 丁珊珊 张 程 矫亦林 王国平 张明生 姜 涛
李相军 陈琦玮 展 滨 刘 军 王冬梅 刘长勇 郭勋德 董德刚 张翔宇
刘玥扬 杨志远 李敬福 曹跃芳 王 松 郭宏祥 李 强 王洪博 马 林
王 芳 耿建军 单 莹 李民东 王述泰 牟世刚 刘恩恒 谢玉龙 随顺安
杜道广 刘 岳 李向东 张 健 王少东 井玉国 马宇熹 王 强 刘肖军
侯雁南 尹华丽 张国健 修林发 毛 浩 周士勇 曲道锋 赵红兵 梁忠强
狄成斌 张 涛 王林洲 刘 玮 张 新 杨小凤 张升光 戚 波 毕华军
高淑美 董 立 阎 伟 栾 琦 王 越 王晓晨 于中辉 王成宝 张希亮
李四海 曲滨鹏 冯 峰 石岩松 吕 蓉 粘新育 唐庆新 林庆华 王志强
王 乐 陈令磊 贾 芳 穆 苗 孙晓滨 王 晨 刘 莹 昝 玲 郭 昌
边振兴 程俊忠 栗广亮 邢晓辉 崔宝国 林炳勇 田月洁 尹晓丹 刘 琳
陈 尧 李研岩 马 岩 石 鑫 韩 磊 李华婧 周 鹏 葛 红 高 超
夏露露 郝凡昌 许 振 裴庆利 刘永政 任春晓 王锡强 尹 超 陈亚南
马 骋 刘小鲁 赵 娣 杨领芝 宋晓宁 张亚超 李 林 邱圣鑫 王海涛
王 鲁 张 勇 陈 哲 张樱子 李雯雯 李 超 王红星 刘 超 强 虹
石 斌 陶其兴 杨国忠 高 峰 史 峰 马 乐 胡 翔 李 丹 李 磊
房 冰 刘 扬 荣 妍 范素芳 孙磐石 孙晓莹 王治国 徐 婷 张 磊
张 森 张萧木 张燕燕 卓延江 李永红 聂春梅 王 琦 林国栋 邢前营
马丽蕊 高金宝 高裕山 高志权 龚 杰 郭 皓 林乐文 李 超 李 男
孟 静 孙 宁 孙 岩 王奉伟 吴春栋 袁 峰 赵国玲 王 磊 侯建刚
杨 旸 聂增辉 黄 鹏 陈雪华 王 晓 张 明 纪勇杰 冷小洁 孔 平
李美红 牟元恩 邵晓东 刘 冰 周原冰 姜 波 翟慧慧 朱利伟 马 超
黄 勇 邱 嵩 刘婧婧 田福涛 鲍建峰 曲春光 张合明 殷晓峰 尹晓明
韩 峰 李 洁 钱 平 吴 鑫 李香英 李洪强 肖 磊 李宗彬 隋 淼
谭广山 黄传海 宋伟国 朱福海 孙红生 鲁春燕 王蓉华 吴继军 陈作忠
刘卫东 谢冬梅 姚 冰 张广洲 丁菊英 薛 敏 张树华 刘 琦 顾卫平
程合理 罗玉梅 安 良 刘道章 周荣丽 王举涛 贾法强 李成网 吴 慧

朱健 马晓蕾 陈晓彦 艾明刚 贾怀锋 郭祥鹃 万年星 刘兵 唐培忠
姜广锋 宋永亭 宋延博 隋清国 夏玉龙 邢晓华 孙玲 张茂强 罗丽
李善清 李中玲 彭星来 张鲁 冯萍 张本艳 李来俊 熊志敏 王世军
常海涛 刘传海 于明 路学堂 赵莹 张灵真 马登月 杨红霞 宫文哲
李令宝 王宏元 刘永建 高新亮 毛向阳 宋玉厚 李滨 高向阳 秦鹏
万林 王涛 石玉伟 汤卫星 张征 吕子泉 郑庭明 尹静 杨云
孙强 王睿 王希尧 杨勇 薛立强 张睿 陈涛 燕飞 蔡小晶
张帆 宋万强 孙文 姜琛凯 薛伟 李可 步英雷 许桢 姜作岩
张磊 刘树海 董焘 刘桂山 孙玉宝 王卫锋 郑理 白颖 鞠维民
张云生 胡可杨 邹新国 田立国 于俊磊 孙鹏 李栋 李磊 郑毅
张利强 徐猛 孙恒建 崔忠玲 周问宇 柴大鹏 董颖 韩庆良 吉发浚
高志国 李建伟 刘琰 马青山 周大钧 苏琳琳 颜鲁涛 陈圣仟 臧洪敏
孙霁月 刘飞 章广斌 刘乐民 张红兵 陈淑梅 吕俊峰 陈明德 欧伏岭
吕新 高洪亮 闫勇山 董思慧 郭念峰 庞京春 刘宪刚 张荣军 尹茜
迟绍宁 刘健 宋来鹏 杨增玲 刘芳 孙军 张小鹏 李学鹏 李越
林明轩 袁弘 郭东强 贾晓红 冯学艺 赵可标 彭淦榕 王进涛 刘峰
王飞 李忠诚 高忠升 周永亭 王吉锋 孙付杰 张波 商荷娟 张磊
穆水峰 陈月玲 李猛 刘庆邦 田占军 孙炜 刘辉 王玮 孙德芳
刘玉飞 冯延乐 崔岩 袁经典 赵乐 徐兵兵 李建芳 赵宇鲁 李娜
马楔 张旭冰 魏玉宽 王永志 王霞 苏涛 张永亮 许海燕 张国义
李兵 刘凤芹 崔鑫 王波 李磊 杜亚卿 董一芬 秦伟 姚戈
吴涛 王继东 杨之峰 李勇 刘嘉鹏 温娟莉 吴正旺 张路兵 张新军
吴同强 李静波 洪烨 孙传双 顾丽旺 杨滨涛 张善房 韩晓莹 范广建
张琪 魏光辉 刘风雷 郑金山 钞静波 李连众 弭军 丁震 张漫
王春雷 王凯 潘洪友 郭金宝 纪象民 吴昊 董占春 张振胜 王树青
赵晖 宋树峰

公共卫生硕士专业学位

王怀富 安晓东 杨洪菊 陈晓明 安清 靳雪梅 冯兆田 袁群 孔祥勇
杨正辉 魏新梅 谢忠元 张学化 张纵 张春菊 张爱华 李仁鹏 任红燕
景英 宋月雁 赵兴海 张洪彬 李子尧 黄涛 庞春坤 张敬波 耿桂华
赵明清 杨广亮 陈卫团 秦华 王希提 邹积志 张金海 郭廷敏 焦晓磊
辛运峰 王颖 周长强

口腔医学硕士专业学位

张娜 侯潇 邢达源 黄圣运 史留巍 于美娇 熊纪敏 姜萍萍 解建立
叶静 柯华峰 步捷 刘莉

临床医学硕士专业学位

解秀文 葛伟 鞠秀婷 李霞 董喆 宋佳伦 张芳 杨蕾 王斌
王微 萧亚伟 李念芬 王丽红 高鹏 徐劲 程林 宋国鑫 谢飞彬

千建荣　董德鑫　张　磊　马德民　孟　伟　张鸿日　郭宏伟　王永梅　刘　强
雷玉琳　吴晓莉　范　华　周　炜　田慧芳　周　蕾　王梅英　贾龑婷　赵传艳
李冠华　宋荣刚　沙　晶　林　晖　刘旭杰　董秋立　孔庆赞　王国栋　刘思管
李淑娟　谢蓉蓉　刘志刚　冯　娟　郭春艳　庄元华　张红霞　杨　燕　凌　雁
张启波　郝丽文　吕荷荣　辛　建　黄　涛　丁森泰　曲华伟　李光兵　江　华
于庆平　姚晓奕　石小娟　王颖颖　李　萍　丁玲玲　任满意　刘玉胜　张文凤
袁俊英　霍世伟　孙兆云　李文燕　王　磊　马　慧　徐向明　王司军　贾　瑞
娄焕民　李文成　韩　旭　高　勇　王瑞连　郎建敏　杨国强　李琚平　王学中
曹秀贞　柳宏波　王姝彦　郭　锋　刘　红　俞新爽　魏东敏　张菊红　姚寿国
傅乐乐　李金枝　张　蕾　周　可　郭　萌　王　亮　石　晟　张　蓓　崔晓霈
杨永健　冯钦利　王西艳　冯秋月　李晓霞　陈亚飞　戚艳艳　潘　燕　杨　明
杨雪梅　李　绚　翟春娟　梁　斌　汪胡根　王亚茹　冯　华　倪　瑾　王　岩
邱　浩　张兴华　王　静　杨　睿　樊慧慧　张轶群　赵红玉　甄长青　刘小倩
付文静　陈　炜　董　辉　韩玉香　李　梅　刘　颖　沈曰娟　王　晓　李　涛
韩　勇　李　伟　刘剑华　赵建军　袁　野　张念昭　邹本奎　顾刚利　李连军
孙晓刚　王翰博　郄国强　刘文国　逯景辉　齐玉玺　王金申　王　鹏　许兰伟
翟秀鹏　张海洋　赵　宝　刘　伟　钱海燕　邓　林　李学恩　张泽立　季振华
孙兆义　隋　娜　姜　凯　刘　彬　刘敏敏　孔香云　石援援　于绍轶　曾　茹
马瑞兰　衣巍伟　宁进尧　王　锋　冀亚男　薛　涵　张　玮　何　平　杨江飞
李　锋　杨大成　赵　蔚　杜　鹃　王淑娟　徐　蕾　王　静

工商管理硕士专业学位

王　波　王　健　肖新柱　纪坤尚　郄传军　张润发　鲁炳勇　毕玉辉　孙世伟
苏循亮　陈传锋　陈筱筱　丁少勇　赵　勍　王　莹　樊新恒　靳鲁东　于松涛
王亚楠　陈月军　吕洪勇　孟姝瑱　孙永国　刘兆峰　田海燕　杨　峰　郑元波
刘　巍　李东升　李书娥　刘　冰　刘维才　马　超　王焕荣　马明晨　祁洪亮
孙秀娥　刘　江　胡　飚　刘苠一　李月华　钟成义　郑　琳　王　振　高先忠
曹金亮　晋静静　张金聚　李　强　张　磊　刘玉双　宁纪太　王东升　王秀青
李昌龙　金鲁鲁　李　妍　鲁孟良　潘文浩　王　东　赵爱民　马学东　王　萍
刘　凌　隋龙湖　邓冠东　王晓玲　荆　超　嵇可成　贾　挺　吴成恩　刘竞虹
桑险峰　王　彬　冯金磊　王华伟　王春泽　王　湛　钱晓晨　陈春山　吴茵富
姚继红　解建华　郝星奎　常李娜　刘庆军　张淑玉　于建华　李　进　宫少春
梁建军　仝锡钢　余　巍　周新宇　齐　慎　郭玉荣　白云海　傅瑞霞　高岩松
张　利　于大立　黄　璐　张海勇　那　利　刘光敏　胡　青　苟坤华　刘　巍
彭猛虎　费晓璐　孙少明　马　良　周振海　周　玲　马学军　邵忠民　刘大爽
陈　颖　陈守乾　孔　军　李晓文　董黎明　刘付领　张崇惠　林伟宏　辛　晋
陈　伟　史　昱　陈丕海　刘振远　侯发军　刘　健　李金河　任圣义　毛庆东
姚松林　王　超　菅志雪　徐守亮　陈秀玲　于宗伟　王兆海　甘兰红　李永春
顾建华　冯成宝　周团结　刘以平　陆永军　戴　路　迟永辉　徐　涛　姜爱良

陈　鹏　史治国　陈　雷　刘守前　刘博强　杨光耀　张　浩　冯松山　宗　辉
郑颢晔　刘　迎　王　衡　李学凤　李新泰　董　锋　王业峰　李林业　李永强
赵　涛　彭俊忠　贾瑞兆　李慧娟　李　伟　王　萌　马东坡　范荣鹏　孙　芳
吕世军　李洪群　李长立　单文杰　董学田　傅有星　高　原　郭光杰　郭旭升
韩红鲁　李文尉　刘　波　刘立军　刘　文　柳兆裕　邵　宏　苏　静　孙　震
王春娟　王　权　吴玉虎　徐奎玲　尹　荣　张谷青　祝传新　曾　勇　沈宏伟
王　娟　高峻岭

公共管理硕士

王文强　李艳芹　刘　涛　王　玲　袁　伟　陈　强　王　超　邵新顺　候春霞
石义全　石　蕾　孙春艳　侯一哲　许树军　姜　震　王　英　王慧敏　陈晓红
刘光晨　薛　来　刘成彬　刘　洋　史仍山　李占营　魏殿峰　于均明　刘秀美
张　宏　刘雅南　张学利　徐　敏　张乃清　黄　静　张　荣　张枚房　宋西圣
曲　艳　管立杰　张雪梅　牛纪伦　阮　飞　赵　颖　孟照龙　黄东略　葛永宏
朱永国　辛　军　巩怀证　李德生　潘　宁　于　刚　李东亮　陈　琛　孙一成
王剑宁　田俊林　耿海玲　张　帆　王光强　李　扬　梁　芳　叶菁如　刘国防
孙　敬　李琛琛　陈宝卫　曹　镇　燕英荣　张岿然　姜秀志　赵治国　刘雪辉
程　强　于　岚　董洪坤　姜　海

山东大学2007届全日制博士毕业生名单

哲学

林红 张汝金 辛翀 王帆 韩慧英 张路园 刘震 刘海霞

经济学

赵宝廷 郭琪 吴倩 常世旺 石绍宾 何青松 徐晓慧 安丰东 赵红
唐骁鹏 周延 乔翠霞 郑军 高建刚 程臻宇 李文高 张伟 张丽娟
马瑞华 李丽 商孟华 黄凯南 刘丽娜 孙圣民 张建波 马勇 于珍
王军 宋振学 张兴华 王宪明

法学

魏胜强 朱峰 朱良好 李霞 李川 姜作利 于玉 王宏选 厉尽国
魏治勋 李学兰 张其山 鄂振辉 穆虹 黄登学 周建东 马奔 刘博
訾现强 徐恒秋 郭延军 任娜 孙凤蕾 李伟 许庆坤 李同民 姜志强
孟杰 王广振 冯兴石 龚培河 刘志国 梁涛

文学

李伟萍 丰云 齐磊 丁世鑫 褚福侠 丁建川 刘艳平 郭蓉 丁秀菊
王晓鹏 江傲霜 李巧兰 尹佑晋 董晔 王彦章 陈亚民 屈勇 周维山
殷波 张红军 谭德生 毛新青 张宏 李云刚 伏爱华 尹海良 程凯
车振华 李春英 张同胜 付岩志 陈斯怀 韩宏韬 昝风华 徐爱梅 张琴凤
金钢 冯昊 周宁 冯晓艳 施战军 谢海平 张艳华 邵国义 张毅
张俊阁 魏红 杜季芳 李夏 赵海丽 刘伟杰 孙荣耒 王天彤 孔德凌
尹衍桐 牛毓梅 申富英 高强 孙炬 尹洪山 逄金一 孙云宽 于天祎
崔颖 赵凤远 丁培卫 庄新霞 刘扬锦 赵冬梅 赵虹

历史学

彭国良 林国华 陈雪香 王巨山 朱莉丽 朱玉周 李金山 王巨新 步如飞
王志芳 赵红 魏燕利 任思亮 韩吉绍 杨云峰 张勃 刘冉冉 徐红
王建峰 周飞 郭谦 王众 李慧竹 赵良宇 王凤梅 王克霞 王晓华
胡广洲 窦志强 侯典芹

理学

庞常词 李宗成 邢建民 陈斌 刘红星 姜楠 孙华清 曹廷彬 曹玉翡

张云峰　李志涛　尹　哲　田　敏　来　翔　王少伟　阎召祥　郭霄怡　赵洪銮
何志红　李曙光　马立杰　张　霞　王光辉　王　琦　蔡建生　黎　琳　王美琴
于红波　徐晓静　刘纪芹　裴海峰　王光臣　杨　哲　孙　鹏　陈立峰　张　瑶
冯海冉　吕茂水　刘晓静　高　琨　高绪团　杨　鲲　尹　娜　王春明　焦　扬
王　磊　冉栋刚　宋　晨　王文静　刘凤芹　曹　伟　高希宝　陈艳晶　范子琳
王　玲　姜志钢　贾祥凤　闫　欣　孟永德　田　洋　展思辉　王雪莹　苏　炜
刘青云　李建军　刘淑玲　范　娜　姜海辉　冯媛媛　郭文娟　焦燕妮　李一鸣
吴　丹　曹晓荣　李　轶　杨　飞　蓝　强　孙立祥　朱荣秀　杨春杰　刘秀玉
孙文起　徐　军　齐元华　丁兆云　王西照　赵明刚　佘　蕾　杜欣军　张　辉
张　颖　黄淑红　王利凤　韩雪梅　刘成程　石　磊　王春霞　柴连琴　杨丹彤
姚　强　武　彬　张大伟　李金山　于仁涛　龚国利　钟耀华　陈　畅　刘　波
周峻岗　卢丽丽　孔　扬　华栋梁　肖梓军　秦国奎　王　楠　赵军胜　刘树伟
王　飞　周传恩　李坤朋　蔡云飞　梁　玉　胡大伟　姜守振　刘亚君　宋福永
任冬梅　刘凤志　张海娟　马淑涛　杜海燕　杨发林　傅忠燕　潘继红　亓同钢
龚　磊　徐　群　朱国明　商林珊　张　奇　张闻宇　薛佩军　苏　华　张　妍
张树芹　矫桂丽　宋　磊　臧运波　祝文霞　李雪梅　张　洁　郭春丽　孙宪昀
王灵芝　吕素莲　冯进辉　张志华　庄云龙　王　星　杨光杰

工学

朱阳军　李玉香　孙香冰　苏富芳　宋　朋　杨克建　李德春　夏　伟　张福军
闫　华　王汇源　张玉玲　林青家　陈　涤　李　凯　王　波　姜付义　张海萍
刘小君　王善朋　鞠海东　李　娟　郭文锋　石绪忠　司纪亮　王　燕　商建伟
李国文　李如鹏　赵亚凡　孙瑞雪　白允强　葛曷一　季保华　刘建军　孙　昌
庞来学　于美杰　邵　谦　张　兰　王常春　宋思利　吴莉莉　张　敏　田卫星
景财年　赵　岩　王胜海　王守仁　于丽娜　何文军　张　琳　杨俊英　郑洪亮
杨红娟　胡效东　翟　鹏　徐明刚　李国平　霍志璞　孔祥臻　付秀丽　王玉玲
陈秀生　冯衍霞　朱洪涛　方　斌　刘炳强　谷美林　相克俊　刘建华　孙军龙
武洪恩　刘长霞　张洪丽　王胜春　杨金勇　赵忠超　姜洪奎　刘世英　韩奎华
王世峰　王永征　杨玉波　王　亮　石嘉川　王玉斌　刘炳旭　靳晓凌　李　珂
朱礼营　高永超　吕红丽　庞清乐　郝慧娟　李现明　贾智平　路　飞　郭彦双
李晓静　王汉鹏　蔡　珣　郭凤华　杨公平　刘　丽　潘　锐　李　骐　张瑞华
刘英霞　冯传胜　赵　峰　戚焕筠　孙国霞　赵华平　刘会军　刘　静　王　宇
杨　波　王　进　魏化震　任　帅　张洪梅　娄淑梅　胡庆贤　孙春静　牛山廷
王修春　王玉青　路　冬　云和明　贺庆强　陈淑江　陈　建　尚　勇　郑继周
郝晓文　邱　燕　冷学礼　赵改菊　石秀勇　高　明　孟祥星　丁　磊　张　强
苏永智　毕研秋　朱　珂　卢文娟　田　伟　臧利林　李彩虹　牛　君　刘云霞
马传峰　张敦福　马秀媛　张　静　郝兴伟

医学

郑　燕　吕　慧　栾　怡　刘玉刚　杨　青　邢　毅　娄　丽　房云海　石秀玉

秦　强　王青青　李福海　王明明　孙　丽　瓮占平　秦莹莹　王克华　张　鹏
张华玲　张春华　潘晓玉　毛洪鸾　张浩波　李　桦　李向东　郑　峰　董　静
李　鸣　董　亮　孙　宇　傅艺凌　任　萌　张　燕　孟　敏　左秀丽　闫明先
袁俊华　刘东兴　王　颖　刘尊齐　邱　洁　张风雷　戴红艳　王　博　鹿克风
徐新生　林晖莉　李长江　孙惠文　李晓鲁　倪　梅　唐梦熊　刘　新　陈　昀
郝　静　王　卉　衣翠华　张爱军　于晓静　江文静　高　静　李爱武　孙福涛
孙鹏飞　边　炜　孟凡伟　高保华　高德轩　阮永威　张海峰　张光永　王可新
冯永强　王　坤　刘红兵　张在强　翟国德　司志超　姜　政　许尚臣　李　峰
朱桂英　樊树强　刘兆强　黄　焱　曾庆师　谷　涛　刘运芳　周英智　陶泽新
李　健　李秀君　邵　华　刘东旭　魏福兰　郭红梅　郭拥军　傅　强　菅向东
陈秀梅　朱向玉　盖玉生　王玉玖　陆现硕　张艳萍　王姿颖　张　蘋　冯　梅
于晓宁　孙　丛　黄齐兵　孔　丽　李曙光　甄俊平　王　玉　时　鹏　王　峰
丁士芳　张晓琳　张振江　刘玉红　曲显俊

管理学

杨金侠　于贞杰　王　燕　孙　强　李顺平　王鸿勇　林忠礼　张喜民　段吉群
花昭红　孙卫敏　叶　逊　杨明海　邢彦玲　胡保玲　马　磊　郝晓宁　孙春玲
张　军　齐家滨　王连森　曲明军　杨秀华　任惠光　于志华

临床医学博士专业学位

侯岩峰　朱　玲　董　明　刘福国　梁铁军　牟壮博　程　梅　许　玲　白　晨
郑天郢　李振峰　袁明振　胡　佳　宋福杰　李成利　李　贞　张华伟　葛明旭
王永胜　陈少华

同等学力申请博士学位人员

文学

王　诺　宋开玉　凌晨光　戚良德

工学

岳钦艳

医学

程玉峰　刘照旭　刘　萍

哲学

李尚信

各类“委员会”、“领导小组”成员名单

学校各类“委员会”、“领导小组”成员名单

山东大学网络文化建设领导小组

组　　　长：刘　珂
成　　　员：周　洁　韩明涛　张　宇　桑晓旻　张兆亮　马传峰　任若强
曲明军　侯俊平　王海洋
办公室主任：韩明涛（兼）

本科教学指导委员会常务委员会（以姓氏笔画为序）

孔北华　王仁卿　王育济　张长铠　张树永　李剑峰　陈冠军
周向军　孟祥旭　赵建国　展　涛　徐文方　徐向艺　贾卫国
高英茂　傅有德　樊丽明

收入分配制度改革领导小组

组　　　长：展　涛
副　组　长：尹　薇　王琪珑　樊丽明
成　　　员：（按姓氏笔画为序）
马国臣　尹作升　王剑敏　王明署　芦延华　陈　永　周　洁
胡岩松　韩　锋　戴智章
领导小组下设工作办公室，办公室设在人事处，王剑敏任办公室主任。

山东大学研究生培养机制改革领导小组

组　　　长：展　涛
副　组　长：陈　炎
成　　　员：刘树伟　芦延华　赵　显　李　红　王志明　桑晓旻
秘　　　书：薛佩军

国家建设高水平大学公派研究生项目领导小组

组　　长：陈　炎
成　　员：王剑敏　刘树伟　佟光武　王仁卿　赵　显　李　红　王志明
秘　　书：薛佩军

山东大学校园建设规划委员会

主　　任：展　涛
副 主 任：张永兵
委　　员：（以姓氏笔画为序）
王仁卿　王　钧　芦延华　李振奎　陈　永　陈博文　周　洁
赵　显　胡敬田　高宝玉　黄　绳　韩明涛　韩　锋

节能减排山大行动工作领导小组

组　　长：展　涛
副 组 长：王琪珑
成　　员：（以下按姓氏笔画为序）
马传峰　王仁卿　王永平　王明署　王　钧　王剑敏　尹作升
曲明军　任若强　陈　永　张　宇　李振奎　芦延华　周　洁
周向军　赵　显　胡敬田　郭兴华　贾　磊　桑晓旻　高宝玉
韩　锋　韩明涛

领导小组办公室设在党委、校长办公室。
办公室主任：周　洁

山东大学校园建设规划委员会

主　　任：展　涛
副 主 任：樊丽明（常务）　王琪珑　刘　珂
委　　员：（以姓氏笔画为序）
王仁卿　王　钧　王琪珑　刘　珂　芦延华　李振奎　陈　永
陈文博　周　洁　赵　显　胡敬田　展　涛　高宝玉　黄　绳
韩明涛　韩　锋　樊丽明
办公室主任：李振奎（兼）

山东大学文化建设工作领导小组

组　　长：展　涛
副 组 长：刘　珂
成　　员：方宏建　樊丽明　娄红祥　陈　炎　周　洁　韩明涛
办公室主任：韩明涛（兼）

各类表彰、奖励名单（校级及以上）

山东大学 2007 年
全国优秀博士学位论文名单

年　份	姓　名	学科、专业	导师姓名	论文题目
2007	江　龙	概率论与数理统计	陈增敬	非线性数学期望—g-期望理论及其在金融中的应用
2007	王雪林	凝聚态物理	王克明	MeV 重离子注入光电晶体光波导的制备和特性研究

山东大学2007年入围全国百篇优秀博士学位论文提名论文名单

年　份	姓　名	学科、专业	导师姓名	论文题目
2007	白云翔	考古及博物馆学	栾丰实	先秦两汉铁器的考古学研究
2007	边永忠	无机化学	姜建壮	三明治型卟啉酞菁类金属配合物的合成及性质研究
2007	顾　锋	材料学	吕孟凯	半导体纳米材料的制备及发光性质的研究

山东大学2007年山东省优秀博士学位论文名单

序号	作者姓名	论文题目	学科专业	指导教师
1	王立平	消费、偏好与资产收益——基于中国资本市场的分析	产业经济学	臧旭恒
2	喻　中	论授权规则——以法律中的“可以”一词为视角	法学理论	谢　晖
3	史冠新	临淄方言语气词研究	汉语言文字学	杨端志
4	原晓波	掺杂和复合钙钛矿锰氧化物的室温磁电阻增强	凝聚态物理	刘宜华
5	李　平	与顺式肽键单元相关的甘氨酰胺及其衍生物的质子转移机制及相关性质研究	物理化学	步宇翔
6	于　波	孤对电子杂环类环境污染物的微生物降解研究	微生物学	许　平
7	李桂秋	LD泵浦全固态调Q激光特性理论与实验研究	光学工程	赵圣之
8	胡丽娜	金属玻璃形成液体的脆性研究	材料加工工程	边秀房
9	常发亮	彩色图像侵害与复杂场景下视觉目标跟踪方法研究	控制理论与控制工程	乔谊正
10	梁晓红	HBV感染影响TRAIL诱导调亡关键基因片段的筛选及其分子机制的研究	免疫学	孙汶生
11	蒋世亮	急性心肌梗死住院死亡率的影响因素及再灌注治疗的前瞻对比研究	内科学	张　运
12	初晓霞	ITP患者IgG酶切片段的免疫活性及其对血小板聚集功能的影响	内科学	侯　明
13	温红玲	风疹病毒包膜糖蛋白E1的真核表达及其生物学活性研究	流行病与卫生统计学	王志玉

山东大学 2007 年山东省优秀硕士学位论文名单

序号	作者姓名	论文题目	学科专业	指导教师
1	张理峰	天道性命的贯通——周敦颐哲学思想探析	中国哲学	王新春
2	刘　达	政府在商业银行治理中的控制力研究——公司治理和公共治理的结合	金融学	黄少安
3	赵德刚	多相颗粒增强铝基复合材料的研究	材料加工工程	刘相法
4	李　立	多尺度域中信号以及图像去噪方法研究	通信与信息系统	彭玉华
5	冯建兴	转位排序和块交换排序的改进算法	计算机软件与理论	朱大铭
6	金永明	代理签名相关理论研究与应用	计算机应用技术	徐秋亮
7	马志勇	西尼地平对高血压患者左室中层机制、负荷状态血流动力学及 RAS 的影响	内科学（心血管病）	黎　莉
8	安贵鹏	中国汉族人群 Anderson Fabry 病基因突变的研究	内科学（心血管病）	安丰双
9	闫任章	吡唑并噻二嗪及噻吩并噻二嗪非核苷类 HIV 逆转录酶抑制剂的设计、合成和活性研究	药物化学	刘新泳
10	刘　璐	企业集群中企业生态位与企业成长	企业管理	杨蕙馨

2007年度山东大学优秀博士学位论文名单

序号	作者姓名	论文题目	指导教师姓名
1	范明志	欧盟合同法一体化研究	梁慧星
2	郭艳茹	明清王朝治乱循环的经济学分析：一个国家组织结构变迁的典型案例	黄少安
3	王立平	消费、偏好与资产收益——基于中国资本市场的分析	臧旭恒
4	许卫东	《高僧传》语法现象研究——时间副词研究	杨端志
5	焦桂美	南北朝经学史	徐传武
6	郭洪雷	中国小说修辞模式的嬗变——从宋元话本到五四小说	孔范今
7	宗福建	氮化锌粉末和薄膜的制备及特性研究	马洪磊
8	高　宁	过氧化物酶和谷胱甘肽的单细胞分析及DNA的单分子检测	金文睿
9	陈艳丽	三名治型稀土酞菁配合物有序超分子聚集体的结构及OFET性能研究	姜建壮
10	于　波	孤对电子杂环类环境污染物的微生物降解研究	许　平
11	赵　静	血管内皮细胞及肿瘤血管凋亡诱导研究	苗俊英
12	郭　会	Least－squares Galerkin Procedures for Some Evolution Equations（几类发展方程的最小二乘有限元方法）	芮洪兴
13	姜　毅	离子注入光电晶体损伤诱导折射率改变及波导导模特性研究	王克明
14	李桂秋	LD泵浦全固态调Q激光特性理论与实验研究	赵圣之
15	田永生	钛合金表面激光硼碳氮合金化层的组织结构与耐磨性能研究	陈传忠
16	周广军	表面活性剂辅助的纳米材料的控制合成和机理研究	吕孟凯
17	王淑芬	几种氧（硫）化物纳米材料的制备及发光性质的研究	吕孟凯
18	邹　斌	新型自增韧氮化硅基纳米复合陶瓷刀具及性能研究	黄传真

续表

19	于素芳	丙烯酰胺对神经组织细胞骨架蛋白的损伤及其损伤机制	谢克勤
20	梁晓红	HBV 感染影响 TRAIL 诱导凋亡关键基因片段的筛选及其分子机制的研究	孙汶生
21	王　琳	慢性 ITP 患者血浆对体外巨核细胞生长发育和血小板形成的影响及机制探讨	侯明
22	宋　坤	光敏剂一纳米粒载体系统在卵巢癌光动力学治疗中的实验研究	孔北华

山东大学 2007 年度校长奖学金获得者名单

一、博士生（31 人）

单　位	姓　名	年　级
哲学与社会发展学院	李章印	2005
文学与新闻传播学院	傅洁琳	2005
历史文化学院	董劭伟	2005
法学院	王　彬	2006
经济学院	刘华军	2005
	解　垩	2006
管理学院	李　鑫	2005
经济研究中心	陈屹立	2005
艺术学院	米永盈	2006
物理与微电子学院	龙　闰	2005
	李爱凤	2005
化学与化工院	张跃兴	2006
	徐彩霞	2005
	陈效华	2006
生命科学学院	王　霞	2004
信息科学与工程学院	张海霞	2004

续表

环境科学与工程学院	李　倩	2005
计算机科学与技术学院	侯金奎	2005
材料科学与工程学院	武玉英	2005
	张妍宁	2005
晶体材料研究所	于浩海	2005
机械工程学院	葛荣雨	2005
电气工程学院	张　黎	2005
控制科学与工程学院	孙宗耀	2005
能源与动力工程学院	纪少波	2005
医学院	王　飞	2005
	刘　华	2005
	张　澄	2006
	邹永新	2005
药学院	程先超	2005
公共卫生学院	王青山	2006

二、硕士生（30人）

单　位	姓　名	年　级
哲学与社会发展学院	周丽娜	2005
文学与新闻传播学院	张　帅	2005
历史文化学院	刘玉玮	2005
文史哲研究院	庄庭兰	2005
法学院	崔龙虓	2006
政治学与公共管理学院	林雄弟	2005
马克思主义学院	赵恒新	2005
经济学院	韩　青	2005
	王　馨	2005
经济研究中心	刘庆娜	2005
管理学院	李娓娓	2005
	吕　亮	2005

续表

艺术学院	李　慧	2006
物理与微电子学院	杨可松	2005
生命科学学院	孙春辉	2006
化学与化工院	孙　慧	2005
信息科学与工程学院	赵　佳	2006
材料科学与工程学院	李雪莲	2005
晶体材料研究所	马　谦	2005
控制科学与工程学院	宋　青	2005
电气工程学院	王　伟	2005
计算机科学与技术学院	刘甜甜	2005
能源与动力工程学院	范　菁	2005
土建与水利学院	杨文东	2005
医学院	刘闻闻	2005
	武　静	2005
	李永智	2005
公共卫生学院	宋晓飞	2005
药学院	于　芳	2005
威海分校	张　超	2006

三、本科生（60 人）

学　院	姓　名	年　级
哲学与社会发展学院	高笑楠	2005
	刘万顺	2005
经济学院	李　霄	2005
	孔令艺	2005
政治学与公共管理学院	王　玮	2004
	段艳文	2005
法学院	冯丹荔	2004
文学与新闻传播学院	张　夕	2005
	张　倩	2005

续表

	马　龙	2006
	李啸闻	2004
艺术学院	李晓雨	2005
外国语学院	姜清远	2004
	鞠　黎	2005
历史文化学院	任文娜	2005
数学与系统科学学院	王大卫	2006
物理与微电子学院	常　凯	2005
	孙兆茹	2005
	严　冰	2005
化学与化工学院	岳秀	2004
	戴　俊	2004
信息科学与工程学院	陈　赫	2004
	姜惠云	2004
	黄慧娟	2005
计算机科学与技术学院	贾西贝	2005
	周景博	2005
	刘玉岗	2005
生命科学学院	王宇枭	2004
材料科学与工程学院	霍利山	2004
	崔一南	2005
机械工程学院	张国军	2004
	刘来春	2005
	盖业昆	2005
控制科学与工程学院	李大川	2004
	吴永玲	2004
	张爱瑜	2005
	程炳琳	2004
能源与动力工程学院	陈　朋	2004
	袁晓豆	2005

续表

电气工程学院	雷　宇	2005
土建与水利学院	白　斌	2004
	于　航	2006
环境科学与工程学院	孟凡琳	2005
	邵　田	2006
	赵雅琴	2004
公共卫生学院	宋明洋	2003
医学院	吴　南	2004
	仲　佳	2004
	张　帆	2004
口腔医学院	张杰铌	2005
护理学院	韩晓玲	2004
	张楷丽	2004
药学院	梁玮丽	2004
管理学院	刘志帅	2004
	孙玲玲	2004
	陈　铭	2004
体育学院	郝永芳	2004
	郑　凯	2004
齐鲁软件学院	代正卿	2004
	张呈刚	2005

山东大学 2007 年先进集体、优秀教师名单

全国教育系统先进集体：

数学与系统科学学院

全国高校优秀思想政治教育工作者：

张　宇（学生工作部）

山东省优秀教师：

蔡履中（信息科学与工程学院）
夏光敏（生命科学学院）

山东大学优秀教师：

刘玉田（电气工程学院）
高宝玉（环境科学与工程学院）
刘世铸（外国语学院）
吴文新（威海分校）
高英茂（医学院）
刘新泳（药学院）
冯维明（土建与水利学院）
梁作堂（物理与微电子学院）
徐　欣（口腔医学院）

宝钢基金优秀教师特等奖提名人：

孟祥旭（计算机科学与技术学院）

宝钢基金优秀教师提名人：

张树永（化学与化工学院）
徐向艺（管理学院）

齐鲁晚报杯山东高校十大优秀教师：

谢克勤（公共卫生学院）

全国高校优秀思想政治教育工作者、山东省优秀教师、宝钢基金优秀教师特等奖、宝钢基金优秀教师、齐鲁晚报杯山东高校十大优秀教师获得者同时授予山东大学优秀教师称号。

学校聘任的各类专业技术人员名单

2007 年山东大学聘任的各类专业技术人员名单

教授：

哲学与社会发展学院：赵　杰
文学与新闻传播学院：张志庆　甘险峰
外国语学院：申富英　刘世铸
艺术学院：李　平
历史文化学院：范学辉
儒学研究中心：冯建国
文史哲编辑部：刘　培
经济学院：张乃丽　杨风禄　张丽娟　綦建红
政治学与公共管理学院：刘昌明
法学院：柳忠卫　于改之　傅礼白 毛映红
物理学院：冀子武　仝殿民
管理学院：焦继文　刘慧凤　宋振春
体育学院：闻　兰　刘巧侠
马克思主义学院：徐国亮　马佰莲
卫生管理与政策研究中心：周金玲
数学学院：嵇少林　刘华文　胡发胜
化学与化工学院：马　晨　沈　强　赵翠华　孙道峰
生命科学学院：赵双宜 徐　海　高建刚
信息科学与工程学院：江铭炎　陈　辉　常　军
计算机科学与技术学院：杨兴强　尹义龙　郝兴伟
控制科学与工程学院：马　昕
电气工程学院：张　文　夏　威

材料科学与工程学院：范润华　高　军　高进强
机械工程学院：孟剑锋　孙玲玲　刘含莲
能源与动力工程学院：董　勇　王桂华
土建与水利学院：姚占勇　冯维明　李树忱
环境科学与工程学院：王　艳
晶体材料研究所：孙　洵
公共卫生学院：高希宝　刘　萍
医学院：郝　晶　刘奇迹　张铭湘　高成江
药学院：郭秀丽　方　浩
威海分校：张红军　邵力华　张玉森　曲洪启　李　娟
李玉春　董学立
卫生管理与政策研究中心：王　健

副教授：

哲学与社会发展学院：李延仓
文学与新闻传播学院：朱秀清　刘悦坦　李开军
外国语学院：王　鹏　石锡书　苏永刚　韩　刚
艺术学院：李海燕
国际教育学院：黑　琨
宗教·科学与社会问题研究所：宇汝松
文史哲研究院：陈　峰　李　浩
经济学院：余东华　陈晓莉　林　琳　张芳洁
政治学与公共管理学院：黄登学　黄春蕾
法学院：许庆坤　刘善华
管理学院：赵培忻　孙　涛　辛立国 王　毅
体育学院：成会君
卫生管理与政策研究中心：孙　强
数学学院：王明强　朱淑倩　高夫征　戎晓霞
物理学院：刘国磊　陈延学　韩广兵　吴吉昌
化学与化工学院：张晓梅　孙　绚　赵翠华　边永忠
生命科学学院：顾　黎　何海伦　康翠洁　王书宁　庞　昕
信息科学与工程学院：杨修伦　孙建德　白智全
计算机科学与技术学院：郭凤华　李　晖　刘　宏
控制科学与工程学院：路　飞　丁　然　郭庆强
电气工程学院：邹贵彬　娄　杰　王　辉　张恒旭　毕研秋　刘炳旭　赵　罡
材料科学与工程学院：庄光山　刘雪梅　吴莉莉　周传健
机械工程学院：姜兆亮　李增勇　霍志璞
能源与动力工程学院：雷　丽　闫　伟

土建与水利学院：曹卫东　王　薇　侯和涛　姜燕玲　杨则英
环境科学与工程学院：杨凌霄　裴海燕
环境研究院：戴九兰　孙孝敏
晶体材料研究所：于光伟　段秀兰
公共卫生学院：马宏峰
医学院：周怀瑜　刘慧青　齐　眉　陈蔚文　刘志方　郝建荣
护理学院：王翠丽　李　静　臧渝梨
威海分校：王一兵　梁　军（商学院）　岳　军　孔海燕　朱　峰　柴迎梅
杜宗军　程　杰　李光明　陈绍霞　王守宇　关成波　黄文高

讲师：

文学与新闻传播学院：刘　佳　果　娜　王者凌
外国语学院：焦宏丽　曲丽洁　孟庆娟　曾林姣　韩佶颖　鞠　伟　田庆强
于彩娜　乔发光
艺术学院：王文灏　徐　恺
国际教育学院：朱瑞蕾　赵　跃　张　云
经济学院：马　燕
法学院：徐会平
政治学与公共管理学院：高原
管理学院：王　萌
文史哲研究院：杨 华
化学与化工学院：　宋爱新
生命科学学院：郭健男　王勐骋
计算机科学与技术学院：张四化　彭　滢
土建与水利学院：吉　颙
公共卫生学院：孙秀彬
信息科学与工程学院：李剑平
控制科学与工程学院：刘园园　王　千　王胜力
机械工程学院：朱征军　朱洪涛
能源与动力工程学院：朱新军
医学院：刘志荣 李　曦
护理学院：陈　欧
威海分校：毕云峰　常　丽　程　丽　仇　敏　杜芸辉　付宜强　郝延伟　黄秀国
姜　斌　孔晓明　李　杰　李　玲　李　楠　李岩杰　李　燕　刘贵山
刘祥田　马　坤　齐军领　曲爱宁　苏　琨　孙萃英　孙凤芹　孙文平
唐鑫梅　王艳丽　卫学芝　巫威威　徐高楠　徐　萍　姚桂丽　衣振萍
于　伟　袁亚妹　展　凯　张爱荣　张京青　张　君　张　锐　张志超
赵　鹍　钟晓红　周海涛　周美青　王　岩　肖　华　袁海静　王　磊

王　蔚　郭晓妮　刘　萍　张　毅　陈　昕　李静（数学与统计学院）

助教：

文学与新闻传播学院：许玉莲
哲学与社会发展学院：林　竹
经济学院：陈文生
化学与化工学院：唐　宁　金凯凯
外国语学院：徐慧超　张丽丽
艺术学院：孔　南
数学与系统科学学院：接小波
生命科学学院：张攀攀
控制科学与工程学院：栾雪峰
材料科学与工程学院：贾　寒
能源与动力工程学院：杜婷婷
机械工程学院：王园伟　孙　平
土建与水利学院：孙怀凤　柴　华
物理与微电子学院：张英超
医学院：王金萍
护理学院：王书展
口腔医学院：黄　晶

应用研究员：

材料科学与工程学院：亓永新
基建处：薛建斌
国有资产管理处：徐洪民

高级工程师：

化学与化工学院：赵　军
材料科学与工程学院：陈国文
机械工程学院：刘增文
信息科学与工程学院：曾凡太
控制科学与工程学院：荣学文
药学院：邢　杰
网络信息中心：陈　军　张　健
工程训练中心：宋思利　刘　健
产业集团：李　波
齐鲁医院：崔凤玉

高级实验师：

数学学院：赵益军
物理学院：姜国新
化学与化工学院：杜爱琴
土建与水利学院：赵治广
电气工程学院：万　芳
计算机科学与技术学院：周洪军
医学院：马剑峰

工程师：

物理学院：宋洪晓　栾彩娜
机械工程学院：李建勇
信息科学与工程学院：徐　辉
教务处：侯志涛　孙　磊
后勤管理处：冯光东
学生工作部（处）：朱大鹏
网络信息中心：郭晓东　高国强　赵科军
工程训练中心：仪　维
产业集团：杨　壮
第二医院：孙爱民　张咏松

高级会计师：

计划财务处：胡晓东
计划财务处：戈金义
齐鲁医院：赵欣

会计师：

计财处：王普伟

实验师：

医学院：王琳琳　郭　春　冯玉新　黄　涛　马水英
药学院：杨新颖
工程训练中心：徐光武
产业集团：王　松
威海分校：蒋守芬　刘萍萍　李延辉　刘　杰（信息工程学院）
晶体材料研究所：王从先

助理实验师：

实验室与设备管理处：郭世明
工程训练中心：周海妮　周　睿
机械工程学院：朱海荣

研究员：

国际教育学院：姜苏华
党委办公室、学校办公室：荣晓燕
计划财务处：芦延华
学生就业指导中心：杜言敏
产业集团：潘超平
齐鲁医院：刘玉欣
威海分校：郭培良

副研究员：

哲学与社会发展学院：赵　莹
医学院：马金耀
护理学院：张　慧
统战部：邵明石
研究生工作部：刘　勇
国有资产管理处：侯兴合
医院与卫生管理处：罗司军
团委：周庆华
齐鲁医院：李敦军
第二医院：付超速
威海分校：于燕臣

主任医师：

医学院：田兴松　张廷国　韩　杰
口腔医学院：张风河　张　君
齐鲁医院：史本康　王庆伟　邓晓惠　姜　洁　刘德山　陈焕芹　马玉燕　王克玉　卞翠荣　王淑贞　鞠秀丽　李跃华　程宝泉　王　涛　李继福　程　梅　杨其峰
第二医院：马承恩　邵广瑞　赵小刚　宫明智　孙　琳　袁奎封　陈维秀　张怀强　王成伟　王　静

主任药师：

齐鲁医院：刘向红
第二医院：王海生

主任护师：

第二医院：许玉华

副主任医师：

校医院：金翠香　郑国玲
医学院：吕　斌　陈　昀
口腔医学院：葛少华 孙惠强
齐鲁医院：刘　联　殷　钢　李宪花　姜先洲　毛雪琴　李　岩　顾晓萌　刘　媛
江　蓓　谷兴华　李晓梅　李　颢　高海东　王东海　张晓明
第二医院：孟　彦　王晓红　郭文菁　李卫国　丁印鲁　周庆博　文蓉珠

副主任护师：

校医院：刘爱芳　曹宝杰　张　剑
齐鲁医院：冉令霞　周　敏　乔筱玲

副主任技师：

齐鲁医院：李　伟　李　勇

主治医师：

齐鲁医院：陈安威　刘相菊　张　帆　殷翠萍　李　远　宋立军　刁增艳　杜滨锋
张　鹏　李恩刚　裴　斐　孙春丽　韩利岩　吕怡静　程　琳　孙　祎
张　凯
第二医院：黄芳芳　尹　哲　仲　海　张　磊　姜冬青　霍延青　张　颖　焉杰克
叶　兰　孙建华　吴　研　谢　坤　郭庆辉　王永静　孔德晓　李　亮
周　勇　萧　畔　于　锐　李　爱

主管药师：

齐鲁医院：王　娟
第二医院：岳春雯

主管护师：

口腔医学院：刘　欣
齐鲁医院：楚爱霞　张　蔚　王立葵　吕　艺　李　莉　孙春华　邱　艳　刘晓燕

王秀针　马冬冬　孙景璐　董瑞华　刘　考　米丰花　滕　娜　高俊田
张士梅　冯思红　孙　建　吕　丽　张海先　王宝燕　赵　静　赵　燕
李雪萍　王　霞（骨外科）　王　霞（妇科）
第二医院：王　莹　李　燕　李　丽　董淑云　刘　萍　全　蕾　王兴蕾　徐照娟
周荣红　李淑敏

主管技师：

齐鲁医院：王　涛　刘　然　武传龙　平　凡
第二医院：吴　镇　马忠兵　赵　坤　于　超　时晓华

护师：

齐鲁医院：孙　羽　宋　萍
第二医院：温　卿　赵业芳　王庆瑞　许　丽　李　欣

技师：

齐鲁医院：詹建明

药士：

齐鲁医院：于　洋

副研究馆员：

图书馆：李书玮　吴　蕊　陈　陆　李修波　杨立民　王　英　伊振中
威海分校：毕艳娜

馆员：

图书馆：张同彬　黄东雷
博物馆：韩敬仕　杨海燕
网络信息安全研究所：刘红英
威海分校：郭学娟　鹿　遥　姜玉晶　滕丹丹

助理馆员：

图书馆：冯　静　任红俊　宋晓华
齐鲁医院：张爱娥
威海分校：吴　静　邹莉莉

管理员：

图书馆：杨　震
威海分校：王黎娟

编　审：

出版社：米克荣

副编审：

宣传部：刘　敏
出版社：王春光
学报自然科学版编辑部：胡春霞

编辑：

宣传部：孙宜山

中学高级教师：

第一附属中学：甄广军　徐春霞
第二附属中学：孙桂青

中学一级教师：

第一附属中学：王　龙　陈　静
第二附属中学：李四化　王程晔

小学高级教师：

第一附属小学：池红梅

小学一级教师：

第二幼儿园：王　妍
威海分校：高　文

新增研究生指导教师名单

山东大学2007年新增博士生指导教师名单

马克思主义哲学：高鉴国
中国哲学：苗润田
中国古代文学：廖　群　王小舒
中国现当代文学：刘方政
比较文学与世界文学：李铭敬
中国民间文学：叶　涛
中国古代史：张富祥
专门史：刘玉峰
中国近现代史：徐　畅
国民经济学：陈　蔚
国际贸易学：刘庆林
宪法学与行政法学：周长军
法学理论：汪全胜
政治学理论：方　雷
科学社会主义与国际共产主义运动：崔桂田
管理科学与工程：张玉明
企业管理：陈志军
概率论与数理统计：赵卫东
粒子物理与原子核物理：冯存峰
光学：陈　峰
凝聚态物理：郑卫民
无机化学：刘永军
有机化学：赵宝祥
物理化学：马厚义
物理化学：张树永
高分子化学与物理：张长桥

微生物学：陈秀兰
发酵工程：马翠卿　赵　建
环境科学与工程：张　建
岩土工程：张强勇　曹升乐　邬爱清（兼职）
机械设计及理论：董玉平
机械制造及其自动化：张进生
热能工程：张树生
材料学：郝霄鹏　王圣来
材料物理与化学：赵士贵
材料加工工程：王广春
无线电物理：许成林
光学工程：李桂秋
电机与电器：刘志珍
模式识别与智能系统：常发亮
生物医学工程：刘伯强
计算机软件与理论：屠长河
计算机系统结构：龚　斌
生理学：刘传勇
医学心理学：潘　芳
药理学：高　聆　曲显俊
药物化学：赵桂森
药剂学：张典瑞
内科学（心血管病）：黎　莉　钟敬泉
内科学（呼吸系病）：林殿杰
内科学（消化系病）：张春清　阎　明
临床检验诊断学：王传新
外科学（泌尿外）：金讯波
外科学（胸心外）：田　辉
肿瘤学：曲　迅
急诊医学：陈玉国

机构调整与干部任职名单

学校组织机构与干部任职名单（处级及其以上）

校领导

党委书记：朱正昌
校　长：展　涛
常务副书记：尹　薇
常务副校长：王琪珑
党委副书记：刘　珂　李建军　方宏建
副校长：樊丽明　张永兵　娄红祥　张　运　陈　炎　韩圣浩
纪委书记：方宏建

校区领导

单　位	职　务	姓　名
西校区党的工作委员会、西校区管理委员会	副主任	王晋臣
南校区党的工作委员会、南校区管理委员会	书记兼主任	姜法魁

处级干部

单　位	职　务	姓　名
	校长助理	王剑敏
	校长助理	贾　磊
党委办公室 校长办公室 （合署办公）	主任	周　洁
	副主任	刘学祥
	副主任	王秀成
	副主任	荣晓燕
	副主任	王明良
	校办副主任校长秘书	郑　倩
	副主任、书记秘书	王君松
法律事务室（挂靠办公室）	主任	于　聪
纪委、监察处	副书记兼处长	王明署
	副书记	王兰秋
	办公室主任	宋作标
	副处长	杨洪胜
	正处级纪检员	李桂英
	副处级纪检员	王　玲
	副处级监察员	程永庆
党委组织部	部　长	尹作升
	副部长	王炳学
	副部长	陈宏伟
组织员办公室 （挂靠组织部）	正处级组织员	张凤平
	副处级组织员	赵洪芝
党委宣传部	部　长	韩明涛
	副部长	孙长俊
	副部长	史永志
	副部长	王秋生
党校办公室（挂靠宣传部）	主任	武传春
新闻中心（挂靠宣传部）	副主任	许墨林
	副主任	李学禄
山东大学报社（挂靠宣传部）	副社长兼主编	唐锡光

续表

党委统战部	部长	曹宪忠
	副部长	刁立华
	副部长	曹家炳
党委学生工作部、学生工作处	部（处）长	张　宇
	副（部）处长	夏晓虹
	副（部）处长	王　浩
	副（部）处长	陈　鑫
学生公寓管理中心（挂靠学生处）	主　任	刘相金
心理咨询指导中心（挂靠学生处）	主　任	吴少怡
离退休党委 离退休工作处	党委书记、处长	戴智章
	副处长	丁素荣
	副处长	任加友
	副处长	赵平海
机关党委	专职副书记	郭兴华
人事处	处　长	王剑敏
	副处长	陆耀坤
	副处长	王秀丽
	副处长	王铁英
人才交流中心（挂靠人事处）	主任	王兰菊
教务处	处　长	王仁卿
	副处长	龙世立
	副处长	柳丽华
	副处长	王宪华
	副处长	王丰晓
本科教学评估办公室（挂靠教务处）	主任（兼）	王仁卿
	副主任	王丽娜
	副主任	李　明
职业技术学院（挂靠教务处）	院长（兼）	王仁卿
	副院长	王爱国

续表

本科生招生办公室（教育拓展办公室）（挂靠教务处）	主任（兼）	王仁卿
	副主任	朱德建
科技处	处　长	赵　显
	副处长（兼）	刘升贤
	副处长	耿庆章
	副处长	傅茂笋
科技开发部（挂靠科技处）	主任（兼）	赵　显
	副主任	朱纪聪
国防科学技术研究院	常务副院长	刘升贤
社科处	处　长	李　红
	副处长	张荣林
研究生院、党委研究生工作部	院长（兼）	陈　炎
	常务副院长	刘树伟
	副院长（正处岗位）	王志明
	副院长（正处岗位）	谭好哲
	副院长（正处岗位）	姜　玮
	部长兼副院长	桑晓旻
	副院长（正处岗位）	张文玺
	副部长兼培养办公室主任	薛佩军
	副部长（挂职新疆昌吉学院）	张爱国
	办公室主任	段吉群
	招生办公室主任	信春雨
	学位办公室主任	姚传义
研究生在职教育中心（挂靠研究生院）	主任（兼）	刘树伟
	副主任	王晓黎
	副主任	李秀华
国际合作与交流处（港澳台办）	处长兼主任	佟光武
	副处长	宋春玲
	副处长	李国强
	副处长	孙凤收

续表

计划财务处	处　长	芦延华
	副处长	马学秀
	副处长	王玉莲
	副处长	刘竞虹
会计服务中心（挂靠计财处）	主任（兼）	芦延华
	副主任	毛锦玲
	副主任	刘丕平
国有资产管理处	处　长	胡敬田
	副处长	崇学文
	副处长	徐洪民
	副处长	侯兴合
科技园建设管理办公室	主任（兼）	贾　磊
	副主任	李永顺
实验室与设备管理处	处　长	马传峰
	副处长	孙国防
	副处长	李建平
	副处长	李　蕾
审计处	处长	胡岩松
	副处长	王延太
	副处长	王善举
公安处、人武部、综治办	处长兼部长、主任	任若强
	副部长	吴继能
	副处长	孙云霄
	副处长	胡长玉
	副处长	王者进
	副处长	邱　青
校卫队（挂靠公安处）	队　长	李修荣
6·10办公室（挂靠公安处）	主任（兼）	任若强
	常　务 副主任	刘秀占
	副主任	米陆昕
基建直属党支部	书　记	赵群义

续表

基建处	处　长	李振奎
	副处长	王宗义
	副处长	薛建斌
	副处长	李延成
	总工程师	韩治林
产业党委	书记	张兆亮
	副书记	朱效平
	副书记	郑　波
产业集团	总经理	马国臣
后勤党委	书记	傅佩玉
	副书记	宋秀珍
	副书记	李旭新
	副书记	王景山
后勤管理处	处　长	陈　永
	副处长	刘进华
	副处长	尹承盛
	副处长	赵　凯
	总工程师	田家泉
房改办公室 （挂靠后勤处）	主任（兼）	陈　永
	副主任	孟庆团
	副主任	王明山
居委会管理办公室（挂靠后勤处）	主任	张玉宝
医院与卫生管理处	处　长	王永平
	副处长	徐关众
	副处长	赵增科
计划生育办公室 （挂靠医管处）	主　任	李　静
东校区党工委 东校区管委会	办公室主任	田沛庚
西校区党工委 西校区管委会	办公室主任	尚晓映

续表

南校区党工委 南校区管委会	办公室主任	李凤云
工会（妇委会）	常务副主席	韩　锋
	主任兼副主席	扈春华
	副主席	李惠苏
	副主席	胡建国
	副主席	李光华
	副主任	王芬英
团　委	书　记	曲明军
	副书记	周庆华
	副书记	傅艺娜
	副书记	马晓琳
学术委员会办公室	主　任	张承慧
	副主任	王广昌
	副主任	张希华
信息化工作办公室	主　任	侯俊平
	副主任	孙美坤
	副主任	柴乔林
国内合作办公室	主　任	井海明
	副主任	吕明新
新区建设管理办公室	主　任	王　钧
	副主任	刘相宜
	副主任	张敬明
	副主任（兼）	邱　青
校友工作办公室	主　任	李居忠
	副主任	李湘军
	副主任	于德宁
	副主任	王允修
学生就业指导中心	主　任	杜言敏
	副主任	肖　祥
	副主任	杨　斌
	副主任	李国庆

续表

高等教育研究中心	主　任	栾开政
	副主任	王建国
	副主任	刘志业
	副主任	薛金梅
	副主任	傅红涛
网络与现代教育技术中心	主　任	王海洋
	副主任	王新军
	副主任	葛连升
	副主任	刘向群
国际教育学院党总支	书　记	姜苏华
国际教育学院	院长兼孔子学院办公室主任	宁继鸣
	副院长（兼）	姜苏华
	副院长	周世明
	副院长兼孔子学院办公室副主任	黄历鸿
	办公室主任	张维娜
继续教育学院 网络教育学院	院　长	赵炳新
	副院长	张秉江
	副院长	方　征
	副院长	姜令嘉
	副院长	徐文忠
图书馆党委	书记	孙东升
图书馆	馆　长	苏位智
	副馆长	韩子军
	副馆长兼分校馆长	杨锦先
	副馆长	白光田
	副馆长	姜宝良
	办公室主任	宋建鲁
档案馆	馆　长	刘培平
	副馆长	方庆香
	副馆长	袁树喜
博物馆	馆长（兼）	于海广
	副馆长	孔凡珠

续表

出版社党总支	书记	王　飞
出版社	社　长	孔令栋
	总　编	马　新
机械厂（工程训练中心）党总支	书　记	高建军
	副书记	李筱石
机械厂（工程训练中心）	厂长（主任）	贺业建
	副厂长（副主任）	刘伟强
	副厂长（副主任）	王建伟
校医院党委	书　记	李春明
	副书记	刘建刚
校医院	院长（兼）	王永平
	常务副院长	谢英慧
	副院长	田　旭
	副院长	李　玉
	办公室主任	曲　刚
《文史哲》编辑部	主编兼主任	王学典
	副主任	刘京希
	副主任	周广璜
《山东大学学报》（自然科学版）编辑部	副主任（主持工作）	靳光华
	副主任	陈　斌
《山东大学学报》（哲学社会科学版）编辑部	主　任	傅永军
	副主任	刘运兴
第一附属中学	党总支书记	赵平文
	校　长	赵　勇
	副校长	庄晓迎
第二附属中学（附小）	党总支书记兼校长	乔　青
	副校长	王春玲
	副校长	孙即珍
	副校长	李玉亮

续表

文史哲研究院	院　长	傅永军
	党总支书记	巴金文
	副院长	马来平
	副院长	冯建国
	副院长	李平生
宗教·科学与社会问题研究所	所　长	姜　生
经济研究中心	主　任	黄少安
网络信息安全研究所	所长	李大兴
卫生管理与政策研究中心	主任	孟庆跃
晶体材料研究所	所　长	陶绪堂
	党总支书记	黄柏标
	副所长	张怀金
	副所长	郝霄鹏
国家糖工程技术研究中心	主任（聘）	王　鹏
	副主任	肖　敏
	副主任	王凤山
哲学与社会发展学院	院　长	刘　杰
	党委书记	吕　波
	副院长	马广海
	副院长	高建国
	副院长	王新春
	党委副书记	苗桂林
	党委副书记	于　健
经济学院	院　长	臧旭恒
	党委书记兼副院长	于良春
	副院长	范爱军
	副院长	胡金焱
	副院长	李铁岗
	党委副书记	朱瑞芬
	党委副书记	齐山华
	办公室主任	李维林

续表

政治学与公共管理学院	院　长	刘玉安
	党委书记	高　山
	副院长	张锡恩
	副院长	曹现强
	副院长	王学玉
	副院长	楚成亚
	党委副书记	刘　军
	办公室主任	彭　展
法学院	院长（聘）	梁慧星
	党委书记	盖玉强
	常务副院长	肖金明
	副院长	刘保玉
	副院长	林　明
	副院长	齐延平
	党委副书记	梁桂莲
	党委副书记	齐向东
	办公室主任	刘　红
文学与新闻传播学院	院长、党委书记	郑　春
	副院长	唐子恒
	副院长	郑训佐
	副院长	廖　群
	副院长	施战军
	党委副书记	张桂珍
	办公室主任	王永革
艺术学院	院　长	李晓峰
	副院长	张义宾
	副院长	刘晓静
	办公室主任	孙亚娣

续表

外国语学院	院长（聘）	李德凤
	党委书记	谢萍
	副院长	贾卫国
	副院长	苗兴伟
	副院长	王俊菊
	副院长	李铭敬
	党委副书记	曾志英
	党委副书记	罗建军
	办公室主任	赵来吉
历史文化学院	院长	王育济
	党委书记	于海广
	副院长兼办公室主任	赵爱国
	副院长	张友臣
	副院长	赵兴胜
	党委副书记	董雪梅
数学与系统科学学院	院长	刘建亚
	党委书记兼副院长	鲁统超
	副院长	崔玉泉
	副院长	吴臻
	副院长	陈增敬
	党委副书记	朱桂英
	党委副书记	赵永新
	办公室主任	徐长平
物理与微电子学院	院长	解士杰
	党委书记	王卿璞
	副院长（兼）	梁作堂
	副院长	周玉芳
	副院长	颜世申
	副院长	张承琚
	党委副书记	张倩
	办公室主任	于新好

续表

化学与化工学院	院　长	姜建壮
	党委书记	张大庆
	副院长	司芝坤
	副院长	张长桥
	副院长	张树永
	副院长	郝京诚
	党委副书记	王兆珍
	党委副书记	毕建增
	办公室主任	彭　彤
信息科学与工程学院	院　长	袁东风
	党委书记	李清德
	副院长	赵圣之
	副院长	李　康
	副院长	张行愚
	副院长	王洪君
	党委副书记	赵世民
	党委副书记	张东升
	办公室主任	卜祥秀
计算机科学与技术学院 计算机与软件学院党委	院长兼软件学院院长	孟祥旭
	党委书记兼软件学院副院长	汤晋立
	副院长（兼）	王海洋
	副院长	徐秋亮
	党委副书记软件学院副院长	石　冰
	齐鲁软件学院副院长	李学庆
	党委副书记	贺　平
	办公室主任	曲　青

续表

生命科学学院	党委书记、院长	曲音波
	副院长	夏光敏
	副院长	林建群
	副院长	张治国
	党委副书记	李本智
	党委副书记	郑晓健
	办公室主任	李永晓
材料科学与工程学院	院　长	赵国群
	常务副院长	李木森
	党委书记	王同海
	副院长	王成国
	副院长	闵光辉
	党委副书记	李赛强
	办公室主任	张　强
机械工程学院	院　长	李剑峰
	党委书记	秦惠芳
	副院长	张　慧
	副院长	黄传真
	副院长	葛培琪
	党委副书记	仇道滨
	办公室主任	王中豫
控制科学与工程学院	院长（聘）	孟庆虎
	党委书记	李　玲
	副院长	周常森
	副院长	钟麦英
	副院长	李贻斌
	副院长	田国会
	党委副书记	徐　波
	党委副书记	张振山
	办公室主任	王明星

续表

能源与动力工程学院	院　长	潘继红
	党委书记	潘国栋
	副院长	程　林
	副院长	陆　辰
	副院长	田茂诚
	党委副书记	史良君
	办公室主任	孙永平
电气工程学院	院　长	赵建国
	党委书记	张世敏
	副院长	梁　军
	副院长	刘玉田
	副院长	韩学山
	党委副书记	夏　威
	党委副书记	刘学东
	办公室主任	薛　辉
土建与水利学院	院长	李术才
	党委书记	秦承涛
	副院长	宋修广
	副院长	刘　健
	副院长	李树忱
	副院长	贾　超
	党委副书记	胡　岩
	办公室主任	李希培
环境科学与工程学院	院　长	高宝玉
	党委书记	刘会杰
	副院长	赵大传
	副院长	李小明
	副院长	王曙光
	党委副书记	刘春博
	党委副书记	张　权
	办公室主任	宋红明

续表

公共卫生学院	院　长	赵仲堂
	党委书记兼副院长	李士雪
	副院长	谢克勤
	副院长	王志玉
	副院长兼办公室主任	张新明
	党委副书记	姜希洪
	党委副书记	王永杰
医学院	院　长	张　运
	常务副院长	龚瑶琴
	党委书记	陈晓阳
	副院长	曾武军
	副院长	贾继辉
	副院长（兼）	孔北华
	副院长（兼）	陈子江
	副院长	刘传勇
	副院长	马春红
	党委副书记	赵江源
	党委副书记	牟道玉
	办公室主任	芦宗玉
口腔医学院	院　长	杨丕山
	党委书记	张志华
	副院长	宋代辉
	副院长	徐　欣
	副院长	王　力
	副院长兼办公室主任	赵华强
	党委副书记	郭春晓

续表

护理学院	院　长	娄凤兰
	党委书记	袁魁昌
	副院长	谢　军
	副院长	李　峰
	副院长	刘照旭
	党委副书记	张　慧
	办公室主任	王建萍
药学院	院长（兼）	娄红祥
	常务副院长	徐文方
	党委书记	侯庆全
	副院长	邵　伟
	副院长	邵瑞琪
	党委副书记	赵翠萍
	办公室主任	赵玉兰
管理学院	院　长	徐向艺
	党委书记	左金朝
	副院长	杨蕙馨
	副院长	刘　岗
	副院长	吉小青
	副院长	刘洪渭
	党委副书记	王德胜
	党委副书记	石清云
	办公室主任	王惠兰
马克思主义学院	院　长	周向军
	党委书记	刘明芝
	副院长	费利群
	副院长	孙世明
	党委副书记兼副院长	周金龙
	副院长	徐艳玲
	办公室主任	王海莉

续表

体育学院	院　长	张瑞林
	党委书记	王春成
	副院长	闻　兰
	副院长	黄晓明
	党委副书记	薛应平
	办公室主任	李国恩

大事记

2007年山东大学大事记

1月

8日　经学校研究决定，成立山东大学收入分配制度改革领导小组。领导小组人员名单如下：

组　长：展　涛

副组长：尹　薇　王琪珑　樊丽明

成　员：（按姓氏笔画为序）

马国臣　尹作升　王剑敏　王明署　芦延华

陈　永　周　洁　胡岩松　韩　锋　戴智章

领导小组下设工作办公室，办公室设在人事处，王剑敏任办公室主任。

8～12日　在美国休斯敦召开的AMS－02项目组新年首次技术交流会上，山东大学栾涛教授作了主题报告，介绍了山大AMS团队所取得的重要成果。

11日　山东大学2006年度浦发银行奖学金颁奖，15名研究生荣获该项奖励。

同日　山东大学举行2006年度潍柴动力优秀学生奖学金颁奖仪式，共有400名学生获得该项奖励。

12日　在召开的平安山东建设大会上，因平安校园建设工作成绩突出，山东大学获得中共山东省委、省政府表彰，被授予平安山东建设先进单位称号。

15日　山东大学党委召开第15次常委（扩大）会议，传达全国高校党建工作等会议精神，并讨论通过了《关于进一步加强党的建设，努力建设社会主义和谐校园的意见》，学校党委理论学习中心组成员参加了会议，校党委书记朱正昌主持会议并讲话。会上，朱正昌书记传达了全国高校党建工作会议精神和全国、全省组织部长会议精神，展涛校长传达了教育部直属高校咨询会议精神，校党委副书记尹薇介绍了即将召开的一届五次教代会的准备情况，校党委副书记刘珂宣读了《关于进一步加强党的建设，努力建设社会主义和谐校园的意见》讨论稿。

17日 山东大学校长展涛到就业指导中心调研指出："要以就业为核心协调工作，提高我校学生的就业竞争力。"

同日 经校学术委员会常务委员会2006年第6次会议审议通过，决定聘任魏刚教授为我校概念论与数理统计专业博士生指导教师，聘任占金华教授为我校无机化学专业博士生指导教师。（山大研字〔2007〕2号）

18日 山东大学举行2006年度校长奖学金颁奖仪式，共有119名学生获得该项奖励，其中博士生30人，硕士生29人，本科生60人。校长展涛亲自为每一位获奖学生颁奖并合影留念。

19日 山东大学法学院姜作利教授在英国巴斯大学研究欧盟法期间，应邀在瑞典著名的UPPSALA大学法学院为该院教师作"法治在当代中国"的学术报告。

25日 经学校研究决定，成立山东大学国家大学科技园建设管理办公室，办公室设主任1人，副主任3～4人，其中2名副主任分别由科技处处长及山大产业集团公司总经理兼任，另设专职副主任1～2人。国有资产管理处的科技园建设管理职能划归国家大学科技园建设管理办公室。

本月 在山东省首届研究生优秀科技创新成果评奖中，山东大学22名博士生、2名硕士生的研究成果分别获得一、二、三等奖，获奖者被授予荣誉称号并获得奖励。

本月 省科技厅下发文件，山东大学申报的山东省磁力分选工程技术研究中心、山东省永磁电机工程技术研究中心、山东省高效切削加工工程技术中心和山东省特种设备安全工程技术研究中心获准立项建设。到目前为止，我校省级工程技术研究中心已达27个。

2月

5日 经学校研究，同意成立山东大学传统艺术研究所，该所为依托艺术学院的非实体性研究机构，所长由刘晓静担任。

同日 经校学术委员会常务委员会2007年第1次会议审议通过，决定聘任杨其峰教授为我校外科学专业博士生指导教师。

7日 经学校研究，决定成立山东大学可再生能源研究中心，韩吉田任主任。该中心为依托能源与动力学院的非实体性研究机构。

27 日 在 2006 年度国家科学技术奖励大会上，山东大学马春元、董勇、徐夕仁、赵旭东、高继慧、王文龙共同完成的“双循环流化床烟气脱硫技术”获 2006 年度国家技术发明二等奖；山东大学作为第二完成单位，由张运院士等与复旦大学共同完成的“血管内超声和多普勒技术在冠状动脉疾病诊治中的应用研究”获国家科技进步二等奖。

3 月

3 日 山东大学召开新学期工作会议，学习和贯彻落实中央、省委和教育部有关会议精神，部署 2007 年学校的党政工作。山东省人大常委会副主任、校党委书记朱正昌出席会议并讲话。校长展涛主持会议。

4 日 山东大学召开全校研究生工作会议，部署 2007 年研究生教育工作，积极探索研究生培养机制改革和培养模式创新。会议由副校长兼研究生院院长陈炎主持。研究生院常务副院长刘树伟通报了研究生院 2007 年工作举措，副院长王志明、谭好哲、桑晓旻分别布置了研究生的培养与访学、2007 年博导遴选、研究生社会实践基地建设等工作。

5～7 日 美国辛辛那提大学副教务长 Mitch Leventhal 教授率访问团一行 9 人对山东大学进行访问，展涛校长会见了代表团一行。代表团成员还同学校有关学院负责人和学者就推进校际间实质性合作等进行了探讨和磋商。

6 日 山东大学新学期学生开课的第一天，省人大常委会副主任、校党委书记朱正昌，校党委副书记刘珂、方宏建，副校长樊丽明、张永兵、娄红祥、陈炎等分别到各个校区听公开课。通过观摩课堂教学与师生交流，直接了解教学情况。

同日 根据《“长江学者和创新团队发展计划”长江学者聘任办法》（教人［2004］4 号）的有关规定，经专家认真评审、顾问委员会审核与公示，在教育部近日公布的 2006 年度“长江学者奖励计划”教授名单中，山东大学新增 6 位“长江学者”。其中特聘教授 2 人，分别是赵国群教授和程林教授；讲座教授 3 人，分别是焦军教授、曹义海教授和王炳和教授。黄少安教授被聘为长江学者特聘教授，由中央财经大学申报，山东大学和中央财经大学双聘。

6～9 日 法国雷恩一大博士生学院代表团一行 6 人来山东大学访问。副校长王琪珑、张运、陈炎分别会见了代表团。代表团还与学校相关学院、研究生院和国际处等单位进行了座谈。代表团成员为雷恩一大有关专业博士生教育和学科负责人，此行是为进一步推动和落实两校开展的中法博士生项目合作，促进双方科研合作及研究生的联合培养。

8 日 山东大学纪念“三八”国际劳动妇女节 97 周年暨表彰大会举行。23 个“妇女工作先进集体”、3 个“三八红旗集体”、77 位先进个人受到表彰。

9 日 山大华天软件有限公司承担的“产品全生命周期管理系统（PLM）研发与产业化”、“面向装配型企业工艺管理及物流集成系统”、“产品网络化协同设计的应用研究”三个项目，通过了由省科技厅委托、省信息产业厅主持的技术鉴定。

同日 山东大学医学院郝爱军教授申请的科研项目“妊娠糖尿病致胚胎神经损伤作用机制的研究”，获教育部科学技术研究重点项目资助。

12 日 根据人事部《关于开展设立博士后科研流动站申报工作的通知》（国人部发［2007］6 号）和山东省博士后工作办公室开展组织博士后流动站申报工作的要求，山东大学积极组织相关学科进行申报，共有理论经济学、政治学、法学、外国语言文学、工商管理、马克思主义理论、电气工程、控制科学与工程、信息与通信工程、光学工程、环境科学与工程、动力工程及工程热物理、力学、口腔医学、轻工技术与工程等 15 个一级学科参与申报。

13 日 从教育部获悉，在组建的 2007～2010 年教育部高等学校医药学科（专业）教学指导委员会中，山东大学陈晓阳、邵伟、刘树伟、谢克勤、李士雪、张运、武乐斌、徐欣、娄凤兰、娄红祥 10 位教授被聘为医药公共基础课程等 10 个教学指导委员会的委员。其中，张运被聘为临床医学教学指导委员会副主任委员。

13～14 日 第二届山东大学高等教育论坛举行。论坛围绕着“学生人格培育体系的理论与实践”这一主题重点探讨了人格培育体系的工作体系、课程设置、团体辅导体系等问题。校党委副书记方宏建、副校长樊丽明等出席论坛并讲话。

14 日 山东大学召开本科教学工作会议，布置 2007 年本科教学工作，并对本科教学工作经验和创新成果进行了交流、研讨。会议由副校长樊丽明主持。

同日 山东大学友好学校依托于我校的阿德莱德大学孔子学院成立仪式举行。校长展涛等我校代表专程出席成立仪式。

14～15 日 山东大学举行了重点学科建设与“211 工程”规划研讨会。研讨会按文、理、工、医、威海分校五个专题召开，在对各单位拟申报学科基本情况分析的基础上，经过认真讨论，初步确定了新一轮国家重点学科的增补申报方案。

15 日 山东大学举行 2006 年度将军集团奖、助学金颁奖仪式，480 名学生获得该项奖学金、助学金，其中80名研究生、300名本科生获得“将军集团优秀学生奖学金”，100名本科生获得“将军集团助学金”。校党委副书记方宏建等出席了颁奖仪式，并为获奖学生代表颁发了荣誉证书。

16日 为期一周的2006～2007年度中国大学生排球联赛（CUVA）超级赛在山东师范大学落下帷幕。经过七天激烈比赛，山东大学男、女排球队力克强敌，双双夺得亚军。

同日 经学校研究，决定成立山东大学校董会秘书处，该机构直属学校管理，不定级别，设秘书长1名，由分管校领导兼任；设常务副秘书长1名，副秘书长若干名，由各相关处室主要负责人兼任。设立校董会秘书处办公室，挂靠国内合作办公室（该机构不定级别）。

第一届校董会秘书处人员组成：

秘书长：樊丽明

副秘书长：井海明（常务）刘永波　芦延华　李居忠　姜　玮　赵炳新　李振奎

19日 山东大学共16位教师入选教育部2006年度“新世纪优秀人才支持计划”。本计划资助期限为2007～2009年。资助额度自然科学类为50万元；哲学社会科学类为20万元。入选教师有：陈秀兰、祁庆生（生命科学院）；陈哲宇、刘传勇（医学院）；丁轶、占金华（化学院）；刘汝涛（环境学院）；王伟民（材料学院）；王秀和（电气学院）；张家良（物理学院）；赵军（机械学院）；何中华（哲学院）；肖金明（法学院）；张金龙（历史学院）；魏建（经济研究中心）；姚晓雷（威海分校文学院）。

21日 经校学术委员会常务委员会2006年第6次、第9次、第10次会议审议通过，决定聘任孙道峰教授为我校无机化学专业博士生指导教师；邵常顺教授为我校遗传学专业博士生指导教师；刘铎教授为我校材料学专业博士生指导教师；张铭湘教授为我校内科学（心血管病）专业博士生指导教师；王健教授为我校社会医学与卫生事业管理专业博士生指导教师。（山大研字〔2007〕18号）

同日 山东大学首批认定《城市社会学》等62门课程为双语教学课程，并给每门课程2000元的经费资助。

同日 经国务院批准，山东大学王小云、徐现刚、徐向艺、孟庆跃、高宝玉、王海洋、梁军、王志玉、李越中、马龙潜、颜炳罡等11人享受2006年度政府特殊津贴。

22～24日 法国雷恩一大副校长Jean-Jacques Durand教授、博士生学院主任Christophe Tavera教授、经济学院负责国际事务的副院长Jean-Michel Josselin教授一行访问山东大学经济学院，商谈两院合作事宜。

27 日 经校学术委员会常务委员会 2006 年第 9 次、2007 年第 1 次会议审议通过，决定聘任李德凤教授为我校英语语言文学专业博士生指导教师；许明田教授为我校热能工程专业博士生指导教师。（山大研字〔2007〕21 号）

29 日 山东大学第一届教职工代表大会第五次会议在科学会堂举行。山东省人大常委会副主任、校党委书记朱正昌，校长展涛等代表、特邀代表、列席代表共 416 人出席会议。大会由校党委副书记尹薇主持。

30 日 山东大学学术交流中心访问学者综合楼开工奠基仪式在南校区举行。

4 月

3 月 29 日～4 月 12 日 北京大学、四川大学、云南大学、兰州大学四所高校考察团相继访问山东大学，就国内合作工作、招生就业、学科建设等问题进行了深入交流，以进一步加强合作。

2 日 2007 年“美国大学生数学建模竞赛”（MCM）和“美国大学生交叉学科建模竞赛”（ICM）获奖名单公布，山东大学共获得一等奖 7 项，二等奖 7 项，创历史新高。

3 日 韩国第二大城市釜山，依托山东大学建立的韩国东西大学孔子学院举行了开院揭牌典礼。山东省人大常委会副主任、中国孔子基金会常务副理事长、校党委书记朱正昌，中国驻韩国大使馆教育参赞安玉祥，中国驻韩国釜山总领事馆副总领事田其祥，韩国东西大学校长朴东顺、副校长张济国出席了开院典礼，韩国东西大学有关部门负责人、师生代表，山东大学在东西大学交流学习的教师和学生代表以及釜山市各界民众参加了开院仪式。

11 日 山东省科技厅厅长翟鲁宁一行来山东大学调研科技工作。校长展涛主持了座谈会。

同日 山东大学空间热科学研究中心主任程林教授向科技部部长徐冠华汇报了山大参与 AMS 项目的进展情况，AMS 项目总负责人、著名物理学家、诺贝尔奖获得者丁肇中教授同时听取了汇报。

同日 经学校研究，决定成立山东大学中日药物筛选中心，曲显俊任主任。该中心为依托药学院的非实体性研究机构。

同日 经学校研究，决定成立山东大学文化遗产研究所。周峰任所长，颜炳罡、曾振宇任副所长。该研究所为依托艺术学院的非实体性研究机构。

同日 经学校研究，决定成立山东大学品牌与传播研究所，李克任所长。

该研究所为依托文学与新闻传播学院的非实体性研究机构。

同日 经学校研究，决定成立山东大学反垄断与竞争政策研究所，于良春任所长。该研究所为依托经济学院的非实体性研究机构。

同日 经学校研究，决定成立山东大学环境政治研究所，郇庆治任所长。该研究所为依托政治学与公共管理学院的非实体性研究机构。

12 日 经党委常委会研究决定，佟光武任国际合作与交流处处兼港澳台事务办公室主任，刘永波不再担任国际合作与交流处处长、港澳台事务办公室主任职务。（山大政任字［2007］2 号）

姜在瑞不再担任东校区管委会主任职务；李振汉不再担任南校区管委会副主任职务。（山大政任字［2007］5 号）

13 日 我国著名古文献学家、山东大学文史哲研究院教授、博士生导师，中国国民党革命委员会党员、“九三”学社社员王绍曾先生于中午 11 时 30 分在济南溘然长逝，享年 97 岁。

同日 山东大学 2007 年度国家自然科学基金申报及结题工作结束，共组织申报国家自然科学基金各类项目 794 项，国家自然科学基金各类项目结题 97 项。

18 日 《山东大学师资博士后暂行管理办法》经学校研究通过。

同日 学校决定成立“山东大学研究生培养机制改革领导小组”。其人员组成名单如下：

组　长：展　涛

副组长：陈　炎

成　员：刘树伟　芦延华　赵　显　李　红　王志明　桑晓旻

秘　书：薛佩军

20 日 山东大学 2007 年纪检监察工作会议在邵馆报告厅举行。

23 日 科技部正式批准山东大学国家糖工程技术研究中心立项建设，资助政府立项建设经费 1000 万元。

28 日 在中国民法学暨海峡两岸民法学研讨会上，佟柔民商法发展基金首届青年优秀研究成果奖揭晓，共有三人获得一等奖，山东大学法学院副院长刘保玉教授名列其中。

29 日 山东大学“董明珠楼”命名暨“董明珠奖学金”颁奖仪式在东校区新校举行。山东省人大常委会副主任、校党委书记、校董事会主席朱正昌，珠海格力电器股份有限公司副董事长、总裁董明珠女士出席仪式，共同为山东大学董明珠楼揭牌并为获奖同学颁奖。副校长樊丽明主持仪式。朱正昌为董明珠颁发了山东大学第一届校董聘书和纪念牌。感谢格力携手山大，惠教泽学，传递爱心。副校长王琪珑为董明珠颁发了山东大学兼职教授聘书。

30 日 在山东省纪念五四运动 88 周年暨中国共产主义青年团成立 85 周年大会上，山东大学医学院博士生导师陈哲宇教授荣获第十一届

"山东五四青年奖章标兵"荣誉称号。

5 月

9 日　经学校研究，决定将马列主义理论教学部更名为马克思主义学院，行政级别、领导干部职数不变。

12 日　中共山东省委副书记、山东省人大常委会副主任高新亭来山东大学视察，听取了学校负责人的工作汇报，并作了重要讲话。会前，高新亭来到山东大学齐鲁医院，参加了心血管重构与功能研究教育部和卫生部重点实验室揭牌仪式，并会见了实验室学术委员会主任委员、中国工程院副院长、中国医学科学院院长刘德培院士一行。揭牌仪式后，高新亭还参观了晶体材料国家重点实验室，蒋民华院士介绍了晶体材料科研和实验室今后发展等方面的情况。

14 日　山东大学晶体材料国家重点实验室在大直径 SiC 单晶研究方面取得突破性进展，成功生长出直径 3 英寸的 SiC 单晶；2 英寸半绝缘 SiC 单晶衬底达到"开盒即用（epi-ready）"的水平，与合作单位在 SiC 衬底上制备的微波 GaN/AlGaN HEMT 器件的输出功率密度达到 5．5W/mm 的水平，这是国产 SiC 半绝缘衬底第一次得到具有微波特性的器件，实现了从 SiC 单晶到外延生长和器件制备的全部国产化，为国内微波大功率器件的研发奠定了基础。

21 日　经学校研究，决定成立山东大学孔子学院工作办公室，该办公室与山东大学国际教育学院属同一机构，行政级别、人员编制、领导干部职数不变。山东大学孔子学院工作办公室设主任 1 人（由国际教育学院院长兼任）、副主任 2 人。

25 日　为更加及时有效地行使本科教学指导委员会的工作职能，由山东大学本科教学指导委员会主任委员会提议，成立山东大学本科教学指导委员会常务委员会。经本科教学指导委员会全体会议选举，常务委员会由以下人员组成（以姓氏笔画为序）：

孔北华　王仁卿　王育济　张长铠　张树永　李剑峰　陈冠军
周向军　孟祥旭　赵建国　展　涛　徐文方　徐向艺　贾卫国
高英茂　傅有德　樊丽明

28 日　教育部部长周济一行来山东大学视察工作。

6 月

1 日　经学校研究决定，成立山东大学国家糖工程技术研究中心。该中心为学校直属独立建制科研机构，处级建制，先不确定编制，日后视发展情况按需定编；设主任 1 人，副主任 3 人。中心业务以生命科学院、药学院为依托，党群关系挂靠生命科学院。

5 日 澳大利亚纽卡斯尔大学常务副校长 Barney Glover 教授率代表团访问我校，校长展涛会见了 Barney Glover 教授一行，双方就建立合作关系进行了探讨。

同日 校长展涛和加拿大蒙特利尔大学 Vinet 校长共同签署了《山东大学和蒙特利尔大学校际合作备忘录》和《山东大学和蒙特利尔大学/工程学院合作协议》，这标志着山东大学和蒙特利尔大学正式建立了校际合作关系。

10 日 山东大学中行厅、工行厅、招行厅、建行厅、开行厅命名暨揭牌仪式在南新区讲堂群举行，省人大常委会副主任、校党委书记、校董会主席朱正昌出席仪式并揭牌，校长展涛出席仪式并讲话。中国银行山东省分行行长王建宏、中国工商银行山东省分行行长沈荣勤、国家开发银行山东省分行行长于泽水、招商银行济南分行副行长王纪全、中国建设银行山东省分行副行长王江应邀参加揭牌仪式并与朱正昌书记一起为所属银行命名厅揭牌。

11 日 经学校研究，决定成立山东大学残疾人事业发展研究中心，葛忠明任主任。该中心为依托哲学与社会发展学院的非实体性研究机构。

13 日 经学校研究，决定将山东大学空间热科学研究中心更名为山东大学热科学与工程研究中心。

16 日 山东大学 2007 届学生毕业典礼暨学位授予仪式在各校区有条不紊地展开。

21 日 山东省产学研合作创新暨科技奖励大学召开，山东大学 59 项成果获 2006 年度国家和山东省科技奖励，其中获得国家科学技术奖 2 项。在获得的 57 项山东省科学技术奖中，自然科学奖一等奖 1 项、二等奖 1 项、三等奖 2 项；技术发明奖二等奖 4 项；科技进步奖一等奖 1 项、二等奖 19 项、三等奖 29 项。

同日 科技部部长万钢，中共山东省委副书记、代省长姜大明，科技部副部长尚勇一行来山东大学视察工作。在视察了晶体材料国家重点实验室并听取了我校的工作汇报后，万钢部长作了重要讲话。省人大常委会副主任、校党委书记朱正昌主持了会议。展涛校长介绍了我校在科技创新平台建设方面所做的工作和未来的规划。

23 日 山东大学残疾人事业发展研究中心成立典礼暨合作签字仪式举行。校长展涛，中国残疾人理事会副理事长程凯，山东省残疾人理事会会长仉兴玉等出席了典礼。

29 日 经学校研究决定，成立山东大学附属生殖医院。该医院由山东大学产业集团与济南市中心医院等共同组建股份制医院，山东大学控股。

7月

4日　学校印发《山东大学研究生培养机制改革方案（试行）》。

8月

1日　经学校研究决定，赵升田任山东大学泌尿外科研究所所长；许纯孝因年龄原因，不再担任山东大学泌尿外科研究所所长。

9月

5日　教育部公布新一轮国家重点学科名单（教研函［2007］4号），山东大学原有的6个二级学科国家重点学科以优异的成绩通过考核评估，12个二级学科成功通过增补评审，被增列为新的二级学科国家重点学科，在此基础上，又有2个一级学科被认定为一级学科国家重点学科。我校本次新增的12个二级学科国家重点学科是："产业经济学"、"科学社会主义与国际共产主义运动"、"中国古代史"、"基础数学"、"粒子物理与原子核物理"、"物理化学"、"机械制造及其自动化"、"材料加工工程"、"控制理论与控制工程"、"人体解剖与组织胚胎学"、"内科学（心血管病）"、"妇产科学"；通过考核评估的原有6个国家重点学科是："文艺学"、"运筹学与控制论"、"凝聚态物理"、"微生物学"、"材料学"、"流行病与卫生统计学"；教育部认定的2个一级学科国家重点学科是"数学"和"材料科学与工程"。

7日　教育部、山东省教育厅分别发出表彰决定，对长期从事本科基础课教学工作、具有较高学术造诣、注重教学改革与实践、教学水平高、教学效果好的全国100名第三届国家级教学名师奖获得者和山东省46名第三届省级教学名师奖获得者予以表彰。山东大学数学与系统科学学院刘桂真、历史文化学院王育济两位教授荣获第三届国家级教学名师奖；医学院于修平、信息学院蔡履中、管理学院徐向艺、体育学院张瑞林、威海分校陈冠军五位教授荣获省级教学名师奖。

8日　在中国科协年会开幕式上，我校晶体研究所蒋民华院士与中科院理化所陈创天院士、中科院物理所许祖彦院士共同获"求是杰出科技成就集体奖"。

9日　山东大学与山东省高速公路集团有限公司关于联合成立"山东大学山东高速集团工程技术中心"协议书签字仪式举行。

10～13 日 澳大利亚阿德莱德大学校长 James Alexander McWha 教授率团访问我校，阿德莱德大学国际交流事务副校长 John Taplin 博士、孔子学院副主任张宁博士以及中国项目部主任 Sandy McConachy 女士陪同来访。

11 日 应日本独立行政法人媒体教育开发中心邀请，副校长陈炎赴日本进行了为期 6 天的工作访问。

12 日 中共山东省委书记李建国来山东大学视察工作。他先后视察了山东大学的四个校园，察看了学校部分重点实验室及“985”创新平台，登门看望了自己当年的老师，听取了山东大学的工作汇报，并作重要讲话。李建国书记在省人大常委会副主任、中共山东大学党委书记朱正昌和校长展涛的陪同下，参观了心血管重构与功能研究教育部和卫生部重点实验室、空间热科学实验室、东校区老校校园、东校区新校文史楼资料室和多媒体教室、5 号学生宿舍楼、综合服务中心学生食堂、人文大厦工地、晶体材料国家重点实验室等。

13 日 意大利都灵理工大学校长代表团访问我校，洽谈两校合作事宜。

14 日 人事部、全国博士后管委会下发文件批准增设 405 个博士后科研流动站（国人部发［2007］110 号），山东大学获准增设理论经济学等 11 个博士后科研流动站，新增流动站数量居全国高校首位。我校本次新增设的 11 个博士后科研流动站为：理论经济学、法学、政治学、外国语言文学、光学工程、动力工程及工程热物理、电气工程、信息与通信工程、控制科学与工程、环境科学与工程、口腔医学。目前，全校博士后流动站已达 26 个。

15 日 2007 级新生入学，展涛校长来到东校区新校小树林、老校 6 号楼西侧等迎新场地，慰问前来报到的新生、新生家长及迎新工作人员，并同大家进行了亲切交谈。

16 日 教育部副部长赵沁平来山东大学调研，并就学校重点学科建设提出了指导性意见，校长展涛主持调研座谈会。

同日 国家汉语国际推广领导小组副组长、中国孔子学院总部理事会副主席、国务院原副秘书长陈进玉一行来我校调研汉语国际推广工作。

17 日 佟振合院士任我校兼职特聘教授聘任仪式在办公楼第二会议室举行。

18 日 “刘继厚先生助学金捐赠仪式”在东区新校举行，校长助理王剑敏出席仪式并向刘继厚先生颁发了捐赠证书。

同日 山东大学被中共山东省委命名为“山东省基层党建工作示范点”，以表彰山东大学在基层党建工作中所取得的优秀成绩。

18～19 日 德国奥格斯堡大学著名语言学家 Hans Juergen Heringer 教授和奥

格斯堡德中友协主席 Hansjörg Bisle-Muller 博士来山东大学访问。校长展涛会见了两位客人。

19 日 山东大学举行研究生开学典礼，迎接 4370 名 2007 级研究生新同学的到来。校长展涛出席开学典礼并讲话。副校长兼研究生院院长陈炎主持开学典礼。

25 日 山东大学以刘建亚教授为带头人的数学院《大学数学》系列课程教学团队、以高英茂教授为带头人的医学院人体解剖与组织胚胎系列课程教学团队、以王育济教授为带头人的历史文化学院《中华民族精神概论》教学团队，全部入选省级教学团队。《大学数学》系列课程教学团队和人体解剖与组织胚胎系列课程教学团队被推荐参加国家级教学团队的评审。

28 日 束星北先生诞辰一百周年纪念会在山东青岛举行。校党委副书记刘珂率山东大学代表团参加了纪念会。

30 日 国家安全生产监督管理总局已正式授予山东大学为“国家一级安全生产培训机构”，按照国家安全生产监督管理总局的相关要求，经学校研究，决定成立“山东大学安全技术培训中心”，该机构挂靠山东大学工程训练中心，不定级别。设主任 1 名，由樊丽明副校长兼任；设副主任 2 名，由贺业建、赵炳新兼任。安全技术培训中心下设办公室（该机构不定级别）。

同日 2007 年学术与行政工作新学期第一次例会在办公楼一层会议厅召开，校长展涛主持会议。校党委副书记刘珂、方宏建，副校长王琪珑、樊丽明、张永兵、张运、陈炎，校长助理王剑敏出席会议。

同日 由香港山东商会荣誉顾问、“大紫荆”勋章获得者、震雄集团主席蒋震博士和香港商会会长、香港山东商会会长蒋丽莉博士率领的香港山东商会代表团一行 14 人访问我校。

10 月

4 日 文学与新闻传播学院中文 83 级校友共同捐资建造的臧克家先生铜像揭幕仪式在邵逸夫科学馆前举行。校长展涛、山东省社科院院长张华、副校长陈炎以及臧克家长子臧乐源先生等出席了揭幕仪式。

5 日 山东大学 2007 级新生举行开学典礼。省人大常委会副主任、校党委书记朱正昌，校长展涛，校党委副书记尹薇、刘珂、方宏建，副校长王琪珑、樊丽明、张永兵、张运、陈炎一起走上舞台与 2007 级新生见面。朱正昌在讲话中首先向 2007 级全体新同学表示衷心的祝贺和诚挚的欢迎，向辛勤培育学生成长的中学老师和家长们表示衷心的感谢和崇高的敬意。教师代表晶体材料国家重点实验室蒋民华院士、医学院张运院士等寄语新同学，希望同学们把今天作为新的起点，珍惜山大的美好学习环境，努力学习，打好基础，注重创新，培养团队精神，学以致用，大胆实践，为了祖国更加繁荣富强，为了母校的明天更加美好，用智慧和行动去创造辉煌。

6日 山东大学经济学院创建30周年庆典举行，庆典活动以“求是、奋进、创新、发展”为主题，定位于创新性和学术性，并举办“中国改革开放三十年与山东发展新探索：‘一体两翼’高层论坛”等一系列高水平的学术活动。省人大常委会副主任、校党委书记朱正昌，校长展涛，中共济南市委副书记、市长张建国，经济学院校友代表等1400余人出席盛典。

10日 由山东大学、瑞典皇家理工学院、山东省科技厅和山东能源学会共同主办的“瑞典科技周”开幕式在山东大学邵馆报告厅隆重举行。校长展涛出席开幕式并致辞。

同日 山东大学2007年度思源奖学金颁奖仪式在办公楼会议厅举行。香港思源基金会顾问黎应锦先生、梁淑芷女士，山东大学副校长樊丽明出席了颁奖仪式。

同日 由山东大学泌尿外科研究所和瑞士的专业医学杂志出版社Karger集团联合出版的*Current Urology*在第二医院创刊发行，该杂志是国内第一家专业的泌尿外科英文期刊。

11日 山东大学教育基金会成立。成立仪式由校长展涛主持。民政厅副厅长周云平宣读了《关于山东大学教育基金会设立登记的批复》。

同日 “蒋震菏泽奖学金”签约及颁发仪式举行。蒋震工业慈善基金会及震雄集团主席蒋震博士、校长展涛出席仪式并讲话。蒋震斥资100余万元在山大设立“蒋震菏泽奖学金”。今年共40名优秀菏泽籍学生获此奖励。同时，蒋震博士针对山东大学的其他捐款项目正在积极洽谈中。

同日 能源与动力工程学院动力工程及工程热物理博士后科研流动站成立。能源与动力工程学院杜广生教授负责的课程《工程流体力学》被评为2007年度能源动力类“国家精品课程”。

12日 山东大学第一届校董会第二次会议召开，来自社会各界的校董汇聚一堂，共商学校合作发展大计。省人大常委会副主任、校党委书记、校董会主席朱正昌主持会议。会议首先举行校董聘任仪式。校董会主席朱正昌为2007年新发展的10位校董颁发校董聘书和纪念牌，截至目前，校董会人数已达48人。与会校董就如何加快学校发展以及发挥好校董会作用提出了很多建议。

同日 教育部召开了“香港邵氏基金2008年赠款项目布置工作会议”，我校基建处负责人参加了会议。

同日 李树忱副教授申请的"隧道超前地质实时预报多频激电及二激发电流极化时差仪及其分析系统研制"，获得国家基金科学仪器基础研究130万元专款资助。赵小凡教授与美国密苏里大学副教授宋齐生博士合作申请的国家基金重大国际（地区）合作研究项目"昆虫蜕皮激素信号转导途径研究"获得国家基金重大国际（地区）合作研究项目经费120万元资助。陈哲宇教授获得国家杰出青年科学基金资助，获得资助经费200万元。"具有重大应用前景的功能晶体材料"团队获得国家自然科学基金创新研究群体科学基金资助，获得资助经费500万元，这是自该基金设立以来我校首次获得资助。王克明、娄红祥、韩圣浩教授获得国家自然科学基金重点项目资助，分别获得230万元、160万元和150万元的资助。刘建亚教授、解士杰教授作为负责人申请的国家基础科学人才培养基金分别获得180万元和300万元的资助。

15日 山东大学各级党组织按照校党委统一部署，结合本单位工作实际，积极组织开展了多种形式的十七大精神学习活动，迅速掀起了学习十七大精神的热潮。

19～20日 山东大学2007年田径运动会举行，拉开了2007年山东大学体育文化节的帷幕。

22日 在教育部高等教育司和信息产业部人事司共同主办的2007年"索尼杯"全国大学生电子设计竞赛中，山东大学获全国一等奖5项，全国二等奖8项，省一等奖7项，创历年来最高水平。

23日 省人大常委会副主任、校党委书记朱正昌观看了山东大学庆祝十七大教职工书画艺术展，并对此次书画展给予了高度评价。本次展览由校党委宣传部、校工会、图书馆、档案馆、书画研究院联合主办。展览共展出全校教职工精心创作的书画艺术作品150余件。

26～28日 第五届中国外语博士论坛暨山东大学"海右"博士生论坛在山东大学举行。本届论坛由《中国外语》杂志社主办，我校外国语学院、研究生院及研究生工作部承办，高等教育出版社协办。来自国内几十所著名高校的百余位知名学者齐聚山大，围绕"外国语言文学研究的创新与学科发展"这一主题进行探讨。开幕式由副校长陈炎主持。

29日 为表彰先进，进一步激发全校广大教师和教育工作者爱岗敬业、教书育人的积极性，学校决定对以下单位和个人进行表彰。

全国教育系统先进集体：

数学与系统科学学院

全国高校优秀思想政治教育工作者：

张　宇（学生工作部）

山东省优秀教师：

蔡履中（信息科学与工程学院）

夏光敏（生命科学学院）

山东大学优秀教师：

刘玉田（电气工程学院）

高宝玉（环境科学与工程学院）

刘世铸（外国语学院）

吴文新（威海分校）

高英茂（医学院）

刘新泳（药学院）

冯维明（土建与水利学院）

梁作堂（物理与微电子学院）

徐　欣（口腔医学院）

宝钢基金优秀教师特等奖提名人：

孟祥旭（计算机科学与技术学院）

宝钢基金优秀教师提名人：

张树永（化学与化工学院）

徐向艺（管理学院）

齐鲁晚报杯山东高校十大优秀教师：

谢克勤（公共卫生学院）

全国高校优秀思想政治教育工作、山东省优秀教师、宝钢基金优秀教师特等奖、宝钢基金优秀教师、齐鲁晚报杯山东高校十大优秀教师获得者同时授予山东大学优秀教师称号。

学校决定对以下单位和个人进行表彰。全国教育系统先进集体：数学与系统科学学院。全国高校优秀思想政治教育工作者张宇（学生工作部），山东省优秀教师蔡履中（信息科学与工程学院）、夏光敏（生命科学学院）。刘玉田（电气工程学院）、高宝玉（环境科学与工程学院）、刘世铸（外国语学院）、吴文新（威海分校）、高英茂（医学院）、刘新泳（药学院）、冯维明（土建与水利学院）、梁作堂（物理与微电子学院）、徐欣（口腔医学院），宝钢基金优秀教师特等奖孟祥旭（计算机科学与技术学院），宝钢基金优秀教师张树永（化学与化工学院）、徐向艺（管理学院），《齐鲁晚报》杯山东高校十大优秀教师谢克勤（公共卫生学院）同时授予山东大学优秀教师称号。

31 日　何梁何利基金 2007 年度颁奖大会在京举行，我校彭实戈院士获何梁何利基金“科学与技术进步奖”。

同日　我校 11 位教师入选教育部 2007 年度“新世纪优秀人才支持计划”。入选人员分别是：张勤河（机械学院），杨其峰、彭军（齐鲁医院），王雪林（物理学院），刘允刚（控制学院），郝霄鹏（晶体所），郭卫华（生命学院），施战军（文学与新闻传播学院），方雷（政治学与公共管理学院），方辉（历史文化学院），丁荣贵（管理学院）。

11月

6日　我校本科教学指导委员会第五次常委会议召开。会议审议通过了《山东大学本科学生学籍管理规定（2007年修订稿）》，认真讨论了《关于推行本科课程“公开教学”的实施意见》。教学指导委员会常务副主任委员、副校长樊丽明主持会议。

8日　学校决定成立山东大学全国博士质量调查工作领导小组，其组成人员如下：

组　长：陈　炎

副组长：王剑敏　刘树伟

成　员：（按姓氏笔画为序）

马传峰　王志明　刘建亚　孙东升　李　红　李剑峰
佟光武　张文玺　张承慧　赵　显　桑晓旻　刘志业
龚瑶琴　谭好哲　臧旭恒

秘　书：姚传义

13日　山东大学第十二届委员会第三次全体会议召开，会议通报了我校十二届二次全委会以来的工作情况，并对我校深入学习贯彻党的十七大精神作出全面部署，动员全校党员和师生员工抢抓机遇，团结拼搏，乘势而上，为把我校建设成为高水平研究型大学而努力奋斗。省人大常委会副主任、校党委书记朱正昌主持会议并作重要讲话。

20日　中国科技论文统计结果发布会在北京国际会议中心举行。与2005相比，2006年山东大学EI收录、Medline收录分别为833篇、481篇，分别比上年增加了57篇和113篇。

21日　山东大学2007年（第六届）全国重点中学校长论坛举行。来自全国17省份140多所重点中学校长汇聚一堂，共商新课改背景下的创新型人才培养、大学与中学教育的衔接与合作等问题，并积极为我校的教育拓展及高考招生等有关问题建言献策。

24日　我校与重庆市科委在重庆签署“山东大学——重庆市科委产学研合作备忘录”。山东省人大常委会副主任、我校党委书记朱正昌，重庆市人大常委会副主任陈雅堂，我校校长展涛，重庆市科委主任周旭，副校长张永兵、娄红祥等出席签字仪式。

25～29日　校长展涛先后访问了香港中文大学、香港科技大学、香港浸会大学、香港理工大学等高校，并拜会了香港的多家基金会、商会及社会知名人士。

28日 我校《构建人格培育体系，创新人才培养模式》研究课题被列为国家教育科学“十一五”规划2007年度教育部规划课题。

12月

3日 副省长黄胜到山东大学第二医院看望、慰问陈增海教授，转达省委、省政府领导和社会各界对陈增海教授的关心和慰问。省卫生厅厅长王天瑞、我校党委副书记刘珂等随同慰问。

同日 教育部公布了国家重点（培育）学科名单，继12个学科成功增列为国家重点学科后，山东大学又有“中国古典文献学”、“电力系统及其自动化”和“药物化学”3个学科被列为国家重点（培育）学科。

5日 中信银行济南分行“山东大学研究生社会实践基地”揭牌仪式举行。

6日 我校首场“三种经历”推介会在东校区科学会堂举行，就“三种经历”这项重要举措项向大学生作全面介绍。副校长樊丽明到会并讲话，樊丽明说，实施“三种经历”教育是我校实施全方位开放式发展战略的重要举措，对于培养高素质创新型人才具有重要作用。

7日 吉林大学校长、中国科学院院士、山东大学特聘院士、著名液晶高分子化学家周其凤来访，并为师生作了题为“我做研究的一点体会”的学术报告。

8日 在2007年全国大学生电子设计竞赛颁奖典礼上，我校获全国一等奖5项，二等奖8项，一、二等奖总数列全国高校第三位，受到大会表彰。其中，信息学院周勇、宁金龙、赵立岐，控制学院侯进振、程炳琳、李大川两个团队在“开关稳压电源”设计中获全国一等奖；信息学院王鹏、控制学院胡德波、控制学院石耀良，信息学院高少锐、物理学院严冰、计算机学院周景博，控制学院陈云、软件学院孙希伟、控制学院王小静三个团队在“电动车跷跷板”设计中获得全国一等奖。

9日 顾金才院士访问土建与水利学院，并受聘我校兼职特聘教授，王琪珑副校长参加了受聘仪式。

12日 在教育部组织评定的2007年度国家精品课程公布的名单中，我校有7门本科课程入选2007年度国家精品课程。至此，我校的国家精品课程已增至18门。入选的7门精品课程分别是：文学与新闻传播学院陈炎教授的《中国审美文化史》、体育学院张瑞林教授的

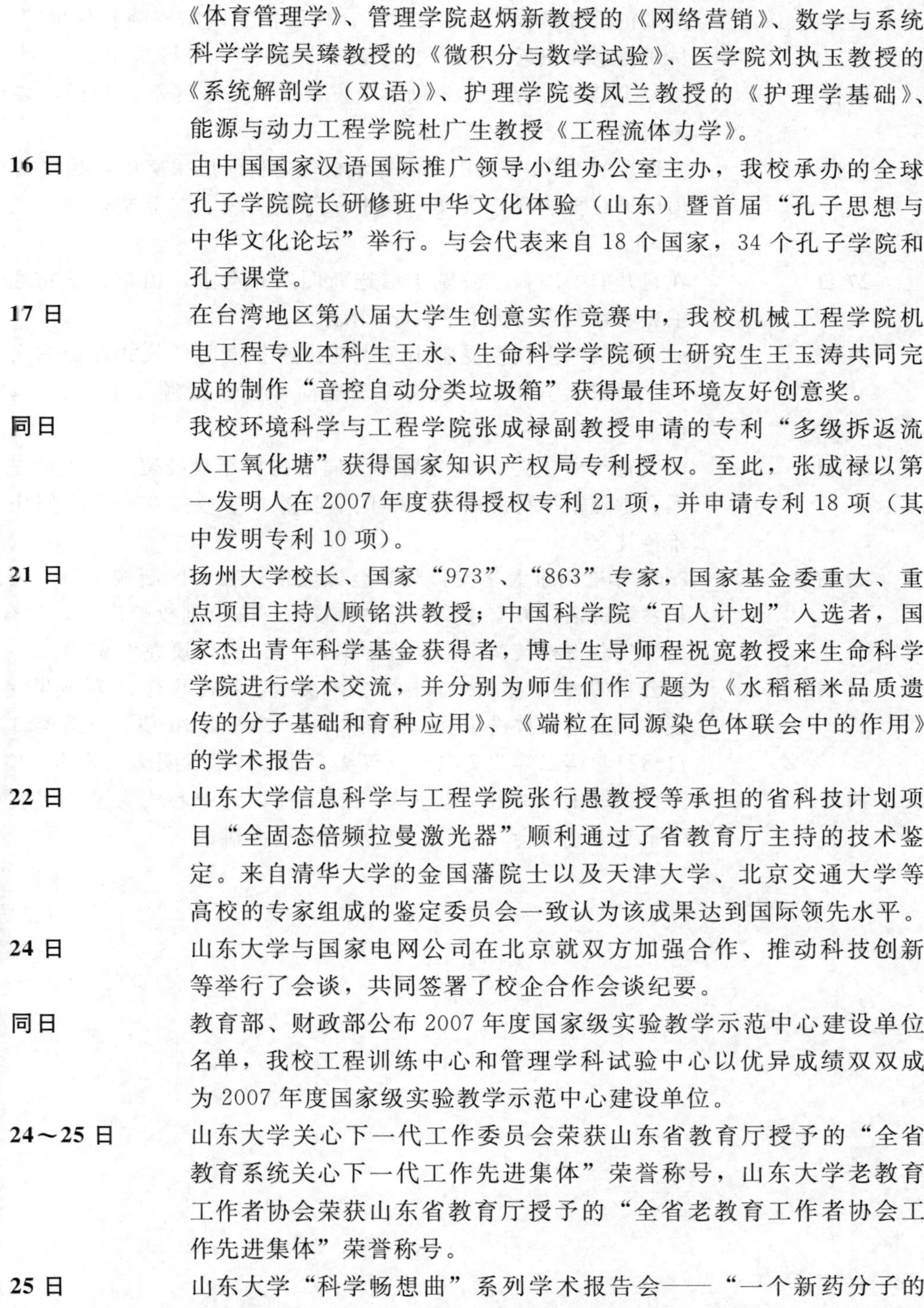

《体育管理学》、管理学院赵炳新教授的《网络营销》、数学与系统科学学院吴臻教授的《微积分与数学试验》、医学院刘执玉教授的《系统解剖学（双语）》、护理学院娄凤兰教授的《护理学基础》、能源与动力工程学院杜广生教授《工程流体力学》。

16日　由中国国家汉语国际推广领导小组办公室主办，我校承办的全球孔子学院院长研修班中华文化体验（山东）暨首届“孔子思想与中华文化论坛”举行。与会代表来自18个国家，34个孔子学院和孔子课堂。

17日　在台湾地区第八届大学生创意实作竞赛中，我校机械工程学院机电工程专业本科生王永、生命科学学院硕士研究生王玉涛共同完成的制作“音控自动分类垃圾箱”获得最佳环境友好创意奖。

同日　我校环境科学与工程学院张成禄副教授申请的专利“多级拆返流人工氧化塘”获得国家知识产权局专利授权。至此，张成禄以第一发明人在2007年度获得授权专利21项，并申请专利18项（其中发明专利10项）。

21日　扬州大学校长、国家“973”、“863”专家，国家基金委重大、重点项目主持人顾铭洪教授；中国科学院“百人计划”入选者，国家杰出青年科学基金获得者，博士生导师程祝宽教授来生命科学学院进行学术交流，并分别为师生们作了题为《水稻稻米品质遗传的分子基础和育种应用》、《端粒在同源染色体联会中的作用》的学术报告。

22日　山东大学信息科学与工程学院张行愚教授等承担的省科技计划项目“全固态倍频拉曼激光器”顺利通过了省教育厅主持的技术鉴定。来自清华大学的金国藩院士以及天津大学、北京交通大学等高校的专家组成的鉴定委员会一致认为该成果达到国际领先水平。

24日　山东大学与国家电网公司在北京就双方加强合作、推动科技创新等举行了会谈，共同签署了校企合作会谈纪要。

同日　教育部、财政部公布2007年度国家级实验教学示范中心建设单位名单，我校工程训练中心和管理学科试验中心以优异成绩双双成为2007年度国家级实验教学示范中心建设单位。

24～25日　山东大学关心下一代工作委员会荣获山东省教育厅授予的“全省教育系统关心下一代工作先进集体”荣誉称号，山东大学老教育工作者协会荣获山东省教育厅授予的“全省老教育工作者协会工作先进集体”荣誉称号。

25日　山东大学“科学畅想曲”系列学术报告会——“一个新药分子的旅途”在山大东校区新校办公楼工会厅举行，报告人是山东大学长江学者特聘教授闫兵博士。

26日　在综合科研楼工程施工现场，省人大常委会副主任、我校党委书

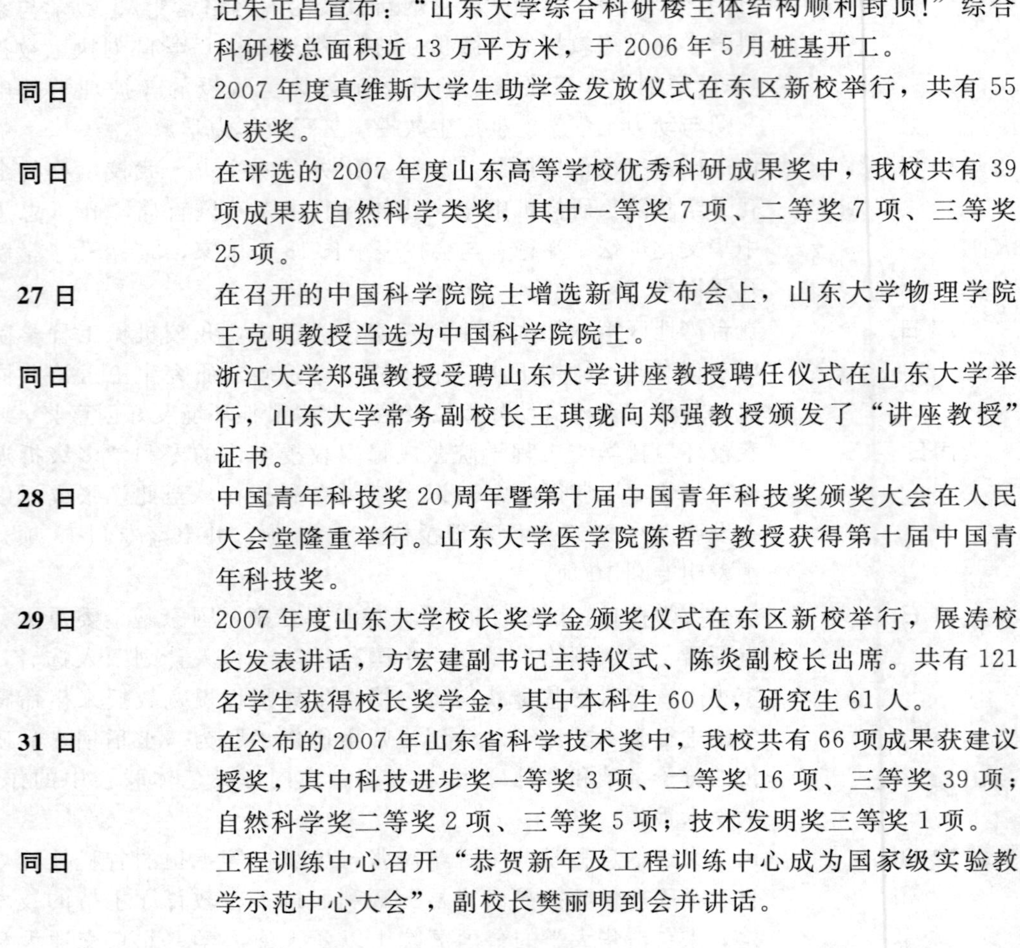

记朱正昌宣布："山东大学综合科研楼主体结构顺利封顶!"综合科研楼总面积近13万平方米，于2006年5月桩基开工。

同日 2007年度真维斯大学生助学金发放仪式在东区新校举行，共有55人获奖。

同日 在评选的2007年度山东高等学校优秀科研成果奖中，我校共有39项成果获自然科学类奖，其中一等奖7项、二等奖7项、三等奖25项。

27日 在召开的中国科学院院士增选新闻发布会上，山东大学物理学院王克明教授当选为中国科学院院士。

同日 浙江大学郑强教授受聘山东大学讲座教授聘任仪式在山东大学举行，山东大学常务副校长王琪珑向郑强教授颁发了"讲座教授"证书。

28日 中国青年科技奖20周年暨第十届中国青年科技奖颁奖大会在人民大会堂隆重举行。山东大学医学院陈哲宇教授获得第十届中国青年科技奖。

29日 2007年度山东大学校长奖学金颁奖仪式在东区新校举行，展涛校长发表讲话，方宏建副书记主持仪式、陈炎副校长出席。共有121名学生获得校长奖学金，其中本科生60人，研究生61人。

31日 在公布的2007年山东省科学技术奖中，我校共有66项成果获建议授奖，其中科技进步奖一等奖3项、二等奖16项、三等奖39项；自然科学奖二等奖2项、三等奖5项；技术发明奖三等奖1项。

同日 工程训练中心召开"恭贺新年及工程训练中心成为国家级实验教学示范中心大会"，副校长樊丽明到会并讲话。

（张庆美）

2007年威海分校大事记

1月

10日 学校召开期末教学工作会议，副校长陈冠军主持会议并讲话，本科教学指导委员会全体成员、各院（系）教学院长及教务处相关人员参加了会议。

11日 学校召开全校文科科研总结暨国家社科基金申报培训会，副校长陈金钊出席会议并讲话，全校各文科院系主管科研工作的副院长、科研秘书、博士、副教授以上教师参加了会议。

12日 学校召开2006年理科科研总结暨2007年国家自然科学基金申报培训会，副校长陈冠军主持会议并讲话，各理科院系院长、副院长、博士、副教授等参加了会议。

15日 韩国湖西大学代表团到校访问，双方就两校学生交流工作具体交换了意见。

17日 学校召开2006年度教学管理工作会，副校长陈冠军主持会议并讲话，教务处和各院（系、部）全体教务员参加了会议。

同日 学校召开了新一届图书情报工作委员会会议，副校长、校图书情报工作委员会主任陈金钊出席会议并讲话，图书情报工作委员会全体委员参加了会议。

同日 校党委书记李建军会见了到访的中山大学珠海校区党委书记唐燕等一行四人，双方就共同关注的高校异地办学的管理体制及模式进行了深入探讨，副校长陈金钊参加了会见。

18日 瑞典布莱京技术学院工程学院智能信息系统主任柏国华教授到校访问，双方就免费接收分校优秀本科生读研、在校生双学士及双硕士学位联合培养、教师进修等合作事宜达成共识。

24日 韩国前国务总理、首尔大学前校长李寿成教授等一行到校访问，校长韩圣浩、副校长陈金钊在国际学术中心贵宾接待室会见了到访客人。

2 月

2 日 韩国技术教育大学郑秉锡校长一行三人到校访问，校党委书记李建军在国际学术中心会见了来宾，双方共同回顾了两校的友好交往历史，并表示进一步扩大在学生交换、教师交流及科研等方面的合作。

7 日 美国新泽西理工学院管理学院 David L. Hawk 院长到校访问，就两校间开展理工科学术交流和学生共同培养事宜进行了商谈。

28 日 学校组织机关各单位、各院（系、部）有关负责人及部分教师代表在网络楼报告厅参加了教育部“实施高等学校本科教学质量与教学改革工程”视频会议，校党委副书记刘玉殿、副校长陈金钊出席了会议。

3 月

5 日 学校召开资产清查工作动员大会，副校长韩建新出席会议并作了讲话，机关各部门、各院（系、部）行政主要负责人参加了会议。学校专门成立了资产清查领导小组，资产清查从 1 月 19 日开始至 4 月 22 日结束。

7 日 为庆祝“三八国际劳动妇女节”，学校举办了女教职工座谈会，校党委书记李建军出席会议并讲话，校党委副书记柴月禄参加了座谈会。

8 日 学校召开全校信息员工作会议，对 2006 年度信息报送工作进行总结，并就下一步工作的开展提出指导性意见，副校长韩建新出席会议并讲话，学校办公室有关人员、各单位信息员参加了会议。

9 日 韩·山东交流协会许东元理事、咸定勋事务局长率韩国外国语大学、三路大学、首尔市立大学三校学生会长到校访问考察，就双方开办暑期学校项目进行了研讨。

12 日 我国第 29 个植树节到来，校党委书记李建军、校长韩圣浩等校领导与校部机关以及后勤、基建、图书馆等单位工作人员 100 余人在学校玛珈山下参加了义务植树活动。

13～14 日 学校召开学生工作会议，校党委副书记刘玉殿出席会议并讲话，学生处、团委、教务处等单位有关人员和各院系分管学生工作的书记、副书记、各团总支书记和全体辅导员参加了会议。

15 日 共青团山东省委副书记孙爱军、共青团山东省委常委、学校部部长李玉国、共青团威海市委副书记李英春、共青团威海市委基层部部长张传港一行四人到校检查指导共青团工作，校党委书记李建军、副书记刘玉殿会见了孙爱军一行。

16 日 学校第三届教职工代表大会第三次会议在国际学术中心召开，校党委副书记柴月禄主持开幕式，校党委书记李建军作了《加强管理，提高质量，建设特色》的讲话，校长韩圣浩作了《特色兴校铸品牌，内涵发展创一流》的学校工作报告，副校长韩建新作了提案工作报告、学校财务处副处长于燕臣作了财务工作报告，全体校领导出席了会议，学校各民主党派负责人和部分教授应邀列席会议，列席会议的还有非代表中层干部和部门工会主席。

22 日 韩国庆北大学校长卢东一率团到校访问，校长韩圣浩在学术中心贵宾室会见了客人，双方共同签署了两校学生交流协议。

24 日 威海市委组织部干部自主选学培训班在我校正式开班，参加培训人数达 982 人。

27 日 学校召开了 2007 年度第一次研究生教育工作会议，副校长陈金钊教授主持会议，研究生处处长姜玮、副处长吴丙新和各研究生培养单位分管领导以及研究生秘书参加了会议。

28 日 学校召开新学期第一次教学指导委员会工作会议，副校长陈冠军主持会议并讲话，本科教学指导委员会全体成员及教务处有关人员参加了会议。

29 日 学校与威海高区怡园办事处“法律服务进社区”启动仪式在高区怡园办事处举行，副校长赵玉璞出席仪式并致词。

本月 由校应用数学系教师指导的 7 支参赛队伍，在 2007 年美国大学生数学建模大赛中获得一等奖一项、二等奖三项、三等奖三项的优异成绩。

4 月

4 日 2006 年“自立自强”优秀贫困生表彰会暨事迹报告会在学校主楼报告厅举行，校党委副书记刘玉殿出席大会并讲话，宣传部、教务处、研究生处、校工会、学生处、校团委等部门负责人，各院系分管学生工作的书记（副书记）、辅导员代表，2006 年度国家优秀贫困生奖学金获得者、“朝阳助学”山东高校优秀特困生获得者、“山东教育报刊社优秀特困生奖学金”获得者、学校 2006 年“自立自强先进个人”称号获得者及其他受资助学生共 500 余人参加了大会，共有 251 名学生获得了表彰。

6～9 日 英国威尔士斯旺西大学法学院 Iwan Davies 院长一行到校访问。6 日，韩圣浩校长在国际学术中心贵宾室会见了到访客人。

7～9 日 国家自然科学基金委数理部常务副主任汲培文博士到校访问。8 日上午，校长韩圣浩与汲培文、国家天文台副台长赵刚及空间科学与应用物理系主要负责人详细研究了山东大学空间科学研究院建设的规划设计，明确了组织形式、学科建设和发展方向。9日上午，韩圣浩陪同汲培文、赵刚参观了学校天文台。

13日 山东省委高校工委副书记宋焕新、组织统战处副处长冷健到校检查党建工作。校党委书记李建军介绍了学校的发展情况并着重介绍了学校党建、纪检监察和统战工作，校纪委书记谷源秘以及党委办公室、组织部、宣传统战部等部门负责人参加了汇报会。

15日 由全国高等学校大学外语教学指导委员会和高等学校大学外语教学研究会主办的全国大学生英语竞赛初赛在我校举行。副校长陈冠军检查了竞赛考务工作，共有2334名在校学生参加了本次竞赛，设考场73个，是历年来报名学生最多的一次。

17日 学校党委理论学习中心组举行了传统文化中的和谐思想专题辅导讲座，讲座由新闻传播学院聂中庆教授主讲，校党委书记李建军主持了讲座，校长韩圣浩及全体校领导、各党群口主要负责人听取了讲座。

同日 学校公布了《基于实践能力培养的市场营销学课程体系优化与教学方法改革研究》等24个2007年度教研基金资助项目，其中重点项目9项，一般项目15项，资助经费近10万元。同时，学校还确定了《国际市场营销》、《海藻学》、《数字信号处理》、《国际新闻》等14门课程为学校首批“双语教学课程”。

19日 学校举行了威海消防支队“3.4”抢险救援英模事迹报告会，共有500余名师生代表听取了事迹报告，校党委副书记柴月禄会见了消防支队“3.4”抢险救援英雄群体成员，向他们转达了全校师生的敬意和感谢。

20日 山东大学召开2007年纪检监察工作会议，分校在网络楼设分会场，校党委书记李建军、副书记刘玉殿、副校长韩建新、副书记柴月禄、副校长赵玉璞、纪委书记谷源秘等学校领导和校纪委委员、机关各职能部门党政主要负责人，各院（系、部）党总支书记、纪检委员参加了视频会议。

同日 山东大学副校长娄红祥率领山东大学学科建设办公室主任张承慧、科技处处长赵显及实验与设备管理处处长马传峰一行到分校对重点学科建设与“211”工程规划进行调研。学校召开了学科建设工作研讨会，校长韩圣浩主持会议，副校长陈金钊、陈冠军及各教学、科研单位主要负责人和学科带头人参加了会议。

24～26日 在中国教育国际交流协会推荐下，校长韩圣浩率团赴西安石油大学和西安科技大学，就对方开展的“1＋2＋1中美人才培养计划”项目进行了考察学习。

26日 学校召开2007年纪检监察审计工作会议，校党委书记李建军、副书记刘玉殿、柴月禄、副校长韩建新、陈冠军、校纪委书记谷源秘等出席会议，校党委副书记刘玉殿主持会议，校纪委委员、机关各部（处、室）主要负责人、各院（系、部）党政主要负责人、纪检委员参加了会议。

29 日 上午10时，学校在运动场举行“阳光体育运动”启动仪式，此次活动是响应教育部和山东省“全面启动全国亿万学生阳光体育运动”的号召而举办的全校性大型体育活动，校党委副书记刘玉殿、副校长陈金钊出席启动仪式，各有关职能部门、各院系师生代表共300余人参加了启动仪式。

5 月

9 日 韩国清州大学金润培校长一行到校访问，校长韩圣浩在学术中心会见了客人，双方共同回顾了两校的友好交流历史，就今后进一步开展学生及教职工的双向交流达成了共识。副校长陈金钊及国际处、韩国学院、继续教育学院等部门和单位负责人参加了会见。

同日 韩国昌原大学国际交流中心金正基所长一行到校访问，双方就学生和教授交流签订了协议。

12 日 学校美术设计系2004级学生景观作品展在创业大厦一楼展厅举行，此次展览共提交作品56幅，是2004级景观专业第一次教学汇报展，校党委书记李建军等校领导参观了展览。

14～18 日 校长韩圣浩率团对韩国祥明大学、国民大学等高校进行了友好访问，并签订了有关合作交流协议。

15 日 学校召开本科教学督导委员会会议，副校长陈冠军主持会议，教务处有关负责人、第三届本科教学督导委员会成员参加了会议。根据《山东大学威海分校教学督导员制度实施办法（试行）》的有关要求，学校对校教学督导委员会进行了换届调整，调整后的教学督导委共有17位校级教学督导员。

同日 学校召开实验室建设项目验收暨2007年立项工作会议，副校长陈冠军主持会议，教务处、实验室与设备管理处等单位有关负责人，校实验室建设项目评估验收专家组组长、各院（系、部）分管实验室工作的副院长（副主任）、各实验中心主任参加了会议。

17～18 日 学校举行第十九届田径运动会。17日上午，校党委书记李建军及刘玉殿、陈金钊、韩建新、柴月禄、赵玉璞、谷源秘等校领导参加了开幕式，开幕式由副校长赵玉璞主持。

18～22 日 由国际比较文学会亚细亚分会、日本帝塚山学院大学、山东大学韩国学院联合举办、山东大学韩国学院承办的“东北亚近代文化交流关系国际学术研讨会”在国际学术中心召开，来自中、日、韩三国的日本神户学院大学、韩国首尔大学校、北京大学、清华大学、山东大学等18所知名高校的30余名学者参加了本次会议，副校长赵玉璞出席开幕式并讲话。

23日 美国阿肯色大学史密斯堡分校校长 Paul B. Beran 一行到校访问，校党委书记李建军、副校长陈冠军在学术中心贵宾室会见了客人，双方共同签署了两校合作与交流备忘录。

25日 学校召开第十一次学生代表大会、第二次研究生代表大会和第二次社团代表大会，校党委副书记刘玉殿出席会议并讲话。

同日 校长韩圣浩为美国高通公司总工程师齐颖勇教授颁发了特聘客座教授证书，学校人事处及信息工程学院的负责人参加了受聘仪式。齐颖勇教授获美国双博士学位，曾在亚力桑纳大学任教，先后在MIT、哈佛大学、HP计算机实验室作为访问科学家从事研究工作，在IEEE期刊、美国声学期刊等国际知名期刊上发表学术论文35篇，申请专利10项。

同日 副校长赵玉璞代表学校访问了韩国驻青岛总领事馆，并拜会了金善兴总领事，这是学校对韩国驻青岛总领事馆的第一次工作访问。

本月 在由全国高等学校大学外语教学指导委员会和高等学校大学外语教学研究会主办的全国大学生英语竞赛决赛中，我校有6名学生获得全国特等奖，7名学生获得一等奖，1名学生获得专业组特等奖，为学校争得了荣誉。

6月

2日 学校艺术学院美术设计系第二届毕业生毕业作品展在海洋学院展厅开幕，校党委书记李建军、校党委副书记柴月禄、副校长陈冠军和威海市文化局局长李富胜、威海文联主席袁学强、威海市美协主席刘宗汉、威海市园林处处长戚海峰以及山东省美术馆馆长、省美协副主席陈国力、曲阜师范大学美术学院副院长张炀等领导和嘉宾出席了开幕式。

4～8日 校长韩圣浩率团参加韩国清州大学建校六十周年校庆典礼，并作为清州大学海外姊妹学校代表在典礼上致辞。在清州大学期间，韩圣浩校长一行对该校进行了年度工作访问。之后，访问团对分校在韩国的第一所姊妹学校——富川大学进行了友好访问。

5日 中共山东省委书记李建国在威海市委书记崔曰臣、市长王培廷的陪同下到校视察，校党委书记李建军携校领导、各职能部门负责人及部分师生在主楼广场欢迎。李建军书记向李建国书记等介绍了学校的发展历史、学科建设、师资队伍、办学定位等情况，并陪同李建国书记参观了校图书馆，李建国书记亲切地称自己“回到了母校”，对学校的发展成绩表示了赞许。

8 日 晚上，山东省人大常委会副主任、山东大学党委书记朱正昌专程视察了学校天文台，并对做好今后的工作作了重要指示。

9 日 山东大学威海天文台暨威海市天文台落成典礼在分校玛珈山举行。中共山东省委副书记、省人大常委会副主任高新亭，山东大学校长展涛、科技部基础司司长张先恩，国家自然科学基金委数理学部常务副主任汲培文，中国天文学会理事长、国家天文台副台长赵刚，中共威海市委书记崔曰臣、山东省科技厅副厅长徐茂波，校党委书记李建军，中共威海市委常委、市委秘书长张剑，威海市副市长梁良以及来自清华大学、北京师范大学、中国海洋大学、鲁东大学、哈尔滨工业大学（威海）、威海职业学院等兄弟院校的领导和嘉宾，分校全体校领导、各院（系、部）、各职能部门负责人、师生代表等共计 200 余人参加了典礼，典礼由韩圣浩校长主持。

11 日 学校召开 2007 年实验室建设项目立项论证会议，副校长陈冠军出席会议并讲话，教务处、国有资产管理处、实验室与设备管理处有关负责人和部分院系分管实验室工作的副院长（副主任）、实验中心主任、项目负责人参加了会议。

12～14 日 由省高校工委主办、山大威海分校承办的山东省大学生心理健康教育专业委员会 2007 年学术年会在学校干部培训中心召开，校党委副书记刘玉殿出席会议并致词，省高校工委宣教处副处长张洪英，山东省心理健康教育专业委员会主任、山东省青少年研究所所长张华以及来自全省 50 余所高校的 130 多名代表参加了会议。

19 日 法国南布列塔尼大区政府联系人鲁兴先生及教育项目负责人莫寒先生率代表团到校访问，与商学院师生代表举行了座谈，双方就学术交流及“2＋2”交换生合作项目等交换了意见。

20 日 教育部全国学生资助管理中心周春树处长在山东大学学生工作处副处长陈鑫的陪同下，就学生助困工作来我校进行实地调研。

21 日 在第二批学科建设中期检查的基础上，学校组织召开了第二批学科建设座谈会，就学校学科建设发展情况进行了通报与分析，并就下一批学科建设的重点、目标与方向等问题开展了交流与探讨。校长韩圣浩、副校长陈金钊、陈冠军出席会议并讲话，第二批学科建设各项目负责人及科研处、实验室与设备管理处、人事处等单位负责人参加了会议。

22 日 学校举行“大学生实践能力与创新能力培养”校长——学生座谈会，校长韩圣浩、副校长陈冠军出席座谈会，学生处、校团委、教务处等单位负责人和大学生科技创新中心、学生会、学生社团、各院系学生代表参加了座谈。

22～25 日 为庆祝中韩建交 15 周年，应韩国富川市邀请，学校师生足球队代表团一行 17 人代表威海市赴韩国富川市进行了交流访问，本次访问是对 2006 年威海国际人居节期间富川市民足球队访问威海市的回访，访问取得了圆满成功。

23～27 日 “第五届国际生物信息学研讨会”在国际学术中心举行，校长韩圣浩出席研讨会并致词。本次研讨会由山东大学数学院承办，来自国内外的 150 位专家学者参加了会议。

24～26 日 美国莫瑞州立大学校长 Dr. Randy Dunn 一行到访。25 日上午，韩圣浩校长在学术中心贵宾接待室会见来宾，并进行了亲切友好的交谈。会见前，在陈金钊副校长的主持下，教务处和国际处负责人与对方就两校间学生交流工作细节进行了磋商。

25～28 日 韩国中央大学校长朴范薰教授率演出团到校进行访问演出，校党委书记李建军、校长韩圣浩分别会见了朴范薰校长，韩圣浩校长在与朴范薰校长会谈时就两校今后进行多领域合作问题交换了意见，校党委副书记刘玉殿参加了会见。

26 日晚 韩国中央大学—中国山东大学威海分校庆祝中韩建交 15 周年联合文艺演出在学校主楼广场隆重举行。韩国中央大学校长朴范薰、校党委书记李建军、校长韩圣浩、校党委副书记刘玉殿、柴月禄、威东航运有限公司社长李钟洵等观看了演出。

27 日 学校举办管理干部领导科学讲座，国务院特殊津贴获得者、山东省教育学院心理学教授徐胜三为全校科级以上干部作了题为“高校领导者如何引领下属实现四个成熟”的专题讲座，校党委书记李建军和学校部分领导领导听取了讲座，讲座由校党委副书记柴月禄主持。

29 日 山东大学副校长娄红祥、国际合作办公室主任井海明、研究生院副院长姜玮一行到校就海洋学科建设与发展进行调研。

同日 学校庆“七一”新党员入党宣誓大会在主楼报告厅举行，宣誓大会由校党委副书记刘玉殿主持，校党委书记李建军及刘玉殿、韩建新、柴月禄、陈冠军、赵玉璞、谷源秘等学校领导出席大会，各党总支（直属党支部）书记、各部门党员代表参加了大会。

同日 学校首届“有氧健身课程创编教学汇演之‘海韵旋律’”健美操大赛在艺术学院音乐厅举行，威海市体育局、威海职业技术学院、哈尔滨工业大学（威海）各派出代表队参加了此次大赛，我校领导刘玉殿、陈冠军和各院系党政领导、辅导员观看了比赛。

29 日～7 月 1 日 由国家自然科学基金委工程与材料科学学部主办、山东大学承办的“2007 年国家杰出青年科学基金、国家杰出青年科学基金（外籍）、海外及港澳青年学者合作研究基金、创新研究群体科学基金工程与材料专业评审组会议”在威海市中汇大酒店举行，国家自然科学基金委领导、工程与材料科学领域的两院院士、著名科学家和学术答辩者共150余人参加了评审会，我校党委书记李建军、山东大学副校长娄红祥出席了开幕式。

30日 2007届毕业生毕业典礼在主楼广场举行，山东大学校长展涛、中国科学院院士蒋民华、校党委书记李建军、校长韩圣浩及刘玉殿、陈金钊、韩建新、柴月禄、陈冠军、谷源秘等学校领导出席仪式，各院系党政负责人、教师代表、部分学生家长和3500多名2007届毕业生参加了典礼，典礼由李建军书记主持。毕业典礼结束后，2007届毕业生学位授予仪式在主楼报告厅举行，展涛校长为毕业生颁发了学位证书。

本月 2007年度国家社科项目评审结果公布，学校共有三个项目获准立项，立项经费共计26.5万元，这是学校国家社科项目获准立项项目数量与批准经费最多的一次。

本月 在由中国青年报中青在线和东森校园共同发起的全国高校校园十佳社团评选活动中，学校星星笑曲艺社被评为全国十佳学生社团。

7月

1日 为庆祝中国共产党建党86周年及香港回归10周年，清晨，学校全体学生党员、教职工党员代表在主楼广场前举行党员升旗宣誓仪式，校党委书记李建军、校长韩圣浩和刘玉殿、陈金钊、韩建新、柴月禄、赵玉璞等学校领导出席了仪式。仪式结束后，校领导向在学校第二届十佳大学生评比活动中获奖的同学颁发了荣誉证书。

3日 学校首批（2006）大学生科研作品立项结题检查工作会议召开，校大学生科技创新领导小组组长、校党委副书记刘玉殿出席会议，校专家评审委员会部分委员参加了结题答辩检查，会议对第一批（2006）大学生科研作品立项作品成果进行了评奖，共有64件作品获奖。

4日 韩国韩世大学金成惠校长一行到访，校长韩圣浩在学术中心贵宾室会见了客人，双方表示愿在相关学科领域开展合作交流，国际处、艺术学院、韩国学院等单位负责人参加了会见。

5日 学校召开党员干部学习会，校党委书记李建军在会上作了题为《关于构建和谐社会、和谐校园的学习与思考》的报告，报告会由校党委副书记刘玉殿主持，校领导、全体党员干部、党员教职工、部分学生党员代表参加了学习会，非党员中层干部也应邀参加了学习会。

6日 威海市科技局局长邹存奎率有关人员到校就产学研工作进行调研，校党委书记李建军、副校长陈冠军及科研处有关人员在学术中心贵宾室与邹局长一行进行了座谈，双方就加强科研信息沟通、科技合作、平台建设、共建碳纤维实验室等深入交换了意见，并达成共识。

11日 全校实验室工作委员会会议召开，会议讨论审议了《关于2007年实验室建设项目立项评审工作意见（草案）》，确定对9个建设项目立项建设，副校长陈冠军主持会议并讲话。

13日 学校党委理论学习中心组召开扩大会议，校党委书记李建军主持会议并讲话，校领导、校党群口负责人、各党总支（直属党支部）书记、教务处、研究生处、马列部等有关单位的负责同志参加了会议。会议学习了胡锦涛总书记6月25日在中央党校省部级干部进修班上的重要讲话、中共山东省委书记李建国在省第九次党代会上的报告以及中共教育部党组《关于加强普通高等学校基层党组织建设的意见》。

15日 第二届中国资源生物技术与糖工程学术研讨会在国际学术中心召开，科技部基础司司长张先恩、中科院生物技术专家委员会主任委员杨胜利院士、中科院上海生命科学院赵国屏院士、南京工业大学校长欧阳平凯院士及清华大学、中国科学院、山东大学等高校和科研院所的知名专家学者一百余人出席了会议，与会人员还包括全国各高校及研究所代表三百余人，校党委书记李建军出席了开幕式。本次会议由中国微生物学会基础微生物学专业委员会主办，山东大学微生物技术国家重点实验室和山东微生物学会联合承办。从7月18日起，主办方继续在分校举办了为期六天的“全国纤维素乙醇生产技术研讨培训班”，为国内培训纤维素微生物降解转化技术方面的技术骨干，推动新技术的成熟和产业化。

18日 以教育部直属高校工作司司长高文兵为组长的中央党校中青班一行13人到校考察调研，校党委书记李建军在国际学术中心会见了考察组体成员，并介绍了学校建设发展的综合情况，副校长陈冠军以及有关职能部门主要负责人参加了会见。

20日 校长韩圣浩和青海民族学院院长王作全，在国际学术中心签署了《山东大学威海分校、青海民族学院校际合作意向书》，教育部直属高校司司长高文兵、校党委书记李建军、副书记柴月禄以及来我校考察的中央党校中青班的部分学员参加了签字仪式。

23日 教育部党组书记、部长周济在参加由山东大学承办的教育部直属高校巡视专员交流研讨会议之际视察分校，山东省人大常委会副主任、中共山东大学党委书记朱正昌，山东大学校长展涛，分校党委书记李建军，山东大学党委副书记、纪委书记方宏建，分校校长韩圣浩等学校领导陪同视察。周济部长听取了学校领导有关威海分校的情况汇报，参观了校园和山东大学威海天文台，对学校的发展成绩和发展方向给予了肯定。在威期间，周济部长在教育部直属高校巡视专员交流研讨会上作了形势报告，并与与会的巡视专员进行了工作座谈。此次会议由中央纪委驻教育部纪检组组长、教育部党组成员田淑兰主持，展涛、李建军、方宏建、韩圣浩等校领导出席了会议。

22日～8月1日 美国内布拉斯加大学科内分校（UNK）教授团到校开展语言培训，帮助提高学校教师和学生的英文水平。7月23日，副校长韩建新在国际学术中心会见了美国客人，双方就如何进一步促进两校教师交流项目的开展等事宜进行了探讨。7月31日，韩建新向参加此次交流活动的美国教授们颁发了证书。

25～27日 韩国昌原大学新任校长朴成浩教授一行到校访问，校长韩圣浩、副校长赵玉璞在国际学术中心会见了客人，双方就两校在更广泛围内开展交流达成了一致意见。

8月

2日 韩国祥明大学校长徐明德一行到校访问，校长韩圣浩在国际学术中心会见了客人，双方均表达了进一步扩大合作交流领域的愿望，国际处、韩国学院等单位负责人参加了会见，徐明德校长一行还在国际学术中心举办了“2007年度韩国祥明大学教务会议”。

4日 校党委书记李建军率团访问了宁夏大学，受到宁夏大学党委副书记、校长何建国，党委副书记谢建勇，副校长谢应忠及有关职能部门负责同志的热烈欢迎。在“宁夏大学、山东大学威海分校党建及思想政治工作座谈会”上，双方领导分别介绍了各自学校的发展情况，相关职能部门也分别就党建和学生思想政治工作的开展情况作了交流发言。访问期间，双方还达成了互派学生开展“第二校园”访学活动的意向。

6日 山东省人大常委会副主任高新亭、陈延明、朱正昌、时立军、鲍志强等领导到校视察工作。在国际学术中心，校长韩圣浩代表学校向各位领导汇报了学校的基本情况、办学定位和办学特色，得到了省人大领导的充分肯定，原山东省副省长孙守璞参加了汇报会。省人大领导还在副校长韩建新的陪同下视察了校园，并登上玛珈山参观了山东大学威海天文台，听取了天文台工作人员对望远镜使用情况的介绍。

7日 校党委书记李建军一行抵达宁夏医学院，与宁夏医学院党委书记黄占华、院长孙涛、党委副书记刘平和、副院长李正直、戴秀英以及部分中层领导举行了座谈，双方就学校发展、办学思路与特色、党建和思想政治工作情况等进行了热烈讨论和交流。宁夏回族自治区党委书记陈建国同志在自治区党委办公楼会客厅亲切会见了李建军书记一行。陈建国向李书记一行表示热烈欢迎，并听取了李书记就山大威海分校的发展情况所作的介绍。陈建国表示，母校的领导和家乡的同志来宁夏访问令他感到非常高兴，希望山东大学和威海分校能进一步加强与宁夏高校的交流与合作，共同促进办学水平的提高，更好地为当地的经济社会发展作出贡献。

16～18日 “夸父”计划有效载荷论证报告评审及研讨会在国际学术中心举行，会议由山东大学、国家空间天气监测预警中心和中国科学技术大学联合承办，参加评审会的专家来自中国科学院、教育部、中国气象局、航天科技集团及国家自然科学基金委等单位。北京大学涂传诒院士、山大威海分校空间科学与应用物理系夏利东教授等“夸父”计划项目组成员、有效载荷设计承建单位负责人等共30余人参加了会议，校长韩圣浩出席开幕式并参加了研讨会。

17日 校长韩圣浩在国际学术中心会见了韩国清州大学金润培校长及夫人一行，双方对两校已开展的交流工作给予肯定，同意继续扩大各方面的合作，尤其是新闻传播等专业的交流与共建。

24日 在威海市外办工作人员的陪同下，突尼斯苏塞市市长哈迪·阿亚什、市长助理萨拉·卡罗伊、市政府秘书长拉姆捷特·阿玛赫等一行到校访问，副校长陈金钊陪同外宾参观了校园，并初步商谈了学校与该市大学之间的教育交流事项。

25日 威海市—山东大学“产学研”合作座谈会在金海湾国际饭店举行，山东大学校长展涛、威海市委副书记、市长王培廷，分校党委书记李建军、山东大学副校长娄红祥、分校校长韩圣浩、威海市副市长董进友、分校副校长陈冠军等领导出席会议。

27日 应用数学与统计系主任刘桂真教授获教育部“第三届高等学校教学名师奖”。

28～29日 韩国大佛大学校长李升勋一行到校访问。28日上午，校党委副书记刘玉殿在国际学术中心会见了来访客人，双方表示，希望今后不断加强两校的交流与合作。随后，李升勋校长一行参观了校园，同韩国学院负责人举行了工作会谈，达成了合作办学的初步意向。

28日 副校长陈冠军教授荣获第三届“山东省教学名师”荣誉称号。

本月 在第十届“挑战杯”山东省赛区竞赛中，学校报送的10件挑战杯作品中有9件作品获奖，其中省级特等奖1件、省级一等奖4件、省级二等奖3件、省级三等奖1件，同时，学校还被评为省级优秀组织单位，有6位老师被评为省级优秀指导教师。

本月 2007年度山东省精品课程评审中，学校有两门课程被评为2007年度山东省精品课程，分别是体育部宋志平教授主持的《有氧健身》和马列部张文军教授主持的《马克思主义基本原理》，至此，学校已有六门课程进入省级精品课程行列。

9 月

8 日 学校召开了校领导读书会，全体校领导、有关单位负责人参加了读书会，校党委书记李建军主持学习会。会议集体学习了胡锦涛总书记在全国优秀教师代表座谈会上的重要讲话，传达了山东省人大常委会副主任、中共山东大学党委书记朱正昌在山东大学校领导读书会上的讲话精神，与会同志结合周济部长视察我校时的讲话和展涛校长对威海分校发展的意见，围绕学校发展的主要问题进行了交流和讨论，李建军书记、韩圣浩校长分别提出了工作要求，其他校领导以及各有关部门负责人结合自己所分管和负责的工作，就教学、科研、学科建设、师资队伍建设和管理团队建设等五个方面的议题发了言。

9 日 教师节来临之际，学校召开教师座谈会，向全校教职工表示节日的祝贺，学校领导李建军、韩圣浩、陈金钊、柴月禄、陈冠军及校工会、人事处、教务处、科研处、研究生处等职能部门的负责人参加了座谈会，认真听取了教师代表关于学校发展的意见和建议。校长韩圣浩主持了座谈会，校党委书记李建军作总结讲话。

17 日 学校 2007 级新生军训动员大会在篮排球场举行，校党委书记李建军、副书记刘玉殿、副校长陈冠军和威海军分区副司令员孔繁顺等领导出席大会，副书记刘玉殿代表学校讲话。

18 日 中共威海市委副书记、市长王培廷，副市长梁良及威海市教育局、财政局、物价局等部门负责人，在我校副校长韩建新及有关部门负责人陪同下来到第三学生食堂，对饭菜质量和价格问题进行调研，王培廷市长对学校实行饭菜补贴制度及价格公示做法给予了充分肯定。

19 日 全校岗位设置和 2008 年人才引进工作会议召开，各院系主要负责人、机关各部（处、室）负责人参加了会议，副校长陈冠军主持会议，校党委书记李建军出席会议并讲话。

24 日～10 月 4 日 校党委书记李建军率团访问了法国南布列塔尼大学、瑞典布莱京理工大学等高校，此次对欧洲高校的成功出访，对学校进一步拓展教师和学生的海外学习经历，开展对欧洲高校的合作和交流具有重要意义。

25 日 由校学生处、校团委和校学生会联合主办、以“和风满校园”为主题的 2007 年庆国庆迎新生仲秋军民联欢晚会在主楼广场举行，校长韩圣浩，校党委副书记刘玉殿，威海军分区副参谋长、2007 级军训团团长马兵上校等领导与 3500 余名新生一同观看了演出。

26 日 学校召开了留学生工作会议，副校长陈金钊主持会议并讲话，国际处、学生处、教务处、研究生处、财务处等职能部门负责人以及各院系分管外事工作的负责人和留学生管理人员参加了会议。

27 日 学校召开各院系学生科技创新领导小组负责人会议，校长韩圣浩、学校大学生科技创新活动领导小组组长、校党委副书记刘玉殿及各院系大学生科技创新活动领导小组成员参加了会议，韩圣浩校长在会上充分肯定了第一届大学生科研作品立项工作取得的成绩，号召全体师生求真务实、不断创新、开创学校大学生科技创新活动的新局面，刘玉殿副书记主持了会议。

同日 学校组织召开实验教学示范中心工作会议，副校长陈冠军主持会议并讲话，教务处、人事处、财务处、实验室与设备管理处和海洋学院、信息工程学院、商学院、空间科学与应用物理系等有关单位负责人参加了会议。

同日 学校在商学院二楼会议室召开“云南大学交流学生座谈会”，副校长陈冠军出席座谈会，教务处、相关院系负责人，云南大学 20 名访学学生和辅导员参加了座谈会。

30 日 2007 级新生开学典礼暨军训阅兵式在校运动场举行，校长韩圣浩、威海军分区副司令孔繁顺、副政委李华永和刘玉殿、陈金钊、韩建新、柴月禄、陈冠军、谷源秘等学校领导出席大会，2007 级全体新生、各单位主要负责人、各院系分管学生副书记和新生辅导员参加了大会。

本月 受国际自然及自然资源保护联盟物种委员会邀请，自 2007 年 9 月开始，学校海洋学院王亚民副教授成为该委员会鲨鱼专家组唯一的中国委员。国际自然及自然资源保护联盟是于 1948 年 10 月建立的政府与非政府间组织，是目前世界上最大的自然保护团体。

10 月

3 日 原国务委员、全国政协原副主席、两院院士宋健在中共威海市委书记崔曰臣的陪同下到校视察，并参观了山东大学威海天文台，副校长赵玉璞、纪委书记谷源秘等陪同视察。

14 日 威海市第一届运动会在威海市成山体育场开幕，校党委书记李建军与威海市领导一同出席了开幕式，学校组织了 800 人的团体操表演，得到高度评价，还派团参加了部分运动项目。

15 日 学校党委理论学习中心组集中收看了十七大的开幕式实况，认真听取了胡锦涛总书记代表第十六届中央委员会向大会作的报告。校党委书记李建军在观看完实况后要求在十七大召开期间，各基层党组织要高度重视，妥善安排，采取多种形式，组织广大党员、师生员工收听收看会议盛况。学校机关各单位、各院系党总支（直属党支部）组织干部职工及没有课程安排的学生，通过各种媒体和渠道，收听收看了开幕式的实况。

18 日 学校第四届体育文化节开幕，校党委书记李建军出席开幕式，副校长陈冠军为开幕式致辞。

20 日 可口可乐奥运火炬手选拔威海区总决赛在威海之门广场成功举行，经历了网络投票和现场活动的四轮角逐，我校商学院孙丛丛同学以优异成绩从参加决赛的四名候选人中脱颖而出，成功晋级可口可乐奥运火炬手，将在 2008 年 7 月参加传递奥运圣火。

同日 威海市首届动漫大赛颁奖仪式在梦海剧院举行，我校共有 13 件作品在此项赛事中获奖，获奖数量和获奖比例均居各参赛单位之首，并获优秀组织单位奖。

20～21 日 学校召开学科建设与研究生教育工作会议，国务院学位委员会办公室副主任、教育部学位管理与研究生教育司副司长郭新立、山东大学副校长娄红祥、校党委书记李建军、副书记刘玉殿、副校长陈金钊和山东大学研究生院、研究生工作部、学科建设办公室等部门有关负责人、分校各院系、相关职能部门的负责人和全体研究生导师参加了会议。

21 日 副校长陈金钊在国际学术中心会见了来自巴斯大学的 Theo Papadopoulos 教授、瑞典斯德哥尔摩国际和平研究协会的 Cunilla Herolf 教授以及法国雷恩大学的 Sylvie Hennion-Moreau 教授。会谈中，与会各方就如何进一步开展多层次、多领域的合作交流等问题初步交换了意见。

22 日 山东大学副校长娄红祥、分校校长韩圣浩、威海市科技局局长邹存奎、光威集团董事长陈光威在光威集团会议室举行座谈会，就山东大学与光威集团在碳纤维研究方面开展科技合作进行了深入商谈。

24 日 韩国昌原大学副校长郑政德、朴成镐、国际交流院李周炯教授等一行 4 人到校访问，副校长赵玉璞在国际学术中心会见了客人，双方就两校在更广泛范围内开展交流达成了一致意见。

26 日 韩中交流协会会长李世基、副会长李永南、韩国驻青岛总领事馆总领事金善兴、领事姜亨植等一行 9 人访问我校，校长韩圣浩、副校长陈金钊在国际学术中心贵宾室会见了来宾。

26～30 日 美国内布拉斯加大学科内分校副校长 Dr. Finnie Murray 和国际处处长 Dr. Jerry Fox 到校访问，副校长陈金钊、韩建新分别会见了来宾，双方就学生交流、教师交流、干部培训等工作进行了商谈，韩建新副校长代表学校与对方签署了会谈备忘录。

27 日 潘承洞院士铜像揭幕仪式在学校图书馆大厅举行，以深切缅怀这位在我国乃至世界数学领域研究，在我国高等教育事业、科学事业，在山东大学及威海分校的建设发展作出过重要贡献的老学者、老前辈、老校长。潘承洞院士的夫人李淑英，中国数学会理事长、北京大学文兰院士，山东大学校长展涛，潘承洞院士生前挚友、原山东大学威海分校校长刘玉柱教授，烟台大学副校长王吉法教授，我校校长韩圣浩及全体校领导，潘承洞院士学生代表衢州职业技术学院院长于秀源教授、浙江大学蔡天新教授、上海交通大学李洪涛教授、山东大学数学与系统科学学院代表彭实戈院士、山东大学数学与系统科学学院院长刘建亚教授、分校数学系主任刘桂真教授等出席仪式，仪式由校党委书记李建军主持，文兰院士与展涛校长共同为潘承洞院士铜像揭幕，展涛校长、文兰院士、刘玉柱教授分别在仪式上发表了讲话。铜像揭幕仪式结束后，与会人员在国际学术中心报告厅举行了“大家风采——回忆潘承洞院士”纪念活动。

28～30 日 应山东大学邀请，以香港浸会大学文学院院长钟玲女士为团长的国际作家工作坊共11位作家访问了分校，此行是该工作坊2007年“海洋”写作计划的重要组成部分。期间，工作坊作家与分校的专家学者就文学与创作专题进行了深入探讨。

29 日 威海市与山东大学共建“海洋研究院”论证会在威海市政府会议室召开，校党委书记李建军、威海市副市长李东升、市政府秘书长李丹、副秘书长宋林继以及市科技局等市直有关部门、学校科研处和海洋学院有关人员参加了会议，论证会由中共威海市委副书记、市长王培廷主持。

11 月

1 日 大韩民国驻中国大使金夏中做客学校“大使讲坛”，威海市市长王培廷、校长韩圣浩在国际学术中心会见了金夏中大使，韩国驻青岛总领事馆总领事金善兴、中国首任驻大韩民国大使张廷延、副校长赵玉璞等参加了会见。

3 日 山东大学—威海市产学研合作洽谈会在威海市创业大厦举行，山东大学校领导展涛、李建军、娄红祥、韩圣浩，威海市领导王培廷、徐东升、董进友，国家自然科学基金委数理学部常务副主任汲培文，山东省科技厅副厅长徐茂国，中国天文学会理事长、国家天文台副台长赵刚等领导和嘉宾出席了会议，威海市科技局、财政局等相关部门负责人、山东大学以及威海分校80余位专家教授、威海市100余位企业家参加了会议。会上，山东大学校长展涛和中共威海市委副书记、市长王培廷分别代表山东大学和威海市政府签订了《威海市政府与山东大学产学研战略联盟合作协议》，有关各方还签署了《威海市政府与山东大学共建威海市海洋研究院协议》、《高区管委与山大共同建立山大科技园威海分园协议》、《山东大学与拓展纤维公司共建工程技术研究中心协议》等。

7日 学校党委理论学习中心组召开专题会议，交流十七大学习体会，校党委书记李建军主持会议，校领导及党群口负责人参加了会议，校领导刘玉殿、陈金钊、韩建新、赵玉璞、陈冠军、谷源秘分别发言，结合学校工作实际交流了学习十七大精神的心得体会。

9～11日 由山东省国外语言学会主办、学校大学外语教学部和翻译学院承办的山东省第九届国外语言学年会举行，副校长陈冠军出席年会并讲话，来自全省的70多名专家学者参加了会议，会议对语言学发展的现状、动态进行了深入探讨。

12日 学校本学年学生评先推优工作圆满结束，共评选出优秀团支部25个、优秀团员538人、校级优秀学生干部218人、院级优秀学生干部301人。

15日 校长韩圣浩到我校海洋学院调研学科建设情况，并与学院领导班子座谈，梁振林、黄建军、祝茜等参加了座谈。

同日 空间科学与应用物理系与威海拓展纤维有限公司在科学实验楼303室签署合作协议，副校长赵玉璞出席签约仪式，双方商定合作建立山大威海 & 拓展纤维实验室，联合开展科研与学生培养工作。

18～23日 副校长陈金钊率团对韩国国民大学、祥明大学、东亚大学、昌原大学、庆尚大学进行了友好访问，并取得了多项交流成果。

19日 威海“华新集团助学金”发放仪式在学校举行，校党委副书记刘玉殿、威海华新集团董事长王清山出席了捐助仪式。本次威海华新集团共提供专项助学金24万元，用于资助学校30名家庭经济困难的学生，受资助的学生每人每年将获得2000元的助学金，校党委书记李建军在国际学术中心会见了王清山董事长。

同日 北京大学物理学院孟杰教授和南非Stellenbosch大学的Greg Hillhouse教授在学校网络楼报告厅就“核物理发展的新机遇”这一主题为学校师生做了精彩的学术报告。报告会开始前，副校长韩建新向孟杰教授颁发了学校兼职教授聘书。

20日 学校党委理论学习中心组召开扩大会议，传达中共山东大学第十二届委员会第三次全体会议精神，并对学校进一步学习贯彻十七大精神作出全面部署，校党委书记李建军主持会议并讲话，党委副书记刘玉殿传达了《中共山东大学委员会关于深入学习贯彻党的十七大精神，全面推进高水平研究型大学建设的意见》。

21日 学校毕业生就业工作总结表彰暨动员大会在网络楼报告厅召开，李建军、韩圣浩、刘玉殿、柴月禄、赵玉璞等校领导出席了会议，学生处、研究生处、宣传部等部门负责人、各院系党政主要负责人、分管教学和学生工作的负责人、全体辅导员参加了会议，校党委副书记刘玉殿主持会议。

同日 韩国平泽安一物流高中金昌洙校长一行到校访问，副校长韩建新在学术中心会见了客人，双方共同签署了友好关系协议书。

25日～12月10日 副校长陈冠军一行参加了中教国际交流协会组织的访问团，对美国北亚利桑那大学、特洛伊大学、鲍尔州立大学、乔治梅森大学、美国州立学院与大学协会进行了友好工作访问，陈冠军一行还看望了学校在美国各高校的留学生。

26～28日 第七届环黄海经济技术交流会暨第三届泛黄海产学官大学校长论坛在日本熊本市举行，校长韩圣浩代表山东大学出席论坛并发表演讲。第三届环黄海产学官大学校长论坛由日本熊本大学承办，共有中、日、韩三国的37所高校110名代表参加，此次论坛的主题是：国际合作与人才培养。

28日～12月8日 副校长陈金钊率团对澳大利亚、新加坡部分友好学校进行了访问，在澳大利亚期间，访问团先后访问了悉尼大学、新南威尔士大学及伍伦贡大学，并与伍伦贡大学的信息学院、法学院签订了相关合作协议。陈金钊一行还顺访了我国驻新加坡共和国大使馆、新加坡南洋理工大学继续教育学院和人文与社会科学学院，双方就开展短期培训达成了合作意向。

29日 韩国昌原大学朴成浩校长率团到校访问，校党委书记李建军在学术中心会见了客人，副校长赵玉璞参加了会见，双方表示将进一步扩大合作与交流。

本月 山东省建设厅下达通报，学校获山东省2005～2007年度省级“花园式单位”。

12月

4日 山东省副省长黄胜在中共威海市委书记、市人大常委会主任崔曰臣及威海市副市长梁良的陪同下到校视察，校党委书记李建军及刘玉殿、韩建新、柴月禄、谷源秘等校领导陪同黄胜一行先后参观了学校图书馆、山东大学威海国际生物研发中心和山东大学威海天文台。

5日 2008年全国普通高校毕业生就业工作视频会议召开，山东省烟威地区分会场设在山大威海分校，烟台、威海驻地高等学校及教育局有关人员参加了会议。校党委书记李建军及刘玉殿、柴月禄、谷源秘等校领导出席会议，学生处、研究生处、宣传部等部门负责人、各院系党政主要负责人、分管教学和学生工作的负责人、全体辅导员参加了会议。

6日 “山东大学威海分校文平地产助学基金”捐赠仪式在我校举行，威海市政协主席于兰模、校党委书记李建军、文平房地产有限公司董事长刘学文、总经理刘志勇、校党委副书记刘玉殿、副校长韩建新和部分师生代表出席了捐赠仪式。李建军书记为刘学文董事长颁发了山东大学校董聘书和捐助证书，并代表学校与文平地产签订了校企合作协议。

10日 学校大学生文化艺术节闭幕式晚会在艺术学院音乐厅举行，校党委副书记刘玉殿等领导出席闭幕式并观看了文艺演出。我校第十届大学生文化艺术节以“共建和谐，引领进步”为主题，先后组织大型活动24项，历时两个多月，共有7000余人次参与了艺术节的各项活动，近300名学生获得了表彰奖励。

11日 “清华美术学院黄国强教授焦墨、彩墨画作品展览”在我校美术设计系展厅开幕，威海市政协主席于兰模、威海市委秘书长张剑、校党委副书记柴月禄等领导和嘉宾出席开幕式并参观了展览。

21日 全校办公室工作研讨会在商学院会议室召开，校党委书记李建军出席会议，学校办公室科级以上干部、各院（系、部）、图书馆、生物技术研发中心办公室主任参加了会议，副校长韩建新主持会议。

同日 学校举办第二届青年思想政治教师教学基本功竞赛活动，全校各院系承担《形势与政策》课的青年教师共14人参加了本次竞赛，校党委副书记刘玉殿和教务处、学生处负责人、各院系辅导员老师观摩了竞赛活动。

22～25日 校党委书记李建军率团对韩国富川大学、第一理工大学、外国语大学等高校以及韩山东交流协会进行了友好工作访问，并就有关合作项目进行了会谈，期间还看望了我校在韩学习的部分学生。

23～24日 由山大威海分校和中国政法大学、浙江大学、华南理工大学、中南财经政法大学、中山大学、苏州大学等高校法学院联合发起的全国“法律方法论坛”第二次会议在广州召开，副校长陈金钊教授、法学院谢晖教授等参加了会议，谢晖在大会上作了专题发言，副校长陈金钊主持了闭幕式。

26日 学校召开民主党派人士迎新春座谈会，校党委副书记刘玉殿出席会议，当选为威海市十一届政协委员的校民主党派成员应邀参加了座谈会。

28日 中国社会科学研究评价中心公布，经中文社会科学引文索引指导委员会第七次会议评审，并报教育部批准，由学校主办的由副校长、博士生导师陈金钊教授和法学院院长、博士生导师谢晖教授主编的《法律方法》；谢晖和陈金钊主编的《民间法》同时入选

CSSCI 来源集刊，这是继学校法律方法研究所成为山东省“十一五”重点研究基地后的又一重大进展。《法律方法》和《民间法》两份刊物的入选，充分说明学校的法学研究已在国内法学界具备了相当的学术影响力。

同日 由学校资助 12 万元、帮扶文登市汪疃镇窑夼村建设的自来水工程顺利完工，校党委书记李建军、副校长韩建新和学校办公室、基建处负责人参加了上午的通水仪式，李建军书记代表学校接受了汪疃镇窑夼村村民赠送的题为“民生工程顺民心，吃水不忘打井人”的锦旗，副校长韩建新代表学校致词。

29 日 学校召开 2007 年本科教学工作会议，校党委书记李建军主持会议，校长韩圣浩讲话，全体校领导、各院（系、部）负责人、教研室主任、实验中心主任、校学术委员会成员、教学指导委员会成员、教学督导委员会成员、全体教务员共 200 余人参加了会议，本次会议是学校在新时期、新形势下召开的专题研讨本科教学的重要会议，是深入贯彻落实教育部质量工程的重要举措。

同日 学校首届实践教学成果展开幕，校党委书记李建军、校长韩圣浩等学校领导和广大教师一同参观了成果展，此次成果展的主题是“深化实践教学改革，提高学生创新能力”。

（裴　水）

学校基本情况统计

2007年山东大学学生情况统计公报

（截至2007年9月30日）

截至2007年9月30日，我校（含威海分校）各类在校学生105101人，比上年同期增加3617人，增长3.56%。其中博士研究生2873人，比上年同期增加77人；硕士研究生11221人，比上年同期增加956人；普通本专科生43339人，比上年同期增加663人；成人本专科学生23746人，比上年同期减少1111人；网络本专科生12553人，比上年同期增加3269人；在职人员攻读博士、硕士学位生5067人，比上年同期增加11人；外国留学生1263人，比上年同期增加95人；其他学生（研究生课程进修班学生、进修及培训生、自考助学班学生）5039人，比上年同期减少343人。

一、研究生情况表

在职人员攻读博士、硕士学位情况表　　单位：人

学科 / 类别	2007年授予学位数			2007年招生数			2007年在校学生数		
	小计	博士	硕士	小计	博士	硕士	小计	博士	硕士
总　计	751	9	742	1981	0	1981	5067	0	5067
其中：总校	709	9	700	1938	0	1938	4939	0	4939
威海分校	42	0	42	43	0	43	128	0	128
哲　学	1	0	1	5	0	5	12	0	12
经济学	73	0	73	37	0	37	93	0	93
法　学	161	0	161	341	0	341	854	0	854
其中：威海分校	42	0	42	43	0	43	128	0	128
教育学	0	0	0	0	0	0	0	0	0
文　学	71	0	71	45	0	45	112	0	112

续表

历史学	2	0	2	16	0	16	41	0	41
理　学	57	0	57	0	0	0	364	0	364
工　学	178	0	178	1228	0	1228	2832	0	2832
农　学	0	0	0	0	0	0	0	0	0
医　学	89	9	80	105	0	105	258	0	258
军事学	0	0	0	0	0	0	0	0	0
管理学	119	0	119	204	0	204	501	0	501

二、普通本科、专科学生情况

普通本科 、专科学生情况表

单位：人

类别 学生性质	2007年毕业生			2007年授予学位数			2007年招生数			2007年在校学生数			2008年预计毕业生		
	小计	总校	威海分校	小计	总校	威海分校	小计	总校	威海分校	小计	总校	威海分校	小计	总校	威海分校
一、本科	9359	6263	3096	9239	6178	3061	10468	7080	3388	42784	29302	13482	10920	7613	3307
高中起点本科	9122	6135	2987	9004	6050	2954	10468	7080	3388	42290	29302	12988	10666	7613	3053
专科起点本科	237	128	109	235	128	107	0	0	0	494	0	494	254	0	254
二、专科	129	70	59	0	0	0	240	160	80	555	306	249	66	0	66
高中起点专科	129	70	59	0	0	0	240	160	80	555	306	249	66	0	66
三、普通本专科生小计	9488	6333	3155	9239	6178	3061	10708	7240	3468	43339	29608	13731	10986	7613	3373

三、成人本科、专科学生情况

成人本科、专科学生情况表

单位：人

类别 学生性质	2007年毕业生			2007年招生数			2007年在校学生数			2008年预计毕业生		
	小计	总校	威海分校	小计	总校	威海分校	小计	总校	威海分校	小计	总校	威海分校
总　计	8409	8409	0	7298	7236	62	23746	23638	108	8045	8030	15
一、函授	4570	4570	0	3819	3804	15	11711	11650	61	3867	3852	15
本　科	2152	2152	0	2415	2413	2	6643	6610	33	1995	1995	0
专　科	2418	2418	0	1404	1391	13	5068	5040	28	1872	1857	15
二、业余	3010	3010	0	2930	2930	0	10935	10935	0	3741	3741	0

续表

本 科	1756	1756	0	1761	1761	0	4802	4802	0	1512	1512	0
专 科	1254	1254	0	1169	1169	0	6133	6133	0	2229	2229	0
三、脱产	829	829	0	549	502	47	1100	1053	47	437	437	0
1. 本科	498	498	0	355	355	0	568	568	0	213	213	0
高中起点本科	110	110	0	73	73	0	73	73	0	0	0	0
专科起点本科	388	388	0	282	282	0	495	495	0	213	213	0
2. 专科	331	331	0	194	147	47	532	485	47	224	224	0

四、网络本科专科学生情况

网络本科、专科学生情况表

单位：人

类别 / 学生性质	2007 年毕业生			2007 年招生数			2007 年在校学生数		
	小计	总校	威海分校	小计	总校	威海分校	小计	总校	威海分校
总 计	3797	3609	188	7063	6937	126	12553	12277	276
一、普通本科、专科	0	0	0	0	0	0	0	0	0
二、成人本科、专科	3797	3609	188	7063	6937	126	12553	12277	276
1. 本科	2702	2600	102	4283	4221	62	7659	7516	143
专科起点本科	2702	2600	102	4283	4221	62	7659	7516	143
2. 专科	1095	1009	86	2780	2716	64	4894	4761	133
高中起点专科	1095	1009	86	2780	2716	64	4894	4761	133

五、外国留学生情况

外国留学生情况表

单位：人

类别 / 学生性质	2007 年毕业生			2007 年授予学位数			2007 年招生数			2007 年在校生数		
	小计	总校	威海分校	小计	总校	威海分校	小计	总校	威海分校	小计	总校	威海分校
总 计	636	518	118	71	28	43	852	559	293	1263	854	409
分层次：博 士	5	5	0	5	5	0	5	4	1	20	18	2
硕 士	1	1	0	1	1	0	33	23	10	88	69	19
本 科	65	22	43	65	22	43	213	85	128	729	488	241
专 科	0	0	0	0	0	0	0	0	0	0	0	0

续表

培　训	565	490	75	0	0	0	601	447	154	426	279	147
分大洲：亚　洲	564	446	118	68	25	43	712	421	291	1061	654	407
非　洲	9	9	0	2	2	0	39	39	0	94	94	0
欧　洲	47	47	0	1	1	0	68	68	0	65	65	0
北美洲	12	12	0	0	0	0	19	17	2	24	22	2
南美洲	0	0	0	0	0	0	1	1	0	5	5	0
大洋洲	4	4	0	0	0	0	13	13	0	14	14	0
分经费来源：国际组织资助	2	2	0	0	0	0	8	8	0	7	7	0
中国政府资助	31	31	0	6	6	0	69	69	0	110	110	0
本国政府资助	0	0	0	0	0	0	11	11	0	29	29	0
学校间交换	80	64	16	16	0	16	163	73	90	166	72	94
自　费	523	421	102	49	22	27	601	398	203	951	636	315

2007 年山东大学教工情况统计公报

截至 2007 年 9 月 30 日，我校（含威海分校）教职工人数 7952 人，比 2006 年同期 7943 人增加了 9 人。其中专任教师 3720 人，比去年 3654 人增加 66 人。

教职工情况表

单位：人

人员性质 / 职称	教职工数									另有其他人员	
	计	校本部教职工					科研机构人员	校办企业职工	其他附设机构人员	聘请校外教师	离退休人员
		计	专任教师	行政人员	教辅人员	工勤人员					
教职工总计	7952	6964	3720	1272	1112	860	470	207	311	1164	3873
其中：总校	6841	5896	3036	1019	1010	831	470	207	268	1024	3716
威海分校	1111	1068	684	253	102	29	0	0	43	140	157
其中：女教职工总计	3327	2980	1492	529	679	280	150	54	143	324	1435
其中：总校	2801	2479	1174	413	622	270	150	54	118	274	1368
威海分校	526	501	318	116	57	10	0	0	25	50	67
正高级	1141	1066	959	97	10	0	67	8	0	563	1073
其中：总校	1049	974	874	90	10	0	67	8	0	504	1049
威海分校	92	92	85	7	0	0	0	0	0	59	24
副高级	2241	2019	1281	402	336	0	114	42	66	523	1066
其中：总校	2003	1781	1099	357	325	0	114	42	66	469	1024
威海分校	238	238	182	45	11	0	0	0	0	54	42
中　级	2413	2023	1012	485	526	0	235	66	89	21	0
其中：总校	2073	1684	793	391	500	0	235	66	88	0	0
威海分校	340	339	219	94	26	0	0	0	1	21	0
初　级	900	723	348	189	186	0	42	20	115	6	0

续表

其中：总校	563	387	151	113	123	0	42	20	114	0	0
威海分校	337	336	197	76	63	0	0	0	1	6	0
无职称	1257	1133	120	99	54	860	12	71	41	51	0
其中：总校	1153	1070	119	68	52	831	12	71	0	51	0
威海分校	104	63	1	31	2	29	0	0	41	0	0
其中聘任制：小计	650	604	310	117	169	8	3	0	43	0	0
其中：总校	417	414	231	58	125	0	3	0	0	0	0
威海分校	233	190	79	59	44	8	0	0	43	0	0
正高级	0	0	0	0	0	0	0	0	0	0	0
其中：总校	0	0	0	0	0	0	0	0	0	0	0
威海分校	0	0	0	0	0	0	0	0	0	0	0
副高级	19	19	10	0	9	0	0	0	0	0	0
其中：总校	19	19	10	0	9	0	0	0	0	0	0
威海分校	0	0	0	0	0	0	0	0	0	0	0
中级	96	95	37	25	33	0	0	0	1	0	0
其中：总校	64	64	29	10	25	0	0	0	0	0	0
威海分校	32	31	8	15	8	0	0	0	1	0	0
初级	361	359	213	60	86	0	1	0	1	0	0
其中：总校	222	221	143	26	52	0	1	0	0	0	0
威海分校	139	138	70	34	34	0	0	0	1	0	0
无职称	174	131	50	32	41	8	2	0	41	0	0
其中：总校	112	110	49	22	39	0	2	0	0	0	0
威海分校	62	21	1	10	2	8	0	0	41	0	0

专任教师、聘请校外教师岗位分类情况表

单位：人

类别 职称	专任教师中按授课内容分			聘请校外教师按授课内容分			专任教师中不任课人数		
	计	公共课基础课	专业课	计	公共课基础课	专业课	计	进修	
								计	其中：国（境）外
正高级	895	52	843	563	15	548	64	64	49
其中：总校	813	42	771	504	0	504	61	61	48
威海分校	82	10	72	59	15	44	3	3	1

续表

副高级	1136	204	932	523	13	510	145	145	95
其中：总校	959	181	778	469	0	469	140	140	92
威海分校	177	23	154	54	13	41	5	5	3
中　级	912	164	748	21	14	7	100	100	57
其中：总校	708	137	571	0	0	0	85	85	53
威海分校	204	27	177	21	14	7	15	15	4
初　级	309	73	236	6	5	1	39	39	3
其中：总校	148	31	117	0	0	0	3	3	3
威海分校	161	42	119	6	5	1	36	36	0
无职称	120	6	114	51	34	17	0	0	0
其中：总校	119	6	113	51	34	17	0	0	0
威海分校	1	0	1	0	0	0	0	0	0
总　计	3372	499	2873	1164	81	1083	348	348	204
其中：总校	2747	397	2350	1024	34	990	289	289	196
威海分校	625	102	523	140	47	93	59	59	8

专任教师、聘请校外教师学历情况表

单位：人

学历 职称	计	博士研究生			硕士研究生			本科			专科及以下		
		计	其中：获学位		计	其中：获学位		计	其中：获学位		计	其中：获学位	
			博士	硕士		博士	硕士		博士	硕士		博士	硕士
正高级	959	433	428	2	233	78	147	286	14	16	7	0	1
其中：总校	874	401	396	2	217	77	134	252	13	12	4	0	0
威海分校	85	32	32	0	16	1	13	34	1	4	3	0	1
副高级	1281	387	379	4	407	26	360	475	0	96	12	0	1
其中：总校	1099	345	337	4	365	26	319	382	0	65	7	0	0
威海分校	182	42	42	0	42	0	41	93	0	31	5	0	1
中　级	1012	249	247	0	494	4	476	265	0	45	4	0	0
其中：总校	793	202	200	0	384	4	366	204	0	34	3	0	0
威海分校	219	47	47	0	110	0	110	61	0	11	1	0	0
初　级	348	1	0	1	170	0	170	175	0	0	2	0	0
其中：总校	151	1	0	1	74	0	74	74	0	0	2	0	0

续表

威海分校	197	0	0	0	96	0	96	101	0	0	0	0	0
无职称	120	68	66	0	31	1	30	21	0	0	0	0	0
其中：总校	119	68	66	0	31	1	30	20	0	0	0	0	0
威海分校	1	0	0	0	0	0	0	1	0	0	0	0	0
总　计	3720	1138	1120	7	1335	109	1183	1222	14	157	25	0	2
其中：总校	3036	1017	999	7	1071	108	923	932	13	111	16	0	0
威海分校	684	121	121	0	264	1	260	290	1	46	9	0	2

分学科专任教师表

单位：人

学　历 职　称	计	博士研究生			硕士研究生			本科			专科及以下		
		计	其中：获学位		计	其中：获学位		计	其中：获学位		计	其中：获学位	
			博士	硕士		博士	硕士		博士	硕士		博士	硕士
聘请校外教师小计	1164	431	417	14	259	41	218	457	9	90	17	0	2
其中：总校	1024	393	393	0	195	26	169	428	9	80	8	0	0
威海分校	140	38	24	14	64	15	49	29	0	10	9	0	0
正高级	563	220	217	3	110	18	92	222	5	20	11	0	0
其中：总校	504	207	207	0	86	11	75	207	5	15	4	0	0
威海分校	59	13	10	3	24	7	17	15	0	5	7	0	0
副高级	523	187	182	5	123	21	102	207	4	68	6	0	2
其中：总校	469	170	170	0	96	15	81	199	4	65	4	0	0
威海分校	54	17	12	5	27	6	21	8	0	3	2	0	0
中　级	21	8	2	6	7	2	5	6	0	2	0	0	0
其中：总校	0	0	0	0	0	0	0	0	0	0	0	0	0
威海分校	21	8	2	6	7	2	5	6	0	2	0	0	0
初　级	6	0	0	0	6	0	6	0	0	0	0	0	0
其中：总校	0	0	0	0	0	0	0	0	0	0	0	0	0
威海分校	6	0	0	0	6	0	6	0	0	0	0	0	0
无职称	51	16	16	0	13	0	13	22	0	0	0	0	0
其中：总校	51	16	16	0	13	0	13	22	0	0	0	0	0
威海分校	0	0	0	0	0	0	0	0	0	0	0	0	0
聘请校外教师中外教	81	29	26	3	23	1	22	29	0	0	0	0	0

续表

其中：总校	52	20	20	0	11	0	11	21	0	0	0	0	0
威海分校	29	9	6	3	12	1	11	8	0	0	0	0	0
聘请校外教师中其他高校	163	68	57	11	58	14	43	28	1	10	9	0	2
其中：总校	52	39	39	0	6	0	5	7	1	0	0	0	0
威海分校	111	29	18	11	52	14	38	21	0	10	9	0	2

分学科专任教师表

单位：人

学科 职称	专任教师合计			正高级			副高级			中级			初级			无职称		
	小计	总校	威海分校	小计	总校	威海分校	小计	总校	威海分校	小计	总校	威海分校	小计	总校	威海分校	小计	总校	威海分校
哲　学	140	56	84	25	21	4	36	24	12	27	9	18	50	0	50	2	2	0
经济学	126	95	31	33	27	6	44	35	9	30	20	10	12	6	6	7	7	0
法　学	214	175	39	50	42	8	100	84	16	47	37	10	12	7	5	5	5	0
教育学	123	96	27	8	5	3	58	51	7	45	39	6	12	1	11	0	0	0
其中:体育	123	96	27	8	5	3	58	51	7	45	39	6	12	1	11	0	0	0
文　学	643	390	253	109	82	27	187	136	51	194	121	73	141	40	101	12	11	1
其中:外语	364	242	122	37	26	11	117	94	23	107	87	20	98	30	68	5	5	0
其中:艺术	97	34	63	11	7	4	19	8	11	36	12	24	27	4	23	4	3	1
历史学	65	65	0	30	30	0	17	17	0	11	11	0	2	2	0	5	5	0
理　学	537	434	103	208	182	26	194	160	34	113	72	41	6	4	2	16	16	0
工　学	935	864	71	271	268	3	351	316	35	238	211	27	37	31	6	38	38	0
其中:计算机	122	96	26	19	17	2	58	44	14	29	25	4	13	7	6	3	3	0
农　学	0	0	0	0	0	0	0	0	0	0	0	0	0	0	0	0	0	0
其中:林学	0	0	0	0	0	0	0	0	0	0	0	0	0	0	0	0	0	0
医　学	485	485	0	133	133	0	159	159	0	161	161	0	12	12	0	20	20	0
管理学	452	376	76	92	84	8	135	117	18	146	112	34	64	48	16	15	15	0
专任教师总计	3720	3036	684	959	874	85	1281	1099	182	1012	793	219	348	151	197	120	119	1

研究生指导教师情况表

单位：人

职称＼年龄	计			30岁及以下			31～35岁			36～40岁			41～45岁			46～50岁			51～55岁			56～60岁			61～65岁			66岁及以下		
	小计	总校	威海分校	小计	总校	威海分校	小计	总校	威海分校	小计	总校	威海分校	小计	总校	威海分校	小计	总校	威海分校	小计	总校	威海分校	小计	总校	威海分校	小计	总校	威海分校	小计	总校	威海分校
研究生指导教师总计	2359	2254	105	3	3	0	140	135	5	471	457	14	837	798	39	432	412	20	228	212	16	157	150	7	49	45	4	42	42	0
其中：女	627	610	17	0	0	0	37	35	2	130	128	2	236	230	6	107	103	4	67	65	2	38	38	0	8	7	1	4	4	0
分职称：正高级	1629	1562	67	0	0	0	69	68	1	271	267	4	546	524	22	314	297	17	203	189	14	142	137	5	45	41	4	39	39	0
副高级	730	692	38	3	3	0	71	67	4	200	190	10	291	274	17	118	115	3	25	23	2	15	13	2	4	4	0	3	3	0
分指导关系：博士导师	0	0	0	0	0	0	0	0	0	0	0	0	0	0	0	0	0	0	0	0	0	0	0	0	0	0	0	0	0	0
其中：女	0	0	0	0	0	0	0	0	0	0	0	0	0	0	0	0	0	0	0	0	0	0	0	0	0	0	0	0	0	0
硕士导师	1802	1720	82	3	3	0	116	112	4	369	357	12	672	643	29	343	326	17	172	158	14	101	97	4	20	18	2	6	6	0
其中：女	444	428	16	0	0	0	29	27	2	98	96	2	176	170	6	71	67	4	46	44	2	21	21	0	2	2	0	1	1	0
博士、硕士导师	557	534	23	0	0	0	24	23	1	102	100	2	165	155	10	89	86	3	56	54	2	56	53	3	29	27	2	36	36	0
其中：女	183	182	1	0	0	0	8	8	0	32	32	0	60	60	0	36	36	0	21	21	0	17	17	0	6	5	1	3	3	0

附属医院

2007年齐鲁医院概况

2007年是山东大学齐鲁医院各项事业实现健康、协调、快速发展的一年。医院按照卫生部和山东大学的统一工作部署，以深入学习贯彻党的十七大精神为动力，全面落实科学发展观，紧紧围绕创建国内一流、国际知名高水平综合性医院这一战略目标，带领全院干部职工进一步解放思想，开拓进取，扎实工作，致力于强化医院管理，提高技术水平，改善服务质量，减轻就医负担，医院的各项事业取得了长足发展，管理水平进一步提高，综合实力进一步增强，社会影响力进一步扩大，为2008年医院实现新的更大的发展奠定了坚实基础。

一、精神文明建设

（一）深入学习贯彻党的十七大精神，切实提高职工思想政治素质

医院将学习党的十七大精神作为2007年的中心工作之一，制定下发了《关于认真学习宣传贯彻党的十七大精神的通知》，对学习贯彻十七大精神进行了全面部署。全院职工以高度的政治热情和历史使命感，通过座谈会、报告会、讨论会、写心得等形式认真学习十七大精神。在学习过程中实现了"三个结合"，即学习十七大与加强党的执政能力相结合，与加快推进国内一流、国际知名的高水平医院建设相结合，与提高业务水平、做好本职工作相结合。通过系统、深刻的理论学习，广大党员干部的认识进一步提高，思想进一步统一，增强了贯彻落实科学发展观的坚定性和自觉性，真正成为科学发展观的坚定信仰者、忠诚实践者和积极推动者，自觉致力于医院各项事业的发展。

（二）大力加强作风建设，促进医院和谐发展

积极倡导爱岗敬业、廉洁高效、团结协作、服务至诚的良好风气，在党员干部中开展了"加强作风建设，促进社会和谐"主题教育活动，在全院范围内开展了"优质服务竞赛"、创建"青年文明号"、争创"巾帼建功岗"、争当"青年岗位能手"等活动，举办了全院中层管理干部培训班、处级干部新加坡高级研修班等，通过不同的形式和载体，医院在临床一线干部职工中牢固树立"以病人为中心，以质量为核心"的理念，在行政后勤干部职工中牢固树立"全心全意为一线服务"的理念，实现了管理干部执行

力、医院整体工作效能和综合服务水平的全面提高。医院严格按照领导班子内部议事和决策机制办事，实施科学、民主决策；坚持党政联席会、院领导专题会、行政周会等会议制度，确保上情下达、政令畅通；建立健全了职工利益表达和权益维护机制，确保了房屋分配、拆迁安置等矛盾焦点工作顺利完成。全院上下团结一致、心和气顺，共同营造出和谐良好的干事创业氛围。

（三）全面推进治贿专项工作，倡导廉洁文明行医

医院遵照中纪委七次全会、国务院第五次廉政工作会议和2007年卫生部治贿电视电话会议精神，精心组织、广泛动员、周密部署、深入实施，以自查自纠工作为主线，以建立防控商业贿赂行为的长效机制为目标，以治理红包、回扣等医疗腐败现象为重点，全面推进治理商业贿赂专项工作。医院坚持“一手抓医院的改革和发展不放松，一手抓治理商业贿赂专项工作不动摇”，将治贿工作与“三个三”活动、“医院管理年”活动紧密结合，积极倡导廉洁行医、文明行医，扎扎实实地为群众解决实际问题，改进了服务，提高了水平，为维护人民根本利益和解决“看病难，看病贵”问题作出了应有贡献。

（四）继续坚持公益性办院方向，积极开展各类社会服务活动

2007年全年，医院高举公益性办院旗帜，用实际行动展现百年名院的道德风范和人道主义精神。医院以高度的政治热情和历史使命感，派出精干力量参加卫生部“万名医师下乡支农”、“支援西部建设”，“惠民医疗”，教育部“暑期三下乡”等义务工作；组织了“关注民生，情系桓台—百名医师大型义诊活动”，为桓台人民免费送医送药；开展“微笑列车”、“爱心复明”等慈善活动，为上百名患者除去病痛。2007年，医院共组织各类义诊活动30余次，往国内外落后地区派出医疗队十余支，专家300余人次，为国内外无数患者带去健康福音，取得良好的社会效益。

（五）深入推进医院文化建设，打造百年齐鲁品牌

2007年是医院文化建设取得长足进步的一年。医院以院报、网站、出版物等为平台，深度挖掘百年齐鲁文化底蕴，不断丰富医院精神内涵，引导和教育职工在了解医院历史的基础上，关注并致力于文化型医院创建活动。医院文化生活更加丰富，文化形象更加鲜明，引起了社会的广泛关注。2007年，医院获得了由中华医学会颁发的医院人文管理荣誉奖。同时，一批素质过人、事迹感人的先模人物成为引领医院文化建设的标杆，如获得“全国卫生系统先进个人”称号的心内科黎莉同志、获得“全国优秀青年岗位能手”称号的静配中心米文杰同志等。

二、学科与队伍建设

（一）学科建设取得重大突破，整体水平步上新台阶

深入贯彻落实医院学科发展“十一五”规划，进一步加强顶层设计，以重点学科建设为突破口，实现学科水平整体提升。在国家重点学科评选中，医院增列心血管内科学和妇产科学两个国家重点学科，实现了医院国家级学科零的突破；耳鼻咽喉科学实验室顺利通过卫生部验收，再次确定为卫生部重点实验室，使医院省部级重点实验室达到六个；组织六个强势学科参加山东省“泰山学者”工程岗位学科申报，并新增血液科学和

消化内科学两个“泰山学者”岗位学科，目前医院“泰山学者”岗位学科已达5个。

（二）人才队伍建设不断推进，结构进一步优化

紧紧围绕“人才兴院”战略，不断完善定位准确、层次清晰、衔接紧密、可持续发展的人才培养支持体系，根据学科发展要求建立不同层次人才的培养和引进机制，促进了专业技术队伍结构的进一步优化，整体素质明显提高。入选“泰山学者”特聘教授3名（耳鼻喉科学、妇产科学、医学影像学），教育部新世纪优秀人才2人，山东省有突出贡献的中青年专家1人；全院共有在岗博导75人，硕导188人；担任中华医学会各专业委员会常委以上职务者9人，委员45人，担任山东省医学会各专业委员会主任委员者31人，进一步巩固了医院在省内的学术地位；2007年选拔接收新职工55人，其中博士29人，硕士26人；派出专业技术人员进行海外研修30余人，博士后在站13人。根据国家事业单位改革的总体精神和要求，按照山东大学开展定岗定编工作的统一部署，进行了全院各类人员的信息采集及情况摸底；根据国家有关法律法规要求，制定了合同聘用人员管理办法，为793名合同制专业技术人员建立了个人档案，缴纳了各类保险，提高了相关待遇。

三、业务建设

（一）医务管理内涵建设扎实推进，医疗综合实力明显增强

以医院管理年活动为契机，狠抓管理内涵建设，取得显著成效。制定实施了《医师外出会诊管理规定》、《人工关节临床应用管理制度》、《医疗技术准入管理制度》等一系列规章制度，进一步健全了医疗质量管理体系；强化医务人员“三基三严”训练，实现基础业务素质的持续改进；加强应急体系建设，派出专家参与新泰煤矿透水事故、“8.19”滨州铝液外溢事故等应急任务，得到卫生厅领导的高度评价；设立“临床实用新技术资助基金”并建立了配套制度和实施细则，鼓励进行临床技术创新，全年新技术、疑难危重病例抢救成功奖申报数量同比增加一倍，项目质量也较去年有了明显提高；门急诊开展了10项便民服务措施，工作流程得到进一步整合；进一步理顺了院内感染防控体系，院内感染管理工作进一步加强。2007年，医院门诊量达1574518人次，同比增长8.47%；急诊接诊39835人次，同比增长8.7%，抢救成功率达87.3%，同比增长2.4%；出院人数45339人次，同比增长9.01%；手术量达26928台次，同比增长9.37%；病床周转次数为28.27次，同比增加2.08次；病床使用率达103.78%，同比增长5.98%；平均住院日13.7天，同比减少0.72天；医院感染发生率、Ⅰ类手术切口感染率、甲级切口愈合率、医疗器械消毒灭菌合格率等主要指标均达到卫生部标准。2007年医院业务工作量大幅增长，医疗综合实力明显增强，进一步巩固了在省内的领先地位。

（二）全面实施“大保健”方略，深入推进干部保健工作

医院党政领导班子高度重视干部保健工作，制定实施“大保健”方略，努力构筑以干部保健科为主体、全院各部门科室密切协作的干保工作体系。保健门诊专科设置齐全，配备了心脏远程监护网络等国际领先的高精尖设备；开展“四个一”创建活动，优化一条龙门诊服务模式，建立专家咨询热线，实现了“一卡通”，赢得保健对象的高度

评价；扎实推进干保队伍建设，建立了一支数量足、素质高的专兼职保健专家队伍；着力加强重点保健服务，优质高效地完成多次重点保健服务工作。由于工作出色，中央和省委省府有关部门多次予以通令嘉奖，中共中央政治局委员、天津市市委书记张高丽，卫生部副部长黄杰夫等领导同志对医院干部保健工作给予了高度评价。

（三）护理质量持续改进，护理水平不断提高

以“医院管理年”活动为契机，进一步完善三级护理质控网，建立健全了安全质量保证体系；以护理核心制度和基础护理操作为主要内容，加大检查和督导力度；强化“三基三严”训练，组织进行各项理论和操作考试近3600人次，举办了静脉留置针技术比赛等业务技术竞赛活动，促进了护理质量的持续改进；更新护理理念，优化护理服务流程，努力实现护患关系零距离，积极开展“创建优质护理服务示范病房”活动，西九病房获得“山东省优质护理服务示范病房”称号。

（四）人才培养成效显著，教学水平稳步提高

紧紧依托山东大学，建立健全学科综合环境、研究环境和开放环境下的本科生培养体系。完成理论授课5998学时，授课人数4586人次；见习带教3790学时，带教人数2487人次；实习教学17600学时，带教人数317人次；整体化临床教学改革进入攻坚阶段，成效初显；进一步完善教学管理长效机制，不断强化临床教学质量监控；积极推动教学精品建设，加强临床教学师资梯队建设，培育各层次教学名师、教学能手十余人，提高了整体临床教学水平；加大学生临床技能培训力度，成功试行客观结构临床考试（OSCE）；实施教学创新，在教学方法上不断与国际接轨，倡导和引进PBL教学、案例学习等；加强研究生教育，推进导师队伍建设；创新研究生培养模式，积极开展研究生中外联合培养、博士生助研等工作，实现研究生学术水平稳步提升；高度重视继续医学教育工作，全年协办国家级医学继续教育项目10项，省级项目4项；举办院级继续医学教育讲座45次，以优异成绩通过山东省继续教育委员会进行的检查评估。

（五）科学研究扎实推进，整体优势得到强化

2007年获得“863”重点项目1项，卫生部部属医院临床学科重点项目3项，国家自然科学基金16项，山东省科技攻关计划32项，山东省自然科学基金42项，山东省博士基金18项；厅局级项目48项，省优秀中青年奖励基金16项，纵向科研经费合计1739万元，临床试验经费460万元，全年中标项目创下历史最高水平；科技成果呈现数量与质量同步增长，全年共获省部级奖励17项，厅局级奖励17项，其中张薇教授牵头的一项课题获山东省科学技术进步一等奖；41项成果通过厅局级以上成果鉴定；全年共发表科技论文823篇，论文数在全国医院中排名第18位，其中发表SCI收录论文50篇，同比增长108%，为历史最高水平，在全国医院中排名第17位，首次进入前20名。

（六）药事管理内涵建设逐步深化，药学服务水平不断提高

根据国家新《处方管理办法》的要求，制定并实施了《山东大学齐鲁医院新处方管理办法》，在全院推行电子处方和药品通用名处方，全年门诊处方合格率达95%；进一步完善新药引进制度和网上进药系统，实现药品采购供应的公开、公平、公正；严格控制药品收入比例，2007年药品收入比例为43.62%，远低于全国和全省平均水平；对药

事管理实施定量综合考评控制，建立完善了“四查十对”调剂制度，促进了药事管理质量的持续改进；调整门诊药房布局，合并门诊南、北药房，增加发药窗口，进一步优化了服务流程，提高了药学服务质量；组织开展多次药学教育培训，定期进行处方点评，促进了临床科室合理用药；静脉药物配置中心业务进一步拓展，药理基地建设逐步规范，有力地支持了临床工作。

（七）医师培训工作再上台阶，基地建设硕果累累

医院29个全国首批专科医师培训基地运转正常，顺利通过了卫生部专科医师培训试点基地复审；临床药师培训基地完成第二届临床药师招生及首届学员结业考核工作，通过卫生部专家审核验收；顺利完成了卫生部内镜诊疗技术培训基地现场评价验收工作，6个基地获首批卫生部内镜诊疗技术培训基地证书，数量位居全国第一；建立了完善的专科医师培训管理模式和培训监管体系，为医院专科医师培训工作尽快步入规范化、制度化轨道奠定了坚实的基础；顺利完成住院医师和社会化招考学员的培训考核任务。

（八）医保和公费医疗工作进一步规范，“新农合”工作全面开展

根据国家相关政策动态，努力适应医保覆盖面不断扩大的形势，不断调整医保管理体制，完善医保工作流程，重点抓好定额管理，不断改进医保服务质量。在提高济南市基本医疗保险管理效能的同时，顺利开展“新农合”工作。全年医保总门诊量达110581人次，住院8345人次，医疗费用合计1.26亿元。医院被评为省级医院医疗保险先进单位和全省医疗保险A级信用先进单位；加强了公费医疗制度建设，坚持合理检查、合理治疗、合理用药原则，有效控制了公费医疗超支现象，减轻了医院负担。

（九）对外开放战略不断深入实施，国际交流合作日趋活跃

重点加强了医院管理高层互访。党政一把手分头率代表团访问北美和欧洲，访问期间代表团接触了大量优秀海外校友和山东大学医学院留学生，为人才引进做了准备工作；开拓、巩固并加强了医院与美国哈特福德、瑞典哥德堡大学萨格林斯卡医院等友好院校的交流与合作，为医院争取了更多的学者海外研修机会和学科合作机会；加强对外管理学术交流，2007年全年共邀请国外专家20余人来医院访问、考察、交流、指导；积极鼓励职工出国进修、学习、参加国际会议，全年利用各种奖学金、联系兄弟医院、校友资助，共派出进修人员30余名，参加短期国际会议30多人。

三、行政后勤建设

（一）医院基本建设继续加强，重点工程取得进展

建立健全基本建设管理制度，严格执行国家工程建设法规和施工规范。门诊保健综合楼工程进展顺利，已完成地下2层、地上8层的主体建设，建筑面积8万平方米，完成投资1.28亿元；南新街专家公寓工程在3栋单体未能同时开工建设的困难局面下，顺利完成了2、3号楼的主体建设和外墙装饰工程，为2008年尽早实现竣工并交付使用奠定了基础；完成耳鼻喉卫生部重点实验室改造等12个项目的建设，交付工程建筑面积4017平方米，扩大了业务用房面积，美化了医院环境；大力推进数字化医院建设，完成了医院信息系统集成改造工程和网络硬件环境扩建改造工程，为医院在2008年建立完整的数字化医院体系奠定了坚实基础。

（二）加强国有资产管理，规范设备耗材采购供应

根据卫生部统一部署，全面实施医院国有资产清查工作，将全院国有资产纳入网络数据库管理，彻底结束了医院家具、图书、交通工具、土地及建筑物等资产手工录入的历史，达到了摸清家底、核对账实的目的，顺利通过了财政部资产清查专项审计。截至年底，医院拥有各类仪器设备总量 10，677 台，总价值 5.06 亿元人民币，同比增长 13.3％，设备总量和水平继续处于国内先进地位。

（三）财务管理进一步规范，审计工作不断加强

通过贯彻落实医院财务会计内部控制制度，进一步严格了财务支出报销手续，促进了资产和设备、物资、药品采购的统一集中管理，规范了财务管理体系，提高了医院财务管理的效率和水平，医院年底资产总额达 20.57 亿元，同比增长 23.1％。医院高度重视审计工作，充分发挥审计部门的监督职能，全年审计项目 143 项，报审项目 11 项，合计金额 1292.1 万元，审减金额 113.6 万元，审减率为 8.79％。

（四）后勤支持体系建设扎实推进，节约型医院建设初见成效

努力提高服务意识，加强后勤员工素质培养，树立“以临床一线为中心”的服务理念；实行院区物业管理，对住院区实行严格的探视陪护制度；加强院容院貌管理，完成了医院明线下地工程；整合后勤服务流程，开展临床配送服务和院区便民交通服务，有效减轻了临床一线的工作压力；积极开展节约型医院创建活动，大力提倡节约和成本控制，完成了病房大楼热水系统改造、宿舍区供水管网检修等十余项节能工程，真正实现了节能减排，全年在业务工作量同比大幅增长的情况下，共节约水电气暖等费用 296 万元；加大力度，积极协调，圆满解决了阳光舜城 1 组团的水、电、气、暖配套问题，同时顺利进行了阳光舜城社区物业竞标工作；克服重重困难，拆除肿瘤中心南面垃圾楼，解决了这一历史遗留问题，彻底疏通了院区东北面出口。

（五）平安医院建设深入开展，和谐医患关系构建得到加强

牢固树立“和谐发展”、“稳定压倒一切”的观念，按照平安医院创建活动的要求，不断加强安全保卫内涵建设，重新修改制定了各项安保制度和责任书，建立健全了灭火、疏散、爆炸案件处置、群体性冲击事件处置等的应急预案体系；加强“技防”建设，完成了数字化监控系统的安装和调试；严厉打击扒窃、诈骗、医托等违法犯罪活动；积极构建和谐医患关系，建立健全“科室纠纷防范小组－法规处－医院领导”三级负责制，加强了医疗过失和事故上报机制、医疗纠纷防范机制、患者投诉处理机制、医疗纠纷处理机制四大机制建设，切实增进了医患双方的良性沟通，降低了医患纠纷的发生率，投诉次数、索赔额、实际赔付额等均低于驻济各大医院。在全院各部门、科室的共同努力下，“医闹”现象得到有效遏制，医务人员合法权益得到有效维护。

（六）齐鲁医疗投资有限公司管理进一步规范，医院集团化经营初具规模

医院以齐鲁医疗投资有限公司为平台，大力开展集团化经营，拓展了医院发展空间，增强了医院实力，扩大了社会影响。顺利完成对桓台县人民医院的重组，该项目完成后，公司的控股、参股医院已达 4 家，2007 年度的业务总收入达到 2.2 亿元；公司不断加强自身建设，健全管理体制，严格控制支出，经济效益显著。

（连雪洪）

2007 年第二医院概况

2007 年是医院建院 20 年的庆典之年，也是应对各种困难和挑战，艰苦奋斗、执著前行的一年，更是医院的创新发展、和谐发展之年。医院按照卫生部、省卫生厅和学校的统一部署和要求，以迎接和深入学习贯彻党的十七大精神为动力，全面落实科学发展观，全院干部职工克服困难、扎实工作、开拓进取，开创了各项工作的新局面，向着建设国内一流、特色优势明显、综合型、研究型、开放型的现代化医院的目标稳步迈进。本年度门诊量 332482 人次，收治住院病人 15266 人次，全年完成业务总收入 19023.54 万元，比上年增长 4%，固定资产（含在建工程）29982 万元，增长 4%。

一、医教研工作

（一）医疗工作

医院坚持深入开展“医院管理年”和“质量效益年”活动，不断建章立制，规范管理，强化内涵管理和建设，建立起科学有效的医疗服务质量检查制度和评价体系，推进医疗质量持续改进和稳步提高。顺利迎接了卫生部大型医院巡察组的巡查，并认真总结经验，查找不足，对巡察组指出的问题认真梳理，及时整改，促进了医院的科学管理和各项工作的不断提高。不断探索医护管理模式改革，实行护理单元化管理和临床科室医疗分组管理，优化医疗资源，强化激励机制，开拓发展潜力。

完善和落实医疗制度，加强制度化、规范化管理。制定《山东大学第二医院医师定期考核工作制度》、《山东大学第二医院处方评价管理办法》、《山东大学第二医院医务人员违法违规行为公示制度》、《山东大学第二医院大额医疗费报告及管理制度》等制度，编印并下发《制度汇编》行政管理分册、医疗分册、护理分册及感染分册等，并督促落实和学习。加强重点科室和重点环节的质量管理，抓好首诊医师负责制、三级医师查房制度等 12 项核心医疗制度的落实。医院成立医疗执行委员会，参与重大医疗事务的管理过程，并在医疗问题的处理中发挥决策作用；医疗质量管理委员会每月对各科室医疗服务质量进行抽查，每季度进行全面检查，加强了科室管理和运行病例质量的管理。

继续强化“三基三严”训练，加强基础医疗质量。根据《山东大学第二医院医师“三基三严”培训与考核方案》，继续开展“三基三严”培训和考核工作。采取集中授课、网络授课、临床技能培训等多种形式方式，对全院 45 岁以下、副高级职称及以下人员进行培训，对发现的突出问题进行专项培训；并于 8 月、9 月组织了两次“三基三严”技能操作考核，并将考核结果与职称晋升挂钩。共有437人次参加了考核，合格426人次，合格率达97.5%，大大提高了青年医师的业务能力和业务水平。

修订、完善各项护理制度，严抓各项制度的落实；继续发挥护理质量管理委员会的作用，强化护理人员的服务意识和质量意识；强化护理人员“三基三严”训练和考核，实现人人过关。在全国护士技能大赛中，我院护理队伍成绩突出，进入复赛行列。

完善医疗纠纷预警及处理机制，有效防范医疗纠纷。制定《山东大学第二医院医疗纠纷（事故）防范、预警与处理规定》，完善投诉管理体系，引进医疗事故和重大医疗过失申报系统，做到患者投诉有登记、有联系电话、有投诉材料、有科室讨论意见，有整改措施，并建立档案，及时反馈。

坚持医院公益性质，积极开展惠民医疗、社区卫生服务和院际医疗合作。继续扎实有效地开展“惠民医疗”工程，努力为群众提供安全、有效、方便、价廉的公共卫生和基本医疗服务。2007年在无政府补助和社会各界投入的情况下，我院减免医疗费用470人次，减免33640.25元，开展无节假日手术238例。

成立社区卫生服务科，选择3家覆盖范围广、长居人口多的社区，开展对口支援、技术培训、双向转诊等工作。新增菏泽市第三人民医院、荣成市妇幼保健院、莘县人民医院为我院合作医院，充分发挥我院技术和设备优势，带动地方医疗水平的提高，造福地方人民。

积极探索科学高效的医疗工作运行机制，在全院试行并逐步推动各科室医疗分组的工作，部署和动员工作已经完成。另外，护理单元化的准备工作正在进行之中。

（二）教学工作

医院担承人才培养重任，积极改善教学环境，加强教学质量管理和教师管理，注重对年轻教师的培养、培训和考核；积极探索创新型人才培养模式，抓好本科临床教学导师制；加强人文素质教育，培养适应社会发展要求的高素质复合型医学人才。本年度进一步加强环节管理，确保了理论教学的“零事故”。成功举办了医院首届“英语教学比赛”，受到了学校领导的肯定。圆满完成了2006～2007年度实习学生360名的临床教学工作；组织院长教学查房8次。接收2007～2008年度临床实习学生400余名。招收2007级研究生36人，获得省级、校级等各类奖学金、助学金28项，组织研究生论文答辩26场，38人顺利毕业。完成“360工程”、“1127工程”技术骨干培训62人。举办继续医学教育项目3项。

（三）科研工作

坚持贯彻“科技强院”战略，完善科研管理制度，建立和理顺科研管理体制，正确处理医疗、教学、科研的关系，不断加强科研工作力度，申报课题数量、中标课题数量、鉴定项目、经费数额等均有大幅度增长，医院的科研水平和实力已跨入省内先进行列。2007年共中标项目75项，是2006年的1.5倍，尤其是实现了卫生部临床重点项目零的突破；获得纵向科研经费366.3万元，是2006年（212.5万元）的1.72倍，是2005年（113.1万元）的3.24倍；获得各级各类奖项57项，其中省科技厅科技进步奖5项，中华医学会科技奖2项；鉴定课题12项，其中国际领先水平2项，国际先进水平4项。

二、管理与改革

（一）人才队伍建设

结合科主任配备调整工作，对临床医技科室进行了充实调整，为医院下一步发展打下良好的基础。不断完善人才工作机制，制定了《关于吸引外校优秀博士毕业生的暂行规定》，加大人才引进和培养力度，优化人才队伍结构，创造有利于人才成长的环境和条件，鼓励职工提高学历层次，努力建设一支结构合理、富于创造力的高素质医疗队伍。

根据医院学科发展需要，在学校和院领导的大力支持下，引进人才 2 名，成立特色科室肛肠外科和眼科中心。

全年共有 37 人提高了学历层次，其中取得博士学位人数 4 人，硕士学位 5 人；博士后在站人员 4 人；出国学习进修 6 人次。

（二）人事分配制度改革

根据上级有关文件精神和医院的发展要求，积极推进人事制度改革，制定《山东大学第二医院劳动用工管理暂行办法》，基本完成了机关后勤部门岗位设置与人员配备调整工作，逐步探索建立全员岗位目标责任管理机制；继续推行新进人员岗位聘任制，逐步实行全员岗位聘任；规范劳动用工管理，制定《山东大学第二医院卫生技术系列二级岗位设置原则、设置方案及申报条件》，加强了对编制外各类人员的管理。

（三）财务、资产、设备管理及审计工作

编制 2007 年院内收支预算和各部门、科室经费计划，并严格执行计划定额。落实《物价管理制度》《严禁设立“小金库”管理办法》《差旅费、业务费、办公费定额管理试行办法》等财务规章制度，对全院所有部门和科室开展自查和检查，进一步规范收费行为，杜绝了“小金库”现象；加强了财务统计和财务分析，为医院和科室发展提供了准确、详细的数据和指导性建议。积极推进院务公开工作，采取有效措施做好医疗服务收费的公开工作。

认真开展国有资产清查工作，成立了资产清查工作领导小组，对医院基本情况、财务情况以及资产情况等进行了全面清理和清查。建立医院内部控制制度。对预算控制、收入控制、支出控制、货币资金控制、药品及库存物资控制、固定资产控制、工程项目控制、对外投资控制、债权和债务控制、财务电子信息化控制等进行了明确规定。成立国有资产管理办公室，建立健全了国有资产动态监管系统，实现了资产管理与预算管理和财务管理相结合的运行机制。5 月 4～7 日，财政部资产清查专项审计工作组来医院进行资产清查专项审计工作，通过认真、细致的复核和审查，对医院的资产清查工作给予了高度评价。

根据医院整体工作的需求，有计划有组织地对今年的装备计划进行公开招标采购。仔细审查招标价格，对部分中标产品进行二次谈判，尽最大可能维护医院的利益。

依法开展审计监督和审计服务。全年共审计工程预决算项目 38 项，送审金额 1503 万元，实审金额 1444 万元，审核金额 1177 万元，审减金额 267 万元，审减率为 18.49％ 。完成各类经济合同审计 230 余份。

成立招标办公室，规范招标行为。2007年，医院共组织招标项目23项，中标金额5185万元；自行招标12项，涉及合同金额453万元，委托招标11项，涉及合同金额4732万元。

（四）学科建设

医院进一步完善学科建设管理办法，制定重点学科发展规划，加强对省级重点学科和院级重点学科的建设和管理；明确“神、肾、微”的学科特色和发展方向，发展优势和潜力逐步显现。

三、后勤及基建工作

不断强化后勤服务意识，实行后勤仓库配送制度，方便临床一线。克服北园大街改造与基建工程对水、电、气供应的影响，保证了医院的正常运行。启动职工宿舍楼售房工作，成立售房委员会，初步确定分房方案。正式启用职工食堂，为职工创造良好的工作和生活环境。

医院认真做好院区和宿舍区整体规划设计工作；加强工程监督管理，提高工程质量和工作效率，基建工作取得重大进展。医技楼建设工程已经完工，即将投入使用。病房楼二期装修改造已经进行大部。职工宿舍楼大部分工程已完工，将于2008年6月前交付使用。医院外科大楼、大礼堂装修工程、门诊楼改造工程等工作正在紧张筹备，预计2008年上半年开工建设。未来三至五年，医院的诊疗环境、职工生活环境将得到彻底改观，为医院的跨越式发展奠定良好基础。

四、宣传思想政治及安全稳定工作

院党委用科学发展观统领医院发展全局，深入学习贯彻党的十七大会议精神，紧密结合医院中心工作和职工思想实际，不断加强理论武装，改进宣传思想政治工作，努力做好安全稳定工作，为医院发展提供强有力的思想政治保证和安全稳定的良好环境。

（一）思想政治工作

院党委制定了全院年度学习计划和工作安排，完善每月定期学习制度，建立健全学习考核、督查机制，保证学习质量和效果，并坚持院党委中心组理论学习、党员组织生活、职工政治学习等三个层面的学习。认真组织学习党的十七大精神，制定了《关于认真学习宣传贯彻党的十七大精神的通知》，对学习贯彻十七大精神进行了全面部署。院党委通过制度建设和陈增海等一大批先进典型引导，加强了医德医风建设；坚持“以人为本”，关注职工的健康成长，给困难职工送温暖，关心离退休老同志；通过解决关系职工切身利益的问题，如住宅楼建设、职工子女入托入学就业等问题，极大地调动了干部职工的积极性，保持了职工队伍的稳定。

（二）宣传工作

医院重视舆论的宣传和引导，加强院内宣传舆论阵地建设。加强对医院网站和办公自动化系统的管理。认真做好院报、宣传栏的编辑工作，规范院内各种宣传展板、条幅、标识牌等的制作和管理。进一步加强与学校和社会新闻媒体的联系与沟通，大力宣传我院在学科建设、医疗、教学、科研中取得的重大成果以及在各项工作中涌现出的先进典型，注重医院整体形象和特色服务及品牌宣传。全年共向学校网站投稿60条。在《人民日报》《大众日报》《齐鲁晚报》等多家媒体发表新闻稿件150余篇，与去年同比增长110%。骨外二科陈增海教授的先进事迹受到新华社、中央电视台、《人民日报》、中央人民广播电台、《光明日报》、《经济日报》等各大媒体的关注，在社会各界引起强烈反响。陈增海教授被评为全国卫生系统先进工作者，受到吴仪副总理的亲切接见，同时还被评为“2007山东年度新闻人物”、山东大学十大新闻人物、山东大学爱岗奉献模范人物等。

（三）安全稳定工作

认真贯彻卫生部创建“平安医院”要求，强化院区治安，加大院内环境秩序治理力度，创造温馨、和谐的就医环境和安全稳定的工作生活环境；不断完善医患沟通制度和投诉处理制度，保障医疗安全，构建和谐的医患关系；建立健全突发事件应急处置预案，不断提高应对和处理突发事件的能力，维护职工的正当利益和医院安全稳定。

（四）建院20周年院庆活动

2007年5月18日是医院建院20周年纪念日。医院以“展示成就，扩大影响，凝聚人心，促进发展”为指导思想，举办了庆典大会、专家学术报告会、庆典晚会、免费健康课堂等一系列服务社会、加强交流的医疗和学术活动。全国人大常委会副委员长韩启德等领导为院庆题词，卫生部、国家药监局等发来贺信贺电。印刷出版了81万字的《山东大学第二医院志》，举办了建院20周年成果展，通过院报、宣传栏、网站及新闻媒体等进行了全方位宣传。

五、党建工作

院党委始终坚持围绕发展抓党建、抓好党建促发展的指导原则，全面加强院领导班子和干部队伍建设，积极探索党建工作新模式，形成党的工作与医院中心工作目标一致、相互依托、相互促进的工作格局，以党建工作的新局面推动医院各项事业的新发展。

（一）领导班子建设

院党委以加强作风建设为重点，努力把班子建成政治坚定、求真务实、开拓创新、勤政廉洁、团结协调的坚强集体，建成广大干部职工干事创业的领导核心。加强思想作风建设，着力加强班子的四种能力建设，即领导发展的能力、选人用人的能力、处理复杂问题和突发事件的能力以及群众工作能力，不断提高领导水平和执政能力；加强学风建设，树立终身学习思想，完善院党委中心组理论学习与个人自学相结合的学习制度，坚持理论联系实际，学以致用，倡导研究状态下开展工作；加强工作作风建设，巩固完善院领导联系支部、联系科室制度和调查研究制度，实行院领导行政查房制度、接待日制度，经常听取群众意见和建议，畅通信息联系渠道；加强作风建设，坚持民主集中制原则，加强班子团结，完善定期向民主党派通报情况制度，廉洁自律，自觉接受群众监督；加强生活作风建设，注重品行修养，保持高尚的精神追求。

（二）干部队伍建设

根据医院实际，顺利完成了职能部门负责人、临床医技科主任的配备调整工作，

118 名干部陆续走上各自工作岗位。此次配备调整，医院加大干部交流力度，中层干部全部实行换岗交流，一批政治坚定、作风优良、业务素质高的年轻骨干进入到管理队伍中，为管理队伍补充了新鲜的血液。调整后，干部队伍的年龄结构更加合理，知识结构、专业结构有了较大改善，政治素质、业务素质进一步提高。其中中层干部的平均年龄由 45.58 岁降为 41.25 岁，45 岁以下人员占 77%（40 岁以下占 42%），具有硕士学位人员由 14%提升到 22%。临床医技科室主任平均年龄由 56.35 岁降为 43.4 岁，45 岁以下人员占 67%，具有博士学位人员占 26%，具有硕士学位人员占 42%。本次配备调整，既增加了干部队伍的生机与活力，又兼顾了工作的连续性和稳定性，实现了工作的自然过渡和有序衔接，为医院的科学发展、和谐发展、开放发展提供了坚强的组织保证。

进一步完善并深化职能部门负责人联系科室制度。认真制定干部队伍岗位目标责任制，继续加大干部培训力度，创新培训方式，坚持“请进来，走出去”，通过组织外出学习、鼓励在职学习等方式，强化管理骨干的大局意识、责任意识、团结协作意识，不断提高干部队伍的综合素质能力和水平。

（三）基层党组织和党员队伍建设

抓好支部成员培训工作。先后安排支部成员赴外地参观学习，开阔视野，借鉴提高，创新实践。对各基层党支部书记进行了一次较为全面的集中培训。认真落实院领导联系支部制度和支部成员例会制度。对支部活动实行项目化管理并给予经费保障和支持，鼓励支部创新工作方式，深入组织开展多种形式的主题党日活动。在学校组织的基层党组织活动方案立项工作中，我院又有三项方案分别获得最佳和优秀方案，极大地推动了支部工作的开展。

推行“党员联系群众制度”，努力构建“党组织服务党员群众，党员服务患者”的工作体系。做好党员发展工作，着力改善党员结构，继续做好在优秀中青年医护人员中发展党员工作；继续推行党员发展公示制度。加强对入党积极分子的教育培训，共发展党员 19 人，转正 17 人，12 名入党积极分子参加了培训并通过考试。

六、党风廉政建设及行风建设

以治理商业贿赂工作长效机制建设为重点，大力加强党风廉政建设和行风建设。认真落实党风廉政建设责任制，严格履行一岗双责；加强制度建设，进一步完善廉政谈话制度，继续深入开展治理商业贿赂工作，努力探索建立治理商业贿赂长效机制；认真落实“收支两条线”管理规定，遵守“三重一大”问题集体讨论决定的制度，努力从源头上治理和预防腐败；坚持领导干部个人重大事项报告制度；做好信访举报工作，全年无重大信访事件发生。

加强医德医风建设和精神文明建设，强化对干部职工的理想信念教育、职业道德教育和廉洁警示教育；继续开展无“红包”医院、“六个一”温馨服务、“行风评议，医患共建”、“创患者满意病房，做患者信任护士”、出院病人随访、“感恩故乡行”等活动，不断完善医患沟通渠道和意见反馈机制；积极探索加强行风建设的有效方法和长效机制。

七、统一战线和群团工作

关心民主党派的自身建设，建立并不断完善向民主党派定期通报情况制度，主动听取民主党派对医院建设和发展的意见和建议，积极支持民主党派围绕医院中心工作开展活动。关心离退休老同志的生活，注意充分发挥民主党派、无党派人士和离退休老同志在医院改革发展稳定工作中的积极作用。

积极探索新形势下工会、共青团工作的新路子。积极筹备召开医院第一届工会代表大会和职工代表大会，健全工会组织，推进民主管理、依法治院，维护职工合法权益。组织开展了庆“三八”、篮球比赛、文艺晚会等丰富多彩的文体活动，成功组织了第三届职工短期休闲度假，深受职工欢迎。

共青团组织围绕医院党政中心工作，进一步加强了基层团组织建设，不断深化创建“青年文明号”和青年岗位能手活动，一人被评为全省卫生系统青年岗位能手，新增省级青年文明号一个，使省级青年文明号增加至四个。

（薛其刚）

威海分校

2007年威海分校概况

2007年，山东大学威海分校（简称山大威海分校）在职教职工1130人，专任教师617人，其中教授84人，副教授182人；博士123人，硕士310人；博士生、硕士生导师105人。学校全日制本科生13482人，高职生239人，成人高考及网络教育学生328人，留学生409人。学校全日制研究生453人，在职研究生127人。学校在全国28个省、市、自治区共招收本、专科生3517人。2007年本、专科毕业生3135人。学校设有新闻传播学院、翻译学院、商学院、法学院、艺术学院、信息工程学院、海洋学院、韩国学院、继续教育学院等9个学院和空间科学与应用物理系、应用数学与统计系两个系，37个本科专业。同时，设有国际教育交流学院、高等职业技术学院、成人教育学院、大学外语教学部、马列主义教学部、体育教学部以及40个教学科研机构。

一、领导视察及重要事件

6月5日，中共山东省委书记李建国在中共威海市委书记崔曰臣、市长王培廷的陪同下到山大威海分校视察。中共山东大学党委副书记、威海分校党委书记李建军及其他校领导、各职能部门负责人及部分师生在学校主楼广场欢迎李建国书记的到来。李建军向李建国书记介绍了山大威海分校的发展历史、学科建设、师资队伍、办学定位等情况，并陪同李建国书记参观了校图书馆。李建国书记亲切地称自己“回到了母校”，对山大威海分校的发展成绩表示了赞许。

6月9日，由山大威海分校与中科院国家天文台、威海市合作共建的山东大学威海天文台暨威海市天文台落成典礼在山大威海分校玛珈山上举行。中共山东省委副书记、省人大常委会副主任高新亭，山东大学校长展涛，科技部基础司司长张先恩，国家自然科学基金委数理学部常务副主任汲培文，中国天文学会理事长、国家天文台副台长赵刚，中共威海市委书记崔曰臣，山东省科技厅副厅长徐茂波，中共山东大学党委副书记、威海分校党委书记李建军，中共威海市委常委、市委秘书长张剑，威海市副市长梁良以及清华大学、北京师范大学、中国海洋大学、鲁东大学、哈尔滨工业大学（威海）、威海职业学院等兄弟院校的领导和嘉宾，山大威海分校全体校领导、各院（系、部）、各职能部门负责人、师生代表200余人参加了典礼仪式，山东大学副校长、威海分校校长韩圣浩主持了典礼。天文台两架望远镜安装调试于5月份顺利完成，为密切校、地共建，服务威海地方，开展面向公众的科普工作。

7月23日，教育部党组书记、部长周济在参加由山东大学承办的教育部直属高校巡视专员交流研讨会议期间，视察了山大威海分校。山东省人大常委会副主任、中共山东大学党委书记朱正昌，山东大学校长展涛，山东大学党委副书记、威海分校党委书记李建军，山东大学党委副书记、纪委书记方宏建，山东大学副校长、威海分校校长韩圣浩等学校领导陪同视察。周济部长听取了学校领导有关威海分校的情况汇报，参观了校园和山东大学威海天文台，对学校的发展成绩和发展方向给予了肯定。

10月3日，原国务委员、全国政协原副主席、两院院士宋健在中共威海市委书记崔巨臣的陪同下到山大威海分校视察，并参观了山东大学威海天文台，山大威海分校副校长赵玉璞、纪委书记谷源秘等陪同视察。

10月27日，潘承洞院士铜像揭幕仪式在山大威海分校图书馆大厅举行，以深切缅怀这位为我国乃至世界数学领域研究，为我国高等教育事业、科学事业，为山东大学及威海分校的建设发展作出过重要贡献的老学者、老前辈、老校长。潘承洞院士的夫人李淑英，中国数学会理事长、北京大学文兰院士，山东大学校长展涛等山大及兄弟院校领导与专家，潘承洞院士生前好友、同事及学生代表出席仪式。仪式由中共山东大学党委副书记、山大威海分校党委书记李建军主持，文兰与展涛共同为潘承洞院士铜像揭幕。铜像揭幕仪式结束后，与会人员在山东大学威海国际学术中心报告厅举行了"大家风采——回忆潘承洞院士"纪念活动。

二、党建和思想政治工作

2007年是学校"作风建设与管理效益年"，按照胡锦涛总书记提出的"八个方面"的总体要求，全面加强思想作风建设，民主管理与依法治校落实有效。制定出台《关于认真学习贯彻落实党的十七大精神的实施意见》，在全校师生中深入开展学习贯彻十七大精神活动，通过发挥党委理论学习中心组的带动示范作用，带领各级领导干部主动先学一步、学深一步。成立学习督导组，深入全校各单位检查指导学习情况，要求广大党员通过"学习、思考、应用、创新"，进一步解决好"信念、信心、信任、机遇、责任、使命"等一系列问题，切实贯彻落实科学发展观，有力地推动了学校各项工作。

以领导干部作风建设为重点，不断加强党建和思想政治工作。年内出台了《山东大学威海分校加强领导干部作风建设活动实施方案》，大力倡导八个方面的良好风气，推动党风、政风、校风、学风建设，广大领导干部的思想作风、学风、工作作风、领导作风、生活作风不断改进，服务学术、服务学者、服务学生的意识明显增强。全年共新建调整基层党支部64个，建在班上的学生支部超过40%。发展新党员863人，学生党员比例提高到10%，初步实现了"低年级有党员，高年级有党支部"的建设目标。

以和谐校园建设为主线，努力开创学校工作新局面。坚持和巩固马克思主义在学校事业发展中的指导地位，以人际关系和谐为关键、以事业和谐为核心、以环境和谐为保障，大力推进和谐校园建设。坚持依法治校，深入推进校务公开，严格落实单位主要负责人向教代会汇报工作和述职述廉制度，充分发挥基层工会对学校建设的监督作用；出台了一系列改进机关作风建设的制度和措施，督促机关工作人员不断提高业务素质与工作水平；充分调动各民主党派、离退休教职工和团委、学生会、研究生会、妇委会等群团组织的工作积极性，为学校发展建言献策，努力营造出全校师生员工各尽其能、各展其长、各得其所，专心学业又和谐相处的良好局面。

紧紧围绕学校发展改革热点加强对外宣传报道，在《光明日报》《大众日报》《威海日报》、威海电视台等新闻媒体刊登新闻通讯 300 余篇，扩大了学校的社会知名度和影响力。

三、教育教学

“三学期制”全面实施。学校自 2007 年下半年开始实行“三学期制”改革，前期工作已完成，更加完善了课程体系和人才培养模式。“三学期制”为教师多开新课创造了条件，增加了学生选课次数和可选课程总量，拓宽了学生自主学习、自我发展的空间；对教师授课时数的压缩，给教师以更大的自由度，可以集中更多时间和精力开展科研、服务地方及进修等活动；学校独特的环境优势，还能吸引众多知名学者来校短期讲学，在扩展学生视野的同时，使学校的学术氛围更加浓厚，随着教育教学改革的深入，人才培养质量得到稳步提高。

专业建设取得进展。学校启动了品牌专业和特色专业立项建设，有 8 个专业分别获得校级品牌专业和特色专业建设立项。“法学”和“电子信息科学与技术”被评为省级特色专业。年内新上“海洋生物资源与环境”、“通信工程”、“数字媒体与技术”三个专业，全校本科专业数达到 37 个。另外，“应用化学”、“翻译”、“艺术设计”三个专业于 2008 年正式招生，届时，学校本科专业总数即达到 40 个，提前完成“十一五”规划发展目标。在这些新上专业中，“海洋生物资源与环境”、“数字媒体与技术”、“翻译”、“艺术设计”也是整个山东大学新的专业增长点。

课程建设进步明显。2007 年共评审立项 14 门校级优质课程、11 门校级精品课程，有 3 门课程获山东大学精品课程建设立项、2 门课程获山东省精品课程建设立项。至此学校各级精品和优质课程达到 57 门。年内启动了第一批共 14 门双语教学课程建设和 20 项教材建设基金项目立项。

教学团队建设力度加大，教师整体教学水平提升。2007 年开始对应用数学、法学理论、比较文学与世界文学、市场营销学等首批 4 个校级教学团队进行重点建设；教学名师申报评选工作取得可喜成绩：应用数学与统计系主任刘桂真教授获评全国教学名师，副校长陈冠军教授获评省级教学名师；校级以上教学名师达到 11 人、教学能手 24 人，教学团队与教学名师示范带动作用开始显现，教师教学水平整体提升。

实践教学环节持续强化。在马列课教学中进行了“学生登台实践”改革试点，充分调动起学生主动学习的积极性，大大提高了教学效果。加强了实践教学条件建设，对全校实验室资源进行整合，打通使用；同时积极与企业联系，联合建设 72 个校内外实践教学基地，为学生提高实践能力搭建起广阔的平台。年内有 24 个教改项目获准立项，全校教改立项项目达到153个，其中山东大学和省级项目5个、国家级项目1个。

生源质量稳步提高，毕业生综合素质得到社会广泛认可。2007年在全国28个省、市、自治区录取本科新生3517名，省内文理科平均分分别高出重点线12分和16分；省外文理科分别在21个省份和18个省份第一志愿录满。截至2007年6月底，毕业生总体就业率为85.8%。推免研究生262人，其中90%被“211”工程院校和国家科研院所接收，82%被教育部直属重点大学接收。

学生科技创新蔚然成风。学校进一步加大了大学生创新基金支持力度，组建了学生科研班主任队伍，开办了《大学生科研论丛》，围绕大学生科技创新和竞赛活动而建立的制度保障、宣传推广、创新训练、竞赛组织等四大体系基本完备。全校学生在2007年科研立项和各类省级以上竞赛中屡创佳绩：连续两批共460项大学生科研作品获准立项，结题113项，发表学术论文33篇（其中核心期刊发表17篇），有10件作品获得“国家大学生创新训练计划”立项；参加全国大学生数学建模和电子设计竞赛取得好成绩，获推荐国家奖的数量均列全省前5名；“挑战杯”大学生课外学术科技作品竞赛获国家三等奖1项、省特等奖1项、一等奖4项。全年共有364名学生、11个先进集体和31位指导教师获得省级以上奖励。

“三种经历”人才培养扎实推进。全年共派出国内访学学生133人，拥有“第二校园经历”学生总数达到387人；派出各类留学生110人，首次派出在读研究生12人，拥有“海外学习经历”学生总数达到311人。暑期社会实践和“四进社区”志愿服务活动蓬勃开展，实践团队数量超过2006年总数近6倍，学生参与比例超过70%，实践范围遍及全国30个省市，广大学生适应社会能力与实践能力得到普遍锻炼。

四、学科建设和研究生培养

学科建设注重科学规划，制定出台了《重点学科建设项目实施办法》，扶持重点学科优先发展。通过建立良性竞争机制，带动全校各学科协调、有序发展。

“天、海、韩”三大特色建设稳步推进。空间科学学科发展驶入快车道，天文台自6月份落成之后，截至12月中旬，已举办各类科普活动40多次，主要面向地方中小学校，参加人数达3000余人。学校还大力延揽空间科学学科带头人和学术骨干，组建起一支学缘丰富、梯队合理的高水平学术团队，年内一举承担了7项国家自然科学基金课题；确定了空间物理与空间天气、实测天体物理、粒子物理与宇宙学等三个主要研究方向，学科建设进入了良性发展轨道。与美国华盛顿大学合作建设的行星科学数据站PDS子站也于2007年7月正式挂牌，进入运行阶段。

海洋科学学科有了新发展。经过深化与中科院海洋研究所和中国海洋大学的合作，积极凝练学科方向，进一步明确了海洋学科的基本定位，即充分依托山东省和威海市的地缘优势，以海洋研究院和国际生物技术研发中心为平台，以生物学科为基础，以应用海洋学科为主体，以海洋生物制药为重点，以海洋动物学科为特色。海洋生物保护学团队已建设成形，具备了申请重大科研课题的实力。海洋生物制药与海洋化学等学科梯队的科研潜力也日益显现出来。

对韩研究与交流工作不断深入。2007年与韩国外国语大学、庆北大学、韩南大学、朝鲜大学、昌原大学等高校签署合作协议，对韩交流高校总数已达 34 所。对韩研究取得历史最好成绩，共获准省部级项目及横向项目 7 项，《2006～2007 年韩国发展报告》蓝皮书在国内外学术界获得积极评价，对韩研究学术影响力稳步提升。

研究生培养情况：2007 年招收录取硕士研究生 222 人、博士研究生 7 人。新增博士生导师 4 人。全校共有博士生导师 23 人，7 个博士授权专业；硕士生导师 82 人，32 个硕士授权专业。

五、科学研究与服务地方

2007 年获国家级项目立项 9 项，比 2006 年翻了近一番，国家自然科学基金和国家社科基金项目立项数创历史新高，其中国家自然科学基金中的重点项目、天文联合基金项目、青年成长基金项目均有突破；在 18 项省部级立项项目中，教育部人文社科项目立项达到 6 项，司法部、文化部项目立项实现突破；获横向项目立项 55 项，是 2006 年的 3.7 倍。全年共获得地厅级以上科研成果奖 35 项，实现专利权转让 1 项，申报发明专利 3 项，实用新型专利 2 项，全年外来科研项目批准经费达到 1220 万元，比 2006 年增长 92%。另外，校内出版物整体学术水平不断提高，由学校主办，由副校长、博士生导师陈金钊教授和法学院院长、博士生导师谢晖教授主编的《法律方法》、《民间法》同时入选 CSSCI 来源集刊。

服务地方工作积极实施“走出去”战略，以山大威海分校为平台，山东大学与威海市建立起产学研战略合作联盟，双方合作共建威海海洋研究院、山大科技园威海分园、山大光威碳纤维工程技术研究中心，签订项目合作协议近 40 项。年内采取自主选学模式，为威海市培训管理干部 1200 多人次。学校还积极参与威海市农村帮扶工作。投资 12 万元，为文登市汪疃镇窑夼村建设自来水工程，改善了村民的生活环境。

六、人才队伍建设

全年共引进各类人才 68 人，其中专任教师 52 人，占总数的 76.5%；副高职以上人员 11 人，博士研究生 29 人。具有博士学位的教师比例提前三年实现“十一五”规划目标。学校坚持“不求所有，但求所用”原则，吸引更多校外优质教学资源来校任教，全年共外聘教师 109 人次，其中正高职称 42 人次。同时，学校提高了退休教师返聘待遇，调动了广大退休教师的任教积极性，有效缓解了部分院系师资不足的压力。全年资助在校教师考取博士 19 人、硕士 32 人，选派教师赴海外进修 23 人次。年内组织管理干部学习培训、出国考察、洽谈合作项目等 80 余人次；对基层党务工作者和思想政治辅导员队伍进行了集中专题培训。以上举措不仅开阔了广大教师和管理干部的眼界，更使教学与管理队伍的整体素质得到了提高。

七、对外交流与合作

年内获得多项教育部和国家留学基金委项目经费，资助多名教师和学生出国参加国际会议及赴海外留学。与美国、瑞典等 7 个国家的 18 所高校签署了校际合作协议或备忘录，中韩合作办学取得新进展，这一系列实质性合作项目的开展，为学校各教学和科研单位开展国际交流搭建起长期稳固的合作平台。2007 年共聘请长期外籍教师 39 人次，短期访学外籍教师 36 人次，不仅在数量上大幅增加，而且在师资层次和水平上也有明显提高，而讲授专业不再局限于语言教学，而且还拓展到信息科学、海洋、艺术、经济学等专业类课程，拓宽了学生的国际视野。另外，通过建立“留学生工作管理系统”、加强网络宣传、开辟专升本项目等措施，使学校学位留学生工作得到进一步加强。全校共有留学生 409 人，其中学位留学生 160 人，校际交换生 94 人。

八、学生工作和校园文化建设

学校大使讲坛、林海文化论坛、百场学术讲座、大学生科技文化艺术节、十佳大学生评选等品牌活动蓬勃开展，学生参与人数再创新高。学生社团总数达到 90 个，各社团会员占到学生总数的 67%，各类校园文化活动惠及全校学生，学生综合素质得到了有效锻炼和提高。进一步加强了心理健康教育体系建设与队伍建设，辅导员队伍中有半数以上获得心理咨询师资格，加强了对学生心理健康宣传员的团体辅导和集中培训。重点加强了对贫困生、女大学生等群体的分类专题教育，增强了针对性和指导性。通过开展心理情景剧等学生喜闻乐见的活动形式，使心理健康教育深入到学生的日常生活中，起到了潜移默化、事半功倍的效果。不断完善学生助困体系，在“一揽子统筹资助模式”基础上，建立起助学贷款信息系统和贫困生电子档案，使资助范围、资助等级和标准更加明确，进一步扩大了助困覆盖面，提高了资助透明度。大力吸引社会资助，设立助困基金、助困奖学金等 100 多万元。积极推进市场化就业模式改革，完善大学生就业基地、实习基地、社会实践基地和科技创新基地“一体化”建设，探索与用人单位建立长期稳固的合作培养机制，不断拓宽就业渠道。

九、基本建设与管理保障

学校办学条件日益完善科学管理与后勤保障水平不断提高，全年完成新大门、学生公寓、主环路等重点工程项目 12 项，新购图书 9 万册，新建扩建实验室项目 13 个，教学及科研环境进一步优化。完善资产清查各项工作，资产管理与高效使用得到进一步规范。大力推进节约型校园建设，划定水电定量指标，加强饮食工作日常管理与监管。校园绿化美化与景观改造工作进一步加强，特别是新大门和天文台的落成，解决了校园建设的“南北问题”，使校园整体面貌有了很大改观，被评为“省级花园式”单位。数字化校园建设步伐明显加快，年内开通了网通千兆宽带出口，实现了教育网与公共网双通道无缝对接，网络环境进一步优化；学校“一卡通”工程进入试运行阶段。此外学校积极推进“平安校园”建设，严格落实技防、人防、物防等措施，对校内交通秩序进行了集中整治，校园治安管理和周边综合治理收效明显。

（裴　水）

图书在版编目（CIP）数据

山东大学年鉴．2007/李建军，刘培平主编．—济南：山东大学出版社，2010.8
ISBN 978-7-5607-4177-2

Ⅰ.①山…
Ⅱ.①李…②刘…
Ⅲ.①山东大学—2007—年鉴
Ⅳ.①G649.285.21-54

中国版本图书馆 CIP 数据核字（2010）第 169440 号

山东大学出版社出版发行
（山东省济南市山大南路 27 号　邮政编码：250100）
山东省新华书店经销
山东新华印刷厂印刷
787×1092 毫米　1/16　6 插页　36 印张　828 千字
2010 年 8 月第 1 版　2010 年 8 月第 1 次印刷
定价：99.00 元